T0364801

Gör-det-själv-handbok
för BMW 3-serien

Martynn Randall

Modeller som behandlas
(SV4783-2AR1-304/4067-10AG1-304)

Modeller i BMW 3-serien (E46) med fyr- eller sexcylindrig bensinmotor,
316i, 318i, 320i, 323i, 325i, 328i och 330i
Sedan-, Coupé- och Touring-modeller

Fyrcylindriga motorer: 1796 cc, 1895 cc och 1995 cc (inklusive Valvetronic-motorer)

Sexcylindriga motorer: 2171 cc, 2494 cc, 2793 cc och 2979 cc

Behandlar inte Compact-, cabriolet- eller M3-modeller
Behandlar inte dieselmotorer eller 1596 cc bensinmotorer

© Haynes Group Limited 2014

En bok i **Haynes serie med gör-det-själv-handböcker**

Alla rättigheter förbehålles. Ingen del av bokens texter, tabeller och illustrationer får eftertryckas, kopieras eller registreras elektroniskt eller mekaniskt, utan förlagets medgivande. Detta inkluderar bland annat fotokopiering och dataregistrering.

ISBN **978 0 85733 928 7**

British Library Cataloguing in Publication Data
En katalogpost för denna bok finns att få från British Library.

Haynes Group Limited
Haynes North America, Inc

www.haynes.com

Tillverkarens auktoriserade representant i EU för produktsäkerhet är:

HaynesPro BV
Stationsstraat 79 F, 3811MH Amersfoort, The Netherlands
gpsr@haynes.co.uk

Ansvarsfriskrivning

Det finns risker i samband med fordonsreparationer. Förmågan att utföra reparationer beror på individuell skicklighet, erfarenhet och lämpliga verktyg. Enskilda personer bör handla med vederbörlig omsorg samt inse och ta på sig risken som utförandet av bilreparationer medför.

Syftet med den här handboken är att tillhandahålla omfattande, användbar och lättillgänglig information om fordonsreparationer för att hjälpa dig få ut mesta möjliga av ditt fordon. Den här handboken kan dock inte ersätta en professionell certifierad tekniker eller mekaniker. Det finns risker i samband med fordonsreparationer.

Den här reparationshandboken är framtagen av en tredje part och är inte kopplad till någon enskild fordonstillverkare. Om det finns några tveksamheter eller avvikelser mellan den här handboken och ägarhandboken eller fabriksservicehandboken, se fabriksservicehandboken eller ta hjälp av en professionell certifierad tekniker eller mekaniker.

Även om vi har utarbetat denna handbok med stor omsorg och alla ansträngningar har gjorts för att se till att informationen i denna handbok är korrekt, kan varken utgivaren eller författaren ta ansvar för förlust, materiella skador eller personskador som orsakats av eventuell felaktig eller utelämnad information.

Innehåll

DIN BMW

Reparationer vid vägkanten

Veckokontroller

Smörjmedel, vätskor och däcktryck

UNDERHÅLL

Innehåll

REPARATIONER OCH UNDERHÅLL

Motor och tillhörande system

Växellåda

Bromsar och fjädring

Kaross och utrustning

Kopplingsscheman

REFERENS

Register

Att arbeta på din bil kan vara farligt. Den här sidan visar potentiella risker och faror och har som mål att göra dig uppmärksam på och medveten om vikten av säkerhet i ditt arbete.

Allmänna faror

Skållning

• Ta aldrig av kylarens eller expansionskärlets lock när motorn är het.
• Motorolja, automatväxellådsolja och styrservovätska kan också vara farligt varma om motorn just varit igång.

Brännskador

• Var försiktig så att du inte bränner dig på avgassystem och motor. Bromsskivor och -trummor kan också vara heta efter körning.

Lyftning av fordon

• Vid arbete nära eller under ett lyft fordon, använd alltid extra stöd i form av pallbockar eller använd ramper. **Arbeta aldrig under en bil som endast stöds av en domkraft.**

• När muttrar eller skruvar med högt åtdragningsmoment skall lossas eller dras, bör man lossa dem något innan bilen lyfts och göra den slutliga åtdragningen när bilens hjul åter står på marken.

Brand och brännskador

• Bränsle är mycket brandfarligt och bränsleångor är explosiva.
• Spill inte bränsle på en het motor.
• Rök inte och använd inte öppen låga i närheten av en bil under arbete. Undvik också gnistbildning (elektrisk eller från verktyg).
• Bensinångor är tyngre än luft och man bör därför inte arbeta med bränslesystemet med fordonet över en smörjgrop.
• En vanlig brandorsak är kortslutning i eller överbelastning av det elektriska systemet. Var försiktig vid reparationer eller ändringar.
• Ha alltid en brandsläckare till hands, av den typ som är lämplig för bränder i bränsle- och elsystem.

Elektriska stötar

• Högspänningen i tändsystemet kan vara farlig, i synnerhet för personer med hjärtbesvär eller pacemaker. Arbeta inte med eller i närheten av tändsystemet när motorn går, eller när tändningen är på.

• Nätspänning är också farlig. Se till att all nätansluten utrustning är jordad. Man bör skydda sig genom att använda jordfelsbrytare.

Giftiga gaser och ångor

• Avgaser är giftiga. De innehåller koloxid vilket kan vara ytterst farligt vid inandning. Låt aldrig motorn vara igång i ett trångt utrymme, t ex i ett garage, med stängda dörrar.
• Även bensin och vissa lösnings- och rengöringsmedel avger giftiga ångor.

Giftiga och irriterande ämnen

• Undvik hudkontakt med batterisyra, bränsle, smörjmedel och vätskor, speciellt frostskyddsvätska och bromsvätska. Sug aldrig upp dem med munnen. Om någon av dessa ämnen sväljs eller kommer in i ögonen, kontakta läkare.
• Långvarig kontakt med använd motorolja kan orsaka hudcancer. Bär alltid handskar eller använd en skyddande kräm. Byt oljeindränkta kläder och förvara inte oljiga trasor i fickorna.
• Luftkonditioneringens kylmedel omvandlas till giftig gas om den exponeras för öppen låga (inklusive cigaretter). Det kan också orsaka brännskador vid hudkontakt.

Asbest

• Asbestdamm kan ge upphov till cancer vid inandning, eller om man sväljer det. Asbest kan finnas i packningar och i kopplings- och bromsbelägg. Vid hantering av sådana detaljer är det säkrast att alltid behandla dem som om de innehöll asbest.

Speciella faror

Flourvätesyra

• Denna extremt frätande syra bildas när vissa typer av syntetiskt gummi i t ex O-ringar, tätningar och bränsleslangar utsätts för temperaturer över 400 °C. Gummit omvandlas till en sotig eller kladdig substans som innehåller syran. *När syran väl bildats är den farlig i flera år. Om den kommer i kontakt med huden kan det vara tvunget att amputera den utsatta kroppsdelen.*
• Vid arbete med ett fordon, eller delar från ett fordon, som varit utsatt för brand, bär alltid skyddshandskar och kassera dem på ett säkert sätt efteråt.

Batteriet

• Batterier innehåller svavelsyra som angriper kläder, ögon och hud. Var försiktig vid påfyllning eller transport av batteriet.
• Den vätgas som batteriet avger är mycket explosiv. Se till att inte orsaka gnistor eller använda öppen låga i närheten av batteriet. Var försiktig vid anslutning av batteriladdare eller startkablar.

Airbag/krockkudde

• Airbags kan orsaka skada om de utlöses av misstag. Var försiktig vid demontering av ratt och/eller instrumentbräda. Det kan finnas särskilda föreskrifter för förvaring av airbags.

Dieselinsprutning

• Insprutningspumpar för dieselmotorer arbetar med mycket högt tryck. Var försiktig vid arbeten på insprutningsmunstycken och bränsleledningar.

⚠️ **Varning: Exponera aldrig händer eller annan del av kroppen för insprutarstråle; bränslet kan tränga igenom huden med ödesdigra följder**

Kom ihåg...

ATT

• Använda skyddsglasögon vid arbete med borrmaskiner, slipmaskiner etc, samt vid arbete under bilen.

• Använda handskar eller skyddskräm för att skydda händerna.

• Om du arbetar ensam med bilen, se till att någon regelbundet kontrollerar att allt står väl till.

• Se till att inte löst sittande kläder eller långt hår kommer i vägen för rörliga delar.

• Ta av ringar, armbandsur etc innan du börjar arbeta på ett fordon - speciellt med elsystemet.

• Försäkra dig om att lyftanordningar och domkraft klarar av den tyngd de utsätts för.

ATT INTE

• Ensam försöka lyfta för tunga delar - ta hjälp av någon.

• Ha för bråttom eller ta osäkra genvägar.

• Använda dåliga verktyg eller verktyg som inte passar. De kan slinta och orsaka skador.

• Låta verktyg och delar ligga så att någon riskerar att snava över dem. Torka upp olje- och bränslespill omgående.

• Låta barn eller husdjur leka nära en bil under arbetets gång.

Den nya BMW 3-serien introducerades i september 1998 och fanns ursprungligen med alternativen 1,9-liters (1895 cc), 2,5-liters (2494 cc) och 2,8-liters (2793 cc) motor. Senare utökades antalet motormodeller till att även omfatta 2,2-liters (2171 cc) och 3,0-liters (2979 cc) 24V-motorer med dubbla överliggande kamaxlar, och i mars 2001 tillkom den 2,0-liters (1995 cc) "Valvetronic"-motorn till sortimentet, följd av 1,8-litersversionen (1796 cc). I början fanns modellerna bara tillgängliga i fyradörrars Sedanversion, men senare tillkom en mängd olika karosstyper.

Alla motorerna är utvecklade från de beprövade modeller som BMW använt i många av sina bilar. Motorerna är fyrcylindriga (1,8-, 1,9- och 2,0-litersmotorer) eller sexcylindriga (2,2-, 2,5-, 2,8- och 3,0-litersmotorer) med överliggande kamaxlar,

längsgående montering och växellådan på baksidan. Växellådan kan vara av såväl manuell som automatisk typ.

Modellerna har helt oberoende fram- och bakhjulsfjädring, med fjäderben och länkarmar.

Till BMW 3-serien finns ett brett spektrum av standard- och extrautrustning för de flesta smakriktningar, exempelvis centrallås, elektriska fönsterhissar, luftkonditionering, elektrisk taklucka, ABS, antispinnsystem, ett system för dynamisk stabilitetskontroll (DSC) och ett flertal krockkuddar.

Förutsatt att regelbunden service utförs enligt tillverkarens rekommendationer kommer BMW:n att visa sig pålitlig och mycket ekonomisk. Motorrummet är väl utformat och de flesta komponenter som behöver regelbunden tillsyn är lättåtkomliga.

Din handbok till BMW 3-serien

Syftet med den här handboken är att hjälpa dig att få så stor glädje av din bil som möjligt. Det kan göras på flera sätt. Boken är till hjälp vid beslut om vilka åtgärder som ska vidtas (även då en verkstad anlitas för att utföra själva arbetet). Den ger även information om rutinunderhåll och service och föreslår arbetssätt för ändamålsenliga åtgärder och diagnos om slumpmässiga fel uppstår. Förhoppningsvis kommer dock handboken att vara till stor hjälp när du försöker klara av arbetet på egen hand. Vad gäller enklare jobb kan det till och med gå snabbare att ta hand om det själv än att först boka tid på en verkstad och sedan ta sig dit två gånger, en gång för att lämna bilen och en gång för att hämta den. Och kanske viktigast av allt, en hel del pengar kan sparas genom att man undviker de avgifter verkstäder tar ut för att kunna täcka arbetskraft och marginaler.

Handboken innehåller teckningar och beskrivningar som förklarar de olika komponenternas funktion och utformning. Arbetsgången är beskriven och fotograferad i tydlig ordningsföljd, steg för steg.

Hänvisningar till "vänster" och "höger" avser vänster eller höger för en person som sitter i förarsätet och tittar framåt.

Tack till...

Tack till Draper Tools Limited, som stod för en del av verktygen, samt till alla på Sparkford som hjälpte till att producera den här boken.

Vi är mycket stolta över tillförlitligheten i den information som ges i den här boken, men biltillverkare gör ändringar i konstruktion och utformning under pågående tillverkning och talar inte alltid om det för oss. Författarna och förlaget kan inte ta på sig något ansvar för förluster, skador eller personskador till följd av fel eller ofullständig information i denna bok.

Följande sidor är tänkta att vara till hjälp vid hantering av vanliga problem. Mer detaljerad information om felsökning finns i slutet av boken, och beskrivningar av reparationer finns i bokens olika huvudkapitel.

Om bilen inte startar och startmotorn inte går runt

☐ Om det är en modell med automatväxellåda, se till att växelväljaren står på P eller N.
☐ Öppna motorhuven och kontrollera att batteripolerna är rena och ordentligt anslutna.
☐ Slå på strålkastarna och försök starta motorn. Om strålkastarljuset försvagas mycket under startförsöket är batteriet troligen urladdat. Lös problemet genom att använda startkablar (se nästa sida) och en annan bil.

Om bilen inte startar trots att startmotorn går runt som vanligt

☐ Finns det bränsle i tanken?
☐ Finns det fukt i elsystemet under motorhuven? Slå av tändningen och torka bort synlig fukt med en torr trasa. Spraya vattenavstötande medel (WD-40 eller liknande) på tänd- och bränslesystemets elektriska kontaktdon som visas på bilden. Var särskilt noga med tändspolens kontaktdon och tändkablarna.

A Tryck in tändkablarna mot tändstiften så att de sitter fast på dessa ordentligt – 4-cylindriga modeller med 1895 cc motor.

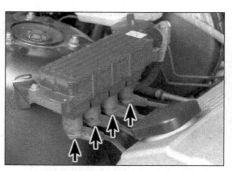

B Kontrollera att tändkablarna är ordentligt anslutna till tändspolen – 4-cylindriga modeller med 1895 cc motor.

C Kontrollera att kontaktdonet är ordentligt anslutet till tändspolen – 4-cylindriga modeller med 1895 cc motor.

Kontrollera att alla elektriska anslutningar sitter ordentligt (med tändningen avstängd) och spraya dem med vattenavstötande medel av typen WD-40 om problemet misstänks bero på fukt.

D Kontrollera luftflödesmätarens kontaktdon (i förekommande fall) med tändningen frånslagen.

E Kontrollera att polerna är i gott skick och sitter stadigt fast på batteriet (detta sitter i bagageutrymmet).

Starthjälp

Tänk på följande om bilen startas med ett laddningsbatteri:

✔ Kontrollera att tändningen är avstängd innan laddningsbatteriet ansluts.

✔ Se till att all elektrisk utrustning är avstängd (strålkastare, värme, vindrutetorkare etc.).

✔ Följ säkerhetsanvisningarna på batteriet.

✔ Kontrollera att laddningsbatteriet har samma spänning som det urladdade batteriet.

✔ Om batteriet startas med hjälp av ett batteri i en annan bil får bilarna INTE VIDRÖRA varandra.

✔ Se till att växellådan är i neutralläge (eller i parkeringsläge vid automatväxellåda).

HAYNES TiPS Start med startkablar löser ditt problem för stunden, men det är viktigt att ta reda på orsaken till att batteriet laddades ur. Det finns tre möjligheter:

1 Batteriet har laddats ur på grund av upprepade startförsök eller på grund av att strålkastarna lämnats påslagna.

2 Laddningssystemet fungerar inte (växelströmsgeneratorns drivrem är lös eller trasig, generatorns kablage eller själva växelströmsgeneratorn är defekt).

3 Batteriet är defekt (elektrolytnivån är låg eller batteriet är utslitet).

1 Knäpp loss skyddslocket som sitter över hjälpstartsanslutningen (+) till höger i motorrummet bakom fjäderbenstornet och anslut den röda startkabeln till polen.

2 Anslut den andra änden av den röda startkabeln till den positiva (+) polen på laddningsbatteriet.

3 Anslut den ena änden av den svarta startkabeln till den negativa (-) polen på laddningsbatteriet.

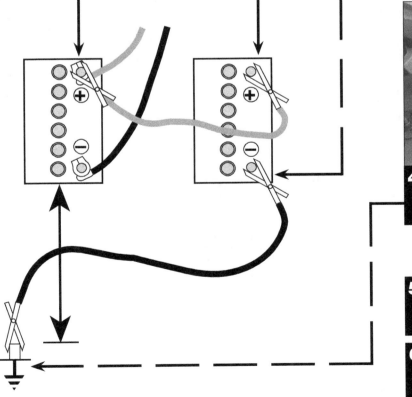

4 Koppla den andra änden av den svarta startkabeln till en bult eller fästbygel, långt från batteriet, i den bil som ska startas. En del modeller är försedda med en negativ starthjälpsterminal bredvid huvudcylindern i bakre, högra hörnet av motorrummet.

5 Se till att startkablarna inte kommer åt kylfläkten, drivremmarna eller andra rörliga delar i motorn.

6 Starta motorn, och med motorn på snabb tomgång kopplar du sedan loss startkablarna i motsatt ordning mot anslutningen. Sätt tillbaka skyddslocket över hjälpstartsanslutningen ordentligt.

Hjulbyte

Varning: Byt aldrig däck om du befinner dig i en situation där du riskerar att bli påkörd av något annat fordon. Försök att stanna i en parkeringsficka eller på en mindre avtagsväg om du befinner dig på en väg med mycket trafik. Håll uppsikt över passerande trafik när du byter hjul – det är lätt att bli distraherad av arbetet med hjulbytet.

Förberedelser

☐ Vid punktering, stanna så snart det är säkert för dig och dina medtrafikanter.

☐ Parkera där du inte hamnar i vägen för annan trafik och om möjligt på plan mark.

☐ Använd varningsblinkers om det behövs.

☐ Gör andra trafikanter uppmärksamma på din stillastående bil med en varningstriangel.

☐ Dra åt handbromsen och lägg i ettan eller backen (eller parkeringsläge på modeller med automatväxellåda).

☐ Klossa hjulet som sitter diagonalt mot det som ska demonteras – det sitter en kloss under bagageluckan.

☐ Lägg en brädbit under domkraften för att fördela tyngden om marken är mjuk.

Hjulbyte

1 Reservhjulet och verktygen förvaras i bagageutrymmet. Ta bort kåpan, lossa fästmuttern och ta ut domkraften.

2 Lossa vingmuttern, ta bort spännbrickan och lyft ut reservhjulet från bagageutrymmet.

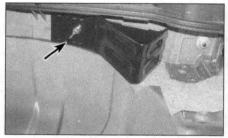

3 Skruva loss vingmuttern och ta bort hjulklossen från insidan av den bakre panelen. Placera klossen bakom eller framför (efter tillämplighet) hjulet som sitter diagonalt mot det som ska demonteras.

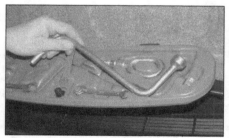

4 Ta bort hjulbultsnyckeln från bagageluckan (Sedan- och Coupé-modeller) eller golvet (Touring-modeller).

5 Om tillämpligt, lossa fälgsidan/navkapseln och sedan alla hjulbultarna ett halvt varv. Är hjulet försett med stöldskyddsbultar, går dessa att lossa med adaptern i verktygssatsen på undersidan av bagageluckan.

6 Placera domkraftens lyftsadel under lyftpunkten närmast det hjul som ska demonteras. Lyftsadeln måste gripa i den rektangulära försänkningen vid lyftpunkten när domkraften hissas upp.

7 Se till att domkraften står på stadigt underlag och veva sedan domkraftens handtag medurs tills hjulet släpper helt från marken. Skruva loss hjulbultarna och ta bort hjulet. Montera reservhjulet och skruva i bultarna. Dra åt bultarna lätt med hjulbultsnyckeln. Sänk sedan ner bilen på marken.

8 Dra åt hjulbultarna ordentligt i den ordningsföljd som bilden visar. Sätt sedan tillbaka fälgsidan/navkapseln (efter tillämplighet). Stuva in det trasiga hjulet och verktygen i bagageutrymmet och fäst dem på respektive plats. Observera att hjulbultarna ska lossas och dras åt till angivet moment så snart som möjligt.

Slutligen ...

☐ Ta bort hjulblockeringen.

☐ Lägg tillbaka domkraften, hjulklossen och verktygen i bilen.

☐ Kontrollera lufttrycket i det nymonterade däcket. Om det är lågt eller om du inte har en tryckmätare med dig, kör långsamt till närmaste bensinstation och kontrollera/justera trycket.

☐ Låt reparera det skadade däcket eller hjulet så snart som möjligt, annars blir du stående vid en eventuell ny punktering.

Hitta läckor

Pölar på garagegolvet (eller där bilen parkeras) eller våta fläckar i motorrummet tyder på läckor som man måste försöka hitta. Det är inte alltid så lätt att se var läckan är, särskilt inte om motorrummet är mycket smutsigt. Olja eller andra vätskor kan spridas av fartvinden under bilen och göra det svårt att avgöra var läckan egentligen finns.

 Varning: De flesta oljor och andra vätskor i en bil är giftiga. Vid spill bör man tvätta huden och byta indränkta kläder så snart som möjligt

 Lukten kan vara till hjälp när det gäller att avgöra varifrån ett läckage kommer och vissa vätskor har en färg som är lätt att känna igen. Det är en bra idé att tvätta bilen ordentligt och ställa den över rent papper över natten för att lättare se var läckan finns. Tänk på att motorn ibland bara läcker när den är igång.

Olja från sumpen

Motorolja kan läcka från avtappnings-pluggen . . .

Olja från oljefiltret

. . . eller från oljefiltrets packning.

Växellådsolja

Växellådsolja kan läcka från tätningarna i ändarna på drivaxlarna.

Frostskydd

Läckande frostskyddsvätska lämnar ofta kristalliknande avlagringar liknande dessa.

Bromsvätska

Läckage vid ett hjul är nästan alltid bromsvätska.

Servostyrningsvätska

Servostyrningsvätska kan läcka från styrväxeln eller dess anslutningar.

Bogsering

När ingenting annat hjälper kan du behöva bli bogserad hem – eller kanske är det du som får hjälpa någon annan med bogsering. Bogsering längre sträckor bör överlåtas till verkstäder eller bärgningsfirmor. Kortare sträckor går det utmärkt att låta en annan privatbil bogsera, men tänk på följande:

☐ Använd en riktig bogserlina – de är inte dyra. Fordonet som bogseras måste i vissa länder vara försett med en skylt med texten BOGSERING i bakrutan.

☐ Slå alltid på tändningen när bilen bogseras så att rattlåset släpper och körriktningsvisare och bromsljus fungerar.

☐ Fäst bogserlinan i de befintliga bogserings-öglorna, ingen annanstans. Bogseringsöglan ingår i verktygssatsen på insidan av bagage-luckan. Bänd försiktigt ut åtkomstluckan från den främre/bakre stötfångaren (efter tillämp-lighet) för att kunna montera öglan. Skruva öglan på plats och dra åt den ordentligt.

☐ Lossa handbromsen och lägg växeln i friläge innan bogseringen börjar.

☐ Ställ växelväljaren i läge N på modeller med automatväxellåda. Högsta tillåtna bogserings-hastighet i Sverige är 30 km/h (tekniskt klarar bilen 70 km/h) och bilen bör inte bogseras längre sträcka än 150 km.

☐ Observera att du behöver trycka hårdare än vanligt på bromspedalen när du bromsar eftersom vakuumservon bara fungerar när motorn är igång.

☐ På modeller med servostyrning krävs det även större kraft än vanligt för att vrida ratten.

☐ Den bogserade bilens förare måste vara noga med att hålla bogserlinan spänd hela tiden för att undvika ryck.

☐ Försäkra er om att båda förarna känner till den planerade färdvägen innan ni startar.

☐ Bogsera aldrig längre sträcka än nödvändigt och håll lämplig hastighet (högst 30 km/h). Kör försiktigt och sakta ner mjukt före korsningar.

Inledning

Det finns ett antal mycket enkla kontroller som endast tar några minuter i anspråk, men som kan bespara dig mycket besvär och stora kostnader.

Dessa *Veckokontroller* kräver inga större kunskaper eller specialverktyg, och den korta tid de tar att utföra kan visa sig vara väl använd:

☐ Att hålla ett öga på däckens skick och lufttryck förebygger inte bara att de slits ut i förtid utan kan också rädda liv.

☐ Många motorhaverier orsakas av elektriska problem. Batterirelaterade fel är särskilt vanliga och genom regelbundna kontroller kan de flesta av dessa förebyggas.

☐ En läcka i bromssystemet kanske upptäcks först när bromsarna slutar att fungera. Vid regelbundna kontroller av bromsvätskenivån uppmärksammas sådana fel i god tid.

☐ Om olje- eller kylvätskenivån är för låg är det t.ex. betydligt billigare att laga läckan direkt, än att bekosta dyra reparationer av de motorskador som annars kan uppstå.

Kontrollpunkter i motorrummet

4-cylindrig motor (bilden visar 2,0-litersmodellen)

A *Mätsticka för motorolja*
B *Påfyllningslock för motorolja*
C *Kylsystemets expansionskärl*
D *Broms- och kopplingsvätske-behållare*
E *Spolarvätskebehållare*

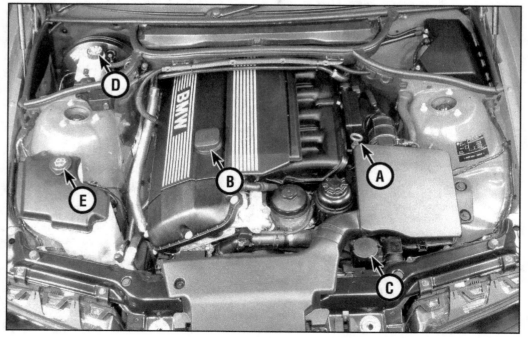

6-cylindrig motor (bilden visar 2,5-litersmodellen)

A *Mätsticka för motorolja*
B *Påfyllningslock för motorolja*
C *Kylsystemets expansionskärl*
D *Broms- och kopplingsvätske-behållare*
E *Spolarvätskebehållare*

Motoroljenivå

Innan arbetet påbörjas

✔ Se till att bilen står på plan mark.
✔ Oljenivån måste kontrolleras innan bilen körs, eller tidigast 5 minuter efter det att motorn stängts av.

HAYNES TiPS *Om oljenivån kontrolleras omedelbart efter det att bilen har körts, finns en del av oljan kvar i motorns överdel. Detta ger en felaktig avläsning på mätstickan.*

Korrekt oljetyp

Moderna motorer ställer höga krav på oljans kvalitet. Det är mycket viktigt att man använder en lämplig olja till sin bil (se *Smörjmedel och vätskor*).

Bilvård

● Om oljan behöver fyllas på ofta bör bilen kontrolleras med avseende på oljeläckor. Lägg ett rent papper under motorn över natten och se om det finns fläckar på det på morgonen. Om det inte förekommer något läckage kanske motorn bränner olja, eller också läcker det olja enbart när motorn är igång.
● Oljenivån ska alltid vara någonstans mellan oljemätstickans övre och nedre markering (se bild 3). Om oljenivån är för låg kan motorn ta allvarlig skada. Packboxarna kan gå sönder om man fyller på för mycket olja.

1 Mätstickans överdel har ofta en ljus färg för att bli lättare att hitta (se *Kontrollpunkter i motorrummet* för dess exakta placering). Dra upp oljemätstickan.

2 Torka av oljan från mätstickan med en ren trasa eller en bit papper. Stick in den rena mätstickan i röret och dra ut den igen.

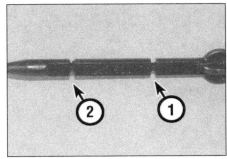

3 Avläs oljenivån på mätstickans ände. Den ska vara mellan det övre maximimärket (1) och det nedre minimimärket (2). Det skiljer ungefär en liter olja mellan minimi- och maximinivån.

4 Oljan fylls på genom påfyllningshålet. Ta av locket och fyll på mer olja. Använd en tratt för att undvika spill. Fyll på långsamt och gör täta nivåkontroller med mätstickan. Fyll inte på för mycket (se *Bilvård*).

Kylvätskenivå

Varning: På grund av risken för brännskador ska du ALDRIG skruva av expansionskärlets lock när motorn är varm. Låt inte behållare med kylvätska stå öppna eftersom vätskan är giftig.

Bilvård

● Ett slutet kylsystem ska inte behöva fyllas på regelbundet. Om kylvätskan ofta behöver fyllas på har bilen troligen en läcka i kylsystemet. Kontrollera kylaren samt alla slangar och fogytor och sök efter avlagringar eller fukt. Åtgärda eventuella problem.

● Det är viktigt att frostskyddsmedel används i kylsystemet året runt, inte bara under vintermånaderna. Fyll inte på med enbart vatten, då sänks koncentrationen av frostskyddsvätska.

1 Kylsystemets expansionskärl innehåller en flottör som visar kylvätskenivån. När flottörens översta del sticker upp högst 20 mm över påfyllningsröret är nivån rätt. Se anvisningarna bredvid påfyllningslocket.

2 Vänta med att fylla på kylvätska tills motorn är kall. Skruva av locket till expansionskärlet långsamt så att eventuellt övertryck i kylsystemet först släpps ut och ta sedan av locket helt.

3 Tillsätt en blandning av vatten och frostskyddsmedel i expansionskärlet tills den översta delen av kärlets nivåflottör sticker upp högst 20 mm ovanför påfyllningsröret. Sätt tillbaka locket och dra åt ordentligt.

Broms- och kopplingsvätskenivå

Varning:
● Bromsvätska kan skada ögonen och bilens lack, så var ytterst försiktig vid hanteringen.
● Använd inte vätska ur kärl som har stått öppna en längre tid. Bromsvätska drar åt sig fuktighet från luften vilket kan försämra bromsegenskaperna avsevärt.

HAYNES TiPS Nivån i vätskebehållaren sjunker en aning i och med att bromsbeläggen slits. Nivån får dock aldrig sjunka under MIN-markeringen.

Innan arbetet påbörjas
✔ Se till att bilen står på plan mark.

Säkerheten främst!
● Om bromsvätskebehållaren måste fyllas på ofta har bilen fått en läcka i bromssystemet. Detta måste undersökas omedelbart.

● Vid en misstänkt läcka i systemet får bilen inte köras förrän bromssystemet har kontrollerats. Ta aldrig några risker med bromsarna.

1 MAX- och MIN-markeringarna sitter på behållarens sida. Vätskenivån måste alltid hållas mellan dessa 2 markeringar.

2 Om vätskebehållaren behöver fyllas på bör området runt påfyllningslocket först rengöras för att förhindra att hydraulsystemet förorenas.

3 Skruva av behållarens lock och lyft av det försiktigt, så att nivåvaktens flottör inte skadas. Undersök behållaren, om vätskan är smutsig ska hydraulsystemet tömmas och fyllas på igen (se kapitel 1).

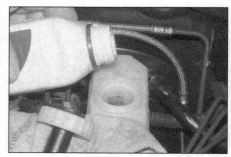
4 Fyll på vätska försiktigt. Spill inte på de omgivande komponenterna. Använd endast rekommenderad bromsvätska. Om olika typer blandas kan systemet skadas. När vätskenivån är återställd, skruva på locket och torka bort eventuellt spill.

Servostyrningsvätskans nivå

Innan arbetet påbörjas
✔ Parkera bilen på plan mark.
✔ Placera ratten i helt rakt läge.
✔ Motorn ska vara avstängd.

HAYNES TiPS För att kontrollen ska bli noggrann, får ratten inte vridas medan nivån kontrolleras.

Säkerheten främst!
● Om styrservovätskan behöver fyllas på ofta betyder det att systemet läcker. Undersök och åtgärda detta omedelbart.

1 Behållaren sitter i motorrummets främre del. Bänd upp plastnitarna och ta bort luftintagshuven från främre delen av motorrummet (om tillämpligt). Torka rent området runt behållarens påfyllningsrör och skruva sedan loss påfyllningslocket/mätstickan från behållaren.

2 Vätskenivån ska ligga mellan MIN och MAX.

3 Fyll på med den vätska som rekommenderas och fyll inte på behållaren för mycket. Sätt på locket ordentligt när nivån stämmer.

Däck – skick och tryck

Det är viktigt att däcken är i gott skick och har rätt tryck – att få punktering kan vara mycket farligt oavsett hastighet.

Däckslitaget påverkas av körsättet – tvära inbromsningar och gaspådrag, eller snabb kurvtagning, sliter mer på däcken. Framdäcken slits i allmänhet snabbare än bakdäcken. Att skifta däcken mellan fram och bak ("däck-rotation") kan ibland ge ännu större slitage. Men om däckrotationen fungerar som tänkt, får du istället kostnaden för att byta alla fyra däcken samtidigt!

Peta bort alla spikar eller stenar som fastnar i däckmönstret innan de tränger igenom däcket och orsakar punktering. Om du drar ut en spik och upptäcker att däcket har punkterats, bör du sätta tillbaka spiken för att märka ut hålets plats. Byt sedan omedelbart däcket och låt en däckverkstad laga punkteringen.

Kontrollera regelbundet om det finns rispor eller bulor på däcken, framför allt på sidorna. Skruva bort hjulen med jämna mellanrum och rengör dem på ytter- och innersidorna. Undersök hjulfälgarna efter rost, korrosion eller andra skador. Hjul med lättmetallfälgar skadas lätt av trottoarkanten vid parkering. Stålfälgar kan också få hack och bucklor. En ny fälg är ofta enda lösningen på svårare skador.

Nya däck ska i allmänhet ha balanserats vid monteringen, men det kan bli nödvändigt att balansera om dem när de slits, eller om balansvikterna på fälgkanten lossnar. Obalanserade däck slits snabbare, och sliter också mer på styrningen och fjädringen. Obalans i däcken märks vanligen på vibrationer, särskilt vid en viss hastighet (ofta ungefär 80 km/h). Om vibrationerna bara känns i ratten, är det troligen bara framhjulen som behöver balanseras. Känns vibrationerna däremot i hela bilen kan det vara bakhjulen som är obalanserade. Hjulbalanseringen bör utföras av en däck- eller bilverkstad.

1 Mönsterdjup – okulärkontroll
Originaldäcken har slitageindikatorer som framträder som sammanhängande band (B) när mönsterdjupet slitits ner till ca 1,6 mm. Bandens lägen är utmärkta med trianglar på däckets kant (A).

2 Mönsterdjup – kontroll för hand
Mönsterdjupet går också att kontrollera med en enkel, billig, så kallad mönsterdjupsmätare.

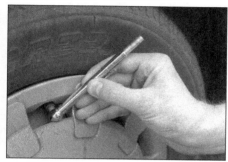

3 Kontroll av däcktrycket
Kontrollera regelbundet däcktrycket när däcken är kalla. Justera inte däcktrycket när bilen just har körts, eftersom inställningen då lätt blir felaktig.

Slitagemönster på däcken

Slitna däckskuldror

Otillräckligt lufttryck (slitage på båda sidorna)
För lågt lufttryck gör att däcket blir för varmt på grund av att det buktar sig för mycket. Däckets mönster får inte heller riktig kontakt med vägbanan. Det leder till försämrat väggrepp och kraftigt slitage, för att inte tala om risken för att däcket plötsligt brister på grund av överhettning.
Kontrollera och justera trycket
Felaktig cambervinkel (slitage på ena sidan)
Laga eller byt hjulupphängningen
Hård kurvtagning
Sänk farten!

Slitet mittparti

För högt lufttryck
För högt lufttryck leder till snabb förslitning av däckmönstrets mittparti, och dessutom försämrat väggrepp, stötigare gång och risk för att däcket exploderar.
Kontrollera och justera trycket

Om du skulle behöva höja däcktrycket till det högre värde som anges för maxlast eller för en längre tids höghastighetskörning, måste du komma ihåg att sänka trycket till det normala efteråt.

Ojämnt slitage

Framdäcken kan slitas ojämnt på grund av felaktig hjulinställning. De flesta däck- och bilverkstäder kan kontrollera och justera hjulinställningen till en rimlig kostnad.
Felaktig camber- eller castervinkel
Laga eller byt hjulupphängningen
Fel på hjulupphängningen
Laga eller byt hjulupphängningen
Obalanserat hjul
Balansera hjulet
Felaktig toe-in
Justera framhjulsinställningen
Observera: *Den nedslipade mönsterkant som är typisk för toe-in-slitage går lättast att känna med handen.*

Spolarvätskenivå*

*På modeller med strålkastarspolare används vindrutans spolarvätska även till strålkastarna.

● Spolarvätskekoncentrat rengör inte bara

rutan utan fungerar även som frostskydd så att spolarvätskan inte fryser under vintern, då den behövs som mest. Fyll inte på med enbart vatten eftersom spolarvätskan då späds ut och kan frysa.

Använd aldrig kylvätska i spolarsystemet. Det kan missfärga eller skada lacken.

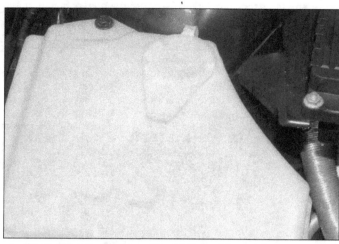

1 Spolarvätskebehållaren sitter i högra, främre hörnet av motorrummet. Nivån syns genom behållarväggen. Lyft upp locket om påfyllning krävs.

2 Vid påfyllning ska spolarvätskekoncentrat tillsättas enligt tillverkarens rekommendationer.

Torkarblad

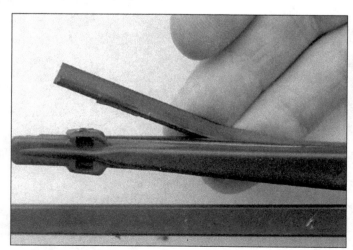

1 Kontrollera torkarbladens skick. Om de är spruckna eller ser slitna ut, eller om rutan inte torkas ordentligt, ska de bytas ut. Torkarbladen bör bytas varje år.

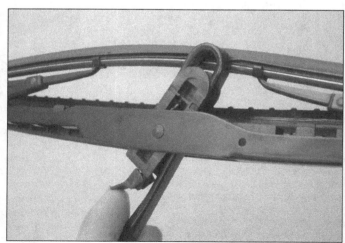

2 Ta bort ett torkarblad genom att lyfta upp torkararmen helt från rutan tills det tar stopp. Vinkla bladet 90°, tryck in låsfliken med fingrarna och dra ut bladet ur torkararmens krok.

Batteri

Varning: Läs säkerhetsföreskrifterna i "Säkerheten främst!" (i början av handboken) innan något arbete utförs på batteriet.

✔ Se till att batterilådan är i gott skick och att klämman sitter ordentligt. Rost på plåten, hållaren och batteriet kan avlägsnas med en lösning av vatten och bikarbonat. Skölj noggrant alla rengjorda delar med vatten. Alla rostskadade metalldelar ska först målas med en zinkbaserad grundfärg och sedan lackeras.

✔ Kontrollera regelbundet (ungefär var tredje månad) batteriets skick enligt beskrivningen i kapitel 5A.

✔ Om batteriet är urladdat och det behövs starthjälp för att starta bilen, se *Reparationer vid vägkanten.*

1 Batteriet sitter i det bakre, högra hörnet av bagageutrymmet. Vrid fästena 90° moturs, vik undan klädselpanelen från bagageutrymmets vänstra sida och lossa batterikåpan/förbandssatsfacket som sitter till höger i bagageutrymmet.

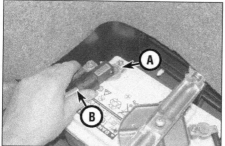

2 Kontrollera att batteriklämmorna (A) sitter ordentligt så att de elektriska anslutningarna fungerar. Det ska inte gå att rubba dem. Kontrollera även kablarna (B). Titta efter sprickor och skadade ledare.

Korrosion på batteriet kan minimeras genom att lite vaselin stryks på batteriklämmorna och polerna när de dragits åt.

3 Om du ser korrosion (vita porösa avlagringar), ta bort batteripolernas kablar, rengör dem med en liten stålborste och sätt tillbaka dem. Biltillbehörsbutiker har ett särskilt verktyg för rengöring av batteripoler . . .

4 . . . och batteriets kabelklämmor

Elsystem

✔ Kontrollera alla yttre lampor samt signalhornet. Se aktuella avsnitt i kapitel 12 för närmare information om någon av kretsarna inte fungerar.

✔ Se över alla tillgängliga kontaktdon, kablar och kabelklämmor så att de sitter ordentligt och inte är skavda eller skadade.

Om bromsljus och körriktningsvisare behöver kontrolleras utan medhjälpare, backa upp mot en vägg eller garageport och slå på ljusen. Det reflekterade skenet visar om de fungerar eller inte.

1 Om enstaka körriktningsvisare, stoppljus, bromsljus eller strålkastare inte fungerar beror det antagligen på en trasig glödlampa som behöver bytas ut. Se kapitel 12 för mer information. Om inget av bromsljusen fungerar är det möjligt att kontakten är defekt (se kapitel 9).

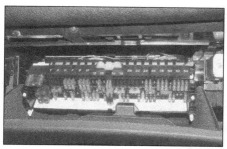

2 Om mer än en blinker eller ett bakljus inte fungerar, bör du kontrollera om en säkring gått eller ett fel uppstått i kretsen (se kapitel 12). Säkringarna sitter i säkringsdosan i handskfacket på passagerarsidan. Vilka kretsar som skyddas av vilka säkringar framgår av kortet i säkringsdosan. Öppna handskfacket, vrid fästena 90° moturs och sänk ner säkringsdosan från handskfackets övre vägg.

3 När du ska byta en trasig säkring drar du helt enkelt ut den och sätter dit en ny säkring med rätt kapacitet (se kapitel 12).
Om säkringen går sönder igen är det viktigt att du tar reda på varför – en fullständig kontrollprocedur finns beskriven i kapitel 12.

Smörjmedel och vätskor

Motor

Motorer av typ M43TU, M52TU och M54	BMW long life-olja*. SAE 0W-40 eller SAE 5W-30 (helsyntetisk) till ACEA: A3/B3, API:SJ/CD, ECII
N42 "Valvetronic"-motorer	BMW long life-olja*. SAE 0W-30 (helsyntetisk) till ACEA: A3, API: SJ/CD, ECII
N46 motorer	BMW long life-olja*. SAE 5W/30 (helsyntetisk) till ACEA: A3, API SJ/CD, ECII
Kylsystem	Long life-frostskyddsvätska på etylenglykolbas*
Manuell växellåda	BMW Lifetime växellådsolja*
Automatväxellåda	BMW Lifetime växellådsolja*
Slutväxel	SAE 75W/90*
Bromssystem	Bromsvätska enligt DOT 4
Servostyrning	Dexron III*

*Hör vad din BMW-verkstad rekommenderar för märke och typ

Däcktryck

Rekommenderade däcktryck anges på en etikett i dörröppningen på förarsidan.

Kapitel 1
Rutinunderhåll och service

Innehåll

Svårighetsgrad

Enkelt, passar novisen med lite erfarenhet	**Ganska enkelt,** passar nybörjaren med viss erfarenhet 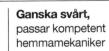	**Ganska svårt,** passar kompetent hemmamekaniker	**Svårt,** passar hemmamekaniker med erfarenhet	**Mycket svårt,** för professionell mekaniker

Smörjmedel och vätskor
Se *Veckokontroller* på sidan 0•17

Volymer

Motorolja (inklusive filter)
1796 cc motorer med 4 cylindrar (motorkod N42 och N46 B18)......	4,25 liter
1895 cc motorer med 4 cylindrar (motorkod M43TU B19)..........	4,0 liter
1995 cc motorer med 4 cylindrar (motorkod N42 B20).............	4,25 liter
6-cylindriga motorer (motorkod M52TU eller M54)...............	6,5 liter

Kylsystem
1796 cc motorer med 4 cylindrar (motorkod N42 och N46 B18)......	7,0 liter
1895 cc motorer med 4 cylindrar (motorkod M43TU B19)..........	6,0 liter
1995 cc motorer med 4 cylindrar (motorkod N42 och N46 B20)......	7,0 liter
6-cylindriga motorer (motorkod M52TU eller M54)...............	8,4 liter

Växellåda
Manuell växellåda:
5-växlad...	1,50 liter
6-växlad...	1,75 liter
Automatväxellåda.......................................	3,0 liter

Slutväxel
4-cylindriga modeller...................................	1,1 liter
6-cylindriga modeller...................................	1,7 liter

Servostyrning
Samtliga modeller (cirka)................................	1,5 liter

Bränsletank
Samtliga modeller (cirka)................................	65 liter

Kylsystem
Frostskyddsblandning:
50 % frostskyddsmedel..................................	Skydd ner till -30 °C

Observera: *Kontrollera tillverkarens senaste rekommendationer.*

Tändsystem
Tändstift:
Alla motorer utom N46..................................	Bosch FGR 7 DQP
N46 motorer..	Bosch FR7 KPP 332

Bromsar
Minsta tjocklek på bromsbelägg...........................	2,0 mm
Minsta tjocklek på handbromsbackarnas belägg...............	1,5 mm

Åtdragningsmoment
	Nm
Avtappningsplugg för motorolja:	
M12-plugg...	25
M18-plugg...	30
M22-plugg...	60
Hjulbultar..	100
Motorblockets avtappningsplugg för kylvätska...............	25
Tändstift:	
M12-gänga...	23
M14-gänga...	30

Alla modeller i E46 3-serien är utrustade med en serviceindikator mitt på instrumentpanelen. Där anges vilken typ av service som står på tur och hur lång körsträcka som återstår dit. När den sträckan minskat till noll visar displayen i stället hur långt bilen gått sedan servicen skulle ha utförts. Två typer av service indikeras, "Oljeservice" och "Inspektionsservice". Ytterligare information hittar du i instruktionsboken som medföljer bilen.

Inspektionsservicen kan vara av två slag, Inspektion I och Inspektion II – dessa ska utföras växelvis, med några extra moment tillagda vid varannan Inspektion II. Är du osäker på vilket inspektionsprogram som utfördes senast så börja med Inspektion II (inklusive extramomenten).

För att återställa serviceindikatorn krävs ett BMW-serviceverktyg. Eftermarknadsalternativ till BMW-verktyget tillverkas av flera större verktygsproducenter och finns i välsorterade biltillbehörsbutiker.

Var 400:e km eller en gång i veckan
☐ Se Veckokontroller

Oljeservice
☐ Byt motoroljan och filtret (avsnitt 3)
☐ Återställ serviceindikatorn (avsnitt 4)
☐ Kontrollera bromsbeläggens tjocklek på frambromsarna (avsnitt 8)
☐ Kontrollera bromsbeläggens tjocklek på bakbromsarna (avsnitt 9)
☐ Kontrollera handbromsens funktion (avsnitt 10)
☐ Byt pollenfiltret (avsnitt 14)

Inspektion I
☐ Byt motoroljan och filtret (avsnitt 3)
☐ Återställ serviceindikatorn (avsnitt 4)
☐ Kontrollera ev. vätskeläckage från alla komponenter och slangar i motorrummet (avsnitt 5)
☐ Kontrollera drivremmarnas skick och justera/byt vid behov (avsnitt 6)
☐ Kontrollera att styrningens och fjädringens komponenter är i gott skick och sitter ordentligt (avsnitt 7)
☐ Kontrollera bromsbeläggens tjocklek på frambromsarna (avsnitt 8)
☐ Kontrollera bromsbeläggens tjocklek på bakbromsarna (avsnitt 9)
☐ Kontrollera handbromsens funktion (avsnitt 10)
☐ Kontrollera avgassystemet och dess fästen (avsnitt 11)
☐ Kontrollera säkerhetsbältenas skick och funktion (avsnitt 12)
☐ Smörj alla gångjärn och lås (avsnitt 13)
☐ Byt pollenfiltret (avsnitt 14)
☐ Kontrollera strålkastarinställningen (avsnitt 15)
☐ Kontrollera funktionen hos vindrute-/strålkastarspolarsystemet (efter tillämplighet) (avsnitt 16)
☐ Kontrollera motorstyrningssystemet (avsnitt 17)
☐ Utför ett landsvägsprov (avsnitt 18)

Inspektion II
Utför alla åtgärder som hör till Inspektion I, samt följande:
☐ Återställ serviceindikatorn (avsnitt 4)
☐ Byt tändstiften (avsnitt 19)
☐ Byt luftfiltret (avsnitt 20)
☐ Kontrollera drivaxeldamaskernas skick (avsnitt 21)
☐ Kontrollera skicket på handbromsbackarnas belägg (avsnitt 22)

Varannan Inspektion II
☐ Byt bränslefiltret (avsnitt 23)

Vartannat år
Observera: *BMW anger att följande ska utföras oavsett körsträcka:*
☐ Byt bromsvätskan (avsnitt 24)

Vart fjärde år
Observera: *BMW anger att följande ska utföras oavsett körsträcka:*
☐ Byt kylvätskan (avsnitt 25)

Översikt över motorrummet på en 2,0-litersmodell (N42-motor)

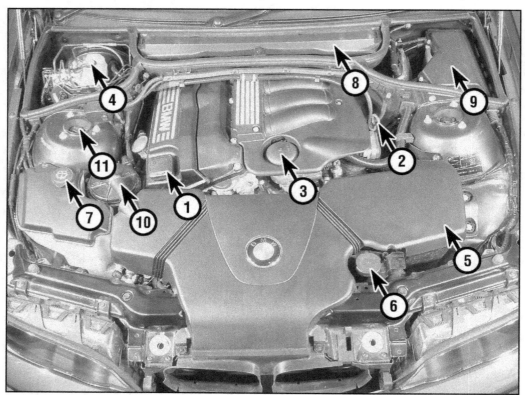

1   Påfyllningslock för
    motorolja
2   Mätsticka för motorolja
3   Oljefilterkåpa
4   Broms- och kopplings-
    vätskebehållare
5   Luftrenarhus
6   Expansionskärl för
    kylvätska
7   Spolarvätskebehållare
8   Pollenfilterkåpa
9   Motorns eldosa
10 Sekundär luftinsprut-
    ningspump
11 Övre fjäderbensfäste

Översikt över motorrummet på en 2,5-litersmodell (M54-motor)

1   Påfyllningslock för
    motorolja
2   Mätsticka för motorolja
3   Oljefilterkåpa
4   Broms- och kopplings-
    vätskebehållare
5   Luftrenarhus
6   Expansionskärl för
    kylvätska
7   Spolarvätskebehållare
8   Pollenfilterkåpa
9   Motorns eldosa
10 Övre fjäderbensfäste

Översikt över det främre underredet (2,0-litersmodell – övriga modeller snarlika)

1 Sumpens oljeavtapp-
   ningsplugg
2 Avtappningsplugg för
   manuell växellåda
3 Påfyllnings-/nivåplugg till
   manuell växellåda
4 Främre avgasrör
5 Framfjädringens nedre
   länkarm
6 Främre bromsok
7 Kuggstång
8 Krängningshämmare
9 Avtappningsplugg för
   kylvätska

Översikt över det bakre underredet (2,0-litersmodell – övriga modeller snarlika)

1 Bränsletank
2 Bakre avgasrör
3 Slutväxel
4 Länkarm till fjädring
5 Nedre länkarm till fjädring
6 Stötdämpare
7 Drivaxel
8 Krängningshämmare
9 Kolfilter

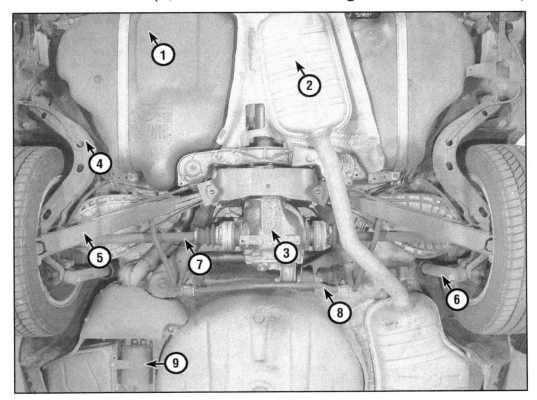

1 Inledning

1 Syftet med det här kapitlet är att hjälpa hemmamekaniker att underhålla sina bilar för att de ska få så bra säkerhet, driftekonomi, livslängd och prestanda som möjligt.
2 Kapitlet innehåller ett underhållsschema samt avsnitt som i detalj behandlar posterna i schemat. Bland annat behandlas åtgärder som kontroller, justeringar och byte av delar. På de tillhörande bilderna av motorrummet och bottenplattan visas de olika delarnas placering.
3 Serviceindikatorn och de följande avsnitten ger dig ett tydligt underhållsprogram som, om du följer det, bidrar till att din bil fungerar både länge och säkert. Underhållsprogrammet är heltäckande, så om man väljer att bara underhålla vissa delar, men inte andra, vid de angivna intervallen går det inte att garantera samma goda resultat.
4 Under arbetet med bilen kommer du att upptäcka att många arbeten kan – och bör – utföras samtidigt, antingen för att en viss typ av åtgärd ska utföras eller för att två separata komponenter råkar sitta nära varandra. Om bilen lyfts av någon orsak kan t.ex. kontroll av avgassystemet utföras samtidigt som styrning och fjädring kontrolleras.

5 Det första steget i underhållsprogrammet består av förberedelser innan arbetet påbörjas. Läs igenom relevanta avsnitt, gör sedan upp en lista på vad som behövs och skaffa fram verktyg och delar. Om problem uppstår, rådfråga en specialist på reservdelar eller vänd dig till återförsäljarens serviceavdelning.

2 Rutinunderhåll

1 Om underhållsschemat följs noga från det att bilen är ny och om vätske- och oljenivåerna och de delar som är utsatta för stort slitage kontrolleras enligt denna handboks rekommendationer, hålls motorn i bra skick och behovet av extra arbete minimeras.
2 Ibland går motorn dåligt på grund av bristande underhåll. Risken för detta ökar om bilen är begagnad och inte har fått regelbunden service. I sådana fall kan extra arbeten behöva utföras, utöver det normala underhållet.
3 Om motorn misstänks vara sliten ger ett kompressionsprov eller tryckförlustprov (se den relevanta delen av kapitel 2) värdefull information om de inre huvudkomponenternas skick. Ett kompressionsprov kan användas för att avgöra det kommande arbetets omfattning. Om provet avslöjar allvarligt inre slitage är det

slöseri med tid och pengar att utföra underhåll på det sätt som beskrivs i detta kapitel, om inte motorn först renoveras.
4 Följande åtgärder är de som oftast behövs för att förbättra effekten hos en motor som går dåligt:

I första hand

a) Rengör, kontrollera och testa batteriet (se "Veckokontroller").
b) Kontrollera alla motorrelaterade vätskor (se "Veckokontroller").
c) Kontrollera drivremmens skick och spänning (avsnitt 6).
d) Byt tändstiften (avsnitt 19).
e) Kontrollera luftfiltrets skick och byt vid behov (se avsnitt 20).
f) Kontrollera bränslefiltret (avsnitt 23).
g) Kontrollera att samtliga slangar är i gott skick och leta efter läckor (se avsnitt 5).
5 Om ovanstående åtgärder inte har någon inverkan ska följande åtgärder utföras:

I andra hand

Allt som anges under I första hand, plus följande:
a) Kontrollera laddningssystemet (se relevant del av kapitel 5).
b) Kontrollera tändsystemet (se relevant del av kapitel 5).
c) Kontrollera bränslesystemet (se relevant del av kapitel 4).

Inspektion I

3 Motorolja och filter – byte

1 Täta olje- och filterbyten är det viktigaste förebyggande underhåll en hemmamekaniker kan utföra. När motoroljan åldras blir den utspädd och förorenad, vilket leder till att motorn slits ut i förtid.
2 Innan du börjar arbetet plockar du fram alla verktyg och allt material som behövs. Se även till att ha gott om rena trasor och tidningar till hands för att torka upp eventuellt spill. Helst ska motoroljan vara varm, eftersom den då

rinner ut lättare och mer avlagrat slam följer med. Se dock till att inte vidröra avgassystemet eller andra heta delar vid arbete under bilen. Använd handskar för att undvika att skålla dig och för att skydda huden mot irriterande och på annat sätt skadliga föroreningar i begagnad motorolja. Det blir lättare att komma åt undersidan av bilen om den kan hissas upp med en lyft, köras upp på ramper eller lyftas med domkraft och ställas på pallbockar (se Lyftning och stödpunkter). Vilken metod du än väljer, se till att bilen står plant – eller om den lutar, att avtappningspluggen befinner sig vid sumpens lägsta punkt. Demontera stänkskyddet under motorn

om det behövs. På bilar med en främre förstärkningsplåt mellan framfjädringens nedre länkarmar, kommer man åt sumpens avtappningsplugg genom en borttagbar lucka i plåten (se bild).
3 Du hittar oljefilterhuset i motorrummet, på vänster sida av motorn, framför insugsgrenröret.
4 Linda en trasa kring husets nederdel för att suga upp eventuellt oljespill.
5 Skruva loss locket med hjälp av ett speciellt demonteringsverktyg av hylstyp och lyft ut filterpatronen. Det går också att skruva av locket med en bandnyckel eller annan universalavdragare (se bilder). När locket tas

3.2 Du kommer åt sumpens avtappningsplugg genom en lucka i förstärkningsplåten

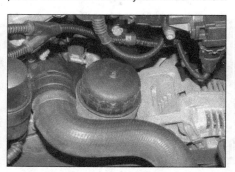

3.5a Oljefilterkåpa med skruvfattning

3.5b Använd ett oljefilterverktyg . . .

3.5c . . . eller bandnyckel

3.8 Montera nya O-ringar (se pilar) på skruvlocket

3.14 Kontrollera skicket på avtappningspluggens bricka

bort rinner oljan tillbaka från filterhuset till sumpen.

6 Ta loss O-ringarna från locket.

7 Torka av fogytorna på huset och locket med en ren trasa.

8 Montera nya O-ringar på locket **(se bild)**.

9 Sänk ner den nya filterpatronen i huset.

10 Stryk lite ren motorolja på O-ringarna, sätt tillbaka locket och dra åt det till 25 Nm om du använder det särskilda demonteringsverktyget, eller dra åt det ordentligt om du använder en bandnyckel.

11 Lossa sumpens avtappningsplugg ca ett halvt varv från undersidan av bilen **(se bild 3.2)**. Placera dräneringsbehållaren under dräneringspluggen och ta därefter bort pluggen helt. Försök att trycka pluggen in mot sumpen samtidigt som du skruvar loss den för hand de sista varven.

12 Ta vara på oljepluggens tätningsbricka.

13 Ge den gamla oljan tid att rinna ut, och observera att du kan behöva flytta på behållaren när oljeflödet minskar.

14 Torka av avtappningspluggen med en ren trasa när all olja har runnit ut. Kontrollera tätningsbrickans skick och byt den om det behövs. Rengör området kring oljeavtappningshålet och skruva sedan i och dra åt pluggen **(se bild)**.

15 Ta vara på den gamla oljan och alla verktyg som ligger under bilen. Sänk sedan ner bilen till marken (om tillämpligt).

16 Ta bort oljestickan och skruva sedan av påfyllningslocket från ventilkåpan. Fyll på motorn med olja av rätt typ och kvalitet (se *Veckokontroller*). En oljekanna med pip eller en tratt kan bidra till att minska spillet. Häll i hälften av den angivna mängden först och vänta sedan några minuter tills oljan har samlats i sumpen. Fortsätt fylla på små mängder i taget tills nivån når det nedre märket på mätstickan. Fyll slutligen på upp till den övre markeringen på oljestickan. Sätt tillbaka oljestickan och påfyllningslocket.

17 Starta motorn och låt den gå några minuter. Leta efter läckor runt oljefiltrets tätning och sumpens avtappningsplugg. Observera att det kan ta ett par sekunder innan oljetryckslampan släcks sedan motorn startats första gången efter ett oljebyte. Detta beror på att oljan cirkulerar runt

i kanalerna och det nya filtret innan trycket byggs upp.

18 Stäng av motorn och vänta ett par minuter på att oljan ska rinna tillbaka till sumpen. Kontrollera oljenivån igen när den nya oljan har cirkulerat och filtret är fullt. Fyll på mer olja om det behövs.

19 Ta hand om det använda oljefiltret och motoroljan enligt gällande miljöbestämmelser, se *Allmänna reparationsanvisningar* i kapitlet *Referens* i den här handboken.

4 Serviceindikator – återställning

1 BMW E46 3-serien modeller är utrustade med en cirkulär diagnostik uttag under huven, eller en 16-polig diagnostik uttag i förarens fotutrymme. Serviceintervallens återställning förfarande beror på vilken uttag är monterad. Fortsätt enligt beskrivningen under relevant rubrik.

Uttag under huven

Observera: *Nedanstående gäller om du använder det speciella BMW-serviceverktyget och adaptern. Se tillverkarens anvisningar om du använder ett eftermarknadsverktyg.*

2 Stäng av tändningen, skruva av locket från diagnosuttaget i motorrummet och stick in BMW:s verktyg 62 1 110 för återställning av serviceindikatorn **(se bild)**.

3 Kontrollera att alla elektriska förbrukare är avstängda och slå sedan på tändningen. **Observera:** *Starta inte motorn.*

4 För att återställa Oljeservice, tryck på den gula knappen och håll den intryckt. Den gröna lampan tänds. Efter ca 3 sekunder tänds den gula lampan och lyser i ca 12 sekunder innan den släcks.

5 För att återställa Inspektionsservice, tryck på den röda inspektionsknappen och håll den intryckt. Den gröna lampan (funktionskontroll) tänds. Efter ca 3 sekunder tänds även den röda lampan och lyser i ca 12 sekunder innan den släcks. Släpp inspektionsknappen. Den gröna lampan (funktionskontroll) släcks.

6 Om klocksymbolen (årlig service) tändes

samtidigt som oljeservice- eller inspektionsindikatorn, ska du vänta 20 sekunder och sedan upprepa åtgärden under punkt 4.

7 Stäng av tändningen och ta bort återställningsverktyget och adaptern från diagnosuttaget.

8 Slå på tändningen och kontrollera att serviceindikatorn har återställts.

Uttag i fotutrymmet

9 Sätt in startnyckeln och vrid den till läge 0.

10 Tryck in och håll trippmätarknappen, vrid sedan nyckeln till läge 1.

11 Håll knappen intryckt i ungefär fem sekunder tills displayen visar antingen "Oil service" eller "Inspection" tillsammans med "Reset" eller "Re", släpp sedan knappen.

12 Tryck in trippmätarknappen igen och håll in den tills displayen blinkar "Reset" eller "Re", släpp sedan.

13 Tryck in och håll trippmätarknappen igen i ungefär fem sekunder. Displayen visar intervallet till näste service.

14 Släpp trippmätarknappen, sedan tryck den in igen tills displayen blinkar "Reset" eller "Re".

15 Släpp trippmätarknappen, sedan tryck och släpp den igen. Displayen visar ny serviceintervallet.

16 Efter att tillfälligt ha visat det nya intervallet kommer displayen att visa "End SIA" i ungefär två sekunder. Detta indikerar att justeringen av serviceintervall (Service Interval Adjustment) har slutförts. Slå av tändningen för att fullfölja momentet.

4.2 Skruva av locket från motorns diagnosuttag (se pil)

En läcka i kylsystemet syns normalt som vita eller rostfärgade avlagringar runt läckan.

5 Slangar och vätskeläckage – kontroll

1 Undersök motorns fogytor, packningar och tätningar och leta efter tecken på vatten- eller oljeläckage. Var särskilt noga med områdena runt ventilkåpans, topplockets, oljefiltrets och sumpens fogytor. Tänk på att det med tiden är naturligt med en viss genomsippring i dessa områden. Sök efter tecken på allvarligt läckage **(se Haynes tips)**. Om ett läckage påträffas, byt den defekta packningen eller tätningen enligt beskrivning i relevant kapitel i denna handbok.

2 Kontrollera också att alla motorns rör och slangar sitter ordentligt fast och är i gott skick. Se till att alla buntband och fästklämmor sitter på plats och är i gott skick. Trasiga eller saknade klämmor kan leda till nötning på slangar, rör eller kablage. Detta kan i sin tur leda till allvarligare fel i framtiden.

6.6 Vrid spännararmen med hjälp av en hylsa om den sexkantiga delen (A) och lås fast den med ett 4 mm borr (B)

3 Kontrollera kylar- och värmeslangarna noga utmed hela deras längd. Byt ut alla slangar som är spruckna, svullna eller visar tecken på åldrande. Sprickor syns bättre om man klämmer på slangen. Var extra noga med slangklämmorna som håller fast slangarna vid kylsystemets komponenter. Slangklämmor kan nypa hål på slangarna, så att det blir läckor i kylsystemet.

4 Undersök alla delar av kylsystemet (slangar, fogytor etc.) och leta efter läckor. Upptäcks något problem av den här typen hos någon del i systemet ska delen eller packningen bytas ut enligt beskrivningen i kapitel 3.

5 I förekommande fall, kontrollera att slangarna till automatväxeloljans kylare inte är spruckna eller verkar ha åldrats.

6 Hissa upp bilen och kontrollera att det inte finns hål, sprickor eller andra skador på bränsletanken eller påfyllningsröret. Anslutningen mellan påfyllningsröret och tanken är särskilt viktig. Ibland läcker ett påfyllningsrör av gummi eller en slang beroende på att slangklämmorna är för löst åtdragna eller att gummit åldrats.

7 Undersök noga alla gummislangar och

metallrör som leder från bränsletanken. Leta efter lösa anslutningar, åldrade slangar, veck på rör och andra skador. Var extra uppmärksam på ventilationsrör och slangar som ofta är krökta runt påfyllningsröret och kan bli igensatta eller hopklämda. Följ ledningarna som går till framvagnen och undersök dem noga hela vägen. Byt ut skadade delar vid behov.

8 Undersök noga bromsrören av metall som löper längs bilens underrede. Visar de tecken på allvarligare korrosionsangrepp eller skador måste de bytas.

9 Se efter i motorrummet att alla bränsleslangsanslutningar och rörskarvar håller tätt, och att bränsleslangarna och vakuumrören inte är klämda, nötta eller åldrade.

10 Kontrollera skicket på slangarna och rören till servostyrningsvätskan.

6 Drivremmar – kontroll och byte

Kontroll

1 Drivremmarnas funktion och struktur gör att de slits ut med tiden, så man bör därför undersöka dem med jämna mellanrum för att förebygga problem.

2 Antalet drivremmar på en enskild bil beror på vilka tillbehör som finns monterade. Drivremmar används till att driva kylvätskepumpen, generatorn, servostyrningspumpen och luftkonditioneringens kompressor.

3 Det går lättare att komma åt och undersöka drivremmarna om man först demonterar kylfläkten med viskokoppling och dess kåpa (där sådan finns) enligt kapitel 3.

4 Med motorn avstängd, leta efter sprickor och separerade skikt i drivremmen. Använd fingrarna (och vid behov en ficklampa) och undersök remmen i hela dess längd. Kontrollera också att remmen inte är fransig eller blanksliten. Båda sidor av remmen bör undersökas, vilket innebär att du måste vrida den för att komma åt att kontrollera undersidan. Om så krävs, vrid runt motorn med en nyckel eller hylsa mot vevaxelns remskivebult så att hela remmen kan kontrolleras.

M43TU 4-cylindriga motorer

AC-kompressor

5 Det går lättast att komma åt från undersidan av bilen. Vid behov, lyft upp framvagnen och ställ den på pallbockar (se *Lyftning och stödpunkter*). Skruva loss skruvarna och ta bort motorns undre skyddskåpa.

6 Grip om den sexkantiga delen med en hylsa eller nyckel och vrid spännararmen medurs så långt det går, så att remmens spänning släpper. Dra av remmen från remskivorna. Stick in ett 4 mm borr och lås armen **(se bild)**.

7 Lägg drivremmen runt remskivorna, håll tillbaka spännararmen med en nyckel eller hylsa runt sexkantsdelen och ta sedan bort borret och låt spännaren vrida sig och sträcka remmen **(se bild)**.

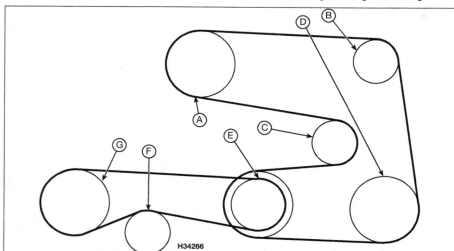

6.7 Drivremmarnas dragning – M43TU-motor

A Kylvätskepump	D Servostyrningspump	G AC-kompressor
B Generator	E Vevaxel	
C Spännare	F Spännare	

6.24 Vrid spännaren moturs och ta bort drivremmen

6.25 Lås fast spännaren med ett metallstift eller borr (se pil)

6.33 Vrid remskivan medurs för att trycka in spännaren

8 I förekommande fall, sätt tillbaka motorns undre skyddskåpa och sänk ner bilen.

Kylvätskepump/generator/servostyrningspump (hydraulisk spännare)

9 I förekommande fall, demontera luftkonditioneringskompressorns drivrem enligt den tidigare beskrivningen i detta avsnitt.
10 Ska drivremmen återanvändas, bör du märka ut dess rotationsriktning innan den demonteras.
11 Demontera kylfläkten med viskokoppling och dess kåpa (om sådan finns) enligt beskrivningen i kapitel 3, så blir det lättare att komma åt.
12 Anteckna noga hur drivremmen löper innan du tar bort den.
13 Grip om spännarens tapp med en nyckel, tryck in spännarkolven (moturs) och dra av drivremmen från remskivorna.
14 Släpp spännaren när drivremmen tagits bort.
15 Om den gamla remmen ska sättas tillbaka, observera rotationsriktningsmärkningen som gjordes före demonteringen.
16 Tryck ihop spännaren igen och lägg remmen om remskivorna. Var noga med att den hamnar likadant som före demonteringen. Se till att remmen griper in som den ska i remskivornas spår.
17 Montera (i förekommande fall) kylfläkten med viskokoppling och dess kåpa enligt beskrivningen i kapitel 3.
18 I förekommande fall, montera luftkonditioneringskompressorns drivrem enligt den tidigare beskrivningen i detta avsnitt.

Kylvätskepump/generator/servostyrningspump (mekanisk spännare)

19 I förekommande fall, demontera luftkonditioneringskompressorns drivrem enligt den tidigare beskrivningen i detta avsnitt.
20 Om drivremmen ska återanvändas bör du märka ut dess rotationsriktning innan den demonteras.
21 Demontera kylfläkten med viskokoppling och dess kåpa (om sådan finns) enligt beskrivningen i kapitel 3, så kommer du åt bättre.
22 Anteckna noga hur drivremmen löper innan du tar bort den.
23 Där en sådan finns, bänd ut kåpan från mitten av spännarremskivan.
24 Grip om remskivebulten med en sexkants-

nyckel eller hylsa med förlängningsarm och vrid remskivearmen (moturs) så att spännaren trycks ihop. Dra av remmen från remskivorna **(se bild)**.
25 För att underlätta monteringen kan du trycka ihop spännaren helt och låsa den i intryckt läge genom att sticka in ett borr eller metallstift genom hålen i spännaren och fästplattan – spännarfjädern är kraftig, så det krävs ett starkt stift **(se bild)**.
26 Om den gamla remmen ska sättas tillbaka, observera rotationsriktningsmärkningen som gjordes före demonteringen.
27 Tryck in spännaren – om den inte redan är låst i hoptryckt läge – och lägg drivremmen om remskivorna på samma sätt som före demonteringen **(se bild 6.7)**. Se till att remmen griper in som den ska i remskivornas spår.
28 I förekommande fall, tryck samman spännaren så att låsstiftet blir obelastat, dra ut stiftet och släpp efter på spännaren.
29 I förekommande fall, montera kylfläkten med viskokoppling och dess kåpa enligt beskrivningen i kapitel 3.
30 I förekommande fall, montera luftkonditioneringskompressorns drivrem enligt den tidigare beskrivningen i detta avsnitt.

N42 och N46 4-cylindriga motorer

31 Öppna motorhuven. Bänd loss centrumsprinten och ta bort expandernitarna som håller fast luftintagets kåpa vid motorrummets framsida. Dra bort kåpan från luftfilterhuset och spolarbehållaren och lirka ut den ur motorrummet.

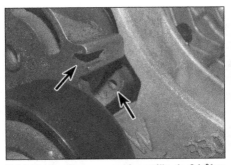

6.34 Vrid spännarremskivan tills de 2 hålen (se pilar) står mitt för varandra och lås den med ett stift/borr

32 Ska drivremmen återanvändas, bör du märka ut dess rotationsriktning innan den demonteras.
33 Vrid med hjälp av en nyckel eller hylsa spännarremskivan (medurs) så att spännaren trycks ihop. Dra av drivremmen från remskivorna **(se bild)**.
34 För att underlätta monteringen kan du trycka ihop spännaren helt och låsa den i intryckt läge genom att sticka in ett metallstift genom hålen i spännaren och fästplattan – spännarfjädern är kraftig, så det krävs ett starkt stift **(se bild)**.
35 Om den gamla remmen ska sättas tillbaka, observera rotationsriktningsmärkningen som gjordes före demonteringen.
36 Tryck in spännaren – om den inte redan är låst i hoptryckt läge – och lägg drivremmen om remskivorna på samma sätt som före demonteringen **(se bild)**. Se till att remmen griper in som den ska i remskivornas spår.
37 I förekommande fall, tryck samman spännaren så att låsstiftet blir obelastat, dra ut stiftet och släpp efter på spännaren.
38 Sätt tillbaka luftintagets kåpa.

6-cylindriga motorer

AC-kompressor

39 Det går lättast att komma åt från undersidan av bilen. Vid behov, lyft upp framvagnen och ställ den på pallbockar (se *Lyftning och stödpunkter*). Skruva loss skruvarna och ta bort motorns undre skyddskåpa.
40 På modeller med hydraulisk spännare, bänd loss kåpan från spännarremskivans mitt.

6.36 Anteckna hur drivremmen löper

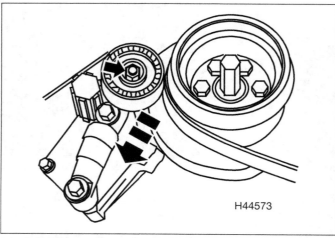

H44573

6.40 Sätt en sexkantshylsa mot remskivans mitt och vrid spännaren medurs (se pilar)

6.41 Vrid spännararmen medurs

6.48 Vrid spännaren medurs och ta bort drivremmen

6.50 Drivremmarnas dragning

Grip om spännarbulten med en sexkantshylsa med förlängningsskaft och vrid spännaren medurs **(se bild)**. Dra av remmen från remskivorna.
41 På modeller med mekanisk spännare, håll om sexkantsdelen på remskivearmen med en nyckel, vrid spännaren medurs och ta bort remmen från remskivorna **(se bild)**.
42 På alla modeller, tryck in spännaren så att drivremmen går att lägga om remskivorna och släpp sedan spännaren fri. Se till att remmen ligger rätt i remskivornas spår.
43 I förekommande fall, sätt tillbaka remskivekåpan och sänk ner bilen.

Kylvätskepump/generator/ servostyrningspump

44 I förekommande fall, demontera luft-konditioneringskompressorns drivrem enligt den tidigare beskrivningen i detta avsnitt.
45 Ska drivremmen återanvändas, bör du märka ut dess rotationsriktning innan den demonteras.
46 Demontera kylfläkten med viskokoppling och dess kåpa (om sådan finns) enligt beskrivningen i kapitel 3, så blir det lättare att komma åt.
47 Anteckna noga hur drivremmen löper innan du tar bort den.
48 Håll den sexkantiga delen på remskive-armen med en nyckel, vrid spännaren med-

urs och ta bort remmen från remskivorna **(se bild)**.
49 Om den gamla remmen ska sättas tillbaka, observera rotationsriktningsmärkningen som gjordes före demonteringen.
50 Tryck ihop spännaren och lägg remmen om remskivorna. Var noga med att den hamnar likadant som före demonteringen. Se till att remmen hamnar på rätt sätt i remskivornas spår **(se bild)**.
51 Om tillämpligt, montera kylfläkten med viskokoppling och dess kåpa enligt kapitel 3.
52 I förekommande fall, montera luft-konditioneringskompressorns drivrem enligt den tidigare beskrivningen i detta avsnitt.

7.4 Kontrollera om navlagren är slitna genom att ta tag i hjulet och försöka vicka på det

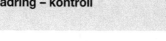

7 Styrning och fjädring – kontroll

Framfjädring och styrning

1 Ställ framvagnen på pallbockar (se *Lyftning och stödpunkter*).
2 Kontrollera ledernas dammskydd och styr-växelns damasker. De får inte vara skavda, spruckna eller ha andra defekter. Slitage på någon av dessa delar medför att smörjmedel läcker ut och att smuts och vatten kan komma in, vilket snabbt sliter ut styrlederna eller styrväxeln.
3 Kontrollera servostyrningens vätskeslangar och leta efter tecken på skavning och åldrande. Undersök rör- och slanganslutningarna med avseende på vätskeläckage. Leta även efter läckor under tryck från styrväxelns gummi-damask, vilket indikerar trasiga tätningar i styrväxeln.
4 Ta tag i hjulet upptill och nedtill och försök rucka på det **(se bild)**. Ett ytterst litet spel kan märkas, men om rörelsen är stor krävs en närmare undersökning för att fastställa orsaken. Fortsätt rucka på hjulet medan en medhjälpare trycker på bromspedalen. Om spelet försvinner eller minskar markant är det troligen fråga om ett defekt hjullager. Om spelet finns kvar när bromsen är nedtryckt rör det sig om slitage i fjädringens leder eller fästen.
5 Fatta sedan tag i hjulet på sidorna och försök rucka på det igen. Märkbart spel beror antingen på slitage på hjullager eller på styrstagets styrleder. Om den inre eller yttre styrleden är sliten syns rörelsen tydligt.
6 Leta efter glapp i fjädringsfästenas buss-ningar genom att bända mellan relevant komponent och dess fästpunkt med en stor skruvmejsel eller ett plattjärn. En viss rörelse är att vänta eftersom bussningarna är av gummi, men eventuellt större slitage visar sig tydligt. Kontrollera även de synliga

gummibussningarnas skick och leta efter bristningar, sprickor eller föroreningar i gummit.

7 Ställ bilen på marken och låt en medhjälpare vrida ratten fram och tillbaka ungefär en åttondels varv åt vardera hållet. Det ska inte finnas något, eller bara ytterst lite, spel mellan rattens och hjulens rörelser. Syna i annat fall noga de leder och fästen som beskrivits tidigare. Kontrollera också om rattstångens universalknutar är slitna, samt själva kuggstångsväxeln.

Fjäderben/stötdämpare

8 Leta efter tecken på vätskeläckage kring fjäderben/stötdämpare, eller från gummidamasken runt kolvstången. Om det finns spår av olja är fjäderbenet/stötdämparen defekt och ska bytas. **Observera:** *Fjäderben/ stötdämpare ska alltid bytas parvis på samma axel.*

9 Kontrollera funktionen hos fjäderben/ stötdämpare genom att trycka ner bilens hörn, ett i taget. I normala fall ska bilen återta planläge och stanna efter en nedtryckning. Om den fjädrar upp och studsar tillbaka är troligen stötdämparen defekt. Undersök även om fjäderbenets/stötdämparens övre och nedre fästen visar tecken på slitage.

8 Främre bromsbelägg – kontroll

1 Dra åt handbromsen och ställ framvagnen på pallbockar (se *Lyftning och stödpunkter*). Ta bort framhjulen.
2 För en fullständig kontroll bör bromsbeläggen demonteras och rengöras. Funktionen hos bromsoket går också att kontrollera, och själva bromsskivan går att undersöka fullständigt på båda sidor. Se kapitel 9 för ytterligare information.
3 Om något av beläggen är nedslitet till toleransgränsen eller ännu mer, *måste alla fyra beläggen bytas samtidigt.*

9 Bakre bromsbelägg – kontroll

1 Klossa framhjulen, lyft sedan upp bakvagnen med hjälp av en domkraft och stötta den på pallbockar (se *Lyftning och stödpunkter*). Ta bort bakhjulen.
2 Du kan göra en snabbkontroll av varje bromsbeläggs tjocklek genom ovansidan av bromsoket. Om något av beläggen är nedslitet till toleransgränsen eller ännu mer, måste alla fyra beläggen bytas samtidigt.
3 För en fullständig kontroll bör bromsbeläggen demonteras och rengöras. Då går funktionen hos bromsoket att kontrollera, och

11.2 Kontrollera skicket på avgassystemets fästen

själva bromsskivan kan undersökas fullständigt på båda sidor. Se kapitel 9 för ytterligare information.

10 Handbroms – kontroll

Kontrollera handbromsen och justera den vid behov enligt beskrivningen i kapitel 9. Kontrollera att handbromsvajrarna kan röra sig fritt och smörj alla friliggande länkarmar/ svängtappar till vajrarna.

11 Avgassystem – kontroll

1 När motorn är kall (vänta minst en timme efter att bilen körts), kontrollera hela avgassystemet från motorn till det bakre avgasrörets ände. Avgassystemet kontrolleras enklast med bilen upphissad på en lyft, eller ställd på pallbockar, så att avgassystemets delar går lätt att se och komma åt.
2 Kontrollera om avgasrör eller anslutningar visar tecken på läckage, allvarlig korrosion eller andra skador. Se till att alla fästbyglar och fästen är i gott skick och att relevanta muttrar och bultar är ordentligt åtdragna **(se bild)**. Läckage i någon fog eller annan del visar sig vanligen som en sotfläck i närheten av läckan.

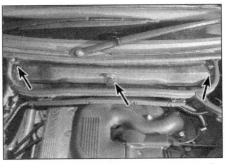
14.1a Vrid de 3 fästklämmorna (se pilar) moturs . . .

3 Skrammel och andra missljud kan ofta härledas till avgassystemet, speciellt fästen och gummiupphängningar. Försök att rubba rör och ljuddämpare. Om det går att få delarna att nudda vid underredet eller fjädringen, bör systemet förses med nya fästen. Man kan också sära på fogarna (om det går) och vrida rören så att de får tillräckligt stort avstånd.

12 Säkerhetsbälte – kontroll

1 Undersök bältesväven noga och leta efter revor, uppfransningar och tecken på allvarligt åldrande. Är säkerhetsbältet av rulltyp drar du ut det helt, så att hela bältesväven kan undersökas.
2 Spänn fast bilbältet och öppna det igen, kontrollera att bältesspännet sitter säkert och att det löser ut ordentligt när det ska. Om bältet är av rulltyp, kontrollera också att det rullas upp ordentligt när det släpps.
3 Kontrollera att de infästningar till säkerhetsbältena som är åtkomliga inifrån bilen, utan att klädsel eller andra detaljer behöver demonteras, sitter säkert.

13 Gångjärn och lås – smörjning

1 Smörj gångjärnen på motorhuv, dörrar och baklucka med en tunn smörjolja av universaltyp. Smörj på samma sätt alla reglar, lås och låsgrepp. Kontrollera samtidigt att alla lås fungerar och sitter ordentligt och justera dem vid behov (se kapitel 11).
2 Smörj motorhuvens upplåsningsmekanism och vajer med något lämpligt fett.

14 Pollenfilter – byte

1 Vrid de tre fästklämmorna längst bak i motorrummet 90° moturs och dra ut filterkåpan framåt **(se bilder)**.

14.1b . . . och ta bort filterkåpan

14.2 Ta ut pollenfiltret från huset

16.1 Rikta spolarmunstyckets stråle med en tunn nål eller ståltråd

2 Dra filtret uppåt-framåt och lirka ut det ur huset **(se bild)**.
3 Sätt i det nya filtret i huset och se till att det hamnar med rätt sida uppåt.
4 Sätt tillbaka filterkåpan och lås fast den med fästklämmorna.

15 Strålkastarinställning – kontroll

1 Noggrann inställning av strålkastarna kan bara göras med hjälp av optisk inställnings-utrustning, och bör därför överlåtas till en BMW-verkstad eller annan verkstad med erforderlig utrustning.
2 Grundläggande inställningar kan göras i en nödsituation. Närmare detaljer hittar du i kapitel 12.

16 Vindrute-/strålkastar-spolarsystem – kontroll

1 Kontrollera att inga spolarmunstycken är igensatta och att det kommer en kraftig stråle spolarvätska ur vart och ett av dem. Munstyckena bör vara inställda så att de siktar mot en punkt något ovanför mitten på vind-rutan/strålkastaren. Vindrutans spolarmun-stycken ger två strålar. Rikta in en av dem något ovanför mitten på vindrutan och den andra strax nedanför så att hela vindrutan täcks. Justera vid behov strålen med hjälp av en nål eller en bit tunn, styv ståltråd **(se bild)**. Var mycket noga med att inte skada vattenkanalerna i munstyckena.
2 Vid justering av strålkastarnas spolarmun-stycken krävs BMW:s specialverktyg 00 9 100.

17 Motorstyrningssystem – kontroll

1 Denna kontroll ingår i tillverkarens under-hållsschema. Den innebär provning av motor-styrningssystemet med speciell testutrustning som läser av alla felkoder som finns lagrade i den elektroniska styrenhetens minne.
2 Såvida inget fel misstänks, är denna kontroll inte nödvändig. Man ska dock veta att till-verkaren ändå rekommenderar den.
3 Har du inte tillgång till lämplig testutrustning så gör en noggrann kontroll av alla slangar, kablar och andra komponenter i tänd-, bränsle- och avgasreningssystemet och leta efter lösa anslutningar och tydliga tecken på skador. Närmare detaljer om bränsle- och avgasreningssystemet och tändsystemet finns i kapitel 4 och 5.

18 Landsvägsprov

Instrument och elektrisk utrustning

1 Kontrollera funktionen hos alla instrument och den elektriska utrustningen.
2 Kontrollera att instrumenten ger korrekt information och aktivera all elektrisk utrustning i tur och ordning för att kontrollera att den fungerar som den ska.

Styrning och fjädring

3 Kontrollera om bilen uppför sig normalt med avseende på styrning, fjädring, köregenskaper och vägkänsla.
4 Kör bilen och var uppmärksam på ovanliga vibrationer eller ljud.
5 Kontrollera att styrningen känns bra, utan överdrivet "fladder" eller kärvningar. Lyssna efter missljud från fjädringen vid kurvtagning och gupp.

Drivaggregat

6 Kontrollera att motorn, kopplingen (i före-kommande fall), växellådan och drivaxlarna fungerar.
7 Lyssna efter obekanta ljud från motorn, kopplingen och växellådan.
8 Kontrollera att motorn går jämnt på tomgång och att den inte "tvekar" vid acceleration.
9 Kontrollera, i förekommande fall, att kopplingen är mjuk och effektiv, att kraften tas upp mjukt och att pedalen inte har överdrivet långt slag. Lyssna även efter missljud när kopplingspedalen är nedtryckt.
10 På modeller med manuell växellåda, kontrollera att alla växlar går i mjukt, utan missljud och att växelspakens rörelse är mjuk och inte onormalt obestämd eller ryckig.
11 På modeller med automatväxellåda kontrollerar du att alla växlingar är ryckfria och mjuka och att motorvarvet inte ökar mellan växlarna. Kontrollera att alla växelpositioner kan väljas när bilen står stilla. Eventuella problem bör åtgärdas av en BMW-verkstad eller annan specialist med lämplig utrustning.

Bromssystem

12 Kontrollera att bilen inte drar åt ena hållet vid inbromsning och att hjulen inte låser sig vid hård inbromsning.
13 Kontrollera att ratten inte vibrerar vid inbromsning.
14 Kontrollera att parkeringsbromsen funge-rar ordentligt, utan för stort spel i spaken, och att den kan hålla bilen stilla i en backe.
15 Testa bromsservon på följande sätt. Med motorn avstängd, tryck ner bromspedalen fyra eller fem gånger för att häva vakuumet. Håll bromspedalen nedtryckt och starta sedan motorn. När motorn startar ska pedalen ge efter märkbart medan vakuumet byggs upp. Låt motorn gå i minst två minuter och stäng sedan av den. Om pedalen nu trycks ner igen ska ett väsande ljud höras från servon. Efter fyra eller fem nedtryckningar ska väsandet upphöra och motståndet i pedalen öka märkbart.

19.4 Dra av tändhatten från tändstiftet

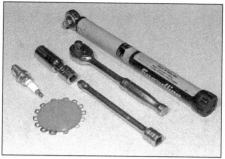

19.6 Verktyg för demontering/montering av tändstift och justering av elektrodavståndet

19.11 Mätning av elektrodavståndet med ett trådmått

Inspektion II

19 Tändstift – byte

Allmänt

1 Det är av avgörande betydelse att tänd-stiften fungerar som de ska för att motorn ska gå jämnt och effektivt. Det är mycket viktigt att de tändstift som används passar till motorn (lämplig typ anges i början av detta kapitel). Om rätt typ används och motorn är i bra skick ska tändstiften inte behöva åtgärdas mellan de schemalagda bytena. Rengöring av tändstift är sällan nödvändig och ska inte utföras utan specialverktyg eftersom det är lätt att skada elektrodernas spetsar.

M43TU 4-cylindriga motorer

2 Tändstiften sitter på höger sida av topp-locket.

3 Om du vill kan du skruva loss tändspolen från karossen och flytta den åt sidan för att komma åt bättre (se kapitel 5B om det behövs).

4 Skulle märkningen på de gamla tänd-kablarna inte gå att urskilja, får du märka dem 1 till 4 beroende på vilken cylinder de leder till (cylinder 1 sitter i samma ände av motorn som kamkedjan). Lossa tändkablarna från tänd-stiften genom att dra i tändhatten, inte i tändkabeln, i annat fall finns det risk för att kabelanslutningen lossnar (se bild).

5 Det är klokt att rengöra tändstiftsbrunnarna med ren borste, dammsugare eller tryckluft innan tändstiften tas bort, så att smuts inte kan falla ner i cylindrarna.

6 Skruva loss tändstiften med hjälp av en tändstiftsnyckel, lämplig ringnyckel eller en djup hylsnyckel (se bild). Håll hylsan rakt riktad mot tändstiftet – om den tvingas åt sidan kan porslinsisolatorn brytas av. När ett stift har skruvats ur ska det undersökas enligt följande:

7 En undersökning av tändstiften ger en god indikation om motorns skick. Om isolatorns spets är ren och vit, utan avlagringar, indikerar detta en mager bränsleblandning eller ett stift med för högt värmetal (ett stift med högt värmetal överför värme långsammare från elektroden medan ett med lågt värmetal överför värmen snabbare).

8 Om isolatorns spets är täckt med en hård svartaktig avlagring, indikerar detta att bränsleblandningen är för fet. Om tändstiftet är svart och oljigt är det troligt att motorn är ganska sliten, förutom att bränsleblandningen är för fet.

9 Om isolatorns spets är täckt med en ljusbrun eller gråbrun beläggning är bränsle-blandningen korrekt och motorn sannolikt i god kondition.

10 När du köper nya tändstift är det viktigt att du får rätt tändstift för just din motor (se Specifikationer).

11 Om tändstiften har flera elektroder går det inte att justera avståndet mellan mittelektroden och jordelektroderna. På tändstift med enkel-elektroder, däremot, måste avståndet mellan jord- och mittelektroden vara korrekt. Är det för stort eller för litet försämras gnistans verkan avsevärt. Avståndet bör stämma med det värde som tändstiftstillverkaren anger (se bild).

12 För att justera ett tändstift med enkel-elektroder, mät först elektrodavståndet med ett bladmått och böj sedan den yttre elek-troden så att avståndet blir riktigt (se bild). Mittelektroden får inte böjas eftersom detta kan spräcka isolatorn och förstöra tändstiftet,

19.12 Mätning av elektrodavståndet med ett bladmått

eller ännu värre. Om bladmått används ska avståndet vara så stort att det rätta bladet precis ska gå att skjuta in.

13 Specialverktyg för justering av elektrod-avståndet finns att köpa i biltillbehörsaffärer eller från tändstiftstillverkaren.

14 Kontrollera att de gängade anslutnings-muffarna (högst upp på tändstiften) sitter ordentligt och att tändstiftens gängor och yttre ytor är rena, innan tändstiften ansluts. Det är ofta väldigt svårt att sätta tändstift på plats utan att förstöra gängorna. Detta kan undvikas genom att man sätter en kort bit gummislang över änden på tändstiftet (se Haynes tips).

15 Ta bort gummislangen (om du har använt en sådan) och dra åt stiftet till angivet moment (se Specifikationer) med hjälp av tändstifts-hylsan och en momentnyckel. Upprepa med de resterande tändstiften.

16 Anslut tändkablarna i rätt ordningsföljd och montera tillbaka tändspolen (där så är tillämpligt).

Det är ofta svårt att sätta tändstift på plats utan att förstöra gängorna. För att undvika detta, trä en kort gummi-/plastslang med en inre diameter på 8 mm på tändstiftets ände. Slangen hjälper till att rikta tändstiftet i hålet. Om tändstiftet börjar gänga snett, kommer slangen att glida på tändstiftet och förhindra att gängorna på topp-locket förstörs.

20.2 Lossa luftfilterkåpans 4 fästklämmor

20.3 Observera att gummitätningen på filtret ska vara uppåt

20.7 Skruva loss den ljuddämpande kåpans 2 skruvar (se pilar) (bara N42 motorer)

N42 och N46 4-cylindriga motorer

17 Tändstiften sitter under tändspolarna på höger sida av topplocket.
18 Demontera tändspolarna enligt beskrivningen i kapitel 5B.
19 Fortsätt enligt beskrivningen i punkt 5 till 15.
20 Sätt tillbaka tändspolarna enligt beskrivningen i kapitel 5B.

6-cylindriga motorer

21 Tändstiften sitter under tändspolarna mitt på topplocket.
22 Demontera tändspolarna (kapitel 5B).
23 Det är klokt att rengöra tändstiftsbrunnarna med en ren borste, dammsugare eller tryckluft

innan tändstiften tas bort, så att smuts inte kan falla ner i cylindrarna.
24 Skruva loss tändstiften med hjälp av en tändstiftsnyckel, lämplig ringnyckel eller en djup hylsnyckel **(se bild 19.6)**. Håll hylsan rakt riktad mot tändstiftet – om den tvingas åt sidan kan porslinsisolatorn brytas av.
25 Fortsätt enligt beskrivningen i punkt 7 till 15.
26 Demontera tändspolarna (se kapitel 5B).

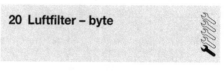

20 Luftfilter – byte

M43TU 4-cylindriga motorer

1 Luftrenarenheten sitter längst fram till vänster i motorrummet.

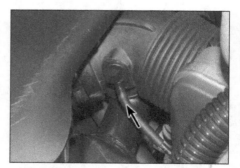

20.8 Koppla loss vakuumslangen från luftintagsslangen (se pil)

20.11 Skruva loss muttrarna och ta bort luftmassflödesgivaren

20.10 Skruva loss bultarna och ta bort kåpan

20.14 Se till att styrtapparna hakar i ordentligt

2 Lossa de fyra fästklämmorna och lyft av luftrenarkåpan **(se bild)**.
3 Lyft ut luftfiltret **(se bild)**.
4 Torka ur luftrenarhuset och kåpan.
5 Lägg det nya luftfiltret på plats, sätt tillbaka kåpan och fäst den med klämmorna.

N42 och N46 4-cylindriga motorer

6 Öppna motorhuven. Bänd loss centrumsprinten och ta bort expandernitarna som håller fast luftintagets kåpa vid motorrummets framsida. Dra bort kåpan från luftfilterhuset och spolarbehållaren och lirka ut den ur motorrummet.
7 Skruva loss de två skruvarna, lyft upp framkanten på motorns ljuddämpande kåpa och ta bort den **(se bild)**.
8 Koppla loss vakuumslangen från luftintags-slangen (bara N42 motorer), lossa slangklämman, skruva loss de två fästbultarna och lyft upp luftfilterhuset cirka 5 cm **(se bild)**. Koppla loss anslutnings-kontakten och lyft ut huset från motorrummet.
9 Lossa klämman, bänd bort fästklämman och koppla loss insugningsslangen och reso-nanskammaren från luftmassflödesgivaren.
10 Vänd på luftfilterhuset, skruva loss bultarna och ta bort kåpan **(se bild)**.
11 Skruva loss de två fästmuttrarna och ta bort luftmassflödesgivaren från luftfilterhuset **(se bild)**.
12 Dra ut luftfiltret ur huset.
13 Rengör luftfilterhuset från allt skräp.
14 Skjut det nya luftfiltret på plats, så att styrtapparna griper in som de ska i huset **(se bild)**.
15 Resten av monteringen utförs i omvänd ordningsföljd mot demonteringen.

6-cylindriga motorer

16 Luftrenarenheten sitter längst fram till vänster i motorrummet. På modeller med M54-motor: dra ut centrumsprintarna, bänd upp de tre plastnitarna och ta bort luftintags-kåpan från frontpanelens överdel **(se bild)**.

20.16 Dra ut centrumsprintarna, bänd upp expandernitarna och ta bort luftintags-kåpan (M54-motor)

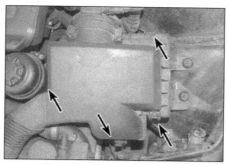

20.17 Lossa fästklämmorna (se pilar – M52TU-motor)

1 Lyft upp bilen på pallbockar och vrid sedan sakta runt bakhjulet. Undersök de yttre driv-knutarnas gummidamasker och kläm ihop damaskerna så att vecken öppnas **(se bild)**. Leta efter tecken på sprickor, revor och åldrat gummi som kan släppa ut fett och släppa in vatten och smuts i drivknuten. Kontrollera även damaskernas klämmor vad gäller åtdragning och skick. Upprepa dessa kontroller på de inre drivknutarna. Vid minsta tecken på skada bör damasken bytas (se kapitel 8).
2 Kontrollera samtidigt drivknutarnas skick genom att först hålla fast drivaxeln och sedan försöka snurra på hjulet. Upprepa kontrollen genom att hålla i den inre drivknuten och försöka rotera drivaxeln. Varje märkbar rörelse i drivknuten är ett tecken på slitage i drivknutarna, på slitna drivaxelsplines eller på att någon av drivaxelns fästmuttrar är lös.

20.18 Lyft ut filtret

21.1 Kontrollera drivaxeldamaskernas skick

17 På alla modeller: lossa fästklämmorna och dra ut luftfilterhållaren ur huset **(se bild)**.
18 Lyft ut luftfiltret **(se bild)**.
19 Torka ur luftrenarhuset och filterhållaren.

20 Lägg det nya luftfiltret på plats och skjut in filterhållaren i huset så att den låser fast.
21 Lås fästklämmorna och sätt tillbaka luft-intagskåpan (där så är tillämpligt).

Demontera de bakre bromsskivorna enligt instruktionerna i kapitel 9 och undersök om handbromsbackarnas belägg är slitna eller förorenade. Byt ut bromsbackarna om det behövs.

Varannan Inspektion II

23 Bränslefilter – byte

4-cylindriga motorer

1 Tryckavlasta bränslesystemet enligt beskriv-ningen i kapitel 4A.

2 Bränslefiltret sitter under bilen **(se bild)**.
3 Lyft upp bilen och ställ den stadigt på pallbockar (se *Lyftning och stödpunkter*). Lossa i förekommande fall skruvarna och ta bort växellådans undre skyddskåpa.
4 Om möjligt, kläm igen matnings- och returslangen för bränsle, så att bränslespillet minimeras när slangarna kopplas loss. Observera att på N42 och N46-modeller är

bränsle-returslangen ansluten till bränslefiltrets bakre ände och – eftersom bränsletrycksregulatorn är inbyggd i filtret – vakuumslangen från insugsgrenröret ansluten till filtrets främre ände.
5 Placera en behållare under filtret för att samla upp bränslespill. Anteckna slangarnas läge, lossa sedan slangklämmorna och koppla loss bränsleslangarna från filtret **(se bilder)**.

23.2 Bränslefiltret sitter under bilen

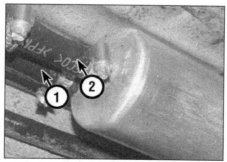

23.5a Lossa klämmorna och koppla loss slangarna från bakre . . .

1 Från bränsletanken
2 Bränsleretur (endast N42- och M54-motorer)

23.5b . . . och främre änden av filtret

3 Bränslematning till insprutningsventilerna
4 Regulatorns vakuumslang (endast N42, N46 och M54-motorer)

23.6 Lossa klämman och ta bort filtret

6 Lossa klämmuttern eller klämbulten tills det går att dra ut filtret ur dess hållarklämma **(se bild)**. Observera att bränsletrycksregulatorn

på N42-motorer är inbyggd i filtret och inte går att ta loss.
7 Monteringen utförs i omvänd ordningsföljd mot demonteringen, och så att flödesriktningspilen på filtret pekar i bränsleflödets riktning (dvs. mot motorn).

6-cylindriga motorer

8 Tryckavlasta bränslesystemet (kapitel 4A).
9 Bränslefiltret sitter i en hållarklämma som är fastskruvad i vänster chassibalk intill växellådan **(se bild 23.2)**.
10 Lyft upp bilen och ställ den stadigt på pallbockar (se *Lyftning och stödpunkter*). Demontera växellådans undre skyddskåpa.
11 På modeller med M54-motor: skruva loss

skruvarna och demontera kåpan från bränslefilter-/regulatorenheten.
12 På alla modeller: anteckna deras respektive lägen och kläm sedan igen slangarna till och från bränslefiltret. Lossa fästklämmorna och slangarna från filtret. Var beredd på spill.
13 På modeller med M54-motor: koppla loss vakuumröret från regulatorn **(se bild 23.5b)**.
14 På alla modeller: lossa filterklämmans bult eller mutter och dra loss filtret nedåt från bilens undersida.
15 Monteringen utförs i omvänd ordningsföljd mot demonteringen, och så att flödesriktningspilen på filtret pekar i bränsleflödets riktning (dvs. mot motorn). Avsluta med att trycksätta bränslesystemet enligt beskrivningen i kapitel 4A.

Vartannat år

24 Bromsvätska – byte

⚠ **Varning: Hydraulisk bromsvätska kan skada ögonen och bilens lack, så var ytterst försiktig vid hanteringen. Använd aldrig vätska som har stått i ett öppet kärl under en längre tid eftersom den absorberar fukt från luften. För mycket fukt i bromsvätskan kan medföra att bromseffekten minskar, vilket är livsfarligt.**
1 Tillvägagångssättet är detsamma som vid luftning av hydraulsystemet enligt beskrivningen i kapitel 9, frånsett att bromsvätskebehållaren först bör tömmas med en hävert.

Sätt igång flödet i häverten med en ren bollspruta eller liknande, och se till att den gamla bromsvätskan har någonstans att ta vägen när du luftar en del av kretsen.
2 Arbeta enligt beskrivningen i kapitel 9 och öppna den första luftningsskruven i ordningen, pumpa sedan försiktigt med bromspedalen tills nästan all gammal vätska runnit ut ur huvudcylinderbehållaren.
3 Fyll på vätska upp till MAX-nivån och fortsätt pumpa tills endast den nya vätskan återstår i behållaren och ny vätska rinner ut från avluftningsskruven. Dra åt skruven och fyll på behållaren till maxmarkeringen.
4 Gå igenom resterande avluftningsskruvar i ordningsföljd och pumpa till dess att ny olja kommer ur dem. Var noga med att alltid hålla

huvudcylinderbehållarens nivå över MIN-markeringen, annars kan luft tränga in i systemet och då ökar arbetstiden betydligt.

> **HAYNES TiPS** *Gammal hydraulvätska är vanligen mycket mörkare än ny, vilket gör det enkelt att skilja dem åt.*

5 Kontrollera att alla luftningsskruvar är ordentligt åtdragna och att dammkåporna sitter på plats när du är klar. Skölj bort alla spår av vätskespill och kontrollera huvudcylinderbehållarens vätskenivå.
6 Kontrollera bromsarnas funktion innan bilen körs igen.

Vart fjärde år

25 Kylvätska – byte

Tömning av kylsystemet

⚠ **Varning: Vänta tills motorn svalnat helt innan du börjar. Låt inte frostskyddsmedel komma i kontakt med huden eller lackerade ytor på bilen. Spola omedelbart bort eventuellt spill med stora mängder vatten. Lämna aldrig frostskyddsmedel i en öppen behållare, i en pöl på uppfarten eller på garagegolvet. Barn och husdjur kan lockas av den söta doften, och frostskyddsmedel är livsfarligt att förtära.**
1 När motorn är helt kall, täck över expansionskärlets lock med en trasa och vrid långsamt locket moturs för att avlasta trycket i

kylsystemet (det kan höras ett väsande ljud). Efter det att trycket i systemet försvunnit, fortsätt att vrida locket tills det går att ta bort.
2 Lossa luftningsskruven på ovansidan av slangarnas grenrör ovanför expansionskärlet.

På vissa modeller finns även en luftningsskruv intill oljefilterkåpan **(se bilder)**.
3 Lossa fästskruvarna/fästklämmorna och ta bort den undre täckkåpan från undersidan av bilen **(se bild)**.

25.2a Skruva loss luftningsskruven (se pil)

25.2b På vissa modeller sitter det ytterligare en luftningsskruv intill oljefilterkåpan (se pil)

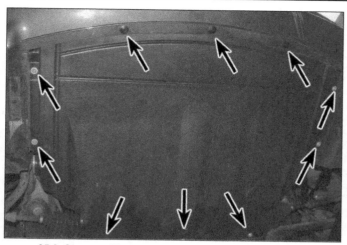

25.3 Skruvar till motorns undre skyddskåpa (se pilar)

25.4a Öppna expansionskärlets avtappningsplugg (se pil) . . .

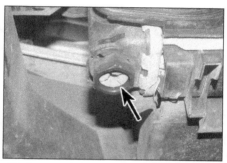

25.4b . . . och kylarens avtappningsplugg

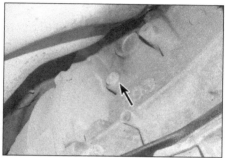

25.5a Motorblockets avtappningsplugg sitter på höger sida (se pil)

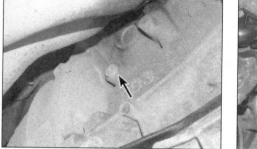

25.5b På 4-cylindriga N42 och N46-motorer har motorblocket ytterligare en avtappningsplugg på vänster sida (se pil – motorn är demonterad för tydlighets skull)

4 Ställ ett lämpligt kärl under avtappningspluggarna längst ner på kylaren och på expansionskärlet. Skruva loss avtappningspluggarna och låt kylvätskan rinna ut i kärlet **(se bilder)**.

5 För att tömma systemet fullständigt måste du också skruva loss avtappningspluggen på höger sida av motorblocket och låta resten av kylvätskan rinna ut i kärlet. På 4-cylindriga N42 och N46-motorer sitter ytterligare en avtappnings-plugg på vänster sida av motorblocket **(se bilder)**.

6 Om kylvätskan har tömts av någon annan anledning än byte kan den återanvändas (även om det inte rekommenderas), förutsatt att den är ren och mindre än två år gammal.

7 Sätt tillbaka luftningsskruven på slangarnas grenkoppling när all kylvätska tappats av. Sätt i motorblockets avtappningsplugg med en ny tätningsbricka och dra åt den till angivet moment.

Spolning av kylsystem

8 Om kylvätskebyte inte utförts regelbundet eller om frostskyddet spätts ut, kan kylsystemet med tiden förlora i effektivitet på grund av att kylvätskekanalerna sätts igen av rost, kalkavlagringar och annat sediment.

Kylsystemets effektivitet kan återställas genom att systemet spolas rent.

9 För att slippa onödiga föroreningar bör kylaren spolas losskopplad från motorn.

Kylarspolning

10 Börja med att koppla loss den övre och nedre kylvätskeslangen och alla andra relevanta slangar från kylaren enligt beskrivningen i kapitel 3.

11 Stick in en trädgårdsslang i det övre kylarinloppet. Spola rent vatten genom kylaren och fortsätt spola tills rent vatten kommer ut från kylarens nedre utsläpp.

12 Om det efter en rimlig tid fortfarande inte kommer ut rent vatten kan kylaren spolas ur med kylarrengöringsmedel. Det är viktigt att spolmedelstillverkarens anvisningar följs noga. Är föroreningarna riktigt envisa, kan du sticka in slangen i utloppet längst ner på kylaren och backspola den.

Motorspolning

13 För att spola motorn, demontera termostaten enligt beskrivningen i kapitel 3 och sätt sedan tillbaka termostatkåpan provisoriskt.

14 Lossa de övre och nedre kylarslangarna från kylaren och stick in en trädgårdsslang i den övre kylarslangen. Spola rent vatten

genom motorn och fortsätt spola tills rent vatten kommer ut från kylarens nedre slang.

15 När spolningen är avslutad, montera tillbaka termostaten och anslut slangarna enligt beskrivningen i kapitel 3.

Kylsystem – påfyllning

16 Innan du försöker fylla på kylsystemet bör du se till att alla slangar och klämmor är i gott skick, samt att klämmorna sitter hårt fast och kylarens och motorblockets avtappningspluggar är ordentligt åtdragna. Observera att frostskyddsmedel ska användas året runt för att förhindra korrosion i motorns inre delar (se följande underavsnitt).

17 Lossa luftningsskruven/skruvarna **(se bild 25.2a och 25.2b)**.

18 Slå på tändningen, ställ värmereglaget på max. och fläkthastigheten på "låg". Detta gör att värmeventilerna öppnas.

19 Ta bort expansionskärlets påfyllningslock. Fyll systemet genom att långsamt hälla kylvätska i expansionskärlet så att inga luftfickor bildas.

20 Ska kylvätskan bytas, så börja med att hälla i ett par liter vatten, därefter den föreskrivna mängden frostskyddsmedel och slutligen mer vatten tills systemet är fullt.

21 Dra åt kylarens luftningsskruv(ar) när det kommer ut kylvätska utan luftbubblor.

22 När nivån i expansionskärlet börjar stiga, kan du hjälpa till att driva ut eventuella luftfickor i systemet genom att klämma på den övre och nedre kylarslangen. Fyll på kylvätska till MAX-märket och sätt tillbaka expansionskärlets lock när all luft väl drivits ut.

23 Starta motorn och låt den gå tills den uppnått normal arbetstemperatur. Stäng sedan av den och låt den svalna.

24 Leta efter läckor, särskilt vid komponenter som rubbats. Kontrollera kylvätskenivån i expansionskärlet och fyll på mer vätska om det behövs. Observera att systemet måste svalna innan nivån som syns i expansionskärlet är rättvisande. Ska du ta bort expansionskärlets lock medan motorn fortfarande är varm, så täck locket med en tjock trasa och skruva av det långsamt, så att trycket i systemet gradvis utjämnas (vanligen hörs ett väsande ljud). Vänta tills trycket i systemet försvunnit och fortsätt sedan vrida locket tills det går att ta bort.

Frostskyddsblandning

25 Frostskyddsmedlet bör alltid bytas med angivna mellanrum. Detta krävs inte bara för att behålla frostskyddsegenskaperna utan även för att skydda mot korrosion, eftersom de korrosionshämmande ämnenas verkan avtar med tiden.

26 Använd endast etylenglykolbaserat frostskyddsmedel som är lämpat för motorer med blandade metaller i kylsystemet. Mängden frostskyddsmedel och olika skyddsnivåer anges i specifikationerna.

27 Innan frostskyddsmedlet hälls i ska kylsystemet tappas ur helt och helst spolas igenom. Kontrollera också att samtliga slangar är i gott skick och sitter stadigt.

28 När kylsystemet har fyllts med frostskyddsmedel är det klokt att sätta en etikett på expansionskärlet som anger frostskyddsmedlets typ och koncentration, samt datum för påfyllningen. All efterföljande påfyllning ska göras med samma typ och koncentration av frostskyddsmedel.

29 Använd inte motorfrostskyddsmedel i vindrute- eller bakrutespolarsystemet, eftersom det skadar lacken. Spolarvätska bör hällas i spolarsystemet i den koncentration som anges på flaskan.

Kapitel 2 Del A:
Reparationer med motorn kvar i bilen – fyrcylindriga motorer

Innehåll

Svårighetsgrad

Enkelt, passar novisen med lite erfarenhet	Ganska enkelt, passar nybörjaren med viss erfarenhet	Ganska svårt, passar kompetent hemmamekaniker	Svårt, passar hemmamekaniker med erfarenhet	Mycket svårt, för professionell mekaniker

Specifikationer

Allmänt

Motorkod:
1796 cc motor (Valvetronic)	N42 och N46 B18
1895 cc motor	M43TU B19
1995 cc motor (Valvetronic)	N42 och N46 B20

Lopp och kolvslag:	**Lopp**	**Kolvslag**
N42 och N46 B18-motorer.	84,00 mm	81,00 mm
M43TU-motor.	85,00 mm	83,50 mm
N42 och N46 B20-motorer.	84,00 mm	90,00 mm

Max. motoreffekt och vridmoment:	**Motoreffekt**	**Vridmoment**
N42 B18-motor.	85 kW vid 5 500 varv/min	175 Nm vid 3 750 varv/min
N46 B18-motor.	85 kW vid 5 500 varv/min	180 Nm vid 3 750 varv/min
M43TU-motor:		
Högeffektsversionen.	87 kW vid 5 500 varv/min	180 Nm vid 3 900 varv/min
Lågeffektsversionen	77 kW vid 5 300 varv/min	165 Nm vid 2 500 varv/min
N42 och N46 B20-motorer.	105 kW vid 6 000 varv/min	200 Nm vid 3 750 varv/min

Motorns rotationsriktning . . . . Medurs (sett från bilens framsida)
Placering av cylinder nr 1 . . . . Vid kamkedjan
Tändföljd 1-3-4-2
Lägsta kompressionstryck . . . . 9,0 till 12,0 bar

Kompressionsförhållande:
N42 B18-motor.	10,25 : 1
N46 B18-motor.	10,2 : 1
M43TU-motor.	9,7 : 1
N42 och N46 B20-motorer.	10,0 : 1

Balansaxlar

Dödgång mellan dreven:
M43TU-motor . . . . 0,06 till 0,09 mm

Kamaxlar

Axialspel . . . . 0,065 till 0,150 mm

Smörjsystem

Lägsta oljetryck vid tomgång:
N-42 och N46-motorer . . . . 1,0 bar
M43TU-motor . . . . 0,5 bar
Spel i oljepumpens rotorer:
Mellan yttre rotor och pumphus . . . . 0,120 till 0,196 mm
Inre rotorns axialspel . . . . 0,020 till 0,065 mm
Yttre rotorns axialspel . . . . 0,040 till 0,090 mm

Åtdragningsmoment

Nm

Balansaxelhusets övre del mot den nedre (M43TU-motor)*:
Steg 1 22
Steg 2 . . . . Vinkeldra ytterligare 100°
Bultar mellan automatisk växellåda och motor:
Sexkantsbultar:
M8-bultar 24
M10-bultar 45
M12-bultar 82
Torxbultar:
M8-bultar 21
M10-bultar 42
M12-bultar 72
Bultar mellan fästbygeln till framfjädringens nedre länkarm och karossen . . 59
Bultar mellan manuell växellåda och motor:
Sexkantsbultar:
M8-bultar 25
M10-bultar 49
M12-bultar 74
Torxbultar:
M8-bultar 22
M10-bultar 43
M12-bultar 72
Bultar mellan vevaxelns vibrationsdämpare/remskiva och dess nav:
N-42 och N46-motorer 34
M43TU-motor 22
Bultar till vevaxelns bakre packboxhus:
M6 10
M8 22
Drivplattans bultar (automatväxellåda)* 120
Främre förstärkningsplåt/ram*:
Steg 1 59
Steg 2 . . . . Vinkeldra ytterligare 90°
Steg 3 . . . . Vinkeldra ytterligare 30°
Främre kryssrambalkens bultar*:
M10 45
M12 8.8 77
M12 10.9 105
Justeringsenhet mot kamaxel (N-42 och N46-motorer)*:
Steg 1 20
Steg 2 . . . . Vinkeldra ytterligare 90°
Steg 3 . . . . Vinkeldra ytterligare 90°
Kamaxellageröverfallens muttrar:
M6-muttrar 10
M7-muttrar 15
M8-muttrar 20
Kamaxelns skruvstift 20
Kamdrevsbultar:
M6-bultar 10
M7-bultar 15

Atdragningsmoment (forts.)   Nm

Kamkedjekåpa:
    M6 10
    M7 15
    M8 22
    M10-muttrar/bultar 47
Kamkedjekåpans nedre plugg 45
Kamkedjekåpans övre/mellersta plugg 25
Kamkedjespännarens cylinder/kolv:
    N-42 och N46-motorer 65
    M43TU-motor 50
Kuggstångens fästmuttrar* 42
Oljepump mot motorblock (M43TU-motor) 23
Oljepumpskåpa 10
Oljepumpsdrev:
    N-42 och N46-motorer 30
    M43TU-motor:
        M6 10
        M10 25
Oljespridarmunstycke 10
Oljetryckskontakt 27
Plugg till kamkedjespännarens kåpa 40
Ramlageröverfallens bultar*:
    Steg 1 20
    Steg 2:
        N-42 och N46-motorer . . . . Vinkeldra ytterligare 70°
        M43TU-motor . . . . Vinkeldra ytterligare 50°
Skruv till den magnetiska rotorn till excenteraxelns givare (N-42
    och N46-motorer) 8
Skruvar mellan balansaxelhus och motorhus*:
    Steg 1 25
    Steg 2 . . . . Vinkeldra ytterligare 90°
Sump:
    N-42 och N46-motorer* 30
    M43TU-motor:
        Övre del:
            M6 12
            M8 22
        Nedre del:
            M6 12
            M8 22
Sumpens oljeavtappningsplugg:
    M12 25
    M18 30
    M22 60
Svänghjulsbultar*:
    N-42 och N46-motorer 130
    M43TU-motor 120
Topplocksbultar*:
    Steg 1 30
    Steg 2 . . . . Vinkeldra ytterligare 90°
    Steg 3 . . . . Vinkeldra ytterligare 90°
Täckplugg till topplocksbult (N-42 och N46-motorer) 45
Ventilkåpsbultar:
    M6 10
    M7 15
Vevaxelns navbult*:
    N-42 och N46-motorer 300
    M43TU-motor 330
Vevstakslageröverfallens bultar*:
    Steg 1 20
    Steg 2 . . . . Vinkeldra ytterligare 70°
Ändlagerskål:
    M8 22
    M10 43

*Återanvänds inte

1 Allmän information

Hur detta kapitel används

Den här delen av kapitel 2 beskriver de reparationsåtgärder som kan utföras medan motorn är monterad i bilen. Om motorn har tagits ur bilen och tagits isär enligt beskrivningen i del C, kan alla anvisningar om förberedande demontering ignoreras.

Observera att även om det är fysiskt möjligt att renovera delar som kolvar och vevstakar med motorn kvar i bilen, så brukar sådana åtgärder inte utföras separat. Normalt krävs flera ytterligare åtgärder (för att inte tala om rengöring av komponenter och smörjkanaler). Av den anledningen klassas alla sådana åtgärder som större renoveringsåtgärder och beskrivs i del C i det här kapitlet.

Del C beskriver demontering av motorn/växellådan, samt de renoveringsarbeten som kan utföras med motorn/växellådan demonterad.

Motorbeskrivning

Alla 4-cylindriga motorer är av rak typ med överliggande kamaxel, med växellådan fäst med bultar mot den bakre änden. Två olika typer av 4-cylindrig motor har använts till modellserien. 1,9-litersmotorn M43TU med enkel överliggande kamaxel tillverkades från det att 3-serien presenterades fram till 1988. N42-motorn med dubbla överliggande kamaxlar började 2001 tillverkas i både en 1,8-liters och en 2,0-liters version. N46-motorn är en uppdaterad version av N42, som överensstämmer med Euro 4 avgaskrav.

I M43TU-motorer drivs den enkla kamaxeln med en kamkedja, och ventilerna styrs med hydrauliska ventillyftare och ventilvippor. Kamaxeln vilar i lager som frästs ut direkt ur topplocket.

N42 och N46-motorerna, med dubbla överliggande kamaxlar och 16 ventiler, går under namnet Valvetronic-motorer. På dessa varieras syn-kroniseringen av både avgas- och insugs-ventilerna av en hydraulisk justeringsenhet i änden av respektive kamaxel. Dessa enheter varierar förhållandet mellan kamkedjan/dreven och kamaxlarna. Insugskamaxelns öppnings-tider och lyfthöjd varieras också med hjälp av en elmotordriven excenteraxel, som effektivt varierar vridpunkten hos en lyftarm som verkar mellan kamaxeln och vipparmen.

Vevaxeln vilar i fem ramlager av vanlig skåltyp. Axialspelet kontrolleras med trycklagerskålar på ramlager nr 4 eller 5 (beroende på modell). Båda motorerna är försedda med motroterande, vevaxeldrivna balansaxlar.

Kolvarna är utvalda för att ha samma vikt och har flytande kolvtappar som hålls på plats med låsringar.

Oljepumpen sitter på framsidan av motorn. Den är av rotortyp och drivs direkt av vevaxeln.

Åtgärder med motorn kvar i bilen

Följande åtgärder kan utföras utan att du måste ta bort motorn från bilen.
a) Demontering och montering av topplocket.
b) Demontering och montering av kamkedja och drev.
c) Demontering och montering av kamaxeln/ kamaxlarna.
d) Demontering och montering av sumpen.
e) Demontering och montering av ramlagren, vevstakarna och kolvarna*.
f) Demontering och montering av oljepumpen.
g) Byte av motorns/växellådans fästen.
h) Demontering och montering av svänghjulet/drivplattan.

* Även om det teoretiskt går att demontera dessa komponenter med motorn kvar i bilen, talar renlighets- och åtkomlighetsskäl starkt för att den ändå bör lyftas ut.

2 Kompressionsprov – beskrivning och tolkning

1 Om motorns effekt försämras eller om det uppstår feltändningar som inte kan hänföras till tändningen eller bränslesystemet, kan ett kompressionsprov ge en uppfattning om motorns skick. Om kompressionsprov görs regelbundet kan de ge förvarning om problem innan några andra symptom uppträder.

2 Motorn måste vara uppvärmd till normal arbetstemperatur, batteriet måste vara fulladdat och alla tändstift måste vara urskruvade (kapitel 1). Dessutom behövs en medhjälpare.

3 Avaktivera tändnings- och bränsleinsprutningssystemet genom att ta bort den elektroniska motorstyrningens (DME) masterrelä (sitter i eldosan i motorrummets vänstra hörn) och bränslepumpens säkring, som sitter i huvudsäkringsdosan i handskfacket (se kapitel 12).

4 Sätt i en kompressionsprovare i tändstiftshålet på cylinder nr 1 – helst den typ av provare som skruvas fast i tändstiftsgängan.

5 Låt medhjälparen trampa gaspedalen i botten och dra runt motorn med startmotorn. Efter ett eller två varv bör kompressionstrycket byggas upp till maxvärdet och sedan stabiliseras. Anteckna det högsta värdet.

6 Upprepa testet på återstående cylindrar och anteckna trycket i var och en.

7 Trycket i alla cylindrarna bör hamna på i stort sett samma värde. En tryckskillnad på mer än 2 bar mellan två cylindrar tyder på fel. Observera att kompressionen ska byggas upp snabbt i en felfri motor. Om kompressionen är låg i det första kolvslaget och sedan ökar gradvis under följande slag är det ett tecken på slitna kolvringar. Om kompressionsvärdet är lågt under den första takten och inte stiger

under de följande, tyder detta på läckande ventiler eller en trasig topplockspackning (eller ett sprucket topplock). Avlagringar på undersidan av ventilhuvudena kan också orsaka dålig kompression.

8 De av BMW rekommenderade kompressionsvärdena anges i Specifikationer.

9 Om trycket i en cylinder är mycket lägre än i de andra kan följande kontroll utföras för att hitta orsaken. Häll i en tesked ren olja i cylindern genom tändstiftshålet och upprepa provet.

10 Om tillförsel av olja tillfälligt förbättrar kompressionen tyder det på att det är slitage på kolvringar eller lopp som orsakar tryckfallet. Om ingen förbättring sker tyder det på läckande/brända ventiler eller trasig topplockspackning.

11 Lågt tryck i två angränsande cylindrar är med stor säkerhet ett tecken på att topplockspackningen mellan dem är trasig. Detta bekräftas om det finns kylvätska i motoroljan.

12 Om värdet för en cylinder ligger ca 20 % lägre än för de andra, och motorns tomgång är något ojämn, kan en sliten kamnock på kamaxeln vara orsaken.

13 Om kompressionen som avläses är anmärkningsvärt hög är förbränningskammaren antagligen täckt med sotavlagringar. I så fall bör topplocket tas bort och sotas.

14 Avsluta provningen med att sätta tillbaka tändstiften (se kapitel 1) och återansluta bränslepumpreläet och DME-masterreläet.

3 Övre dödpunkt (ÖD) för kolv nr 1 – hitta

Observera: *För att låsa motorn i ÖD och kontrollera kamaxellägena krävs specialverktyg. Vissa av dessa verktyg går att improvisera ihop – se texten.*

1 Den övre dödpunkten (ÖD) är den högsta punkt som kolven når i cylindern under sin uppåt-nedåtgående rörelse när vevaxeln roterar. Kolven når ÖD både i slutet av kompressionstakten och i slutet av avgastakten, men med ÖD avses vanligen kolvläget i kompressionstakten. Kolv nr 1 sitter i kamkedjeänden av motorn.

2 Att ställa kolv nr 1 i ÖD är en viktig del av många arbeten, exempelvis vid demontering av kamkedjan och kamaxlarna.

3 Följ nedanstående beskrivning för den motortyp det gäller.

M43TU-motor

4 Ta bort ventilkåpan (del 4).

5 Vrid vevaxeln medurs med en nyckel eller hylsa mot vevaxelns remskivebult tills inställningspilen på kamdrevets framsida pekar rakt uppåt (i förhållande till motorblocket) **(se bild)**.

3.5 Pilen (inringad) på kamdrevet ska stå i 90° vinkel mot packningsytan

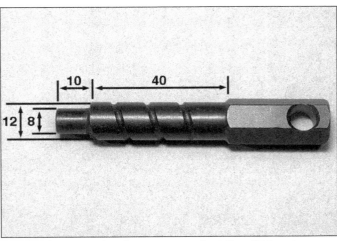

3.7 Svänghjulslåsverktygets mått (alla mått i mm)

6 Dra bort täckpluggen från hålet för kontroll av ventiltider som sitter i flänsen på motorblockets bakre, vänstra hörn.

7 För att fixera vevaxeln i rätt läge krävs ett specialverktyg. Ett alternativ till BMW-verktyg 11 2 300 går att tillverka av ett stycke stålstång **(se bild)**.

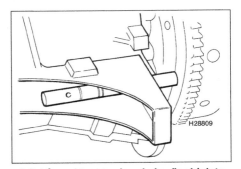

3.8 Låsverktyget griper in i svänghjulets ÖD-hål

8 Stick in stången genom hålet för kontroll av ventiltider. Om det behövs, vrid lite på vevaxeln tills det går att föra in stången i svänghjulets ÖD-hål **(se bild)**.

9 Vevaxeln är nu låst i sitt läge med kolv nr 1 i ÖD.

10 Observera att när kolv nr 1 befinner sig i ÖD ska sidorna på den fyrkantiga ändflänsen i kamaxelns framände stå i exakt rät vinkel mot topplockets ovanyta (kontrollera med en vinkelhake), och den sida av flänsen som är försedd med borrhål ska vara vänd uppåt.

11 Vid vissa arbeten är det nödvändigt att låsa kamaxeln med kolv nr 1 i ÖD. Det går att göra med hjälp av en egentillverkad mall av plåt – när kamaxeln står i rätt läge ska mallen passa exakt över flänsen i kamaxelns framände och samtidigt vila mot topplockets ovanyta. Observera också att ventilerna till cylinder nr 4 är på väg att öppnas resp. stängas när kolv nr 1 står i ÖD – dvs. de är lika mycket öppna, så kammarna till cylinder 4 i

bakre änden av kamaxeln pekar lika mycket nedåt **(se bilder)**.

12 Försök inte dra runt motorn när svänghjulet eller kamaxeln är låst, eftersom det kan leda till skador på motorn. Om motorn ska fortsätta att vara "låst" under någon längre tid, är det klokt att sätta ut lämpliga varningsmeddelanden i kupén och i motorrummet. Det minskar risken för att motorn dras runt med startmotorn av misstag.

N-42 och N46-motorer

13 Demontera ventilkåpan enligt beskrivningen i avsnitt 4.

14 Sätt en nyckel eller hylsa om vevaxelns remskivebult och vrid vevaxeln medurs tills den avrundade sidan på kamaxelns ändfläns pekar uppåt **(se bild)**.

15 Dra bort täckpluggen (om sådan finns) från hålet för kontroll av ventiltider i motorblockets bakre, vänstra hörnfläns nedanför

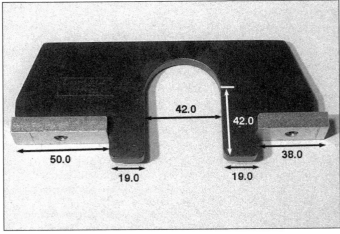

3.11a Kamaxellåsverktygets mått (alla mått i mm)

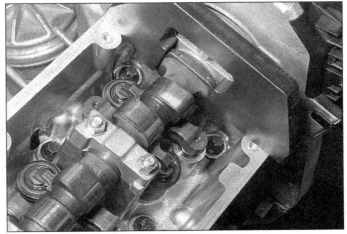

3.11b Kamaxellåsverktyget på plats (M43TU-motor)

3.14 Vrid vevaxeln tills den rundade sidan (se pil) på kamaxelflänsen pekar uppåt

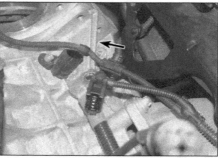

3.15 Dra ut täckpluggen (i förekommande fall) nedanför startmotorn (demonterad för tydlighets skull)

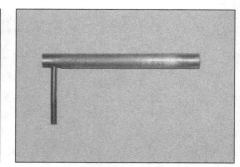

3.16 Låsverktyg för vevaxeln

3.17 Sätt i låsverktyget

3.20a Passa in verktyget över avgaskamaxeln . . .

3.20b . . . sätt sedan i låsverktyget för insugskamaxeln

startmotorn. Flänsen är svår att komma åt. Om det behövs, demontera motorns undre skyddskåpa och främre förstärkningsplåt/ram (se avsnitt 14) så att flänsen blir åtkomlig från undersidan av bilen, eller demontera insugs-grenröret (se kapitel 4A) så att du kommer åt den uppifrån (se bild).

16 För att fixera vevaxeln i rätt läge krävs ett specialverktyg. Du kan använda BMW-verktyg 11 9 190 eller tillverka ett alternativ av en metallstång som är 8 mm i diameter och ca 80 mm lång. För att kunna dra ut stången ur hålet för kontroll av ventiltider borrade vi ett hål i ena änden av den och knackade in en kullagertapp (se bild).

17 Stick in stången genom hålet för ventiltidskontroll. Om det behövs, vrid lite på vevaxeln tills det går att föra in stången i

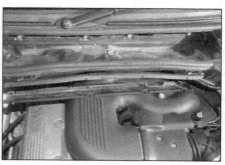

4.2 Lossa kabelkanalen

svänghjulets ÖD-hål (se bild). Observera: På modeller med automatväxellåda är det möjligt att av misstag sticka in stången i ett större hål i drivplattan. Kontrollera att det inte går att rubba vevaxeln det minsta när stången har stuckits in.

18 Vevaxeln är nu låst i sitt läge med kolv nr 1 i ÖD.

19 Kamaxlarnas inställningsanordning gör det nödvändigt att kontrollera att kamaxlarna står i "startläge" genom att försöka vrida deras resp. ovansidor mot varandra. Använd ett plattjärn eller liknande för att vrida insugs-kamaxeln, och en öppen nyckel för att gripa om avgaskamaxelns sexkantiga del. Går det att vrida någon av kamaxlarna så fortsätt tills det tar stopp. När kamaxeln/kamaxlarna slutar rotera – eller om de över huvud taget inte gick att vrida – befinner de sig i "utgångsläge" och justeringsenheterna är låsta.

20 I detta läge ska det gå att passa in BMW:s specialverktyg 11 9 292 över insugskamaxelns ände och specialverktyg 11 9 291 över änden på avgaskamaxeln. När kamaxlarna står i rätt läge ska verktygen ligga an mot topplockets ovanyta utan någon glipa. Lås fast avgas-kamaxelverktyget med fästskruvarna och dra åt de två skruvar som fixerar insugskam-axelverktyget (se bilder). Syftet med dessa verktyg är att hålla de plana ytorna hos kam-axeländarna i exakt 90 graders vinkel mot topplockets övre packningsyta.

21 Försök inte dra runt motorn när svänghjulet eller kamaxeln är låst, eftersom det kan leda till skador på motorn. Om motorn ska fortsätta att vara "låst" under någon längre tid, är det klokt att sätta ut lämpliga varningsmedde-landen i kupén och i motorrummet. Det minskar risken för att motorn dras runt med startmotorn av misstag.

4 Ventilkåpa – demontering och montering

Observera: En ny packning och/eller nya tätningar kan behövas vid monteringen – se texten.

M43TU-motor

Demontering

1 Arbeta i motorrummets bakre del och vrid fästena 90° moturs och ta bort pollenfilter-kåpan. Skjut bort filtret från huset. Se kapitel 1 vid behov.

2 Lossa fästklämmorna och ta bort vajern från kanalen på luftintagshuset (se bild).

3 Skruva loss de fyra skruvarna och dra pollenfilterhuset framåt (se bild).

4 Koppla loss motorns ventilationsslang och skruva sedan loss fästbultarna och lyft av kåpan från topplocket. Ta bort packningen (se bild).

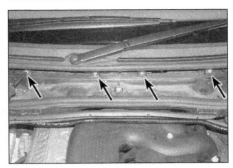

4.3 Lossa pollenfilterhusets skruvar (se pilar)

4.4 Koppla loss ventilationsslangen från ventilkåpan

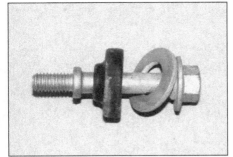

4.6 Kontrollera att gummitätningarna på ventilkåpans bultar inte är skadade

Montering

5 Rengör topplockets och motorns packningsytor noga.
6 Kontrollera skicket på gummitätningarna till kåpans fästbultar. Byt dem om det behövs. Se till att brickorna och gummitätningarna sitter som de ska på fästbultarna **(se bild)**.
7 Undersök kåpans packning och byt den om det behövs. Lägg sedan packningen på plats i ventilkåpan.
8 Stryk lite fogmassa på ventilkåpans fogyta i skarven mellan den övre ventilkåpan och topplocket **(se bild)**.
9 Sätt kåpan på topplocket och se till att den utstickande fliken på packningen passar in i motsvarande uttag i topplockets bakkant.
10 Skruva i kåpans fästbultar och dra åt dem till angivet moment.

N-42 och N46-motorer

Demontering

11 Skruva loss de båda muttrarna, lyft upp framkanten av plastkåpan ovanpå motorn och dra ut kåpan framåt.
12 Arbeta i motorrummets bakre del och vrid fästena 90° moturs och ta bort pollenfilter-kåpan. Skjut bort filtret från huset. Se kapitel 1 vid behov.
13 Lossa fästklämmorna och ta bort vajrarna/slangarna från kanalen på luftintagshuset **(se bild 4.2)**.
14 Skruva loss de fyra skruvarna och dra pollenfilterhuset framåt **(se bild 4.3)**.
15 I motorrummets vänstra bakre hörn drar du upp tätningsremsan, skruvar loss de båda fästena och drar mellanpanelen lite framåt **(se bild)**.

16 Skruva loss de båda torxskruvarna och lyft ut värmeenhetens insugshus **(se bild)**.
17 Skruva loss oljepåfyllningslocket och fäll upp det. Ställ märket på påfyllningslockets krage mitt för påfyllningsrörets märke **(se bild)**. Kläm ihop de omärkta sidorna på kragen och dra bort den från påfyllningsröret.
18 Dra bort tändspolens plastkåpa från hållarmuffarna av gummi.
19 Bänd upp den högra kanten på plastkåpan över respektive tändspole (ovanpå tändstiften) och koppla loss spolens anslutningskontakt **(se bild)**. Dra bort de losskopplade tänd-spolarna från tändstiften.
20 Koppla loss ställmotorns anslutnings-kontakt och excenteraxelns givarkontakt. Lossa sedan tändspolens kablage från klämmorna på ventilkåpan och lägg det åt

4.8 Stryk lite tätningsmedel på de ytor där kamkedjekåpan möter topplocket (se pilar)

4.15 Ta bort mellanpanelen (se pil) från det bakre vänstra hörnet av motorrummet

4.16 Skruva loss torxskruvarna (en på varje sida – se pil) och ta bort värmeenhetens insugshus

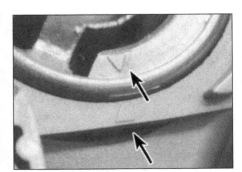

4.17 Ställ markeringen på lockets krage mot den på påfyllningsröret (se pilar)

4.19 Fäll upp plastkåporna och koppla loss anslutningskontakterna

4.20 Koppla loss jordanslutningarna

4.22 Skruva loss skruvarna och ta bort givarkragen

4.23 Ventilkåpans skruvar

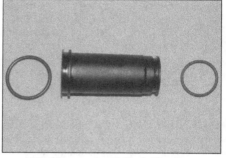

4.25 Observera att tändstiftsrörets O-ringar är olika stora

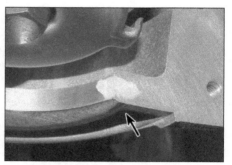

4.26 Stryk tätningsmedel på de halvcirkelformade tätningsytorna i främre och bakre änden av topplocket (se pil)

sidan. Observera de två jordanslutningarna som sitter på ventilkåpan **(se bild)**.
21 Kläm ihop kontaktdonets sidor och koppla loss ventilationsslangen från kåpan.
22 Skruva loss de två skruvarna och ta bort excenteraxelgivarens krage **(se bild)**.
23 Skruva loss fästskruvarna och ta bort ventilkåpan **(se bild)**. Observera skruvarnas längd när de tas bort – vissa av dem är längre än övriga. Om gummipackningen är i gott skick kan den återanvändas. Om inte, byt den. **Observera:** *I skrivande stund kunde packningen bara köpas som en komplett sats tillsammans med ventilkåpan och skruvarna. Hör efter med din lokala BMW-återförsäljare.*
24 Dra bort tändstiftens tätningsrör, om det behövs.

Montering

25 Sätt tillbaka tändstiftsrörens O-rings-

tätningar. Stryk först ren motorolja på dem och tryck dem sedan på plats i topplocket **(se bild)**.
26 Stryk en tunn sträng tätningsmedel av typen Drei Bond 1209 (finns hos BMW-verkstäder) på de halvcirkelformade tätningsytorna fram- och baktill på topplocket **(se bild)**.
27 Sätt tillbaka ventilkåpan med gummitätningen på plats och dra åt bultarna, med fingerkraft på det här stadiet.
28 Stryk lite ren motorolja på O-ringstätningen och montera kamaxelgivarens krage. Dra än så länge bara åt bultarna med fingerkraft.
29 Kontrollera att ventilkåpans packning sitter ordentligt på plats hela vägen runt och dra sedan åt bultarna i diagonal ordningsföljd till angivet moment.
30 Dra åt fästbultarna till excenteraxelgivarens krage ordentligt.

31 Resten av monteringen utförs i omvänd ordningsföljd mot demonteringen.

5 Vevaxelns vibrationsdämpare/ remskiva och remskivenav – demontering och montering

M43TU-motor

Observera: *Om remskivenavet demonteras måste en ny fästbult användas vid monteringen. Då behövs också en momentnyckel som klarar 330 Nm.*

Demontering

1 Ta bort drivremmen/drivremmarna enligt beskrivningen i kapitel 1. Om det behövs, skruva loss bultarna och demontera luftkonditioneringskompressorns remskiva.
2 Vissa motorer har en separat vibrationsdämpare/remskiva som är fastskruvad vid navet, medan navet och vibrationsdämparen/remskivan på andra modeller sitter ihop i ett stycke **(se bild)**.
3 På modeller med separat vibrationsdämpare/remskiva skruvas fästbultarna bort och vibrationsdämparen/remskivan demonteras från navet. Håll emot navet med en hylsa eller nyckel om navets fästbult om det behövs.
4 På modeller där navet och vibrationsdämparen/remskivan utgör en enhet, eller om navet ska demonteras på en modell med separat vibrationsdämpare/remskiva, måste navets fästbult skruvas loss.

⚠ **Varning: Vevaxelnavets fästbult sitter mycket hårt. Det krävs ett verktyg för att hålla emot navet när bulten skruvas loss. Försök inte utföra arbetet med dåliga eller slarvigt improviserade verktyg, eftersom det nästan säkert leder till att du skadar dig själv eller bilen.**

5 Tillverka ett verktyg att hålla navet med. Det går att tillverka ett lämpligt verktyg av ett par bandjärn som sätts ihop med en stor ledbult. Skruva fast hållarverktyget i remskivenavet med bultarna som fäster remskivan vid navet. Det finns också ett verktyg hos BMW:s återförsäljare **(se bild)**.
6 Lossa navbulten med en hylsa med långt handtag. Observera att bulten sitter mycket hårt.
7 Skruva loss navbulten och ta bort brickan. Kasta bulten, du måste sätta dit en ny.
8 Ta bort navet från vevaxeländen. Om navet sitter hårt får du ta loss det med en avdragare.
9 Ta vara på woodruff-kilen i änden på vevaxeln, om den sitter löst.

Montering

10 På modeller där vibrationsdämparen/remskivan och navet är i ett stycke, eller om navet har demonterats på en modell med separat vibrationsdämpare/remskiva och nav, bör man passa på att byta packboxen i den inre kamkedjekåpan enligt beskrivningen i avsnitt 6.

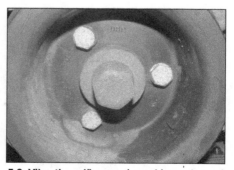

5.2 Vibrationsdämpare/remskiva och nav i ett stycke

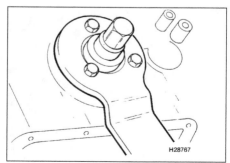

5.5 BMW:s specialverktyg för att hålla fast navet

11 Följ nedanstående beskrivning för modeller där navet och vibrationsdämparen/remskivan utgör en enhet, eller om navet har demonterats på en modell med separat vibrationsdämpare/remskiva, fortsätt i annat fall till punkt 17.

12 Där så är tillämpligt, sätt tillbaka woodruff-kilen i änden av vevaxeln. Rikta sedan in spåret i navet mot kilen och skjut in navet på vevaxeländen.

13 Sätt tillbaka brickan med kragen vänd mot navet och sätt i en ny navbult.

14 Skruva fast hållarverktyget i navet på samma sätt som vid demonteringen och dra sedan åt navbulten till angivet moment. Var försiktig så att du inte skadar dig själv eller komponenterna.

15 Gå vidare till punkt 18 när det gäller modeller med vibrationsdämpare/remskiva och nav i ett stycke.

16 Skruva där så är tillämpligt loss hållarverktyget och montera vibrationsdämparen/remskivan. Se till att styrstiftet på navet griper in i motsvarande hål i dämparen/remskivan.

17 Skruva i dämparens/remskivans fästbultar och dra åt dem till angivet moment. Vid behov, håll emot remskivan när bultarna dras åt.

18 Montera drivremmen enligt beskrivningen i kapitel 1.

N-42 och N46-motorer

Demontering

Observera: Om remskivenavet demonteras måste en ny fästbult användas vid monteringen. Då behövs också en momentnyckel som klarar 300 Nm.

19 Demontera drivremmen enligt beskrivningen i kapitel 1.

20 Skruva loss de tre fästbultarna och ta bort vibrationsdämparen/remskivan från navet. Om det behövs, håll emot navet med en hylsa eller nyckel om navbulten **(se bild)**.

21 Fästbulten måste skruvas bort för att navet ska gå att demontera.

Varning: Om vevaxelns navbult lossas kommer kamkedjans/olje-pumpens/balansaxlarnas drev

inte längre att vara låsta i förhållande till vevaxeln, utan kan rotera oberoende av denna. Lås därför vevaxeln och kamaxlarna i läge enligt beskrivningen i avsnitt 3 så snart navbulten har lossats.

Varning: Fästbulten till vevaxelns remskivenav sitter mycket hårt. Det krävs ett verktyg för att hålla emot navet när bulten skruvas loss. BMW har ett specialverktyg. Försök inte utföra arbetet med dåliga eller slarvigt improviserade verktyg, eftersom det nästan säkert leder till att du skadar dig själv eller bilen.

22 Tillverka ett verktyg att hålla navet med. Det går att tillverka ett lämpligt verktyg av ett par bandjärn som sätts ihop med en stor ledbult. Skruva fast hållarverktyget i navet med bultarna som fäster remskivan vid navet.

23 Lossa navbulten med en hylsa med långt handtag. Observera att bulten sitter mycket hårt.

24 Dra av navet från vevaxeländen när bulten skruvats loss. Kasta bort bulten, du måste sätta dit en ny. Passa på att byta packboxen i den inre kamkedjekåpan enligt beskrivningen i avsnitt 18.

Montering

25 Monteringen utförs i omvänd ordningsföljd mot demonteringen. Tänk på följande:
  a) Justera om balansaxlarnas läge enligt beskrivningen i avsnitt 16.
  b) Dra åt alla fästen till angivet moment, om sådant finns.

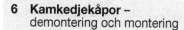
6 Kamkedjekåpor – demontering och montering

Övre kåpa – M43TU-motor

Observera: En ny packning, en ny gummi-tätning och ett lämpligt tätningsmedel krävs vid monteringen. För att underlätta monteringen kommer du att behöva två pinnbultar att skruva fast i kåpans fästbultshål och en tunn metallplåt – se texten.

5.20 Vibrationsdämparens/remskivans bultar

Demontering

1 Töm kylsystemet (se kapitel 1).

2 Demontera ventilkåpan enligt beskrivningen i avsnitt 4.

3 Demontera kamaxelgivaren från kåpan. Se vid behov beskrivningen i kapitel 4A.

4 Bänd loss fästklämmorna och ta bort kabel-kanalen från främre änden av kamkedjekåpan.

5 Demontera termostaten (se kapitel 3).

6 Skruva loss fästbultarna och ta bort kåpan från motorn **(se bild)**. Ta loss packningarna.

7 Ta loss gummitätningen från ovansidan av den nedre kamkedjekåpan.

8 På fabriken monteras en packning i ett stycke mellan övre och nedre kamkedjekåpan och kamkedjehuset. Om den befintliga packningen är i ett stycke och den nedre kamkedjekåpan inte ska demonteras, skär du bort den övre delen av packningen jäms med den nedre kamkedjekåpans ovanyta. Arbeta inifrån och ut. En separat, övre packning finns som reservdel hos BMW:s åter-försäljare.

Montering

9 Börja monteringen med att rengöra alla packningsytor noga.

10 Stryk tätningsmedel på fogytorna mellan topplocket, kamkedjehuset och kamkedje-kåporna **(se bild)**.

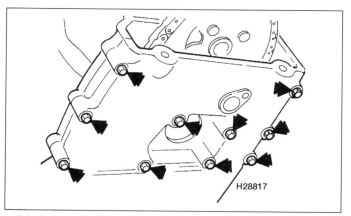
H28817

6.6 Bultarnas placering på den övre kamkedjekåpan (se pilar)

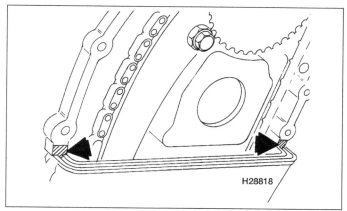
H28818

6.10 Stryk tätningsmedel på fogytorna (se pilar) mellan topplocket, kamkedjehuset och kamkedjekåpan

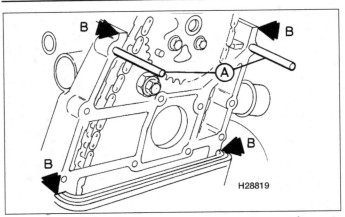

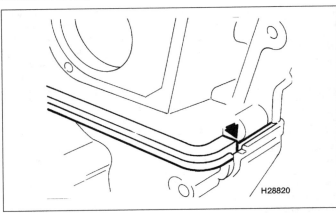

6.12 Skruva i två långa pinnbultar (A) i de övre fästbultshålen och stryk tätningsmedel på packningens övre och nedre kanter (B)

6.13 Stryk tätningsmedel på ändarna av spåret för gummitätningen (se pil) i den nedre kamkedjekåpan

11 Skruva fast två långa pinnbultar (eller bultar med avkapad skalle) i hålen för den övre kamkedjekåpans fästbultar.

12 Lägg en ny övre packning (se punkt 9) på plats mot kamkedjehuset. Stryk tätningsmedel på packningens övre och nedre kanter (se bild).

13 Stryk ett tunt lager tätningsmedel på ytterändarna av gummitätningsspåren i den nedre kamkedjekåpans överkant (se bild).

14 Montera en ny gummitätning mot överkanten på den nedre kamkedjekåpan. Var noga med att den hamnar rätt i spåren.

15 BMW rekommenderar att man använder verktyg 11 2 330 för att garantera att gummipackningen sitter på plats när den övre kamkedjekåpan monteras. Detta verktyg kan ersättas med en bit mycket tunn metallplåt (t.ex. sådan litografisk plåt som används av tryckerier). Plåten måste vara tillräckligt stor för att täcka hela gummitätningen.

16 Fetta in gummitätningens ovansida och plåtens ovan- och undersida lätt. Lägg sedan plåten på plats ovanpå tätningen (se bild).

17 För den övre kamkedjekåpan på plats över styrpinnbultarna (se punkt 12). Sätt

därefter i kåpans fyra nedre, yttre fästskruvar och dra åt dem för hand.

18 Dra försiktigt ut metallplåten ur skarven mellan kåporna.

19 Lägg ventilkåpan på plats, men utan packningen (mellan ventilkåpan och topplocket).

20 Sätt i två M6-bultar med stora brickor under skallen i ventilkåpans främre bulthål i topplocket (inte i de två bulthålen längst fram i kamkedjekåpan) (se bild).

21 Dra åt de två bultarna så att den övre kamkedjekåpan pressas nedåt tills dess ovanyta ligger jäms med topplockets ovanyta.

22 Dra åt den övre kamkedjekåpans (redan iskruvade) fästskruvar till angivet moment.

23 Skruva ut styrpinnbultarna ur kamkedjekåpan och sätt sedan i kåpans återstående fästbultar och dra åt dem till angivet moment.

24 Skruva ut de två M6-bultarna med tillhörande brickor och lyft av ventilkåpan.

25 Montera termostaten (se kapitel 3).

26 Montera kamaxelgivaren. Följ vid behov beskrivningen i kapitel 4A, avsnitt 12.

27 Sätt tillbaka ventilkåpan enligt beskrivningen i avsnitt 4.

28 Fyll på kylsystemet enligt beskrivningen i kapitel 1.

29 Montera kabelkanalen längst fram på kamkedjekåpan och sätt tillbaka fästklämmorna.

Nedre kåpa – M43TU-motor

Observera: *En ny packning och ett lämpligt tätningsmedel krävs vid monteringen.*

Demontering

30 Demontera den övre kamkedjekåpan enligt beskrivningen tidigare i detta avsnitt.

31 Demontera drivremmen enligt beskrivningen i kapitel 1.

32 Nu måste kylvätskepumpens remskiva demonteras. Håll emot remskivan genom att vira en gammal drivrem om den och klämma fast den hårt, varefter fästbultarna kan skruvas loss och remskivan tas bort.

33 Skruva loss vevaxelns lägesgivare från dess fästbygel och flytta den åt sidan enligt beskrivningen i kapitel 4A, avsnitt 12. Observera att givaren helst bör demonteras helt, så att den inte riskerar att skadas.

34 Lossa eventuella kablar/kanaler från kåpan och flytta bort dem från arbetsområdet.

35 Demontera vevaxelns vibrationsdämpare/remskiva och remskivenav enligt beskrivningen i avsnitt 5.

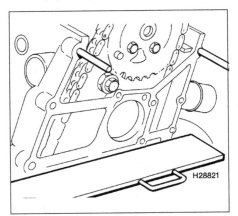

6.16 Lägg metallplåten på plats ovanpå gummitätningen

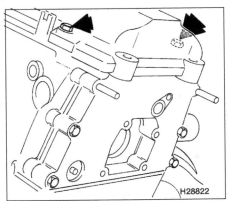

6.20 Skruva i de 2 M6-bultarna i hålen för de främre ventilkåpsbultarna i topplocket (se pilar)

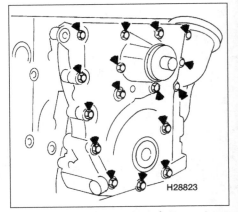

6.36 Bultarnas placering på den nedre kamkedjekåpan (se pilar)

36 Anteckna fästbultarnas lägen och skruva loss dem. Ta bort den nedre kamkedjekåpan **(se bild)**. Ta vara på packningen. Se punkt 8.

Montering

37 Börja återmonteringen med att noga rengöra fogytorna på den nedre kåpan, kamkedjehuset och den övre kåpan.

38 Anteckna hur djupt vevaxelns främre packbox sitter i kåpan och bänd sedan ut packboxen.

39 Rengör packboxhuset och montera sedan en ny packbox. Använd en stor hylsa eller rörstump för att knacka in packboxen till det tidigare antecknade djupet.

40 Kontrollera att styrstiften för kåpan sitter på plats i kamkedjehuset.

41 Lägg en ny packning på plats mot kamkedjehuset. Håll den på plats med lite fett om det behövs. Observera följande:

a) *Vid återmonteringen kan en ny, sammanhängande packning i ett stycke läggas in mellan övre och nedre kamkedjekåpan och kamkedjehuset. Stryk lite tätningsmedel på packningens ovankanter.*

b) *Montera den övre kamkedjekåpan enligt tidigare beskrivning, men bry dig inte om hänvisningarna till den övre kåpans packning om en packning i ett stycke används vid monteringen. Inte heller behövs de två styrpinnbultarna för att montera den övre kamkedjekåpan om en sammanhängande packning i ett stycke används.*

42 Passa in den nedre kåpan på dess plats och sätt tillbaka fästbultarna på sina platser. Dra åt bultarna till angivet moment.

43 Montera vevaxelns vibrationsdämpare/remskiva och remskivenav enligt beskrivningen i avsnitt 5.

44 Se till att alla kablar/kanaler som togs bort vid demonteringen dras och sätts tillbaka korrekt vid monteringen.

45 Montera vevaxelns lägesgivare.

46 Montera kylvätskepumpens remskiva och dra åt fästbultarna.

47 Montera drivremmen enligt beskrivningen i kapitel 1.

48 Montera den övre kamkedjekåpan enligt beskrivningen tidigare i detta avsnitt.

N-42 och N46-motorer

49 På dessa motorer utgör kamkedjekåpan en del av motorblocket.

7 Kamkedja – demontering, kontroll och montering

M43TU-motor

Demontering

1 Ställ kolv nr 1 i ÖD och lås svänghjulet enligt beskrivningen i avsnitt 3.

2 Demontera den övre och nedre kamkedjekåpan enligt beskrivningen i avsnitt 6.

3 Skruva loss kamdrevsbultarna och demontera kamaxelgivarhjulet. Anteckna hur det ska sitta.

4 Tryck tillbaka överdelen av spännskenan för att avlasta trycket på kedjan tills kamdrevet kan demonteras **(se bild)**. Anteckna hur drevet sitter vänt och dra sedan av det från kamaxeln. Ta bort drevet från kedjan.

5 Tryck den nedre änden av spännskenan mot den hydrauliska spännkolven tills spåret i kolven står mitt för låsstiftshålet i spännarhuset. Lås spännaren i detta läge genom att sticka in ett metallstift eller ett borr i låshålet så att det griper in i kolvspåret **(se bilder)**.

6 Anteckna kedjans dragning i förhållande till kedjestyrningen och spännskenan, så underlättas monteringen.

7 Låt spännaren vara kvar i låst läge och dra ut kedjan och vevaxeldrevet från kedjehuset. Sitter woodruff-kilen i änden på vevaxeln löst så ta bort den.

8 Vid behov kan du demontera spännskenan och kedjestyrningen från motorn. Anteckna i så fall hur de sitter för att säkert kunna montera dem rätt.

Kontroll

9 Kedjan bör bytas om dreven eller kedjan är slitna (märks på överdrivet sidospel mellan kedjelänkarna och slammer under gång). Det är klokt att byta kedjan i vilket fall, när motorn ändå är isärtagen för översyn. Observera att rullarna på en svårt sliten kedja kan ha blivit lätt spåriga. Byt kedjan om det finns minsta tvivel om dess skick, så slipper du framtida bekymmer.

10 Undersök om drevets kuggar verkar slitna. Varje kugg har formen av ett V. Är kuggen sliten har den sida som belastas en lätt urgröpt form jämfört med den andra sidan (dvs. kuggen ser lite krökt ut). Verkar kuggarna slitna måste drevet bytas. Kontrollera också om kontaktytorna på kedjestyrningen och spännskenan verkar slitna – byt vid behov de slitna komponenterna.

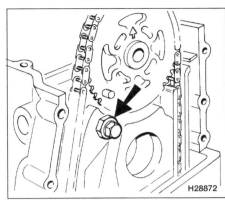

7.4 Tryck tillbaka överdelen av spännskenan (se pil) för att avlasta kedjespänningen

Montering

11 Se till att vevaxeln fortfarande är låst med kolv nr 1 i ÖD. Kontrollera vevaxelns läge med mallen (se avsnitt 3).

12 I tillämpliga fall, sätt tillbaka kedjestyrnings- och spännskenan enligt anteckningarna från demonteringen.

13 Där så är tillämpligt, sätt tillbaka woodruff-kilen i vevaxeländen.

14 Haka fast kedjan i vevaxeldrevet och skjut sedan kedjan/drevet på plats så att woodruff-kilen passar in i drevets urtag. Lägg kedjan runt kedjestyrnings- och spännskenan enligt de anteckningar du gjorde före demonteringen.

15 Ta bort låsstiftet från kedjespännaren för att frigöra spännkolven.

16 Tryck överdelen av spännskenan bakåt på samma sätt som vid demonteringen, så att kamdrevet kan sättas på plats. Lägg kedjan om kamdrevet och se till att drevet sitter rättvänt enligt anteckningarna du gjorde före demonteringen. Justera drevet så att synkroniseringspilen pekar rakt uppåt.

17 Montera drevet på kamaxeln så att skruvhålen i kamaxelflänsen hamnar mitt för

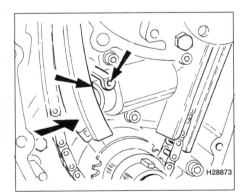

7.5a Tryck mot änden av spännskenan så att spåret i spännkolven hamnar mitt för låsstiftshålet i spännarhuset (se pilar)

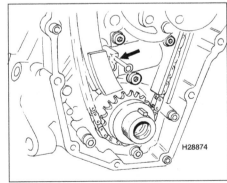

7.5b Stick in ett metallstift eller borr (se pil) för att låsa fast spännaren

7.28 Skruva loss respektive kamaxeljusterares bult (se pil)

7.29 Skruva loss kedjespännaren (se pil)

7.30 Observera att kamaxeljusterarna är märkta EX respektive IN

7.31 Skruva bort täckpluggen och skruva loss kamkedjestyrningens nedre stift

7.33 Ta bort täckpluggen (se pil) och skruva loss kamkedjestyrningens övre stift

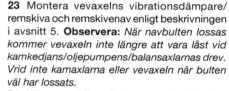
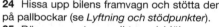
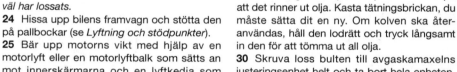

7.34 Skruva loss kedjestyrningens övre skruv (se pil)

de avlånga hålen i drevet (kamaxeln bör vara låst i ÖD med hjälp av mallen – se avsnitt 3). Sätt i drevets fästbultar och dra åt dem så mycket det går för hand.
18 Lossa den övre änden av spännskenan och dra sedan åt kamdrevsbultarna till angivet moment.
19 Ta bort låsverktyget från svänghjulet och ta även bort mallen som använts för att kontrollera kamaxelläget.
20 Montera kamkedjekåporna enligt beskrivningen i avsnitt 6.

N-42 och N46-motorer

Demontering

21 Se till att motorn har ställts i ÖD enligt beskrivningen i avsnitt 3.
22 Demontera excenteraxelns ställmotor enligt beskrivningen i avsnitt 10.

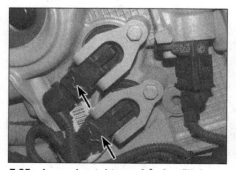

7.35a Lossa kontakterna från inställningsenhetens magnetventiler (se pilar)

23 Montera vevaxelns vibrationsdämpare/remskiva och remskivenav enligt beskrivningen i avsnitt 5. **Observera:** *När navbulten lossas kommer vevaxeln inte längre att vara låst vid kamkedjans/oljepumpens/balansaxlarnas drev. Vrid inte kamaxlarna eller vevaxeln när bulten väl har lossats.*
24 Hissa upp bilens framvagn och stötta den på pallbockar (se *Lyftning och stödpunkter*).
25 Bär upp motorns vikt med hjälp av en motorlyft eller en motorlyftbalk som sätts an mot innerskärmarna och en lyftkedja som fästs i lyftöglan längst fram på motorn.
26 Sänk ner den främre kryssrambalken enligt beskrivningen i avsnitt 15. Observera att kuggstången inte behöver demonteras från kryssrambalken, det räcker att lossa klämbulten vid rattstångens universalknut och skilja kugghjulet från styrstången.
27 Demontera sumpen enligt avsnitt 13.

7.35b Dra ut magnetventilerna från topplocket och kasta O-ringstätningarna

28 Lås kamaxlarna enligt beskrivningen i avsnitt 3 och lossa bulten till respektive justeringsenhet för avgas- och insugskamaxeln **(se bild)**.
29 Lossa kedjespännaren framtill på motorblockets högersida **(se bild)**. Var beredd på att det rinner ut olja. Kasta tätningsbrickan, du måste sätta dit en ny. Om kolven ska återanvändas, håll den lodrätt och tryck långsamt in den för att tömma ut all olja.
30 Skruva loss bulten till avgaskamaxelns justeringsenhet helt och ta bort hela enheten, komplett med kamaxelgivarens ring och drev. Gör samma sak på insugskamaxeln. Observera att enheterna är märkta EX (avgas) och IN (insug). Förväxla inte delarna **(se bild)**.
31 Skruva med hjälp av en insexnyckel bort pluggen snett till höger ovanför vevaxelns främre packbox och skruva ut kamkedjestyrningens nedre stift **(se bild)**.
32 Kläm ihop flikarna och koppla ifrån anslutningskontakten till insugskamaxelns lägesgivare.
33 Skruva bort pluggen bakom insugskamaxelns lägesgivare och skruva loss den övre kamkedjestyrningens nedre stift **(se bild)**.
34 Skruva loss kedjestyrningens övre skruv från topplocket **(se bild)**.
35 Koppla loss anslutningskontakterna från magnetventilerna i insugs- och avgaskamaxelns justeringsenheter på topplockets framsida **(se bild)**. Skruva loss skruvarna och dra ut magnetventilerna från topplocket **(se bild)**. Kasta O-ringarna eftersom nya måste monteras.

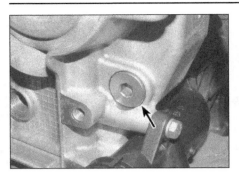

7.36 Ta bort pluggen och skruva loss den vänstra kedjestyrningens övre fäststift (se pil)

7.39 Bänd isär de nedre kanterna och lossa kedjan från styrningen (med hjälp av t.ex. ett par svetselektroder)

7.43 Lägg vevaxeldrevet mot kedjan, med drevets krage vänd mot vevaxeln (se pil)

36 Ta bort pluggen från vänster sida av kamkedjekåpan och skruva loss den vänstra kamkedjestyrningens övre fäststift **(se bild)**.
37 Dra upp kamkedjan och lyft bort den tillsammans med styrningarna och vevaxeldrevet.
38 Dra ner kedjan från styrningarna och ta loss vevaxeldrevet från kedjan.
39 Bänd försiktigt isär de nedre kanterna på kamkedjestyrningen och dra ut kedjan **(se bild)**.

Kontroll

40 Kedjan bör bytas om dreven eller kedjan är slitna (märks på överdrivet sidospel mellan kedjelänkarna och slammer under gång). Det är klokt att byta kedjan i vilket fall, när motorn ändå är isärtagen för översyn. Observera att rullarna på en svårt sliten kedja kan ha blivit lätt spåriga. Byt kedjan om det finns minsta tvivel om dess skick, så slipper du framtida bekymmer.
41 Undersök om drevets kuggar verkar slitna. Varje kugg har formen av ett V. Är kuggen sliten har den sida som belastas en lätt urgröpt form jämfört med den andra sidan (dvs. kuggen ser lite krökt ut). Verkar kuggarna slitna måste drevet bytas. Kontrollera också om kontaktytorna på kedjestyrningen och spännskenan verkar slitna – byt vid behov de slitna komponenterna.

Montering

42 Bänd försiktigt isär de nedre kanterna på kamkedjestyrningen och mata igenom kedjan **(se bild 7.39)**.
43 Placera vevaxeldrevet i kedjans nedre bukt. Observera att kragen på drevet ska vara vänd mot vevaxeln **(se bild)**.
44 Dra kamkedjan uppåt genom styrningen tills styrningens nedre kant fångar in drevet i rätt läge. Håll kedjan/styrningen/drevet i detta läge.
45 Sänk ner enheten genom kamkedjetunneln och trä drevet på kamaxeländen.
46 Sätt i kamkedjestyrningens nedre stift genom hålet i framsidan av kamkedjekåpan och dra åt det stadigt. Sätt tillbaka kåpans plugg med en ny tätningsring och dra åt till angivet moment.
47 Sätt i kamkedjestyrningens övre stift genom hålet i kamkedjekåpan och dra åt det stadigt. Sätt tillbaka kåpans plugg med en ny tätningsring och dra åt till angivet moment.
48 Montera vevaxelns remskivenav, men dra bara åt bulten med fingerkraft än så länge.
49 Arbeta från undersidan av bilen och vrid balansaxlarnas ändar så att deras plana sidor blir parallella och sidan med det bredare spåret vänds uppåt **(se bild)**. Fixera axlarna i detta läge med två bitar plattjärn och ett par låstänger **(se bild)**.
50 Se till att vevaxelns låsverktyg fortfarande sitter på plats och dra åt vevaxelns navbult,

men inte till mer än 60 Nm. Vid större åtdragningsmoment kan låsverktyget och/eller motorblocket skadas.
51 Ta bort plattjärnen som fixerar balansaxlarna.
52 Sätt tillbaka magnetventilerna med nya O-ringstätningar i insugs- och avgaskamaxelns justeringsenheter framtill på topplocket. Dra åt fästskruvarna ordentligt och återanslut anslutningskontakterna.
53 Sätt tillbaka den övre kamkedjestyrningens övre och nedre fästskruvar och dra åt dem ordentligt. Montera tätningsringen på den nedre skruvens täckplugg, sätt i pluggen och dra åt den till angivet moment.
54 Återanslut anslutningskontakten till insugskamaxelns lägesgivare.
55 Lyft kamkedjan och håll den sträckt. Lägg kedjan om insugskamaxelns justeringsenhet och placera denna på kamaxeländen, komplett med givarringen. Håll enheten/ringen på plats med en ny bult som skruvas fast hårt nog för att det inte ska finnas något glapp, men inte mer. Gör samma sak med avgaskamaxelns justeringsenhet. Observera att givarringarna är identiska, även om justeringsenheterna är märkta IN och EX.
56 Se till att kamkedjan vilar korrekt mot spännararmen. Montera BMW:s verktyg 11 9 340 i hålet för spännkolven och vrid sedan justerskruven på verktyget tills skruvens ände vidrör spännskenan utan att spänna kedjan **(se bild)**.

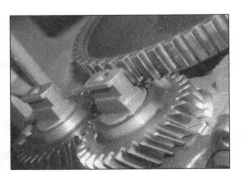

7.49a Parallellställ de plana ytorna på balansaxlarna (det bredare spåret uppåt) . . .

7.49b . . . och fixera dem i det läget

7.56 Montera verktyg 11 9 340 i hålet för spännaren

7.57a Montera verktyg 11 9 350 på topplocket

7.57b Se till att stiften på verktyget griper in som de ska i hålen i givarringarna (se pilar)

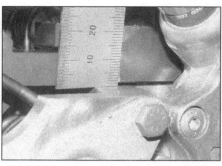

7.64 Avgaskamaxelns synkronisering är riktig om avståndet är mindre än 1,0 mm

57 Montera BMW:s verktyg 11 9 350 mot topplocksänden och se till att verktygets styrtappar griper in på rätt sätt i motsvarande hål i givarringarna **(se bilder)**. Skruva fast verktyget i topplocket med de två medföljande M6-bultarna.
58 Använd en lämplig hylsa och lossa bultarna som håller fast justeringsenheterna/ givarringarna ett halvt varv. Dra sedan åt dem igen så att de bara nuddar vid givarringarna utan glapp.
59 Förspänn kedjespännarens styrning genom att dra åt verktygets justerskruv till 0,6 Nm med en momentnyckel. Saknar du en momentnyckel med så fin kalibrering får du dra åt justerskruven för hand, men bara så hårt att inget slack längre märks i kedjan.
60 Dra åt kamaxeljusterarnas fästbultar till angivet moment.
61 Lossa fästskruvarna och ta bort verktyget 11 9 350 från topplocksänden.
62 Lossa justerskruven och ta bort verktyget 11 9 340 från spännkolvsöppningen.
63 Se till att kamkedjespännarkolven har tömts helt, sätt sedan tillbaka den i öppningen i motorblocket med en ny tätningsring. Dra åt den till angivet moment.
64 Ta bort låsverktygen från vevaxeln och kamaxlarna. Vrid sedan med en nyckel eller hylsa mot vevaxelns navbult vevaxeln 720° medurs (två hela varv) och kontrollera att låsverktygen kan sättas tillbaka på vevaxeln och kamaxlarna. Observera att ett avstånd på upp till 1,0 mm (avgaskamaxelns verktyg)

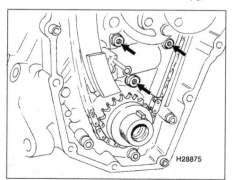

8.5 Kamkedjespännarens fästbultar (se pilar)

respektive 0,5 mm (insugskamaxelns verktyg) är tillåtet mellan sidan mot insugsgrenröret på kamaxellåsverktygen och topplockets övre packningsyta **(se bild)**.
65 När ventiltiderna är korrekt inställda kan du ta bort låsverktygen och dra åt vevaxelns navbult till angivet moment – håll emot på samma sätt som vid demonteringen.
66 Resten av monteringen utförs i omvänd ordningsföljd mot demonteringen.

8 Kamdrev och kamkedjespännare – demontering och montering

M43TU-motor

Kamdrev

1 Arbetet beskrivs som en del av demonteringen av kamkedjan i avsnitt 7.

Kamkedjespännare

2 Ställ kolv nr 1 i ÖD och lås svänghjulet enligt beskrivningen i avsnitt 3.
3 Demontera den övre och nedre kamkedjekåpan enligt beskrivningen i avsnitt 6.
4 Tryck den nedre änden av spännskenan mot den hydrauliska spännkolven tills spåret i kolven står mitt för låsstiftshålet i spännarhuset. Lås spännaren i detta läge genom att sticka in ett metallstift eller ett borr i låshålet så att det griper in i kolvspåret.
5 Skruva loss fästbultarna och ta bort spännaren **(se bild)**.
6 Ta inte bort låsverktyget från spännaren förrän efter återmonteringen. Försök inte ta isär spännaren – det krävs särskilt BMW-verktyg för att sätta ihop enheten igen.
7 Om du skaffar en ny spännare levereras den med en låsanordning som håller kolven fixerad. Försök i så fall **inte** ta bort låsverktyget förrän spännaren har monterats.
8 Monteringen utförs i omvänd ordningsföljd. Tänk på följande:
a) Kontrollera tätningsringens skick och byt den vid behov.
b) Ta inte bort låsverktyget förrän spännaren har monterats.
c) Sätt tillbaka kamkedjekåporna enligt beskrivningen i avsnitt 6.

N-42 och N46-motorer

Kamdrev

9 Arbetet beskrivs som en del av demonteringen av kamkedjan i avsnitt 7.

Kamkedjespännare

10 Kamkedjespännaren är en hydrauliskt manövrerad kolv som påverkar den högra kedjespännarstyrningen. Skruva loss kolven från motorns högra, främre sida **(se bild 7.29)**. Var beredd på att det rinner ut vätska. Kasta tätningsringen, du måste sätta dit en ny.
11 Ska kolven monteras tillbaka, håller du enheten lodrätt med det sexkantiga huvudet mot handflatan och trycker sedan långsamt in kolven mot en hård, slät yta för att pressa ut all olja som finns kvar. Upprepa proceduren.
12 Sätt tillbaka kolven med en ny tätningsring och dra åt till angivet moment.

9 Kamkedjehus (M43TU-motor) – demontering och montering

Observera: *En ny packning, en ny gummi-tätning och ett lämpligt tätningsmedel krävs vid monteringen. För att underlätta monteringen kommer du att behöva en tunn metallplåt – se texten.*

Demontering

1 Demontera kamkedjan, dreven, spännskenan och kedjestyrningen enligt beskrivningen i avsnitt 7.
2 Demontera kamkedjespännaren enligt beskrivningen i avsnitt 8.
3 Demontera generatorn enligt beskrivningen i kapitel 5A.
4 Skruva loss generatorns fästbygel.
5 Skruva loss oljefilterhuset från sidan av kamkedjehuset. Var beredd på oljeläckage och ta bort packningen och O-ringen.
6 Ta bort sumpen enligt beskrivningen i avsnitt 13.
7 Lossa fästbultarna och anteckna var de ska sitta. Ta bort kamkedjehuset från framsidan av motorblocket. Ta vara på packningen.

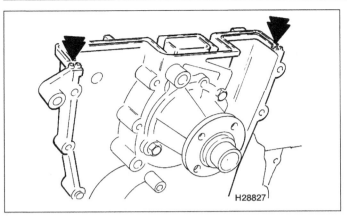

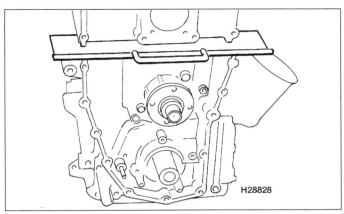

9.10 Stryk tätningsmedel på de ställen (se pilar) där kamkedje-huset ligger an mot topplocket och kamkedjekåpan

9.14 Metallplåten på plats mellan kamkedjehuset och topplocket

Montering

8 Rengör fogytorna på kamkedjehuset, motor-blocket och topplocket noga.

9 Kontrollera att styrstiften för kamkedjehuset sitter på plats längst ner på motorblocket.

10 Stryk tätningsmedel på kamkedjehusets övre kontaktytor där kamkedjehuset ansluter mot topplocket och kamkedjekåpan. Montera sedan en ny gummitätning i spåret högst upp på kamkedjehuset **(se bild)**.

11 Placera en ny packning över motorblockets styrstift.

12 BMW använder specialverktyget 11 2 330 för att garantera att gummipackningen sitter på plats när kamkedjehuset monteras. Detta verktyg kan ersättas med en bit mycket tunn metallplåt (t.ex. sådan litografisk plåt som används av tryckerier). Plåten måste vara till-räckligt stor för att täcka hela gummität-ningen.

13 Fetta in gummitätningens ovansida och plåtens ovan- och undersida lätt. Lägg sedan plåten på plats ovanpå tätningen.

14 Skjut kamkedjehuset på plats över styr-stiften och skruva sedan i fästbultarna och dra åt dem till angivet moment **(se bild)**.

15 Dra försiktigt ut metallplåten ur skarven mellan huset och topplocket.

16 Montera sumpen enligt beskrivningen i avsnitt 13.

17 Montera oljefilterhuset med en ny pack-ning och ny O-ring.

18 Sätt tillbaka generatorns fästbygel och montera sedan generatorn enligt beskrivningen i kapitel 5A.

19 Montera kamkedjespännaren enligt be-skrivningen i avsnitt 8.

20 Montera kamkedjestyrningen, spänn-skenan, dreven och kamkedjan enligt beskrivningen i avsnitt 7.

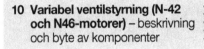

10 Variabel ventilstyrning (N-42 och N46-motorer) – beskrivning och byte av komponenter

Beskrivning

1 N-42 och N46-motorerna är utrustad med ett variabelt styrsystem för insugsventilerna – Valvetronic – för att förbättra effekten och ekonomin och samtidigt minska utsläppen. I detta system styrs lyfthöjden och öppningstiden hos insugsventilerna av en elektronisk styrmodul, och kan varieras så mycket att man har kunnat utelämna den traditionella spjäll-ventilen i gasspjällshuset. På så vis slipper man de "pumpningsförluster" i insugskanalen som brukar förknippas med gasspjällssystem. Valvetronic-systemet består av en mellan-hävarm mellan kamaxelloben och insugs-ventilens vipparm, en excenteraxel och läges-givare, en ställmotor och en elektronisk styr-modul. Mellanhävarmen överför kamaxel-lobens lyftrörelse till vipparmen, medan ställmotorn ändrar läget hos excenteraxeln, vilket i sin tur förskjuter vridpunkten för mellanhävarmen **(se bild)**.

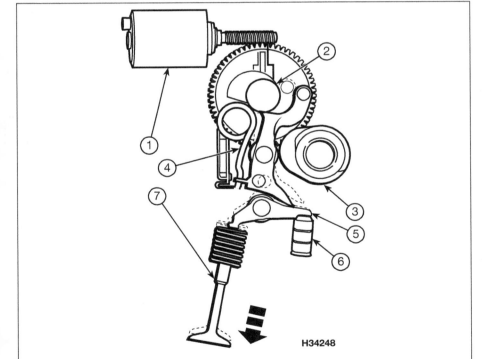

10.1 Valvetronic variabel ventilstyrning (N-42 och N46-motorer)

1 Ställmotor	4 Spännfjäder	7 Insugsventil
2 Excenteraxel	5 Vipparm	
3 Kamaxel	6 Hydraulisk kompensator	

10.3 Skruva loss ställmotorns 2 muttrar (se pilar)

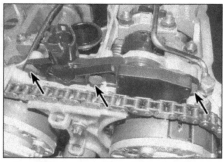

10.8 Skruvar till excenteraxelns lägesgivare (se pilar)

10.9 Demontera magnetrotorn från axeländen

Byte av komponenter

Ställmotor

2 Demontera ventilkåpan enligt beskrivningen i avsnitt 4.
3 Skruva loss de två fästmuttrarna **(se bild)**.
4 Vrid motoraxeln medurs för hand och dra samtidigt motorn bakåt. Kasta gummitätningen, du måste sätta dit en ny.
5 Sätt tillbaka motorn med en ny tätning på plats och vrid axeln moturs tills motorn vilar mot fästbygeln. Dra åt fästmuttrarna ordentligt.
6 Montera ventilkåpan enligt beskrivningen i avsnitt 4.

Excenteraxel

7 Demontera insugskamaxeln enligt beskrivningen i avsnitt 11.

8 När kamaxeln är demonterad skruvar du loss de tre bultarna och tar bort excenteraxelns lägesgivare från lagerhållaren **(se bild)**.
9 Skruva loss skruven och ta bort magnetrotorn från axeländen **(se bild)**. Rotorn är starkt magnetisk. Lägg den därför i en plastpåse så att det inte fastnar magnetiskt småskräp på den.
10 Skruva loss oljematningsrörets banjobult, lossa lageröverfallens fästmuttrar på överfall nr 2 och 4 och ta bort oljematningsröret **(se bild)**. Observera att överfallen är märkta E1 till E4, med nr 1 längst mot kamkedjan
11 Lossa de återstående lageröverfallen och lyft bort excenteraxeln från lagerhållaren.
12 Böj mycket försiktigt ut axelns nålrullager och ta bort dem. Observera att lagren mycket lätt bryts av om de böjs ut för mycket **(se bild)**.

13 Demontera lagerskålarna från lageröverfallen om det behövs.
14 Vid återmonteringen, placera de nya lagerskålarna i lagerhållaren och överfallen. Se till att styrstiften griper in som de ska i motsvarande smörjkanaler/styrstiftshål och att lagerskålarnas ändar griper in på rätt sätt i varandra **(se bild)**.
15 Öppna nålrullagren mycket försiktigt och sätt dem på excenteraxelns lagertappar.
16 Smörj nålrullagren och lagerskålarna med ren motorolja. Lägg excenteraxeln i lagerhållaren och sätt tillbaka lageröverfallen på deras platser. Fingerdra muttrarna som fäster lageröverfall nr 1 och 3.
17 Sätt tillbaka oljematningsröret och fingerdra muttrarna som fäster lageröverfallen nr 2 och 4.
18 Sätt i oljematningsrörets banjobult och dra åt den ordentligt.
19 Se till att lageröverfallen är korrekt riktade, men slutdra inte muttrarna förrän lagerhållarenheten har monterats tillbaka på topplocket.
20 Sätt tillbaka magnetrotorn på axeländen så att dess styrklack griper in i motsvarande spår i axeländen. Sätt i den "antimagnetiska" skruven och dra åt den till angivet moment **(se bild)**.
21 Sätt tillbaka excenteraxelns lägesgivare och dra åt fästbulten ordentligt.
22 Resten av monteringen utförs i omvänd ordningsföljd mot demonteringen.

Mellanhävarmar

23 Hur mellanhävarmarna demonteras och monteras beskrivs som en del av demonteringen av insugskamaxeln (se avsnitt 11). Om de ska återanvändas, se till att hävarmarna monteras på sina gamla platser.

Elektronisk styrmodul (ECM)

24 På vänsterstyrda modeller, ta bort batteriet enligt beskrivningen i kapitel 5A. Skruva loss de fyra fästskruvarna under batteriets plats och ta bort plåten.
25 På högerstyrda modeller sitter styrmodulen i bakre, vänstra hörnet av motorrummet, intill eldosan. Dra ut styrmodulen från dess fästbygel genom att trycka ut styrmodulens botten från innerskärmen och dra den uppåt.

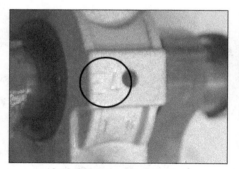

10.10 Märkning (inringad) på excenteraxelns lageröverfall

10.12 Böj försiktigt ut nålrullagren och ta bort dem

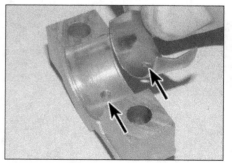

10.14 Se till att styrstiften hakar i hålen som de ska (se pilar)

10.20 Se till att magnetrotorns styrtappar hakar i sina urtag

26 Koppla loss styrmodulens anslutnings-kontakt(er) och ta bort styrmodulen **(se bild)**.
27 Monteringen utförs i omvänd ordningsföljd mot demonteringen. Observera att om en ny styrmodul har monterats, måste den kodas med BMW:s särskilda testutrustning (tala med din BMW-verkstad eller annan specialist).

Excenteraxelns lägesgivare

28 Demontera ventilkåpan enligt beskrivningen i avsnitt 4.
29 Skruva loss de tre skruvarna och ta bort givaren **(se bild 10.8)**.
30 Montera i omvänd ordningsföljd mot demonteringen och dra åt givarens skruvar ordentligt.

11 Kamaxlar och ventilvippor – demontering och montering

M43TU-motor

Observera: *BMW rekommenderar att man innan kamaxeln demonteras trycker ihop ventilfjädrarna med ett specialverktyg och tar bort ventilvipporna. Detta avlastar kamaxeln när lageröverfallens muttrar skruvas loss. Förutsatt att du är försiktig och att lageröverfallens muttrar skruvas loss gradvis och jämnt går det att utföra arbetet utan specialverktyg, enligt beskrivningen i nedanstående punkter. Nya tätningar till oljespridarrörets fästbultar kommer att behövas vid monteringen.*

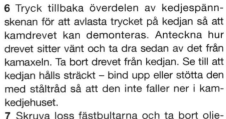

10.26 Koppla loss anslutningskontakterna och ta bort styrmodulen

Demontering

1 Demontera ventilkåpan enligt beskrivningen i avsnitt 4.
2 Vrid vevaxeln så att kolv nr 1 ställs i ÖD enligt beskrivningen i avsnitt 3, men montera inte låsverktygen som fixerar vevaxeln och kamaxeln.
3 Vrid vevaxeln ett helt varv medurs så att kolv nr 4 ställs i ÖD i förbränningstakten och skruva sedan loss de två åtkomliga kamdrevsbultarna.
4 Vrid vevaxeln ytterligare ett helt varv så att kolv nr 1 åter hamnar i ÖD. Montera låsverktygen för att fixera vevaxeln och kamaxeln (se avsnitt 3).
5 Skruva loss de två återstående kamdrevsbultarna, som nu bör gå att komma åt. Ta bort kamaxelgivarens rotor från kamdrevet.

6 Tryck tillbaka överdelen av kedjespännskenan för att avlasta trycket på kedjan så att kamdrevet kan demonteras. Anteckna hur drevet sitter vänt och ta dra sedan av det från kamaxeln. Ta bort drevet från kedjan. Se till att kedjan hålls sträckt – bind upp eller stötta den med ståltråd så att den inte faller ner i kamkedjehuset.
7 Skruva loss fästbultarna och ta bort oljespridarröret från kamaxellageröverfallen **(se bild)**. Ta loss tätningarna från fästbultarna.
8 Kontrollera att ID-märkning finns på kamaxellageröverfallen. Lageröverfallet längst fram (längst mot kamkedjan) är inte märkt, men de övriga ska vara märkta 2 till 5 räknat från motorns kamkedjeände **(se bild)**. Gör lämpliga märken själv om det behövs.
9 Skruva stegvis loss kamaxellageröverfallens muttrar och ta sedan bort lageröverfallen.
10 Lyft bort kamaxeln från topplocket.
11 Gör i ordning en ask med fack, fylld med ren motorolja, där du kan förvara de hydrauliska ventillyftarna i den ordning som de ska sitta monterade. Observera att även ventilvipporna och tryckbrickorna ska förvaras i sin ursprungliga ordning.
12 Ta bort ventilvipporna och tryckbrickorna och förvara dem i rätt ordning så att kan sättas tillbaka på sina gamla platser **(se bilder)**.
13 Lyft bort de hydrauliska ventillyftarna från topplocket och ställ dem i den oljefyllda asken **(se bilder)**.

11.7 Oljespridarrörets fästbult (se pil)

11.8 ID-märkning på kamaxelns lageröverfall

11.12a Ta bort ventilvipporna . . .

11.12b . . . tryckbrickorna . . .

11.13a . . . och ventillyftarna

11.13b Ställ ventillyftarna i en ask fylld med olja

11.22 Pilen på kamaxeln ska peka på klockan 12 i förhållande till motorblocket

11.30 Skruva loss kamaxeljusterarens bult

Kontroll

14 Rengör samtliga delar, inklusive lager-ytorna i gjutgodset och lageröverfallen. Undersök delarna noga med avseende på slitage och skador. Leta särskilt efter repor och punktkorrosion på kamaxelns/kam-axlarnas lagerytor och lober. Undersök om ventilvippornas anliggningsytor verkar slitna eller skadade. Byt ut komponenterna om det behövs.

Montering

15 Smörj ventillyftarnas lopp i topplocket och sätt sedan tillbaka ventillyftarna i deras ursprungliga lägen.
16 Placera tryckbrickorna och ventilvipporna mot ventilerna och mot de återmonterade ventillyftarna.
17 Smörj lagerytorna i topplocket. Lägg sedan kamaxeln på plats, så att båda ventilerna i cylinder nr 1 står helt öppna och ventilerna i cylinder nr 4 "vickas" (avgasventilen är på väg att stängas och insugsventilen att öppnas). Observera även att sidorna på den fyrkantiga flänsen i främre kamaxeländen ska stå i exakt rät vinkel mot topplockets ovanyta (kan kontrolleras med en vinkelhake). Du kan kontrollera kamaxelns läge genom att passa in mallen som beskrivs i avsnitt 3.
18 Smörj lagerytorna i lageröverfallen.
19 Placera lageröverfallen enligt anteck-ningarna du gjorde före monteringen, skruva

sedan på fästmuttrarna och dra åt stegvis till angivet moment.
20 Montera nya tätningar på oljespridarrörets fästbultar, montera sedan spridarröret och dra åt bultarna.
21 Tryck överdelen av kedjespännskenan bakåt på samma sätt som vid demonteringen, så att kamdrevet kan sättas på plats. Lägg kedjan om kamdrevet och se till att drevet sitter rättvänt enligt anteckningarna du gjorde före demonteringen. Justera drevet så att synkro-niseringspilen pekar rakt uppåt.
22 Montera drevet på kamaxeln så att skruv-hålen i kamaxelflänsen hamnar mitt för de avlånga hålen i drevet (kamaxeln bör vara låst i ÖD med hjälp av mallen – se avsnitt 3). Montera kamaxelgivarens rotor på drevet så att pilen pekar rakt uppåt (**se bild**). Sätt i drevets två övre fästbultar och dra åt dem så mycket det går för hand.
23 Lossa den övre änden av spännskenan och dra sedan åt de två åtkomliga kamdrevs-bultarna till angivet moment.
24 Ta bort låsverktyget från svänghjulet och ta även bort mallen som använts för att kontrollera kamaxelläget.
25 Vrid vevaxeln ett helt varv medurs så att kolv nr 4 ställs i ÖD i förbränningstakten och sätt sedan i och dra åt två återstående kam-drevsbultarna.
26 Montera ventilkåpan enligt beskrivningen i avsnitt 4.

N-42 och N46-motorer

Insugskamaxel – demontering

Observera: *Demontering av insugskamaxeln kräver tillgång till flera av BMW:s special-verktyg.*
27 Ställ motorn i ÖD i cylinder nr 1 enligt beskrivningen i avsnitt 3.
28 Lås kamaxlarna enligt beskrivningen i avsnitt 3 och lossa bulten till respektive justeringsenhet för avgas- och insugskamaxeln (**se bild 7.28**).
29 Lossa kedjespännarkolven framtill på motorblockets högersida (**se bild 7.29**). Var beredd på att det rinner ut olja. Kasta tätningsbrickan, du måste sätta dit en ny. Om kolven ska återanvändas, håll den lodrätt och tryck långsamt in den för att tömma ut all olja.
30 Skruva loss bulten till avgaskamaxelns justeringsenhet helt och ta bort hela enheten, komplett med kamaxelns givarring och drev. Gör samma sak på insugskamaxeln. Observera att enheterna är märkta EX (avgas) och IN (insug). Förväxla inte delarna (**se bild**). Se till att kedjan hålls sträckt – bind upp eller stötta den med ståltråd så att den inte faller ner i motorn.
31 Demontera excenteraxelns ställmotor enligt beskrivningen i avsnitt 10.
32 Kläm ihop låsflikarna och koppla bort kamaxelgivarens anslutningskontakt från kamkedjekåpans framsida.
33 Skruva bort pluggen bakom insugskam-axelns lägesgivare och lossa den högra kam-kedjestyrningens nedre stift (**se bild 7.33**).
34 Ta bort den övre kamkedjestyrningens bult, dra försiktigt isär överdelen på den vänstra kedjestyrningen och lossa den nedre delen på den övre styrningen. Demontera den övre kamkedjestyrningen (**se bilder**).
35 Skruva loss banjobulten på avgaskam-axelns oljematningsrör och dra röret ca 20 mm bakåt.
36 Ta bort kamaxellåsverktygen.
37 Håll en öppen nyckel mot den sexkantiga delen och vrid excenteraxeln så att belast-ningen på vridfjädern i änden av axeln blir så liten som möjligt (**se bild**).

11.34a Skruva loss den övre kamkedjestyrningens bult . . .

11.34b . . . och sära på den översta delen av den vänstra styrningen med 2 metallstänger (se pilar) så att styrningarna skiljs åt

11.37 Vrid excenteraxeln så att fjädern (se pil) blir så slack som möjligt

11.38 Använd ett buntband (eller liknande) för att dra loss fjädern från armen (se pil)

11.39 Vrid excenteraxeln till läget för minsta utslag

11.40 Passa in BMW:s verktyg 11 9 302 (se pil) över kamaxeländen och håll det på plats med skruven (BMW-verktyg 11 9 303)

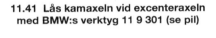

11.41 Lås kamaxeln vid excenteraxeln med BMW:s verktyg 11 9 301 (se pil)

11.42 Fäst BMW-verktygen (se pilar) vid oljematningsröret och undersidan av mellanhävarmarna

specialverktyg 11 9 390 och 11 9 320 på följande sätt. Spänn fast specialverktyg 11 9 320 i ett skruvstycke. Vänd lagerhållarenheten upp och ned och placera den på specialverktyget (se bild).
45 Dra ut tändstiftsrören ur enheten. Kasta rörens O-ringstätningar, du måste sätta dit nya.
46 Placera specialverktyg 11 9 390 över kamaxeln, mellan vridfjäderns två halvor vid cylinder nr 4. Fixera det med den medföljande bulten (se bilder).
47 När verktyget sitter fast på plats, se till att dess ena käft ligger an som den ska mot överkanten av fjäderns spännbricka och kläm sedan ihop verktygets käftar. Skruva loss spännbrickans fästskruv och öppna långsamt verktygets käftar för att ge efter på spänningen i fjädern (se bilder).

⚠ **Varning: Försök inte ta bort vridfjädern utan BMW-verktyget. Fjädrarna är hårt spända så det finns risk att du skadar dig.**

38 Dra med hjälp av ett buntband eller liknande vridfjäderns ände uppåt och bakåt så att den släpper från armen med rullen på excenteraxeln (se bild).
39 Vrid excenteraxeln till läget för minsta utslag (se bild).
40 Montera BMW:s specialverktyg 11 9 302 i främre änden av insugskamaxeln och fäst den med specialverktyg 11 9 303. Detta låser kamaxeln vid lagerhållaren (se bild).
41 Fäst excenteraxeln vid kamaxelns bakre ände med BMW:s specialverktyg 11 9 301

(se bild). Dra åt tumvredet för hand för att hindra kamaxeln från att rotera.
42 Fäst BMW:s specialverktyg nr 11 9 310 vid oljematningsröret och på undersidan av alla mellanhävarmar för att hålla dem på plats (se bild).
43 Lagerhållaren är fäst med 13 muttrar. Lossa muttrarna stegvis och jämnt och ta bort lagerhållaren (se bild).
44 Innan kamaxeln demonteras måste spänningen i vridfjädrarna mellan excenteraxeln och mellanhävarmen avlastas med BMW:s

48 Ta bort vridfjädern tillsammans med spännbrickan.
49 Ta bort verktyget 11 9 390 och upprepa proceduren på de återstående vridfjädrarna.

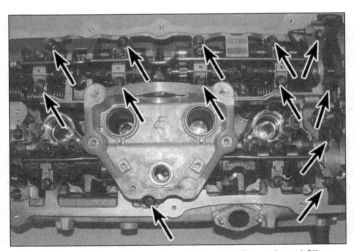

11.43 Skruva loss muttrarna (se pilar) och lyft bort lagerhållaren

11.44 Spänn fast BMW-verktyget 11 9 320 (se pil) i ett skruvstycke och placera lagerhållaren på verktyget i uppochnedvänt läge

11.46a Placera BMW-verktyget 11 9 390 (se pil) mellan fjäderns 2 halvor . . .

11.46b . . . och dra åt fästbulten (se pil) med fingerkraft

11.47a Se till att verktygets käft (se pil) griper in i fjäderspännbrickans överdel (se pil)

11.47b Pressa samman verktygets käftar och lossa fjäderspännbrickans torxskruv

11.53 Tryck ner den ena änden av ringen och lyft den andra (se pilar)

11.56 Den rundade sidan (se pil) på kamaxelns bakände ska peka nedåt

50 Ta bort verktygen som håller fast mellanhävarmarna vid oljematningsröret. Ta bort mellanhävarmarna och förvara dem i rätt inbördes ordning. Om de ska återanvändas är det mycket viktigt att de sätts tillbaka på sina gamla platser.
51 Demontera verktygen som låser kamaxelns båda ändar. Lyft bort kamaxeln.
52 Om det behövs, lyft bort vipparmarna tillsammans med de hydrauliska justerarna som sitter ovanför insugsventilerna. Om vipparmarna ska återanvändas är det mycket viktigt att de sätts tillbaka på sina gamla platser. Skilj vipparmarna från justerarna. Förvara dem i rätt inbördes ordning. De hydrauliska justerarna bör förvaras i en fackindelad ask, nedsänkta i ren motorolja.
53 Demontera vid behov kompressionsringarna i änden av kamaxeln genom att trycka ner den ena änden av ringen i spåret, lyfta upp

den andra änden och haka loss ringen **(se bild)**. Var försiktig eftersom ringarna lätt går sönder.

Insugskamaxel – kontroll
54 Rengör samtliga delar, inklusive lagerytorna i gjutgodset och lageröverfallen. Undersök delarna noga med avseende på slitage och skador. Leta särskilt efter repor och punktkorrosion på kamaxelns/kamaxlarnas lagerytor och lober. Undersök om ventilvippornas och mellanhävarmarnas anliggningsytor verkar slitna eller skadade. Byt ut komponenterna om det behövs.

Insugskamaxel – montering
55 Medan lagerhållarenheten fortfarande är uppochnedvänd och inpassad på ett BMW-verktyg 11 9 320 som hålls fast i ett skruvstycke smörjer du kamaxelns lagerytor med ren motorolja.

56 Placera insugskamaxeln i lagerhållaren, med den avrundade sidan på bakre kamaxeländen vänd nedåt **(se bild)**.
57 Se till att öppningarna på kompressionsringarna i den främre änden av kamaxeln pekar uppåt **(se bild 11.53)**.
58 Montera verktyg 11 9 302 och 11 9 303 i främre och 11 9 301 i bakre änden av kamaxeln. När verktygen är på plats är kamaxeln låst mot lagerhållaren och excenteraxeln. Se till att excenteraxeln är placerad i rätt läge.
59 Smörj lagerytorna på mellanhävarmarna och sätt i dem på deras platser mellan kamaxeln och excenteraxeln **(se bilder)**.
60 Använd BMW:s specialverktyg nr 11 9 310 för att sätta oljematningsröret och mellanhävarmarna på plats.
61 Montera BMW-verktyget 11 9 390 över kamaxeln på samma sätt som vid demonteringen (börja i bakre änden), mitt emellan

11.59a Sätt mellanhävarmarna . . .

11.59b . . . på plats

11.61 Se till att verktyget griper in som det ska i fjäderns spännbricka (se pil)

11.80 Den rundade sidan på kamaxelns bakände ska peka uppåt

11.81 Ringens ändar ska sitta på ovansidan

11.86 Flänsen på pumpens drivaxel passar in i skåran i kamaxeländen (se pilar)

lägena för vridfjäderns två halvor. Sätt vridfjädern på plats, och se till att änden på dess spännbricka hakar i nederkanten av verktygets käft **(se bild)**.

62 Knip försiktigt samman verktygskäftarna och spänn fjädern. Sätt tillbaka fjäderspännbrickans skruv och dra åt den ordentligt. Upprepa proceduren med de återstående vridfjädrarna.

63 Sätt nya O-ringstätningar på tändstiftsrören. Observera att de mindre tätningarna ska sitta på foten av rören **(se bild 4.25)**. Stryk ren motorolja på tätningarna och sätt tillbaka tändstiftsrören i topplocket.

64 Om vipparmarna har demonterats, sätt tillbaka dem i sina ursprungliga lägen vid insugsventilerna.

65 Montera lagerhållarenheten på topplocket, men dra bara åt de 13 fästmuttrarna med fingerkraft än så länge.

66 Arbeta från mitten och utåt och dra först åt lagerhållarens fästmuttrar jämnt till 5 Nm. Dra sedan åt en gång till i samma ordningsföljd, nu till 10 Nm. Om excenteraxeln tidigare har demonterats, är det nu dags att sluttdra dess lageröverfall till angivet moment.

67 Ta bort verktygen som fixerar mellanhävarmarna vid oljematningsröret och kamaxeln vid lagerhållaren/excenteraxeln. Dra avgaskamaxelns oljematningsrör framåt, sätt i och dra åt banjobulten ordentligt (observera frånvaron av tätningsbricka).

68 Vrid med en öppen nyckel excenteraxeln så att du kan dra vridfjädern i bakre änden av kamaxeln bakåt (med hjälp av t.ex. ett buntband) och placera den i spåret i rullen på excenteraxelns arm. Vrid excenteraxeln så att vridfjädern spänns maximalt.

69 Montera verktygen för låsning av kamaxeln vid ÖD-läge i cylinder 1, enligt beskrivningen i avsnitt 3.

70 Resten av monteringen utförs i omvänd ordningsföljd mot demonteringen.

Avgaskamaxel – demontering

71 Ta bort lagerhållarenheten enligt beskrivningen under punkt 27 till 43 i detta avsnitt.

72 Skruva loss de tre bultarna och ta bort vakuumpumpen från bakre änden av avgaskamaxeln (se kapitel 9). Kasta O-ringstätningen eftersom en ny måste monteras.

73 Dra bort avgaskamaxelns oljematningsrör från fästklämmorna på lageröverfallen.

74 Lossa lageröverfallens fästbultar gradvis och jämnt. Observera att överfallen från insugssidan sett är märkta A1, A2, A3 och A4, med A1 längst mot kamkedjan. Ta bort överfallen. Oljematningsrörets fästklämmor sitter på överfall nr 1 och 4.

75 Lyft bort kamaxeln från topplocket. Demontera vid behov kompressionsringarna i änden av kamaxeln genom att trycka ner den ena änden av ringen i spåret, lyfta upp den andra änden och haka loss ringen **(se bild 11.53)**. Var försiktig eftersom ringarna lätt går sönder.

76 Om så behövs, lyft bort vipparmarna tillsammans med de hydrauliska justerarna som sitter ovanför avgasventilerna. Skilj vipparmarna från justerarna. Förvara dem i rätt inbördes ordning, så att de kan monteras i sina gamla lägen om de ska återanvändas. De hydrauliska justerarna bör förvaras i en fackindelad ask, nedsänkta i ren motorolja.

Avgaskamaxel – kontroll

77 Se punkt 54.

Avgaskamaxel – montering

78 Smörj kamaxelns lagerytor med ren motorolja.

79 Om vipparmarna har demonterats, montera tillbaka dem ovanför avgaskamaxeln.

80 Lägg kamaxeln på plats, med den rundade sidan på fyrkantsflänsen i kamaxelns bakre ände vänd uppåt **(se bild)**.

81 Se till att öppningarna på kompressionsringarna i den främre änden av kamaxeln pekar uppåt **(se bild)**.

82 Smörj lageröverfallen med ren motorolja och sätt överfallen på plats över kamaxeln. Observera hur överfallen är märkta och hur de ska sitta – se punkt 74.

83 Fäst oljematningsrörets fästklämmor vid lageröverfall nr 1 och 4. Sätt sedan tillbaka muttrarna och dra åt dem gradvis och jämnt tills undersidan på överfallen vidrör topplocket.

84 Arbeta från mitten och utåt och dra åt muttrarna ett halvt varv i taget, tills angivet moment uppnås.

85 Sätt tillbaka oljematningsröret i fästklämmorna och tryck röret ca 20 mm bakåt.

86 Montera vakuumpumpen med en ny O-ringstätning, så att flänsen på pumpens drivaxel griper in i skåran i kamaxelns bakände **(se bild)**.

87 Börja med att montera lagerhållarenheten och fortsätt med resten av monteringen i omvänd ordningsföljd mot demonteringen.

12 Topplock – demontering och montering

Observera: *Använd nya topplocksbultar och en ny topplockspackning vid monteringen.*

M43TU-motor

Demontering

1 Tryckutjämna bränslesystemet enligt beskrivningen i kapitel 4A, koppla sedan loss batteriets minusledare (se kapitel 5A).

2 Töm kylsystemet enligt beskrivningen i kapitel 1.

3 Ta bort luftrenarenheten och luftflödesgivaren enligt beskrivningen i kapitel 4A.

4 Ta bort den övre och nedre delen av insugsgrenröret enligt beskrivningen i kapitel 4A.

5 Koppla loss den främre avgasdelen från grenröret enligt beskrivningen i kapitel 4A.

6 Koppla loss kylvätskeslangen från topplocket.

7 Ta bort den övre kamkedjekåpan enligt beskrivningen i avsnitt 6.

8 Demontera tändspolarna enligt beskrivningen i kapitel 5B.

9 Ta bort tändstiften enligt beskrivningen i kapitel 1A.

10 Om det inte redan gjorts, koppla loss anslutningskontakten från kylvätsketemperaturgivarna i vänster sida av topplocket.

11 Koppla loss värmeenhetens kylvätskeslangar vid mellanväggen och värmeventilen.

12 Vrid vevaxeln så att kolv nr 1 ställs i ÖD enligt beskrivningen i avsnitt 3. Lås vevaxeln och kamaxeln enligt beskrivningen.

13 Skruva loss kamdrevets fästbultar och demontera avgaskamaxelns givarhjul.

12.18 Skruva loss topplocksbultarna

14 Tryck tillbaka överdelen av kedjespänn-skenan för att avlasta trycket på kedjan så att kamdrevet kan demonteras. Anteckna hur drevet sitter vänt och ta dra sedan av det från kamaxeln. Ta bort drevet från kedjan. Se till att kedjan hålls sträckt – bind upp eller stötta den med ståltråd så att den inte faller ner bakom den nedre kamkedjekåpan.

15 Skruva loss bultarna som fäster kedje-spännskenan och kedjestyrningen vid topplocket.

⚠ **Varning: För att undvika all risk för kontakt mellan kolvkronor och ventiler vid monteringen av topp-locket, får ingen av kolvarna stå i ÖD. Innan du går vidare, ta därför bort låsstången från hålet för kontroll av ventiltider i motor-blocket och vrid vevaxeln ca 45° moturs med en nyckel eller hylsa mot vevaxelns navbult.**

16 Gör en sista kontroll av att alla berörda slangar och kablar har kopplats bort så att topplocket går att lyfta av.

17 Lossa topplocksbultarna stegvis och arbeta i ett spiralmönster utifrån och inåt på topplocket.

18 Ta bort topplocksbultarna **(se bild)**.

19 Vicka på topplocket så att det släpper från motorblocket och styrstiften. Bänd inte med något vasst föremål i skarven mellan topp-locket och motorblocket, det kan skada packningsytorna.

20 Helst bör nu två medhjälpare hjälpa till med att lyfta av topplocket. Låt en av med-

hjälparna hålla upp kamkedjan, så att den inte är i vägen för topplocket och hela tiden hålls sträckt. Lyft sedan med hjälp av den andra medhjälparen av topplocket från motor-blocket – försiktigt, topplocket är tungt. Fäst upp kamkedjan från motorblocket med en bit ståltråd.

21 Lossa topplockspackningen samt gummi-tätningarna från ovansidan av kamkedjehuset och den nedre kamkedjekåpan.

Kontroll

22 Se kapitel 2C för närmare uppgifter om topplockets demontering och montering.

23 Fogytorna mellan topplocket och motor-blocket måste vara noggrant rengjorda innan topplocket monteras. Använd en skrapa för att avlägsna alla spår av packning och sot. Rengör även kolvtopparna. Var särskilt försiktig med topplocket i aluminium, den mjuka metallen skadas lätt. Se också till att det inte kan komma in något skräp i olje- och vattenkanalerna. Försegla vattenkanaler, oljekanaler och bulthål i motorblocket med tejp och papper. Lägg lite fett i springan mellan kolvarna och loppen för att hindra sot från att tränga in. För varje kolv som rengjorts, vrid vevaxeln så att kolven rör sig **nedåt** i loppet och torka ur fettet och sotet med en trasa.

24 Leta efter hack, djupa repor och andra skador i motorblockets/topplockets fogytor. Är de mycket små, kan de försiktigt filas bort från motorblocket. Allvarligare skador kan eventuellt slipas bort, men detta är ett jobb för specialister.

25 Misstänker du att topplocket är skevt, kan du kontrollera detta med en stållinjal enligt beskrivningen i kapitel 2C.

26 Rengör bulthålen i motorblocket med pip-rensare, eller med en tunn trasa och skruv-mejsel. Se till att de töms fullständigt på olja och vatten, annars finns det risk för att motor-blocket spräcks av det hydrauliska trycket när bultarna dras åt.

27 Undersök om det finns skador på bultar-nas gängor eller på gängorna i motorblocket. Rensa vid behov gängorna i motorblocket med en gängtapp i rätt storlek.

Montering

28 Se till att fogytorna på motorblocket, kamkedjehuset och topplocket är fullständigt rena, samt att topplocksbultarnas gängor är rena och torra och kan skruvas in och ut utan att kärva.

29 Kontrollera att topplockets styrstift sitter på plats i motorblocket.

⚠ **Varning: För att undvika all risk för kontakt mellan kolvkronor och ventiler vid monteringen av topp-locket, får ingen av kolvarna stå i ÖD. Innan du går vidare bör du, om det inte redan gjorts, vrida vevaxeln så att kolv nr 1 står i ÖD (kontrollera att låsstången kan skjutas in i svänghjulet, ta sedan bort den) och sedan vrida vevaxeln ca 45° moturs med en nyckel eller hylsa mot vevaxelns navbult.**

30 Lägg en ny topplockspackning på motor-blocket och passa in den över styrstiften. Se till att rätt sida är vänd uppåt. Observera att det finns packningar som är 0,3 mm tjockare än standard som ska användas om topplocket har maskinbearbetats (se kapitel 2C).

31 Montera nya gummitätningar på ovansidan av kamkedjehuset – sätt inte i den nedre kamkedjekåpans gummitätning ännu.

32 Om det inte redan gjorts, passa in mallen mot topplocket så att kamaxeln hålls i rätt läge (kolv nr 1 i ÖD) – se avsnitt 3.

33 Sänk ner topplocket på dess plats. Tryck samtidigt kamkedjans spännskena bort från motorn, så att det skapas utrymme att sänka ner topplocket på motorblocket. Se till att topplocket fäster på styrstiften.

34 Sätt i de **nya** topplocksbultarna och dra åt dem så hårt det går för hand.

35 Dra åt bultarna i den ordning som visas **(se bild)** och i de steg som anges i Specifika-tioner – dvs. dra först åt samtliga bultar till angivet moment för steg 1, dra därefter åt samtliga bultar till angivet moment för steg 2, och så vidare.

36 Sätt i och dra åt bultarna som fäster kam-kedjans spännskena och kedjestyrningen vid topplocket.

37 Vrid vevaxeln 45° medurs så att kolv 1 åter ställs i ÖD. Montera sedan svänghjulets låsverktyg och sätt tillbaka mallen för att kontrollera kamaxelläget enligt beskrivningen i avsnitt 3.

38 Tryck överdelen av kedjespännskenan bakåt på samma sätt som vid demonteringen, så att kamdrevet kan sättas på plats. Lägg kedjan om kamdrevet och se till att drevet sitter rättvänt enligt anteckningarna du gjorde före demonteringen. Justera drevet så att synkroniseringspilen pekar rakt uppåt.

39 Montera drevet på kamaxeln så att skruv-hålen i kamaxelflänsen hamnar mitt för de avlånga hålen i drevet (kamaxeln bör vara

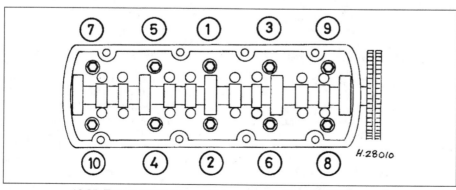

12.35 Topplocksbultarnas åtdragningsordning (M43TU-motor)

H.28010

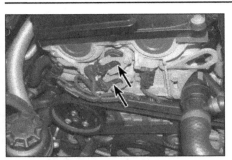

12.53 Koppla loss anslutningskontakterna, skruva loss bultarna och ta bort magnetventilerna (se pilar)

12.57 Vrid excenteraxeln så att kvadranten hamnar på insugssidan

12.58 Skruva loss de 2 bultarna i kamkedjetunneln (se pilar)

låst i ÖD med hjälp av mallen – se avsnitt 3). Sätt tillbaka kamaxelgivarhjulet på drevet, med pilen riktad rakt uppåt. Sätt i drevets fästbultar och dra åt dem så mycket det går för hand.

40 Lossa den övre änden av spännskenan och dra sedan åt kamdrevsbultarna till angivet moment.

41 Ta bort låsverktyget från svänghjulet och ta även bort mallen som använts för att kontrollera kamaxelläget.

42 Resten av monteringen utförs i omvänd ordningsföljd mot demonteringen. Tänk på följande:

a) Se till att alla slangar och kablage är korrekt dragna och återanslutna enligt de anteckningar som gjordes vid demonteringen.

b) Sätt tillbaka den övre och nedre delen av insugsgrenröret enligt beskrivningen i kapitel 4A.

c) Montera luftrenaren och luftmassemätaren enligt beskrivningen i kapitel 4A.

d) Återanslut den främre avgasdelen till grenröret, se kapitel 4A.

e) Sätt tillbaka tändstiften enligt beskrivningen i kapitel 1.

f) Montera den övre kamkedjekåpan enligt beskrivningen i avsnitt 6.

g) Avsluta med att fylla på kylsystemet enligt beskrivningen i kapitel 1 och flöda bränslesystemet enligt beskrivningen i kapitel 4A.

N-42 och N46-motorer

Demontering

43 Töm kylsystemet och motorblocket enligt beskrivningen i kapitel 1.

44 Ställ motorn i ÖD-läge för cylinder nr 1 enligt beskrivningen i avsnitt 3.

45 Lås kamaxlarna enligt beskrivningen i avsnitt 3 och lossa bulten till respektive justeringsenhet för avgas- och insugskamaxeln **(se bild 11.28)**.

46 Lossa kedjespännarkolven framtill på motorblockets högersida **(se bild 11.29)**. Var beredd på att det rinner ut olja. Kasta tätningsbrickan, du måste sätta dit en ny. Om kolven ska återanvändas, håll den lodrätt och tryck långsamt in den för att tömma ut all olja.

47 Skruva bort bulten till avgaskamaxelns justeringsenhet och ta bort hela enheten med kamaxelns givarring och drev **(se bild 11.30)**. Gör samma sak på insugskamaxeln. Observera att enheterna är märkta EX (avgas) och IN (insug). Förväxla inte delarna. Se till att kedjan hålls sträckt – bind upp eller stötta den med ståltråd så att den inte faller ner i motorn.

48 Ta bort insugs- och avgasgrenrören enligt beskrivningen i kapitel 4.

49 Demontera excenteraxelns ställmotor enligt beskrivningen i avsnitt 10.

50 Kläm ihop låsflikarna och koppla bort anslutningskontakten till insugskamaxelns lägesgivare från kamkedjekåpans framsida.

51 Skruva bort pluggen bakom insugskamaxelns lägesgivare och skruva loss den högra kamkedjestyrningens nedre stift **(se bild 7.33)**. Var försiktig så att du inte tappar ner stiftet i kamkedjekåpan.

52 Ta bort den övre kamkedjestyrningens bult, dra försiktigt isär överdelen på den vänstra kedjestyrningen och lossa den nedre delen på den övre styrningen. Ta bort den övre kamkedjestyrningen **(se bild 11.34a och 11.34b)**.

53 Anteckna hur anslutningskontakterna till kamaxeljusteringens magnetventiler på framsidan av motorn sitter och koppla sedan loss dem. Skruva loss fästbyglarnas skruvar och dra ut magnetventilerna ur motorhuset **(se bild)**.

54 Ta bort pluggen på vänster sida av kamkedjekåpan (bakom lyftöglan), och skruva ut den vänstra kamkedjestyrningens övre fäststift med ett torxbit **(se bild 7.36)**.

55 Ta bort kamaxellåsverktygen.

56 Koppla loss alla elektriska anslutningar från topplocket, men anteckna först hur de ska sitta och kablarnas dragning.

57 Håll excenteraxeln med en öppen nyckel om dess sexkantiga del och vrid den så att den tandade kvadranten hamnar på insugssidan **(se bild)**. I detta läge blir insugssidans topplocksbultar åtkomliga.

58 Skruva loss de två bultarna i kamkedjetunneln som fäster topplocket vid motorblocket **(se bild)**.

59 Skruva loss täckpluggen från stödfästet till excenteraxelns ställmotor.

60 Arbeta utifrån och inåt, i omvänd ordningsföljd mot vid åtdragning **(se bild 12.74)**, och skruva loss topplocksbultarna stegvis och jämnt. Bultarna på plats nr 7 till 10 har M8-gänga och E10-huvud, medan bultarna 1 till 6 har M10-gänga och E12-huvud. Observera att bult nr 10 är kortare än de övriga.

61 Vicka på topplocket så att det släpper från motorblocket och styrstiften. Bänd inte med något vasst föremål i skarven mellan topplocket och motorblocket, det kan skada packningsytorna.

62 Helst bör nu två medhjälpare hjälpa till med att lyfta av topplocket. Låt en av medhjälparna hålla upp kamkedjan, så att den inte är i vägen för topplocket och hela tiden hålls sträckt. Lyft sedan med hjälp av den andra medhjälparen av topplocket från motorblocket – försiktigt, topplocket är tungt. Fäst upp kamkedjan från motorblocket med en bit ståltråd.

63 Ta bort topplockspackningen.

Kontroll

64 Fogytorna mellan topplocket och motorblocket måste vara noggrant rengjorda innan topplocket monteras. Använd en skrapa för att avlägsna alla spår av packning och sot. Rengör även kolvtopparna. Var särskilt försiktig med topplocket i aluminium, den mjuka metallen skadas lätt. Se också till att det inte kan komma in något skräp i olje- och vattenkanalerna. Försegla vattenkanaler, oljekanaler och bulthål i motorblocket med tejp och papper. Lägg lite fett i springan mellan kolvarna och loppen för att hindra sot från att tränga in. För varje kolv som rengjorts, vrid vevaxeln så att kolven rör sig **nedåt** i loppet och torka ur fettet och sotet med en trasa.

65 Leta efter hack, djupa repor och andra skador i motorblockets/topplockets fogytor. Är de mycket små, kan de försiktigt filas bort från motorblocket. Allvarligare skador kan eventuellt slipas bort, men detta är ett jobb för specialister.

66 Misstänker du att topplocket är skevt, kan du kontrollera detta med en ställlinjal enligt beskrivningen i kapitel 2C.

67 Rengör bulthålen i motorblocket med piprensare eller en tunn trasa och skruvmejsel.

12.69a Oljematningskanalernas backventiler

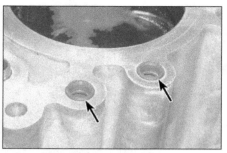

12.69b Oljebackventilernas gummitätningar (se pilar) ska sticka ut något från packningsytan

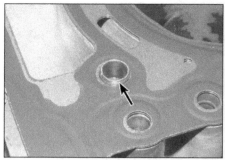

12.72 Placera den nya topplocks-packningen över styrstiften (se pil)

Se till att de töms fullständigt på olja och vatten, annars finns det risk för att motor-blocket spräcks av det hydrauliska trycket när bultarna dras åt.

68 Undersök om det finns skador på bultar-nas gängor eller på gängorna i motorblocket. Rensa vid behov gängorna i motorblocket med en gängtapp i rätt storlek.

69 I framkanten på motorblockets fogyta sitter backventilerna och gummidistanserna till insugs- och avgaskamaxelns oljematnings-kanaler. Om ventilerna är kraftigt nedsmutsade, bänd ut gummidistanserna och ventilerna och byt dem (dra ut ventilhylsorna med en liten magnet). Observera att gummidistanserna ska sticka ut lite över motorblockets packningsyta när de sitter som de ska **(se bilder)**.

Montering

70 Se till att fogytorna på motorblocket, kamkedjehuset och topplocket är fullständigt rena, samt att topplocksbultarnas gängor är rena och torra och kan skruvas in och ut utan att kärva.

71 Kontrollera att topplockets styrstift sitter på plats i motorblocket.

⚠️ *Varning: För att undvika all risk för kontakt mellan kolvkronor och ventiler vid monteringen av topp-locket, får ingen av kolvarna stå i ÖD. Innan du går vidare bör du, om det inte redan*

gjorts, vrida vevaxeln så att kolv nr 1 står i ÖD (kontrollera att låsstången kan skjutas in i svänghjulet, ta sedan bort den) och sedan vrida vevaxeln ca 45° moturs med en nyckel eller hylsa mot navbulten till vev-axelns remskiva.

72 Lägg en ny topplockspackning på motor-blocket och passa in den över styrstiften **(se bild)**. Se till att rätt sida är vänd uppåt. Observera att det finns packningar som är 0,3 mm tjockare än standard som ska användas om topplocket har maskinbearbetats (se kapitel 2C).

73 Sänk ner topplocket på dess plats ovanpå den nya packningen.

74 Stryk ett tunt skikt ren motorolja på de nya topplocksbultarnas gängor och kontaktytor för brickorna. Sätt sedan i bultarna med brickor på deras rätta platser. Observera att bultarna på plats nr 1 till 6 har M10-gänga och torxhuvud E12, medan bultarna 7 till 10 har M8-gänga och torxhuvud E10. Observera att bult nr 10 är kortare än de övriga. Dra åt bultarna i den ordning som visas **(se bild)** och i de steg som anges i Specifikationer – dvs. dra först åt samtliga bultar till angivet moment för steg 1, dra därefter åt samtliga bultar till angivet moment för steg 2, och så vidare. Observera att M10- och M8-bultarna ska dras åt till samma moment.

75 Sätt i de två skruvarna i kamkedjetunneln i främre änden av topplocket och dra åt dem ordentligt.

76 Montera en ny tätningsring och sätt till-baka och dra åt täckpluggen i fästet till ex-centeraxelns ställmotor.

77 Rikta in vänster kedjestyrning och sätt i det övre fäststiftet. Dra åt stiftet ordentligt. Sätt tillbaka täckpluggen med en ny tätning och dra åt till angivet moment.

78 Håll excenteraxeln med en öppen nyckel om den sexkantiga delen och vrid den så att ändfjädern spänns maximalt.

79 Montera kamaxellåsverktygen – se avsnitt 3.

80 Vrid tillbaka vevaxeln till ÖD och montera vevaxellåsverktyget.

81 Montera nya O-ringstätningar på kamaxel-justeringens magnetventiler och sätt tillbaka dem på framsidan av motorn. Dra kamkedjan uppåt och isär och sätt i magnetventilerna genom den. Sätt tillbaka magnetventilernas fästbyglar och dra åt skruvarna ordentligt. Återanslut magnetventilernas anslutnings-kontakter.

82 Dra kamkedjan uppåt och montera den övre kedjestyrningen. Bänd försiktigt isär överdelen på den vänstra styrningen och tryck in den övre styrningen så att den hakar i styrhålen **(se bild)**.

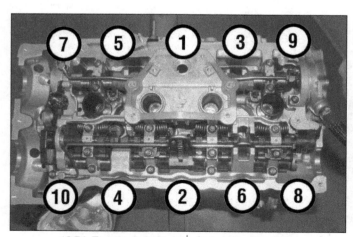

12.74 Topplocksbultarnas åtdragningsordning (N-42 och N46-motorer)

12.82 Tryck in den övre styrningen i den nedre styrningens styrhål (se pil)

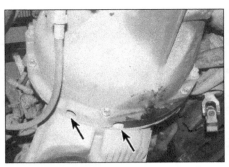

13.5 Lossa de 3 nedre bultarna mellan växellådan och motorn, samt de 2 som går upp genom svänghjulskåpan (se pilar)

13.7a Skruva loss de 4 bultarna (se pilar) och ta bort skvalpplåten . . .

13.7b . . . skruva sedan loss oljeupptagarrörets bultar (se pilar)

83 Sätt tillbaka den övre kamkedjestyrningens övre fästbult och dra åt den, med fingerkraft på det här stadiet.
84 Sätt tillbaka den övre kamkedjestyrningens nedre bult och dra åt både den övre och den nedre bulten ordentligt. Sätt tillbaka bultens täckplugg i huset och dra åt den till angivet moment.
85 Montera kamkedjan, dreven och kamaxeljusterarna enligt beskrivningen i avsnitt 7.
86 Resten av monteringen utförs i omvänd ordningsföljd mot demonteringen.

13 Sump –
demontering och montering

M43TU-motor

Demontering

1 Tappa av motoroljan (se kapitel 1).
2 Sänk ner den främre kryssrambalken enligt beskrivningen i avsnitt 15.
3 Skruva loss bulten som fäster oljestickans rör vid insugsgrenröret, lossa alla kablage som sitter fast med klämmor vid oljesticksröret, dra sedan loss rörets nedre ände från sumpen och ta bort oljesticksröret.
4 I förekommande fall, lossa bränslerören och/eller automatväxeloljans kylrör från fästbyglarna på sumpen och flytta undan rören från arbetsområdet.
5 Arbeta från bilens undersida och koppla loss oljenivågivarens anslutningskontakt. Skruva sedan stegvis loss och ta bort alla sumpens fästbultar, inklusive de två längst bak på sumpen som går igenom kanten på svänghjulskåpan. Det tre nedre bultarna mellan växellådan och motorn måste också skruvas loss, eftersom de skruvas in i sumpen **(se bild)**.
6 Sänk ner sumpen och lirka ut den bakåt. Om det behövs, sänk ner kryssrambalken ytterligare med domkraften för att få tillräckligt svängrum.
7 Ta bort sumpens packning och kasta den. Vid behov, skruva loss de fyra bultarna och ta bort skvalpplåten från sumpen. Skruva sedan loss oljeupptagarrörets två bultar och dra loss röret **(se bilder)**.

Montering

8 Börja med att rengöra sumpens och motorblockets fogytor noga. Om de demonterats, sätt tillbaka oljeupptagarröret (med en ny O-ring) och skvalpplåten i sumpen **(se bild)**. Stryk gänglåsningsmedel på bultarnas gängor.
9 Stryk ett tunt lager tätningsmedel av typen Drei Bond 1209 (finns hos BMW-återförsäljare) på de ytor där vevaxelns bakre packboxhus och kamkedjehuset ansluter mot motorblocket.
10 Lägg en ny packning på sumpflänsen. Om det behövs, stryk på (lite) mer tätningsmedel för att hålla packningen på plats.
11 Passa in sumpen mot motorblocket och se till att packningen hålls på plats.
12 Sätt tillbaka sumpens fästbultar och dra åt dem, med fingerkraft på det här stadiet.
13 Dra stegvis åt bultarna mellan sumpen och motorblocket till angivet moment.
14 Dra åt bultarna mellan sumpen och växellådan till angivet moment.
15 Kontrollera skicket på oljesticksrörets tätningsring (i sumpänden av röret). Byt om så behövs. Sätt tillbaka oljesticksröret och dra åt fästbygelns bult.
16 På modeller med automatväxellåda, fäst oljekylarrören vid sumpen. Fäst på samma sätt bränslerören på deras platser, i tillämpliga fall.
17 Hissa upp den främre kryssrambalken med domkraften, sätt sedan i de nya fästbultarna och dra åt dem till angivet moment.
18 Sätt tillbaka bultarna som fäster fjäd-

13.8 Byt oljeupptagarrörets O-ringstätning

ringens nedre länkarmar vid karossen och se till att även brickorna är på plats. Dra åt bultarna till angivet moment.
19 Sänk ner motorn tills dess fästen vilar mot kryssrambalken. Tapparna på motorfästena ska gripa i motsvarande hål i kryssrambalken. Sätt på nya motorfästesmuttrar och dra åt dem ordentligt.
20 Sätt tillbaka framaxelns förstärkningsplåt/ram och dra åt bultarna till angivet moment.
21 Koppla loss och ta bort lyftanordningen från motorn.
22 Resten av monteringen utförs i omvänd ordningsföljd mot demonteringen. Avsluta med att fylla på olja i motorn enligt beskrivningen i kapitel 1.

N-42 och N46-motorer

Demontering

23 Tappa av motoroljan (se kapitel 1).
24 Demontera luftrenarhuset enligt beskrivningen i kapitel 4A.
25 Sänk ner den främre kryssrambalken enligt beskrivningen i avsnitt 15.
26 Lossa alla eventuella slangar från oljestickans styrrör och dess stödfäste. Skruva loss stödfästets fästbult och dra ut styrröret ur sumpen med en skruvande rörelse medurs. Kontrollera O-ringstätningen och byt den om så behövs.
27 Koppla loss oljenivågivarens anslutningskontakt.
28 Klipp av buntbandet som fäster kablaget vid växellådans nedre skyddsplåt. Skruva loss bultarna och ta bort skyddsplåten.
29 Lossa de två skruvarna och ta bort drivremmens styrremskiva (där en sådan finns monterad) på motorns framsida.
30 Skruva loss sumpens fästbultar. Sänk ner sumpen och lirka ut den bakåt. Om det behövs, sänk ner kryssrambalken ytterligare med domkraften för att få tillräckligt svängrum. Om det behövs, skruva likaså loss oljeupptagarröret för att underlätta demonteringen av sumpen.
31 Ta bort sumpens packning och kasta den.

Montering

32 Börja med att rengöra sumpens och motorblockets fogytor noga.

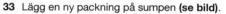

13.33 Placera en ny packning på sumpen

33 Lägg en ny packning på sumpen **(se bild)**.
34 Montera sumpen, sätt i nya fästbultar och dra åt dem till angivet moment.
35 Återstoden av monteringen utförs i omvänd ordningsföljd mot demonteringen. Tänk på följande:

a) *Dra åt alla fästen till angivet moment, om sådant finns.*
b) *Fyll på olja i motorn enligt beskrivningen i kapitel 1.*
c) *Där så är tillämpligt, sätt tillbaka drivremmen enligt beskrivningen i kapitel 1.*
d) *Använd nya bultar vid monteringen av kryssrambalken.*
e) *Använd nya muttrar vid monteringen av motorfästbyglarna.*

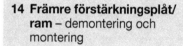

14 Främre förstärkningsplåt/ ram – demontering och montering

Demontering

1 Någon av två olika slags frontförstärkningar är monterad. Antingen en ramkonstruktion ("krysstag") eller en plåt.
2 Dra åt handbromsen, lyft upp framvagnen och ställ den på pallbockar (se *Lyftning och stödpunkter*). Skruva loss skruvarna och ta bort motorns undre skyddskåpa.

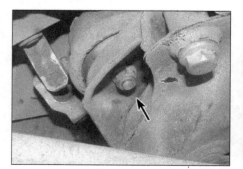

15.4 Lossa muttrarna mellan fästet och kryssrambalken (se pil) – en på varje sida

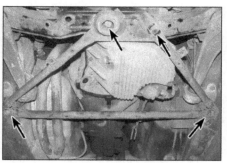

14.3 Den främre förstärkningsramens fästbultar (se pilar)

Ramtyp

3 Skruva loss de fyra bultarna och ta bort förstärkningsramen **(se bild)**.

Plåttyp

4 Skruva loss de åtta bultarna och ta bort plåten **(se bild)**.

Montering

Ramtyp

5 Placera förstärkningen under kryssrambalken och sätt i de nya bultarna. Om ramen vilar mot de nedre länkarmarnas fästen, måste en specialbricka monteras mellan de yttre ramfästena och karossen.
6 Dra åt bultarna till angivet moment.

Plåttyp

7 Från februari 2001 används nya 66 mm länkarmsbussningar och en något annorlunda förstärkningsplåt. Insidan av plåten har fått två inbuktningar för att ge plats för de större bussningarna. Om en äldre modell i efterhand utrustas med de senare, större länkarmsbussningarna, bör därför lämpliga mellanlägg placeras mellan plåtens bakre fästpunkter och karossen. Länkarmsbussningarna får inte vidröra förstärkningsplåten. Håll plåten på plats, sätt i de nya bultarna (och brickorna, i förekommande fall) och dra åt till angivet moment.

All typer

8 Montera motorns undre skyddskåpa och sänk ner bilen.

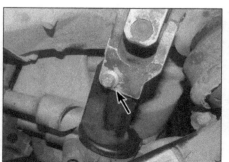

15.6 Skruva loss universalknutens klämbult (se pil)

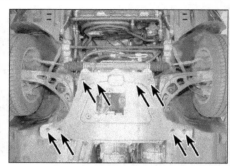

14.4 Den främre förstärkningplåtens fästbultar (se pilar)

15 Främre kryssrambalk – nedsänkning, demontering och montering

Nedsänkning

1 Den främre kryssrambalken måste sänkas ner för att möjliggöra vissa arbeten, inklusive demontering av sumpen. Börja med att demontera den främre förstärkningsplåten/ramen enligt beskrivningen i föregående avsnitt.
2 Demontera luftrenarhuset enligt beskrivningen i kapitel 4A.
3 Placera en lyft med talja ovanför motorrummet och fäst taljan i motorns främre lyftbygel.
4 Skruva loss muttrarna som fäster det högra och vänstra motorfästet vid kryssrambalken **(se bild)**.
5 Rikta ratten och framhjulen "rakt fram" och aktivera rattlåset.
6 Skruva loss klämbulten från rattstångens universalknut och skilj knuten från kuggstångsdrevet **(se bild)**.
7 Skruva loss krängningshämmarens klämskruvar – se kapitel 10 om det behövs.
8 Skruva loss de nedre länkarmarnas bakre fästbultar från karossen **(se bild)**.
9 Stötta kryssrambalkens mittsektion med en domkraft och en träkloss.
10 Skruva loss kryssrambalkens fästbultar, sänk sedan kryssrambalken en aning med domkraften **(se bild)**.

15.8 Skruva loss länkarmens fästbultar på båda sidorna

Varning: Sträck inte servostyrningens slangar.

11 Återmonteringen av kryssrambalken utförs i omvänd ordningsföljd mot nedsänkningen. Tänk på följande:

a) *Dra åt kryssrambalkens bakre fästbultar först.*

b) *Använd nya fästbultar till kryssrambalken och förstärkningsplåten/ramen.*

c) *Dra åt alla fästen till angivet moment, om sådant finns.*

Demontering

Observera: *När den främre kryssrambalken monterats tillbaka, är det viktigt att hjulinställningen kontrolleras av en BMW-verkstad eller annan specialist med lämplig utrustning.*

12 På modeller med N42-motor, demontera luftrenarhuset enligt beskrivningen i kapitel 4A.

13 Placera en lyft med talja ovanför motorrummet och fäst taljan i motorns främre lyftbygel.

14 Skruva loss muttrarna som fäster det högra och vänstra motorfästet vid fästbyglarna på kryssrambalken.

15 Rikta ratten och framhjulen "rakt fram" och aktivera rattlåset.

16 På modeller med xenonstrålkastare, skruva loss fästmuttrarna och ta bort markhöjdsgivaren från den främre kryssrambalken.

17 På alla modeller, skruva loss fästbultarna till fjädringens nedre länkarmar, sära på lederna och ta bort länkarmarna (se kapitel 10 om det behövs).

18 Skruva loss de båda bultar som fäster styrningens kuggstång vid kryssrambalken **(se bild)**. Kasta de självlåsande muttrarna, du måste sätta dit nya.

19 Stötta kryssrambalkens mittsektion med en domkraft och en trākloss.

20 Skruva loss kryssrambalkens fästbultar och sänk ner den till marken **(se bild 15.10)**.

Montering

21 Monteringen utförs i omvänd ordningsföljd mot demonteringen. Tänk på följande:

a) *Montera kryssrambalken med nya fästbultar.*

b) *Dra åt kryssrambalkens bakre fästbultar först.*

c) *Dra åt alla fästen till angivet moment, om sådant finns.*

d) *Låt en BMW-verkstad eller annan specialist kontrollera hjulinställningen så snart som möjligt.*

16 Balansaxlar – information, demontering och montering

Information

1 De 4-cylindriga N42 och N46-motorerna är utrustade med balansaxlar för att jämna ut motorns vibrationer. Dessa motroterande axlar drivs via en kedja från vevaxeldrevet och sitter ihop med oljepumpen. För närmare uppgifter

15.10 Lossa den främre kryssrambalkens fästbultar (se pilar) – 2 på varje sida

om demontering och montering av balansaxlarna, se avsnittet om demontering av oljepumpen.

2 De 4-cylindriga M43TU-motorerna är också försedda med motroterande balansaxlar, fast dessa är kuggdrivna direkt från vevaxeln. Till skillnad mot på N-42 och N46-motorerna, går det här att demontera balansaxlarna och balansaxelhuset oberoende av oljepumpen. Följande tillväga-gångssätt gäller därför endast M43TU-motorn.

Demontering (M43 TU-motor)

3 Demontera sumpen enligt beskrivningen i avsnitt 13.

4 Håll vevaxens remskivebult med en hylsa och vrid vevaxeln så att kolv nr 1 och 4 ställs i ÖD och vevaxelns låsverktyg kan föras in i baksidan av svänghjulet – se avsnitt 3.

5 Lossa fästbultarna i motsatt ordningsföljd mot vid åtdragning **(se bild 16.8)** och ta bort balansaxelhuset. Observera att huset är tungt. Ta bort mellanläggen mellan huset och motorblocket.

Montering (M43 TU-motor)

6 Kontrollera att styrstiften fortfarande sitter på plats i motorblocket och sätt sedan tillbaka mellanläggen över stiften. **Observera:** *Har motorblocket, vevaxeln, ramlagerskålarna eller balansaxelhuset bytts, måste dödgången mellan vevaxelns och balansaxlarnas drev kontrolleras. Är detta fallet, så montera i detta skede tjocka mellanlägg (2,25 mm) för att undvika risken för skador.*

16.7 Hålen i axlarnas främre ändar (se pilar) ska stå på klockan 6 i förhållande till motorblocket

15.18 Skruva loss kuggstångens bultar (se pil)

7 Vrid balansaxlarna tills borrhålen i framändenna på dem står rakt nedåt (i förhållande till motorblocket) **(se bild)**.

8 Placera huset på styrstiften och sätt i fästbultarna. Behöver dödgången kontrolleras (se föregående punkt) så använd de gamla bultarna, eftersom huset kan behöva demonteras igen för inpassning av olika tjocka mellanlägg. Om dödgången inte behöver kontrolleras, använd nya bultar. Dra åt bultarna till angivet moment **(se bild)**.

9 Om dödgången behöver kontrolleras (se punkt 6), fäst foten på en indikatorklocka mot balansaxeldrevets kuggar och nollställ mätaren. Avläs dödgången, demontera sedan vevaxellåsverktyget och vrid först vevaxeln 120° och gör en ny avläsning, därefter ytterligare 120° och gör en tredje avläsning. Summera de tre mätvärdena. Dela sedan resultatet med tre för att få fram ett genomsnittsvärde på dödgången. Jämför resultatet med värdet som anges i Specifikationer. Behöver dödgången justeras, går det att skaffa mellanlägg av olika tjocklek från BMW. En minskning av mellanläggstjockleken med 0,03 mm ger en minskning av dödgången på ca 0,02 mm. Vid behov, demontera huset, sätt i mellanlägg av rätt dimension (samma tjocklek på båda sidorna) och montera tillbaka huset med nya bultar. Dra åt bultarna i rätt ordningsföljd och till angivet moment.

10 Montera sumpen enligt beskrivningen i avsnitt 13.

16.8 Dra åt balansaxelhusets bultar i den ordningsföljd som visas

17.3a Skruva loss fästbultarna . . .

17.3b . . . och ta bort oljepumpskåpan

17.4a Ta bort den inre . . .

17 Oljepump – demontering, kontroll och montering

M43TU-motorer

Demontering

1 Oljepumpen är inbyggd i kamkedjehuset.
2 Demontera kamkedjehuset enligt beskrivningen i avsnitt 9.

Kontroll

3 Skruva loss oljepumpskåpan från baksidan av kamkedjehuset, så att oljepumpens rotorer blir åtkomliga **(se bilder)**.
4 Leta efter ID-märkning på rotorerna. Märk dem vid behov själv, för att garantera att de monteras tillbaka på sina gamla platser (märk ovansidan på båda rotorerna, så att de säkert monteras med rätt sida uppåt). Ta ut rotorerna ur huset **(se bilder)**.
5 Rengör huset och rotorerna noggrant. Sätt sedan tillbaka rotorerna i huset, på samma plats och vända åt samma håll som enligt anteckningarna från demonteringen.
6 Mät spelet mellan oljepumpens hus och den yttre rotorn med ett bladmått. Mät med hjälp av bladmåttet och en stållinjal spelet (axialspelet) mellan var och en av rotorerna och oljepumpskåpans fogyta **(se bild)**.
7 Om spelet avviker från vad som anges i Specifikationer, bör du höra med en BMW-återförsäljare om det går att få tag på reservdelar. Rotorerna ska alltid bytas parvis. Du kan bli tvungen att byta rotorer/hus som en enhet.

8 Om spelet ligger inom de angivna toleranserna, ta bort rotorerna och häll lite motorolja i huset. Sätt tillbaka rotorerna och vrid runt dem för att smörja alla kontaktytor.
9 Sätt tillbaka oljepumpens täckkåpa och dra åt fästbultarna till angivet moment.
10 För att kontrollera oljetrycksventilen, dra ut låsringen och ta bort hylsan, fjädern och kolven. Det finns inga tillgängliga specifikationer för fjäderns obelastade längd, utan du får jämföra den med en ny fjäder **(se bilder)**.
11 Sätt ihop övertrycksventilen i omvänd ordningsföljd mot isärtagningen.

Montering

12 Montera kamkedjehuset enligt beskrivningen i avsnitt 9.

17.4b . . . och yttre rotorn från oljepumpen

17.6 Mät spelet mellan oljepumpshuset och den yttre rotorn

17.10a Ta bort övertrycksventilens låsring . . .

17.10b . . . och ta bort hylsan . . .

17.10c . . . fjädern . . .

17.10d . . . och kolven

17.14 Skruva loss bultarna (se pilar) och ta bort oljepumpens upptagarrör

N-42 och N46-motorer

Demontering

13 På dessa motorer är oljepumpen sammanbyggd med balansaxelhuset. De får inte skiljas åt eller tas isär i sina delar. Ta bort sumpen enligt beskrivningen i avsnitt 13.

14 Skruva loss de två fästbultarna och vrid ut oljeupptagarröret ut oljepumpen och dra det nedåt **(se bild)**. Kasta O-ringstätningen eftersom en ny måste monteras.

15 Håll en hylsa mot vevaxelns remskivebult, vrid vevaxeln till ÖD (se avsnitt 3) och fixera den i läge med vevaxellåsverktyget.

16 Skruva loss oljepumpsdrevets fästmutter. **Observera:** *Denna mutter är vänstergängad.*

17 Tryck bort oljepumpens kedjespännare från kedjan och lås den i läge genom att sticka in en metallstång genom hålet i styrningen **(se bild)**.

18 Skruva loss bultarna som fäster den nedre kedjestyrningen vid oljepumps-/balansaxelhuset.

19 Dra med hjälp av en bit ståltråd eller metallstång av drevet från oljepumpsaxeln och lossa det från axelns splines **(se bild)**.

20 Låt en medhjälpare stötta huset. Skruva sedan loss de åtta bultarna, dra lätt nedåt i husets bakkant och lyft bort det bakåt **(se bild)**. Lirka loss kedjespännarstyrningen från dess styrstift när enheten demonteras. Vi rekommenderar inte att du tar isär enheten.

21 För att byta oljepumpens drivkedja, demontera kamkedjan enligt beskrivningen i avsnitt 7. Skruva bort täckpluggen till höger om vevaxeln och skruva loss skruven som fäster den övre delen av oljepumpens drivkedjespännare/kedjestyrning **(se bild)**.

22 För ner kedjespännaren/kedjestyrningen från dess plats och lyft upp kedjan. Observera att spännaren inte går att ta loss från styrningen förrän enheten har demonterats.

Montering

23 Om de har demonterats, montera tillbaka oljepumpens drivkedja och kamkedjan på vevaxeln (se avsnitt 7).

24 Skjut kedjespännaren/kedjestyrningen på plats och dra åt fästskruven, med fingerkraft på det här stadiet.

17.17 Lås spännarmen med en bit metallstång

25 Kontrollera att styrstiften fortfarande sitter på plats, stick in balansaxeln/oljepumpshusets axel i kedjedrevet och passa in drevet på styrstiften. Olja in gängorna och sätt i de nya fästbultarna. Dra åt torxbultarna till angivet moment. Dra även åt de två återstående torxbultarna på husets framsida ordentligt.

26 Dra med hjälp av en bit ståltråd eller metallstång bort drevet från pumpen, så att det släpper från axelns splines **(se bild 17.19)**.

27 Parallellställ de två balansaxeländarnas plana sidor med hjälp av två plattjärn som du låser med ett par G-tvingar, låstänger eller liknande **(se bild 7.49a och 7.49b)**. Observera att det bredare spåret i balansaxeländarna ska vara vänt uppåt (närmast ramlagerhuset).

28 Kontrollera att vevaxeln fortfarande är låst i ÖD (se avsnitt 3) och skjut in drevet på axelns splines. Dra ut stången som håller kedjespännaren på plats och kontrollera att balansaxeländarna fortfarande är parallella. I annat fall, eller om drevets och axelns splines inte verkar stämma överens, får du dra av drevet från axeln, vrida balansaxlarna 360° och försöka igen. Ibland kan det krävas upp till sju försök för att få drevets och axelns lägen att stämma med varandra.

29 Se till att axeländarna är parallellställda och att drevet sitter fast på splinesen. Sätt sedan i spännarens/styrningens fästskruvar och dra åt dem ordentligt, om du inte redan gjort det. Sätt tillbaka täckpluggen i främre sidan av motorhuset.

30 Sätt dit drevmuttern och dra åt till angivet moment. **Observera:** *Muttern är vänstergängad.*

17.20 Torxbultar till oljepumps-/balansaxelhuset (se pilar)

17.19 Dra av drevet från splinesen med hjälp av ståltråd

31 Sätt tillbaka oljepumpens upptagarrör med en ny O-ringstätning. Dra åt fästbulten ordentligt.

32 Ta bort låsverktyget från vevaxeln och montera sumpen enligt avsnitt 13.

18 Packboxar – byte

Vevaxelns främre packbox

M43TU-motorer

1 Byte av packboxen beskrivs som en del av arbetet med demontering och montering av den nedre kamkedjekåpan i avsnitt 6.

N-42 och N46-motorer

2 Demontera vevaxelns vibrationsdämpare/remskiva enligt beskrivningen i avsnitt 5. Ta inte av navet.

3 Anteckna hur djupt packboxen sitter i motorblocket. På den motor vi undersökte låg packboxens främre kant jäms med framkanten på packboxsätet i motorblocket.

4 Dra ut packboxen från motorblocket med ett krokverktyg. Du kan också borra tre små hål i packboxen och skruva in självgängande skruvar i hålen. Dra sedan ut packboxen med tång **(se bild)**. Stryk lite fett på borret så att borrspånorna fastnar. Var mycket försiktig så att du inte skadar remskivenavet eller motorblockets tätningsyta. Fungerar ingen av dessa metoder, måste du demontera navet till vevaxens remskiva (se avsnitt 5) och bända ut packboxen med hammare och mejsel.

17.21 Ta bort täckpluggen och skruva loss styrningens fästskruv (se pil)

18.4 Borra några hål och skruva i självgängande skruvar

18.7a Rikta in de 2 spåren i packboxens ytterkant mot skarven i motorblocket (se pilar) . . .

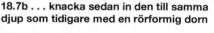

18.7b . . . knacka sedan in den till samma djup som tidigare med en rörformig dorn

18.9 Spruta in tätningsmedel i båda spåren

5 Rengör packboxhuset och navets tätningsyta. Stryk lite ren motorolja på navets yta.
6 Nya packboxar levereras med en stödhylsa för att underlätta monteringen. Skjut in hylsan över navet med packboxen påmonterad.
7 Rikta in de två spåren i packboxens ytterkant mot den horisontella skarven i motorblocket (se bild). Pressa/knacka försiktigt in packboxen i huset till samma djup som tidigare. Använd ett rörstycke eller en hylsa som vilar jämnt mot packboxens hårda ytterkant (se bild).
8 Använd BMW:s tätningssats (innehåller Loctite tätningsmedel, primer och spruta) och tryck in den medföljande penseln i spåren i packboxen för att täcka ytorna med primer.
9 Fyll båda spåren i packboxen med tätningsmedel med hjälp av sprutan (se bild). Täck sedan spåröppningarna med primer.
10 Sätt tillbaka vevaxelns vibrationsdämpare/remskiva enligt beskrivningen i avsnitt 5.

Vevaxelns bakre packbox

M43TU-motorer

11 Tillvägagångssättet är detsamma som enligt beskrivningen för 6-cylindriga motorer i kapitel 2B, avsnitt 14.

N-42 och N46-motorer

12 Demontera svänghjulet enligt beskrivningen i avsnitt 19.
13 Mät och anteckna hur djupt packboxen sitter.
14 Borra flera små hål i packboxen och skruva in självgängande skruvar. Dra ut

skruvarna så att packboxen följer med ur motorblocket (se bild 18.4).
15 Rengör packboxhuset och vevaxelns tätningsyta. Stryk ett tunt lager ren motorolja på vevaxelns tätningsyta.
16 Nya packboxar levereras med en stödhylsa för att underlätta monteringen. Skjut in hylsan över vevaxeln med packboxen påmonterad.
17 Rikta in de två spåren i packboxens ytterkant mot den horisontella skarven i motorblocket (se bild 18.7a). Pressa/knacka försiktigt in packboxen i huset till samma djup som tidigare. Använd ett rörstycke eller en hylsa som vilar jämnt mot packboxens hårda ytterkant (se bild 18.7b).
18 Använd BMW:s tätningssats (innehåller Loctite tätningsmedel, primer och spruta) och tryck in den medföljande penseln i spåren i packboxen för att täcka ytorna med primer.

22.2 Oljetryckskontakt (M43TU-motor)

19 Fyll båda spåren i packboxen med tätningsmedel med hjälp av sprutan (se bild 18.9). Täck sedan spåröppningarna med primer.
20 Sätt tillbaka svänghjulet enligt beskrivningen i avsnitt 19.

19 Svänghjul/drivplatta – demontering och montering

Tillvägagångssättet är samma som för 6-cylindriga motorer (se kapitel 2B, avsnitt 15).

20 Vevaxelns tapplager – byte

Tillvägagångssättet är samma som för 6-cylindriga motorer (se kapitel 2B, avsnitt 16).

21 Motorns/växellådans fästen – kontroll och byte

Tillvägagångssättet är samma som för 6-cylindriga motorer (se kapitel 2B, avsnitt 17).

22 Oljetrycks- och nivå-kontakter – demontering och montering

M43TU-motor

Oljetryckskontakt

1 Skruva loss oljefilterkåpan. Detta gör att oljan i filtret kan rinna tillbaka till sumpen, vilket minskar oljespillet vid byte av kontakten.
2 Ta bort generatorn (se kapitel 5A) och dess fästbygel. Koppla sedan loss anslutningskontakten och skruva loss oljetryckskontakten från oljefilterhusets botten (se bild).
3 Montera den nya kontakten och dra åt till angivet moment.
4 Montera generatorn och fästbygeln, återanslut anslutningskontakten och sätt tillbaka oljefilterkåpan. Kontrollera oljenivån enligt beskrivningen i Veckokontroller.

Oljenivåkontakt

5 Tappa av motoroljan enligt beskrivningen i kapitel 1.
6 Skruva loss skruvarna och ta bort motorns undre skyddskåpa.
7 Koppla loss anslutningskontakten, skruva loss de tre fästmuttrarna och ta bort nivåkontakten (se bild).
8 Se till att fogytorna mellan sump och kontakt är rena.
9 Montera oljenivåkontakten med en ny packning. Stryk på lite gänglåsningsmedel och dra åt fästmuttrarna ordentligt.

22.7 Skruva loss de 3 muttrarna och ta bort nivåkontakten

22.12 Oljetryckskontakt (N-42 och N46-motorer)

10 Sätt tillbaka motorns undre skyddskåpa och fyll på ny motorolja enligt beskrivningen i kapitel 1.

N-42 och N46-motorer
Oljetryckskontakt

11 Oljetryckskontakten sitter på vänster sida av motorblocket, bakom generatorn. Demontera generatorn enligt beskrivningen i kapitel 5A.

12 Koppla loss anslutningskontakten och skruva loss kontakten från motorblocket **(se bild)**. Var beredd på att det rinner ut olja.

13 Monteringen utförs i omvänd ordningsföljd mot demonteringen. Använd en ny tätnings-bricka och dra åt kontakten till angivet moment.

Oljenivåkontakt

14 Tillvägagångssättet är samma som beskrivs i punkt 5 till 10.

Anteckningar

Kapitel 2 Del B:
Reparationer med motorn kvar i bilen – sexcylindriga motorer

Innehåll

Svårighetsgrad

Enkelt, passar novisen med lite erfarenhet	**Ganska enkelt,** passar nybörjaren med viss erfarenhet	**Ganska svårt,** passar kompetent hemmamekaniker	**Svårt,** passar hemmamekaniker med erfarenhet	**Mycket svårt,** för professionell mekaniker

Specifikationer

Allmänt

Motorkod:
2171 cc motor	M54 B22
2494 cc motor	M52TU B25
2494 cc motor	M54 B25
2793 cc motor	M52TU B28
2979 cc motor	M54 B30

Lopp:
M54 B22-motor	80,00 mm
Alla andra motorer	84,00 mm

Kolvslag:
M54 B22-motor	72,00 mm
M52TU B25-motor	75,00 mm
M54 B25-motor	75,00 mm
M52TU B28-motor	84,00 mm
M54 B30-motor	89,60 mm

Max. motoreffekt:
M54 B22-motor	125 kW vid 6 100 varv/minut
M52TU B25-motor	125 kW vid 5 500 varv/minut
M54 B25-motor	141 kW vid 6 000 varv/minut
M52TU B28-motor	142 kW vid 5 500 varv/minut
M54 B30-motor	170 kW vid 5 900 varv/minut

Motorns max. vridmoment:
M54 B22-motor	210 Nm vid 3 500 varv/minut
M52TU B25-motor	245 Nm vid 3 500 varv/minut
M54 B25-motor	245 Nm vid 3 500 varv/minut
M52TU B28-motor	280 Nm vid 3 500 varv/minut
M54 B30-motor	300 Nm vid 3 500 varv/minut

Motorns rotationsriktning	Medurs (sett från bilens framsida)
Placering av cylinder nr 1	Vid kamkedjan
Tändföljd	1–5–3–6–2–4

Kompressionsförhållande:
M54 B22-motor	10,8: 1
M52TU B25-motor	10,5: 1
M54 B25-motor	10,5: 1
M52TU B28-motor	10,2: 1
M54 B30-motor	10,2: 1
Lägsta kompressionstryck	10,0 till 11,0 bar

Kamaxlar

Axialspel . . . . 0,150 till 0,330 mm

Smörjsystem

Lägsta oljetryck vid tomgång . . . . 0,5 bar
Reglerat oljetryck . . . . 4,0 bar
Spel i oljepumpens rotorer:
    Mellan yttre rotor och pumphus . . . . 0,100 till 0,176 mm
    Inre rotorns axialspel . . . . 0,030 till 0,080 mm
    Yttre rotorns axialspel . . . . 0,040 till 0,090 mm

Åtdragningsmoment

	Nm
Bultar mellan automatisk växellåda och motor:	
Sexkantsbultar:	
M8-bultar	24
M10-bultar	45
M12-bultar	82
Torxbultar:	
M8-bultar	21
M10-bultar	42
M12-bultar	72
Bultar mellan manuell växellåda och motor:	
Sexkantsbultar:	
M8-bultar	25
M10-bultar	49
M12-bultar	74
Torxbultar:	
M8-bultar	22
M10-bultar	43
M12-bultar	72
Bultar mellan vevaxelns vibrationsdämpare/remskiva och dess nav	22
Bultar till vevaxelns bakre packboxhus:	
M6-bultar	10
M8-bultar	22
Cylindern till kedjespännarens tryckkolv	70
Drivplattans bultar*	120
Främre tvärbalkens bultar:*	
M10	47
M12	105
Förstärkningsstag/förstärkningsplåt:	
Steg 1	59
Steg 2	Vinkeldra ytterligare 90°
Steg 3	Vinkeldra ytterligare 30°
Kamaxeldrev	
Steg 1	5
Steg 2:	
Skruvar	20
Muttrar	10
Kamaxellageröverfallens muttrar:	
M6-muttrar	10
M7-muttrar	15
M8-muttrar	20
Kamaxelns skruvstift	20
Kamremskåpa till vevhus:	
M6	10
M8	22
Steg 1	20
Steg 2	Vinkeldra ytterligare 70°
Mutter till kamaxelns skruvstift:	
Steg 1	5
Steg 2	10
Oljefilterhus och oljerör på vevhuset:	
M8	22
M20	40
Oljematningsrör till VANOS-enheten	32
Oljepumpens bultar (M8-bultar)	22

Åtdragningsmoment (forts.)

	Nm
Oljepumpsdrevets bult (**vänstergängad**):	
M6-gänga	10
M10 x 1,00 mm gänga	25
M10	47
Oljepumpskåpa	10
Oljerör till kamaxellager	10
Oljespridarmunstycken	10
Oljetemperaturkontakt:	
M52TU	35
M54	27
Oljetryckskontakt:	
M52TU	35
M54	27
Ramlageröverfallens bultar*:	
Steg 1	20
Steg 2	Vinkeldra ytterligare 70°
Ställskruv till kamaxel (**vänstergängad**)	10
Sump till motorblock:	
M6	10
M8	22
Sumpens nedre del till den övre delen	10
Sumpens oljeavtappningsplugg:	
M12-plugg	25
M22-plugg	60
Svänghjulsbultar*	105
Topplocksbultar*:	
Steg 1	40
Steg 2	Vinkeldra ytterligare 90°
Steg 3	Vinkeldra ytterligare 90°
Täckplugg till kedjespännaren	40
Tändspolens bultar	5
VANOS-enhetens skruvpluggar	50
M6	10
M10	47
M10 x 1,0 mm	25
VANOS-magnetventil	30
VANOS-oljematningsrör till oljefilterhus	32
Ventilkåpsbultar:	
M6-bultar	10
M7-bultar	15
Vevaxelremskivans navbult*	410
Vevstakslageröverfallens bultar*:	
Steg 1	5
Steg 2	20
Steg 3	Vinkeldra ytterligare 70°
Övre och nedre kamkedjekåpans muttrar och bultar:	
M6-muttrar/bultar	10
M7-muttrar/bultar	15
M8-muttrar/bultar	20
M10-muttrar/bultar	47

* Återanvänds inte

1 Allmän information

Hur detta kapitel används

Den här delen av kapitel 2 beskriver de reparationsåtgärder som kan utföras medan motorn är monterad i bilen. Om motorn har tagits ur bilen och tagits isär enligt beskrivningen i del C, kan alla anvisningar om förberedande demontering ignoreras.

Observera att även om det är fysiskt möjligt att renovera delar som kolvar och vevstakar med motorn kvar i bilen, så brukar sådana åtgärder inte utföras separat. Normalt krävs flera ytterligare åtgärder (för att inte tala om rengöring av komponenter och smörjkanaler). Av den anledningen klassas alla sådana åtgärder som större renoveringsåtgärder och beskrivs i del C i det här kapitlet.

Del C beskriver demontering av motorn/växellådan, samt de renoveringsarbeten som kan utföras med motorn/växellådan demonterad.

Motorbeskrivning

Allmänt

M52TU- och M54-motorerna har 6 cylindrar i rad, dubbla överliggande kamaxlar och växellåda fäst med bultar mot den bakre änden. De huvudsakliga skillnaderna mellan de två motorerna är att modell M54 är utrustad med helt elektronisk gasspjällsstyrning och har stämts av för att ge mindre utsläpp.

Avgaskamaxeln drivs av en kamkedja direkt från vevaxeln, medan insugskamaxeln drivs av sekundärkedja från änden av avgaskamaxeln. Mellan kamaxlarna och ventilerna sitter hydrauliska ventillyftare. Varje kamaxel vilar i sju lager i en gjuten lagerbrygga som är monterad på topplocket.

Vevaxeln löper i sju ramlager av vanlig skåltyp. Axialspelet kontrolleras med trycklager vid ramlager nr 6.

Kolvarna är utvalda för att ha samma vikt och har flytande kolvtappar som hålls på plats med låsringar.

Oljepumpen drivs via en kedja från vevaxelns framände.

Variabel ventilstyrning

Alla modeller är utrustade med ett system för variabel ventilstyrning, kallat VANOS. VANOS-systemet använder data från DME-motorstyrningssystemet (se kapitel 4A) för att ställa in insugs- och avgaskamaxeln oberoende av varandra via ett hydrauliskt styrsystem (där motoroljan används som hydraulvätska). Kamaxlarnas inställning varieras med motorvarvtalet så att ventilerna öppnas senare vid låga och höga varvtal, detta för att förbättra körbarheten vid låg hastighet respektive öka toppeffekten. Vid medelhöga varvtal ställs kamaxelsynkroniseringen fram (ventilerna öppnas tidigare) för att ge bättre vridmoment i mellanvarvsregistret och minska avgasutsläppen.

Reparationer med motorn kvar i bilen

Följande åtgärder kan utföras utan att du måste ta bort motorn från bilen.
a) Demontering och montering av topplocket.
b) Demontering och montering av kamkedja och drev.
d) Demontering och montering av kamaxlarna.
d) Demontering och montering av sumpen.
e) Demontering och montering av ramlagren, vevstakarna och kolvarna*.
f) Demontering och montering av oljepumpen.
g) Byte av motorns/växellådans fästen.
h) Demontering och montering av svänghjulet/drivplattan.
* Även om det går att demontera dessa komponenter med motorn kvar i bilen, talar renlighets- och åtkomlighetsskäl starkt för att den ändå bör lyftas ut.

2 Kompressionsprov – beskrivning och tolkning

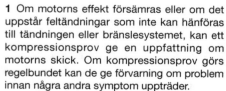

1 Om motorns effekt försämras eller om det uppstår feltändningar som inte kan hänföras till tändningen eller bränslesystemet, kan ett kompressionsprov ge en uppfattning om motorns skick. Om kompressionsprov görs regelbundet kan de ge förvarning om problem innan några andra symptom uppträder.
2 Motorn måste vara uppvärmd till normal arbetstemperatur, batteriet måste vara fullladdat och alla tändstift måste vara urskruvade (kapitel 1). Dessutom behövs en medhjälpare.

3.4 Lossa fästklämmorna och ta bort kåpan från insugskamaxeln

3 Ta bort bränslepumpens säkring (sitter i passagerarutrymmets säkringsdosa). Starta sedan helst motorn och låt den gå tills inget restbränsle längre finns kvar i systemet. I annat fall finns det risk att katalysatorn skadas.
4 På alla modeller, sätt i en kompressionsprovare i tändstiftshålet på cylinder nr 1 – helst den typ av provare som skruvas fast i tändstiftsgängan.
5 Låt medhjälparen ge full gas och dra runt motorn med startmotorn. Efter ett eller två varv bör kompressionstrycket byggas upp till maxvärdet och sedan stabiliseras. Anteckna det högsta värdet.
6 Upprepa testet på återstående cylindrar och anteckna trycket i var och en.
7 Trycket i alla cylindrarna bör hamna på i stort sett samma värde. En tryckskillnad på mer än 2 bar mellan två cylindrar tyder på fel. Observera att kompressionen ska byggas upp snabbt i en felfri motor. Om kompressionen är låg i det första kolvslaget och sedan ökar gradvis under följande slag är det ett tecken på slitna kolvringar. Om kompressionsvärdet är lågt under den första takten och inte stiger under de följande, tyder detta på läckande ventiler eller en trasig topplockspackning (eller ett sprucket topplock). Avlagringar på undersidan av ventilhuvudena kan också orsaka dålig kompression.
8 De av BMW rekommenderade lägsta kompressionsvärdena anges i Specifikationer.
9 Om trycket i en cylinder är mycket lägre än i de andra kan följande kontroll utföras för att

3.5 Montera BMW:s specialverktyg till VANOS-oljeöppningen

hitta orsaken. Häll i en tesked ren olja i cylindern genom tändstiftshålet och upprepa provet.
10 Om tillförsel av olja tillfälligt förbättrar kompressionen tyder det på att det är slitage på kolvringar eller lopp som orsakar tryckfallet. Om ingen förbättring sker tyder det på läckande/brända ventiler eller trasig topplockspackning.
11 Lågt tryck i två angränsande cylindrar är med stor säkerhet ett tecken på att topplockspackningen mellan dem är trasig. Detta bekräftas om det finns kylvätska i motoroljan.
12 Om värdet för en cylinder ligger ca 20 % lägre än för de andra, och motorns tomgång är något ojämn, kan en sliten kamnock på kamaxeln vara orsaken.
13 Om kompressionen som avläses är anmärkningsvärt hög är förbränningskammaren antagligen täckt med sotavlagringar. I så fall bör topplocket tas bort och sotas.
14 Avsluta provet med att sätta tillbaka tändstiften (se kapitel 1) och bränslepumps-säkringen.

3 Övre dödpunkt (ÖD) för kolv nr 1 – hitta

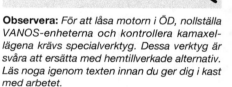

Observera: *För att låsa motorn i ÖD, nollställa VANOS-enheterna och kontrollera kamaxellägena krävs specialverktyg. Dessa verktyg är svåra att ersätta med hemtillverkade alternativ. Läs noga igenom texten innan du ger dig i kast med arbetet.*
1 Den övre dödpunkten (ÖD) är den högsta punkt som kolven når i cylindern under sin uppåt-nedåtgående rörelse när vevaxeln roterar. Kolven når ÖD både i slutet av kompressionstakten och i slutet av avgastakten, men med ÖD avses vanligen kolvläget i kompressionstakten. Kolv nr 1 sitter i kamkedje-änden av motorn.
2 Att ställa kolv nr 1 i ÖD är en viktig del av många arbeten, exempelvis vid demontering av kamkedjan och kamaxlarna.
3 Demontera ventilkåpan enligt beskrivningen i avsnitt 4.
4 Lossa plastkåpan från insugskamaxeln **(se bild)**.
5 För att det ska gå att ställa in kamaxellägena exakt, måste VANOS-enheterna först ställas in. Gör så här: Skruva loss oljetrycks-röret från insugskamaxelns VANOS-enhet och montera BMW:s verktyg 11 3 450 över VANOS-enhetens oljeöppning **(se bild)**.
6 Täck över VANOS-enheten med en ren trasa, eftersom det kommer att spruta ut en del olja när tryckluften släpps på.
7 Anslut en tryckluftsledning till special-verktygets anslutning och släpp på ett tryck på mellan 2,0 och 8,0 bar. Detta tryck nollställer VANOS-enheterna när motorn dras runt.
8 Håll vevaxelns remskivebult med en hylsa eller nyckel och dra runt motorn minst två hela

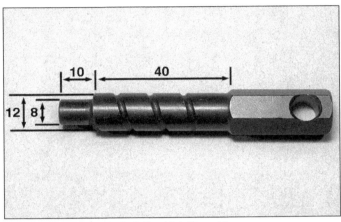

3.8a När kolv nr 1 är i ÖD pekar spetsarna på framaxelns främre lober mot varandra

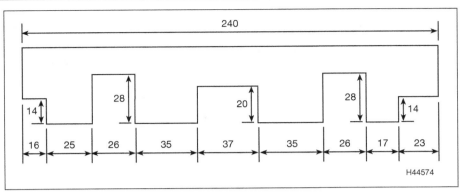

H44574

3.8b Tillverka en mall av plåt

Alla mått i mm

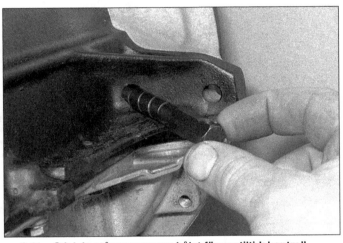

3.10 Svänghjulslåsverktyg

Alla mått i mm

3.11a Stick in stången genom hålet för ventiltidskontroll . . .

varv medurs, tills spetsen på avgas- och insugskamaxelns främre lober pekar mot varandra. Observera att fyrkantsflänsarna i bakänden på kamaxlarna ska stå med de raka sidorna i exakt rät vinkel mot topplockets ovanyta. BMW:s specialverktyg 11 3 240 går att införskaffa för att låsa kamaxlarna i detta läge. Verktyget kan passas in över kamaxlarnas fyrkantsflänsar så att de fixeras i 90° vinkel mot topplockets ovanyta när de två yttre pinnbultarna till ventilkåpan skruvats bort. Har du inte tillgång till specialverktyget kan du tillverka en ersättning av stål- eller aluminiumplåt **(se bilder)**.

9 Ta bort täckpluggen från hålet för ventiltidskontroll i flänsen på motorblockets bakre, vänstra hörn (det blir betydligt lättare att komma åt om startmotorn först demonteras – se kapitel 5A).

10 För att fixera vevaxeln i rätt läge krävs nu ett specialverktyg. Ett alternativ till BMW-verktyg 11 2 300 går att tillverka av ett stycke stålstång **(se bild)**.

11 Stick in stången genom hålet för ventiltidskontroll. Om det behövs, vrid lite på vevaxeln tills det går att föra in stången i svänghjulets ÖD-hål **(se bilder)**.

12 Vevaxeln är nu låst i sitt läge med kolv nr 1 i ÖD. Koppla loss tryckluftsledningen från VANOS-oljeöppningen.

⚠ *Varning: Behöver du av någon anledning vrida den ena eller båda kamaxlarna när kolv nr 1 står i ÖD, och en eller båda kamkedjespännarna har slackats eller demonterats (eller kamkedjorna tagits bort), måste du vidta följande försiktighetsåtgärder. Innan kamaxeln/kamaxlarna vrids, ska vevaxeln roteras ungefär 30° moturs från ÖD (ta först bort låsstången från ÖD-hålet i sväng-*

3.11b . . . tills den går in svänghjulets ÖD-hål – motorn demonterad för tydlighets skull

hjulet) för att eliminera risken för kontakt mellan kolvkrona och ventil.

13 Försök inte dra runt motorn när svänghjulet eller kamaxlarna är låst(a), eftersom det kan leda till skador på motorn. Om motorn ska fortsätta att vara "låst" under någon längre tid, är det klokt att sätta ut lämpliga varningsmeddelanden i kupén och i motorrummet. Det minskar risken för att motorn dras runt med startmotorn av misstag.

4 Ventilkåpa – demontering och montering

Observera: *Nya packningar och/eller tätningar kan behövas vid monteringen – se texten.*

Demontering

1 För att skapa tillräckligt med utrymme för att kunna demontera ventilkåpan, ta bort värme-/ventilationsanläggningens insugstrumma från bakre delen av motorrummet **(se bilder)**.

a) *Vrid de tre fästena 90° moturs och ta bort pollenfilterkåpan från motorrummets bakre del. Dra filtret framåt och ta bort det.*

4.1a Lossa kabelröret (se pil)

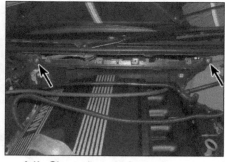

4.1b Skruva loss de 2 torxskruvarna (se pilar) och ta bort insugskanalen

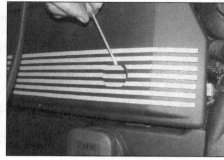

4.3a Bänd ut kåpans täcklock . . .

4.3b . . . och skruva loss skruvarna/ muttrarna

4.4a Skruva loss jordledningen som sitter vid tändstiftshål nr 1 (se pil) . . .

4.4b . . . och topplockets mitt (se pil)

b) Skruva loss de fyra fästklämmorna och lossa vajern från kanalen.

c) Skruva loss de fyra skruvarna och dra filterhuset framåt och ta bort det.

d) Dra upp gummiremsan, vrid de båda fästena moturs och flytta avdelarpanelen i motorrummets vänstra hörn något framåt.

e) Skruva loss de båda skruvarna och lyft ut insugskanalen ur motorrummet.

2 Ta bort påfyllningslocket för motorolja.

3 Ta bort plastkåporna från bränslefördelar-skenan och ovansidan av ventilkåpan. Lossa kåporna genom att bända ut täcklocken och skruva loss de två fästmuttrarna. Ta bort kåpan från topplocket genom att lyfta den och dra den framåt, och sedan lirka den över olje-påfyllningsröret **(se bilder)**.

4 Skruva loss jordledningen från ventilkåpan intill tändstiftshålet i cylinder nr 1. Skruva i

tillämpliga fall även bort jordledningarna från mitten och baksidan på ventilkåpan **(se bilder)**.

5 Dra upp låsflikarna och koppla loss kontaktdonen från tändspolarna **(se bild)**.

6 Lossa kablaget från klämmorna på ventil-kåpan och flytta sedan hela kanal-/kablage-enheten ur vägen för ventilkåpan.

7 Skruva loss tändspolarnas fästmuttrar/ fästskruvar och dra sedan försiktigt loss spolarna från tändstiften **(se bild)**. Anteckna hur jordledningarna och fästbyglarna till spolarnas kablar ska sitta.

8 Lossa fästklämman och koppla loss venti-lationsslangen från sidan av ventilkåpan **(se bild)**.

9 Lossa lambdasondens anslutningar från höger sida av ventilkåpan och lägg dem åt sidan.

10 Skruva loss fästbultarna/fästmuttrarna (inklusive dem mitt på kåpan) och lyft bort ventilkåpan. Anteckna var alla brickor, tät-ningar och packningar ska sitta och ta vara på dem som sitter löst.

Montering

11 Kontrollera först alla tätningars och pack-ningars skick. Byt ut sådana som har åldrats eller är skadade.

12 Rengör packnings-/tätningsytorna på topplocket och ventilkåpan. Stryk sedan en sträng med Drei Bond 1209 (finns hos BMW-återförsäljare och bildelsbutiker) på det område där VANOS-enheten ligger an mot topplocket och i hörnen på de halvcirkel-formade utskärningarna på baksidan av topplocket och VANOS-enheten. Lägg huvud-packningen (längs ytterkanten) och tändstifts-

4.5 Dra upp låsflikarna och koppla loss spolens tändstift

4.7 Skruva loss tändspolens skruvar och dra upp dem från tändstiften

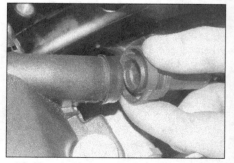

4.8 Koppla loss ventilationsslangen från ventilkåpan

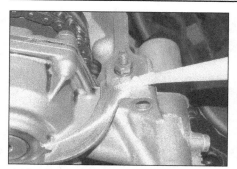

4.12a Stryk på tätningsmedel där VANOS-enheterna ligger an mot topplocket . . .

4.12b . . . och de halvcirkelformade utskärningarna

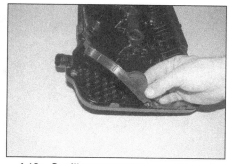

4.12c Se till att packningarna sitter på plats

hålens packningar (längs mitten) på plats i ventilkåpan **(se bilder)**.

13 Lägg ventilkåpan på plats utan att rubba packningarna. Kontrollera att flikarna i bakkanten på huvudtätningen ligger rätt i uttagen på baksidan av topplocket.

14 Sätt tillbaka ventilkåpans skruvar/muttrar och se till att tätningarna placeras enligt de anteckningar som gjordes vid demonteringen. Dra sedan åt bultarna/muttrarna stegvis till angivet moment.

15 Resten av monteringen utförs i omvänd ordning mot demonteringen. Tänk på följande:

a) Kontrollera att tändspolarnas jordledningar sätts tillbaka enligt de anteckningar som gjordes vid demonteringen.
b) Dra åt spolarnas fästmuttrar/fästskruvar till angivet moment.
c) Kontrollera att gummitätningarna sitter på plats när du återansluter tändkablarnas kontaktdon till spolarna.

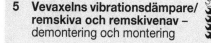

5 Vevaxelns vibrationsdämpare/remskiva och remskivenav – demontering och montering

Observera: *Om remskivenavet demonteras måste en ny fästbult användas vid monteringen. Då behövs också en momentnyckel som klarar 410 Nm.*

Demontering

1 Lossa klämmorna/skruvarna och ta bort motorns undre skyddskåpa.

2 Demontera kylfläkten med viskokoppling/elkylfläkten och fläktkåpan enligt beskrivningen i kapitel 3.

3 Demontera drivremmarna enligt beskrivningen i kapitel 1.

4 Dämparen/remskivan och navet kan ha två olika utföranden. På vissa modeller sitter remskivan/dämparen fast vid navet med bultar (två delar), medan navet på andra modeller utgör en del av remskivan/dämparen (ett stycke).

Dämpare/remskiva och nav i två delar

5 Skruva loss fästbultarna och ta bort vibrationsdämparen/remskivan från navet **(se bild)**. Håll emot navet med en hylsa eller nyckel om navets fästbult om det behövs.

6 Fästbulten måste skruvas bort för att navet ska gå att demontera.

⚠ *Varning: Fästbulten till vevaxelns remskivenav sitter mycket hårt. Det krävs ett verktyg för att hålla emot navet när bulten lossas. Försök inte utföra arbetet med dåliga eller slarvigt improviserade verktyg, eftersom det nästan säkert leder till att du skadar dig själv eller bilen.*

7 Tillverka ett verktyg att hålla remskivan med. Det går att tillverka ett lämpligt verktyg av ett par bandjärn som sätts ihop med en stor ledbult. Skruva fast hållarverktyget vid remskivenavet med bultarna som fäster remskivan vid navet **(se bild)**. Du kan också använda specialverktyg 11 2 150 och 11 2 410 som går att köpa från BMW-återförsäljare och specialbutiker för bilverktyg.

8 Lossa remskivans navbult med en hylsa med långt handtag. Observera att bulten sitter mycket hårt.

9 Skruva loss remskivans navbult och ta bort brickan **(se bild)**. Kasta bulten, du måste sätta dit en ny.

10 Dra av navet från vevaxeländen **(se bild)**. Om navet sitter hårt får du dra loss det med en avdragare.

11 Ta vara på woodruff-kilen i änden på vevaxeln, om den sitter löst.

Dämpare/remskiva och nav i ett stycke

12 För att förhindra att navet roterar när mittbulten lossas, rekommenderar BMW att man använder verktygen 11 8 190 och 11 8 200, som griper in i hålen mellan ribborna i remskivenavet. I brist på dessa verktyg kan du hindra navet från att vrida sig med en bandnyckel om remskivan **(se bilder)**. Bulten sitter mycket hårt, så du kommer att behöva hjälp.

13 Skruva loss navbulten och ta bort brickan. Kasta bort bulten, du måste sätta dit en ny.

5.5 Skruva loss bultarna och ta bort dämparen/remskivan från navet

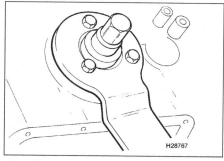

5.7 BMW:s specialverktyg används för att hålla fast navet till vevaxelns remskiva

5.9 Skruva loss navbulten och ta bort brickan . . .

5.10 . . . ta sedan bort navet

5.12a Använd BMW:s specialverktyg för att hålla emot remskivan/navet . . .

14 Ta bort navet från vevaxeländen. Om navet sitter hårt får du dra loss det med en avdragare.

15 Ta vara på woodruff-kilen i änden på vevaxeln, om den sitter löst.

Montering

16 Har remskivenavet tagits bort, bör du passa på att byta packboxen i den nedre kamkedjekåpan enligt avsnitt 6.

17 Har remskivenavet demonterats så fortsätt enligt nedanstående beskrivning. Gå annars vidare till punkt 21 (dämpare/remskiva och nav i två delar).

18 Där så är tillämpligt, sätt tillbaka woodruff-kilen i änden av vevaxeln. Rikta sedan in spåret i remskivenavet mot kilen och skjut in navet på vevaxeländen.

19 Sätt tillbaka brickan med kragen vänd mot navet och sätt i en **ny** navbult.

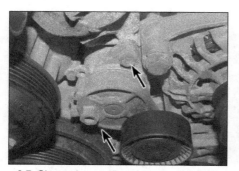

6.7 Skruva loss spännbultarna (se pilar)

6.11 Ta bort bultarna mellan den nedre kamkedjekåpan och topplocket (se pilar)

5.12b . . . eller håll emot med en bandnyckel

Dämpare/remskiva och nav i två delar

20 Skruva fast hållarverktyget i remskivenavet på samma sätt som vid demonteringen och dra sedan åt navbulten till angivet moment. Var försiktig så att du inte skadar dig själv eller komponenterna.

21 Skruva där så är tillämpligt loss hållarverktyget och montera vibrationsdämparen/remskivan. Se till att styrstiftet på navet griper in i motsvarande hål i dämparen/remskivan.

22 Skruva i dämparens/remskivans fästbultar och dra åt till angivet moment. Håll emot remskivan om det behövs när bultarna dras åt.

Dämpare/remskiva och nav i ett stycke

23 Håll emot navet på samma sätt som vid demonteringen och dra åt bulten till angivet moment.

Alla modeller

24 Montera drivremmarna enligt beskrivningen i kapitel 1.

6.9 Driv ut styrpinnarna från kamkedjekåpan

6.12a Skruva loss fästbultarna (se pilar) . . .

25 Sätt tillbaka kylfläkten med viskokoppling och dess kåpa enligt beskrivningen i kapitel 3.

26 Där så är tillämpligt, sätt tillbaka stänkskyddet på motorns undersida.

6 Kamkedjekåpa – demontering och montering

Observera: *Vid monteringen behövs nya packningar till kamremskåpan och en ny främre packbox till vevaxeln. RTV-tätningsmedel (härdande vid rumstemperatur) behövs till fogen mellan topplocket och motorblocket – se texten.*

Demontering

1 Töm kylsystemet enligt beskrivningen i kapitel 1.

2 Demontera ventilkåpan enligt beskrivningen i avsnitt 4.

3 Demontera drivremmarna enligt beskrivningen i kapitel 1.

4 Demontera termostaten enligt beskrivningen i kapitel 3.

5 Demontera vevaxelns remskiva/dämpare och nav enligt beskrivningen i avsnitt 5.

6 Demontera sumpen enligt beskrivningen i avsnitt 12.

7 Skruva loss de två bultarna och ta bort drivremsspännaren **(se bild)**.

8 Nu måste kylvätskepumpens remskiva demonteras. Håll emot remskivan genom att vira en gammal drivrem om den och klämma fast den hårt, varefter fästbultarna kan skruvas loss och remskivan tas bort.

9 Driv ut de två styrstiften ur överdelen av kamkedjekåpan. Knacka ut de två stiften mot motorns baksida med hjälp av en drivdorn (med mindre än 5,0 mm diameter) **(se bild)**.

10 Nu måste du ta bort VANOS-enheten (se avsnitt 9) för att komma åt bultarna mellan kamkedjekåpan och topplocket.

11 Skruva loss de tre bultarna mellan kamkedjekåpan och topplocket. Observera att en av bultarna också fäster den sekundära kamkedjans styrning **(se bild)**.

12 Skruva loss bultarna mellan kamkedjekåpan och motorblocket och lyft sedan bort kåpan från motorns framsida **(se bilder)**. Ta loss packningarna.

6.12b . . . och ta bort den nedre kamkedjekåpan – med topplocket demonterat

Montering

13 Bänd först ut packboxen ur kamkedjekåpan.

14 Rengör fogytorna på kåpan, motorblocket och topplocket noga.

15 Sätt i en ny packbox i kamkedjekåpan. Håll en stor hylsa eller rörstump – eller en träkloss – mot packboxen när du knackar in den **(se bild)**.

16 Driv in styrstiften på deras platser i överdelen av kåpan tills de sticker ut ungefär 2,0 till 3,0 mm från kåpans fogyta mot motorblocket.

17 Lägg nya packningar på plats på kåpan och fäst dem med lite fett.

18 Stryk lite Drei Bond 1209 (finns hos BMW-återförsäljare och bildelsbutiker) på fogytan mot topplocket/motorblocket, på de två ställen där kamkedjekåpan kommer att ligga an mot topplockspackningen **(se bild)**.

19 Passa in kåpan på dess plats och se till att packningarna inte rubbas. Se till att styrstiften griper in i motorblocket och skruva i kåpans fästbultar. Dra bara åt bultarna med fingerkraft än så länge.

20 Knacka in styrstiften tills de ligger jäms med utsidan på kåpan.

21 Dra gradvis åt kåpans fästbultar till angivet moment (glöm inte de tre bultarna mellan kåpan och topplocket).

22 Montera VANOS-enheten enligt beskrivningen i avsnitt 9.

23 Montera vevaxelns dämpar-/remskivenav och dämpare/remskiva enligt beskrivningen i avsnitt 5.

24 Resten av monteringen utförs i omvänd ordning mot demonteringen. Tänk på följande:

a) Se till att tryckstången till drivremmarnas hydrauliska spännare monteras rätt. Pilen TOP/OBEN ska peka uppåt.

b) Sätt tillbaka drivremmarna enligt beskrivningen i kapitel 1.

c) Sätt tillbaka termostaten och dess hus enligt beskrivningen i kapitel 3.

d) Sätt tillbaka ventilkåpan (avsnitt 4).

e) Montera sumpen enligt beskrivningen i avsnitt 12.

f) Avsluta med att fylla på kylsystemet och kontrollera kylvätskenivån, enligt beskrivningen i kapitel 1 respektive "Veckokontroller".

6.15 Driv in den nya packboxen på plats

7 Kamkedjor –
demontering, kontroll och montering

Sekundärkedja

Demontering

1 Demontera VANOS-enheten enligt beskrivningen i avsnitt 9.

2 Skruva loss kamkedjespännarens tryckkolv från höger sida av motorn **(se bild)**. Kasta tätningsringen, du måste sätta dit en ny.

⚠️ *Varning: Kedjespännarens tryckkolv har en kraftig fjäder. Var försiktig när du skruvar loss täckpluggen.*

7.2 Skruva loss kamkedjespännaren från motorns högra sida

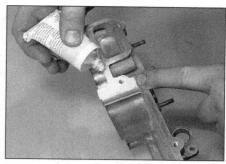

6.18 Stryk tätningsmedel på det område där den nedre kamkedjekåpan ligger an mot topplockspackningen

3 Ska spännaren återanvändas, får du trycka in och släppa dess tryckkolv några gånger för att pumpa ut all olja.

4 Tryck in sekundärkedjespännarens tryckkolv och lås den i intryckt läge med ett borr av lämplig storlek **(se bild)**.

5 Skruva loss muttrarna och ta bort kamaxelgivarens givarhjul. Ta sedan bort fjäderplattan **(se bild)**.

6 Skruva loss de tre muttrarna från insugskamdrevet och ta bort den vågformade fjäderbrickan **(se bild)**.

7 Skruva loss de tre skruvarna från avgaskamdrevet och lyft bort sekundärkedjan tillsammans med dreven, friktionsbrickan och den splinesaxel som sitter på insugskamaxeländen **(se bild)**. Ska delarna återanvändas, bör de förvaras i rätt inbördes ordning för att lätt kunna monteras på sina gamla platser.

7.4 Använd ett borr (se pil) för att låsa sekundärkedjespännaren

7.5 Ta bort lägesgivarhjulet från avgaskamdrevet

7.6 Ta loss de 3 muttrarna och ta bort den vågformade fjäderbrickan från drevet

7.7 Ta bort avgasdrevet med kedja, friktionsbricka, insugskamdrevet och insugskamaxelns splinesaxel

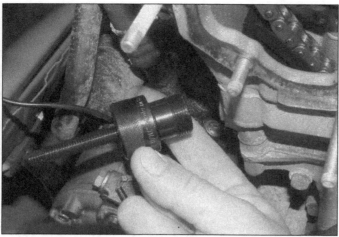

7.11 Montera BMW:s specialverktyg i spännarens öppning

7.12 Sätt i kedjan och kedjedreven i specialverktyget. Om du saknar verktyg, ordna dem med 16 kedjenitar mellan de angivna positionerna

Kontroll

8 Kedjan bör bytas om dreven eller kedjan är slitna (märks på överdrivet sidospel mellan kedjelänkarna och slammer under gång). Det är klokt att byta kedjan i vilket fall, när motorn ändå är isärtagen för översyn. Observera att rullarna på en svårt sliten kedja kan ha blivit lätt spåriga. Byt kedjan om det finns minsta tvivel om dess skick, så slipper du framtida bekymmer.

9 Undersök om drevens kuggar verkar slitna. Varje kugg har formen av ett V. Är kuggen sliten har den sida som belastas en lätt ur-

gröpt form jämfört med den andra sidan (dvs. kuggen ser lite krökt ut). Verkar kuggarna slitna måste drevet bytas. Kontrollera också om kontaktytorna på kedjestyrningen och spännskenan verkar slitna – byt vid behov de slitna komponenterna.

Montering

10 Se till att vevaxeln fortfarande är låst med kolv nr 1 i ÖD. Kontrollera kamaxlarnas läge med mallen.

11 Kontrollera att primärkedjan och drevet på avgaskamaxeln fortfarande sitter på plats.

Montera specialverktyg 11 4 220 i hålet för primärkedjespännaren och vrid sedan juster-skruven på verktyget tills skruvens ände nätt och jämt vidrör spännskenan (se bild).

12 För att kunna ställa in rätt förhållande mellan de två dreven och kedjan behöver du BMW:s specialverktyg 11 6 180. Lägg kedjan om de två dreven och placera alltsammans i specialverktyget. I brist på specialverktyget, placera dreven så att det ryms 16 kedjenitar från en punkt på ena drevet till motsvarande punkt på det andra (se bild).

13 Montera kedjan och dreven på kamaxel-ändarna så, att de största mellanrummet ("riktgluggen") mellan spiralkuggarna på insugsdrevets invändiga omkrets ligger exakt mitt för motsvarande mellanrum på den ut-stickande delen av kamaxeländen (se bild).

14 Trä splinesaxeln på änden av insugs-kamaxeln så att den breda "styrräfflan" passar in i motsvarande mellanrum mellan splinesen på kamaxeln och i drevet (se bild). Skjut in splinesaxeln tills ca 1 mm av splinesen fort-farande syns.

15 Sätt tillbaka den vågformade fjäderbrickan på insugskamdrevet, med FRONT-märkningen vänd framåt. Sätt tillbaka fästmuttrarna, men dra bara åt dem för hand än så länge.

16 Sätt tillbaka avgaskamdrevets skruvar, dra åt dem till 5 Nm och lossa dem sedan 180°.

17 Montera friktionsbrickan och fjäderplattan på avgaskamdrevet. Observera att fjäder-plattan ska sitta vänd med märkningen "F" framåt. Syns märket inte längre får du ta ledning av fjäderplattans form. Den konvexa sidan ska vara vänd framåt (se bild).

18 Montera avgaskamaxelns lägesgivarhjul med den upphöjda delen mot motorns högra sida och pilmarkeringen mitt för topplockets övre packningsyta (se bild). Dra bara åt muttrarna för hand än så länge.

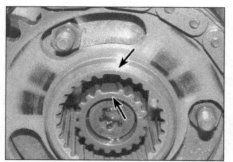

7.13 Avstånden i insugskamdrevet och kamaxeln måste passa ihop (se pilar)

7.14 Sätt i splinesaxelns låssprint eller "styrspline" i splinesmellanrummen

7.17 Montera fjäderplattan med F framåt

7.18 Montera lägesgivarhjulet så att pilen står mitt för den övre packningsytan (se pil)

7.22 Använd BMW:s specialverktyg för att centrera splinesaxeln och dreven

7.28 Ta bort sekundärkedjespännarens bultar (se pilar)

7.29 Skruva loss de 3 skruvstiften från avgasdrevet

19 Dra ut avgassidans splinesaxel så långt det går från mitten av drevet.
20 Tryck in sekundärkedjans spännkolv och ta bort låsstiftet/borret.
21 Dra med hjälp av en momentnyckel åt justerskruven till 0,7 Nm på specialverktyget som sitter i hålet för primärkedjespännaren. I brist på en momentnyckel med så fin kalibrering får du dra åt justerskruven för hand, men bara så hårt att inget slack längre märks i kedjan. Kontrollera att allt spel försvunnit genom att försöka vrida primärkedjedrevet på avgaskamaxeln för hand.
22 Centreringen av splinesaxlarna i dreven, och dreven själva, måste kontrolleras med BMW-verktyget 11 6 150 som monteras på VANOS-enhetens plats. Skjut in verktyget på VANOS-enhetens pinnbultar (utan packning) och dra åt muttrarna jämnt tills verktyget ligger an helt mot topplocket. Detta verktyg placerar splinesaxlarna i rätt läge och håller dem på plats medan drevens bultar/muttrar dras åt **(se bild)**. Inställningsverktyget är nödvändigt för att synkroniseringen av kamaxlarna ska bli exakt.
23 Dra stegvis och jämnt åt drevens muttrar/bultar till det moment som anges för steg 1. Börja med avgaskamdrevets torxskruvar, fortsätt sedan med avgaskamdrevets muttrar och avsluta med muttrarna till insugskamdrevet. Dra sedan i samma ordningsföljd åt först skruvarna och därefter muttrarna till angivet moment för steg 2. När drevens skruvar/muttrar är helt åtdragna låter du BMW-verktyget 11 6 150 sitta kvar, men tar

bort låsstiftet från vevaxeln och låsverktygen/låsmallen från kamaxlarnas bakre ände. Vrid vevaxeln två hela varv medurs med en nyckel eller hylsa om dess remskivebult, tills det åter går att sätta i vevaxelns låsstift.
24 Förvissa dig om att kamaxelsynkroniseringen är korrekt genom att kontrollera kamaxlarnas läge med låsverktygen/mallen. **Observera:** På grund av det gummiklädda drevet/dreven, toleranserna i VANOS-enheten och spelet hos splinesaxlarna, kan verktyget som låser insugskamaxeln vara förskjutet upp till 1,0 mm i förhållande till fyrkantsflänsen utan att synkroniseringen är felaktig.
25 Ta bort centrerings-/inställningsverktyget och montera VANOS-enheten enligt beskrivningen i avsnitt 9.

Primärkedjan

Demontering

26 Demontera den sekundära kamkedjan enligt beskrivningen tidigare i detta avsnitt.
27 Demontera splinesaxeln och splineskragen från avgaskamdrevets mitt.
28 Skruva loss de fyra bultarna och ta bort sekundärkedjespännaren **(se bild)**.
29 Skruva loss de tre skruvstiften från avgaskamdrevet, lyft av kedjan och dra bort drevet från kamaxeländen **(se bild)**. Anteckna åt vilket håll drevet ska sitta.
30 Ta bort kamkedjekåpan enligt beskrivningen i avsnitt 6.
31 Anteckna hur kedjan ligger i förhållande till spännskenan och kedjestyrningen.

32 Släpp efter på spännskenan så att du kan häkta av kedjan från vevaxeldrevet och lyfta bort den från motorn **(se bild)**.

⚠️ *Varning: När primärkamkedjan demonterats får du inte vrida vevaxeln eller kamaxlarna, eftersom det finns risk att ventilerna och kolvarna kolliderar.*

33 Om du så önskar, kan du nu ta loss spännskenan efter att först ha tagit bort spärringen från den nedre svängtappen **(se bild)**.
34 På samma sätt kan du ta loss kedjestyrningen efter att ha tagit bort den övre och nedre spärringen. Var försiktig när du drar loss spärringarna, eftersom de lätt går sönder **(se bild)**.

Montering

35 Se till att vevaxeln fortfarande är låst med kolv nr 1 i ÖD. Kontrollera kamaxlarnas läge med mallen.
36 Börja med att lägga kedjan runt vevaxeldrevet.
37 Där så är tillämpligt, montera kedjestyrningen och spännskenan och se till att kedjans dragning stämmer med anteckningarna från demonteringen. Var försiktig när du sätter tillbaka kedjestyrningen, spärringarna går lätt sönder.
38 Vrid avgaskamaxelns huvudkedjedrev så att dess synkroniseringspil hamnar i höjd med topplockets övre fogyta. Lägg sedan kedjan om drevet **(se bild)**. Montera drevet på avgaskamaxeln. Se till att drevet monteras enligt

7.32 Haka loss kedjan från vevaxeldrevet

7.33 Ta bort klämman från den nedre svängtappen för att demontera spännskenan – visas med motorn borttagen

7.34 Lossa fästklämmorna för att ta bort kedjestyrningen

7.38 Se till så att pilen på drevet står mitt för topplockets övre kant (se pil)

7.43 Splinesaxelns "styrspline" måste haka i motsvarande splinesmellanrum i kamaxeln och hylsan

7.44 Hålen i drevet måste sitta mitt i splineskragens ovala hål (se pil)

de anteckningar som gjordes vid demonteringen, och att synkroniseringspilen fortfarande står mitt för den övre fogytan på topplocket.

39 Sätt tillbaka kamkedjekåpan enligt beskrivningen i avsnitt 6.

40 Montera specialverktyg 11 4 220 i hålet för spännaren (se avsnitt 9) och vrid sedan verktygets justerskruv tills den nätt och jämt vidrör spännskenan. Observera att avgaskamdrevet kan ha rubbats moturs – ändra i så fall drevets läge i kedjan så att synkroniseringspilen åter hamnar mitt för topplockets övre fogyta.

41 Sätt i de tre skruvstiften i avgaskamdrevet och dra åt dem till angivet moment.

42 Montera sekundärkamkedjespännaren och dra åt bultarna ordentligt.

43 Montera splinesaxeln och splineskragen mot avgaskamdrevet så att den extra breda "styrräfflan" i kragen hamnar rakt över motsvarande splinesmellanrum på kamaxeländen. Observera att splinesaxeln har både en utvändig och en invändig "styrspline", vilka ska passa in i motsvarande splinesmellanrum i kragen och på kamaxeländen (se bild).

44 Skjut in avgaskamaxelns splinesaxel så långt att de gängade hålen i kamdrevet hamnar mitt i de ovala hålen i splineskragen (se bild).

45 Montera sekundärkamkedjan enligt beskrivningen under punkt 10 till 25 i detta avsnitt.

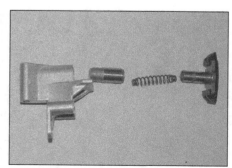

8.13 Sekundärkamkedjans spännare med tryckkolv, fjäder och tryckkolvshus

8 Kamdrev och spännare – demontering, kontroll och montering

Kamdrev

1 Demontering, kontroll och montering av dreven beskrivs som en del av demonterings- och monteringsproceduren för sekundärkamkedjan i avsnitt 7.

Vevaxeldrev

Demontering

2 Drevet sitter ihop med oljepumpsdrevet. På en del motorer kan drevet sitta med presspassning på vevaxeländen.

3 Demontera primärkamkedjan enligt beskrivningen i avsnitt 7.

4 Dra av drevet från vevaxelns främre ände. Om drevet sitter med presspassning får du använda en trearmad avdragare för att dra loss det från vevaxeln. Skydda gänghålet i vevaxelns främre ände genom att skruva tillbaka vevaxelns navbult, eller att lägga en distansbricka av metall mellan avdragaren och vevaxeländen. Anteckna hur drevet ska sitta vänt för att underlätta återmonteringen.

5 Ta vara på woodruff-kilen i skåran i vevaxeln om den sitter löst när drevet dragits loss.

Kontroll

6 Kontrollen beskrivs i samband med kontrollen av kamkedjan i avsnitt 7.

Montering

7 Där så är tillämpligt, sätt tillbaka woodruff-kilen skåran i vevaxeländen.

8 Skjut drevet på plats på vevaxeln. Se till att drevet monteras rättvänt, enligt de anteckningar som gjordes vid demonteringen. Ska ett drev monteras med presspassning, måste det värmas upp till 150 °C före monteringen. Överskrid **inte** denna temperatur, eftersom drevet då kan skadas.

9 När drevet har värmts upp till angiven temperatur, riktar du in spåret i dess centrumhål

mot woodruff-kilen och knackar drevet på plats med hjälp av en hylsa eller en bit metallrör.

⚠️ *Varning: Var försiktig med det uppvärmda drevet – det tar en stund för metallen att svalna.*

10 Montera primärkamkedjan enligt beskrivningen i avsnitt 7.

Sekundärkedjespännare

Demontering

11 Demontera sekundärkamkedjan enligt beskrivningen i avsnitt 7.

12 Skruva loss fästbultarna och ta bort kedjespännarhuset från topplocket (se bild 7.28).

13 Ta bort verktyget som fixerar sekundärkamkedjans spännare. Ta sedan bort tryckkolven, fjädern och tryckkolvshuset (se bild).

Kontroll

14 Undersök spännaren och byt den om det behövs. Kontrollera att tryckkolven och tryckkolvshuset inte är slitna eller skadade. Undersök om kontaktytan mot kedjan på tryckkolvens glidsko är sliten. Kontrollera också fjäderns skick. Byt alla delar som är slitna eller skadade.

15 Observera att tryckkolven ska sättas tillbaka i spännaren vänd på så sätt att uttaget i tryckkolven hamnar på motorns högra sida när enheten monteras.

Montering

16 Montera kedjespännaren och dra åt bultarna ordentligt.

17 Sätt tillbaka låsverktyget så att spännaren fixeras.

18 Montera sekundärkamkedjan enligt beskrivningen i avsnitt 7.

Primärkedjespännare

19 Demonteringen och monteringen beskrivs som en del av demonteringen av primärkamkedjan i avsnitt 7.

9 Den variabla ventilstyrningens (VANOS) delar – demontering, kontroll och montering

VANOS-enhet

Demontering

1 Demontera kylfläkten med viskokoppling/ elkylfläkten och fläktkåpan enligt beskrivningen i kapitel 3.

2 Demontera ventilkåpan enligt beskrivningen i avsnitt 4.

3 Skruva loss anslutningsbulten och koppla loss oljematningsröret från den främre sidan av VANOS-enheten **(se bild)**. Ta loss tätnings- ringarna.

4 Koppla loss avgaskamaxelns lägesgivare och magnetventilskontakten **(se bild)**.

5 Skruva loss fästmuttern och fästbulten och ta bort motorns lyftbygel från främre delen av motorn.

6 Lossa plastkåpan från insugskamaxeln.

7 Vrid vevaxeln och kamaxlarna så att kolv nr 1 ställs i ÖD, enligt beskrivningen i avsnitt 3.

8 Skruva loss de två täckpluggarna från framsidan på VANOS-enheten **(se bild)**. Var beredd på oljespill och kasta tätningsringarna, du måste sätta dit nya.

9 Skruva bort tätningspluggen från kamaxel- ändarna med en spetsnostång **(se bild)**.

10 Skruva loss inställningsskruven i respek- tive kamaxeländer med ett torxbit. Observera att inställningsskruvarna är vänstergängade **(se bild)**.

11 Skruva loss fästmuttrarna och ta bort VANOS-enheten från motorns framsida. Ta vara på packningen.

12 Rubba inte vevaxeln, kamaxlarna eller splinesaxeln i kamaxeländarna när VANOS- enheten är borttagen, eftersom kolvarna då kan kollidera med ventilerna.

Kontroll

13 För att kunna kontrollera funktionen hos VANOS-enheten behöver man special- utrustning. Testningen måste därför överlåtas till en BMW-verkstad.

Montering

14 Se till att kolv nr 1 fortfarande befinner sig i ÖD, enligt beskrivningen i avsnitt 3.

15 Se till att styrhylsorna sitter på plats på de övre pinnbultarna för VANOS-enheten i topp- locket.

16 Stryk lite tätningsmedel av typen Drei Bond 1209 i hörnen på fogytorna mellan topplocket och VANOS-enheten. Lägg sedan en ny packning över pinnbultarna i topplocket **(se bild)**.

17 Montera VANOS-enheten och dra åt bultarna ordentligt.

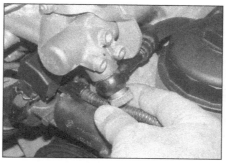

9.3 Koppla loss oljematningsröret från VANOS-enheten

9.8 Skruva loss täckpluggarna från VANOS-enheten

18 Sätt tillbaka inställningsskruvarna i kam- axeländarna och dra åt dem till angivet moment. Observera att inställningsskruvarna är **vänstergängade**. Kontrollera O-rings- tätningarnas skick och sätt tillbaka tätnings- pluggarna i kamaxeländarna.

19 Återstoden av monteringen utförs i omvänd ordning mot demonteringen. Tänk på följande:

a) *Använd nya O-ringar när du återansluter oljematningsröret till VANOS-enheten.*

b) *Sätt tillbaka ventilkåpan enligt beskriv- ningen i avsnitt 4.*

c) *Sätt tillbaka kylfläkten med viskokoppling och dess kåpa enligt kapitel 3.*

d) *Se till att vevaxelns låsverktyg tas bort innan motorn startas.*

9.10 Inställningsskruvarna i kamaxlarnas ändar är *vänstergängade*

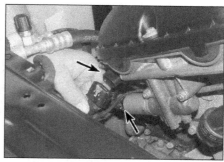

9.4 Koppla loss kamaxelgivaren och magnetventilen (se pilar)

9.9 Använd en spetsstång för att demontera tätningskåporna

VANOS-magnetventil

Observera: *Använd en ny tätningsring vid återmonteringen.*

Demontering

20 Se till att tändningen är frånslagen.

21 Koppla loss magnetventilens anslutnings- kontakt, som sitter fästad med klämmor vid motorns kablage bakom oljefilterenheten.

22 Skruva med en öppen nyckel loss magnet- ventilen ta bort tätningen **(se bild)**.

Kontroll

23 Kontrollera att magnetventilens tryckkolv går lätt att flytta fram och tillbaka för hand **(se bild)**. Om så inte är fallet måste magnet- ventilen bytas.

9.16 Stryk lite tätningsmedel ovanpå tätningsytan på vardera sidan av topplocket

Montering

24 Monteringen utförs i omvänd ordning mot demonteringen, men använd en ny tätningsring.

10 Kamaxlar och ventillyftare – demontering, kontroll och montering

⚠️ *Varning: BMW:s verktyg 11 3 260 krävs för detta arbete. Detta verktyg är utomordentligt svårt att skapa ett surrogat för, på grund av dess kraftiga konstruktion och kraven på exakta dimensioner. Försök inte demontera och sätta tillbaka kamaxlarna utan hjälp av det här specialverktyget, eftersom följden kan bli kostsamma skador på kamaxlarna och/eller lagren.*

Demontering

1 Demontera VANOS-enheten enligt beskrivningen i avsnitt 9.
2 Demontera sekundärkamkedjan enligt beskrivningen i avsnitt 7.
3 Demontera splinesaxeln och splineskragen från avgaskamdrevets mitt.
4 Skruva loss de fyra bultarna och ta bort sekundärkedjespännaren (se bild 8.13).
5 Skruva loss de tre skruvstiften från avgaskamdrevet, lyft av kedjan och dra bort drevet från kamaxeländen. Anteckna åt vilket håll drevet ska sitta.

10.7 Ta bort styrstiften från kamaxelns ände

10.12 Kamaxellageröverfall nr 1 sitter fast med adapterhylsor

9.22 Skruva loss VANOS-magnetventilen

6 Ta bort vevaxelns låsstift, håll primärkamkedjan sträckt med handen och vrid försiktigt vevaxeln 30° moturs för att förhindra att kolvarna oavsiktligt kolliderar med ventilerna. Fäst primärkamkedjan vid topplocket med en bit ståltråd eller ett buntband, så att den inte kan falla ner i kamkedjekåpan och/eller lossna från vevaxeldrevet.
7 Om det behövs, skruva loss de tre skruvstiften från insugskamaxelns ände och ta bort tryckbrickan och kamaxelns givarhjul (se bild).
8 Ta bort mallen från kamaxlarna.
9 Skruva loss tändstiften från topplocket.
10 Kontrollera att ID-märkning finns på kamaxellageröverfallen. Överfallen är numrerade från motorns kamkedjeände, och märkningen brukar gå att läsa från motorns avgassida. Avgaskamaxelns lageröverfall är märkta A1 till A7 och insugskamaxelns överfall E1 till E7.

10.11 Skruva loss de 4 pinnbultarna från ventilkåpan

10.13 BMW:s specialverktyg monterat på topplocket

9.23 Kontrollera att solenoidkolven (se pil) rör sig fritt

11 Skruva loss de fyra pinnbultarna till ventilkåpan från topplockets mitt (se bild).
12 Eftersom insugskamaxelns lageröverfall nr 1 sitter fast med adapterhylsor, bör muttrarna skruvas loss och överfallet tas bort så att det inte nyper fast när kamaxeln demonteras (se bild).
13 Sätt samman BMW:s specialverktyg 11 3 260 och montera det på topplocket genom att skruva fast dess fästbultar i tändstiftshålen. Placera verktyget så att dess tryckstänger hamnar ovanpå den aktuella kamaxeln (dvs. insugs- eller avgaskamaxeln) (se bild).
14 Applicera tryck på kamaxellageröverfallen genom att vrida verktygets excenteraxel med en nyckel (se bild).
15 Skruva loss de övriga lageröverfallens muttrar.

⚠️ *Varning: Försök inte skruva loss kamaxellageröverfallens muttrar utan att specialverktyget sitter på plats, eftersom kamaxlarna och/eller lagren då kan skadas.*

16 Lossa trycket på specialverktygets axel och skruva loss verktyget från topplocket.
17 Lyft av lageröverfallen och placera dem i rätt inbördes ordning. Lyft sedan bort kamaxeln.
18 Kamaxelns lagerbrygga går nu att lyfta av från topplocket. Detta bör göras mycket långsamt, eftersom ingenting håller fast ventillyftarna när lagerbryggan lyfts bort – är man oförsiktig kan ventillyftarna falla ut. Låt inte ventillyftarna ramla ur så att de kan förväxlas, eftersom de måste sättas tillbaka på sina gamla platser.

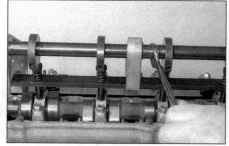

10.14 Använd en skruvnyckel för att vrida excenteraxeln och tryck på lageröverfallen

19 Lyft ut ventillyftarna ur topplocket när lagerbryggan har lyfts av. Märk ventillyftarna med var de ska sitta och förvara dem sedan stående i en ask med ren motorolja så att oljan i dem inte rinner ut.

20 Gör samma sak med den andra kamaxeln. Kom ihåg att märka ventillyftarna Insug respektive Avgas.

Kontroll

21 Rengör samtliga delar, inklusive lagerytorna i lagerbryggorna och lageröverfallen. Undersök delarna noga med avseende på slitage och skador. Leta särskilt efter repor och punktkorrosion på kamaxelns/kamaxlarnas lagerytor och lober. Undersök om ventilvipporna anliggningsytor verkar slitna eller skadade. Byt ut komponenterna om det behövs.

Montering

22 Har lagerbryggorna med de undre kamlagerhalvorna demonterats, kontrollera att lagerbryggornas och topplockets fogytor är rena. Kontrollera också att styrhylsorna för lagerbryggorna sitter på plats på pinnbultarna vid läget för lager nr 2 och 7 **(se bild)**.

23 Montera nu tillbaka lagerbryggorna och ventillyftarna.

24 Det enklaste sättet att montera dem är att sätta in ventillyftarna i lagerbryggan och sedan sätta tillbaka alltsammans som en enhet.

25 Olja in ventillyftarnas kontaktytor mot lagerbryggan (olja inte in ovansidan på lyftarna ännu) och sätt sedan in lyftarna på deras gamla platser i bryggan.

26 När lyftarna har satts på plats måste de hållas kvar i lagerbryggan så att de inte faller ut när enheten monteras på topplocket.

27 Håll kvar ventillyftarna i deras säten i lagerbryggan och sätt tillbaka lagerbryggan på topplocket. Observera att avgassidans lagerbrygga är märkt A, medan lagerbryggan på insugssidan är märkt E. Montera lagerbryggorna så att märkningarna hamnar vända mot varandra vid topplockets kamkedjeände.

⚠️ **Varning: Ventillyftarna utvidgas när de inte belastas av kamaxlarna och det tar lite tid att komprimera dem igen. Utförs återmonteringen av kamaxlarna alltför snabbt, finns det en risk att de expanderande ventillyftarna öppnar de stängda ventilerna så att ventilerna slår i kolvkronan om kolven står i ÖD.**

28 Minimera därför risken för kontakt mellan ventiler och kolv genom att vänta så länge som nedanstående tabell rekommenderar innan vevaxeln vrids tillbaka till ÖD-position:

Temperatur	Fördröjning
Rumstemperatur (20 °C)	4 minuter
10 °C till 20 °C	11 minuter
0 °C till 10 °C	30 minuter

10.22 Lagerbryggans styrstift (se pil) på topplockets pinnbult på lagerplats nr 2

29 Börja med att identifiera kamaxlarna så att de monteras på rätt plats. Insugskamaxelns har en trekantig främre fläns, medan avgaskamaxelns främre fläns är cirkelformad. Se till att vevaxeln fortfarande är vriden 30° moturs från ÖD-positionen.

30 Ställ kamaxlarna så att spetsarna på avgas- och insugskamaxelns främre lober pekar mot varandra. Observera också att den fyrkantiga ändflänsen i kamaxlarnas bakände ska vara ställd med de raka sidorna i exakt rätt vinkel mot topplockets ovanyta (kontrollera med en vinkelhake) och den borrhålsförsedda sidan på flänsen vänd uppåt. Mata in primärkamkedjan över änden på avgaskamaxeln när denna läggs på plats.

31 Sätt tillbaka lageröverfallen med hjälp av ID-märkningen. Avgaskamaxelns överfall är märkta A1 till A7 och insugskamaxelns överfall E1 till E7. Placera lageröverfallen på deras gamla platser, enligt anteckningarna som gjordes vid demonteringen.

32 Sätt samman BMW:s specialverktyg 11 3 260 och fäst det på topplocket som vid demonteringen.

⚠️ **Varning: Återigen, försök inte montera kamaxlarna utan hjälp av specialverktyget.**

33 Applicera tryck på de aktuella lageröverfallen genom att vrida verktygets excenteraxel med en U-nyckel.

34 Med lageröverfallen tryckbelastade monterar du tillbaka deras fästmuttrar och drar åt dem så mycket du kan för hand.

11.5 Skruva loss torxbultarna (se pilar) som håller fast sekundärkamkedjans styrning

35 Arbeta stegvis i diagonal ordningsföljd och dra åt lageröverfallens muttrar till angivet moment.

36 När lageröverfallens muttrar väl dragits åt, lossar du specialverktygets bultar.

37 Gör samma sak med den andra kamaxeln.

38 Sätt tillbaka tändstiften och skruva in ventilkåpans pinnbultar i topplocket.

39 Sätt tillbaka specialverktyget/mallen för kontroll av kamaxlarnas läge. Om det behövs, vrid kamaxlarna en smula med en nyckel mot de plana ytorna tills mallen går att passa in.

⚠️ **Varning: Läs varningen under punkt 27 innan du fortsätter.**

40 Vrid tillbaka vevaxeln 30° medurs till ÖD och sätt tillbaka låsverktyget i svänghjulet för att låsa vevaxeln.

41 Montera kamdreven och kamkedjorna enligt beskrivningen i avsnitt 7.

42 Montera VANOS-enheten enligt beskrivningen i avsnitt 9.

43 För att minimera risken att kolv och ventiler kolliderar när kamaxlarna återmonterats, bör du vänta enligt nedanstående tabell innan motorn dras runt:

Temperatur	Fördröjning
Rumstemperatur (20 °C)	10 minuter
10 °C till 20 °C	30 minuter
0 °C till 10 °C	75 minuter

11 Topplock – demontering och montering

Observera: *Använd nya topplocksbultar och en ny topplockspackning vid monteringen.*

Demontering

1 Töm kylsystemet enligt beskrivningen i kapitel 1.

2 Demontera insugs- och avgasgrenröret enligt beskrivningen i kapitel 4A.

3 Demontera kamaxlarna och ventillyftarna enligt beskrivningen i avsnitt 10.

4 Följ kablaget bakåt från kamaxelgivarna och koppla sedan loss givarnas anslutningskontakter. Skruva loss fästbultarna och ta bort givarna från topplocket.

5 Skruva loss de två torxskruvarna och ta bort sekundärkamkedjans styrning från topplocket **(se bild)**.

6 Skruva loss bultarna som fäster den nedre kamkedjekåpan vid topplocket.

7 Demontera termostaten enligt beskrivningen i kapitel 3.

8 Skruva loss de två bultarna och ta bort kylvätskeröret från topplockets insugssida. Behöver du komma åt bättre, så lossa anslutningsbulten och koppla loss VANOS-enhetens oljematningsrör från baksidan av

11.8 Skruva vid behov loss VANOS-oljematningsröret bakom oljefilterhuset (se pil)

11.24 Montera en ny topplockspackning

Montering

 Varning: Observera varningen i avsnitt 10 angående expanderande kamlyftare när kamaxlarna demonteras från topplocket.

21 För att minimera risken att kolv och ventiler kolliderar när kamaxlarna återmonterats, bör du vänta enligt nedanstående tabell innan topplocket sätts tillbaka:

Temperatur	Fördröjning
Rumstemperatur (20 °C)	4 minuter
10 °C till 20 °C	11 minuter
0 °C till 10 °C	30 minuter

22 Se till att fogytorna på motorblocket och topplocket är fullständigt rena, samt att topplocksbultarnas gängor är rena och torra och kan skruvas in och ut utan att kärva. Kontrollera att topplockets styrstift sitter på plats i motorblocket.

 Varning: För att undvika all risk för kontakt mellan kolvkronor och ventiler vid monteringen av topplocket, får ingen av kolvarna stå i ÖD. Innan du går vidare bör du, om det inte redan har gjorts, vrida vevaxeln så att kolv nr 1 står i ÖD (kontrollera att låsstången kan skjutas in i svänghjulet, ta sedan bort den) och sedan vrida vevaxeln ca 30° moturs med en nyckel eller hylsa mot navbulten till vevaxelns remskiva.

23 Stryk en tunn sträng med Drei Bond 1209 på det ställe där topplocket och ventilkåpan möts.
24 Lägg en ny topplockspackning på motorblocket och passa in den över styrstiften. Se till att den har rätt sida upp **(se bild)**. Observera att det finns packningar som är 0,3 mm tjockare än standard som ska användas om topplocket har maskinbearbetats (se kapitel 2C).
25 Sänk ner topplocket på motorblocket så att det hamnar över styrstiften.
26 Stryk ett tunt lager ren motorolja på gängorna och kontaktytorna mot brickorna och skruva sedan i de nya topplocksbultarna – med nya brickor där så behövs – och dra åt dem så hårt det går för hand. Se till att brickorna sitter var de ska i sina säten i topplocket. **Observera:** *Sätt inte brickor på bultar som ska sitta på platser där det redan finns en fångbricka i topplocket. Monteras ett nytt topplock (utan fångbrickor) så var noga med att sätta nya brickor på alla bultar.*
27 Dra åt bultarna i den ordning som visas och i de steg som anges i Specifikationer – dvs. dra först åt samtliga bultar till angivet moment för steg 1, dra därefter åt samtliga bultar till angivet moment för steg 2, och så vidare **(se bild)**.
28 Sätt tillbaka och dra åt bultarna som fäster den nedre kamkedjekåpan vid topplocket.
29 Sätt tillbaka sekundärkamkedjans styrning på topplocket och dra åt torxskruvarna ordentligt.

oljefilterhuset **(se bild)**. Ta loss oljerörets tätningsbrickor.
9 Koppla loss anslutningskontakterna från temperaturgivaren på vänster sida av topplocket.
10 Lossa topplocksbultarna stegvis och i omvänd ordningsföljd mot vid åtdragning **(se bild 11.27)**.
11 Ta bort topplocksbultarna och ta vara på brickorna. Observera att en del av brickorna kan vara fångbrickor som sitter fast i topplocket och alltså inte går att ta bort.
12 Vicka på topplocket så att det släpper från motorblocket och styrstiften. Bänd inte med något vasst föremål i skarven mellan topplocket och motorblocket, det kan skada packningsytorna.
13 Helst bör nu två medhjälpare hjälpa till med att lyfta av topplocket. Låt en av medhjälparna hålla upp kamkedjan, så att den inte är i vägen för topplocket och hela tiden hålls sträckt. Lyft sedan med hjälp av den andra medhjälparen av topplocket från motorblocket – försiktigt, topplocket är tungt. Mata in kamkedjan genom öppningen framtill på topplocket när du lyfter bort detta, och häng sedan upp kedjan i motorblocket med ståltråd.
14 Ta bort topplockspackningen.

Kontroll

15 Se kapitel 2C för närmare uppgifter om topplockets demontering och montering.

16 Fogytorna mellan topplocket och motorblocket måste vara noggrant rengjorda innan topplocket monteras. Använd en skrapa för att avlägsna alla spår av packning och sot. Rengör även kolvtopparna. Var särskilt försiktig med topplocket i aluminium, den mjuka metallen skadas lätt. Se till att det inte kan komma in något skräp i olje- och vattenkanalerna. Försegla vattenkanaler, oljekanaler och bulthål i motorblocket med tejp och papper. Lägg lite fett i springan mellan kolvarna och loppen för att hindra sot från att tränga in. För varje kolv som rengjorts, vrid vevaxeln så att kolven rör sig **nedåt** i loppet och torka ur fettet och sotet med en trasa.
17 Leta efter hack, djupa repor och andra skador i motorblockets/topplockets fogyta. Är de små, kan de försiktigt filas bort från motorblocket. Allvarligare skador kan eventuellt slipas bort, men detta är ett jobb för specialister.
18 Misstänker du att topplocket är skevt, kan du kontrollera detta med en stållinjal enligt beskrivningen i kapitel 2C.
19 Rengör bulthålen i motorblocket med piprensare, eller med en tunn trasa och skruvmejsel. Se till att de töms fullständigt på olja och vatten, annars finns det risk för att motorblocket spräcks av det hydrauliska trycket när bultarna dras åt.
20 Undersök om det finns skador på bultarnas gängor eller på gängorna i motorblocket. Rensa vid behov gängorna i motorblocket med en gängtapp i rätt storlek.

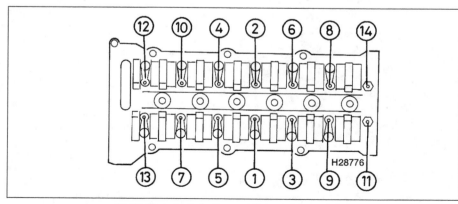

11.27 Topplocksbultarnas åtdragningsordning

30 Montera kamaxlarna och ventillyftarna enligt beskrivningen i avsnitt 10.

31 Vrid vevaxeln 30° medurs, tillbaka till ÖD, och sätt tillbaka låsstången i svänghjulet för att låsa vevaxeln.

32 Resten av monteringen utförs i omvänd ordning mot demonteringen. Avsluta med att fylla på kylsystemet enligt beskrivningen i kapitel 1.

12 Sump –
demontering och montering

Observera: *Vid monteringen kommer du att behöva en ny packning till sumpen och/eller en ny tätning till oljestickans rör, samt lämpligt tätningsmedel.*

Demontering

1 Skruva loss skruvarna, ta bort motorns undre skyddskåpa och tappa av motoroljan, se kapitel 1.

2 *Dra åt handbromsen, lyft upp framvagnen och ställ den på pallbockar (se* Lyftning och stödpunkter).

3 Lossa bultarna och ta bort den främre förstärkningsramen/plattan från motorns undersida **(se bild)**. Kasta bultarna, du måste sätta dit nya.

4 Skruva loss fästbultarna och/eller muttrarna och ta bort generatorns luftkanal från framvagnen.

5 Ta bort luftrenaren enligt beskrivningen i kapitel 4A.

6 För att ta bort sumpen måste du sänka främre tvärbalken och följaktligen lyfta upp motorn. Sätt en lyftanordning eller kran på plats och anslut lyftkedjorna till öglan på topplockets främre del. Ta upp motorns tyngd med domkraften.

7 På modeller med automatväxellåda, koppla loss oljerören från växellådans oljetråg. Var beredd på att det rinner ut vätska.

8 Skruva loss fästbulten, koppla loss oljereturslangen från oljeavskiljaren och dra ut oljestickans styrhylsa och returslang **(se bild)**. Kasta O-ringstätningen eftersom en ny måste monteras.

9 Se till att ratten är riktad rakt framåt och aktivera rattlåset. Gör inställningsmarkeringar mellan flänsen på rattstångens fogyta och kuggstångens drev, skruva sedan loss klämbulten och dra knuten från drevet. Se till att varken ratten eller hjulen flyttas så länge rattstången är skild från ställningen **(se bild)**.

10 Demontera drivremmen enligt beskrivningen i kapitel 1.

11 Skruva loss staget från pumpens baksida, skruva sedan loss pumpens fästbygel från generatorns fästbygel, flytta pumpen åt ena sidan där den inte är i vägen för motorn och låt vätskerören förbli anslutna. Se till att

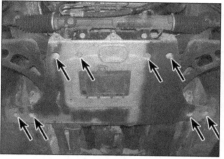

12.3 Skruva loss bultarna (se pilar) och ta bort förstärkningsplattan/ramen under motorn

pumpen har tillräckligt stöd och var försiktig så att inte vätskerören utsätts för påfrestningar.

12 Skruva loss muttrarna som fäster det högra och vänstra motorfästet vid kryssrambalken. Använd motorlyft eller kran och lyft motorn ca 10 till 15 mm, se till att topplockets baksida inte krossar eller låser fast bromsrören längs motorrummets mellanvägg.

13 Lossa alla eventuella rör, slangar och/eller kablage från motorfästbygeln och sumpen.

14 Skruva loss bultarna och koppla loss fästbyglarna till främre vänstra och högra länkarmen från chassits stödben **(se bild)**.

15 Skruva loss krängningshämmarens klämskruvar – se kapitel 10 om det behövs.

16 Ta bort bultarna mellan tvärbalken och chassit och sänk tvärbalken med stöd av en

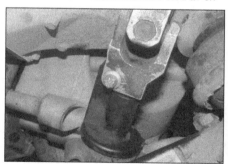

12.9 Skruva loss klämbulten och dra knuten från drevet

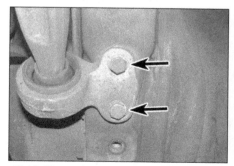

12.16 Skruva loss bultarna mellan chassit och tvärbalkarna på båda sidorna (se pilar)

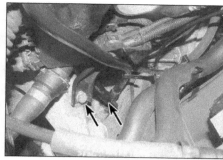

12.8 Oljestickans styrhylsa, oljereturslangen och fästbygelns bult (se pilar)

garagedomkraft. Var försiktig så att inte slangarna till servostyrningen skadas **(se bild)**. Om gummidämpningsblock är monterat ska det demonteras från sin plats mellan tvärbalken och sumpen.

17 Arbeta under bilen, skruva stegvis loss och ta bort alla fästbultar till sumpen. Observera att du kommer åt sumpens bakre fästbultar genom hålen i växellådans svänghjulskåpa **(se bild)**. Det tre nedre bultarna mellan växellådan och motorn måste också lossas, eftersom de skruvas in i sumpen.

18 Sänk ner sumpen på marken.

19 Ta bort sumpens packning.

Montering

20 Börja med att rengöra sumpens och motorblockets fogytor noga.

12.14 Skruva loss bultarna mellan länkarmen och chassit på båda sidorna

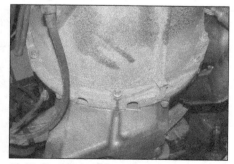

12.17 Du kommer åt sumpens bakre bultar genom skårorna i växellådshuset

12.21 Stryk tätningsmedel på det område där packboxhusets bakdel och den främre kamkedjekåpan ansluter mot topplocket

21 Stryk ett tunt lager tätningsmedel av typen Drei Bond 1209 på de ytor där vevaxelns bakre packboxhus och främre kamkedjehuset ansluter mot motorblocket **(se bild)**.
22 Sätt packningen på plats på sumpflänsen.
23 Passa in sumpen på motorblocket, se till att packningen sitter kvar och sätt tillbaka sumpens fästbultar och dra åt dem med fingerkraft på det här stadiet.
24 Dra stegvis åt bultarna mellan sumpen och motorblocket till angivet moment.
25 Dra åt bultarna mellan sumpen, växellådan och motorn till angivet moment.
26 Den fortsatta återmonteringen utförs i motsatt ordning mot demontering. Tänk på följande:
a) När du lyfter upp tvärbalken i läge, se till att inga rör, slangar och/eller kablage kommer i kläm.
b) Byt tvärbalkens och förstärkningsramens/ plattans bultar.

c) Dra åt muttrarna till motorfästet ordentligt.
d) Sätt tillbaka drivremmen och spänn den enligt beskrivningen i kapitel 1.
e) Byt O-ringstätningen vid återmontering av oljestickans rör.
f) Avsluta med att fylla på olja i motorn enligt beskrivningen i kapitel 1.
g) På modeller med automatväxellåda, kontrollera växellådans oljenivå enligt beskrivningen i kapitel 7B.

13 Oljepump och drivkedja – demontering, kontroll och montering

Oljepump

Observera: En ny O-ring till oljeupptagarröret, en ny O-ring och en ny låsring till avlastningsventilens fjäderbricka krävs vid återmonteringen.

Demontering och montering

1 Demontera sumpen enligt beskrivningen i avsnitt 12.
2 Skruva loss muttern som håller fast drevet i oljepumpsaxeln. Observera att muttern är vänstergängad **(se bild)**.
3 Dra drevet och kedjan från oljepumpsaxeln.
4 På modeller där pumpen är inbyggd i sumpens skvalpplåt, skruva loss bultarna och ta bort hela plattan med pumpen och upptagarröret.
5 På modeller där pumpen är skild från

skvalpplåten, skruva loss de två bultarna som håller fast upptagarröret i skvalpplåten och bulten som håller fast röret i pumpen **(se bild)**. Ta bort röret.
6 Skruva loss de fyra bultarna och ta bort oljepumpen **(se bild)**.

Kontroll

7 Skruva loss kåpan på pumpens framsida **(se bild)**.
8 Ta bort drivaxeln/rotorn och den yttre rotorn från pumphuset.
9 Kontrollera om det finns spår av repor, slitage eller sprickor på pumpkroppen, rotorerna och kåpan. Om det finns tydliga spår av slitage eller skador, montera nya rotorer eller byt hela pumpen, beroende på skadans omfattning. Observera att det kan vara bra att byta ut hela pumpen som en enhet.
10 Montera rotorerna i pumphuset, mät sedan spelet mellan den yttre rotorn och pumphuset. Mät med hjälp av bladmåttet och en stållinjal spelet (axialspelet) mellan var och en av rotorerna och oljepumpskåpans fogyta **(se bilder)**. Jämför måtten med värdena som anges i Specifikationer och byt vid behov ut nötta komponenter eller byt hela pumpen som en enhet.
11 För att ta bort övertrycksventilens komponenter, tryck försiktigt in ventilen i kåpan med ett metallverktyg, dra sedan ut låsringen från kåpans ovansida med en låsringstång **(se bild)**.

⚠ **Varning: Avlastningsventilen har en stark fjäder. Var försiktig när du tar bort låsringen.**

13.2 Skruva loss fästmuttern på olje-pumpens drev – den är vänstergängad

13.5 Skruva loss bultarna på oljeupptagarröret (se pilar)

13.6 Skruva loss de 4 bultarna (se pilar) och ta bort oljepumpen

13.7 Ta bort kåpan från oljepumpen

13.10a Mät spelet mellan oljepumpens yttre rotor och pumphuset . . .

13.10b . . . samt rotorns axialspel

12 Ta bort fjäderbrickan, fjädern och kolven från avlastningsventilens kåpa **(se bilder)**.
13 Montera en ny O-ringstätning ovanpå avlastningsventilens fjäderbricka, montera sedan tillbaka komponenterna på kåpan i omvänd ordning mot demonteringen. Var försiktig så att du inte skadar fjäderbrickans yta vid monteringen och fäst komponenterna med en ny O-ring.
14 Montera rotorerna på pumphuset, montera sedan kåpan på pumpen. Se till att styrstiften sitter där de ska på pumpkåpan. Sätt tillbaka kåpan och dra åt bultarna till angivet moment.
15 Återstoden av monteringen utförs i omvänd ordning mot demonteringen. Tänk på följande:
a) *I förekommande fall, byt ut oljeupptagar-slangens O-ringstätning.*
b) *Dra åt oljepumpsdrevets fästmutter (vänstergängad) till angivet moment.*

Oljepumpens drivkedja

Demontering
16 Demontera primärkamkedjan enligt beskrivningen i avsnitt 7.
17 Ta bort kedjan från vevaxeldrevet.

Kontroll
18 Fortsätt med sekundärkamkedjan enligt beskrivningen i avsnitt 7.

Montering
19 Montera kedjan i vevaxeldrevet och montera sedan tillbaka primärkamkedjan enligt beskrivningen i avsnitt 7.

14 Packboxar – byte

Vevaxelns främre packbox
1 Detta arbete ingår som en del av demontering och montering av den nedre kamkedjekåpan som beskrivs i avsnitt 6.

Vevaxelns bakre packbox
Observera: *En ny tätning till packboxhuset krävs vid återmonteringen.*
2 Demontera svänghjulet/drivplattan enligt beskrivningen i avsnitt 15.
3 Arbeta i nedre delen av packboxhuset, skruva loss bultarna som håller fast sumpens baksida i huset.
4 Skruva loss de fyra bultar som håller fast packboxhuset på motorblocket.
5 Om huset sitter fast i sumppackningen, stick in ett tunt, vasst blad mellan huset och sumpens packning. Var noga med att inte skada sumppackningen.
6 Ta bort huset från motorblocket. Om huset sitter fast, knacka försiktigt på det med en mjuk klubba. Bänd inte med något föremål mellan huset och motorblocket eftersom det kan skada packningsytorna.

13.11 Dra ut låsringen . . .

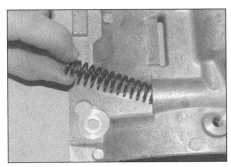
13.12b . . . fjädern . . .

7 Ta bort packningen.
8 Rengör noggrant så att alla spår av packning och tätningsmedel försvinner från packboxhusets och motorblockets fogytor. Var noga med att inte skada sumppackningen. Om sumppackningen har skadats vid demonteringen bör du montera en ny enligt beskrivningen i avsnitt 12.
9 Stötta upp packboxhuset på träklossar och knacka loss packboxen från husets baksida med hammare och drivdorn.
10 Rengör packboxens fogytor i huset.
11 Från april 1998 monteras en ny typ av packbox. Den nya typen känns igen på att den saknar spännfjäder. Denna packbox får bara monteras med hjälp av tätningsskydd (följer med tätningen). Låt tätningsskyddet som är monterat mitt i packboxen sitta kvar på det här stadiet. Rör inte tätningsläppen med fingrarna eftersom den är väldigt känslig och inte får veckas. Sätt försiktigt in den på plats i huset. Använd antingen ett stort rör med rätt diameter eller en träkloss så att du inte skadar tätningen **(se bild)**.
12 Se till att styrstiften sitter som de ska baktill på motorblocket, placera sedan en ny tätning till packboxhuset över stiften.
13 Passa försiktigt in huset på motorblocket genom att låta packboxens tätningsskydd glida över vevaxelns fläns och tryck packboxen och huset på plats. Var försiktig så att du inte skadar packboxens tätningsläppar.
14 Montera bultarna mellan huset och motorblocket och mellan sumpen och huset och dra försiktigt åt dem för hand.

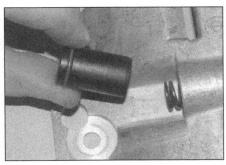
13.12a . . . och ta bort oljetrycksventilens fjäderbricka . . .

13.12c . . . och kolven

15 Dra åt bultarna mellan huset och motorblocket till angivet moment och dra sedan åt bultarna mellan sumpen och huset till angivet moment.
16 Montera svänghjulet/drivplattan enligt beskrivningen i avsnitt 15.

Kamaxelns packboxar
17 Kamaxelns packboxar är inte monterade. Som tätning fungerar ventilkåpans packning och kamkedjekåpans packningar.

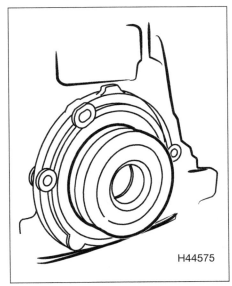
H44575
14.11 Låt tätningsskyddet sitta kvar mitt i tätningen och driv den på plats

15.3 Verktyg som används för att låsa fast svänghjulet när svänghjulsbultarna skruvas loss

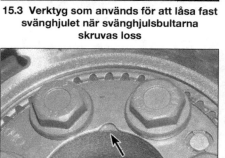

15.7 Hacket (se pil) visar läget för styrstiftets isättningshål

15 Svänghjul/drivplatta – demontering och montering

Observera: *Nya fästbultar till svänghjulet/drivplattan krävs vid återmonteringen och även gänglåsning kan behövas.*

Demontering

1 Ta loss den manuella växellådan enligt beskrivningen i kapitel 7A eller automat-växellådan enligt beskrivningen i kapitel 7B, efter tillämplighet.
2 På modeller med manuell växellåda, ta bort kopplingen enligt beskrivningen i kapitel 6.
3 När bultarna skruvas loss måste svänghjulet/drivplattan låsas i läge. Det kan du göra genom att skruva fast ett verktyg som griper

16.1 Vevaxelns tapplager (se pil)

15.6 Se till att plattan mellan motorn och växellådan sitter rätt

15.8 Stryk ett lager gänglåsningsmedel på bultgängorna om de inte redan är har det (6-cylindriga motorer)

in i startkransen vid motorblocket. Använd en av bultarna som fäster motorn vid växellådan **(se bild)**.
4 Skruva loss fästbultarna stegvis och ta sedan bort svänghjulet/drivplattan från vev-axeln. Observera att svänghjulet/drivplattan ska sitta på styrstift.

> ⚠️ **Varning: Var försiktig, enheten svänghjul/drivplatta är tung.**

5 Ta loss plattan mellan motorn och växel-lådan (om sådan finns) och lägg märke plattans riktning.

Montering

6 Montera plattan mellan motorn och växel-lådan (om sådan finns) och se till att den placeras rätt på styrstiftet/styrstiften **(se bild)**.
7 Montera svänghjulet/drivplattan på vev-

16.6 Använd smörjfett och en stång som passar precis för att dra ut tapplagret

axelns ände och se till att styrstiftet hakar i. Observera att på tvåmassesvänghjul anges styrstiftets läge med en eller två hack i hjulet intill det aktuella isättningshålet **(se bild)**.
8 På 6-cylindriga motorer, undersök de nya fästbultarnas gängor. Om gängorna inte redan är bestrukna med ett lager gäng-låsningsmedel bör du stryka på ett lager och sedan sätta tillbaka bultarna **(se bild)**. På 4-cylindriga motorer monteras de nya bultarna utan gänglåsning.
9 Dra stegvis åt bultarna i diagonal ord-ningsföljd till angivet moment. Håll emot svänghjulet/drivplattan genom att backa verk-tyget som användes vid demontering.
10 Sätt i förekommande fall tillbaka kopp-lingen enligt beskrivningen i kapitel 6.
11 Montera den manuella växellådan eller automatväxellådan enligt beskrivningen i kapitel 7A respektive 7B, efter tillämplighet.

16 Vevaxelns tapplager – byte

1 På modeller med manuell växellåda är en kullagerenhet monterad på vevaxelns ände som stöd åt växellådans ingående axel **(se bild)**.
2 Du byter lager så här.
3 Demontera svänghjulet enligt beskrivningen i avsnitt 15.
4 Fyll utrymmet bakom och lagrets centrumhål med smörjolja av universaltyp.
5 Placera ett metallstift eller en bult i ingången till lagerhålet. Stiftets/bultens diameter bör vara aningen mindre än lagerhålets.
6 Slå flera gånger med en hammare på stiftet/bulten **(se bild)**. Slagen mot stiftet/bulten gör att smörjfettet komprimeras och att lagret tvingas ur sitt läge. Fortsätt tills lagret är demonterat.
7 Rengör noggrant lagerhuset i vevaxelns ände.
8 Knacka in det nya lagret på plats ända till stoppet med hjälp av ett rör eller en hylsnyckel på den yttre lagerbanan.
9 Montera svänghjulet enligt beskrivningen i avsnitt 15.

17 Motorns/växellådans fästen – kontroll och byte

Kontroll

1 Två motorfästen används, ett på vardera sidan av motorn.
2 Om du behöver komma åt bättre, lyft upp framvagnen och stötta den ordentligt på pallbockar (se *Lyftning och stödpunkter*).
3 Kontrollera gummifästet för att se om det har spruckit, hårdnat eller släppt från metallen någonstans. Byt fästet vid sådana tecken på skador eller åldrande.

17.7a Skruva loss motorfästbygeln från motorblocket

4 Kontrollera att fästenas hållare är hårt åtdragna.

5 Använd en stor skruvmejsel eller ett bräckjärn och leta efter slitage i fästet genom att försiktigt försöka bända det för att leta efter fritt spel. Där detta inte är möjligt, låt en medhjälpare vicka på motorn/växellådan framåt/bakåt och i sidled, medan du granskar fästet. Ett visst spel är att vänta även från nya delar medan ett större slitage märks tydligt. spel Om för stort spel förekommer, kontrollera först att hållarna är tillräckligt åtdragna, och byt sedan vid behov slitna komponenter.

Byte

6 Stötta motorn antingen med en lyft och talja anslutna till motorlyftfästbyglarna (se *Motor – demontering och montering* i del C av detta kapitel), eller genom att placera en domkraft och även stoppa in en träkloss under sumpen. Se till att motorn har tillräckligt stöd innan du fortsätter.

7 Skruva loss muttrarna som håller fast vänster och höger motorfästbygel på gummi-

fästena, skruva sedan loss fästbyglarna från motorblocket och ta bort fästena. Koppla loss motorns jordledningar från fästena **(se bilder).**

8 Skruva loss muttrarna som håller fast fästena i karossen, ta sedan bort fästena.

9 Monteringen utförs i omvänd ordning mot demonteringen men se till att metallskyddsplattorna sitter där de ska på fästena och dra åt alla fästen ordentligt.

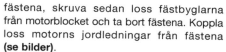

18 Oljetryck, nivå- och temperaturkontakter – demontering och montering

Oljetryckskontakt

1 Skruva loss oljefilterkåpan. Detta gör att oljan i filtret kan rinna tillbaka till sumpen, vilket minskar oljespillet vid byte av kontakten.

2 Ta bort luftfilterhuset enligt beskrivningen i kapitel 4A.

3 Koppla loss anslutningskontakten och skruva loss oljetryckskontakten från oljefilterhusets botten **(se bild).**

4 Montera den nya kontakten och dra åt till angivet moment.

5 *Montera luftfilterhuset och oljefilterkåpan. Kontrollera oljenivån enligt beskrivningen i Veckokontroller.*

Oljenivåkontakt

6 Tappa av motoroljan enligt beskrivningen i kapitel 1.

7 Skruva loss skruvarna och ta bort motorns undre skyddskåpa.

8 Koppla loss anslutningskontakten, skruva

17.7b En jordningsledning monteras till motorns högra fästbygel

loss de tre fästmuttrarna och ta bort nivåkontakten **(se bild).**

9 Se till att fogytorna mellan sump och kontakt är rena.

10 Montera oljenivåkontakten med en ny tätning och dra åt fästmuttrarna ordentligt.

11 Sätt tillbaka motorns undre skyddskåpa och fyll på ny motorolja enligt beskrivningen i kapitel 1.

Oljetemperaturkontakt

12 Skruva loss oljefilterkåpan. Detta gör att oljan i filtret kan rinna tillbaka till sumpen, vilket minskar oljespillet vid byte av kontakten.

13 Ta bort luftfilterhuset enligt beskrivningen i kapitel 4A.

14 Koppla loss anslutningskontakten och skruva loss oljetryckskontakten från oljefilterhusets botten **(se bild).**

15 Montera den nya kontakten och dra åt till angivet moment.

16 Montera luftfilterhuset och oljefilterkåpan. Kontrollera oljenivån enligt beskrivningen i *Veckokontroller.*

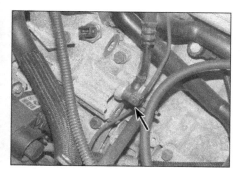

18.3 Koppla loss anslutningskontakten från oljetryckskontakten (se pil)

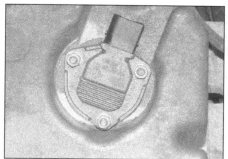

18.8 Oljenivåkontakten sitter fast med tre muttrar

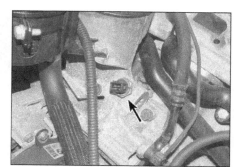

18.14 Koppla loss anslutningskontakten från oljetryckskontakten (se pil)

Anteckningar

Kapitel 2 Del C:
Allmän motorrenovering

Innehåll

Svårighetsgrad

Enkelt, passar novisen med lite erfarenhet	**Ganska enkelt,** passar nybörjaren med viss erfarenhet	**Ganska svårt,** passar kompetent hemmamekaniker	**Svårt,** passar hemmamekaniker med erfarenhet	**Mycket svårt,** för professionell mekaniker

Specifikationer

Topplock

Max. förändring av packningsyta	0,050 mm
Ny topplockshöjd:	
4-cylindriga M43TU-motorer	141,00 mm
4-cylindriga N-42 och N46-motorer	143,30 mm
6-cylindriga motorer	140,00 mm
Minsta topplockshöjd efter bearbetning:	
4-cylindriga M43TU-motorer	140,55 mm
4-cylindriga N-42 och N46-motorer	143,00 mm
6-cylindriga motorer	139,70 mm

Ventiler

	Insug	Avgas
Ventilhuvuddiameter:		
M43TU-motorer	41,40 mm	35,60 mm
N42-motorer	31,50 mm	28,40 mm
N46-motorer	32,00 mm	29,00 mm
6-cylindriga motorer:		
Alla utom M54 2,2 liter	33,00 mm	30,50 mm
M54 2,2 liter	30,00 mm	27,00 mm

Maximal ventilrörelse från sida till sida i styrningen
(uppmätt vid ventilhuvudet med ventilskaftets
ovansida jäms med styrningen) . . . . 0,50 mm

Motorblock

Cylinderloppsdiameter:
M43TU-motorer . . . . 85,00 mm (nominellt)
N-42 och N46-motorer . . . . 84,00 mm (nominellt)
M52 TU-motorer . . . . 84,00 mm (nominellt)
M54-motorer:
    Alla utom 2,2 liter . . . . 84,00 mm (nominellt)
    2,2 liter . . . . 80,00 mm (nominellt)
Max. ovalitet, cylinderlopp . . . . 0,010 mm
Max. gängtapp, cylinderlopp . . . . 0,010 mm

Kolvar

Kolvdiameter:
4-cylindriga M43TU-motorer . . . . 84,985 mm (nominellt) 0,25 mm och 0,50 mm överstorlek finns
4-cylindriga N42 och N46-motorer . . . . 83,996 mm (nominellt) 0,25 mm överstorlek finns
6-cylindriga M52 TU-motorer . . . . 83,980 mm (nominellt) 0,25 mm överstorlek finns
6-cylindriga M54-motorer:
    Alla utom 2,2 liter . . . . 83,995 mm (nominellt) 0,25 mm överstorlek finns
    2,2 liter . . . . 79,980 mm (nominellt) 0,25 mm överstorlek finns
Spel mellan kolv och cylinderlopp . . . . 0,010 till 0,047 mm
Max. spel mellan kolv och cylindervägg . . . . 0,150 mm

Vevstakar

Max. viktskillnad mellan två vevstakar . . . . 4,000 g

Vevaxel

Axialspel:
Alla motorer utom N46 . . . . 0,080 till 0,163 mm
N46-motorer . . . . 0,060 till 0,250 mm

Kolvringar

Ändgap:
4-cylindriga M43TU-motorer:
    Övre kompressionsring . . . . 0,20 till 1,0 mm
    Nedre kompressionsring . . . . 0,20 till 1,0 mm
    Oljeskrapring . . . . Ingen uppgift
4-cylindriga N42 och N46-motorer:
    Övre kompressionsring . . . . 0,10 till 0,30 mm
    Nedre kompressionsring . . . . 0,20 till 0,40 mm
    Oljeskrapring . . . . 0,40 till 1,40 mm
6-cylindriga M52 TU-motorer:
    Övre kompressionsring . . . . 0,10 till 0,30 mm
    Nedre kompressionsring . . . . 0,20 till 0,40 mm
    Oljeskrapring . . . . 0,25 till 0,50 mm
6-cylindriga M54-motorer:
    Alla utom 2,2 liter:
        Övre kompressionsring . . . . 0,20 till 0,40 mm
        Nedre kompressionsring . . . . 0,20 till 0,40 mm
        Oljeskrapring . . . . 0,20 till 0,45 mm
    2,2 liter:
        Övre kompressionsring . . . . 0,10 till 0,30 mm
        Nedre kompressionsring . . . . 0,20 till 0,40 mm
        Oljeskrapring . . . . 0,25 till 0,50 mm

Åtdragningsmoment

4-cylindriga motorer . . . . se kapitel 2A Specifikationer
6-cylindriga motorer . . . . se kapitel 2B Specifikationer

1 Allmän information

Denna del av kapitel 2 innehåller information om demontering av motorn/växellådan, renovering av topplock, motorblock/vevhus samt övriga komponenter i motorn.

Informationen sträcker sig från råd angående förberedelser inför renovering och inköp av nya delar till detaljerade beskrivningar steg-för-steg av hur man demonterar, kontrollerar, renoverar och monterar motorns inre komponenter.

Från och med avsnitt 5 bygger alla instruktioner på att motorn har tagits bort från bilen. Mer information om reparationer med motorn monterad, liksom demontering och montering av de externa komponenter som är nödvändiga vid fullständig renovering, finns i del A eller B i det här kapitlet och i avsnitt 5. Hoppa över de instruktioner om isärtagning i del A eller B som är överflödiga när motorn demonterats från bilen.

Förutom åtdragningsmomenten, som anges i början av del A eller B, anges alla specifikationer för motoröversyn i början av denna del av kapitel 2.

2 Motorrenovering – allmän information

1 Det är inte alltid lätt att bestämma när, eller om, en motor ska totalrenoveras eftersom ett antal faktorer måste tas med i beräkningen.
2 En lång körsträcka är inte nödvändigtvis ett tecken på att bilen behöver renoveras, lika lite som att en kort körsträcka garanterar att det inte behövs någon översyn. Förmodligen är servicefrekvensen den viktigaste faktorn. En motor som har fått regelbundna olje- och filterbyten och annat nödvändigt underhåll bör gå bra i flera tusen mil. En vanskött motor kan däremot behöva en översyn redan på ett tidigt stadium.
3 Onormalt stor oljeåtgång är ett symptom på att kolvringar, ventiltätningar och/eller ventilstyrningar behöver åtgärdas. Kontrollera att oljeåtgången inte beror på oljeläckage innan du drar slutsatsen att ringarna och/eller styrningarna är slitna. Utför ett kompressionsprov, enligt beskrivningen i del A eller B i detta kapitel (efter tillämplighet), för att bestämma den troliga orsaken till problemet.
4 Kontrollera oljetrycket med en mätare som monteras på platsen för oljetryckskontakten och jämför med det angivna värdet. Om trycket är mycket lågt är troligen ram- och vevstakslagren och/eller oljepumpen utslitna. Det är bra att byta oljepumpen om man ändå renoverar motorn.
5 Minskad motorstyrka, hackig körning, knackningar eller metalliska motorljud, kraftigt ventilregleringsljud och hög bensinkonsumtion är

också tecken på att en översyn kan behövas, i synnerhet om dessa symptom visar sig samtidigt. Om en grundlig service inte hjälper, kan en större mekanisk genomgång vara den enda lösningen.
6 En fullständig motorrenovering innebär att alla interna delar återställs till de specifikationer som gäller för en ny motor. Vid en fullständig översyn byts kolvarna och kolvringarna och cylinderloppen renoveras. Nya ram- och vevlager brukar monteras. Om det behövs kan vevaxeln slipas om för att kompensera för slitage i axeltapparna. Även ventilerna måste gås igenom, eftersom de vid det här laget sällan är i perfekt kondition. Lägg alltid noga märke till oljepumpens skick vid renovering av motorn och byt den om du inte är säker på att den fungerar som den ska. Slutresultatet bör bli en motor som kan gå många problemfria mil.
7 Viktiga delar i kylsystemet, t.ex. slangar, termostat och vattenpump, ska också gås igenom i samband med att motorn renoveras. Kylaren ska också kontrolleras noggrant så att den inte är tilltäppt eller läcker.
8 Innan du påbörjar renoveringen av motorn bör du läsa igenom hela beskrivningen för att bli bekant med omfattningen och förutsättningarna för arbetet. Det är inte svårt att renovera en motor om du följer alla instruktioner noggrant, har tillgång till de verktyg och den utrustning som krävs, och är uppmärksam på alla specifikationer. Arbetet kan emellertid vara tidskrävande. Du får räkna med att bilen inte går att köra på minst två veckor, framförallt om du måste lämna in delar till en verkstad för reparation eller renovering. Kontrollera att det finns reservdelar tillgängliga och att alla nödvändiga specialverktyg och utrustning kan erhållas i förväg. Större delen av arbetet kan utföras med vanliga handverktyg, även om ett antal precisionsmätverktyg krävs för att avgöra om delar måste bytas ut. Verkstaden undersöker oftast delarna och ger råd angående renovering och byte.
9 Vänta alltid tills motorn är helt demonterad och tills alla delar (speciellt motorblocket/vevhuset och vevaxeln) har inspekterats, innan du fattar beslut om vilka service- och reparationsåtgärder som måste överlåtas till en verkstad. Skicket på dessa komponenter är avgörande för beslutet att renovera den gamla motorn eller att köpa en färdigrenoverad motor. Köp därför inga delar och utför inte heller något renoveringsarbete på andra delar, förrän dessa komponenter noggrant har inspekterats. Generellt sett är tiden den största utgiften vid en renovering, så det lönar sig inte att betala för att sätta in slitna eller undermåliga delar.
10 Kom slutligen ihåg att den renoverade motorn kommer att få längsta möjliga livslängd med minsta möjliga problem om monteringen utförs omsorgsfullt i en absolut ren miljö.

3 Motordemontering – metoder och föreskrifter

1 Om motorn måste demonteras för översyn eller omfattande reparationsarbeten ska flera förebyggande åtgärder vidtas.
2 Det är mycket viktigt att ha tillgång till en lämplig arbetsplats. Det krävs ett tillräckligt stort arbetsutrymme och plats för att förvara bilen. Om en verkstad eller ett garage inte finns tillgängligt krävs åtminstone en fast, plan och ren arbetsyta.
3 Om motorrummet och motorn/växellådan rengörs innan motorn demonteras blir det lättare att hålla verktygen rena och i ordning.
4 Det behövs även en motorlyft eller en A-ram. Kontrollera att utrustningen är gjord för att klara större vikt än motorns vikt. Säkerheten är av högsta vikt, det är ett riskabelt arbete att lyfta ut motorn/växellådan ur bilen.
5 Om det är första gången du tar bort en motor ska du helst ha en medhjälpare med dig. Råd och hjälp från en mer erfaren person är också bra. Många moment under arbetet med att lyfta ut motorn ur bilen kan inte utföras på ett säkert sätt av bara en person.
6 Planera arbetet i förväg. Skaffa alla verktyg och all utrustning som behövs innan arbetet påbörjas. Några av de verktyg (förutom en motorlyft) som behövs för att kunna demontera och installera motorn/växellådan på ett säkert och relativt enkelt sätt är följande: en garagedomkraft – anpassad till en högre vikt än motorns – en komplett uppsättning nycklar och hylsor enligt beskrivningen i slutet av handboken (se *Verktyg och arbetsutrymmen*), träklossar och en mängd trasor och rengöringsmedel för att torka upp spill av olja, kylvätska och bränsle. Se till att du är ute i god tid om motorhissen måste hyras, och utför alla arbeten som går att göra utan den i förväg. Det sparar både pengar och tid.
7 Räkna med att bilen inte kan köras under en längre tid. Vissa av uppgifterna måste utföras av en professionell verkstad, som har tillgång till den specialutrustning som krävs. Verkstäder är ofta fullbokade, så det är lämpligt att fråga hur lång tid som kommer att behövas för att renovera eller reparera de komponenter som ska åtgärdas redan innan motorn demonteras.
8 Var alltid mycket försiktig vid demontering och montering av motorn/växellådan. Slarv kan leda till allvarliga skador. Planera i förväg och låt arbetet få ta den tid som behövs, då kan även omfattande arbeten utföras framgångsrikt.
9 På alla modeller tas motorn bort genom att man först tar bort växellådan och sedan lyfter ut motorn från bilens ovansida.

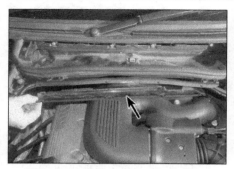

4.11a Lossa klämmorna för att lossa kabelkanalen (se pil)

4.11b Skruva loss skruvarna (se pilar) och ta bort insugskanalerna

från arbetsområdet, enligt beskrivningen i kapitel 3.

⚠️ *Varning: Koppla inte loss kylmedierören – se kapitel 3 för information om de föreskrifter som ska följas.*

4 Motor – demontering och montering

Observera: *Detta är en komplicerad uppgift. Läs igenom anvisningarna noggrant innan du börjar, och se till att du har tillgång till de lyftverktyg och den domkrafts-/stödutrustning som behövs. Gör anteckningar vid isärtagningen för att säkerställa att alla kablage/slangar och fästbyglar sätts tillbaka på rätt plats och dras rätt vid återmonteringen.*

Demontering

1 Ta bort motorhuven enligt beskrivningen i kapitel 11.
2 Tryckutjämna bränslesystemet enligt beskrivningen i avsnitt 4A och koppla sedan loss batteriets minusledare (se kapitel 5A).
3 Töm kylsystemet enligt kapitel 1.
4 Tappa av motoroljan, se kapitel 1.
5 Ta bort den manuella växellådan (kapitel 7A) eller automatväxellådan (kapitel 7B), efter tillämplighet.
6 Om du inte har tillgång till en lyft som kan lyfta ut motorn över bilens främre del när bilen är upphissad, måste du nu ta bort pallbockarna och sänka ner bilen. Se till att motorn har tillräckligt med stöd under nedsänkningen.
7 För att förbättra åtkomsten och arbetsutrymmet, stötta motorn tillfälligt från sumpens undersida med en garagedomkraft och en mellanliggande träkloss. Koppla sedan loss och ta bort lyften och lyftverktyget som har använts för att stötta motorn under demonteringen av motorn.

4.13 Servostyrningsvätskans behållare är fäst med 2 muttrar

⚠️ *Varning: Kontrollera att motorn är ordentligt stöttad av domkraften innan du kopplar loss lyftverktyget.*

8 Ta bort kylaren (se kapitel 3).
9 PÅ 4-cylindriga M43TU-motorn, ta bort tändspolarna enligt beskrivningen i kapitel 5B, och den sekundära luftinsprutningspumpen enligt beskrivningen i kapitel 4B.
10 Ta bort luftrenar-/luftflödesmätarenheten enligt beskrivningen i kapitel 4A.
11 Om det inte redan har gjorts, ta bort värme-/ventilationssystemets insugsluftkanaler från motorrummets bakre del enligt nedanstående beskrivning **(se bilder)**.
a) *Vrid de tre fästena 90° moturs och ta bort pollenfilterkåpan från motorrummets bakre del. Dra filtret framåt och ta bort det.*
b) *Skruva loss de fyra fästklämmorna och lossa vajern från kanalen.*
c) *Skruva loss de fyra skruvarna och dra filterhuset framåt och ta bort det.*
d) *Dra upp gummiremsan, vrid de båda fästena moturs och flytta avdelarpanelen i motorrummets vänstra hörn något framåt.*
e) *Skruva loss de båda skruvarna och lyft ut insugskanalen ur motorrummet.*
12 På 4-cylindriga modeller, lossa servostyrningspumpens remskivebultar och ta sedan bort drivremmen enligt beskrivningen i kapitel 1.
13 Skruva loss styrservons vätskebehållare och lägg behållaren åt sidan, låt vätskerören vara anslutna **(se bild)**.
14 Skruva loss AC-kompressorn från motorn där det behövs, lossa rören från fästklämmorna och stötta kompressorn en bra bit bort

4.25 Fäst lyftverktyget i de främre och bakre lyftöglorna

15 Skruva loss servostyrningspumpen enligt beskrivningen i kapitel 10, och lägg den åt sidan. Låt vätskerören vara anslutna. Om det behövs kan du lossa servostyrningens flexibla slang från kuggstångens fäste för att pumpen och behållaren ska kunna flyttas från arbetsområdet.
16 Skruva loss jordledningen/ledningarna från motorfästbygeln/byglarna.
17 Om det inte redan är gjort, ta bort insugsgrenröret enligt beskrivningen i kapitel 4A.
18 På 4-cylindriga N-42 och N46-motorer, tryck ihop låskragens sidor och koppla loss slangen från den sekundära luftinsprutningsventilen på topplockets högra sida. Skruva loss muttrarna och ta bort ventilen från topplocket.
19 På alla motorer, anteckna var motorns kylvätske-/vakuumslangar sitter och koppla sedan loss dem. Anteckna hur slangarna är dragna för att underlätta återmonteringen.
20 Ta bort oljemätstickans styrhylsa för att minska risken för skador vid borttagningen av motorn. Kasta O-ringstätningen eftersom en ny måste monteras.
21 Anteckna var alla elektriska anslutningar sitter på motorn och koppla sedan loss dem. Anteckna även hur kablaget är draget för att underlätta återmonteringen.
22 Skruva loss fästbultarna och lossa eventuella klämmor (anteckna var de sitter) och lossa kablaget/kablagekanalsenheten från motorn. Lägg enheten åt sidan, där den inte är i vägen för motorn. På 4-cylindriga N42-motorer har vi funnit att man måste skruva loss de tre fästbultarna och ta bort generatorn för att kunna ta bort motorkablaget.
23 Kontrollera att allt kablage som behöver kopplas loss från motorn för att den ska kunna tas bort verkligen har kopplats loss.
24 Gör en sista kontroll för att säkerställa att alla berörda slangar, rör och kablage har kopplats loss från motorn och lagts åt sidan så att motorn kan tas bort.
25 Passa in lyftverktyget och lyften så att motorn stöttas från både lyftöglan i motorblockets vänstra bakre hörn, och från lyftfästet på topplockets framsida **(se bild)**. Hissa upp lyften så att den precis tar upp motorns tyngd.
26 Skruva loss muttrarna som håller fast vänster och höger motorfästbygel på gummifästena, skruva sedan loss fästbyglarna från motorblocket och ta bort fästena. På 4-cylindriga N-42 och N46-motorer fann vi att det var omöjligt att komma åt alla bultar som håller fast höger motorfästbygel på motorblocket ovanifrån. Följaktligen lät vi fästbygeln sitta kvar och skiljde den från gummifästet, men vi tog ändå bort hela den vänstra fästbygeln.

27 Be en medhjälpare att hjälpa dig, hissa upp lyften och lyft ut motorn från motorrummet.

Montering

28 Monteringen utförs i omvänd ordningsföljd mot demonteringen. Tänk på följande:
a) Dra åt alla fästen till angivet moment, om sådant finns.
b) Se till att alla kablage, slangar och fästbyglar sitter rätt och är dragna enligt de anteckningar som gjordes vid demonteringen.
c) Sätt tillbaka drivremmen enligt beskrivningen i kapitel 1.
d) Sätt tillbaka den nedre och övre delen av insugsgrenröret enligt beskrivningen i kapitel 4A.
e) Sätt tillbaka kylaren, se kapitel 3.
f) Sätt tillbaka den manuella eller automatiska växellådan enligt beskrivningen i kapitel 7A eller 7B.
g) Avsluta med att fylla på motorolja och fylla på kylsystemet enligt beskrivningen i kapitel 1.

5 Motorrenovering – isärtagning

1 Det är betydligt enklare att demontera och arbeta med motorn om den placeras i ett portabelt motorställ. Sådana ställ går oftast att hyra i verktygsbutiker. Innan motorn monteras i stället ska svänghjulet/drivplattan demonteras så att ställets bultar kan dras ända in i motorblocket/vevhuset.
2 Om det inte finns något ställ tillgängligt går det att ta isär motorn om man pallar upp den på en rejäl arbetsbänk eller på golvet. Var noga med att inte välta eller tappa motorn om du jobbar utan ställ.
3 Om du ska skaffa en renoverad motor ska alla yttre komponenter demonteras först, för att kunna överföras till den nya motorn (på exakt samma sätt som om du skulle utföra en fullständig renovering själv). Detta inkluderar följande komponenter:
a) Hjälpenhetens fästbyglar (oljefilter, startmotor, generator, servostyrningspump etc.).
b) Termostat och hus (kapitel 3).
c) Oljestickans rör.
d) Alla elektriska brytare och givare.
e) Insugs- och avgasgrenrör – efter tillämplighet (kapitel 4A).
f) Tändspolar och tändstift – efter tillämplighet (kapitel 5B och 1).
g) Svänghjul/drivplatta (del B i detta kapitel).
Observera: Var noga med att notera detaljer som kan vara till hjälp eller av vikt vid återmonteringen när de externa komponenterna demonteras från motorn. Anteckna monteringslägen för packningar, tätningar, distanser, stift, brickor, bultar och andra smådelar.

6.3a Tryck ihop ventilfjädrarna med en fjäderkompressor

4 Om du har en "kort" motor (som består av motorblocket/vevhuset, vevaxeln, kolvarna och vevstakarna ihopsatta), måste även topplocket, sumpen, oljepumpen och kamkedjan tas bort.
5 Om du planerar att genomföra en komplett renovering kan motorn tas isär och de interna komponenterna tas bort, i den ordning som anges nedan, enligt del A eller B i detta kapitel om inget annat anges.
a) Insugs- och avgasgrenrör – efter tillämplighet (kapitel 4A).
b) Kamkedjor, drev och spännare.
c) Topplock.
d) Svänghjul/drivplatta.
e) Sump.
f) Oljepump.
g) Kolv-/vevstaksenheter (avsnitt 9).
h) Vevaxel (avsnitt 10).
6 Kontrollera att alla nödvändiga verktyg finns innan demonteringen och renoveringen inleds. Se *Verktyg och arbetsutrymmen* för mer information.

6 Topplock – isärtagning

Observera: *Nya och renoverade topplock finns att köpa från tillverkarna och motorspecialister. Kom ihåg att det krävs vissa specialverktyg för isärtagningen och kontrollen, och att nya komponenter kanske inte alltid finns att tillgå direkt. Det kan därför vara praktiskt och ekonomiskt för hemmamekanikern att köpa ett renoverat topplock istället för att ta isär, undersöka och renovera originaldelen. En ventilfjäderkompressor behövs för detta arbete.*

4-cylindriga motorer

1 Ta bort topplocket enligt beskrivningen i del A i detta kapitel.
2 Ta bort kamaxlarna, ventilvipporna/vipparmarna och de hydrauliska justerarna enligt beskrivningen i del A i detta kapitel.
3 Använd en ventilfjäderkompressor och tryck ihop fjädern/fjädrarna en ventil i taget tills de

6.3b Ta bort ventilskaftets oljetätningar

delade insatshylsorna kan tas bort. Observera att M43TU-motorerna har två fjädrar per ventil t.o.m. 09/97. Lossa kompressorn och lyft bort fjäderhållaren, fjädrarna och fjädersätena. Använd en tång och ta försiktigt bort ventilskaftets oljetätning från styrningens ovandel **(se bilder)**.
4 Om fjäderhållaren vägrar att lossna och exponera de delade insatshylsorna när ventilfjäderkompressorn är nedskruvad, knacka försiktigt på verktygets ovansida, precis över hållaren, med en lätt hammare. Då lossnar hållaren.
5 Ta bort ventilen genom förbränningskammaren.
6 Det är mycket viktigt att varje ventil förvaras tillsammans med sina hylsor, hållare, fjädrar och fjädersäten. Ventilerna bör även förvaras i rätt ordning, om de inte är så slitna att de måste bytas ut. Om ventilerna ska återanvändas, förvara ventilkomponenterna i märkta plastpåsar eller liknande små behållare **(se bild)**. Observera att ventil nr 1 sitter närmast motorns kamkedjeände.

6-cylindriga motorer

7 Ta bort topplocket enligt beskrivningen i del B i detta kapitel.
8 Ta bort kamaxlarna, ventilvipporna och kamaxellagrens gjutna fästen enligt beskrivningen i del B av detta kapitel.
9 Gå vidare enligt beskrivningen i punkt 3 till 6, observera att 6-cylindriga motorer har enkla ventilfjädrar.

6.6 Placera varje ventil och dess tillhörande komponenter i en märkt plastpåse

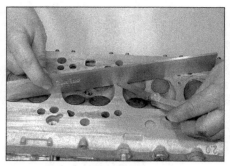

7.6 Kontrollera om topplocks-packningsytan är vriden

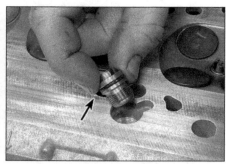

7.9 Sätt dit en ny O-ring (se pil) på topp-lockets backventil för kontroll av oljetrycket

7.13 Mät ventilskaftets diameter

7 Topplock och ventiler – rengöring och kontroll

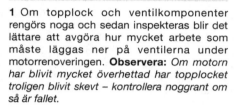

1 Om topplock och ventilkomponenter rengörs noga och sedan inspekteras blir det lättare att avgöra hur mycket arbete som måste läggas ner på ventilerna under motorrenoveringen. *Observera: Om motorn har blivit mycket överhettad har topplocket troligen blivit skevt – kontrollera noggrant om så är fallet.*

Rengöring

2 Skrapa bort alla spår av gamla packnings-rester från topplocket.
3 Skrapa bort sot från förbränningskammare och portar och tvätta topplocket noggrant med fotogen eller lämpligt lösningsmedel.
4 Skrapa bort eventuella sotavlagringar från ventilerna och använd sedan en eldriven stålborste för att ta bort avlagringar från ventilhuvuden och skaft.

Kontroll

Observera: *Var noga med att utföra hela granskningsproceduren nedan innan beslut fattas om en verkstad behöver anlitas för någon åtgärd. Gör en lista över alla kompo-nenter som behöver åtgärdas.*

Topplock

5 Undersök topplocket noggrant: Sök efter sprickor, tecken på kylvätskeläckage och andra skador. Om topplocket är sprucket ska det bytas ut.
6 Använd en stållinjal och ett bladmått för att kontrollera att topplockets yta inte är skev **(se bild)**. Om topplocket är skevt kan det bearbetas under förutsättning att det inte har slipats ner till under den angivna minimihöjden. *Observera: Om 0,3 mm arbetas bort från topplocket, måste man sätta dit en 0,3 mm tjockare topplockspackning när motorn monteras ihop. Den nya packningen behövs för att de korrekta måtten mellan ventil-huvudena, ventilstyrningarna och topplocks-packningens yta ska behållas.*
7 Undersök ventilsätena i förbrännings-kamrarna. Om de är mycket gropiga, spruckna eller brända måste de bytas ut eller fräsas om av en specialist på motorrenoveringar. Om de

endast är lite gropiga kan det räcka med att slipa till ventilhuvuden och säten med fin ventilslipmassa enligt beskrivningen senare i detta avsnitt.
8 Kontrollera om ventilstyrningarna är slitna genom att sätta in den berörda ventilen och kontrollera dess rörelser från sida till sida. En mycket liten rörelse kan accepteras. Om rörelsen verkar för stor, byt ventilen. Det finns inga separata ventilstyrningar att köpa, men man kan köpa olika grader (storlekar) av ventiler (skaft).
9 På 6-cylindriga motorer, skruva loss back-ventilen för kontroll av oljetryck från topp-lockets nedre del. Kontrollera att ventilen kan blåsas igenom nedifrån och upp, men inte uppifrån och ner. Rengör ventilen noggrant och sätt dit en ny O-ring, sätt sedan tillbaka ventilen på topplocket och dra åt den ordentligt **(se bild)**.
10 Undersök lagerytorna i topplocket eller de gjutna lagerfästena (efter tillämplighet) och lageröverfallen och kontrollera om de uppvisar tecken på skador eller slitage.
11 På 4-cylindriga N-42 och N46-motorer och 6-cylindriga motorer, kontrollera att kamaxel-lagrens gjutna fogytor på topplocket inte är vridna. Använd en stållinjal och ett bladmått för att kontrollera att topplockets ytor inte är vridna. Om vridningen ligger utanför den angivna gränsen, måste du byta topplocket och de gjutna lagerfästena.

Ventiler

⚠️ *Varning: Avgasventilerna som vissa motorer har är fyllda med natrium för att förbättra värme-*

7.16 Inslipning av en ventil

överföringen. Natrium är ett mycket reaktivt material som antänds eller exploderar spontant vid kontakt med vatten (inklusive vattenånga i luften). Dessa ventiler får INTE kastas som vanligt avfall. Be om råd från en BMW-handlare eller din kommuns miljö-förvaltning när du ska kasta ventilerna.
12 Undersök varje ventils huvud och leta efter tecken på gropbildning, brännmärken, sprickor och allmänt slitage. Kontrollera om ventilskaftet är slitet eller repat. Vrid ventilen och se efter om den verkar böjd. Leta efter gropar och kraftigt slitage på ventilskaftens spetsar. Byt ut alla ventiler som visar tecken på slitage och skador.
13 Om en ventil verkar vara i gott skick ska ventilskaftet mätas på flera punkter med en mikrometer **(se bild)**. Om diameterns tjocklek varierar märkbart på de olika mätställena är det ett tecken på att ventilskaftet är slitet. Då måste ventilen bytas ut.
14 Om ventilerna är i någorlunda gott skick ska de poleras i sina säten för att garantera en smidig och gastät tätning. Om sätet endast är lätt anfrätt, eller om det har frästs om, ska *endast* fin slipmassa användas för att få fram den nödvändiga ytan. Grov ventilslipmassa ska inte användas, om inte sätet är mycket bränt eller har djupa spår. Om så är fallet, ska topplocket och ventilerna undersökas av en expert, för att avgöra om sätet måste fräsas om, eller om ventilen eller sätesinsatsen måste bytas (om möjligt).
15 Ventilslipning går till på följande sätt.
Placera topplocket upp och ner på en bänk.
16 Smörj en aning lagom grov ventilslipmassa på sätesytan och tryck ner ett sugslipnings-verktyg över ventilhuvudet **(se bild)**. Slipa ventilhuvudet med en roterande rörelse ner till sätet, lyft ventilen ibland för att omfördela slipmassan. Om en lätt fjäder placeras under ventilhuvudet blir arbetet lättare.
17 Om grov slipmassa används, arbeta tills ventilhuvudet och fästet får en matt, jämn yta, torka sedan bort den använda slipmassan och upprepa arbetet med fin slipmassa. När både ventilen och sätet har fått en slät, ljusgrå, matt yta är slipningen färdig. Slipa *inte* ventilerna längre än vad som är absolut nödvändigt, kan sätet sjunka in i topplocket för tidigt.

8.4 Smörj in ventilskaftet

8.5a Sätt dit den skyddande hylsan på ventilskaftet . . .

8.5b . . . och sätt sedan dit oljetätningen med hjälp av en hylsa

18 När samtliga ventiler har blivit inslipade måste *alla* spår av slipmassa försiktigt tvättas bort med fotogen eller annat lämpligt lösningsmedel innan topplocket sätts ihop.

Ventilkomponenter

19 Undersök om ventilfjädrarna visar tecken på skador eller är missfärgade. BMW har inte angivit någon minsta fri längd, så det enda sättet att bedöma ventilfjäderns slitage är att jämföra den med en ny komponent.
20 Ställ varje ventil på en plan yta och kontrollera att den är rätvinklig. Om någon av fjädrarna är skadad, vriden eller har förlorat sin spänning ska du införskaffa en ny uppsättning fjädrar. Normalt byts alla ventilfjädrar alltid ut vid en större renovering.
21 Byt ut ventilskaftens oljetätningar, oavsett deras aktuella kondition.

Ventilvippor/ventillyftare

22 Undersök om kontaktytorna är slitna eller repade. Om komponenten/komponenterna uppenbart är mycket slitna ska de bytas.

8 Topplock – ihopsättning

Observera: *Nya ventilskaftsoljetätningar ska monteras, och det behövs en ventilfjäderkompressor för detta arbete.*

4-cylindriga M43TU-motorer

1 Fortsätt enligt beskrivningen i punkt 4 till 9.
2 Sätt tillbaka de hydrauliska ventillyftarna, ventilvipporna och kamaxlarna (se del A i detta kapitel).

3 Sätt tillbaka topplocket enligt beskrivningen i del A i detta kapitel.

N42-, N46- och 6-cylindriga motorer

4 Smörj in ventilskaften och montera ventilerna på deras ursprungliga platser **(se bild)**. Nya ventiler ska monteras där de slipades in.
5 Arbeta på den första ventilen och doppa den nya ventilskaftstätningen i ny motorolja. Nya tätningar levereras normalt med skyddande hylsor som ska placeras ovanpå ventilskaften för att förhindra att knastrens spår skadar oljetätningarna. Om det inte följde med några hylsor, linda lite tejp runt ventilskaftets övre del för att skydda tätningarna. Passa försiktigt in tätningen över ventilen och på styrningen. Var noga med att inte skada tätningen när den förs över ventilskaftet. Använd en lämplig hylsa eller metallrör för att trycka fast tätningen på styrningen ordentligt **(se bilder)**.
6 Sätt tillbaka fjädersätet/sätena **(se bilder)**.
7 Passa in ventilfjädern/fjädrarna på sätet/sätena, och sätt sedan dit fjäderhållaren **(se bilder)**. Om fjäderdiametern är olika i de båda ändarna, ska ventilfjäderänden med den största diametern ligga an mot sätet på topplocket.
8 Tryck ihop ventilfjädern/fjädrarna och passa in de delade insatshylsorna i spåren i ventilskaftet. Lossa fjäderspännaren och upprepa proceduren på de återstående ventilerna.

8.6a Sätt dit det yttre . . .

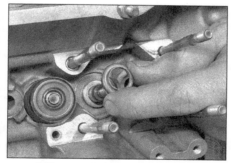

8.6b . . . och det inre fjädersätet

8.7a Sätt dit det inre . . .

8.7b . . . och det yttre fjädersätet . . .

8.7c . . . och därefter fjäderhållaren

9.3 Skruva loss oljeskvalpplåten från motorblocket (6-cylindrig motor)

9.5 Vevstakslageröverfallets markeringar

9.7 Ta bort vevstakslageröverfallet

9 När alla ventiler är installerade, stötta upp topplocket på klossar och knacka på änden av varje ventilskaft med hammare och trä-block, så att delarna sätter sig på plats.

10 Sätt tillbaka kamaxellagrens gjutna fästen, ventilvipporna och kamaxlarna enligt beskrivningen i del B i detta kapitel.

11 Sätt tillbaka topplocket enligt beskrivningen i del B i detta kapitel.

9 Kolv-/vevstaksenhet – demontering

⚠ **Varning: På motorer som har oljemunstycken på motorblocket måste du vara försiktig så att du inte skadar munstyckena när du tar bort kolv-/vevstaksenheterna. BMW rekommenderar att munstyckenas inställning kontrolleras med hjälp av BMW:s verktyg 11 7 320 (M43TU) eller 11 9 370 (N42) efter demontering och montering av kolv-/vevstaksenheterna.**

1 På 4-cylindriga motorer, ta bort topplocket, sumpen och balansaxelhuset enligt beskrivningen i del A i detta kapitel.

2 På 6-cylindriga motorer, ta bort topplocket, sumpen och oljepumpen enligt beskrivningen i del B i detta kapitel.

3 Lossa i förekommande fall oljeskvalpplåten från motorblockets nedre del **(se bild)**.

4 Om cylinderloppens övre delar har tydliga slitagespår ska de tas bort med skrapa eller skavstål innan kolvarna demonteras eftersom

spåren kan skada kolvringarna. Sådana spår är tecken på hårt slitage i cylinderloppet.

5 Kontrollera om vevstakarna och vevstaks-lageröverfallen har ID-markeringar. Både stakarna och överfallen ska vara märkta med cylindernumret. Observera att cylinder nr 1 sitter närmast motorns kamkedjeände. Om det inte finns några markeringar, använd en hammare och en körnare, färg eller liknande, och märk varje vevstake och vevstakslager-överfall med respektive cylindernummer på den plana bearbetade ytan **(se bild)**.

6 Vrid vevaxeln så att kolvarna 1 och 4 (4-cylindrig motor), eller 1 och 6 (6-cylindrig motor), efter tillämplighet, till ND (nedre dödpunkt).

7 Skruva loss bultarna från vevstakslager-överfall nummer 1. Ta bort överfallet och ta bort lagerskålens nedre halva **(se bild)**. Tejpa ihop lagerskålarna med lageröverfallen om skålarna ska återanvändas.

8 Använd ett hammarskaft för att skjuta upp kolven genom loppet och ta bort den från motorblocket. Ta loss lagerskålen och tejpa fast den på vevstaken så att den inte kommer bort. Var försiktig så att du inte skadar oljemunstyckena.

9 Placera lageröverfallet löst på vevstaken och fäst det med bultarna – på så sätt blir det lättare att hålla komponenterna i rätt ordning.

10 Ta bort kolvenhet nr 4 (4-cylindrig motor), eller kolvenhet nr 6 (6-cylindrig motor), efter tillämplighet, på samma sätt.

11 Vrid vevaxeln så mycket som behövs för att föra de återstående kolvarna till ND och ta bort dem på samma sätt.

10 Vevaxel – demontering

1 På 4-cylindriga motorer, ta bort sumpen, kamkedjan, balansaxelhuset, kamkedjehuset (endast M43TU-motor) och svänghjulet/driv-plattan enligt beskrivningen i del A i detta kapitel. På N-42 och N46-motorer, ta bort vevaxelns vibrationsdämpare/remskivenav enligt be-skrivningen i kapitel 2A.

2 På 6-cylindriga motorer, ta bort sumpen, den primära kamkedjan och svänghjulet/drivplattan, enligt del B i detta kapitel.

3 Ta bort kolvarna och vevstakarna, enligt beskrivningen i avsnitt 9. Om inget arbete ska utföras på kolvarna och vevstakarna behöver du inte ta bort topplocket eller trycka ut kolvarna ur cylinderloppen. Istället behöver kolvarna bara tryckas in så långt i loppen att de inte är i vägen för vevaxeltapparna.

⚠ **Varning: Om kolvarna trycks upp i loppen och topplocket sitter kvar, ska du vara försiktig så att du inte tvingar in kolvarna i de öppna ventilerna.**

4 Kontrollera vevaxelns axialspel enligt beskrivningen i avsnitt 13, och utför sedan följande arbete.

5 På alla motorer utom 4-cylindriga N-42 och N46-motorer, lossa och ta bort fästbultarna och ta bort packboxhållaren från den bakre delen (svänghjul/drivplatta) av motorblocket, till-sammans med packningen **(se bild)**.

6 På 6-cylindriga motorer tar du bort olje-pumpens drivkedja om detta inte redan är gjort, och vid behov även vevaxeldrevet enligt beskrivningen i del B i detta kapitel.

7 På 4-cylindriga M43TU-motorer ska ram-lageröverfallen numreras från 1 till 5 sett från motorns kamkedjeände. Överfall 1 till 3 num-reras, överfall nr 4 har klackar på ändytorna och överfall nr 5 är omärkt. Om lageröverfallen inte är märkta ska de markeras enligt ovan med en körnare.

8 På 6-cylindriga motorer ska ramlager-överfallen numreras från 1 till 7 på motorns avgassida, med början från motorns kam-kedjeände **(se bild)**. Om de inte är märkta, märk dem enligt ovanstående med hjälp av en körnare.

10.5 Ta bort packboxhållaren från motorblockets baksida

10.8 Ramlageröverfallets ID-nummer (6-cylindriga motorer)

9 På alla motorer utom 4-cylindriga N-42 och N46-motorer, skruva loss ramlageröverfallens fästbultar, och lyft bort varje lageröverfall **(se bild)**. Ta bort de nedre lagerskålarna och tejpa fast dem på sina respektive överfall för säker förvaring.

10 På 4-cylindriga N-42 och N46-motorer sitter lager-skålarna i en nedre vevhushalva. Lossa och ta bort fästbultarna och lyft sedan bort det nedre vevhuset.

11 På 4-cylindriga motorer kan den nedre trycklagerskålen, som styr vevaxelns axialspel, sitta på ramlagersäte nr 4 eller nr 5. Den korrekta placeringen kan identifieras genom det bearbetade området som trycklagren ska passa på.

12 På 6-cylindriga motorer kan den nedre trycklagerskålen, som styr vevaxelns axialspel, sitta på ramlageröverfall nr 6. Observera även oljeupptagarrörets stödfäste, som hålls fast av bultarna till ramlageröverfall nr 5.

13 Lyft ut vevaxeln. Var försiktig, vevaxeln är tung!

14 Ta vara på de övre ramlagerskålarna och tryckbrickorna från motorblocket **(se bild)** och tejpa fast dem i respektive överfall. Observera även här hur den övre trycklagerskålen sitter.

11 Motorblock/vevhus – rengöring och kontroll

> ⚠️ **Varning: På motorer som har oljemunstycken på motorblocket mellan lagerplatserna ska du vara försiktig så att munstyckena inte skadas när du arbetar med motorblocket/vevhuset. BMW rekommenderar att munstyckenas inställning kontrolleras med BMW:s verktyg 11 7 320 (M43TU) eller 11 9 370 (N42) när motorn monteras ihop.**

Rengöring

1 Ta bort alla utvändiga komponenter och elektriska kontakter/givare från motorblocket. För en fullständig rengöring ska hylspluggarna helst tas bort. Borra ett litet hål i pluggarna och sätt sedan in en självgängande skruv i hålet. Dra ut pluggarna genom att dra i skruven med en tång, eller med hjälp av en glidhammare.

2 I förekommande fall drar/skruvar du loss kolvarnas oljemunstyckesrör från lagrens platser i motorblocket. Rören sitter på lagerplats nr 2 till 5 på 4-cylindriga motorer, och nr 2 till 7 på 6-cylindriga motorer **(se bild)**.

3 På 4-cylindriga M43TU-motorer tar du i förekommande fall bort backventilen/ventilerna för oljetryck från motorblockets övre yta. Bilen kan ha en backventil av typen som skruvas in, men på nyare motorer har det kalibrerade munstycket en gummiklädd distanshylsa ovanför **(se bilder)**. På 4-cylindriga N-42 och N46-motorer sitter det två

10.9 Lyft bort ramlageröverfallet

backventiler på framsidan av motorblockets packningsyta – dra bort distansen och ventilen från hålet **(se bild)**.

4 Skrapa bort alla packningsrester från motorblocket/vevhuset. Var försiktig så att du inte skadar packnings-/tätningsytorna.

5 Ta bort alla pluggar från oljeledningarna, i förekommande fall. Pluggarna sitter oftast mycket hårt – de kan behöva borras ut och hålen gängas om. Använd nya pluggar när motorn monteras ihop.

6 Om någon av gjutningarna är extremt nedsmutsad bör alla ångtvättas.

7 När gjutningarna returneras, rengör alla oljehål och oljegallerier en gång till. Spola alla invändiga genomgångsöppningar med varmt vatten tills vattnet är rent. Torka ordentligt och stryk på ett tunt lager olja på alla fogytor, för att förhindra rostbildning. Olja även

11.2 Ta bort rören till kolvens oljemunstycke från ramlagrens platser

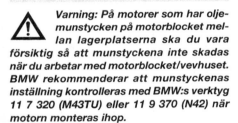

11.3b Komponenter för kalibrerat oljemunstycke (nyare motorer)

1 Munstycke   2 Distanshylsa

10.14 Lyft upp de övre ramlagerskålarna från motorblocket

in cylinderloppen. Använd om möjligt tryckluft för att skynda på torkningen och blåsa rent i alla oljehål och kanaler.

> ⚠️ **Varning: Bär skyddsglasögon vid arbete med tryckluft.**

8 Om gjutdelarna inte är alltför smutsiga går det att göra ett godtagbart tvättjobb med hett tvålvatten (så hett du klarar av) och en styv borste. Var noggrann vid rengöringen. Se till att rengöra alla oljehål och kanaler mycket noga, oavsett tvättmetod, och att torka alla delar ordentligt. Skydda cylinderloppen enligt beskrivningen ovan för att förhindra rostbildning.

9 Alla gängade hål måste vara rena för att säkerställa att vridmomentsavläsningarna blir korrekta vid återmonteringen. När du ska rengöra gängorna, kör en gängtapp i rätt storlek i

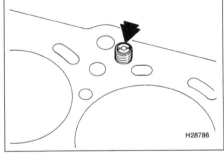

11.3a Plats för backventilen för kontroll av oljetryck i motorblocket (äldre motorer)

11.3c Dra ut ventilerna med en liten magnet

11.9 Rengör motorblockets gängade hål med en lämplig gängtapp

hålen för att ta bort rost, korrosion, gäng-tätningsmedel och slam, och för att återställa skadade gängor **(se bild)**. Använd om möjligt tryckluft för att få bort restprodukter ur hålen.

  Ett bra alternativ är att spraya in vattenavstötande smörj-medel i varje hål. Använd den långa pip som vanligtvis med-följer.
Varning: Använd ögonskydd om du använder den här meto-den för att rengöra dessa hål.

10 Se till att alla gängade hål i motorblocket är torra.
11 När du har smort in fogytorna på den nya hylspluggarna med lämpligt tätningsmedel ska de monteras på motorblocket. Se till att de förs in rakt och sitter rätt, annars kan det uppstå läckage.

 En stor hylsa med en ytter-diameter som precis passar i hylspluggen kan användas för att driva hylspluggarna på plats.

12 Stryk på lämpligt tätningsmedel på de nya oljeledningspluggarna och sätt in dem i hålen i motorblocket. Dra åt dem ordentligt.
13 Rengör efter tillämplighet backventilen för oljetryck/det kalibrerade munstycket ordentligt (se avsnitt 3), och montera sedan tillbaka komponenterna enligt följande beskrivning.
14 Om bilen har en backventil av inskruv-ningstyp, kontrollera att man kan blåsa igenom ventilen nedifrån och upp, men inte uppifrån och ned. Rengör ventilen ordentligt och sätt i förekommande fall dit en ny O-ring. Sätt sedan tillbaka ventilen och dra åt den ordentligt.
15 Om bilen har ett kalibrerat munstycke, sätt tillbaka munstycket och se till att det sitter med rätt sida upp, med kragen med av-satser nedåt, och sätt sedan tillbaka distans-hylsan.

 Varning: Om det kalibrerade mun-stycket sitter fel kan det förhindra motortillförseln till topplocket.

16 På 4-cylindriga N-42 och N46-motorer

11.16 I förekommande fall ska de rörformade distanserna sticka ut lite från motorblockets packningsyta

monterar du backventilerna och distanserna på motor-blockets packningsyta **(se bild)**.
17 Rengör om det behövs kolvarnas olje-spridarrör (de sitter i lagerplatserna i motor-blocket) ordentligt och sätt sedan tillbaka rören **(se bild)**.
18 På 4-cylindriga N-42 och N46-motorer ska du se till att spåren för tätningsmedel i det nedre vevhuset och motorblocket är rena och fria från klumpar. Kasta munstyckena till tätnings-medelspåren, du måste sätta dit nya.
19 Om motorn inte ska monteras ihop på en gång ska den täckas med en stor plastpåse för att undvika att den smutsas ner. Skydda alla fogytor och cylinderloppen enligt beskriv-ningen ovan för att förhindra rostbildning.

Kontroll

20 Undersök gjutningarna och leta efter sprickor och korrosion. Leta efter skadade gängor i hålen. Om det har förekommit internt vattenläckage kan det vara värt besväret att låta en specialist kontrollera motorblocket/vevhuset med specialutrustning. Om defekter upptäcks ska de repareras, om möjligt, annars måste enheten bytas ut.
21 Kontrollera att cylinderloppen inte är slitna eller repiga. Kontrollera om det finns slitspår ovanpå cylindern, det är i så fall ett tecken på att loppet är överdrivet slitet.
22 Låt en BMW-verkstad eller annan motor-verkstad mäta loppen i motorblocket. Om loppens slitage överskrider det godkända gränsvärdet, eller om loppens väggar är mycket nötta eller spåriga, måste cylindrarna borras om. Låt en BMW-verkstad eller annan

12.2 Ta bort kolvringarna med hjälp av ett bladmått

motorverkstad utföra arbetet, de kan även tillhandahålla lämpliga kolvar och ringar i överstorlek.

12 Kolv-/vevstaksenhet – kontroll

1 Innan kontrollen påbörjas måste kolvarna/vevstakarna rengöras, och de ursprungliga kolvringarna tas bort från kolvarna.
2 Dra försiktigt bort de gamla ringarna från kolvarna. Använd två eller tre gamla bladmått för att förhindra att ringarna ramlar ner i tomma spår **(se bild)**. Var noga med att inte repa kolven med ringkanterna. Ringarna är sköra och går sönder om de töjs för mycket. De är också mycket vassa – skydda dina fingrar och händer. Observera att den tredje ringen har en expander. Ta alltid bort ringarna från kolvens ovansida. Förvara varje uppsättning ringar med respektive kolv om du ska återanvända de gamla ringarna. Observera åt vilket håll ringarna är monterade.
3 Skrapa bort alla spår av sot från kolvens överdel. En handhållen stålborste (eller finkornig smärgelduk) kan användas när de flesta avlagringar skrapats bort.
4 Ta bort sotet från ringspåren i kolven med hjälp av en gammal ring. Bryt isär ringen för att göra detta. Var noga med att bara ta bort sotavlagringarna – ta inte bort någon metall och gör inga hack eller repor i sidorna på ring-spåren.
5 När avlagringarna har tagits bort, rengör kolven/vevstaken med fotogen eller annat lämpligt lösningsmedel och torka ordentligt. Se till att oljereturhålen i ringspåren är fria.
6 Om kolvarna och cylinderloppen inte är skadade eller påtagligt slitna, och om motor-blocket inte behöver borras om, kan original-kolvarna monteras tillbaka. Märk kolvdia-metrarna och kontrollera att de ligger inom gränsvärdet för motsvarande loppdiametrar. Om spelet mellan kolven och loppet är för stort måste motorblocket borras om, och nya kolvar och ringar monteras. Normalt kolvslitage visar sig som jämnt vertikalt slitage på kolvens stötytor, och som att den översta ringen sitter något löst i sitt spår. Använd alltid nya kolvringar när motorn monteras ihop.

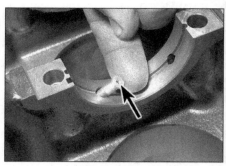

11.17 Rengör hålen (se pil) i oljespridarrören

12.13a Bänd ut låsringarna . . .

12.13b . . . och ta bort kolvtapparna från kolvarna

7 Undersök varje kolv noga efter sprickor runt manteln, runt kolvtappshålen och på områdena mellan kolvringspåren.

8 Leta efter spår och repor på kolvmanteln, hål i kolvkronan och brända områden på kolvänden. Om manteln är repad eller avskavd kan motorn ha varit utsatt för överhettning och/eller onormal förbränning vilket har orsakat höga arbetstemperaturer. Kontrollera kyl- och smörjningssystemen noga. Bränn-märken på kolvsidorna visar att genom-blåsning har ägt rum. Ett hål i kolvkronan eller brända områden i kolvkronans kant är tecken på att onormal förbränning (förtändning, tändningsknack eller detonation) har före-kommit. Vid något av ovanstående problem

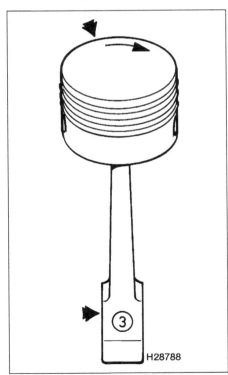

12.17a Cylindernummermarkeringarna ska återfinnas på motorns avgasgrenrörssida, och pilen på kolvkronan ska peka mot motorns kamkedjeände

måste orsakerna undersökas och åtgärdas, annars kommer skadan att uppstå igen. Orsakerna kan bland annat vara felaktig tändningsinställning, insugsluftläckor eller felaktig luft-/bränsleblandning.

9 Punktkorrosion på kolven är tecken på att kylvätska har läckt in i förbränningskammaren och/eller vevhuset. Även här måste den bakomliggande orsaken åtgärdas, annars kan problemet bestå i den ombyggda motorn.

10 Du kan köpa nya kolvar från en BMW-återförsäljare.

11 Undersök varje vevstake noga efter tecken på skador, som sprickor runt vevlagret och den övre vevstaksändens lager. Kontrollera att vevstaken inte är böjd eller skev. Skador på vevstaken inträffar mycket sällan, om inte motorn har skurit ihop eller överhettats all-varligt. En noggrann undersökning av vev-staken kan endast utföras av en BMW-verkstad eller motorrenoveringsspecialist med tillgång till nödvändig utrustning.

12 Kolvtapparna är av flottörtyp och hålls på plats med två låsringar. Kolvarna och drag-stängerna kan separeras på följande sätt.

13 Använd en liten spårskruvmejsel och bänd ut låsringarna, och tryck ut kolvtappen **(se bilder)**. Det ska räcka med handkraft för att ta bort tappen. ID-märk kolven och vevstaken för att säkerställa korrekt återmontering. Kasta låsringarna – du måste använda nya vid återmonteringen. Observera att BMW rekom-menderar att kolvtapparna inte ska bytas separat – de passar ihop med respektive kolv.

14 Undersök kolvtapparna och vevstaks-

12.17b Installationsriktningspil på 6-cylindriga motorers kolvkrona

ändens lager och leta efter tecken på slitage eller skador. Man ska kunna trycka kolvtappen genom vevstaken för hand, utan märkbart spel. Slitage kan endast åtgärdas genom att man byter både tappen och kolven.

15 Själva vevstakarna ska inte behöva bytas, förutsatt att de inte kärvar eller att det inte har uppstått något annat större mekaniskt problem. Kontrollera vevstakarnas inställning okulärt. Om de inte är raka ska de lämnas in till en motorrenoveringsspecialist för en mer detaljerad kontroll.

16 Undersök alla komponenter och införskaffa eventuella nya delar från en BMW-handlare. Nya kolvar levereras komplett med kolvbultar och låsringar. Låsringar kan även köpas separat.

17 Placera kolven i förhållande till vevstaken så att när enheten återmonteras på bilen, är cylindrarnas ID-nummer på vevstaken och vevstakslageröverfallet placerade på motorns avgasgrenrörssida, och installationens rikt-ningspil på kolvkronan pekar mot motorns kamkedjeände **(se bilder)**.

18 Stryk på ett lager ren motorolja på kolvtappen. Skjut in den i kolven och genom vevstaksänden. Kontrollera att kolven vrids fritt på vevstaken, och fäst sedan kolvtappen på plats med hjälp av två nya låsringar. Se till att varje låsring sitter rätt i sitt spår i kolven.

13 Vevaxel – kontroll

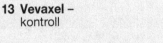

Kontrollera axialspel

1 Om vevaxelns axialspel ska kontrolleras måste detta göras när vevaxeln fortfarande sitter i motorblocket/vevhuset, men kan röra sig.

2 Kontrollera axialspelet med hjälp av en mätklocka som ligger an mot vevaxeländen. Tryck vevaxeln helt åt ena hållet och nollställ mätklockan. Tryck vevaxeln helt åt andra hållet, och kontrollera axialspelet. Resultatet kan jämföras med den angivna mängden, och fungerar som en indikation om det behövs nya trycklagerskålar eller inte **(se bild)**.

13.2 Mät vevaxelns axialspel med en mätklocka . . .

13.3 . . . eller ett bladmått

3 Om du inte har tillgång till en mätklocka kan du använda bladmått. Tryck först vevaxeln så långt det går mot motorns svänghjulsände och använd sedan bladmåtten för att mäta avståndet mellan mellanstyckena på vevtapp nr 4 eller nr 5 och trycklagerskålen på 4-cylindriga motorer, eller mellan vevtapp nr 6 och trycklagerskålen på 6-cylindriga motorer **(se bild)**.

Kontroll

4 Rengör vevaxeln med fotogen eller annat lämpligt lösningsmedel och torka den. Använd helst tryckluft om det finns tillgängligt. Var noga med att rengöra oljehålen med piprensare eller liknande så att de inte är igensatta.

 Varning: Bär skyddsglasögon vid arbete med tryckluft.

5 Kontrollera ramlagertappar och vevlagertappar beträffande ojämnt slitage, repor, gropigheter eller sprickor.

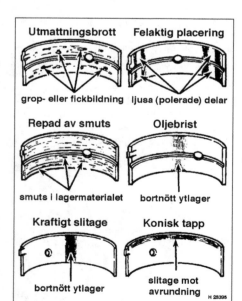

Utmattningsbrott	Felaktig placering
grop- eller fickbildning	ljusa (polerade) delar
Repad av smuts	Oljebrist
smuts i lagermaterialet	bortnött ytlager
Kraftigt slitage	Konisk tapp
bortnött ytlager	slitage mot avrundning

14.2 Typiska lagerbrott

6 Slitage på vevstakslagret följs av tydliga metalliska knackningar när motorn körs (märks särskilt när motorn drar från låg fart) och viss minskning av oljetrycket.

7 Slitage i ramlagret åtföljs av starka motorvibrationer och ett dovt ljud – som ökar i takt med att motorns varvtal ökar – samt minskning av oljetrycket.

8 Kontrollera om lagertapparna är sträva genom att dra fingret försiktigt över lagerytan. Om du upptäcker ojämnheter (som naturligtvis leder till lagerslitage) måste vevaxeln borras om (om möjligt) eller bytas ut.

9 Om vevaxeln har borrats om, kontrollera om det finns borrskägg runt vevaxelns oljehål (hålen är oftast fasade, så borrskägg bör inte vara något problem om inte omborrningen har skötts slarvigt). Ta bort eventuella borrskägg med en fin fil eller avskrapare, och rengör oljehålen noga enligt beskrivningen ovan.

10 Låt en BMW-verkstad eller annan motorverkstad mäta vevaxeltapparna. Om vevaxeln är nött eller skadad kan de borra om tapparna och tillhandahålla lagerskålar av passande understorlek. Om inga skålar av överstorlek är tillgängliga och vevaxelns nötning överstiger den tillåtna gränsen måste den bytas ut. Kontakta din BMW-verkstad eller motorrenoveringsspecialist för mer information om tillgängliga delar.

14 Ram- och vevlager – kontroll

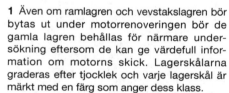

1 Även om ramlagren och vevstakslagren bör bytas ut under motorrenoveringen bör de gamla lagren behållas för närmare undersökning eftersom de kan ge värdefull information om motorns skick. Lagerskålarna graderas efter tjocklek och varje lagerskål är märkt med en färg som anger dess klass.

2 Lagerfel kan uppstå på grund av bristande smörjning, förekomst av smuts eller främmande partiklar, överbelastning av motorn eller korrosion **(se bild)**. Oavsett vilken orsaken är måste den åtgärdas (om det går) innan motorn sätts ihop för att förhindra att lagerhaveriet inträffar igen.

3 När du undersöker lagerskålarna, ta bort dem från motorblocket, vevstakarna och vevstakslageröverfallen. Lägg ut dem på en ren yta med ungefär samma placering som när de är monterade på motorn. Därigenom kan man se vilken vevtapp som har orsakat lagerproblemen. Vidrör *inte* lagerskålarnas känsliga ytor med fingrarna under kontrollen, då kan de repas.

4 Smuts och andra främmande partiklar kan komma in i motorn på många sätt. Det kan bli lämnat kvar i motorn vid ihopsättning, eller komma in genom filter eller vevhusventilationen. Den kan hamna i oljan, och därmed tränga in i lagren. Metallspån från slipning och normalt slitage förekommer ofta. Slipmedel

finns ibland kvar i motorn efter en renovering, speciellt om delarna inte har rengjorts noggrant på rätt sätt. Sådana främmande föremål bäddas så småningom in i det mjuka lagermaterialet och är lätta att upptäcka. Stora partiklar bäddas inte in i lagret, de repar eller gör hål i lagret och axeltappen. Bästa sättet att förebygga lagerhaverier av denna typ är att rengöra alla delar noga och hålla allt perfekt rent under ihopsättningen av motorn. Täta och regelbundna oljebyten är också att rekommendera.

5 Oljebrist har ett antal relaterade orsaker. Överhettning (som tunnar ut oljan), överbelastning (som tränger undan olja från lagerytan) och oljeläckage (från överdrivna lagerspel, sliten oljepump eller höga motorvarv) bidrar alla till avbrott i smörjningen. Igensatta oljekanaler, som vanligen är ett resultat av att oljehålen i lagerskålen inte är korrekt uppriktade, tappar lagren på olja och förstör dem. Om ett lagerhaveri beror på oljebrist, slits eller pressas lagermaterialet bort från lagrets stålstödplatta. Temperaturen kan stiga så mycket att stålplattan blir blå av överhettning.

6 Körvanorna kan påverka lagrens livslängd betydligt. Full gas från låga varv (segdragning) belastar lagren mycket hårt och tenderar att pressa ut oljefilmen. Dessa belastningar kan få lagren att vika sig, vilket leder till fina sprickor i lagerytorna (utmattningsfel). Förr eller senare kommer stycken av lagermaterialet att lossna och slitas bort från skålens stålplatta.

7 Korta körsträckor leder till korrosion i lagren därför att det inte alstras nog med värme i motorn för att driva ut kondensvatten och frätande gaser. Dessa restprodukter samlas istället i motoroljan och bildar syra och slam. När oljan sedan leds till motorlagren angriper syran lagermaterialet.

8 Felaktig lagerinställning vid ihopmonteringen av motorn leder också till lagerhaveri. Hårt sittande lager ger otillräckligt spel för lagersmörjning, vilket resulterar i att oljan inte kommer fram. Smuts eller främmande partiklar som fastnar bakom en lagerkåpa ger höga punkter i lagret vilket leder till haveri.

9 Rör inte vid lagerskålarnas lageryta med fingrarna vid monteringen. Du kan råka skrapa eller förorena den känsliga ytan.

10 Som nämndes i början av det här avsnittet bör lagerskålarna normalt bytas vid motorrenovering. Allt annat är dålig ekonomi.

15 Motoröversyn – ihopsättning

1 Innan ihopsättningen påbörjas, kontrollera att alla nya delar har anskaffats och att alla nödvändiga verktyg finns till hands. Läs igenom

hela arbetsbeskrivningen och kontrollera att allt som behövs verkligen finns tillgängligt. Förutom alla vanliga verktyg och material behövs gänglåsmassa. Du behöver även en lämplig tub med tätningsmedlet Drei Bond 1209 (finns att köpa hos BMW-handlare).

2 För att spara tid och undvika problem kan ihopsättningen av motorn utföras i följande ordning, se del A eller B i detta kapitel om inte annat anges:

a) Vevaxel (avsnitt 17).
b) Kolv-/vevstaksenheter (avsnitt 18).
c) Oljepump/balansaxelhus.
d) Sump.
e) Svänghjul/drivplatta.
f) Topplock.
g) Kamkedja, spännare och drev.
h) Motorns utvändiga komponenter.

3 I detta skede ska alla motorkomponenter vara absolut rena och torra med alla fel åtgärdade. Komponenterna ska läggas ut (eller finnas i individuella behållare) på en fullständigt ren arbetsyta.

16 Kolvringar – återmontering

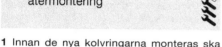

1 Innan de nya kolvringarna monteras ska deras öppningar kontrolleras på följande sätt.
2 Lägg ut kolvarna/vevstakarna och de nya kolvringarna så att ringarna paras ihop med samma kolv och cylinder såväl vid mätning av ändgapen som vid efterföljande ihopsättning av motorn.
3 Montera den övre ringen i den första cylindern och tryck ner den i loppet med överdelen av kolven. Då hålls ringen i rät vinkel mot cylinderväggarna. Placera ringen nära cylinderloppets botten, vid den nedre gränsen för ringrörelsen. Observera att den övre ringen skiljer sig från den andra ringen. Den andra ringen kan lätt identifieras med hjälp av avsatsen på dess nedre yta, och genom att dess yttre yta är konisk.
4 Mät ändgapet med hjälp av bladmått.
5 Upprepa proceduren med ringen längst upp i cylinderloppet, vid övre gränsen för dess rörelse **(se bild)** och jämför värdena med dem i Specifikationer.
6 Om öppningen är för liten (inte troligt om äkta BMW-delar används) måste den förstoras, annars kommer ringändarna i kontakt med varandra medan motorn körs och omfattande skador uppstår. Helst ska nya kolvringar med korrekt ändgap monteras. Som en sista utväg kan ändgapen förstoras genom att ringändarna försiktigt filas ner med en fin fil. Fäst filen i ett skruvstäd med mjuka käftar, dra ringen över filen med ändarna i kontakt med filytan och rör ringen långsamt för att slipa ner materialet i ändarna. Var försiktig, kolvringar är vassa och går lätt sönder.

16.5 Mät kolvringarnas ändgap

7 Med nya kolvringar är det inte troligt att öppningen är för stor. Om gapen är för stora, kontrollera att det är rätt sorts ringar för motorn och den aktuella cylinderlopps-storleken.
8 Upprepa kontrollen av alla ringar i cylinder nr 1 och sedan av ringarna i de återstående cylindrarna. Kom ihåg att hålla ihop ringar, kolvar och cylindrar.
9 När ringarnas ändgap har kontrollerats, och eventuellt justerats, kan de monteras på kolvarna.
10 Montera kolvringarna med samma teknik som användes vid demonteringen. Montera den nedersta ringen (oljeskrapringen) först och fortsätt uppåt. När du sätter dit en tredelad oljeskrapring, sätt först in expandern och sätt sedan dit den nedre skenan med dess öppning placerad 120° från expander-öppningen. Sätt sedan dit den övre skenan med dess öppning placerad 120° från den nedre skenan. När du sätter dit en tvådelad oljeskrapring, sätt först in expandern och sätt sedan dit skrapringen med öppningen placerad 180° från expanderöppningen. Se till att den nedre kompressionsringen sitter med rätt sida uppåt, med ID-märket (antingen en färgprick eller ordet TOP instansat i ringytan) uppåt, och ytan med avsatsprofilen längst ner **(se bilder)**. Placera öppningarna

på den övre och den nedre kompressions-ringen 120° på var sida om oljeskrapringens öppning, men se till att ingen av ringarnas öppningar är placerad över kolvtappshålet. **Observera:** *Följ alltid instruktionerna som medföljer de nya uppsättningarna med kolv-ringar – olika tillverkare kan ange olika tillvägagångssätt. Förväxla inte den övre och den nedre kompressionsringen, eftersom de ser olika ut i genomskärning.*

17 Vevaxel – återmontering

Välja lagerskålar

1 Låt en BMW-verkstad eller annan motor-verkstad undersöka och mäta vevaxeln. De kan utföra omslipning eller reparationer och tillhandahålla lämpliga ram- och vevlager-skålar.

Vevaxel – återmontering

Observera: *Du måste använda nya bultar till ramlageröverfallen/det nedre vevhuset när du återmonterar vevaxeln.*
2 Se i förekommande fall till att oljemun-styckena monteras på lagerplatserna i motor-blocket.
3 Rengör lagerskålarnas baksidor, och lager-platserna i både motorblocket/vevhuset och ramlageröverfallen/det nedre vevhuset.
4 Tryck in lagerskålarna på deras platser, se till att fliken på varje skål hakar i hacket i motorblocket/vevhuset eller lageröverfallet/ den nedre vevhuset. Var noga med att inte vidröra lagerskålarnas lagerytor med fingrarna. Observera att de övre lagerskålarna har ett oljespår som löper längs med hela lagerytan, medan de nedre skålarna har ett kort, fasat oljespår i varje ände. Trycklagerskålarna passar i lagerplats nr 4 eller nr 5 på 4-cylindriga motorer, eller plats nr 6 på 6-cylindriga motorer **(se bilder)**. Se till att alla spår av skyddande

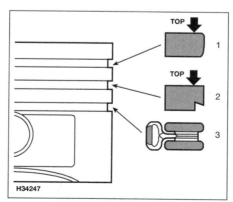

H34247

16.10a 4-cylindriga motorers kolvringar

1 Övre kompressionsringen
2 Andra kompressionsringen
3 Tredelad oljeskrapring

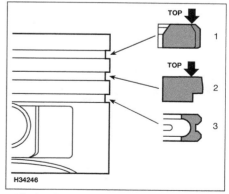

H34246

16.10b 6-cylindriga motorers kolvringar

1 Övre kompressionsringen
2 Andra kompressionsringen
3 Tvådelad oljeskrapring

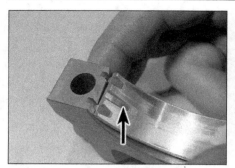

17.4a De nedre lagerskålarna har korta fasade oljespår (se pil)

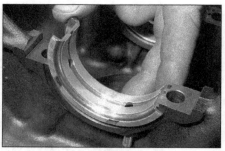

17.4b Trycklagerskålen sitter på lagerplats nr 6 på 6-cylindriga motorer

17.4c Smörj in lagerskålarna

17.7a Smörj in gängorna på ramlageröverfallsbultarna med lite olja

17.7b På 6-cylindriga motorer, se till att oljeupptagarrörets stödfäste sitter på plats på bultarna till ramlageröverfall nr 5

fett tas bort med hjälp av fotogen. Torka skålarna torra med en luddfri trasa. Smörj in varje lagerskål i motorblocket och överfallen/det nedre vevhuset med en rejäl mängd ren motorolja **(se bild)**.

5 Sänk ner vevaxeln på plats så att cylindervevtapparna nr 1 och nr 4 (4-cylindriga motorer), eller nr 1 och nr 6 (6-cylindriga motorer), efter tillämplighet, är i ND, redo för montering av kolv nr 1. Kontrollera vevaxelns axialspel enligt beskrivningen i avsnitt 13.

6 Smörj in de nedre lagerskålarna i ramlageröverfallen med ren motorolja. Se till att styrtapparna på skålarna hakar i motsvarande spår i överfallen.

7 Sätt dit ramlageröverfallen på rätt plats. Se till att de är rättvända (lagerskålens flikspår i motorblocket och överfallen måste vara på samma sida). På 4-cylindriga N-42 och

N46-motorer, kontrollera att styrstiften sitter på plats och sätt tillbaka det nedre vevhuset. Rengör de nya ramlagerbultarna ordentligt och olja in gängorna lite. Sätt sedan in bultarna och dra endast åt dem lätt i detta skede. På 6-cylindriga motorer, se till att oljeupptagarrörets stödfäste är korrekt placerat på bultarna till ramlageröverfall nr 5 **(se bilder)**.

8 Dra åt ramlageröverfallets bultar till angivet moment, i de två steg som anges i Specifikationer **(se bild)**. På 4-cylindriga N-42 och N46-motorer, dra åt den inre raden av bultar till ramlager/det nedre vevhuset först, och dra sedan åt den yttre raden bultar.

9 Kontrollera att vevaxeln roterar fritt.

M43TU och 6-cylindriga motorer

10 Sätt dit en ny bakre packbox till vevaxeln på packboxhållaren, och montera sedan

packboxhållaren med en ny packning, enligt beskrivningen i del A eller B i detta kapitel, efter tillämplighet.

11 I förekommande fall, på 6-cylindriga motorer, sätter du tillbaka vevaxeldrevet och oljepumpens drivkedja enligt beskrivningen i del B i detta kapitel.

4-cylindriga N-42 och N46-motorer

12 Sätt tillbaka oljepumpens/balansaxelns drivkedja och vevaxelns vibrationsdämpare/remskivenav enligt beskrivningen i kapitel 2A.

13 Tryck de nya främre och bakre vevaxelpackboxarna på plats enligt beskrivningen i kapitel 2A. Se till att packboxarnas spår är linjerade med fogen mellan det nedre vevhuset och motorblocket.

14 Köp ett servicekit för insprutningspackningar från en BMW-handlare. I detta kit ingår Loctite-primer. Använd den inbyggda borsten för att stryka på primer på insidan av spåren/packningen.

15 Driv in de nya "munstyckena" i hålen på var sida om fogen mellan det nedre vevhuset/motorblocket. Ett BMW-verktyg med nr 11 9 360 finns för detta arbete, men du kan även använda en körnare/dorn med lämplig form **(se bild)**.

16 Använd den insprutare som medföljer och tvinga in tätningsmedlet genom munstycket tills du ser att det kommer ut från spåren i den främre och bakre vevaxelpackboxen **(se bild)**. Upprepa arbetet på andra sidan.

17 Använd den inbyggda borsten igen och smörj in tätningsmedelsytorna på packboxarna med primer för att binda tätningsmedlet.

17.8 Dra åt ramlageröverfallets bultar till angivet moment

17.15 Driv de nya munstyckena på plats

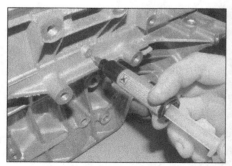

17.16 Tvinga in tätningsmedlet genom munstyckena tills det kommer från spåren längs med vevaxelns packbox

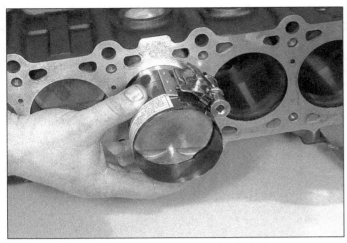

18.7a Sätt i kolv-/vevstaksenheten i cylinderloppet . . .

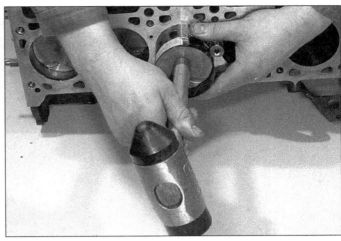

18.7b . . . och knacka sedan försiktigt in enheten i cylindern

Alla motorer

18 Sätt tillbaka kolv-/vevstaksenheterna enligt beskrivningen i avsnitt 18.

19 På 4-cylindriga motorer, sätt tillbaka svänghjulet/drivplattan, kamkedjan/huset, skvalpplåten (i förekommande fall) och sumpen, enligt beskrivningen i del A i detta kapitel.

20 På 6-cylindriga motorer, sätt tillbaka svänghjulet/drivplattan, den primära kamkedjan och sumpen enligt beskrivningen i del B i detta kapitel.

18 Kolv-/vevstaksenhet – återmontering

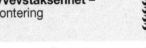

⚠️ *Varning: På motorer som har oljemunstycken på motorblocket måste du vara försiktig så att du inte skadar munstyckena när du sätter tillbaka kolv-/vevstaksenheterna. BMW rekommenderar att munstyckenas inställning kontrolleras med hjälp av BMW:s verktyg 11 7 320 (M43TU) eller 11 9 370 (N42) efter demontering och montering av kolv-/vevstaksenheterna.*

Välja lagerskålar

1 Det finns ett antal olika storlekar på vevlagerskålar från BMW. En standardstorlek som ska användas tillsammans med standardvevaxeln, och överstorlekar som används när vevaxeltapparna har slipats om.

2 Låt en BMW-verkstad eller annan motorverkstad undersöka och mäta vevaxeln. De kan utföra omslipning eller reparationer och tillhandahålla lämpliga ram- och vevlagerskålar.

Kolv/vevstake – återmontering

Observera: *Du måste använda nya bultar till vevstakslageröverfallen när du sätter tillbaka kolv-/vevstaksenheterna. Det behövs en kolvringskompressor för detta arbete.*

3 Observera att följande metod förutsätter att ramlageröverfallen sitter på plats (se avsnitt 17).

4 Tryck in lagerskålarna på sina platser och se till att skålarnas flikar hakar i hacken på vevstaken och överfallet. Var noga med att inte vidröra lagerskålarnas lagerytor med fingrarna. Se till att alla spår av skyddande fett tas bort med hjälp av fotogen. Torka skålarna och vevstakarna torra med en luddfri trasa.

5 Smörj in cylinderloppen, kolvarna och kolvringarna och placera sedan varje enhet med kolvar/vevstakar på rätt plats .

6 Börja med enhet nr 1. Se till att kolvringarna fortfarande sitter med de avstånd som beskrivs i avsnitt 16, fäst dem sedan på plats med en kolvringskompressor.

7 Sätt i kolv-/vevstaksenheten ovanpå cylinder nr 1. Se till att pilen på kolvkronan pekar mot motorns kamkedjeände, och att ID-markeringarna på vevstakarna och vevstakslageröverfallen är placerade enligt anteckningarna som gjordes före demonteringen. Använd en träkloss eller ett hammarhandtag mot kolvkronan och knacka in enheten i cylindern tills kolvkronan är jäms med cylinderns ovansida **(se bilder).**

8 Se till att lagerskålen har monterats korrekt. Smörj in vevtappen och de båda lagerskålarna ordentligt. Var försiktig så att du inte repar cylinderloppen och dra kolv-/vevstaksenheten nedför loppet och på vevtappen. Sätt tillbaka vevstakslageröverfallet. Observera att lagerskålarnas styrflikar måste ligga an mot varandra.

9 Sätt dit nya fästbultar till lageröverfallet och dra sedan åt bultarna jämnt och stegvis till angivet åtdragningsmoment för steg 1. När båda bultarna har dragits åt till värdet för steg 1, vinkeldra dem till den vinkel som anges för steg 2 med hjälp av en hylsnyckel. Använd en vinkelmätare under detta moment för att garantera att bultarna dras åt korrekt. Om du inte har någon vinkelmätare kan du måla inställningsmarkeringar mellan bulten och

lageröverfallet med vit färg innan du drar åt. Markeringarna kan sedan användas för att kontrollera att bulten har vridits tillräckligt mycket.

10 När lageröverfallsbultarna har dragits åt som de ska vrider du på vevaxeln. Kontrollera att den snurrar fritt. En viss stelhet är normalt om man har använt nya komponenter, men det ska inte märkas några tecken på kärvning eller ojämnheter.

11 Montera de återstående enheterna med kolvar/vevstakar på samma sätt.

12 Sätt i förekommande fall tillbaka oljeskvalpskottet längst ner på motorblocket.

13 På 4-cylindriga motorer, sätt dit topplocket, balansaxelhuset/oljepumpen och sumpen enligt beskrivningen i del A i detta kapitel.

14 På 6-cylindriga motorer, sätt dit topplocket, oljepumpen och sumpen enligt beskrivningen i del B i detta kapitel.

19 Motor – fösta start efter översyn

⚠️ *Varning: Om kamaxlarna har tagits bort på 6-cylindriga motorer, respektera de rekommenderade fördröjningarna mellan återmonteringen av kamaxlarna och start av motorn – se aktuell metod för demontering och montering av kamaxlar i kapitel 2B för mer information.*

1 Dubbelkolla motoroljenivån och kylvätskenivån när motorn har monterats tillbaka i bilen. Kontrollera en sista gång att allt har återanslutits och att det inte ligger kvar några verktyg eller trasor i motorrummet.

2 Avaktivera tänd- och bränsleinsprutningssystemen genom att ta bort motorstyrningsreläet (sitter i motorns eldosa), och bränslepumpens säkring (sitter i huvudsäkringsdosan – se kapitel 12), kör sedan runt motorn med startmotorn tills varningslampan för oljetryck slocknar.

3 Sätt tillbaka reläerna (och kontrollera att bränslepumpen är monterad), och slå på tändningen för att flöda bränslesystemet.

4 Starta motorn. Tänk på att detta kan ta lite längre tid än normalt eftersom bränslesystemets komponenter har rörts.

Varning: När du startar motorn första gången efter en översyn och det hörs ett skallrande ljud från ventilstyrningen, beror detta antagligen på att de hydrauliska ventillyftarna töms delvis. Om skallrandet kvarstår, låt inte motorvarvtalet gå över 2 000 varv/minut innan skallrandet har upphört.

5 Låt motorn gå på tomgång och undersök om det förekommer läckage av bränsle, vatten eller olja. Bli inte rädd om det luktar konstigt eller ryker från delar som blir varma och bränner bort oljeavlagringar.

6 Förutsatt att allt är bra, fortsätt att låta motorn gå på tomgång tills du känner att det cirkulerar varmt vatten genom den övre slangen, stäng sedan av motorn.

7 Kontrollera oljan och kylvätskan igen efter några minuter enligt beskrivningen i *Veckokontroller* och fyll på om det behövs.

8 Om nya kolvar, ringar eller vevlager har monterats måste motorn behandlas som om den var ny och köras in de första 800 kilometrarna. Ge *inte* full gas, och växla noga så att motorn inte behöver gå med låga varvtal. Vi rekommenderar att oljan och oljefiltret byts efter denna period.

Kapitel 3
Kyl-, värme- och ventilationssystem

Innehåll

Svårighetsgrad

Enkelt, passar novisen med lite erfarenhet	**Ganska enkelt,** passar nybörjaren med viss erfarenhet	**Ganska svårt,** passar kompetent hemmamekaniker	**Svårt,** passar hemmamekaniker med erfarenhet	**Mycket svårt,** för professionell mekaniker

Specifikationer

Allmänt
Expansionskärlets öppningstryck .... 2,0 ± 0,2 bar

Termostat
Öppningstemperaturer:
M43TU 4-cylindrig motor	105 °C
N42 4-cylindrig motor.	103 °C (nominellt)
N46 4-cylindrig motor.	Ingen uppgift
6-cylindrig motor	97 °C

Åtdragningsmoment
	Nm
Kylfläktens viskokoppling till kylvätskepump **(vänstergängad)**	40
Kylvätskepump till servostyrningspump (motor N42 och N46)	32
Kylvätskepumpens muttrar/bultar (alla utom motor N42 och N46):	
M6-muttrar/bultar.	10
M8-muttrar/bultar.	22
Termokontakt till kylare.	15
Termostatkåpans bultar	10

1 Allmän information och föreskrifter

Allmän information

Kylsystemet är trycksatt, och består av en pump, en kylare i aluminium med vattengenomströmning i horisontalled, en kylfläkt och en termostat. Systemet fungerar enligt följande. Kall kylvätska från kylaren passerar genom bottenslangen till kylvätskepumpen. Därifrån pumpas kylvätskan runt i motorblocket och motorns huvudutrymmen. När cylinderloppen, förbränningsytorna och ventilsätena kylts når kylvätskan undersidan av termostaten, som är stängd. Kylvätskan går genom värmeenheten och sedan tillbaka genom motorblocket till kylvätskepumpen.

När motorn är kall cirkulerar kylvätskan endast genom motorblocket, topplocket, expansionskärlet och värmeenheten. När kylvätskan uppnår en angiven temperatur öppnas termostaten och kylvätskan passerar till kylaren. På vissa modeller styrs öppning och stängning av termostaten av motorstyrmodulen genom ett värmeelement inuti termostatens vaxkapsel. Detta möjliggör detaljstyrning av motorns arbetstemperatur, vilket ger mindre utsläpp och bättre bränsleförbrukning. När kylvätskan cirkulerar genom kylaren kyls den ner av luftströmmen som kommer in när bilen rör sig framåt. Luftströmmen kompletteras av kylfläkten. När kylvätskan når kylaren är vätskan nedkyld och cykeln upprepas.

Beroende på modell används en av två olika fläktkonfigurationer. På 6-cylindriga M54-modeller och 4-cylindriga modeller drivs fläkten elektriskt, och den är fäst på kylarens motorsida. På 6-cylindriga M52TU-modeller finns en remdriven kylfläkt. Remmen drivs av vevaxelns remskiva via en viskokoppling. Viskokopplingen varierar fläkthastigheten enligt motortemperaturen. Vid låga temperaturer ger kopplingen mycket litet motstånd mellan fläkten och pumpremskivan, vilket gör att endast en liten del av drivningen överförs till kylfläkten. Allt eftersom temperaturen i kopplingen stiger, ökar även dess interna motstånd vilket ökar drivningen till kylfläkten.

2.3a Bänd upp kabellåsklämman . . .

På dessa motorer finns en extra eldriven kylfläkt på kylarens stötfångarsida.

Se avsnitt 11 för information om luftkonditioneringssystemet.

Föreskrifter

 Varning: Försök inte ta bort expansionskärlets påfyllningslock eller på annat sätt göra ingrepp i kylsystemet medan motorn är varm. Risken för allvarliga brännskador är mycket stor. Om expansionskärlets påfyllningslock måste tas bort innan motorn och kylaren har svalnat helt (även om detta inte rekommenderas), måste övertrycket i kylsystemet först släppas ut. Täck locket med ett tjockt lager tyg för att undvika brännskador. Skruva sedan långsamt bort locket tills ett pysande ljud hörs. När pysandet har upphört, vilket tyder på att trycket minskat, fortsätt att skruva loss locket tills det kan tas loss helt. Hörs ytterligare pysljud, vänta tills det försvinner innan locket tas av helt. Håll dig alltid på ett säkert avstånd från påfyllningsöppningen.

• *Låt inte frostskyddsmedel komma i kontakt med huden eller lackerade ytor på bilen. Spola omedelbart bort eventuellt spill med stora mängder vatten. Lämna aldrig frostskyddsmedel i en öppen behållare, i en pöl på uppfarten eller på garagegolvet. Barn och djur kan lockas av dess söta lukt. Frostskyddsmedel är livsfarligt att förtära.*

• *Se även föreskrifterna i avsnitt 11 för arbete på modeller med luftkonditionering.*

2 Kylsystemets slangar – frånkoppling och byte

Observera: *Se föreskrifterna i avsnitt 1 i detta kapitel innan arbetet fortsätts.*

1 Om de kontroller som beskrivs i kapitel 1 avslöjar en defekt slang, måste den bytas enligt följande.

2 Töm först kylsystemet (se kapitel 1). Om det inte är dags att byta kylvätskan kan den vätska som du tömmer ut återanvändas, förutsatt att den samlas upp i en ren behållare.

3 När du ska koppla loss en slang, bänd upp fästklämman och dra loss slangen från dess fäste (se bilder). Vissa slangar kan vara fästa med traditionella slangklämmor. Om du ska koppla loss sådana slangar, lossa fästklämmorna och flytta dem sedan längs med slangen, bort från den berörda insugs-/utloppsanslutningen. Lossa slangen försiktigt. Även om slangarna kan tas bort relativt lätt när de är nya eller varma, ska du inte försöka koppla loss någon del av systemet när det är varmt.

4 Observera att kylarinsugs- och utloppsanslutningarna är känsliga. Ta inte i för hårt för att dra loss slangarna. Om en slang är svår att ta bort, försök att lossa den genom att vrida slangändarna innan du försöker att ta loss den (se Haynes tips).

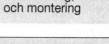 *Om inget annat fungerar, skär av slangen med en vass kniv, och dela den sedan så att den kan skalas av i två delar. Även om detta kan verka dyrt om slangen är i gott skick i övrigt, är det bättre än att köpa en ny kylare.*

5 När du ska sätta tillbaka en slang, tryck änden över beslaget tills fästklämman hakar i och låser slangen på plats. Dra i slangen för att vara säker på att den är låst på plats. Om du sätter dit en slang med traditionella slangklämmor, skjut först på klämmorna på slangen och passa sedan in slangen på plats. Om bilen hade klämmor av den typ som nyps ihop med tång i original är det en bra idé att använda klämmor av skruvtyp när du sätter tillbaka slangen. Om slangen är stel kan lite tvålvatten användas som smörjmedel, eller också kan slangen mjukas upp med ett bad i varmvatten. Passa in slangen, kontrollera att den är korrekt dragen, och skjut sedan varje klämma längs med slangen tills de har passerat den utvidgade änden av den berörda insugs-/utloppsanslutningen, innan du fäster den på plats med fästklämman.

6 Fyll på kylsystemet enligt beskrivningen i kapitel 1.

7 Kontrollera noggrant om det finns några läckor så snart som möjligt efter det att någon del av kylsystemet har rubbats.

3 Kylare – demontering, kontroll och montering

 *Om orsaken till att kylaren demonteras är läckage, tänk på att mindre läckor ofta kan tätas med kylartätningsmedel med kylaren monterad.*

Demontering

1 Koppla loss batteriets minusledare (se kapitel 5A).

2.3b . . . och dra loss slangen från beslaget

3.5 Koppla loss den övre kylvätskeslangen från kylaren och expansionskärlet

3.6 Koppla loss slangen från expansionskärlet – 6-cylindriga modeller

3.8 Koppla loss slanganslutningen från kylaren och expansionskärlet

2 Töm kylsystemet enligt beskrivningen i kapitel 1.

6-cylindriga modeller

3 Ta bort luftfilterhuset enligt beskrivningen i kapitel 4A.
4 Ta bort kylfläkten och viskokopplingen (avsnitt 5) eller den elektriska kylfläkten (avsnitt 6) efter tillämplighet. Vissa modeller har en elektrisk kylfläkt bakom kylaren, medan andra har en viskokoppling och en fläkt bakom kylaren. Du behöver inte att bort fläkten på stötfångarsidan.
5 Bänd ut låskabelklämmorna och koppla loss den övre kylvätskeslangen från kylaren och expansionskärlet **(se bild)**.
6 Bänd ut låskabelklämman och koppla loss slangen från expansionskärlet **(se bild)**.

4-cylindriga modeller

7 Ta bort den elektriska kylfläkten och kåpan enligt beskrivningen i avsnitt 6.
8 Bänd ut låskabelklämmorna och koppla loss den övre kylvätskeslanganslutningen från kylaren och expansionskärlet **(se bild)**.

Alla modeller

9 Bänd ut låskabelklämman och koppla loss den nedre slangen från kylaren.
10 Sträck in handen under kylvätskeexpansionskärlet och koppla loss kablaget från kylvätskenivågivaren. Dra ut fästklämman från expansionskärlets nedre del **(se bild)**.
11 Koppla loss slangen från expansions-

kärlets nedre del eller från kylarens vänstra sida beroende på modell **(se bild)**. Dra upp expansionskärlet från kylaren och ta bort det.
12 Beroende på modell är kylaren fäst med en eller två skruvar och en expanderplastnit i kylarens övre hörn. Skruva loss skruven/skruvarna eller bänd upp centrumsprinten och bänd ut niten, lyft sedan upp kylaren och ta bort den från motorrummet **(se bilder)**.

Kontroll

13 Om kylaren har demonterats för att den misstänks vara igensatt, ska den backspolas enligt beskrivningen i kapitel 1.
14 Ta bort smuts och skräp från kylflänsarna, använd tryckluft (då måste du bära ögonskydd) eller en mjuk borste. Var försiktig eftersom flänsarna är vassa och lätt kan skadas.

3.10 Koppla loss nivågivarens anslutningskontakt och dra ut expansionskärlets fästklämma (se pil)

3.12a Torxskruv (se pil) på kylarens övre högra hörn . . .

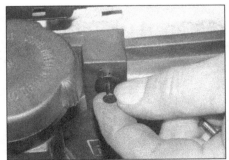

3.12b . . . och en plastexpandernit i vänster hörn

15 Vid behov kan en kylarspecialist utföra ett flödestest på kylaren för att ta reda på om den är igensatt.
16 En läckande kylare måste lämnas till en specialist för permanent lagning. Försök inte att svetsa eller löda ihop en läckande kylare, då kan det uppstå skador.
17 Kontrollera att kylarens nedre gummifästen inte är skadade eller slitna och byt dem vid behov.

Montering

18 Monteringen utförs i omvänd ordningsföljd mot demonteringen, men observera följande.
 a) Se till att de nedre gummifästena sitter rätt i huset och sänk sedan ner kylaren, haka i den i fästena och fäst den med fästbultar/klämmor **(se bild)**.

3.11 Bänd ut låskabelklämman och koppla loss slangen från expansionskärlets nedre del

3.18 Kylaren måste sitta i V-formen (se pil)

4.3 Koppla loss den nedre slangen från termostathuset och koppla sedan loss kontaktdonet (se pil)

4.7 Skruva loss fästskruvarna och ta bort termostathuset

b) Se till att fläktkåpan sitter rätt i förhållande till tapparna på kylaren, och fäst den med klämmorna.
d) Återanslut slangarna och se till att fästklämmorna hakar i ordentligt.
e) Kontrollera att O-ringstätningarna på kylarbeslagen är i gott skick. Byt de som eventuellt är felaktiga.
f) Avsluta med att återansluta batteriet och fylla på kylsystemet (se kapitel 1).

4 Termostat – demontering och montering

Observera: Det behövs en ny termostat-tätningsring och (i förekommande fall) huspackning/tätning vid återmonteringen.

5.4a Lossa kylfläktens koppling med den särskilda öppna nyckeln . . .

4.4 Skruva loss torxbultarna och ta bort termostatkåpan

4.8 Byt termostathusets O-ringstätning

Demontering

1 Koppla loss batteriets minusledare (se kapitel 5A).
2 Töm kylsystemet enligt beskrivningen i kapitel 1.

N-42 och N46-motorer

3 Dra ut kabellåsklämman och koppla loss den nedre slangen från termostathuset **(se bild)**. Koppla i förekommande fall loss termostatens anslutningskontakt.
4 Skruva loss torxfästbultarna och ta bort termostatkåpan (komplett med termostat) nedåt **(se bild)**. Observera att termostaten är inbyggd i kåpan och kan endast bytas som en enhet. Kasta O-ringstätningen eftersom en ny måste monteras.

5.4b . . . och ta bort kylfläkten

M43TU och 6-cylindriga motorer

5 I förekommande fall kan du förbättra åtkomsten till termostathuset genom att ta bort kylfläkten och kopplingen enligt beskrivningen i avsnitt 5.
6 Bänd ut låskabelklämmorna och koppla loss kylvätskeslangen/slangarna från termostathuset på framsidan av topplocket/kamkedjekåpan (efter tillämplighet). På modeller med en eluppvärmd termostat kopplar du loss anslutningskontakten.
7 Skruva loss fästskruvarna och ta bort termostathuset **(se bild)**. Ta loss huspackningen/tätningen (i förekommande fall). På 6-cylindriga motorer måste du ta bort bultarna från motorlyftfästbyglarna för att huset ska kunna tas bort.
8 Observera att termostaten är inbyggd i huset. Ta bort tätningsringen **(se bild)**.

Montering

9 Monteringen utförs i omvänd ordningsföljd. Tänk på följande:
a) Byt termostatkåpans O-ringstätning.
b) Dra åt termostatkåpans bultar till angivet moment.
c) På 6-cylindriga motorer sätter du tillbaka kylfläkten enligt beskrivningen i avsnitt 5.
d) Avsluta med att fylla på kylsystemet enligt beskrivningen i kapitel 1.

5 Kylfläkt och viskokoppling – demontering och montering

Observera: Det behövs en särskild smal öppen nyckel på 32 mm för att ta bort fläkt- och viskokopplingsenheten.

Demontering

1 Ta bort expandernitarna och ta bort plastkåpan från dess plats ovanför kylaren.
2 Koppla loss hjälpkylkanalerna från skyddet och ta bort dem från motorrummet.
3 Lossa fläktskyddets övre fästklämmor genom att dra ut dess centrumsprintar och sedan lyfta bort skyddet uppåt. **Observera:** Du kan behöva ta bort fläkten för att kunna ta bort skyddet.
4 Använd den särskilda öppna nyckeln för att skruva loss viskokopplingen från kylvätskepumpen och ta bort kylfläkten **(se bilder)**. **Observera:** Viskokopplingen är **vänstergängad**. Om det behövs kan du använda en metallbit som fästs på drivremskivan för att hålla emot muttern.
5 Skruva vid behov loss och ta bort fästbultarna och skilj kylfläkten från kopplingen, observera hur fläkten är monterad.

Montering

6 Sätt tillbaka fläkten på viskokopplingen om det behövs och dra åt fästbultarna ordentligt. Se till att fläkten sätts in åt rätt håll. **Observera:** Om fläkten monteras åt fel håll minskar kylsystemets effekt betydligt.

7 Sätt tillbaka fläkten och skyddet. Skruva fast fläkten på kylvätskepumpen och dra åt den till angivet moment. Haka fast fläktskyddet i tapparna på kylaren och fäst det med fästklämmorna.

8 Återanslut hjälpkylkanalerna (i förekommande fall) på skyddet och sätt sedan tillbaka plastkåpan på motorhuvens tvärbalk och dra åt dess fästskruvar ordentligt.

6 Elektrisk kylfläkt och kåpa – demontering och montering

Demontering

Huvudkylfläkt

1 Bänd ut expandernitarna och ta bort luftintagskåpan från mitten av frontens överdel **(se bild)**. I förekommande fall skruvar du loss de båda skruvarna, lyfter upp plastmotorkåpan och drar den framåt för att ta bort den. På N42-motorer tar du bort luftrenarhuset enligt beskrivningen i kapitel 4A.

2 Hissa upp bilens framvagn och stötta den på pallbockar (se *Lyftning och stödpunkter*). Skruva loss skruvarna och ta bort motorns undre skyddskåpa från bilens främre del.

3 Om det finns en centrumsprint, bänd ut expanderniten och ta bort den sekundära luftinsprutningsfilterenheten från skyddet. Lossa luftinsprutningsslangen från fästklämmorna på skyddet.

4 Observera var eventuella elektriska anslutningar sitter. Lossa och koppla sedan bort dem från fläkten/skyddet **(se bild)**.

5 Lossa i förekommande fall slangarna från kåpans nedre del. Om det finns plastexpandernitar, bänd upp centrumsprinten och bänd sedan bort hela niten.

6 Ta bort bulten från fläktskyddets övre högra hörn, och sedan expanderniten från det övre vänstra hörnet **(se bilder)**.

7 Lyft fläkten uppåt, bort från motorrummet. Var försiktig så att du inte skadar kylaren när du hanterar fläktskyddsenheten.

6.1 Bänd upp centrumsprinten och ta sedan bort expanderniten

6.6a Ta bort skruven i det högra hörnet (se pil) . . .

8 Skruva loss de tre skruvarna och ta bort fläktmotorn från skyddet **(se bild)**. **Observera:** *Lyft inte enheten i fläktbladen, då kan fläktens balans försämras vilket leder till högre ljudnivå när fläkten används.*

9 Om det behövs kan du lossa de fyra skruvarna och ta bort timerenheten från skyddet **(se bild)**.

Hjälpkylfläkt

10 Bänd ut expandernitarna och ta bort luftintagskåpan från mitten av frontens överdel **(se bild)**.

11 Ta bort den främre stötfångaren enligt beskrivningen i kapitel 11.

12 Lossa och koppla loss fläktmotorns anslutningskontakt.

13 Bänd ut de fyra expandernitarna och ta bort fläktskyddet.

6.4 Skruva loss anslutningarna från kåpan (se pilar)

6.6b . . . och plastexpanderniten i det vänstra hörnet

14 Ta bort de fyra skruvarna och ta bort fläkten och motorn.

Montering

15 Monteringen utförs i omvänd ordningsföljd mot demonteringen. Se till att tapparna på skyddets nedre kant hakar i motsvarande spår på kylarkanten.

7 Kylsystemets elektriska brytare – kontroll, demontering och montering

Kylarens utloppskontakt

Kontroll

1 Test av brytaren ska överlåtas till en BMW-verkstad.

6.8 Fläktmotorn är fäst med 3 skruvar (se pilar)

6.9 Skruva loss de 4 skruvarna och ta bort timerenheten

6.10 Bänd ut expandernitarna och ta bort intagskåpan

7.5 Kylarens utloppstermostatbrytare sitter i den nedre slangen

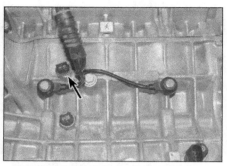

7.11 Motorns kylvätsketemperaturgivare (se pil – motorn borttagen för tydlighets skull)

7.15 Temperaturgivare för kylvätska (visas med insugsgrenröret borttaget)

Demontering

2 Brytaren sitter i kylarens nedre slang. Motorns och kylaren måste därför vara kalla innan brytaren tas bort.
3 Koppla loss batteriets minusledare (se kapitel 5A).
4 Antingen tömmer du kylsystemet till en nivå under brytaren (enligt beskrivningen i kapitel 1), eller så har du en lämplig plugg till hands som kan användas för att täppa till brytaröppningen i kylaren medan kontakten tas bort. Om du använder en plugg, var försiktig så att du inte skadar kylaren och använd inte något som kan föra in främmande partiklar i kylaren.
5 Koppla loss anslutningskontakten från brytaren **(se bild)**.
6 Lossa fästklämman och ta bort brytaren. Ta vara på tätningsringen.

Montering

7 Monteringen utförs i omvänd ordningsföljd mot demonteringen, använd en ny tätningsbricka. Avsluta med att fylla kylsystemet enligt beskrivningen i kapitel 1 eller fylla på enligt anvisningarna i *Veckokontroller*.
8 Starta motorn och låt den gå tills den uppnår normal arbetstemperatur. Låt motorn fortsätta att gå och kontrollera att kylfläkten aktiveras och fungerar som den ska.

Temperaturgivare för kylvätska
Kontroll
9 Test av givaren ska överlåtas till en BMW-verkstad.

Demontering – N-42 och N46-motorer

10 Antingen tömmer du kylsystemet delvis, till en nivå under givaren (enligt beskrivningen i kapitel 1), eller så har du en lämplig plugg till hands som kan användas för att täppa till givaröppningen i kylaren medan den tas bort. Om du använder en plugg, var försiktig så att du inte skadar givarenhetens öppning och använd inte något som kan föra in främmande partiklar i kylsystemet.
11 Givaren sitter på motorblockets vänstra sida, under insugsgrenröret **(se bild)**. För att komma åt givaren, ta bort generatorn enligt beskrivningen i kapitel 5A.
12 Koppla loss anslutningskontakten och skruva loss givaren från motorblocket. Ta vara på tätningsringen.

Demontering – M43TU och 6-cylindriga motorer

13 Antingen tömmer du kylsystemet delvis, till en nivå under givaren (enligt beskrivningen i kapitel 1), eller så har du en lämplig plugg till hands som kan användas för att täppa till givaröppningen i kylaren medan den tas bort. Om du använder en plugg, var försiktig så att du inte skadar givarenhetens öppning och använd inte något som kan föra in främmande partiklar i kylsystemet.
14 Givaren är fastskruvad i topplockets vänstra sida, under insugsgrenröret.
15 Koppla loss kablaget från givaren. Skruva loss givarenheten från topplocket och ta bort dess tätningsbrickor **(se bild)**.

Montering

16 Montera en ny tätningsbricka på givarenheten, sätt tillbaka givaren och dra åt den ordentligt.
17 Återanslut kontaktdonet och fyll sedan kylsystemet enligt kapitel 1 eller fyll på enligt anvisningarna i *Veckokontroller*.

8 Kylvätskepump – demontering och montering

Observera: *Använd en ny tätningsring vid återmonteringen.*

Demontering
1 Töm kylsystemet enligt kapitel 1.

N-42 och N46-motorer
2 Lossa servostyrningspumpens remskivebultar och ta bort drivremmen enligt beskrivningen i kapitel 1. Observera att kylvätskepumpen är fäst med bultar på servostyrningspumpen, och att de båda delarna måste tas bort tillsammans. Lossa de båda bultarna som fäster servostyrningspumpen på kylvätskepumpen **(se bild)**.
3 Hissa upp bilens framvagn och stötta den på pallbockar (se *Lyftning och stödpunkter*). Skruva loss skruvarna och ta bort motorns undre skyddskåpa.
4 Bänd upp låskabelklämmorna och koppla loss de tre slangarna från termostathuset **(se bild)**. Observera att servostyrningspumpens slangar ska förbli frånkopplade.
5 Skruva loss de fyra skruvarna och skilj servostyrningspumpen från motorblocket. Skruva loss bulten och ta bort fästbygeln som stöder servostyrningsrören på motorblockets främre del.
6 Ta bort de båda skruvarna som sitter mellan kylvätskepumpen och servostyrningspumpen, som lossades tidigare, och ta bort kylvätskepumpen. Kasta O-ringarna som sitter mellan de delar som håller ihop pumpen och motorblocket, du måste använda nya **(se bild)**.
7 Om det behövs kan kylvätskepumpen skiljas från termostathuset genom att du tar bort huskåpan (tillsammans med termostaten), och skruvar loss de fyra bultarna som fäster huset på pumphuset.

8.2 Lossa de båda bultarna som fäster servostyrningspumpen på kylvätskepumpen (se pilar)

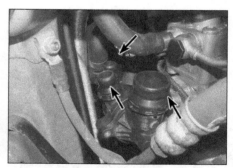

8.4 Koppla loss de 3 slangarna från termostathuset (se pilar)

8.6 Byt O-ringarna på delarna mellan kyl-vätskepumpen och motorblocket (se pilar)

8.8 Skruva loss bultarna för att dela på kylvätskepumpen

8.11 Skruva loss kylvätskepumpens remskivebultar

8 Kylvätskepumpen kan öppnas och tätningen bytas genom att du tar bort de sex bultarna och separerar pumpens båda halvor. Kasta gummitätningen, du måste sätta dit en ny (se bild).

M43TU och 6-cylindriga motorer

9 På 6-cylindriga modeller, ta bort kylfläkten och kopplingen enligt avsnitt 5.
10 Lossa kylvätskepumpens remskivebultar och ta sedan bort drivremmen enligt beskrivningen i kapitel 1.
11 Skruva loss fästbultarna och ta bort remskivan från pumpen, observera hur den är monterad (se bild).
12 Skruva loss pumpens fästbultar/muttrar (efter tillämplighet) och ta bort pumpen. Om pumpen sitter hårt, skruva in två M6-bultar i lyfthålen på var sida om pumpen och använd bultarna för att dra loss pumpen (se bild).
13 Ta loss tätningsringen från pumpens baksida (se bild).

Montering

N-42 och N46-motorer

14 Om pumpen har öppnats, byt gummi-tätningen och sätt ihop halvorna igen. Dra åt de sex bultarna ordentligt.
15 Om du har tagit bort termostathuset och kåpan, sätt tillbaka dem och använd nya

O-ringstätningar. Dra åt bultarna ordentligt.
16 Byt O-ringarna mellan delarna som fäster pumpen på motorblocket och smörj in dem med antikärvmedel. Sätt dit anslutningsstycket på pumpen.
17 Smörj in pumpens drivningstappar med fett och linjera dem med de motsvarande tapparna på servostyrningspumpen.
18 Montera kylvätskepumpen på servo-styrningspumpen, dra endast åt bultarna för hand i detta skede.
19 Montera servostyrningspumpen på motor-blocket, se till att kylvätskepumpens anslut-ningsstycke hakar i motsvarande hål i motor-blocket ordentligt. Dra åt servostyrnings-pumpens fästbultar ordentligt.
20 Dra åt bultarna mellan kylvätskepumpen och servostyrningspumpen till angivet moment.
21 Resten av monteringen utförs i omvänd ordningsföljd mot demonteringen.

M43TU och 6-cylindriga motorer

22 Sätt dit en ny tätningsring på pumpens baksida och smörj in den med fett för att underlätta ditsättningen.
23 Passa in pumpen och sätt tillbaka fäst-bultarna/muttrarna. Dra åt bultarna/muttrarna jämnt och stegvis till angivet moment, se till att pumpen fästs vinkelrätt.

24 Montera remskivan på pumpen, se till att den är placerad i rätt riktning, och skruva i dess fästbultar.
25 Montera drivremmen enligt beskrivningen i kapitel 1 och dra sedan åt remskivebultarna ordentligt.
26 Montera kylfläktsenheten (efter tillämp-lighet) enligt beskrivningen i avsnitt 5.
27 Fyll på kylsystemet enligt beskrivningen i kapitel 1.

9 Värme-/ventilationssystem – allmän information

1 Värme-/ventilationssystemet består av en fläktmotor med fyra hastigheter, luftmun-stycken i huvudhöjd i mitten av och på var ände av instrumentbrädan, samt luftkanaler till de främre och bakre golvbrunnarna.
2 Reglageenheten sitter i instrumentbrädan och reglagen styr klaffventiler som böjs och blandar luften som strömmar genom de olika delarna av värme-/ventilationssystemet. Klaff-ventilerna sitter i luftfördelarhuset, som funge-rar som en central fördelarenhet, och skickar luft till de olika kanalerna och luftmun-styckena.

8.12 Om kylvätskepumpen sitter hårt, dra loss pumpen med 2 lyftbultar (se pilar)

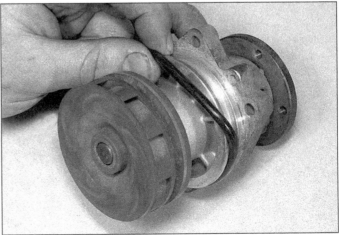

8.13 Ta loss tätningsringen från kylvätskepumpens baksida

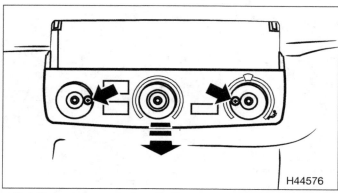

10.4 Ta bort skruvarna (se pilar) och lossa den främre panelen

10.5 Skruva loss de 4 skruvarna (1)

3 Kalluft kommer in i systemet genom gallret i motorrummets bakre del. Det sitter ett pollenfilter i inloppet för att filtrera bort damm, sporer och sot från den inkommande luften.

4 Om det behövs förstärks luftflödet av kompressorn och flödar sedan genom de olika kanalerna i enlighet med kontrollernas inställningar. Gammal luft skickas ut genom kanaler i bilens bakre del. Om varm luft behövs, leds den kalla luften via värmepaketet, som värms upp av motorns kylvätska.

5 Du kan stänga av intaget av luft utifrån, och återcirkulera luften inuti bilen. Den här funktionen är bra för att förhindra otrevlig lukt från att tränga in i bilen utifrån, men den bör endast användas under kortare perioder eftersom den återcirkulerade luften snart blir dålig.

6 Vissa modeller har uppvärmda framsäten. Värmen produceras av eluppvärmda mattor i sätets och ryggstödets kuddar (se kapitel 12). Temperaturen styrs automatiskt av en termostat och kan ställas in på en av tre nivåer, vilket styrs av reglagen på instrumentbrädan.

10 Värme-/ventilations-komponenter – demontering och montering

Utan luftkonditionering

Värme-/ventilationssystemets reglageenhet

1 Koppla loss batteriets minusledare (se kapitel 5A).

2 Ta bort ljudanläggningen enligt beskrivningen i kapitel 12.

3 Dra loss vridreglagen från vart och ett av värmereglagen.

4 Skruva loss fästskruvarna och lossa den främre panelen från värmereglageenheten **(se bild)**.

5 Skruva loss de fyra skruvarna som håller fast öppningsramen, lossa kontrollpanelens fästklämmor, tryck panelen inåt och ta bort ramen från instrumentbrädan **(se bild)**.

6 Koppla loss kontaktdonet/donen, lossa sedan klämmorna från styrkablarna och lossa alla vajrar från reglageenheten. Notera var varje vajer sitter och hur den är dragen. Märk vajrarna allt eftersom du tar bort dem för att underlätta monteringen.

7 Monteringen utförs i omvänd ordningsföljd mot demonteringen. Se till att styrvajrarna är korrekt dragna och återanslutna på kontrollpanelen, enligt anteckningarna från demonteringen. Fäst vajerhöljena på plats med klämmor och kontrollera att varje knopp/spak fungerar innan du återmonterar förvaringsutrymmet i mittkonsolen.

Värme/ventilationssystemets vajrar

8 Ta bort värme-/ventilationssystemets reglageenhet från instrumentbrädan enligt beskrivningen ovan i punkt 1 till 6 och koppla loss den berörda vajern från reglageenheten.

9 På högerstyrda modeller, skruva loss fästskruvarna och lossa sedan instrumentbrädans nedre panel på förarsidan och ta bort den från bilen. På vänsterstyrda modeller, ta bort handskfacket enligt beskrivningen i kapitel 11, avsnitt 27.

10 Följ vajern bakom instrumentbrädan, observera hur den är dragen och koppla loss vajern från luftfördelarhuset.

11 Sätt dit den nya vajern i omvänd ordning mot borttagningen, se till att den är korrekt dragen och inte vikt och att inget hindrar dess väg. Kontrollera att vridreglaget fungerar som det ska och sätt sedan tillbaka reglageenheten enligt beskrivningen tidigare i detta avsnitt.

Värmepaket

12 Arbeta i motorrummet och ta bort värme-/ventilationssystemets insugsluftkanal från motorrummets bakre del enligt följande.

  a) *Vrid de tre fästena 90° moturs och ta bort pollenfilterkåpan från motorrummets bakre del. Dra filtret framåt och ta bort det.*

  b) *Skruva loss fästklämmorna och ta ut vajern ur kanalen (se bild).*

  c) *Skruva loss de fyra skruvarna och dra filterhuset framåt och ta bort det.*

  d) *Skruva loss de båda skruvarna och ta bort insugskanalen uppåt, bort från motorrummet (se bild).*

  e) *Om det behövs drar du upp tätningsremsan, lossar de båda fästena och tar bort avdelaren från motorrummets vänstra sida (se bild).*

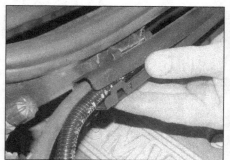

10.12a Lossa kabelkanalen

10.12b Skruva loss de båda torxskruvarna (se pilar) och ta bort insugskanalen

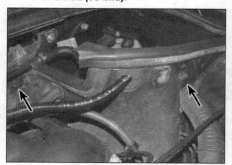

10.12c Ta loss de båda fästena (se pilar) och ta bort avdelarpanelen

13 Skruva loss expansionskärlets lock (se **varningstexten** i avsnitt 1) för att släppa ut eventuellt tryck som kan finnas i kylsystemet, och sätt sedan tillbaka locket ordentligt.

14 Fäst de båda värmeslangarna med klämmor så nära mellanväggen som möjligt för att minska kylvätskeförlusten. Du kan även tömma kylsystemet enligt beskrivningen i kapitel 1.

15 Lossa de båda klämmorna och koppla loss värmeslangarna från mellanväggen **(se bild)**.

16 Ta bort instrumentbrädan enligt beskrivningen i kapitel 11.

17 Ta bort temperaturgivaren från värmefördelarenheten. Lossa kablaget från fästklämmorna **(se bild)**.

18 Dra bort passagerarsidans luftkanal från värmeenheten, skruva loss skruven och ta bort värmeenhetens rörfästbygel **(se bild)**.

19 Lossa fästklämmorna och ta bort värmepaketets kåpa från värmeenheten **(se bild)**.

20 Ta bort rörfästena, lyft bort värmerören och flytta bort värmepaketet från värmeenheten **(se bild)**. Ta bort tätningsringarna från värmerören. **Observera:** *Håll värmepaketets anslutningar överst när du tar bort paketet för att förhindra kylvätskespill. Torka upp eventuell utspilld kylvätska och torka av det berörda området med en fuktig trasa för att förhindra att det uppstår fläckar.*

21 Monteringen utförs i omvänd ordning mot demonteringen. Använd nya tätningsringar. Avsluta med att fylla på kylsystemet enligt beskrivningen i kapitel 1.

Värmefläktens motor

22 Koppla loss batteriets minusledare (se kapitel 5A). Ta bort inloppet till motorrummets värmeenhet enligt beskrivningen i punkt 12.

23 På 6-cylindriga motorer bänder du ut plastlocket, skruvar loss fästmuttrarna/bultarna och tar bort plastkåporna från motorns ovansida för att få plats att ta bort värmefläktmotorn.

24 På alla modeller, dra bort gummitätningen, skruva loss de fyra skruvarna och ta bort fläktmotorns kåpa.

25 Skruva loss fästskruvarna och sänk ner fläktmotorn. Koppla loss motorns anslutningskontakt när du tar bort enheten.

26 Monteringen utförs i omvänd ordningsföljd mot demonteringen, se till att motorn är korrekt fäst i huset och att husets kåpor sitter ordentligt.

Värmefläktmotorns motstånd

27 Ta bort värme-/ventilationssystemets insugsluftkanal från motorrummet enligt beskrivningen i punkt 12.

28 Dra bort gummitätningen, skruva loss de fyra skruvarna och ta bort fläktmotorns kåpa.

29 Skruva loss fästskruven, koppla loss anslutningskontakten och bänd sedan ut motståndet.

30 Monteringen utförs i omvänd ordningsföljd mot demonteringen.

10.15 Lossa klämmorna och koppla loss värmeslangarna från mellanväggen

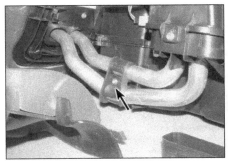

10.18 Fästskruv till fästbygeln för värmeenhetens rör (se pil)

Värmepaketets kylvätskeventil

31 Kylvätskeventilen sitter på vänster innerskärm. Observera att vissa modeller har en hjälppump som sitter nära ventilen **(se bild)**. Skruva loss expansionskärlets lock (se **varningstexten** i avsnitt 1) för att släppa ut eventuellt tryck som kan finnas i kylsystemet, och sätt sedan tillbaka locket ordentligt.

32 Ta bort luftrenarhuset enligt kapitel 4A.

33 Fäst de båda värmeslangarna med klämmor, så nära kylvätskeventilen som möjligt för att minska kylvätskeförlusten.

34 Koppla loss ventilens kontaktdon.

35 Lossa fästklämmorna och koppla loss slangarna från ventilen, lossa sedan ventilens klämmor och ta bort den från motorrummet.

36 Monteringen utförs i omvänd ordningsföljd mot demonteringen.

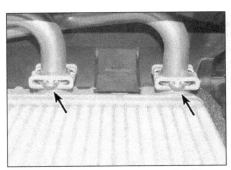

10.20 Ta bort värmeenhetens rörhållare (se pilar)

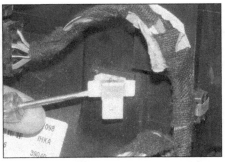

10.17 Ta bort temperaturgivaren från värmeenheten

10.19 Lossa klämman och ta bort värmepaketets kåpa

Med luftkonditionering

Värmereglageenhet

37 Dra växelspaksknoppen rakt uppåt, ganska hårt, och ta bort den från spaken (manuell växellåda), eller ta bort växelväljaren (automatväxellåda – se kapitel 7B).

38 Bänd upp och ta bort växelspakens/växelväljarens sargpanel. Notera hur anslutningskontakterna sitter monterade och koppla sedan loss dem när du tar bort panelen.

39 Öppna locket till förvaringsutrymmet under värmereglagen. Börja i hörnet och bänd försiktigt ut nederkanten av utrymmet och ta loss det från instrumentbrädan **(se bild)**. Om du demonterar glasögonfacket, tryck fackets tak lätt uppåt, dra det ca 2 mm bakåt och tryck sedan lockets vänstra och högra sida nedåt och lossa det från instrumentbrädan.

10.31 Värmeventil och hjälppump

10.39 Ta bort förvaringsfacket från instrumentbrädan

10.40 Skruva loss skruvarna (se pilar) och ta bort ramen

10.41 Ta bort värmereglageenheten från instrumentbrädan

40 Skruva loss de fyra skruvarna och ta bort förvaringsutrymmets hållare från instrumentbrädan **(se bild)**. Notera hur anslutningskontakterna sitter monterade och koppla sedan loss dem när du tar bort enheten.

41 Ta försiktigt bort kontrollpanelen från instrumentbrädan genom att trycka underifrån **(se bild)**.

42 Notera hur de olika anslutningskontakterna sitter monterade, öppna spärren och koppla sedan ifrån kontakterna.

43 Monteringen utförs i omvänd ordningsföljd mot demonteringen.

Värmepaket

44 Låt en BMW-verkstad eller annan lämplig specialist tömma ut luftkonditioneringssystemets kylmedium.

45 Ta loss instrumentbrädan enligt kapitel 11.

46 Ta bort värme-/ventilationssystemets in-

sugsluftskanal enligt beskrivningen i punkt 12.

47 Fäst de båda värmeslangarna med klämmor så nära mellanväggen som möjligt för att minska kylvätskeförlusten. Du kan även tömma kylsystemet enligt beskrivningen i kapitel 1.

48 Lossa båda klämmorna och koppla loss värmeslangarna från mellanväggen.

49 Skruva loss bultarna som fäster luftkonditioneringsrören på mellanväggen i motorrummet. Kasta rörtätningarna, du måste sätta dit nya vid monteringen.

50 Skruva loss bulten som fäster luftkonditioneringens dubbla röranslutning på mellanväggen och lägg röret åt sidan **(se bild)**. Kasta tätningsringarna, du måste använda nya vid monteringen.

51 Ta bort de fyra skruvarna på motorrummets mellanvägg **(se bilder 12.7a och 12.7b)**.

52 Ta bort rattstången enligt kapitel 10.

53 Skruva loss eventuella fästbyglar som håller fast värmeenheten och koppla loss eventuella anslutningskontakter. Notera var de sitter och hur kablaget är draget. Ta bort värmeenheten från bilen.

54 Var beredd på att det kan rinna ut kylvätska och placera en lämplig behållare under anslutningen på värmepaketets ände.

55 Fortsätt enligt punkt 17 till 20.

56 Monteringen utförs i omvänd ordning mot demonteringen. Använd nya tätningsringar. Avsluta med att fylla på kylsystemet enligt beskrivningen i kapitel 1, och låt en BMW-verkstad eller specialist fylla på luftkonditioneringens kylmedium.

Värmefläktens motor

57 Ta bort värmeenhetens insugshus enligt beskrivningen i punkt 12. På modeller med en 6-cylindrig motor och/eller vänsterstyrning, ta bort ventilkåpan enligt beskrivningen i aktuell del av kapitel 2.

58 Skala bort gummitätningsremsan från husets öppning.

59 Dra upp spaken till höger klaff och ta bort klaffen **(se bild)**.

60 Skruva loss skruven, lossa de båda fästklämmorna och ta bort den främre kåpan från värmeenhetens motor **(se bild)**.

61 Skruva loss de tre skruvarna och ta bort höger kåpa från motorn **(se bilder)**.

62 Koppla loss motorns anslutningskontakt och använd ett verktyg med en pigg för att trycka ner fästklämman och lossa motorn **(se bild)**. Ta ut motorn genom öppningens passagerarsida.

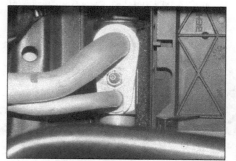

10.50 Koppla loss den dubbla röranslutningen

10.59 Lyft upp spärren för att ta bort klaffen

10.60 Skruva loss skruven, lossa klämmorna (se pilar) och ta bort värmemotorkåpan

10.61a Skruva loss de båda skruvarna (se pilar) på höger sida . . .

10.61b . . . och en skruv i mitten (se pil)

63 Monteringen utförs i omvänd ordningsföljd mot demonteringen. Se till att styrtappen i motorhuset hakar i det rektangulära hålet i motorhöljet **(se bild)**.

Värmefläktmotorns motstånd

64 Se informationen i punkt 12 angående *fläktbegränsningsbrytaren.*

Värmepaketets kylvätskeventil

65 Se informationen i punkt 31 till 36.

---

11 Luftkonditioneringssystem –
allmän information och föreskrifter

Allmän information

1 Alla modeller har ett luftkonditionerings-system. Det används för att sänka temperaturen på den inkommande luften, och minska luftfuktigheten, vilket ger snabbare avimning och ökad komfort.
2 Kyldelen av systemet fungerar på samma sätt som i ett vanligt kylskåp. Kylgas dras in i en remdriven kompressor och leds in i en kondensor i kylarens främre del, där temperaturen sänks och gasen omvandlas till vätska. Vätskan passerar genom en expansionsventil till en förångare där den omvandlas från vätska under högt tryck till gas under lågt tryck. Denna omvandling medför en temperatur-sänkning som kyler förångaren. Kylmediet återvänder till kompressorn och cykeln börjar om.
3 Luft som blåses genom förångaren går vidare till luftfördelarenheten, där den blandas med varm luft som blåser genom värmepaketet för att skapa den temperatur som önskas i passagerarutrymmet.
4 Systemets värmedel fungerar på samma sätt som på modeller utan luftkonditionering (se avsnitt 9).
5 Systemets drift styrs av en elektronisk styr-enhet med ett självdiagnossystem. Eventuella problem med systemet ska överlåtas till en BMW-verkstad eller annan specialist.

Föreskrifter

6 Om bilen har ett luftkonditioneringssystem måste man respektera särskilda föreskrifter om man hanterar någon del av systemet, dess tillhörande komponenter och delar som kräver att systemet kopplas ifrån. Om systemet av någon anledning måste kopplas ifrån ska detta överlåtas till en BMW-verkstad eller till en specialist med lämplig utrustning.

⚠ *Varning: Kylmediet kan vara farligt och får endast hanteras av kvali-ficerade personer. Om det stänker på huden kan det orsaka köldskador. Det är inte giftigt i sig, men utvecklar en giftig gas om det kommer i kontakt med en öppen låga (inklusive en tänd cigarrett). Okontrollerat utsläpp av kylmediet är farligt och skadligt för miljön.*

10.62 Tryck ner fästklämman för att lossa motorn

⚠ *Varning: Använd inte luftkondi-tioneringssystemet om det inne-håller för lite kylmedium, då detta kan skada kompressorn.*

12 Luftkonditionerings-systemets komponenter –
demontering och montering

⚠ *Varning: Försök inte att öppna kyl-mediekretsen. Se föreskrifterna som anges i avsnitt 11.*

Förångare

Demontering

1 Låt en BMW-verkstad eller annan lämplig specialist tömma ut luftkonditionerings-systemets kylmedium.
2 Ta bort värmepaketet enligt beskrivningen i avsnitt 10.
3 Ta bort rattstången enligt beskrivningen i kapitel 10.
4 Arbeta i motorrummet och ta bort värme-/ventilationssystemets insugsluftkanal från motorrummets bakre del enligt följande.
  a) *Vrid de tre fästena 90° moturs och ta bort pollenfilterkåpan från motorrummets bakre del. Dra filtret framåt och ta bort det.*
  b) *Skruva loss fästklämmorna och ta ut vajern ur kanalen (se bild 10.12a).*
  c) *Skruva loss de fyra skruvarna och dra*

12.7a Värmeenheten är fäst med 2 bultar upptill (en på var sida – se pil) . . .

10.63 Se till att tappen (se pil) hakar i motsvarande hål i motorhöljet

filterhuset framåt och ta bort det.
  d) *Skruva loss de båda skruvarna och ta bort insugskanalen uppåt, bort från motor-rummet (se bild 10.12b). Om det behövs drar du upp tätningsremsan, lossar de båda fästena och tar bort avdelaren från motorrummets vänstra sida.*

5 Lossa kablaget/kablagen från eventuella fästklämmor (observera deras placering) som fäster dem på instrumentbrädans tvärbalk. Skruva loss de berörda bultarna/muttrarna och ta bort tvärbalken från bilen.
6 Skruva loss fästena och koppla loss luft-konditioneringsrören från motorrummets mellanvägg. Kasta O-ringarna eftersom nya måste monteras.
7 Skruva loss skruvarna som fäster värme-enhetens hus på motorrummets mellanvägg **(se bilder)**.
8 Ta bort luftkonditioneringens fläktbegräns-ningsbrytare enligt beskrivningen i detta avsnitt.
9 Ta loss anslutningskontakten och ta bort temperaturgivaren från förångarhuset **(se bild)**.
10 Lossa länksystemet från servomotorn, koppla loss eventuella anslutningskontakter och lossa eventuella kablage från fästkläm-morna, notera hur de sitter.
11 Lossa fästklämmorna, ta bort den nedre delen av förångarhuset och ta bort förångaren. **Observera:** *Var försiktig så att du inte skadar någon av förångarens kylflänsar. Räta ut eventuella böjda flänsar.*

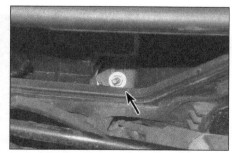

12.7b . . . och 2 nedtill (en på var sida – se pil) på värmemotoröppningen

12.9 Koppla loss temperaturgivarens anslutningskontakt (se pil)

12.22 Skruva loss skruvarna och koppla loss anslutningarna

12.24 Skruva loss klämskruvarna (se pilar)

12 Monteringen utförs i omvänd ordningsföljd mot demonteringen. Låt en BMW-verkstad eller annan specialist fylla på kylmedium och fyll på kylvätskan enligt beskrivningen i *Veckokontroller*.

Expansionsventil

13 Låt en BMW-verkstad eller annan lämplig specialist tömma ut luftkonditionerings-systemets kylmedium.
14 Arbeta i motorrummet och ta bort värme-/ventilationssystemets insugsluftskanal från motorrummets bakre del enligt följande.
a) *Vrid de tre fästena 90° moturs och ta bort pollenfilterkåpan från motorrummets bakre del. Dra filtret framåt och ta bort det.*
b) *Skruva loss fästklämmorna och ta ut vajern ur kanalen (se bild 10.12a).*
c) *Skruva loss de fyra skruvarna och dra filterhuset framåt och ta bort det.*
d) *Dra upp gummiremsan, vrid de båda fästena moturs och flytta avdelarpanelen i motorrummets vänstra hörn något framåt.*
e) *Skruva loss de båda skruvarna och ta bort insugskanalen uppåt och ut ur motorrummet (se bild 10.12b).*
15 Skruva loss de båda skruvarna och ta bort luftkonditioneringens tryck- och returrör från motorrummets mellanvägg. Kasta O-ringarna eftersom nya måste monteras.
16 Lyft upp låsmekanismen och ta bort åter-cirkuleringsklaffen (se bild 10.59).
17 Skruva loss muttern och lägg den dubbla röranslutningen åt sidan (se bild 10.50).

18 Skruva loss de båda skruvarna och ta bort expansionsventilen. Kasta O-ringarna eftersom nya måste monteras.
19 Monteringen utförs i omvänd ordningsföljd mot demonteringen. Låt en BMW-verkstad eller annan specialist fylla på kylmedium och fyll på kylvätskan enligt beskrivningen i *Veckokontroller*.

Behållare/avfuktare

20 Behållaren/avfuktaren ska bytas när:
a) *Det finns smuts i luftkonditionerings-systemet.*
b) *Kompressorn har bytts ut.*
c) *Kondensorn eller förångaren har bytts ut.*
d) *En läcka har tömt luftkonditionerings-systemet.*
e) *Luftkonditioneringssystemet har varit öppet i mer än 24 timmar.*
21 Låt en BMW-verkstad eller annan lämplig specialist tömma ut luftkonditionerings-systemets kylmedium.
22 Behållaren/avfuktaren sitter i motor-rummets högra hörn. Skruva loss fäst-skruvarna och lyft upp rören och kopplingen från enhetens ovansida (se bild). Kasta O-ringarna eftersom nya måste monteras. **Observera:** *Om avfuktaren ska vara från-kopplad i mer än en timme, plugga igen öppningarna.*
23 Ta bort höger hjulhusfoder fram enligt beskrivningen i kapitel 11, avsnitt 23.
24 Skruva loss klämskruvarna och sänk ner behållaren/avfuktaren från klämman (se bild).

Kompressorn

25 Låt en BMW-verkstad eller annan lämp-lig specialist tömma ut luftkonditionerings-systemets kylmedium.
26 Dra åt handbromsen ordentligt, hissa upp framvagnen och ställ den på pallbockar. Skruva loss skruvarna och ta bort motorns undre skyddskåpa.
27 Demontera drivremmen enligt beskriv-ningen i kapitel 1.
28 På 4-cylindriga N42-motorer, ta bort luftrenarhuset enligt beskrivningen i kapitel 4A.
29 På 6-cylindriga motorer, skruva loss de båda fästbultarna och flytta vindrutespolar-behållaren åt sidan.
30 På alla modeller, koppla loss kompressorns anslutningskontakt (se bild).
31 Skruva loss de båda skruvarna och koppla loss luftkonditioneringsrören från kompressorn (se bild). Kasta O-ringarna eftersom nya måste monteras.
32 Arbeta under bilen, skruva loss de tre fästbultarna och ta bort kompressorn.
33 Monteringen utförs i omvänd ordningsföljd mot demonteringen. Tänk på följande:
a) *Innan du sätter tillbaka kompressorn är det viktigt att du fyller på rätt mängd kylmedium – kontakta din återförsäljare för rätt mängd och specifikationer.*
b) *Använd alltid nya tätningar när du återansluter kylmedierören.*
c) *Avsluta med att låta en BMW-verkstad eller annan specialist fylla på kylmedium.*

Tryckgivare

34 Tryckgivaren sitter ovanpå behållaren/avfuktaren. Låt en BMW-verkstad eller annan lämplig specialist tömma ut luftkonditionerings-systemets kylmedium.
35 Koppla loss givarens anslutningskontakt och skruva loss givaren.
36 Monteringen utförs i omvänd ordningsföljd mot demonteringen. Dra åt givaren ordentligt och låt en BMW-verkstad eller annan specialist fylla på kylmedium.

12.30 Koppla loss kompressorns anslutningskontakt

12.31 När du ska koppla loss kompressor-rören, skruva loss skruvarna (se pilar)

12.39 Skruva loss bultarna och koppla loss kylmedierören

12.40a Skruva loss de båda plastskruvarna . . .

12.40b . . . lossa klämmorna och lyft bort kondensorn

Kondensor

37 Låt en BMW-verkstad eller annan lämplig specialist tömma ut luftkonditionerings-systemets kylmedium.
38 Kondensorn sitter framför kylaren. Ta bort kylaren enligt beskrivningen i avsnitt 3.
39 Skruva loss de båda bultarna och koppla loss kylmedierören från kondensorn **(se bild)**. Kasta O-ringarna eftersom nya måste monteras.
40 Skruva loss de båda plastskruvar som fäster kondensorn genom panelen. Lyft upp kondensorn och haka loss den från fästbygeln **(se bilder)**.
41 Monteringen utförs i omvänd ordningsföljd mot demonteringen. Tänk på följande:
a) Innan du sätter tillbaka kondensorn är det viktigt att du fyller på rätt mängd kylmedium – kontakta din återförsäljare för rätt mängd och specifikationer.
b) Använd alltid nya tätningar när du återansluter kylmedierören.

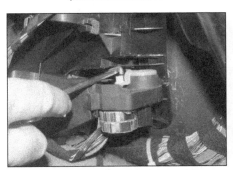

12.43 Koppla loss länkarmen från servomotorn

c) Avsluta med att låta en BMW-verkstad eller annan specialist fylla på kylmedium.

Fläktbegränsningsbrytare

42 Lossa höger fotbrunns luftkanal från värmeenhetens hus.
43 Bänd försiktigt loss länkarmen från servomotorn. Skruva loss de båda skruvarna

12.44 Ta bort fläktbegränsningsbrytarens skruvar (se pilar)

(en övre, en undre) och ta bort fästbygeln och servomotorn **(se bild)**.
44 Koppla loss anslutningskontakten, skruva loss de båda fästskruvarna, tryck tillbaka fästklämman och ta bort fläktbegränsnings-brytaren **(se bild)**.
45 Monteringen utförs i omvänd ordningsföljd mot demonteringen.

Kapitel 4 Del A:
Bränsle- och avgassystem

Innehåll

Svårighetsgrad

Enkelt, passar novisen med lite erfarenhet	Ganska enkelt, passar nybörjaren med viss erfarenhet	Ganska svårt, passar kompetent hemmamekaniker	Svårt, passar hemmamekaniker med erfarenhet	Mycket svårt, för professionell mekaniker

Specifikationer

Systemtyp
N42 och N46 4-cylindriga motorer med 16 ventiler och dubbla överliggande kamaxlar . . . DME (Digital Motor Electronics) ME9-motorstyrning
M43TU 4-cylindriga motorer med enkel överliggande kamaxel. . . . DME (Digital Motor Electronics) BMS46-motorstyrning
M52TU 6-cylindriga motorer . . . DME (Digital Motor Electronics) MS42-motorstyrning
M54 6-cylindriga motorer. . . . DME (Digital Motor Electronics) MS43-motorstyrning

Bränslesystemdata
Angiven CO-halt för tomgångsblandning. . . . Ej justerbar – styrs av styrmodul
Bränslepumpstyp . . . . Elektrisk, nedsänkt i tanken
Bränsletrycksregulatorns kapacitet . . . . 3,0 ± 0,06 bar
Specificerat tomgångsvarvtal:
N42-motor . . . . 700 ± 50 varv/minut (ej justerbart – styrs av styrmodul)
N46-motor . . . . Ingen uppgift
M43TU-motor. . . . 800 ± 50 varv/minut (ej justerbart – styrs av styrmodul)
M52TU-motor. . . . 750 ± 50 varv/minut (ej justerbart – styrs av styrmodul)
M54-motor . . . . Ingen uppgift
Tankvolym. . . . 68 liter

Åtdragningsmoment
Nm
Avgasgrenrör, muttrar*:
M6-muttrar 10
M7-muttrar 20
M8-muttrar 22
Bränslefördelarskena till insugsgrenrör, bultar 10
Bränsletankens fästband, bultar 8
Bränsletankens fästbultar. . . . 23
Framaxelns förstärkningsplatta, bultar*:
Steg 1 59
Steg 2 . . . . Vinkeldra ytterligare 90°
Insugsgrenrörets muttrar:
M6-muttrar 10
M7-muttrar 15
M8-muttrar 22
Kamaxelgivare, bult 7
Temperaturgivare för kylvätska. . . . 13
Vevaxelns lägesgivare, skruv 10
* Återanvänds inte

1 Allmän information och föreskrifter

Allmän information

Bränsletillförselsystemet består av en bensintank (som sitter under bilens bakdel, med en nedsänkt elektrisk bränslepump), ett bränslefilter samt bränsletillförsel- och returledningar. Bränslepumpen tillför bränsle till bränslefördelarskenan som fungerar som en behållare för de fyra bränsleinsprutarna som sprutar in bränsle i insugssystemet. Bränslefiltret sitter ihop med matningsledningen från pumpen till bränslefördelarskenan och sörjer för att bränslet som transporteras till bränsleinsprutarna är rent. På M43TU- och M52T-motorer sitter det en bränsletrycksregulator på bränsleinsprutningsskenan, där bränslet sedan returneras till tanken. På N42-, N46- och M54-motorer är tryckregulatorn inbyggd i bränslefilterenheten (se bild).

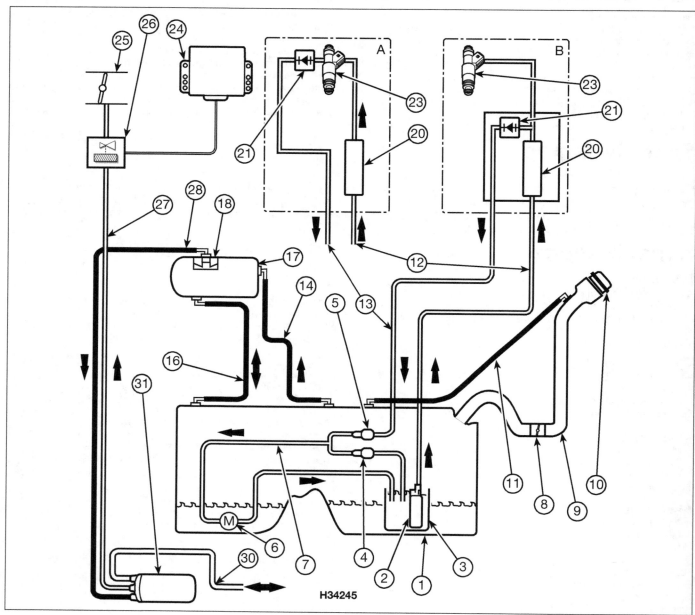

1.1 Bränslesystem

A M43TU- och M52 TU-motorer
B N42-, N46- och M54-motorer
1 Bränsletank
2 Elpump
3 Buffertkammare för bränslet
4 Tryckbegränsningsventil
5 Utloppsskyddsventil
6 Bränslereturpump
7 Tankexpansionsrör
8 Backventil
9 Påfyllningsrör
10 Påfyllningslock
11 Ventilationsslang
12 Bränslematningsrör
13 Bränslereturrör
14 Ventilationsslang
16 Ventilationsslang
17 Expansionskärl
18 Automatisk bränsleavstängningsventil
20 Bränslefilter
21 Tryckregulator
23 Bränslefördelarskena
24 Styrmodul
25 Insugsgrenrör
26 Tankluftningsventil
27 Luftningsrör
28 Ventilationsrör
30 Förångarrör
31 Kolfilter

2.2 Skruva loss de båda muttrarna (se pilar) och dra kåpan framåt

2.3 Skruva loss luftfilterhusets bultar

2.5 Kläm ihop låskragens sidor och koppla loss slangen från luftningsventilen

Se avsnitt 7 för mer information om bränsle-insprutningssystemets funktion, och avsnitt 14 för information om avgassystemet.

Föreskrifter

⚠ **Varning: Många av åtgärderna i det här kapitlet kräver att bränsle-ledningarna och anslutningarna kopplas bort, något som kan leda till bränslespill. Innan du utför arbeten i bränsle-systemet, läs föreskrifterna i "Säkerheten främst!" och följ dem till punkt och pricka. Bensin är en ytterst brandfarlig vätska och säkerhetsföreskrifterna för hantering kan inte nog betonas.**

⚠ **Varning: Det finns tryck kvar i bränsleledningarna långt efter det att bilen har använts senast. När du kopplar loss en bränsleledning, tryck-avlasta först bränslesystemet enligt be-skrivningen i avsnitt 8.**

2 Luftrenarenhet – demontering och montering

Demontering

N-42 och N46-motorer

1 Bänd ut expandernitarna, lyft upp luftintags-kåpan cirka 5 cm och dra loss den från luft-renarhuset och vindrutespolarbehållaren. Ta bort den från bilen.

2 Skruva loss de båda muttrarna och dra plastkåpans främre kant ovanpå motorn uppåt och framåt och ta bort den **(se bild)**.

3 Lossa insugningsslangens klämma från gasspjällshuset, koppla loss vakuumslangen och skruva loss de båda skruvarna som fäster huset på den inre skärmen **(se bild)**.

4 Lyft huset uppåt och utåt och koppla loss anslutningskontakten och slangen från gas-spjällshuset när du tar bort huset.

M43TU-motorer

5 Koppla loss anslutningskontakten, tryck ihop fästkragens sidor och koppla loss bensin-tankens ventilationsslang från luftningsventilen på luftrenarhusets sida **(se bild)**.

6 Vrid luftningsventilen 90° moturs samtidigt som du drar den uppåt och ta bort den från fästbygeln på huset.

7 I förekommande fall skruvar du loss muttern och bulten och tar sedan bort farthållarens manöverdon från vänster innerskärm.

8 Lossa fästklämmorna mellan huset och luft-flödesmätaren, skruva loss fästskruven, lossa luftintagsröret och ta bort luftrenarhuset från motorrummet **(se bilder)**. Ta vara på tätnings-ringen.

M52TU- och M54-motorer

9 Lossa motorkablaget från fästbygeln på luftrenarhuset.

10 Lossa de båda klämmorna och koppla loss insugningsslangen från husets överdel.

11 Lossa de båda fästbultarna och ta bort luft-renarhuset från motorrummet. Lossa det från insugskanalerna när det tas bort **(se bild)**.

Montering

12 Monteringen utförs i omvänd ordnings-följd mot demonteringen, men se till att det nedre fästet hakar i plasttapparna på karossen **(se bild)**, och om det finns en gummitätning mellan insugningsslangen och huset, stryk på lite syrafritt fett på tätningen för att underlätta återmonteringen.

3 Bränsletank – demontering och montering

Demontering

1 Koppla loss batteriets minusledare enligt beskrivningen i kapitel 5A.

2.8a Skruva loss fästbulten (se pil) . . .

2.8b . . . och ta bort luftrenarhuset

2.11 Luftrenarhusets bultar – 6-cylindriga motorer

2.12 Luftrenarhuset sitter på ett plastfäste på innerskärmen

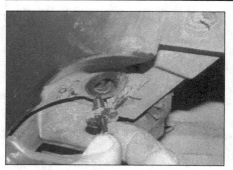

3.6a Bänd upp centrumsprintarna och ta bort nitarna . . .

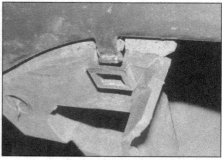

3.6b . . . och ta bort klädselpanelerna från bränsletankens båda sidor

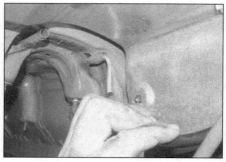

3.7 Dra loss handbromsvajrarna från styrhylsorna

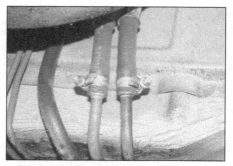

3.8 Koppla loss bränslematnings- och returslangarna

3.9 Lossa klämman och koppla loss bränslepåfyllningsslangen

3.11 Ta bort bränsletankens centrumbult

2 Innan du tar bort bränsletanken ska allt bränsle tömmas ut från tanken. Eftersom bensintanken inte har någon avtappnings-plugg bör demonteringen ske när bilen har körts tills tanken är så gott som tom.

3 Hissa upp bilens bakvagn och stötta den på pallbockar (se *Lyftning och stödpunkter*).

4 Koppla loss handbromsvajrarna från hand-bromsspaken enligt beskrivningen i kapitel 9.

5 Ta bort kardanaxeln enligt kapitel 8.

6 Arbeta under bilen, bänd upp centrum-sprintarna och ta bort plastexpandernitarna. Ta sedan bort klädselpanelen från tankens undre vänstra sida, och rampanelen **(se bilder)**. Upprepa denna procedur på tankens högra sida.

7 Dra bort handbromsvajrarna från styr-hylsorna **(se bild)**.

8 Märk dem för att underlätta återmonteringen, lossa sedan klämmorna och koppla loss bränslematnings- och returslangarna **(se bild)**. Var beredd på att det uppstår bränslespill, och kläm av eller plugga igen slang- och rör-ändarna för att förhindra att det kommer in smuts och att det spills ut mer bränsle.

9 Lossa slangklämman och koppla sedan loss bränslepåfyllningsslangen från tankröret **(se bild)**.

10 Stötta bränsletanken med en garage-domkraft och en bit träkloss emellan.

11 Skruva loss fästbulten i tankens mittersta bakre del, och bultarna som fäster tankens fästband **(se bild)**.

12 Sänk ner tanken lite, observera var anslut-ningskontakterna sitter och koppla sedan loss dem.

13 Lossa klämman och koppla loss ventila-tionsslangen från tanken **(se bild)**. Sänk ner tanken och ta bort den från bilens undersida.

Montering

14 Monteringen utförs i omvänd ordningsföljd mot demonteringen. Observera att när tanken har monterats måste man fylla på minst 5 liter bränsle för att bränslesystemet ska fungera som det ska.

4 Bränsleexpansionskärl – demontering och montering

Demontering

1 Hissa upp bilens bakre högra sida och stötta den på pallbockar (se *Lyftning och stöd-punkter*). Ta bort höger bakhjul.

2 Skruva loss plastmuttrarna/skruvarna/ expandernitarna och ta bort höger bakhjuls-foder enligt beskrivningen i kapitel 12, avsnitt 23.

3 Skruva loss fästmuttern, koppla loss den nedre slangen och dra tankens nedre del framåt **(se bild)**.

4 Observera var klämmorna sitter och lossa dem sedan. Koppla loss de båda återstående ventilationsslangarna från tanken. Ta bort tanken.

Montering

5 Monteringen utförs i omvänd ordningsföljd mot demonteringen.

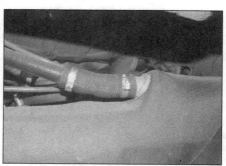

3.13 Koppla loss tankens ventilrör

4.3 Skruva loss expansionskärlets fästmutter (se pil)

5.1 Skruva loss skruvarna och ta bort kåpan

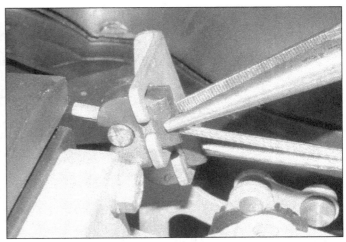

5.2 Tryck ihop genomföringens sidor och tryck ut den från gasspjällsarmen

5 Gasvajer – demontering, montering och justering

Demontering

1 Skruva loss de båda skruvarna och ta bort plastkåpan från gasspjällshusets ovandel **(se bild)**.

2 Använd en tång för att trycka ihop ändbeslagsgenomföringens sidor, skjut bort genomföringen från gasarmen och mata vajern genom spåret i spaken **(se bild)**.

3 Dra bort vajerhöljet och sedan gummigenomföringen från stödfästet **(se bild)**.

4 Arbeta inuti bilen och lossa fästklämmorna/skruvarna och ta bort den nedre instrumentbrädespanelen på förarsidan (se kapitel 11).

5 Lossa den inre gasvajern från gasarmens ovansida **(se bild)**.

6 Arbeta under instrumentbrädan, tryck ihop de båda fästklämmorna och tryck bort vajerhöljets ändbeslag från fästet i mellanväggen **(se bild)**.

7 Observera dess korrekta dragning, lossa sedan vajern från alla fästklämmor/genomföringar och ta bort den från motorrummet.

Montering

8 Monteringen utförs i omvänd ordningsföljd mot demonteringen, se till att vajern är dragen som tidigare. Utför följande justeringsprocedur.

Justering

9 För att kunna justera gasvajern på rätt sätt krävs tillgång till speciell BMW-diagnosutrustning för att fastställa gasspjällspotentiometerns läge uttryckt som en procentsats. Men grundläget för bilar med manuell växellåda kan fastställas på följande sätt, förutsatt att inställningen kontrolleras av en BMW-verkstad eller annan lämplig specialist efteråt. **Observera:** *På modeller med automatväxellåda ska du låta en BMW-verkstad eller annan specialist justera vajern.*

10 Kontrollera att gaspedalen och kvadranten är i tomgångsläget.

11 Vrid den räfflade vajerjusteringshylsan på vajerhöljet för att ta bort fritt spel i vajern.

12 Vrid hylsan ett kvarts varv för att ge vajern lite spel.

13 Be en medhjälpare trycka ner gaspedalen helt, och kontrollera att det med pedalen helt nedtryckt fortfarande finns 0,5 mm spel vid gasspjället i gasspjällshuset.

14 Om det behövs kan du vrida på pedalens fullgasstopp (fastskruvat i golvet) för att ge rätt spel. På vissa modeller måste man lossa en låsmutter innan stoppet kan justeras.

6 Gaspedal – demontering och montering

⚠️ **Varning: Om gaspedalen tas bort MÅSTE den bytas. Demonteringen skadar pedalens fästklämmor och om originalpedalen återmonteras kan den lossna och orsaka en olycka.**

Modeller med gasvajer

1 Tryck ner mattan under pedalen, böj sedan tillbaka de nedre pedalfästklämmorna och bänd pedalen uppåt för att lossa den från golvet **(se bild)**. Flytta pedalen och lossa den från gasvajerns styrarm. Kasta pedalen, du måste sätta dit en ny.

5.3 Dra vajerhöljet och sedan genomföringen från stödfästet

5.5 Lossa gasvajerns nippel från armen

5.6 Fästklämmor till gasspjällets vajerhölje (se pilar)

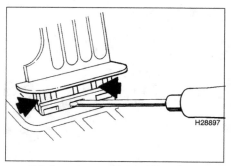

6.1 Lossa gaspedalen från golvet

2 Haka i den nya pedalen i gasvajerns styrarm.

3 Tryck ner pedalen för att haka fast de nedre fästklämmorna i golvplattan. Se till att klämmorna snäpps fast ordentligt.

4 Kontrollera gasvajerjusteringen enligt beskrivningen i avsnitt 5.

Modeller med elektroniskt gasspjäll

5 Använd en spårskruvmejsel, tryck ner fästklämman och skjut pedalenheten mot kupéns mitt **(se bild)**. Koppla loss anslutningskontakten när du tar bort enheten.

6 Du monterar enheten genom att återansluta anslutningskontakten och skjuta in enheten i fästet, se till att det hamnar korrekt. När den sitter rätt ska två "klickljud" höras när klämmorna hakar i, och enhetens högersida ligger jäms med fästets sida.

7 Bränsleinsprutningssystem – allmän information

1 Alla modeller har ett inbyggt motorstyrningssystem som kallas DME (Digital Motor Electronics). Systemet styr all bränsleinsprutning och tändsystemets funktion med hjälp av en central styrmodul (ECM, Electronic Control Module).

2 På alla modeller har systemet en katalysator med sluten slinga och ett system för avdunstningsreglering, och det uppfyller alla de senaste bestämmelserna angående

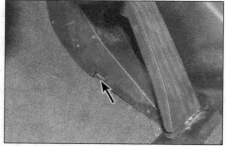

6.5 Tryck ner klämman (se pil) och skjut pedalenheten mot kupéns mitt

avgasrening. Se kapitel 5B för information om tändningsdelen av systemet. Bränsledelen av systemet fungerar enligt följande.

3 Bränslepumpen (som är nedsänkt i bränsletanken) matar bränsle från tanken till bränslefördelarskenan, via ett filter. Bränslematningstrycket styrs av tryckregulatorn i bränslefördelarskenan på motorerna M43TU och M52TU, som är inbyggd i bränslefiltret på motorerna N42 och M54. När bränslesystemets optimala arbetstryck överskrids gör regulatorn det möjligt för överskottsbränsle att återgå till tanken.

4 Det elektriska styrsystemet består av styrmodulen och följande givare:

a) *Luftmängdmätare med värmefilm – informerar styrmodulen om den luftmängd och lufttemperatur som kommer in i motorn.*

b) *Gasspjällets lägesgivare (motor M43TU) – informerar styrmodulen om gasspjällsläget, och i vilken takt gasspjället öppnas och stängs.*

c) *Temperaturgivare för kylvätska – informerar styrmodulen om motortemperaturen.*

d) *Vevaxelns lägesgivare – informerar styrmodulen om vevaxelns läge och rotationshastighet.*

e) *Kamaxelgivare – informerar styrmodulen om kamaxelns/kamaxlarnas läge.*

f) *Lambdasond(er) – informerar styrmodulen om syreinnehållet i avgaserna (förklaras närmare i del B av detta kapitel).*

g) *Hastighetsgivare – informerar styrmodulen om bilens hastighet.*

h) *Insugsluftens temperaturgivare – informerar styrmodulen om temperaturen på den luft som kommer in i motorn (motorer M52TU och M54).*

i) *Oljetemperatur – informerar styrmodulen om motoroljans temperatur.*

5 Alla ovanstående signaler analyseras av styrmodulen som väljer en bränslenivå som passar dessa värden. Styrmodulen styr bränsleinsprutarna (varierar pulslängd – den tid som insprutningsventilerna hålls öppna – för att ge en magrare eller fetare blandning, efter behov. Styrmodulen varierar hela tiden blandningen för att ge bästa inställning för igångdragning av motorn, motorstart (med antingen varm eller kall motor), uppvärmning, tomgång, körning i marschfart och acceleration.

6 Styrmodulen har också full kontroll över motorns tomgångsvarvtal, via en tillsatsluftventil som går förbi gasspjället. När gasspjället är stängt styr styrmodulen ventilens öppning, vilket i sin tur reglerar den luftmängd som kommer in i grenröret, vilket styr tomgångsvarvtalet.

7 Styrmodulen styr avgas- och avdunstningsregleringssystemen, som beskrivs i del B av detta kapitel.

8 Alla motorer har ett luftinsugningssystem som kallas DISA (Differential Air Inlet System). Insugskanaler med olika längd är inbyggda i insugsgrenröret och styrs av en spjällventil enligt motorvarvtalet och belastningen. Detta

förbättrar motorns vridmoment vid låga och medelhöga motorvarvtal. Spjällventilen styrs av ett vakuumställdon som sitter under grenröret.

9 Om det förekommer något onormalt i avläsningarna från någon av givarna, övergår styrmodulen till backup-läget. I detta fall ignorerar styrmodulen den onormala givarsignalen och antar ett förprogrammerat värde som gör det möjligt för motorn att fortsätta arbeta (dock med minskad effektivitet). Om styrmodulen går in i detta backup-läge sparas den relevanta felkoden i styrmodulens minne.

10 Om ett fel misstänks föreligga ska bilen lämnas in till en BMW-verkstad så snart som möjligt. Då kan ett fullständigt test av motorstyrningssystemet utföras med hjälp av en särskild elektronisk testenhet som helt enkelt ansluts till systemets diagnosuttag. OBD-kontakten med 16 stift sitter under instrumentbrädan på förarsidan, medan BMW-diagnosuttaget sitter i motorrummets högra hörn eller under instrumentbrädan på förarsidan **(se bilder 10.2a och 10.2b)**.

8 Bränsleinsprutningssystem – tryckutjämning och snapsning

Tryckutjämning

1 Ta bort bränslepumpslangen från säkringsdosan. Säkringen sitter i huvudsäkringsdosan i handskfacket på passagerarsidan, dess exakta placering anges på säkringsdosans lock (se kapitel 12).

2 Starta motorn och vänta tills den tjuvstannar. Stäng av tändningen.

3 Ta bort bränslepåfyllningslocket.

4 Bränslesystemet är nu tryckutjämnat. **Observera:** *Placera en trasa runt bränsleledningarna innan de kopplas loss för att förhindra att det spills bränsle på motorn.*

5 Koppla loss batteriets minusledare innan du arbetar med någon del av bränslesystemet (se kapitel 5A).

Snapsning

6 Sätt dit bränslepumpsslangen, slå sedan på tändningen och vänta några sekunder för att bränslepumpen ska gå igång och bygga upp bränsletrycket. Slå av tändningen om motorn inte ska startas.

9 Bränslepump/ bränslenivågivare – demontering och montering

Demontering

1 Det finns två nivågivare i bränsletanken – en på vänster sida och en på höger sida. Pumpen är inbyggd i den högra givaren och kan i skrivande stund endast bytas som en komplett enhet.

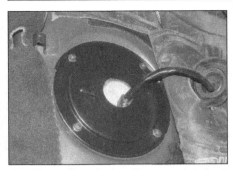

9.5 Skruva loss de 4 muttrarna och ta bort åtkomstluckan

9.6 Dra ut låsdelen (se pil) för att koppla loss kontakten och knipsa sedan av slangklämman

9.7 Ett hemmagjort verktyg används för att skruva loss låsringen

Höger givare/bränslepump

2 Innan bränslenivågivaren/pumpen tas bort ska allt bränsle tömmas ut från tanken. Eftersom bensintanken inte har någon avtappningsplugg bör demonteringen ske när bilen har körts tills tanken är så gott som tom.

3 Ta bort sittdynan i baksätet enligt beskrivningen i kapitel 11.

4 Lossa gummikabelgenomföringen och vik bort gummimattan för att komma åt åtkomstluckan.

5 Skruva loss de fyra bultarna och ta bort åtkomstluckan från golvet **(se bild)**.

6 Skjut ut låsdelen för att koppla loss anslutningskontakten, skär sedan loss original-metallslangklämman med hjälp av en avbitartång (eller liknande) och koppla loss bränsleslangen **(se bild)**. Var beredd på att det rinner ut bränsle.

7 Skruva loss bränslepumps- och nivågivarenhetens låsring och ta bort den från tanken. BMW-verktyget 16 1 020 är ämnat för denna uppgift, men du kan också använda en tång med stora käftar för att trycka på de båda upphöjda ränderna på låsringen. Du kan även tillverka ett eget verktyg som du hakar i de upphöjda ränderna på låsringen. Vrid ringen moturs tills den kan lossas för hand **(se bild)**.

8 Lyft försiktigt bort bränslepumps- och nivågivarenheten från tanken och se till att du inte böjer givarens flottörarm (om det behövs kan du försiktigt trycka flottörarmen mot enheten). Ta vara på tätningsringen. Om det behövs kan silen på pumpens nedre del tas bort för rengöring **(se bilder)**, men vi rekommenderar ingen ytterligare isärtagning.

Vänster givare

9 Borttagningen av vänster givare utförs på nästan exakt samma sätt som för höger sida, med undantag för att anslutningskontakten fästs på plats. När du lyfter ut givarenheten, tryck ner spärrhaken och koppla loss expansionskärlets rör från enheten **(se bild)**.

Montering

10 Monteringen utförs i omvänd ordningsföljd mot demonteringen. Tänk på följande:
 a) *Använd en ny tätningsring.*
 b) *För att enheten ska gå igenom öppningen i bränsletanken, tryck flottörarmen mot bränsleupptagarens sil.*

9.8a Lyft försiktigt bort enheten från bränsletanken

 c) *När en enhet monteras måste styrtappen på enheten haka i motsvarande spår i bränsletankens krage (se bild).*
 d) *Använd en ny slangklämma för att fästa bränsleslangen.*

10 Bränsleinsprutningssystem – kontroll och justering

Kontroll

1 Om ett fel uppstår i bränsleinsprutningsdelen av motorstyrningssystemet ska alla kontaktdon kontrolleras så att de sitter som de ska och inte visar tecken på korrosion. Kontrollera att felet inte beror på dåligt underhåll, dvs. kontrollera att luftfiltret är rent, att tändstiften är i gott skick och har korrekt avstånd, att

9.9 Tryck in spärrhaken och koppla loss anslutningskontakten

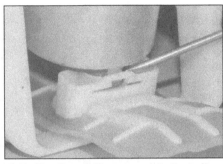

9.8b Tryck ner klämman och ta bort silen från pumpens nedre del

cylinderkompressionstrycken är korrekta, att tändningsinställningen är korrekt samt att motorns ventilationsslangar inte är igentäppta eller skadade. Se de berörda delarna av kapitel 1, 2 och 5 för mer information.

2 Om dessa kontroller inte avslöjar orsaken till problemet bör bilen lämnas in för provning hos en BMW-verkstad eller en specialist som har den rätta utrustningen. Det sitter ett kablagekontaktdon i motorstyrningskretsen, där ett särskilt elektroniskt diagnostestverktyg kan anslutas. På vissa modeller är BMW:s diagnosuttag fäst på höger fjädertorn **(se bild)**, medan det på andra sitter ovanför pedalerna i förarens fotbrunn, tillsammans med OBD-kontakten (On-Board Diagnostic) med 16 stift **(se bild)**. Testverktyget ska snabbt och lätt hitta felet och då slipper man kontrollera alla systemkomponenter enskilt, något som är tidskrävande och medför stora risker för att skada styrmodulen.

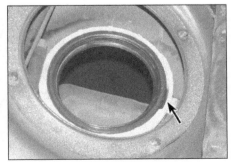

9.10 Observera spåret i bränsletankens krage (se pil)

Justering

3 Erfarna hemmamekaniker med stora kun-skaper och gott om utrustning (inklusive en varvräknare och en korrekt kalibrerad avgas-analyserare) kan kontrollera CO-halten i avgaserna och tomgångsvarvtalet. Men om dessa värden måste justeras måste bilen lämnas in hos en BMW-verkstad eller annan specialist för fler test.

11 Gasspjällshus –
demontering och montering

M43TU-motorer

Observera: *Använd en ny gasspjällshus-packning vid återmonteringen.*

Demontering

1 Koppla loss batteriets minusledare (se kapitel 5A).
2 Ta bort skruvarna och lyft bort kåpan från gasspjällshuset.
3 Skruva loss skruvarna som håller fast stödfästena på gasspjällshuset **(se bild)**.
4 Koppla loss anslutningskontakterna till gasspjällets lägesgivare och tomgångs-styrningsventilen.
5 Koppla loss gasvajern/gasvajrarna från gasspjällshuset och vajerstödfästet **(se bilder 5.2 och 5.3)**. Koppla i förekommande fall loss farthållarkabeln på samma sätt.
6 Skruva loss de fyra fästbultarna och ta

11.3 Ta bort stödfästets skruv (se pil)

11.6b Byt gasspjällshusets packning

10.2a Skruva loss locket för att komma åt BMW-diagnosuttaget (se pil)

bort gasspjällshuset från insugsgrenröret. Ta loss packningen mellan gasspjällshuset och insugsgrenröret **(se bilder)**.

Montering

7 Monteringen utförs i omvänd ordningsföljd. Tänk på följande:
a) *Använd en ny packning mellan gasspjällshuset och insugsgrenröret.*
b) *Återanslut, och justera vid behov, gasvajern enligt beskrivningen i avsnitt 5.*
c) *Avsluta med att låta en BMW-verkstad eller specialist undersöka motor-styrningens självdiagnossystem, och radera eventuella sparade felkoder.*

N-42 och N46-motorer

Demontering

8 Ta bort luftrenarhuset enligt beskrivningen i avsnitt 2.

11.6a Skruva loss gasspjällshusets fästbultar (se pilar – 4:e bulten är dold)

11.9 Skruva loss gasspjällshusets fästbultar (se pilar)

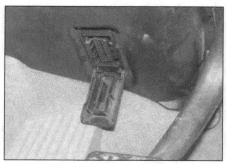

10.2b OBD-uttaget med 16 stift sitter ovanför pedalerna på förarsidan

9 Koppla loss anslutningskontakten, skruva loss de fyra bultarna och ta bort gasspjällshuset **(se bild)**.

Montering

10 Undersök O-ringstätningen mellan gas-spjällshuset och insugsgrenröret. Om den är i bra skick kan den återanvändas. Sätt tillbaka gasspjällshuset på grenröret och dra åt de fyra bultarna ordentligt.
11 Återanslut anslutningskontakten och sätt tillbaka luftrenarhuset.
12 Avsluta med att låta en BMW-verkstad eller specialist undersöka motorstyrningens självdiagnossystem och radera eventuella sparade felkoder.

M52TU-motorer

Demontering

13 Koppla loss batteriets minusledare enligt beskrivningen i kapitel 5A.
14 Ta bort luftrenarhuset enligt avsnitt 2.
15 Ta bort massluftflödesgivaren och kanalen enligt beskrivningen i avsnitt 12.
16 Koppla loss gasvajern/gasvajrarna från gasspjällskvadranten och stödfästbygeln.
17 Lossa fästklämmorna och koppla loss luftintagskanalerna från gasspjällshuset och tomgångsstyrningsventilen.
18 Observera var de sitter och koppla sedan loss de anslutningskontakter som eventuellt är fästa på gasspjällshuset.
19 Koppla loss oljetrycks- och oljetempe-raturbrytarens anslutningskontakter bredvid oljefilterhuset.
20 Lossa bränslerören och bränsleregulator-vakuumslangen (i förekommande fall) från fästbygeln på oljemätstickans styrhylsa.
21 Koppla loss oljereturröret från mätstickans styrhylsa, skruva loss fästbulten och ta bort styrhylsan. Kasta O-ringstätningen, du måste sätta dit en ny **(se bild)**.
22 Skruva loss de tre skruvarna/muttrarna som fäster kabelkanalens fäste.
23 Vrid anslutningskragen moturs och koppla loss anslutningskontakten från gasspjällshuset (M52TU-motorer) eller lossa fästklämman och koppla loss anslutningskontakten (M54-motorer), skruva loss de fyra skruvarna och ta bort huset från insugsgrenröret **(se bild)**.

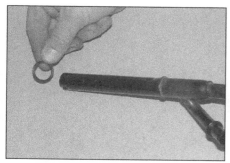

11.21 Kasta O-ringen till oljestickans rör

11.23 Koppla loss gasspjällshusets anslutningskontakt (M54-motorn visas)

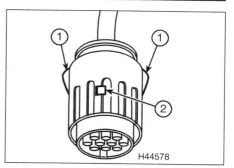

11.25 Kontaktdonets pilar (1) och öppning (2)

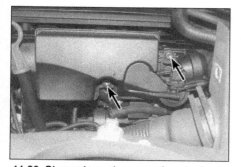

11.30 Skruva loss skruvarna (se pilar) och ta bort DISA-justeringsmuttern

11.31 Skruva loss bulten som fäster bränslereturslangen (se pil)

11.35 Koppla loss tankluftningsventilens anslutningskontakt

Montering

24 Undersök O-ringstätningen mellan gasspjällshuset och insugsgrenröret. Om den är i bra skick kan den återanvändas. Sätt tillbaka gasspjällshuset på grenröret och dra åt de fyra bultarna ordentligt.

25 Innan du återansluter gasspjällshusets anslutningskontakt på M52TU-motorer, vrid anslutningskragen tills den röda låssprinten syns genom öppningen i kragen. Linjera pilen på kragen med pilen på gasspjällshusets anslutning. Tryck dit anslutningskontakten, vrid kragen medurs tills den andra pilen på kragen är i rätt läge **(se bild)**. På M54-motorer sätter du bara dit anslutningskontakten.

26 Resten av monteringen utförs i omvänd ordningsföljd mot demonteringen. Observera att om du har monterat ett nytt gasspjällshus måste de inlärda anpassningsvärdena som har sparats i motorstyrmodulen återställas med hjälp av en särskild testutrustning. Detta ska utföras av en BMW-verkstad eller annan specialist med lämplig utrustning.

M54-motorer

Demontering

27 Koppla loss batteriets minusledare enligt beskrivningen i kapitel 5A.
28 Ta bort luftrenarhuset enligt beskrivningen i avsnitt 2.
29 Lossa fästklämmorna, koppla loss anslutningskontakten och vakuumslangen och ta bort insugskanalerna mellan luftrenarhuset och anslutningsstycket.

30 Koppla loss anslutningskontakten, skruva loss de båda torxfästskruvarna och ta bort DISA-justeringsenheten från insugsgrenröret **(se bild)**.
31 Skruva loss bulten som fäster bränslereturslangen på insugsgrenröret **(se bild)**.
32 Lossa klämmorna och koppla loss insugskanalerna från gasspjällshuset och tomgångsstyrningsventilen.
33 Koppla loss tomgångsstyrningsventilens anslutningskontakt.
34 Koppla loss anslutningskontakterna till oljetemperatur- och oljetryckskontakterna bredvid oljefilterhuset.
35 Tryck in fästklämman för att låsa upp anslutningskontakten och lossa den från tankluftningsventilen **(se bild)**.
36 Fortsätt enligt beskrivningen i punkt 20 till 23.

Montering

37 Monteringen utförs enligt beskrivningen i punkt 24 till 26.

12 Bränsleinsprutnings-systemets komponenter – demontering och montering

Elektronisk styrmodul (ECM)

1 Koppla loss batteriets minusledare enligt beskrivningen i kapitel 5A. **Observera:** *När batteriet kopplas ifrån raderas alla felkoder som har sparats i styrmodulen. Vi rekommenderar att felkodminnet i modulen undersöks*

med hjälp av en särskild testutrustning innan du kopplar loss batteriet. Låt en BMW-verkstad eller annan specialist utföra denna uppgift.
2 Arbeta i motorrummets vänstra hörn, skruva loss de fyra skruvarna och ta bort kåpan från eldosan **(se bild)**.
3 Koppla loss modulens anslutningskontakter och ta bort den från dosan **(se bilder)**.
4 Monteringen utförs i omvänd ordningsföljd mot demonteringen. **Observera:** *Om du har monterat en ny modul måste den kodas med en särskild testutrustning. Låt en BMW-verkstad eller annan specialist utföra denna uppgift. När batteriet har återanslutits måste bilen köras i flera kilometer så att styrmodulen lär in sina grundinställningar. Om motorn fortfarande går ojämnt kan grundinställningarna behöva göras om av en BMW-verkstad eller annan specialist med en särskild diagnosutrustning.*

12.2 Skruva loss skruvarna och ta bort eldosans lock

12.3a Tryck ner tungan . . .

12.3b . . . och tryck ner armen för att lossa anslutningskontakten

12.7a Koppla loss bränslematnings- och returrören (se pilar)

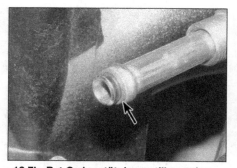

12.7b Byt O-ringstätningen till matningsrörets anslutning (se pil) om den är skadad

12.10 Bränslefördelarskenan är fäst med två bultar (se pilar)

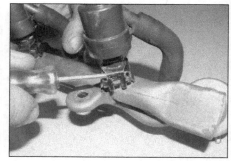

12.12 Bänd ut klämman och lossa insprutningsventilen från bränslefördelarskenan

Bränslefördelarskena och bränsleinsprutare

⚠️ *Varning: Se varningstexten i punkt 1 innan du går vidare.*

5 Tryckutjämna bränslesystemet enligt beskrivningen i avsnitt 8, koppla sedan loss batteriets minusledare (se kapitel 5A).

M43TU-motorer

Observera: *Bränsleinsprutarna ska förses med nya O-ringar vid återmonteringen.*

6 Ta bort den övre delen av insugsgrenröret enligt beskrivningen i avsnitt 13.

7 Lossa fästklämman och koppla loss bränslereturröret, skruva sedan loss anslutningen och koppla loss bränslematningsröret från bränslefördelarskenan **(se bilder)**. Var beredd på bränslespill och vidta lämpliga brandsäkerhetsåtgärder. Plugga igen rörens och slangarnas öppna ändar för att förhindra

att det kommer in smuts och ytterligare bränslespill. Kasta O-ringen till bränslematningsrörets anslutning, en ny behövs.

8 Koppla loss vakuumslangen från bränsletrycksregulatorn.

9 Koppla loss insprutningsventilens anslutningskontakter och lossa kablaget från fästklämmorna.

10 Lossa de båda bultarna som fäster bränslefördelarskenan på insugsgrenröret **(se bild)**.

11 Dra försiktigt bränslefördelarskenan uppåt för att lossa bränsleinsprutarna från topplocket, ta sedan bort hela bränslefördelarskenan/bränsleinsprutarenheten.

12 När du ska ta bort en bränsleinsprutare från bränslefördelarskenan, följ nedanstående anvisningar.

a) Bänd bort metallfästklämman med hjälp av en skruvmejsel **(se bild)**.

b) Dra loss bränsleinsprutaren från bränslefördelarskenan.

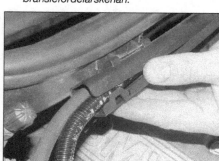

12.21 Lossa kabelkanalen

12.13 Byt alltid insprutningsventilernas O-ringstätningar

13 Före återmonteringen är det bra att alltid byta alla bränsleinsprutarnas O-ringar **(se bild)**.

14 Kontrollera att plastbrickan längst ner på varje insprutningsventil sitter ovanför den nedre O-ringen.

15 Smörj in bränsleinsprutarnas O-ringar med lite vaselin eller växellådsolja SAE 90.

16 I förekommande fall sätter du tillbaka bränsleinsprutarna på bränslefördelarskenan. Se till att fästklämmorna sitter korrekt. Observera att insprutningsventilerna ska sitta så att kablagehylsorna är överst när enheten sätts tillbaka.

17 Skjut bränslefördelarskenan/bränsleinsprutarenheten på plats, se till att insprutningsventilerna hakar i sina spår i insugsgrenröret.

18 Resten av monteringen utförs i omvänd ordning mot demonteringen, men sätt tillbaka den övre delen av insugsgrenröret enligt beskrivningen i avsnitt 13, och trycksätt bränslesystemet (sätt tillbaka bränslepumpens säkring och brytare på tändningen) och leta efter läckorna innan du startar motorn.

N-42 och N46-motorer

19 Skruva loss de båda muttrarna, lyft upp framkanten av plastkåpan ovanpå motorn och dra ut kåpan framåt.

20 Arbeta i motorrummets bakre del och vrid fästena 90° moturs och ta bort pollenfilterkåpan. Skjut bort filtret från huset. Se kapitel 1 vid behov.

21 Lossa fästklämmorna och ta bort vajern från kanalen på luftintagshuset **(se bild)**.

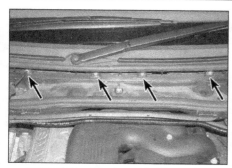

12.22 Pollenfilterhuset är fäst med 4 skruvar (se pilar)

12.23 Dra tätningsremsan uppåt, skruva loss de båda hållarna (se pilar) och dra panelen framåt

12.24 Skruva loss torxskruvarna (se pilar) och ta bort insugningshuset

12.25 Tryck ner kragen och koppla loss bränslematningsslangen

12.26 Skruva loss de båda bultarna (se pilar) och ta bort bränslefördelarskenan tillsammans med insprutningsventilerna

12.27 Koppla loss insprutningsventilens anslutningskontakter (se pilar)

22 Skruva loss de fyra skruvarna och dra pollenfilterhuset framåt **(se bild)**.
23 I motorrummets vänstra bakre hörn drar du upp tätningsremsan, lossar de båda fästena och drar klädselpanelen lite framåt **(se bild)**.
24 Skruva loss de båda torxskruvarna och lyft ut värmeenhetens insugshus **(se bild)**.
25 Tryck in låshylsan och koppla loss bränslematningsröret från bränslefördelarskenan. Var beredd på bränslespill och vidta lämpliga brandsäkerhetsåtgärder. Plugga igen röret och slangens öppna ändar för att förhindra att det kommer in smuts och att det uppstår ytterligare bränslespill **(se bild)**.
26 Lossa kabeln, skruva loss de båda muttrarna som fäster fästbygeln på topplocket, skruva sedan loss de båda fästbultarna och ta bort bränslefördelarskenan tillsammans med insprutningsventilerna **(se bild)**.
27 Koppla loss insprutningsventilernas anslutningskontakter och skär vid behov av buntbanden för att lossa skenan **(se bild)**.
28 Bänd ut fästklämmorna och ta bort insprutningsventilerna från bränslefördelarskenan **(se bild)**. Kontrollera skicket på O-ringstätningarna och byt dem vid behov.
29 Smörj in bränsleinsprutarnas O-ringar med lite vaselin eller syrafritt fett.
30 Sätt tillbaka insprutningsventilerna på bränslefördelarskenan och fäst dem genom att trycka in klämmorna i spåren.
31 Vidare montering utförs i omvänd ordningsföljd mot demonteringen.

M52TU-motorer

32 Fortsätt enligt punkt 20 till 24.

33 Bänd ut plastlocken, skruva loss de båda skruvarna och ta bort plastkåpan från insprutningsventilernas ovansida **(se bild 12.44)**.
34 Koppla loss bränsleregulatorns vakuumslang.
35 Koppla loss anslutningskontakten till luftintagets temperaturgivare och dra loss kablageskenan från bränsleinsprutarna.
36 Märk lambdasondens båda kontaktdon för att underlätta återmonteringen, koppla loss dem och lossa dem från fästklämmorna.
37 Märk bränslematnings- och returrören, koppla sedan loss rören från snabbkopplingarna.
38 Skruva loss de fyra skruvarna och ta bort bränslefördelarskenan tillsammans med insprutningsventilerna **(se bild 12.48)**.
39 När du ska ta bort en bränsleinsprutare från bränslefördelarskenan, följ nedanstående anvisningar.

12.28 Bänd ut klämman och ta bort insprutningsventilen från skenan

a) *Bänd bort metallfästklämman med en skruvmejsel.*
b) *Dra loss bränsleinsprutaren från bränslefördelarskenan.*
40 Smörj in bränsleinsprutarnas O-ringar med lite vaselin eller syrafritt fett.
41 Sätt tillbaka insprutningsventilerna på bränslefördelarskenan och fäst dem genom att trycka in klämmorna i spåren.
42 Vidare montering utförs i omvänd ordningsföljd mot demonteringen.

M54-motorer

43 Fortsätt enligt punkt 20 till 24.
44 Bänd ut plastlocken, skruva loss de båda skruvarna och ta bort plastkåpan från insprutningsventilernas ovansida **(se bild)**.
45 Märk lambdasondens båda kontaktdon för att underlätta återmonteringen, koppla loss dem och lossa dem från fästklämmorna.

12.44 Skruva loss skruvarna och ta bort plastkåpan från insprutningsventilerna

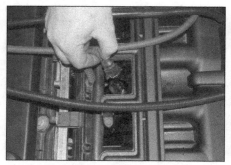

12.46a Koppla loss luftintagets temperaturgivare . . .

12.46b . . . och VANOS-magnetventilen . . .

12.46c . . . lossa sedan kablageskenans klämmor

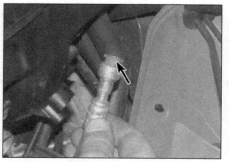

12.47 Tryck ner kragen (se pil) och koppla loss bränslematningsslangen

12.48 Skruva loss skruvarna (se pilar) och ta bort bränslefördelarskenan

46 Koppla loss anslutningskontakten till luftintagets temperaturgivare, VANOS-magnetventilens anslutningskontakt och fästklämmorna och dra loss kablageskenan från bränsleinsprutarna **(se bilder)**.
47 Koppla loss bränslematningsröret från snabbkopplingen **(se bild)**.
48 Skruva loss de fyra skruvarna och ta bort bränslefördelarskenan tillsammans med insprutningsventilerna **(se bild)**.
49 När du ska ta bort en bränsleinsprutare från bränslefördelarskenan, följ nedanstående anvisningar.
a) Bänd bort metallfästklämman med en skruvmejsel.
b) Dra loss bränsleinsprutaren från bränslefördelarskenan.
50 Smörj in bränsleinsprutarnas O-ringar med lite vaselin eller syrafritt fett.
51 Sätt tillbaka insprutningsventilerna på

bränslefördelarskenan och fäst dem genom att trycka in klämmorna i spåren.
52 Vidare montering utförs i omvänd ordningsföljd mot demonteringen.

Bränsletrycksregulator

⚠️ **Varning: Se varningstexten i punkt 1 innan du går vidare.**

53 Tryckutjämna bränslesystemet enligt beskrivningen i avsnitt 8, koppla sedan loss batteriets minusledare (se kapitel 5A).

M43TU-motorer
Observera: Det kan krävas nya O-ringar vid återmonteringen.
54 Dra loss vakuumslangen från tryckregulatorn **(se bild)**.
55 Om det behövs kan du förbättra åtkomligheten genom att koppla loss ventilationsslangen från ventilkåpans framsida.

12.54 Dra loss vakuumslangen från bränsletrycksregulatorn

12.61 Kontrollera skicket på O-ringarna (se pilar)

56 Observera vakuumingångens vinkel på tryckregulatorn så att den kan återmonteras i samma läge.
57 För att kunna ta bort tryckregulatorn kan du behöva skruva loss motorlyftbygeln från topplocket.
58 På modeller där regulatorn hålls fast med en klämfästbygel som är fäst med en mutter, lossa fästmuttern och ta bort klämfästbygeln.
59 På modeller där regulatorn hålls fast med en låsklämma drar du ut klämman.
60 Dra och vrid loss regulatorn från bränslefördelarskenan. Observera att det är svårt att ta bort regulatorn från bränslefördelarskenan på grund av de tättsittande O-ringarna.
61 Före återmonteringen måste du kontrollera O-ringarna och byta dem vid behov **(se bild)**.
62 Monteringen utförs i omvänd ordningsföljd mot demonteringen.

N-42 och N46-motorer
63 På dessa motorer är regulatorn inbyggd i bränslefilterenheten.
64 Om det är fel på den måste hela filterhuset bytas.

M52TU-motorer
65 För att få tillräckligt med plats, ta bort värme-/ventilationssystemets insugsluftkanaler från motorrummets bakre del enligt nedanstående beskrivning.
a) Vrid de tre fästena 90° moturs och ta bort pollenfilterkåpan från motorrummets bakre del. Dra filtret framåt och ta bort det.
b) Skruva loss fästklämmorna och ta ut vajern ur kanalen **(se bild 12.21)**.
c) Skruva loss de fyra skruvarna och dra filterhuset framåt och ta bort det.
d) Skruva loss de båda skruvarna och ta bort insugskanalen uppåt, bort från motorrummet **(se bild 12.24)**.
66 Bänd upp de båda kåporna, skruva loss skruvarna och ta bort plastkåpan från bränslefördelarskenans ovansida.
67 Dra loss vakuumslangen från bränsleregulatorn **(se bild)**.
68 Ta bort låsringen och vrid och dra bort regulatorn från bränslefördelarskenan.
69 Före återmonteringen måste du kontrollera O-ringarna och byta dem vid behov **(se bild 12.61)**.

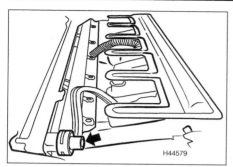

12.67 Dra loss vakuumslangen (se pil) från regulatorn

12.73 Tryck ihop anslutningskontaktens sidor och koppla loss luftflödesgivaren

12.79 Skruva loss de båda muttrarna och ta bort massluftflödesgivaren

70 Monteringen utförs i omvänd ordningsföljd. Tänk på följande:
a) Se till att regulatorn är ordentligt intryckt på plats i bränslefördelarskenans ände.
b) Se till att låsringen hakar i spåret i bränslefördelarskenan.
c) Avsluta med att trycksätta bränsle-systemet (sätt tillbaka bränslepumpens säkring och slå på tändningen). Leta efter läckor innan du slår på tändningen.

M54-motorer

71 På dessa motorer är regulatorn inbyggd i bränslefilterenheten. Om det är fel på regulatorn måste hela filterhuset bytas.

Massluftflödesgivare

M43TU-motorer

Observera: *Det kan krävas en ny luftflödes-givartätning vid återmonteringen.*
72 Koppla loss batteriets minusledare (se kapitel 5A).
73 Koppla loss anslutningskontakten från luftflödesgivaren (se bild).
74 Lossa slangklämman och koppla loss luftkanalen från luftflödesgivaren.
75 Lossa klämmorna och ta bort givaren från luftrenarhuset. Ta bort tätningen.
76 Monteringen utförs i omvänd ordning, men kontrollera och byt tätningen om det behövs.

N-42 och N46-motorer

77 Ta bort luftrenarhuset enligt beskrivningen i avsnitt 2.
78 Lossa slangklämman och ta bort insug-ningsslangen och resonanskammaren från filterhuset.
79 Skruva loss de båda muttrarna och ta bort givaren från filterhuset (se bild).
80 Monteringen utförs i omvänd ordningsföljd mot demonteringen.

M52TU-motorer

Observera: *Det kan krävas en ny luftflödes-givartätning vid återmonteringen.*
81 Se till att tändningen är avslagen och koppla loss anslutningskontakten från givaren (se bild 12.84).
82 Dra loss vakuumslangen från insugs-kanalen, lossa fästklämmorna och ta bort givaren tillsammans med insugskanalen. Ta bort tätningen.

83 Monteringen utförs i omvänd ordning, men kontrollera och byt tätningen om det behövs.

M54-motorer

Observera: *Det kan krävas en ny luftflödes-givartätning vid återmonteringen.*
84 Se till att tändningen är avslagen och koppla loss anslutningskontakten från givaren (se bild).
85 Lossa fästklämmorna och koppla loss insugskanalerna från givaren, och givaren från luftrenarhuset. Ta bort tätningen.
86 Monteringen utförs i omvänd ordning, men kontrollera och byt tätningen om det behövs.

Gasspjällets lägesgivare

M43TU-motorer

Observera: *Det kan behövas en ny O-ring vid monteringen.*
87 Se till att tändningen är avslagen.
88 Koppla loss anslutningskontakten från givaren (se bild).
89 Skruva loss de båda fästskruvarna och ta bort givaren från gasspjällshuset. Ta bort O-ringen i förekommande fall.
90 Monteringen utförs i omvänd ordningsföljd mot demonteringen, men kontrollera efter tillämplighet O-ringens skick och byt den om det behövs. Se till att O-ringen sitter korrekt. Observera att enheten inte behöver justeras.

N-42 och N46-motorer

91 På dessa motorer används gasspjälls-husets ventil inte för att styra motorbelast-ningen, utan för att skapa vakuum i insugs-

grenröret för att tömma kolfiltret etc. Gas-spjällets ställmotor är inbyggd i gasspjälls-huset. Ta bort gasspjällshuset enligt beskriv-ningen i avsnitt 11. Gaspedalens lägesgivare är inbyggd i gaspedalen. Ta bort pedalen enligt beskrivningen i avsnitt 6.

M52TU- och M54-motorer

92 Gasspjällets lägesgivare är inbyggd i gasspjällshuset. Ta bort gasspjällshuset enligt beskrivningen i avsnitt 11.
93 Monteringen utförs i omvänd ordningsföljd mot demonteringen. Observera att om en ny gasspjällshus/lägesgivare har monterats måste anpassningsvärdena som har sparats i motorstyrmodulen raderas med hjälp av en särskild testutrustning. Låt en BMW-verkstad eller annan specialist utföra denna uppgift. När värdena har raderats kommer nya värden att "läras in" när motorn startas och används.

Temperaturgivare för kylvätska

M43TU-motorer

94 Givaren sitter i topplockets vänstra sida. Töm kylsystemet delvis enligt beskrivningen i kapitel 1 och ta bort den övre delen av insugs-grenröret enligt beskrivningen i avsnitt 13.
95 Skruva loss givaren från topplocket.
96 Monteringen utförs i omvänd ordningsföljd mot demonteringen. Dra åt givaren till angivet moment och fyll på kylvätska enligt beskriv-ningen i kapitel 1.

N-42 och N46-motorer

97 Givaren sitter i motorblockets vänstra sida. Töm kylsystemet delvis enligt beskriv-ningen i kapitel 1.

12.84 Massluftflödesgivare

12.88 Gasspjällets lägesgivare

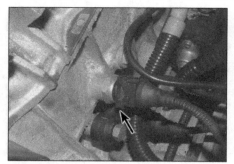

12.99 Temperaturgivare för kylvätska (se pil – insugsgrenröret borttaget för tydlighets skull)

98 Ta bort generatorn enligt beskrivningen i kapitel 5A.
99 Koppla loss anslutningskontakten och skruva loss givaren från motorblocket **(se bild)**.
100 Monteringen utförs i omvänd ordningsföljd mot demonteringen. Dra åt givaren till angivet moment och fyll på kylvätska enligt beskrivningen i kapitel 1.

M52TU- och M54-motorer

101 Givaren sitter på topplockets vänstra sida, under insugsgrenröret. Töm kylsystemet delvis enligt beskrivningen i kapitel 1 och ta bort insugsgrenröret enligt beskrivningen i avsnitt 13.
102 Koppla loss givarens anslutningskontakt och skruva loss den från topplocket.
103 Monteringen utförs i omvänd ordningsföljd mot demonteringen. Dra åt givaren till angivet moment och fyll på kylvätska enligt beskrivningen i kapitel 1.

Vevaxelns lägesgivare

M43TU-motorer

104 Hissa upp bilens framvagn och stötta den på pallbockar (se *Lyftning och stödpunkter*). Skruva loss skruvarna och ta bort motorns undre skyddskåpa.
105 Givaren sitter under startmotorn. Koppla loss givarens anslutningskontakt, skruva loss fästskruven och ta bort givaren. Ta bort tätningen.
106 Monteringen utförs i omvänd ordnings-

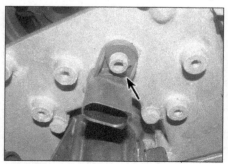

12.119 Ta bort kamaxelgivarens fästbult (se pil)

12.108 Vevaxelns lägesgivare (se pil) sitter under startmotorn

följd mot demonteringen. Kontrollera tätningens skick och byt den vid behov.

N-42 och N46-motorer

107 Givaren sitter under startmotorn. Ta bort insugsgrenröret enligt beskrivningen i avsnitt 13.
108 Koppla loss givarens anslutningskontakt, skruva loss fästskruven och ta bort givaren **(se bild)**. Ta bort tätningen.
109 Kontrollera tätningsringens skick och byt den vid behov. Sätt tillbaka givaren och dra åt fästskruven till angivet moment.
110 Resten av monteringen utförs i omvänd ordningsföljd mot demonteringen.

M52TU-motorer

111 Fortsätt enligt punkt 104 till 106.

M54-motorer

112 Hissa upp bilens framvagn och stötta den på pallbockar (se *Lyftning och stödpunkter*). Skruva loss skruvarna och ta bort motorns undre skyddskåpa.
113 Skruva loss bultarna och ta bort förstärkningsplattan mellan de nedre länkarmarna. Observera att det krävs nya skruvar vid återmontering.
114 Givaren sitter under startmotorn. Koppla loss givarens anslutningskontakt, skruva loss fästskruven och ta bort givaren. Ta bort tätningen.
115 Monteringen utförs i omvänd ordningsföljd mot demonteringen, men använd nya bultar när du sätter tillbaka framaxelns förstärkningsplatta.

12.125 Koppla ifrån kamaxelgivarens anslutningskontakt

12.118 Skruva loss bultarna (se pilar) och ta bort den sekundära luftinsprutnings-magnetventilen

Kamaxelgivare

M43TU-motorer

116 Givaren sitter på den övre kamkedjekåpans framsida.
117 Se till att tändningen är avslagen och koppla loss givarens anslutningskontakt.
118 För att förbättra åtkomligheten, skruva loss magnetventilen och fästbygeln, lägg den sedan åt sidan **(se bild)**.
119 Skruva loss fästbulten och ta bort givaren från motorn **(se bild)**. Ta bort tätningen.
120 Kontrollera tätningsringens skick och byt den vid behov.
121 Sätt tillbaka givaren på motorn och dra åt fästbulten ordentligt.
122 Resten av monteringen utförs i omvänd ordningsföljd mot demonteringen.

N-42 och N46-motorer

123 Givarna sitter på topplockets framsida, under respektive kamaxelände. Se till att tändningen är avstängd.
124 Bänd ut de båda expandernitarna och ta bort luftintagskåpan från frontens överdel.
125 Tryck ihop låsklackarna och koppla loss givarens anslutningskontakt **(se bild)**.
126 Skruva loss fästbulten och ta bort givaren. Ta bort tätningen.
127 Monteringen utförs i omvänd ordningsföljd mot demonteringen. Kontrollera tätningens skick och byt den vid behov.

Insugskamaxel (M52TU- och M54-motorer)

128 Se till att tändningen är avslagen och ta bort luftrenarhuset enligt avsnitt 2.

12.129 Skruva loss VANOS-magnetventilen

12.131 Skruva loss skruven och ta bort kamaxelgivaren

12.133 Koppla loss avgaskamaxelgivarens anslutningskontakt

12.136 Tomgångsstyrmotor

129 Koppla loss anslutningskontakten och skruva sedan loss VANOS-magnetventilen för att komma åt givaren **(se bild)**.

130 Följ kablaget bakåt från givaren och koppla loss anslutningskontakten där den är fäst på kabelkanalen bakom generatorn.

131 Skruva loss fästskruven och ta bort givaren från topplocket **(se bild)**. Ta bort tätningen.

Avgaskamaxel (M52TU- och M54-motorer)

132 Se till att tändningen är avstängd.

133 Koppla loss givarens anslutningskontakt, skruva loss fästskruven och ta bort givaren **(se bild)**. Ta bort tätningen.

134 Monteringen utförs i omvänd ordningsföljd mot demonteringen. Kontrollera tätningens skick och byt den vid behov.

Lambdasond

135 Se kapitel 4B.

Tomgångsstyrningsventil

M43TU-motorer

136 Ventilen är fäst på gasspjällshusets sida **(se bild)**.

137 Se till att tändningen är avstängd.

138 Koppla loss anslutningskontakten från ventilen.

139 Koppla loss vakuumslangen från ventilen.

140 Ta bort de båda fästskruvarna och ta bort ventilen från gasspjällshuset. Ta bort tätningen.

141 Monteringen utförs i omvänd ordningsföljd mot demonteringen, men rengör ventilens tätningsyta och kontrollera att tätningen är i gott skick. Byt tätningen vid behov.

N-42 och N46-motorer

142 På dessa motorer styrs tomgångsvarvtalet av insugsventilernas lyft och varaktighet, vilket i sin tur kontrolleras av motorstyrmodulen.

M52TU- och M54-motorer

143 Koppla loss batteriets minusledare enligt beskrivningen i kapitel 5A.

144 Tomgångsstyrningsventilen sitter under insugsgrenröret, ovanför gasspjällshuset.

145 Ta bort luftrenarhuset enligt beskrivningen i avsnitt 2.

146 Dra bort gasvajerns hölje (i förekommande fall) från stödfästet på gasspjällshuset.

147 Skruva loss de båda klämmorna och koppla loss insugskanalen från gasspjällshuset och tomgångsstyrningsventilen.

148 Koppla loss anslutningskontakterna från tomgångsstyrningsventilen och magnetventilen till grenrörets resonansklaff.

149 Skruva loss muttern som håller fast vajerstödfästet och de båda skruvarna som håller fast tomgångsstyrningsventilens fästbygel. Ta bort ventilen från grenröret **(se bild)**. Kasta tätningen mellan ventilen och grenröret, du måste sätta dit en ny.

150 Smörj in den nya tätningen med fett och montera den på insugsgrenröret. Tryck tom-

gångsstyrningsventilen på plats och dra åt fästbygelns fästskruvar/muttrar ordentligt.

151 Resten av monteringen utförs i omvänd ordningsföljd mot demonteringen.

Bränslepumprelä

152 Koppla loss batteriets minusledare enligt beskrivningen i kapitel 5A.

153 Ta bort handskfacket på passagerarsidan enligt beskrivningen i kapitel 11, avsnitt 27.

154 Sätt i en spårskruvmejsel i spåret på handskfacksbelysningens ände och bänd försiktigt bort den. Koppla loss anslutningskontakten när du tar bort belysningen.

155 Skruva loss de fem skruvarna, lossa expanderniten och ta bort handskfacksramen från instrumentbrädan (se kapitel 11 om det behövs).

156 Skruva loss låsspakarna och koppla loss anslutningskontakterna från den allmänna styrmodulen **(se bild)**.

157 Dra loss bränslepumpreläet från reläplattan **(se bild)**.

158 Monteringen utförs i omvänd ordningsföljd mot demonteringen.

Huvudmotorstyrningsrelä

159 Se till att tändningen är avstängd.

160 Arbeta i motorrummets vänstra hörn, skruva loss de fyra skruvarna och ta bort kåpan från eldosan **(se bild 12.2)**.

161 Dra loss reläet från relähylsan **(se bild)**.

162 Monteringen utförs i omvänd ordningsföljd mot demonteringen.

12.149 Tomgångsstyrmotorns fästskruvar (se pilar)

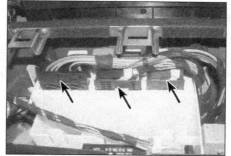

12.156 Koppla loss den allmänna styrmodulens anslutningskontakter (se pilar)

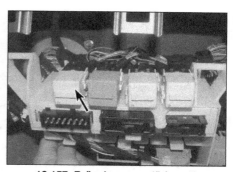

12.157 Bränslepumprelä (se pil)

Gaspedalens lägesgivare

N-42 och N46-motorer

163 Gaspedalens lägesgivare är inbyggd i pedalenheten. Se avsnitt 6 för anvisningar om borttagningen.

Insugsgrenrörets differenstryckgivare

164 Se till att tändningen är avslagen, skruva loss de båda muttrarna, lyft upp framkanten, dra plastmotorkåpan framåt och ta bort den.
165 Koppla loss anslutningskontakten, skruva loss de båda skruvarna och ta bort givaren från grenröret **(se bild)**.
166 Monteringen utförs i omvänd ordningsföljd mot demonteringen.

13 Grenrör – demontering och montering

Insugsgrenrörets övre del

M43TU-motorer

Observera: *Det behövs en ny grenrörspackning och nya packningar till tryckstyrningsventilerna vid återmonteringen.*
1 Se till att tändningen är avstängd.
2 För att få tillräckligt med plats, ta bort värme-/ventilationssystemets insugsluftkanaler från motorrummets bakre del enligt nedanstående beskrivning.
 a) Vrid de tre fästena 90° moturs och ta bort pollenfilterkåpan från motorrummets bakre

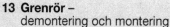
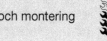

13.5a Ta bort de båda bultarna på insugsgrenrörets främre del (se pilar) . . .

13.6 Koppla loss vakuumslangen på insugsgrenrörets framsida

12.161 Motorstyrningsrelä (se pil)

 del. Dra filtret framåt och ta bort det.
 b) Skruva loss fästklämmorna och ta ut vajern ur kanalen **(se bild 12.21)**.
 c) Skruva loss de fyra skruvarna och dra filterhuset framåt och ta bort det **(se bild 12.22)**.
3 Koppla loss gasvajern från gasspjällshuset enligt beskrivningen i avsnitt 5. Använd i förekommande fall samma metod för att koppla loss farthållarvajern från gasspjällshusarmen.
4 Lossa fästklämmorna och ta bort kanalen (tillsammans med massluftflödesgivaren). Koppla loss givarens anslutningskontakt och bränslefördelarskenans vakuumslang vid demonteringen.
5 Skruva loss de båda bultarna som håller fast stödfästet på grenrörets framsida och bulten på grenrörets baksida **(se bilder)**. På det främre stödfästet lossar du kablaget från fästklämman.
6 Koppla loss vakuumslangen från grenrörets framsida **(se bild)**.

13.5b . . . och den på baksidan (se pil)

13.9 Ta bort insugsgrenrörets övre del

12.165 Skruva loss de båda skruvarna och ta bort differenstryckgivaren

7 Koppla loss anslutningskontakterna till gasspjällets lägesgivare och tomgångsstyrningsventilen.
8 Lossa fästklämman och koppla loss servons vakuumslang från grenröret.
9 Skruva loss bultarna/muttrarna och lyft bort grenrörets övre del **(se bild)**. Ta bort tätningarna.
10 Monteringen utförs i omvänd ordningsföljd. Tänk på följande:
 a) Använd nya tätningar när du sätter tillbaka grenrörets övre del.
 b) Se till att alla kablage och slangar är korrekt dragna och återanslutna enligt de anteckningar som gjordes vid demonteringen.
 c) Återanslut gasvajern och justera den vid behov, enligt beskrivningen i avsnitt 5.

Insugsgrenrörets nedre del

M43TU-motor

11 Tryckavlasta bränslesystemet enligt beskrivningen i avsnitt 8.
12 Ta bort den övre delen av insugsgrenröret enligt beskrivningen tidigare i detta avsnitt.
13 Töm kylsystemet enligt beskrivningen i kapitel 1.
14 Ta bort bränsleinsprutarna enligt beskrivningen i avsnitt 12.
15 Skruva loss bulten som fäster fästbygeln till oljestickans rör på grenröret.
16 Lossa motorns kablage från grenrörets nedre del.
17 Skruva loss grenrörets stödfäste **(se bild)**.

13.17 Skruva loss insugsgrenrörets stödfäste

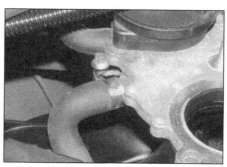

13.19 Koppla loss kylvätskeslangen från grenrörsflänsen

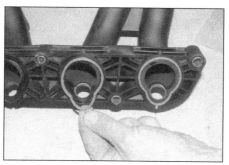

13.20 Ta loss insugsgrenrörets tätningar

13.21 Byt alltid grenrörets tätningar

18 Koppla loss och ta bort eventuella återstående slangar och kablage/kontakter från grenröret och givarna. Notera deras placering och dragning för att underlätta återmonteringen.
19 Koppla loss kylvätskeslangen från grenrörsflänsen **(se bild)**.
20 Skruva loss fästmuttrarna och lyft bort grenrörets nedre del från topplocket. Ta bort tätningarna **(se bild)**.
21 Monteringen utförs i omvänd ordningsföljd. Tänk på följande:
  a) Använd nya tätningar när du sätter tillbaka grenrörets nedre del.
  b) Använd nya tätningar när du sätter tillbaka grenrörets övre del **(se bild)**.
  c) Se till att alla kablage/kontakter och slangar är korrekt dragna och återanslutna enligt de anteckningar som gjordes vid demonteringen.
  d) Sätt tillbaka bränsleinsprutarna (se avsnitt 12).
  e) Montera grenrörets övre del enligt beskrivningen tidigare i detta avsnitt.
  f) Avsluta med att trycksätta bränslesystemet (sätt tillbaka bränslepumpens säkring och slå på tändningen). Leta efter läckor innan du slår på tändningen.

Insugsgrenrör

N-42 och N46-motorer

Observera: Åtkomligheten till grenrörets undersida är begränsad.
22 Se till att tändningen är avslagen och ta bort luftrenarhuset enligt beskrivningen i avsnitt 2.
23 Ta bort bränslefördelarskenan enligt beskrivningen i avsnitt 12.
24 Vrid fästena 90° moturs och lyft bort avdelningsväggen från motorrummets vänstra hörn. Dra bort slangarna/ledningarna med gummigenomföringar från panelen **(se bild 12.23)**.
25 Notera var de sitter och koppla sedan loss alla anslutningskontakter från gasspjällshuset/grenröret, och lossa kablaget/vajrarna från fästklämmorna på grenröret. Lossa batteriets pluskabel från oljemätstickans styrhylsa.
26 Lossa fästklämman och koppla loss bensintanksventilationens ventilslang från grenrörets undersida.

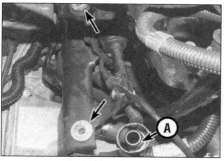

13.27 Skruvhålen på grenrörets stödfäste (se pilar – utan grenrör för tydlighets skull) och tankventilationens ventilslang (A)

27 Arbeta under grenröret, skruva loss bulten som håller fast oljemätsickans styrhylsa och skruva sedan loss de båda torxskruvarna som håller fast stödfästet på grenröret **(se bild)**. Skruvarna är lättare att komma åt underifrån, med undantag för bilar med luftkonditionering där den främre skruven nås ovanifrån.
28 Skruva loss bulten som håller fast kylvätskerörets stödfäste på motorblocket under startmotorn. På så sätt kan metallkylvätskerören på grenrörets baksida röra sig bakåt vilket underlättar demonteringen av grenröret.
29 Koppla loss ventilationsslangen från grenrörets ovansida **(se bild)**.
30 Skruva loss de båda muttrarna som håller fast oljeavskiljaren på grenrörets undersida **(se bild)**.
31 Skruva loss de fem bultarna och lyft sedan bort grenröret från topplocket **(se bild)**. Ta bort tätningarna.

13.30 Ta loss de båda muttrarna (se pilar) som håller fast oljeavskiljaren på grenröret

13.29 Tryck ner klämmorna (se pil) och koppla loss ventilationsslangen från grenrörets övre del

32 Kontrollera grenrörstätningarnas skick och byt dem vid behov.
33 Monteringen utförs i omvänd ordningsföljd mot demonteringen. Tänk på följande:
  a) Se till att oljeavskiljaren placeras korrekt på styrskenorna på grenrörets undersida.
  b) Dra åt grenrörets bultar ordentligt.

M52TU- och M54-motorer

34 För att få tillräckligt med plats, ta bort värme-/ventilationssystemets insugsluftkanaler från motorrummets bakre del enligt nedanstående beskrivning.
  a) Vrid de tre fästena 90° moturs och ta bort pollenfilterkåpan från motorrummets bakre del. Dra filtret framåt och ta bort det.
  b) Skruva loss fästklämmorna och ta ut vajern ur kanalen **(se bild 12.21)**.
  c) Skruva loss de fyra skruvarna och dra filterhuset framåt och ta bort det.

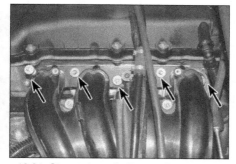

13.31 Skruva loss de 5 grenrörsbultarna (se pilar)

13.36 Koppla loss startmotorns matningsledning

13.39 Tryck in klämman och koppla loss slangen

d) *Dra upp gummiremsan, vrid de båda fästena moturs och flytta avdelarpanelen i motorrummets vänstra hörn något framåt (se bild 12.23).*

e) *Skruva loss de båda skruvarna och ta bort insugskanalen uppåt, bort från motorrummet (se bild 12.24).*

35 Ta bort gasspjällshuset (avsnitt 11) och bränslefördelarskenan med insprutningsventiler (avsnitt 12).

36 Öppna upp till anslutningsplatsen för startkablar i motorrummets högra sida och koppla loss startmotorns matningsledning (se bild).

37 Koppla loss VANOS-magnetventilens anslutningskontakt på topplockets vänstra främre sida (om du inte redan har gjort det).

38 Kläm ihop låskragens sidor och koppla loss ventilationsslangen från ventilkåpan.

39 Tryck in fästklämman och koppla loss slangen längst ner på tankluftningsventilen (se bild).

40 Anteckna var de sitter och lossa eventuella kablage från fästklämmorna på grenröret och stödfästet (under grenröret).

41 När du ska koppla loss servons vakuumslang ovanför grenröret, kapa slangklämman med en avbitartång och dra bort plaströret från gummislangen.

42 Skruva loss de nio muttrarna som fäster grenröret på topplocket och muttern som håller fast grenrörets stödfäste på motorblocket (under grenröret). Ta sedan bort grenröret från topplocket. När du tar bort grenröret matar du startmotorkabeln genom det. På M54-motorer ska du även koppla loss bränsle-

regulatorns vakuumslang (se bilder). Ta bort tätningarna.

43 Kontrollera tätningarnas skick och byt dem vid behov.

44 Monteringen utförs i omvänd ordningsföljd mot demonteringen.

Avgasgrenrör

M43TU-motorer

Observera: Det behövs nya tätningar och nya fästmuttrar till grenröret vid återmonteringen.

45 För att förbättra åtkomligheten, hissa upp bilens framvagn och stötta den på pallbockar (se *Lyftning och stödpunkter*). Skruva loss skruvarna och ta bort motorns undre skyddskåpa.

46 Arbeta under bilen och skruva loss muttrarna som håller fast avgassystemets främre del på grenröret (se bild).

47 Arbeta vid växellådans avgasfästbygel och skruva loss bulten/bultarna som håller ihop avgassystemets båda fästklämmor.

48 Lossa bulten som håller fast klämhalvorna på fästbygeln på växellådan, sänk sedan ner det främre avgasröret från grenrörets pinnbultar. Ta bort packningen/packningarna.

49 Arbeta i motorrummet och skruva loss grenrörets fästmuttrar. Skruva i förekommande fall loss muttrarna och koppla loss det sekundära luftinsprutningsröret från avgasgrenröret.

50 Ta bort grenröret från pinnbultarna och ta bort packningen/packningarna.

51 Några av grenrörets pinnbultar kan skruvas loss från topplocket när grenrörets fästmuttrar skruvas loss. Om så är fallet ska pinnbultarna skruvas tillbaka i topplocket när grenrören har tagits bort, med hjälp av två grenrörsmuttrar som låses ihop.

52 Monteringen utförs i omvänd ordningsföljd mot demonteringen, men använd nya packningar och nya fästmuttrar till grenröret.

N-42 och N46-motorer

53 Hissa upp bilens framvagn och stötta den på pallbockar (se *Lyftning och stödpunkter*). Skruva loss skruvarna och ta bort motorns undre skyddskåpa.

54 Skruva loss de åtta bultarna och ta bort framaxelns förstärkningsplatta mellan de nedre länkarmarna (se kapitel 2A). Kasta bultarna, du måste sätta dit nya.

55 Följ lambdasondens/sondernas kablage bakåt och ta loss anslutningskontakterna. Märk dem för att säkerställa att de återansluts rätt.

56 Skruva loss muttrarna/bultarna och skilj avgassystemet från grenröret.

57 Skruva loss muttrarna och ta bort värmeskölden och avgasgrenröret från topplocket (se bild). Kasta packningen. Några av grenrörets pinnbultar kan skruvas loss från topplocket när grenrörets fästmuttrar skruvas loss. Om så är fallet ska pinnbultarna skruvas tillbaka i topplocket när grenrören har tagits bort, med hjälp av två grenrörsmuttrar som låses ihop.

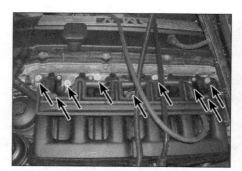

13.42a Insugsgrenrörets muttrar (se pilar)

13.42b Skruva loss muttern från grenrörets stödfäste (se pil)

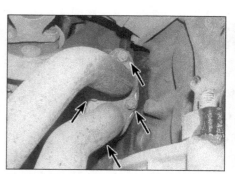

13.46 Ta loss muttrarna (se pilar) som fäster avgassystemets främre del på grenröret

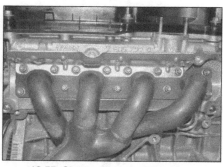

13.57 Skruva loss grenröret och värmeskölden muttrar

58 Monteringen utförs i omvänd ordningsföljd mot demonteringen, men använd nya packningar och nya fästmuttrar till grenröret.

M52TU- och M54-motorer

59 För att få tillräckligt med plats, ta bort värme-/ventilationssystemets insugsluftkanaler från motorrummets bakre del enligt nedanstående beskrivning.

a) *Vrid de tre fästena 90° moturs och ta bort pollenfilterkåpan från motorrummets bakre del. Dra filtret framåt och ta bort det.*

b) *Skruva loss fästklämmorna och ta ut vajern ur kanalen (se bild 12.21).*

c) *Skruva loss de fyra skruvarna och dra filterhuset framåt och ta bort det.*

d) *Dra upp gummiremsan, vrid de båda fästena moturs och flytta avdelarpanelen i motorrummets vänstra hörn något framåt.*

e) *Skruva loss de båda skruvarna och ta bort insugskanalen uppåt, bort från motorrummet (se bild 12.24).*

60 Hissa upp bilens framvagn och stötta den på pallbockar (se *Lyftning och stödpunkter*). Skruva loss skruvarna och ta bort motorns undre skyddskåpa.

61 Skruva loss de åtta bultarna och ta bort framaxelns förstärkningsplatta mellan de nedre länkarmarna. Kasta bultarna, du måste sätta dit nya.

62 Häng en motorlyft i lyftöglan på topplockets främre del och avlasta motorns vikt.

63 Arbeta under bilen och ta bort höger motorfäste, tillsammans med stödarmen.

64 Bänd ut plastlocken, skruva loss de båda skruvarna och ta bort plastkåpan från insprutningsventilernas ovansida.

65 Följ kablaget bakåt från lambdasonden/sonderna och koppla loss anslutningskontakterna. Märk kontakterna för att säkerställa att de återmonteras rätt. Lossa kablaget från eventuella hållare på grenrören.

66 Skruva loss muttrarna/bultarna och skilj avgasröret från grenröret.

67 Använd motorlyften och lyft upp motorn cirka 5 mm.

68 Börja med det främre avgasgrenröret, skruva loss muttrarna och ta bort grenröret från motorrummet **(se bild)**. Var försiktig så att du inte skadar lambdasonden som är fäst på grenröret. Kasta packningen.

69 Skruva loss muttrarna och ta bort det bakre avgasgrenröret. Var mycket försiktig även här så att du inte skadar lambdasonden. Kasta packningen.

70 Monteringen utförs i omvänd ordningsföljd mot demonteringen. Tänk på följande:

a) *Stryk på lite antikärvningsfett för höga temperaturer på grenrörets pinnbultar.*

b) *Byt alltid grenrörspackningarna.*

c) *Dra åt grenrörets muttrar till angivet moment.*

14 Avgassystem – demontering och montering

Observera: *Vid återmonteringen behövs det nya packningar mellan avgassystemets främre del och grenröret och nya fästmuttrar.*

Demontering

1 Lyft upp bilen och stötta den på pallbockar (se *Lyftning och stödpunkter*). Skruva loss skruvarna och ta bort motorns undre skyddskåpa.

2 På modeller med N-42 och N46-motorer, följ lambda-sondens kablage bakåt och koppla loss anslutningen. Lossa kablaget från styrningen.

3 På alla modeller skruvar du loss fästmuttrarna och kopplar loss avgassystemets främre del från grenröret. Ta bort packningen **(se bild)**.

4 Skruva loss klämbulten som håller fast de båda halvorna av växellådans avgasfästbygel, skruva sedan loss klämmans styrbult och sväng de båda klämhalvorna bort från avgassystemet **(se bild)**.

5 Skruva loss bultarna och ta bort förstärkningsplattorna från växellådstunneln. Observera att den bakre förstärkningsplattan är

13.68 Ta bort det främre avgasgrenröret från topplocket

fäst på avgassystemet med gummifästen **(se bild)**.

6 Skjut bort avgassystemets bakre gummifästen från fästbyglarna på avgassystemet.

7 Ta bort hela avgassystemet från bilens undersida.

8 När du ska ta bort värmeskölden, skruva loss muttrarna och bultarna och sänk sedan ner den.

Montering

9 Monteringen utförs i omvänd ordningsföljd. Tänk på följande:

a) *Använd nya packningar när du återansluter avgassystemets främre del till grenröret. Använd även nya muttrar och stryk på kopparpasta på de nya muttrarnas gängor.*

b) *Kontrollera avgasrörens placering i förhållande till utskärningen i den bakre plåten. Justera vid behov avgassystemets fästen för att skapa tillräckligt med spel mellan systemet och plåten.*

c) *När fästena har återanslutits och dragits åt lossar du de båda muttrarna och bultarna som håller fast avgassystemets fästbygel på växellådans fästbygel. Om det behövs skjuter du fästbygeln inom de förlängda hålen för att avhjälpa eventuell sidospänning på systemet. När systemet är korrekt placerat drar du åt muttrarna och bultarna.*

14.3 Skruva loss muttrarna mellan avgassystemets främre del och grenröret

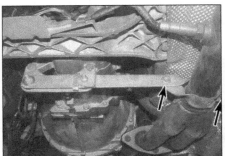

14.4 Avgassystemets klämbult och styrbult (se pilar)

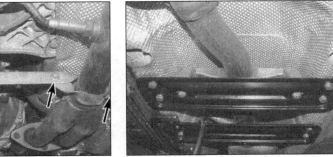

14.5 Den bakre förstärkningsplattan är fäst på avgassystemet med gummifästen

Kapitel 4 Del B:
Avgasreningssystem

Innehåll

Svårighetsgrad

Enkelt, passar novisen med lite erfarenhet	Ganska enkelt, passar nybörjaren med viss erfarenhet	Ganska svårt, passar kompetent hemmamekaniker	Svårt, passar hemmamekaniker med erfarenhet	Mycket svårt, för professionell mekaniker

Specifikationer

Åtdragningsmoment

	Nm
Lambdasond till avgassystem	50

1   Allmän information

1 Alla modeller har diverse inbyggda bränsle-systemfunktioner som hjälper till att minimera utsläppen, inklusive ett kontrollsystem för vev-husavgaser, katalysator och ett avdunstnings-regleringssystem. 4-cylindriga motorer och 6-cylindriga M52TU-motorer har också en sekundär luftinsprutning för att förkorta kataly-satorns uppvärmningsfas.
2 Observera att du inte får använda blyat bränsle.

Vevhusventilation

3 För att minska utsläppen av oförbrända kolväten från vevhuset är motorn förseglad. Genomblåsningsgaser och oljeångor sugs från vevhuset och ventilkåpan genom en oljeavskiljare till insugskanalen och motorn, där de slutligen förbränns.
4 När kraftigt undertryck råder i grenröret (tomgångskörning, inbromsning) sugs gaserna ut ur vevhuset. Under förhållanden med lågt undertryck i grenröret (acceleration, körning med full gas) tvingas gaserna ut ur vevhuset av det (relativt) högre vevhustrycket. Om motorn är sliten gör det ökade vevhustrycket (som orsakas av ökad genomblåsning) att en del av flödet går tillbaka, oavsett grenrörets skick.

Avgasrening

5 För att minimera mängden föroreningar som släpps ut i atmosfären är alla modeller försedda med en katalysator i avgassystemet. Systemet är en sluten krets. En eller två lambdasonder i avgassystemet ger bränsle-insprutningens/tändsystemets styrmodul konstant feedback, vilket gör att styrmodulen kan justera blandningen för att ge bästa möjliga arbetsvillkor för omvandlaren.
6 Lambdasonden/sonderna har ett inbyggt värmeelement som styrs av styrmodulen och vars uppgift är att snabbt skapa en effektiv arbetstemperatur på sondens spets. Sondens spets är känslig för syre och skickar en varierande spänning till styrmodulen i enlighet med syrehalten i avgaserna. Om den ingående luft-/bränsleblandningen är för fet, är av-gasernas syrehalt låg och då skickar sonden en lågspänningssignal. Spänningen stiger när blandningen blir mindre fet och mängden syre i avgaserna ökar. Maximal omvandlings-effekt för alla större föroreningar uppstår när bränsleblandningen hålls vid den kemiskt korrekta kvoten för fullständig förbränning av bensin, som är 14,7 delar (vikt) luft till 1 del bensin (den "stökiometriska" kvoten). I detta skede förändras sondens utgående spänning i stora steg. Styrmodulen använder signal-förändringen som en referenspunkt och juste-rar den ingående luft-/bränsleblandningen i enlighet med detta genom att ändra bränsle-insprutarnas pulsbredd (den tid en insprut-ningsventil är öppen).

Avdunstningsreglering

7 För att minimera utsläpp av oförbrända kol-väten, har alla modeller ett avdunstnings-regleringssystem. Bränsletankens påfyllnings-lock är förslutet och det sitter ett kolfilter under bilens bakre del där de bensinångor som skapas i tanken samlas upp när bilen är parkerad. Ångorna förvaras i filtret tills de kan släppas ut (kontrolleras av bränsleinsprut-nings-/tändsystemets styrmodul) via luftnings-magnetventilen. När ventilen öppnas förs bränsleångorna in i insugskanalen där de förbränns av motorn på vanligt vis.
8 För att se till att motorn går som den ska när den är kall och/eller går på tomgång, öppnar styrmodulen inte luftningsstyrnings-ventilen innan motorn är uppvärmd och belastad. Då öppnas och stängs magnet-ventilen så att ångorna kan dras in i insugs-kanalen.

Sekundär luftinsprutning

9 Vissa 4-cylindriga motorer och M52TU-motorer har ett system som är utformat för att förkorta katalysatorns uppvärmningstid. För att kunna fungera korrekt måste katalysatorn ha en temperatur på minst 300 °C. Denna temperatur uppnås genom de avgaser som passerar igenom. För att förkorta katalysatorns upp-värmningsfas sprutar en sekundär luftinsprut-ningspump in frisk luft precis bakom avgas-ventilerna i avgasgrenröret. Denna syrerika blandning skapar en "efterförbränning" i avgaserna, vilket ökar gastemperaturen betydligt, och på så sätt stiger även kataly-satorns temperatur. Systemet är endast aktivt vid kallstarter (kylvätsketemperatur upp till 33 °C) och är endast aktivt i cirka två minuter.

2.3 Bänd ut expanderniten (se pil) och ta bort panelen

2.4 Tryck ihop låskragarnas sidor för att koppla loss slangarna

2.9 Tryck ihop låskragens sidor för att koppla loss slangen

2 Avgasreningssystem – byte av komponenter

Vevhusventilation

1 Komponenter i detta system kräver ingen annan åtgärd än regelbunden kontroll av att slangarna inte är igensatta och att de är oskadda.

Kolfilter, byte

2 Kolfiltret sitter under bilens bakre del. Hissa upp bakvagnen och stötta den på pallbockar (se *Lyftning och stödpunkter*).
3 Ta bort skruvarna/expanderniten och ta bort plastpanelen (i förekommande fall) på höger sida av reservhjulsbrunnen **(se bild)**.
4 Koppla loss slangarna från kolfiltret. Om

slangarna är fästa med plastlåsklämmor, tryck ihop klämmorna så att de lossnar från anslutningen på kolfiltret. Notera var slangarna sitter för att underlätta återmonteringen **(se bild)**.
5 Skruva loss fästskruvarna och ta bort kolfilter-/fästbygelenheten från motorrummet.
6 Monteringen utförs i omvänd ordningsföljd mot demonteringen, men se till att slangarna är korrekt återanslutna enligt anteckningarna som gjordes vid demonteringen, och se till att slangfästklämmorna hakar i ordentligt.

Luftningsmagnetventil – byte

M43TU-motorer

7 Ventilen sitter på en fästbygel, bredvid luftrenarhuset.
8 Se till att tändningen är avstängd.

9 Tryck ihop låskragens sidor och koppla loss slangen från kolfiltret **(se bild)**.
10 Ta loss anslutningskontakten från ventilen.
11 Vrid ventilen 90° moturs och dra den samtidigt uppåt, så att de återstående slangarna kan kopplas loss.
12 Dra loss ventilen från dess fäste **(se bild)**.
13 Monteringen utförs i omvänd ordningsföljd mot demonteringen, men se till att alla slangarna är korrekt återanslutna enligt anteckningarna som du gjorde vid demonteringen.

N-42 och N46-motorer

14 Ventilen sitter under insugsgrenröret. För att få tillräckligt med plats, ta bort värme-/ventilationssystemets insugsluftkanaler från motorrummets bakre del enligt nedanstående beskrivning.
  a) *Vrid de tre fästena 90° moturs och ta bort pollenfilterkåpan från motorrummets bakre del. Dra filtret framåt och ta bort det.*
  b) *Skruva loss fästklämmorna och ta ut vajern ur kanalen (se bild).*
  c) *Skruva loss de fyra skruvarna och dra filterhuset framåt och ta bort det.*
  d) *Skruva loss de båda skruvarna och ta bort insugskanalen uppåt, bort från motorrummet (se bild).*
15 Dra upp tätningsremsan, vrid fästena 90° moturs och lyft upp avdelningspanelen från motorrummets vänstra hörn. Dra loss slangarna/ledningarna med gummigenomföringar från panelen **(se bild)**.
16 Sträck ner handen och tryck ihop låsklackarna och koppla loss slangen från insugsgrenrörets undersida.

2.12 Dra loss ventilen från dess fäste

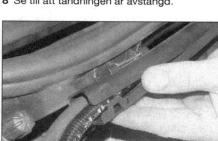

2.14a Lossa kabelkanalen

2.14b Skruva loss de båda torxskruvarna (se pilar) och ta bort insugningshuset

2.15 Dra upp tätningsremsan, skruva loss de båda fästena (se pilar) och dra panelen framåt

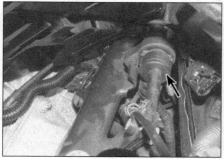

2.17 Luftningsmagnetventil (se pil – grenröret är borttaget för tydlighets skull)

2.20 Koppla loss luftningsmagnetventilens anslutningskontakt

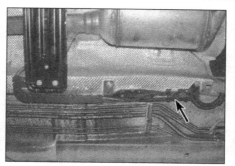

2.29 Lambdasondens kontaktdon är fäst med klämmor i kanalen (se pil)

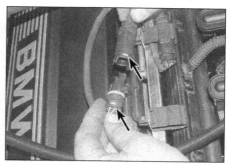

2.32 Märk lambdasondens anslutnings-kontakt (se pilar)

17 Koppla loss magnetventilens anslutnings-kontakt, dra ventilen/magnetventilen från hållaren och koppla loss den återstående slangen **(se bild)**.

18 Monteringen utförs i omvänd ordnings-följd mot demonteringen.

M52TU- och M54-motorer

19 Ventilen sitter under insugsgrenröret. Följ beskrivningen i punkt 14.

20 Sträck in händerna under grenröret och koppla loss ventilens anslutningskontakt **(se bild)**.

21 Tryck ner låsspärren och koppla loss slangen från ventilens undersida.

22 Koppla loss den återstående slangen och dra loss ventilen från gummihållaren.

23 Monteringen utförs i omvänd ordningsföljd mot demonteringen.

Katalysator, byte

M43TU- och N42-motorer

24 Katalysatorn är inbyggd i avgassystemets främre del. För att du ska kunna byta kata-lysatorn måste avgassystemets främre del bytas.

M43TU-, N42- och N46-motorer

25 Katalysatorerna är inbyggda i avgasgren-röret. För att de ska kunna bytas måste gren-rören bytas.

Lambdasond, byte

Observera: Se till att avgassystemet är kallt innan du försöker ta bort lambdasonden.

26 Lambdasonden/sonderna är fastskruvade på följande ställen.

a) M43TU-motorer – före och efter katalysatorn.

b) N42-motorer – före och efter katalysatorn.

c) M52TU- och M54-motorer – de främre avgasrören före och efter katalysatorn.

27 Se till att tändningen är avstängd.

28 Dra åt handbromsen, lyft upp framvagnen och ställ den på pallbockar (se *Lyftning och stödpunkter*). Skruva loss skruvarna och ta bort motorns undre skyddskåpa.

M43TU-, N42- och N46-motorer

29 Följ kablaget bakåt från sonden till kon-taktdonet under bilen och koppla loss anslut-ningen **(se bild)**.

M52TU- och M54-motorer

Observera: *På grund av begränsad åtkomst måste du ta bort hela avgassystemet om du ska ta bort sonden för cylinder 4 till 6.*

30 För att få tillräckligt med plats, ta bort värme-/ventilationssystemets insugsluft-kanaler från motorrummets bakre del enligt nedanstående beskrivning.

a) Vrid de tre fästena 90° moturs och ta bort pollenfilterkåpan från motorrummets bakre del. Dra filtret framåt och ta bort det.

b) Skruva loss fästklämmorna och ta ut vajern ur kanalen **(se bild 2.14b)**.

c) Skruva loss de fyra skruvarna och dra filterhuset framåt och ta bort det.

d) Dra upp gummiremsan, vrid de båda fästena moturs och flytta avdelarpanelen i motorrummets vänstra hörn något framåt.

e) Skruva loss de båda skruvarna och ta bort insugskanalen uppåt, bort från motorrummet **(se bild 2.14b)**.

31 Bänd ut plastlocken, skruva loss de båda skruvarna och ta bort plastkåpan från insprut-ningsventilernas ovansida.

32 Lossa lambdasondens kablar från hållaren och koppla loss anslutningskontakterna. Märk kontakterna för att säkerställa att de åter-monteras på sina ursprungliga platser **(se bilder)**.

33 Ta bort avgasgrenröret enligt beskriv-ningen i kapitel 4A.

Alla modeller

34 Använd en demonteringsnyckel för lambdasonder och skruva loss sonden. Ta bort den från avgasröret.

2.37 Koppla loss de ingående (A) och utgående (B) slangarna från brytarventilen

35 Monteringen utförs i omvänd ordning mot demonteringen. Tänk på följande:

a) Dra åt sonden till angivet moment.

b) Kontrollera att kablaget är korrekt draget och att det inte riskerar att komma i kontakt med avgassystemet.

c) Se till att sonden inte kommer i kontakt med smörjmedel eller smuts.

d) Stryk på ett lager kopparbaserat antikärvningsfett som tål höga temperaturer på sondens gängor innan den återmonteras.

Sekundärt luftinsprutningssystem

M43TU-motorns brytarventil

36 Brytarventilen sitter i det sekundära luft-insprutningsröret på topplockets framsida. Koppla loss vakuumslangen från ventilen.

37 Tryck ihop låskragens sidor och koppla loss slanganslutningen mellan pumpen och ventilen. Lossa fästklämmorna och koppla loss den utgående slangen från ventilen. Observera slangarnas placeringar **(se bild)**.

38 Skruva loss de tre fästbultarna och ta bort ventilen tillsammans med fästbygeln från topplocket.

39 Monteringen utförs i omvänd ordnings-följd mot demonteringen.

M43TU-motorns avledarventil

40 Avledarventilen sitter på topplockets framsida. Koppla loss anslutningskontakten från ventilen **(se bild)**.

41 Lyft bort ventilen från fästbygeln och koppla loss vakuumslangarna. Observera hur slangarna är monterade.

2.40 Anteckna var ventilvakuum-slangarna sitter

2.44 Insugningsslangen dras enkelt loss från pumpen

2.48 Lossa de båda muttrarna och ta bort den sekundära luftinsprutningsventilen

2.50 Kläm ihop låskragens sidor och koppla loss slangen från den sekundära luftinsprutningspumpen

42 Monteringen utförs i omvänd ordningsföljd mot demonteringen.

M43TU-motorns luftpump

43 Sträck in handen under pumpen och koppla loss anslutningskontakten.
44 Tryck ihop låskragens sidor och koppla loss anslutningen till pumpens utgående slanganslutning. Insugningsslangen drar du bara loss från dess anslutning. Observera slangarnas placeringar (se bild).
45 Skruva loss de tre muttrarna och ta bort pumpen från dess fästbygel.
46 Monteringen utförs i omvänd ordningsföljd mot demonteringen.

N42-motorns insugningsventil

47 Insugningsventilen sitter ovanför avgasgrenröret på höger sida om topplocket. Tryck ihop låskragens sidor och koppla loss anslutningen mellan pumpen och ventilslangen.
48 Skruva loss de båda fästmuttrarna och ta bort ventilen från topplocket (se bild). Ta loss packningarna.
49 Återmontering utförs i omvänd ordning mot borttagningen, dra åt fästmuttrarna ordentligt.

N42-motorns luftpump

50 Luftpumpen sitter på en fästbygel som är fäst med bultar på höger innerskärm. Tryck ihop låskragens sidor och koppla loss slanganslutningen mellan pumpen och ventilen (se bild).
51 Använd en avbitartång eller liknande, kapa fästklämman och koppla loss pumpens insugningsslang från pumpens ovansida.
52 Skruva loss de båda bultarna som fäster pumpens fästbygel på innerskärmens fästbygel och ta bort pumpen. Koppla loss pumpens anslutningskontakt när du tar bort enheten.

53 Monteringen utförs i omvänd ordningsföljd mot demonteringen, dra åt pumpens fästbygelbultar ordentligt.

M52TU-motorns insugningsventil

54 Fortsätt enligt beskrivningen i punkt 47 till 49.

M52TU-motorns luftpump

55 Luftpumpen sitter på den högre innerskärmen. Lossa klämman och koppla loss slangen från pumpen.
56 Skruva loss de båda bultarna och ta bort pumpen (se bild). Koppla loss anslutningskontakten när pumpen tas bort.

3 Katalysator – allmän information och föreskrifter

Katalysatorn är en tillförlitlig och enkel anordning som inte kräver något underhåll. Det finns dock några punkter som bör uppmärksammas för att katalysatorn ska fungera ordentligt under hela sin livslängd.

a) Använd INTE blyad bensin eller LRP i en bil med katalysator – blyet täcker över ädelmetallerna, vilket reducerar deras katalysförmåga och förstör så småningom hela katalysatorn.
b) Underhåll alltid tänd- och bränslesystemen noga och regelbundet enligt tillverkarens underhållsschema.
c) Om motorn börjar feltända bör bilen inte köras alls (eller så lite som möjligt) förrän felet är åtgärdat.
d) Rulla INTE eller bogsera INTE igång bilen – det dränker katalysatorn i oförbränt

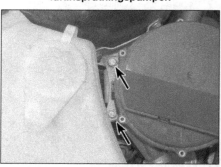

2.56 Bultar till sekundär luftinsprutningspump (se pilar) – M52TU-motor

bränsle, vilket gör att den överhettas när motorn startar.
e) Stäng INTE av tändningen vid höga motorvarvtal.
f) Använd INTE tillsatser för bränsle eller motorolja – dessa kan innehålla ämnen som är skadliga för katalysatorn.
g) Fortsätt INTE att använda bilen om motorn förbränner så mycket olja att det syns blå rök.
h) Tänk på att katalysatorn arbetar med mycket höga temperaturer. Parkera därför INTE bilen i torr växtlighet, i långt gräs eller över lövhögar efter en längre körsträcka.
i) Tänk på att katalysatorn är ÖMTÅLIG – slå inte på den med verktyg under arbete.
j) I vissa fall kan det lukta svavel (som ruttna ägg) om avgaserna. Detta är vanligt för många bilar utrustade med katalysator, och när bilen körts några tusen kilometer bör problemet försvinna.
k) Katalysatorn bör på en välvårdad bil hålla i mellan 80 000 och 160 000 km – om katalysatorn inte längre är effektiv måste den bytas.

Kapitel 5 Del A:
Start- och laddningssystem

Innehåll

Svårighetsgrad

Enkelt, passar novisen med lite erfarenhet	Ganska enkelt, passar nybörjaren med viss erfarenhet	Ganska svårt, passar kompetent hemmamekaniker	Svårt, passar hemmamekaniker med erfarenhet	Mycket svårt, för professionell mekaniker

Specifikationer

Systemtyp . . . . 12 volt, negativ jord

Generator
Reglerad spänning (vid motorvarvtal på 1 500 varv/minut utan
påslagen elförbrukande utrustning) . . . . 13,5 till 14,2 volt

Startmotor
Effekt . . . . 1,4 kW

Åtdragningsmoment   **Nm**
Framaxelns förstärkningsplatta, bultar*:
  Steg 1 59
  Steg 2 . . . . Vinkeldra ytterligare 90°
Generator till motorblock (N-42 och N46-motorer) 21
Startmotorn till växellådan, muttrar och bultar. 47
Startmotorns stödfäste till motorn, bultar 47
Startmotorns stödfäste till startmotorn, muttrar 5
*Återanvänds inte

1.1a Jordfläta mellan chassi och höger motorfäste

1 Allmän information och föreskrifter

Allmän information

Motorns elsystem består huvudsakligen av laddnings- och startsystemen. Eftersom dessa fungerar tillsammans med motorn behandlas de separat från övriga elektriska funktioner som belysning, instrument etc. (som tas upp i kapitel 12). Se del B i det här kapitlet för information om tändsystemet.

Systemet är ett 12 volts elsystem med negativ jordning.

Batteriet är av lågunderhållstyp eller "underhållsfritt" (livstidsförseglat) och laddas av generatorn, som drivs av en rem från vevaxelns remskiva.

Startmotorn är föringreppad med en inbyggd solenoid. Vid start för solenoiden drevet mot svänghjulets startkrans innan startmotorn får ström. När motorn startat förhindrar en envägskoppling att startmotorn drivs av motorn tills drevet släpper från svänghjulet.

Det sitter en jordfläta mellan höger motorfäste och bilens chassi, och bredvid eldosan i motorrummets vänstra hörn **(se bilder)**.

Föreskrifter

Detaljinformation om de olika systemen finns i relevanta avsnitt i detta kapitel. Även

1.1b Jordanslutning bredvid eldosan i motorrummets vänstra hörn

om vissa reparationsmetoder beskrivs här är det normala tillvägagångssättet att byta ut defekta komponenter. Ägare som är intresserade av mer än enbart komponentbyte rekommenderas boken *Bilens elektriska och elektroniska system* från detta förlag.

⚠️ *Varning: Det är nödvändigt att iaktta extra försiktighet vid arbete med elsystem för att undvika skador på halvledarenheter (dioder och transistorer) och personskador. Utöver föreskrifterna i "Säkerheten främst!" i början av den här handboken ska du observera följande när du arbetar med systemet:*
• *Ta alltid av ringar, klockor och liknande före arbete med elsystemet. En urladdning kan inträffa, även med batteriet urkopplat, om en komponents strömstift jordas genom ett metallföremål. Detta kan orsaka stötar och allvarliga brännskador.*
• *Kasta inte om batteripolerna. Komponenter som växelströmsgeneratorer, elektroniska styrenheter och andra komponenter med halvledarkretsar kan totalförstöras så att de inte går att reparera.*
• *Om motorn ska startas med startkablar och ett laddningsbatteri, använd de inbyggda anslutningspunkterna för starthjälp (se "Starthjälp" i början av denna handbok). Detta gäller även vid inkoppling av en batteriladdare.*
• *Koppla aldrig loss batteripolerna, växelströmsgeneratorn, elektriska ledningar eller testutrustning när motorn är igång.*
• *Låt aldrig motorn dra runt generatorn när den inte är ansluten.*
• *Testa aldrig om generatorn fungerar genom att "gnistra" med spänningskabeln mot jord.*
• *Testa aldrig kretsar eller anslutningar med en ohmmätare av typen med handvevad generator.*
• *Kontrollera alltid att batteriets minusledare är bortkopplad vid arbete i det elektriska systemet.*
• *Koppla ur batteriet, växelströmsgeneratorn och komponenter som bränsleinsprutningens/tändningens elektroniska styrenhet för att skydda dem från skador, innan elektrisk bågsvetsningsutrustning används på bilen.*
• *Om bilen har en radio-/kassett-/CD-spelare med en inbyggd säkerhetskod, observera följande föreskrifter. Om kopplingen till enhetens energikälla bryts, aktiveras stöldskyddssystemet. Även om du återansluter energikällan omedelbart, fungerar inte radio-/kassettspelaren igen förrän den korrekta säkerhetskoden har matats in. Om du inte kan säkerhetskoden till radio-/kassettspelaren ska du därför inte koppla ifrån batteriets minusledare eller ta bort radio-/kassett-/CD-spelaren*

från bilen. Se "Ljudanläggning och stöldskyddssystem" för mer information.

2 Felsökning av elsystemet – allmän information

Se kapitel 12.

3 Batteri – kontroll och laddning

Observera: *Följande är endast avsett som hjälp. Följ alltid tillverkarens rekommendationer (finns ofta på en tryckt etikett på batteriet) innan batteriladdning utförs.*
1 Alla modeller får ett underhållsfritt batteri vid tillverkningen, vilket inte kräver något underhåll vid normala användningsvillkor.
2 Om du misstänker att det är något fel på batteriet, ta bort det enligt beskrivningen i avsnitt 4 och kontrollera att elektrolytnivån i varje cell når upp till MAX-märket på utsidan av batteriet (cirka 5,0 mm ovanför plattornas ovansidor i cellerna). Om det behövs kan du fylla på elektrolytnivån genom att ta bort cellpluggarna från batteriets ovansida och fylla på destillerat vatten (inte syra).
3 Du kan göra en enklare kontroll av batteriets skick genom att kontrollera elektrolytdensiteten med hjälp av följande anvisningar.
4 Använd en hydrometer vid kontrollen och jämför resultatet med följande tabell. De temperaturer som anges är temperatur på den omgivande luften. Observera att densitetskontrollen förutsätter att elektrolyttemperaturen är 15 °C: för varje 10 °C under 15 °C subtraherar du 0,007. För varje 10 °C över 15 °C adderar du 0,007.

	Över 25 °C	Under 25 °C
Fullt laddat	1,210 till 1,230	*1,270 till 1,290*
70 % laddat	1,170 till 1,190	*1,230 till 1,250*
Urladdat	1,050 till 1,070	*1,110 till 1,130*

5 Om batteriet misstänks vara defekt, kontrollera först elektrolytens densitet i varje cell. En variation som överstiger 0,040 eller mer mellan celler är tecken på elektrolytförlust eller nedbrytning av de inre plattorna.
6 Om densiteten har avvikelser på 0,040 eller mer ska batteriet bytas ut. Om variationen mellan cellerna är tillfredsställande men batteriet är urladdat ska det laddas enligt tillverkarens anvisningar.
7 Om du kontrollerar batteriet med hjälp av en voltmeter, anslut den över batteripolerna. Ett fulladdat batteri ska ge ett avläst värde på 12,5 volt eller högre. För att kontrollen ska ge korrekt utslag får batteriet inte ha laddats på något sätt under de senaste sex

3.9a Öppna plastkåpan (se pil) och anslut pluskabeln till laddningspunkten inuti

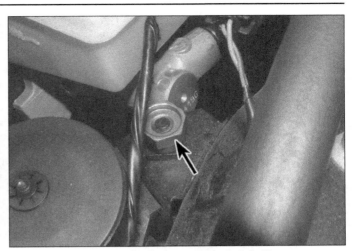

3.9b Anslut minusledaren här (se pil)

timmarna. I annat fall, tänd strålkastarna i 30 sekunder och vänta sedan 5 minuter innan batteriet testas efter det att du har slagit av strålkastarna. Alla andra kretsar ska vara frånslagna, så kontrollera att dörrar och baklucka verkligen är stängda när kontrollen görs.

8 I allmänhet är batteriet urladdat om den uppmätta spänningen är under 12,2 volt. En spänning mellan 12,2 och 12,4 volt anger att batteriet är delvis urladdat.

9 Om batteriet ska laddas med en droppladdare, leta reda på laddningspunkterna i motorrummets bakre högra hörn och anslut laddningskablarna till anslutningarna (se bilder). Om du använder en snabbladdare (eller är osäker på vilken typ av laddare du har), ta bort batteriet från bilen (avsnitt 4) och ladda det enligt tillverkarens instruktioner.

4 Batteri – demontering och montering

Observera: När batteriet kopplas ifrån kommer alla felkoder i motorstyrmodulens minne att raderas. Om du misstänker fel, koppla inte ifrån batteriet innan en BMW-verkstad eller annan specialist har läst av felkoderna. Om bilen har en radioanläggning som skyddas av en säkerhetskod, se "Ljud-anläggning och stöldskyddssystem".

Observera: När du har återanslutit batteriet måste du utföra takluckans initierings-procedur enligt beskrivningen i avsnitt 22, kapitel 11.

Demontering

1 Batteriet sitter under en kåpa på bagage-utrymmets högra sida.

2 Öppna bakluckan och lyft upp bagage-utrymmets golv.

3 På Sedan- och Coupé-modeller vrider du fästena 90° moturs och tar delvis bort vänster sidopanel i bagageutrymmet, och lossar batterikåpan/förbandssatsfacket från bagage-utrymmets högra sida (se bilder). På Touring-modeller trycker du in knappen för att lossa klädselpanelen under höger sidofönster bak. Skruva loss de båda muttrarna och ta bort batterikåpan/förvaringsfacket ovanför batteriet (se bild).

4 Lossa klämmuttern och koppla loss kläm-man från batteriets minuspol (jord) (se bilder).

4.3a Rotera fästet moturs

4.3b Ta bort batterikåpan/facket

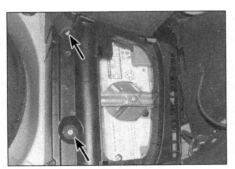

4.3c Skruva loss de båda muttrarna och ta bort batterikåpan (Touring-modeller)

4.4a Lossa minuspolens klämbult . . .

4.4b . . . och koppla loss anslutningen från batteriet

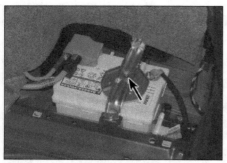

4.6 Lossa klämplattebulten (se pil)

5 Ta bort isoleringskåpan (om tillämpligt) och koppla loss plusledningen på samma sätt.
6 Lossa klämplattebulten, skruva sedan loss bultarna och ta bort batteriets fästklämma **(se bild)**.
7 Lyft upp batteriet från dess hus och koppla loss ventilationsslangen när batteriet tas bort. Var försiktig, batteriet är tungt!

Montering

8 Monteringen utförs i omvänd ordningsföljd mot demonteringen, men smörj in polerna med vaselin när du har återanslutit ledningarna för att förhindra korrosion, och återanslut alltid pluskabeln först och minuskabeln sist.

5 Laddningssystem – kontroll

Observera: *Se varningarna i "Säkerheten främst!" och i avsnitt 1 i detta kapitel innan arbetet påbörjas.*
1 Om tändningens varningslampa inte tänds när tändningen slås på, kontrollera först att generatorns kabelanslutningar sitter ordentligt. Om så är fallet, kontrollera att varningsglöd-lampan är hel och att lamphållaren sitter ordentligt på plats i instrumentpanelen. Om lampan fortfarande inte tänds, kontrollera att det inte är något ledningsbrott på varnings-lampans matningskabel från generatorn till lamphållaren. Om allt fungerar, men lampan fortfarande inte tänds, är generatorn defekt och ska bytas ut eller lämnas till en bilelektriker för test och reparation.

7.6a Generatorns övre fästbult (se pil) . . .

2 Om tändningens varningslampa tänds när motorn är igång, stanna motorn och kontrollera att drivremmen är korrekt spänd (se kapitel 1) och att generatorns anslutningar sitter ordentligt. Om allt stämmer så här långt, låt en specialist på bilel kontrollera generatorn och reparera den vid behov.
3 Om generatorns arbetseffekt misstänks vara felaktig även om varningslampan fungerar som den ska, kan regulatorspänningen kontrolleras på följande sätt.
4 Anslut en voltmeter till batteripolerna och starta motorn.
5 Öka motorvarvtalet tills voltmätarutslaget är stabilt. Den bör visa cirka 12 till 13 volt och inte mer än 14,2 volt.
6 Sätt på så många elektriska tillbehör som möjligt (t.ex. strålkastare, bakrutedefroster och värmefläkt) och kontrollera att växel-strömsgeneratorn håller regulatorspänningen runt 13 till 14 volt.
7 Om regulatorspänningen ligger utanför de angivna värdena kan felet bero på utslitna generatorborstar, svaga borstfjädrar, en defekt spänningsregulator, en defekt diod, en bruten fasledning eller slitna eller skadade släpringar. Generatorn ska bytas eller lämnas in till en specialist på bilel för kontroll och reparation.

6 Generatorns drivrem – demontering, montering och spänning

Se tillvägagångssättet för drivrem(mar) i kapitel 1.

7 Generator – demontering och montering

4-cylindriga motorer

Demontering – M43TU-motorer

1 Koppla loss batteriets minusledare (se avsnitt 4).
2 Ta bort luftrenarenheten och massluft-flödesgivaren enligt beskrivningen i kapitel 4A, punkt 12.
3 Demontera drivremmen enligt kapitel 1.

7.6b . . . och nedre fästbult (se pil)

7.4 När du ska koppla loss generatorns kablage, dra gummikåpan bakåt och skruva loss muttern (se pil) och koppla sedan loss anslutningen (se pil)

4 Bänd bort kåpan/kåporna från generatorns baksida och skruva sedan loss muttern och koppla loss kablaget **(se bild)**.
5 I förekommande fall bänder du loss kåpan från mitten av drivremmens styrskiva och skruvar sedan loss bultarna på remskivan för att komma åt generatorns övre fästbult. Notera var remskivan sitter för att säkerställa korrekt återmontering.
6 Håll emot muttrarna och skruva loss gene-ratorns övre och nedre genomgående fäst-bultar **(se bilder)**.
7 Ta bort generatorn från motorn.

Montering – M43TU-motorer

8 Monteringen utförs i omvänd ordningsföljd mot demonteringen, men se till att driv-remmens styrskiva är korrekt monterad enligt anteckningarna från demonteringen, och sätt tillbaka drivremmen enligt beskrivningen i kapitel 1. Se i förekommande fall till att tappen på drivremmens styrskiva hakar i utskärningen i generatorn.

Demontering – N-42 och N46-motorer

9 Koppla loss batteriets minusledare (se avsnitt 4).
10 Ta bort luftrenarhuset enligt beskriv-ningen i kapitel 4A.
11 Demontera generatorn enligt beskriv-ningen i kapitel 1.
12 På generatorns framsida lossar du skruven på kabelfästplattans ovansida och lossar kablarna och slangarna från plattan **(se bild)**.

7.12 Skruva loss bulten ovanför generatorn, på kabelfästplattans ovansida (se pil)

13 Lås upp och koppla loss anslutnings-kontakten, skruva sedan loss muttern och koppla loss batterikabeln från generatorns baksida **(se bild)**.
14 Skruva loss de båda nedre bultarna och ta bort generatorn från motorrummet **(se bild)**.

Montering – N-42 och N46-motorer

15 Monteringen utförs i omvänd ordning, men dra åt fästbultarna till angivet moment.

6-cylindriga motorer

Demontering

16 Koppla loss batteriets minusledare (se avsnitt 4).
17 Ta bort luftrenarenheten och massluft-flödesgivaren enligt beskrivningen i kapitel 4.
18 Ta bort kylfläkten med viskokoppling enligt beskrivningen i kapitel 3 (M52TU-motorer).
19 Demontera drivremmen enligt beskrivningen i kapitel 1.
20 Ta bort fästbultarna till servostyrnings-pumpens behållare och lägg behållaren åt sidan. Du behöver inte koppla loss några vätskeslangar.
21 Sträck in handen under generatorn och dra ner och bort luftkylningsslangen från generatorns bakre kåpa.
22 Dra bort kåpan (i förekommande fall), skruva sedan loss muttern och koppla loss kablaget från generatorns baksida **(se bild)**.
23 Skruva loss generatorns övre och nedre fästbultar **(se bild)**.
24 Ta bort generatorn från motorn.

Montering

25 Monteringen utförs i omvänd ordnings-följd. Tänk på följande:
  a) *När du sätter tillbaka remskivespännaren, se till att tappen på baksidan av remskive-enheten hakar i motsvarande utskärning i fästbygeln.*
  b) *Sätt tillbaka drivremmen (se kapitel 1).*

8 Generator – kontroll och översyn

Om du misstänker att det är fel på gene-ratorn bör den tas bort från bilen och lämnas till en bilelektriker för översyn. De flesta bilelektriker kan ta hem och montera borstar till en rimlig kostnad. Kontrollera dock repara-tionskostnaderna först, eftersom det kan vara billigare med en ny eller begagnad generator.

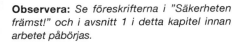

9 Startsystem – kontroll

Observera: *Se föreskrifterna i "Säkerheten främst!" och i avsnitt 1 i detta kapitel innan arbetet påbörjas.*

7.13 Skruva loss muttern (se pil) och koppla loss generatorns kablage

1 Om startmotorn inte arbetar när tändnings-nyckeln vrids till startläget kan något av följande vara orsaken:
  a) *Batteriet är defekt.*
  b) *Elanslutningarna mellan tändningslåset, solenoiden, batteriet och startmotorn överför inte den ström som behövs från batteriet via startmotorn till jord.*
  c) *Solenoiden är defekt.*
  d) *Startmotorn har ett mekaniskt eller elektriskt fel.*
2 Kontrollera batteriet genom att tända strålkastarna. Om de försvagas efter ett par sekunder är batteriet urladdat. Ladda upp (se avsnitt 3) eller byt batteriet. Om strålkastarna lyser klart, vrid om startnyckeln. Om strål-kastarna då försvagas betyder det att ström-men når startmotorn, vilket anger att felet finns i startmotorn. Om strålkastarna lyser klart (och inget klick hörs från solenoiden) indikerar detta ett fel i kretsen eller solenoiden – se följande punkter. Om startmotorn snurrar långsamt, trots att batteriet är i bra skick, indikerar detta antingen ett fel i startmotorn eller ett kraftigt motstånd någonstans i kretsen.
3 Vid ett misstänkt fel på kretsen, koppla loss batterikablarna (inklusive jordningen till karossen), startmotorns/solenoidens kablar och motorns/växellådans jordledning. Rengör alla anslutningar noga och anslut dem igen.

7.22 Koppla loss kablaget från generatorns baksida

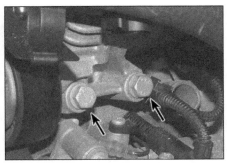

7.14 Skruva loss generatorns nedre fästbultar (se pilar)

Använd sedan en voltmätare eller testlampa och kontrollera att full batterispänning finns vid strömkabelns anslutning till solenoiden och att jordförbindelsen är god. Smörj in bat-teripolerna med vaselin så att korrosion und-viks – korroderade anslutningar är en av de vanligaste orsakerna till elektriska systemfel.
4 Om batteriet och alla anslutningar är i bra skick, kontrollera kretsen genom att lossa ledningen från solenoidens flatstift. Anslut en voltmätare eller testlampa mellan ledningen och en bra jordningspunkt (t.ex. batteriets minuspol), och kontrollera att ledningen är strömförande när tändningsnyckeln vrids till startläget. Är den det, fungerar kretsen. Om inte, kan kretsen kontrolleras enligt beskriv-ningen i kapitel 12.
5 Solenoidens kontakter kan kontrolleras med en voltmätare eller testlampa mellan ström-kabeln på solenoidens startmotorsida och jord. När tändningslåset vrids till start ska mätaren ge utslag eller lampan tändas, efter tillämplighet. Om inget sker är solenoiden defekt och måste bytas.
6 Om kretsen och solenoiden fungerar måste felet finnas i startmotorn. I det fallet kan det vara möjligt att låta en specialist renovera motorn, men kontrollera först pris och tillgång på reservdelar, eftersom det mycket väl kan vara billigare att köpa en ny eller begagnad startmotor.

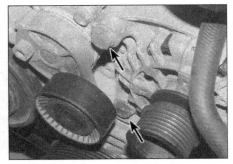

7.23 Skruva loss generatorns övre och nedre fästbultar (se pilar)

10.4 Startmotorns anslutningar (M43TU-motor)

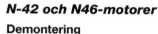

10.10 Observera var de sitter och koppla sedan loss startmotorns ledningar (N-42 och N46-motorer)

10.11 Startmotorns fästbultar (se pilar)

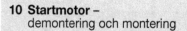

10 Startmotor –
demontering och montering

M43TU-motor

Demontering

1 Koppla loss batteriets minusledare (se avsnitt 4).
2 Dra åt handbromsen, lyft upp framvagnen och ställ den på pallbockar (se *Lyftning och stödpunkter*). Skruva loss skruvarna och ta bort motorns undre skyddskåpa.
3 För att förbättra åtkomligheten, lossa bränsleslangarna från fästklämmorna under startmotorn, tryck ner flikarna och koppla loss snabbkopplingarna. Var beredd på att det rinner ut bränsle.
4 Skruva loss muttrarna och koppla loss kablaget från startmotorns baksida (se bild).
5 Använd en hylsnyckel, spärrhake och en lång förlängningsarm för att skruva loss startmotorns fästbultar från balanshjulskåpan.
6 Dra motorn framåt och flytta den nedåt, var försiktig så att du inte skadar bränsleslangarna.

Montering

7 Monteringen utförs i omvänd ordningsföljd mot demonteringen. Dra åt startmotorns fästbultar till angivet moment.

N-42 och N46-motorer

Demontering

8 Koppla loss batteriets minusledare (se avsnitt 4).
9 Demontera insugsgrenröret enligt beskrivningen i kapitel 4A.
10 Notera var de sitter och skruva sedan loss muttrarna och koppla loss ledningarna från startmotorns solenoid (se bild).
11 Skruva loss de båda torxbultarna och ta bort startmotorn (se bild).

Montering

12 Monteringen utförs i omvänd ordningsföljd mot demonteringen. Dra åt startmotorns fästbultar till angivet moment.

M52TU-motor

Demontering

13 Koppla loss batteriets minusledare (se avsnitt 4).
14 Koppla loss massluftflödesgivarens kablage och vakuumslangen, lossa fästklämmorna och ta bort luftfilterhuset (se kapitel 4A).
15 Dra gasspjällets vajerhölje uppåt och ta bort det från fästbygeln på gasspjällshuset. Koppla loss den inre vajeränden från gasspjällets kvadrant – se kapitel 4A om det behövs.
16 Skruva loss slangklämmorna och koppla loss insugningsslangen från gasspjällshuset och tomgångsventilen.

17 Dra åt handbromsen, lyft upp framvagnen och ställ den på pallbockar (se *Lyftning och stödpunkter*). Demontera motorns undre skyddskåpa.
18 För att förbättra åtkomligheten, lossa bränsleslangarna från fästklämmorna under startmotorn, tryck ner flikarna och koppla loss snabbkopplingarna. Var beredd på att det rinner ut bränsle.
19 Skruva loss muttrarna och koppla loss kablaget från startmotorns baksida.
20 Använd en hylsnyckel, spärrhake och en lång förlängningsarm för att skruva loss startmotorns fästbultar från balanshjulskåpan.
21 Dra motorn framåt och flytta den nedåt, var försiktig så att du inte skadar bränsleslangarna.

Montering

22 Monteringen utförs i omvänd ordningsföljd mot demonteringen. Dra åt startmotorns fästbultar till angivet moment.

M54-motor

Demontering

23 Koppla loss batteriets minusledare (se avsnitt 4). Det finns två metoder för att ta bort startmotorn. Antingen tar man bort insugsgrenröret enligt beskrivningen i kapitel 4A och fortsätter sedan enligt beskrivningen från punkt 33, eller så tar man bort startmotorn från bilens undersida enligt beskrivningen i följande punkter.
24 Dra åt handbromsen, lyft upp framvagnen och ställ den på pallbockar (se *Lyftning och stödpunkter*). Lossa skruvarna och ta bort motorns/växellådans undre skyddskåpor.
25 På Coupé-modeller från 11/99, och alla modeller från 12/00, skruva loss de åtta bultarna och ta bort förstärkningsplattan från växellådans undersida. **Observera:** *Bilen får inte köras med förstärkningsplattan borttagen eftersom det kan orsaka skador.*
26 För att du ska kunna ta bort startmotorn måste växellådan sänkas ner cirka 5 cm. Börja med att ta bort värme-/ventilationssystemets insugsluftkanaler från motorrummets bakre del enligt följande anvisningar **(se bilder)**.

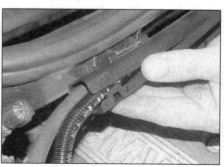

10.26a Lossa kabelkanalen

10.26b Skruva loss de båda torxskruvarna (se pilar) och ta bort insugningshuset

a) Vrid de tre fästena 90° moturs och ta bort pollenfilterkåpan från motorrummets bakre del. Dra filtret framåt och ta bort det.

b) Skruva loss de fyra fästklämmorna och lossa vajern från kanalen.

c) Skruva loss de fyra skruvarna och dra filterhuset framåt och ta bort det.

d) Dra upp gummiremsan, vrid de båda fästena moturs och flytta avdelarpanelen i motorrummets vänstra hörn något framåt.

e) Skruva loss de båda skruvarna och lyft ut insugskanalen ur motorrummet.

27 Ta bort avgassystemet enligt beskrivningen i kapitel 4A.

28 Ta bort växelspaken eller växelvajern efter tillämplighet (se berörd del av kapitel 7).

29 Koppla loss kardanaxelns främre del från växellådan och bind den åt sidan (se kapitel 8).

30 Stötta växellådan med en garagedomkraft och ta bort tvärbalken från växellådans undersida. Sänk ner växellådan cirka 5 cm.

31 Notera var de sitter och koppla loss vakuumslangarna från avgassystemklaffens vakuumtank (i förekommande fall) som sitter under startmotorn. Skruva loss fästbulten och ta bort vakuumtanken.

32 För att förbättra åtkomligheten, lossa bränsleröret från dess fästklämma och koppla loss ÖD-givarens anslutningskontakt.

33 Notera var de sitter och skruva sedan loss muttrarna och koppla loss kablaget från startmotorn **(se bild)**.

34 Använd en hylsnyckel, spärrhake och en lång förlängningsarm för att skruva loss startmotorns fästbultar från balanshjulskåpan.

35 Dra motorn framåt och flytta den nedåt.

Montering

36 Monteringen utförs i omvänd ordningsföljd mot demonteringen. Tänk på följande:

a) Dra åt alla muttrar och bultar till angivet moment, om det är tillämpligt.

b) Du måste använda nya bultar när du sätter tillbaka underredets förstärkningsplatta.

11 Startmotor –
kontroll och översyn

Om du misstänker att det är fel på startmotorn bör den tas bort från bilen och lämnas till en bilelektriker för översyn. De flesta bilelektriker kan ta hem och montera

10.33 Koppla loss kablaget från startmotorns baksida

borstar till en rimlig kostnad. Kontrollera dock reparationskostnaderna först, eftersom det kan vara billigare med en ny eller begagnad motor.

12 Tändningslås –
demontering och montering

Tändningslåset är inbyggt i rattstångslåset och kan tas bort enligt beskrivningen i kapitel 10.

Anteckningar

Kapitel 5 Del B:
Tändsystem

Innehåll

Svårighetsgrad

Enkelt, passar novisen med lite erfarenhet	**Ganska enkelt,** passar nybörjaren med viss erfarenhet	**Ganska svårt,** passar kompetent hemmamekaniker	**Svårt,** passar hemmamekaniker med erfarenhet	**Mycket svårt,** för professionell mekaniker

Specifikationer

Tändföljd
4-cylindrig motor 1-3-4-2
6-cylindrig motor 1-5-3-6-2-4

Tändningsinställning . . . . Elektroniskt styrd av digital motorelektronik (DME) – kan inte justeras

Åtdragningsmoment
	Nm
Knacksensorns fästbult	20
Tändstift:	
M12-gänga.	23
M14-gänga	30

1 Allmän information och föreskrifter

Allmän information

Tändsystemet styrs av motorstyrningssystemet (se kapitel 4A), som kallas DME (digital motorelektronik). DME-systemet styr alla tändnings- och bränsleinsprutningsfunktioner med hjälp av en central elektronisk styrmodul (ECM).

Tändningsinställningen baseras på inkommande information till styrmodulen från olika givare som ger upplysningar om motorbelastning, motorvarvtal, kylvätsketemperatur och insugsluftens temperatur (se kapitel 4A).

Vissa motorer har knacksensorer som känner av "knackningar" (kallas även "spikning" eller förtändning). Knacksensorerna är känsliga för vibrationer och registrerar knackningarna som uppstår när en cylinder börjar förtända. Knacksensorn skickar en signal till styrmodulen, som i sin tur fördröjer tändningsförställningen tills knackningarna upphör.

Systemet är av typen med fördelarlös tändning, med en separat tändspole för varje cylinder, med undantag för M43TU-motorer som har ett "kompakt spolpaket" på innerskärmen, med tändkablar till varje tändstift. Det finns ingen fördelare och spolarna ger en högspänningssignal direkt till varje tändstift.

Styrmodulen använder information från de olika givarna för att beräkna vilken tändningsförställning som krävs samt spolladdningstiden.

Föreskrifter

Se föreskrifterna i kapitel 5A.

Kontroll av tändsystemets komponenter ska överlåtas till en BMW-handlare. Improviserade kontrolltekniker är tidskrävande och riskerar att skada motorstyrmodulen.

2 Tändsystem – kontroll

1 Om det uppstår ett fel i motorstyrningssystemet (bränsle/insprutning), se först till att felet inte beror på en dålig elektrisk anslutning eller bristande underhåll, dvs. kontrollera att luftfiltret är rent, att tändstiften är i gott skick och har korrekta mellanrum, och att motorns ventilationsslangar är rena och hela.
2 På 4-cylindriga M43TU-motorer, kontrollera tändkablarnas skick enligt följande.
Observera: På N42-motorer med 4 cylindrar och 6-cylindriga motorer kan man inte kontrollera tändkablarnas skick.
a) Se till att ledningarna är numrerade för att säkerställa att de återmonteras på rätt plats, och dra sedan loss en av ledningsändarna från tändstiftet.
b) Kontrollera att ändbeslagets insida inte visar tecken på korrosion, vilket ser ut som ett vitt smuligt pulver.

c) Tryck tillbaka ändbeslaget och se till att det sitter hårt på tändstiftet. Om så inte är fallet, ta bort ledningen och använd en tång för att försiktigt böja till metallanslutningen inuti ändbeslaget tills det passar ordentligt på tändstiftets ände.
d) Använd en ren trasa och torka hela ledningen för att ta bort eventuell smuts och fett. När ledningen är ren, kontrollera att den inte visar tecken på brännmärken, sprickor eller andra skador. Böj inte ledningen mer än du behöver, och dra inte i den i längsled – ledaren inuti kan gå sönder.
e) Montera ledningen ordentligt när du är färdig.
f) Kontrollera de andra ledningarna på samma sätt, en i taget.
3 Kontrollera att gasvajern är korrekt justerad enligt beskrivningen i kapitel 4A.
4 Om motorn går illa, kontrollera kompressionstrycket enligt beskrivningen i berörd del av kapitel 2.
5 Om dessa kontroller inte avslöjar orsaken till problemet bör bilen lämnas in för provning hos en BMW-verkstad eller en specialist som har den rätta diagnostikutrustningen. Styrmodulen innehåller en självdiagnosfunktion som sparar felkoder i systemets minne (observera att sparade felkoder raderas om batteriet kopplas ifrån). Dessa felkoder kan läsas av med hjälp av lämplig BMW-diagnosutrustning. Improviserade kontrolltekniker är tidskrävande och riskerar att skada motorstyrmodulen.

3.1 Tändspole (M43TU-motor)

3.4a Lossa klämman för att ta bort plastkåpan . . .

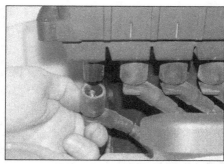

3.4b . . . och koppla loss tändkablarna

3 Tändspole – demontering och montering

4-cylindriga M43TU-motorer

Demontering

1 Varje tändstift matas av en egen spole, och spolarna har kombinerats till en enhet som sitter på höger fjädertorn i motorrummet (se bild).
2 Se till att tändningen är avstängd.
3 Vrid låskragen och koppla loss spolens anslutningskontakt.
4 Öppna plastkåpan och koppla loss tändkablarna från spolenhetens nedre del, notera var de sitter för att säkerställa korrekt återmontering (se bilder). Observera att cylinderumren för respektive ledning är utmärkta på

ovansidan av spolenheten. Märk ledningarna om det behövs.
5 Skruva loss fästmuttrarna och ta bort spolenheten från panelen.

Montering

6 Monteringen utförs i omvänd ordningsföljd mot demonteringen, men se till att tändkablarna är korrekt återmonterade.

4-cylindriga N-42 och N46-motorer

Demontering

7 Skruva loss de båda muttrarna, lyft upp framkanten av plastkåpan ovanpå motorn och dra ut kåpan framåt.
8 Arbeta i motorrummets bakre del och vrid fästena 90° moturs och ta bort pollenfilterkåpan. Skjut bort filtret från huset. Se kapitel 1 vid behov.

9 Lossa fästklämmorna och ta bort vajern från kanalen på luftintagshuset (se bild).
10 Skruva loss de fyra skruvarna och dra pollenfilterhuset framåt (se bild).
11 Skruva loss oljepåfyllningslocket och fäll upp det. Ställ märket på påfyllningslockets krage mitt för påfyllningsrörets märke (se bild). Kläm ihop de omärkta sidorna på kragen och lyft bort den från påfyllningsröret.
12 Dra bort tändspolarnas plastkåpa från gummifästgenomföringarna (se bild).
13 Bänd upp den högra kanten på plastkåpan över respektive tändspole (ovanpå tändstiften) och koppla loss spolens anslutningskontakt (se bild). Dra bort de losskopplade tändspolarna från tändstiften.

Montering

14 Monteringen utförs i omvänd ordningsföljd mot demonteringen, se till att tappen på topplocket hakar i undersidan av spolens gummitätning.

6-cylindriga motorer

Demontering

15 Varje tändstift matas av en egen spole, och spolarna är monterade direkt ovanpå tändstiften, i ventilkåpan.
16 Se till att tändningen är avstängd.
17 Ta bort påfyllningslocket för motorolja.
18 Ta bort värme-/ventilationssystemets insugsluftkanaler från motorrummets baksida enligt följande.
a) Vrid de tre fästena 90° moturs och ta bort pollenfilterkåpan från motorrummets bakre del. Dra filtret framåt och ta bort det.

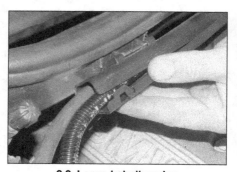

3.9 Lossa kabelkanalen

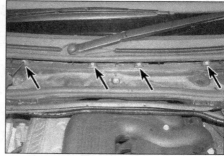

3.10 Skruva loss de 4 skruvarna (se pilar) och ta bort pollenfilterhuset

3.11 Ställ märket på oljepåfyllningslockets krage mot det på påfyllningsröret (se pilar)

3.12 Dra plastkåpan från gummigenomföringen

3.13 Lyft upp kanten och koppla loss tändspolen

3.19 Lossa skruvarna (se pilar) och ta bort plastkåpan från insprutningsventilernas ovansida

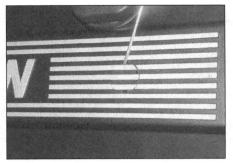

3.20 Bänd upp locken, skruva loss muttrarna och ta bort kåpan

3.21 Lyft upp klämman och koppla loss anslutningskontakten

b) Skruva loss fästklämmorna och ta ut vajern ur kanalen **(se bild 3.9)**.

c) Skruva loss de fyra skruvarna och dra filterhuset framåt och ta bort det.

19 Bänd upp plastlocken, skruva loss fästskruvarna och ta bort plastkåpan från insprutningsventilernas ovansida **(se bild)**.

20 Ta bort plastkåpan från ventilkåpans ovansida. När du ska ta bort kåpan, bänd ut skyddsplåten, skruva loss de båda fästmuttrarna och lyft sedan kåpan framåt. Flytta kåpan över oljepåfyllningsröret **(se bild)**.

21 Lyft upp fästklämman och koppla loss kontaktdonet från berörd spole **(se bild)**. Om du ska ta bort alla spolar, koppla loss alla kontaktdon och skruva sedan loss muttern som håller fast spolens jordkabel på pinnbulten på kamkedjekåpans framsida – kablaget kan sedan lossas från ventilkåpan och läggas åt sidan.

22 Skruva loss de båda spolfästmuttrarna och notera placeringen av eventuella jordledningar och/eller fästbyglar som muttrarna fäster (observera att där en av muttrarna även håller fast en kablagefästbygel av metall, kan du behöva skruva loss bygelns fästmutter från den intilliggande spolen, så att fästbygeln och sedan spolen kan tas bort) **(se bild)**. Observera att spolkontaktdonen är fjäderbelastade, så den översta spolen lyfts upp när muttrarna skruvas loss.

23 Dra spolen från ventilkåpan och tändstiftet och ta bort den från motorn **(se bild)**.

3.22 Skruva loss spolbultarna

3.23 Dra bort spolen

Montering

24 Monteringen utförs i omvänd ordningsföljd mot demonteringen, men se till att eventuella jordledningar och fästbyglar monteras på samma platser som tidigare.

4 Knacksensor – demontering och montering

4-cylindriga M43TU-motorer

Demontering

1 Den här modellen har två knacksensorer, som är fästa med skruvar på motorblockets vänstra sida. En sensor registrerar knackningar i cylinder 1 och 2 och den andra sensorn känner av knackningar i cylinder 3 och 4.

2 Tryckutjämna bränslesystemet enligt beskrivningen i avsnitt 4A och koppla sedan loss batteriets minusledare (se kapitel 5A).

3 Ta bort den övre delen av insugsgrenröret enligt beskrivningen i avsnitt 4A.

4 Koppla loss kontaktdonen till kamaxeln och vevaxelns lägesgivare från kablagekanalen, notera var de sitter för att säkerställa korrekt återmontering.

5 Skruva loss de båda bultarna som fäster kablagekanalen på insugsgrenrörets nedre del.

6 Koppla loss knacksensorns anslutningskontakt och lossa den från anslutningens fästbygel.

7 Sensorn för cylinder 1 och 2 sitter mellan oljefiltret och insugsgrenröret och kan tas bort på följande sätt **(se bild)**.

a) Du kan komma åt sensorn ovanifrån, mellan grenrörets insugskanaler för cylinder 2 och 3, efter att ha kopplat loss bränsleledningen från bränslefördelarskenan. Var beredd på att det rinner ut bränsle. Plugga igen bränsleledningens och bränslefördelarskenans öppna ändar för att förhindra att det kommer in smuts.

b) För att du ska få plats att ta bort sensorn måste den bult som fäster kylvätskeröret på motorn lossas, och kylvätskeröret dras bort från motorn en aning.

c) Skruva loss fästbulten och ta bort sensorn.

8 Det är lättare att komma åt sensorn för cylinder 3 och 4, sensorn kan helt enkelt lossas från motorblocket **(se bild)**.

4.7 Knacksensor för cylinder 1 och 2

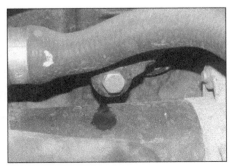

4.8 Knacksensor för cylinder 3 och 4

4.14 Den bakre knacksensorn skyms av startmotorn

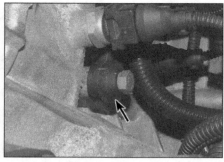

4.16 Den främre knacksensorn (se pil) sitter bredvid temperaturgivaren för kylvätska

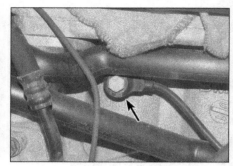

4.23 Knacksensor (se pil)

Montering

9 Börja med att rengöra sensorns och motorblockets fogytor noga.
10 Montera sensorn och dra åt fästbulten till angivet moment.
11 Resten av monteringen utförs i omvänd ordningsföljd. Tänk på följande:
  a) Se till att alla kontaktdon är korrekt återanslutna enligt anteckningarna som gjordes före demonteringen.
  b) Montera insugsgrenrörets övre del enligt beskrivningen i kapitel 4A.
  c) Avsluta i förekommande fall med att flöda bränslesystemet enligt beskrivningen i kapitel 4A.

4-cylindriga N-42 och N46-motorer

Demontering

12 Koppla loss batteriets minusledare enligt beskrivningen i kapitel 5A.
13 Demontera insugsgrenröret enligt beskrivningen i kapitel 4A.
14 Det finns två knacksensorer. Den bakre knacksensorn skyms av startmotorn. För att komma åt den bakre sensorn skruvar du loss startmotorns fästbultar, drar loss startmotorn från dess fäste och vrider den nedåt **(se bild)**.

15 Följ kablaget bakåt från sensorerna och koppla loss anslutningskontakterna.
16 Skruva loss bulten/bultarna och ta bort sensorn/sensorerna **(se bild)**.

Montering

17 Monteringen utförs i omvänd ordningsföljd mot demonteringen. Se till att kontaktytan mellan sensorn och motorblocket är ren och dra åt sensorns bult till angivet moment.

6-cylindriga motorer

Demontering

18 Den här modellen har två knacksensorer, de är fästa med skruvar på motorblockets vänstra sida. En sensor registrerar knackningar i cylinder 1 till 3, och den andra sensorn känner av knackningar i cylinder 4 till 6.
19 Koppla loss batteriets minusledare (se kapitel 5A).
20 Demontera insugsgrenröret enligt beskrivningen i kapitel 4A.
21 Leta reda på sensoranslutningens fästbygel, den sitter under tomgångsstyrningsventilen.

 Varning: Om du ska ta bort båda knacksensorerna, märk kontaktdonen för att underlätta åter-

monteringen. Felaktig återanslutning kan leda till motorskador.
22 Lossa anslutningen från fästklämman och koppla loss givarens kontaktdon.
23 Skruva loss fästbulten och ta bort knacksensorn, notera hur kablaget är draget. Sensorn för cylinder 1 till 3 sitter under temperaturgivaren i topplocket **(se bild)**. Sensorn för cylinder 4 till 6 sitter på baksidan av fästbygeln till sensorns kontaktdon.

Montering

24 Börja med att rengöra sensorns och motorblockets fogytor noga.
25 Sätt tillbaka sensorn på motorblocket och dra åt fästbulten till angivet moment.
26 Dra kablaget enligt tidigare anteckningar, återanslut sedan kontaktdonet/donen och fäst kontaktdonet på fästbygeln. Se till att kontaktdonen sitter likadant som före demonteringen.

Varning: Se till att kontaktdonen är korrekt anslutna enligt de anteckningar som gjordes tidigare. Om kontaktdonen är felaktigt anslutna (omkastade) kan det uppstå motorskador.
27 Sätt tillbaka insugsgrenröret enligt beskrivningen i kapitel 4A.

Kapitel 6
Koppling

Innehåll

Svårighetsgrad

Enkelt, passar novisen med lite erfarenhet	**Ganska enkelt,** passar nybörjaren med viss erfarenhet	**Ganska svårt,** passar kompetent hemmamekaniker	**Svårt,** passar hemmamekaniker med erfarenhet	**Mycket svårt,** för professionell mekaniker

Specifikationer

Typ . . . . Enkel torrlamell med tallriksfjäder, hydraulikstyrd

Drivplatta
Minsta beläggtjocklek över nithuvud . . . . 1,0 mm

Åtdragningsmoment	**Nm**
Hydraulrör, anslutningsbultar	20
Kopplingens huvudcylinderbultar	22
Kopplingens slavcylindermuttrar	22
Kopplingskåpa till svänghjul, bultar	24

1 Allmän information

Samtliga modeller har en torrlamellkoppling, som består av fem huvudkomponenter: lamell, tryckplatta, tallriksfjäder, kåpa och urtrampningslager.

Lamellen kan glida längs med spåren på växellådans ingående axel, och hålls på plats mellan svänghjulet och tryckplattan av det tryck som tryckplattan utsätts för från tallriksfjädern. Friktionsbelägget är fastnitat på båda sidor av lamellen. Alla modeller har en självjusterande koppling (SAC), som kompenserar för slitage på lamellen genom att ändra placeringen av tallriksfjäderns fingrar via en fjädrande mekanism inuti tryckplattans kåpa. På detta sätt säkerställs en konsekvent "känsla" i kopplingspedalen under kopplingens hela livslängd.

Tallriksfjädern är fäst på stift och hålls på plats i kåpan av ringformiga stödpunktsringar.

Urtrampningslagret sitter på en styrhylsa på växellådans framsida, och lagret kan glida på hylsan. Det påverkas av urtrampningsarmen som vrider sig inuti kopplingens svänghjulskåpa.

Urtrampningsmekanismen styrs av kopplingspedalen, som använder hydrauliskt tryck. Pedalen påverkar den hydrauliska huvudcylinderns tryckstång och en slavcylinder, som sitter på växellådans svänghjulskåpa,

styr urtrampningsarmen via en tryckstång.

När kopplingspedalen trycks ner trycker urtrampningsarmen urtrampningslagret framåt, så att det ligger an mot tallriksfjäderns mitt, och på så sätt trycks mitten av tallriksfjädern inåt. Tallriksfjädern påverkar stödpunktsringarna i kåpan och när fjäderns mitt trycks in trycks fjäderns utsida ut, vilket gör att tryckplattan kan flyttas bakåt, bort från lamellen.

När kopplingspedalen släpps tvingar tallriksfjädern tryckplattan att ligga an mot friktionsbeläggen på lamellen och trycker samtidigt lamellen framåt i dess spår, vilket tvingar den mot svänghjulet. Lamellen sitter nu säkert mellan tryckplattan och svänghjulet, och kraften tas upp.

2.3 Använd BMW:s verktyg 21 2 170 för att trycka ihop tallriksfjädern

2 Koppling –
demontering, kontroll
och montering

⚠️ **Varning: Dammet från kopplings-slitage som avlagrats på kopp-lingskomponenterna kan innehålla hälsovådlig asbest. BLÅS INTE bort dammet med tryckluft och ANDAS INTE in det. ANVÄND INTE bensin (eller andra petroleumbaserade lösningsmedel) för att avlägsna dammet. Rengöringsmedel för bromssystem eller T-sprit bör användas för att spola ner dammet i en lämplig behållare. När kopplingens komponenter har torkats rena med trasor måste trasorna och rengöringsmedlet kastas i en tät, märkt behållare.**

Observera: *Om du ska återanvända kopplings-tryckplattan krävs BMW:s verktyg 21 2 170 för att trycka ihop tallriksfjädern innan du tar bort kopplingskåpan. Verktyg 21 2 142 kan behövas för att centrera lamellen.*

Demontering

1 Ta bort växellådan enligt beskrivningen i kapitel 7A.

2 Om originalkopplingen ska återmonteras, gör markeringar mellan kopplingskåpan och svänghjulet, så att kopplingen kan återmonteras i ursprungsläget.

3 Om du ska återanvända originaltryckplattan, haka i de tre benen på BMW:s kopplings-komprimeringsverktyg (nr 21 2 170) i kopp-lingskåpan i området med justeringsfjädrarna **(se bild).** Skruva ner den räfflade kragen för att spärra benen och dra sedan åt spindeln nedåt för att trycka ihop tallriksfjädern.

4 Oavsett om tryckplattan ska bytas eller inte ska du stegvis skruva loss bultarna som håller fast kopplingskåpan på svänghjulet, och i förekommande fall ta bort brickorna.

5 Ta bort kopplingskåpan från svänghjulet. Var beredd på att fånga kopplingslamellen, som kan ramla ut ur kåpan när den tas bort, och notera hur lamellen sitter – skivans båda sidor är normalt märkta med "Engine side" och "Transmission side". Navets större, ut-skjutande sida är vänd bort från svänghjulet.

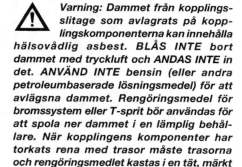

2.13a Lamellen kan vara märkt med "Getriebeseite" vilket betyder växellådssida

Kontroll

6 Med kopplingen demonterad, torka bort allt kopplingsdamm med en torr trasa. Även om de flesta lameller numera har asbestfria belägg gäller det inte alla, och det är bra att vara försiktig: *Asbestdamm är skadligt och får inte inandas.*

7 Undersök om lamellernas belägg är slitna och har lösa nitar, och kontrollera om skivan är skev, sprucken eller har slitna spår. Lamellytorna kan vara blankslitna, men så länge friktionsbeläggets mönster syns tydligt är allt som det ska. Om det finns tecken på oljenedsmutsning, vilket visar sig genom glansiga, svarta fläckar, måste skivan bytas. Orsaken till nedsmutsningen måste spåras upp och åtgärdas innan du monterar nya kopplingskomponenter. Oftast är det ett läckage i en bakre packbox på vevaxeln eller en packbox på växellådans ingående axel – eller båda – som är orsaken (metoder för byte hittar du i aktuell del av kapitel 2 och kapitel 7A). Skivan måste också bytas ut om beläggningen slitits ner till nithuvudena eller strax över. Observera att BMW anger en minsta beläggtjocklek ovanför nithuvudena (se Specifikationer).

8 Undersök svänghjulets och tryckplattans slipade sidor. Om de är spåriga, eller djupt repade, måste de bytas. Tryckplattan måste också bytas om den är sprucken, eller om tallriksfjädern är skadad eller du misstänker att dess tryck är felaktigt.

9 När kopplingen är borttagen rekommen-

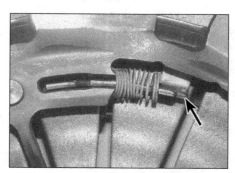

2.14a Tryck justeringsringens tryckdelar (se pil) helt moturs . . .

derar vi att du kontrollerar urtrampningslagrets skick enligt beskrivningen i avsnitt 3.

10 Kontrollera tapplagret i vevaxeländen. Se till att det går smidigt och tyst. Om fogytan på växellådans ingående axel mot lagret är sliten eller skadad, sätt dit ett nytt lager enligt beskrivningen i aktuellt avsnitt av kapitel 2.

Montering

11 Om du ska montera nya kopplings-komponenter, se i förekommande fall till att alla rester av antikorrosionsmedel tas bort från skivans belägg och tryckplattans kontaktytor.

12 Det är viktigt att se till att det inte kommer någon olja eller något fett på lamellernas belägg, på tryckplattans eller svänghjulets ytor. Se till att du har rena händer när du återmonterar kopplingsenheten och att du torkar av tryckplattans och svänghjulets ytor med en ren trasa innan monteringen påbörjas.

13 Stryk på ett lager molybdendisulfidfett på spåren i lamellens nav och passa sedan in skivan på svänghjulet med navets större, utskjutande sida vänd bort från svänghjulet (de flesta lameller har markeringen "Engine side" eller "Transmission side" som ska vara vänd mot svänghjulet eller växellådan efter tillämplighet) **(se bild).** Använd BMW:s verktyg 21 2 142 och centrera lamellen i svänghjulet. Om du inte har tillgång till verktyget kan du tillverka ett eget **(se bild).**

14 Om du ska återmontera originaltryckplattan och kåpan, haka i benen på BMW:s verktyg 21 2 170 i kåpan (om den har tagits bort), och tryck ihop tallriksfjäderns fingrar enligt beskrivningen i punkt 3. Använd en skruvmejsel och återställ den självjusterande mekanismen genom att trycka justeringsringens tryckdelar helt moturs, samtidigt som du skruvar loss specialverktygsspindeln precis tillräckligt för att justeringsringen ska kunna röra sig. Med justeringsringen återställd, dra åt special-verktygsspindeln nedåt för att trycka ihop fjäderfingrarna, samtidigt som du hindrar justeringsringens tryckdelar från att röra sig genom att föra in metallbrickor i mellanrummet mellan tryckdelarna och kåpan. Observera att det finns ett specialverktyg från BMW som ska användas för att återställa justeringsringen **(se bilder).**

2.13b Använd BMW:s verktyg 21 2 142 (eller liknande) för att centrera lamellen

2.14b . . . och sätt in metallbrickor (se pil) mellan tryckdelarna och kåpan

2.14c Ett BMW-verktyg kan användas för att återställa justeringsringens tryckdelar

2.15 Se till att kåpan passar på svänghjulets pinnar

15 Montera kopplingskåpan, linjera i förekommande fall markeringarna på svänghjulet och kopplingskåpan. Se till att kopplingskåpan sitter korrekt över pinnarna på svänghjulet **(se bild)**. Sätt i fästbultarna och brickorna och dra åt dem till angivet moment.

16 Om du har monterat en ny tryckplattekåpa, sätt in en insexnyckel på 14 mm mitt i tallriksfjäderns låsdel och vrid den medurs och ta bort den för att lossa fjädern.

17 Om du har återmonterat den ursprungliga tryckplattekåpan, skruva loss spindeln och den räfflade kragen och ta sedan bort kompressionsverktyget från kåpan. Bänd ut metallbrickorna som håller justeringsringens tryckdelar på plats **(se bild)**.
Varning: När den sista brickan tas bort kan justeringsbrickan fjädra på plats. Se till att du inte håller några fingrar i området.

18 Ta bort centreringsverktyget för kopplingens lamell genom att skruva in en skruv på 10 mm i dess ände och dra med en tång eller liknande **(se bild)**.

19 Sätt tillbaka växellådan enligt beskrivningen i kapitel 7A.

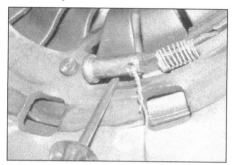

2.17 Håll alla fingrar borta när du tar bort metallbrickorna

ANVÄND INTE bensin (eller andra petroleumbaserade lösningsmedel) för att avlägsna dammet. Rengöringsmedel för bromssystem eller T-sprit bör användas för att spola ner dammet i en lämplig behållare. När kopplingens komponenter har torkats rena med trasor måste trasorna och rengöringsmedlet kastas i en tät, märkt behållare.

2.18 Gänga in bulten i centreringsverktygets ände och dra ut det

lagerbanan och försök att flytta den i sidled mot den inre lagerbanan. Om du märker av för stora rörelser eller ojämnheter, byt lagret. Om du har monterat en ny koppling är det bra att också byta urtrampningslagret.

Montering

4 Rengör och stryk sedan på lite kopplingsmonteringsfett på urtrampningslagrets kontaktytor på urtrampningsarmen och styrhylsan.
5 Skjut lagret på plats på styrhylsan, se till att det hakar i urtrampningsarmen ordentligt.
6 Sätt tillbaka växellådan, se kapitel 7A.

Urtrampningsarm

Demontering

7 Ta bort urtrampningslagret enligt beskrivningen tidigare i detta avsnitt.
8 Skjut urtrampningsarmen i sidled för att lossa den från spärrfjäderklämman och tappen, och dra sedan armen framåt från styrhylsan **(se bild)**.

Kontroll

9 Undersök om kontaktytorna på urtrampningslagret, tappen och slavcylinderns tryckstång mot urtrampningsarmen är slitna. Byt armen om den är uppenbart sliten.
10 Kontrollera urtrampningsarmens spärrfjäderklämma och byt vid behov. Vi rekommenderar att du alltid byter klämman.

Montering

11 Skjut urtrampningsarmen på plats över styrhylsan, tryck sedan armens ände över

3 Urtrampningslager och arm – demontering, kontroll och montering

Varning: Dammet från kopplingsslitage som avlagrats på kopplingskomponenterna kan innehålla hälsovådlig asbest. BLÅS INTE bort dammet med tryckluft och ANDAS INTE in det.

Urtrampningslager

Demontering

1 Ta bort växellådan enligt beskrivningen i kapitel 7A.
2 Dra lagret framåt och skjut bort det från styrhylsan i växellådans svänghjulskåpa **(se bild)**.

Kontroll

3 Snurra på urtrampningslagret och kontrollera om det är för ojämnt. Håll i den yttre

3.2 Dra bort urtrampningslagret (se pil) från styrhylsan

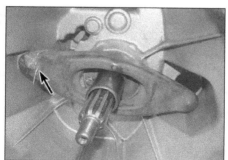

3.8 Skjut urtrampningsarmen i sidled för att lossa fästklämman (se pil)

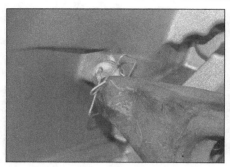

3.11 Se till att armen hakar i fästklämman

tappen och se till att spärrfjäderklämman hakar i urtrampningsarmens ände ordentligt (se bild).

12 Montera urtrampningslagret enligt beskrivningen tidigare i detta avsnitt.

4 Hydraulisk slavcylinder – demontering, kontroll och montering

⚠ **Varning: Hydraulvätskan är giftig. Tvätta noggrant bort vätskan omedelbart vid hudkontakt och sök omedelbar läkarhjälp om vätska sväljs eller hamnar i ögonen. Vissa typer av bromsvätska är brandfarliga och kan antändas när de kommer i kontakt med varma delar. Vid arbete med hydraulsystem är det alltid säkrast att anta att vätskan är brandfarlig, och att vidta samma försiktighetsåtgärder mot brand som när bensin hanteras. Hydraulvätska är även ett effektivt färgborttagningsmedel och angriper plast. Vid spill ska vätskan sköljas bort omedelbart med stora mängder rent vatten. Den är också hygroskopisk (den absorberar fukt från luften) – gammal vätska kan vara förorenad och är därför inte lämplig att använda. Vid påfyllning eller byte ska alltid rekommenderad typ användas och den måste komma från en nyligen öppnad förseglad förpackning.**

Demontering

1 Ta bort bromsvätskebehållarens lock och sug ut tillräckligt mycket hydraulvätska för att

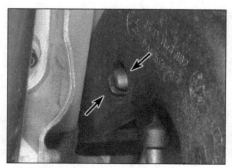

5.5 Tryck ihop ändarna (se pilar) och ta bort svängtappen

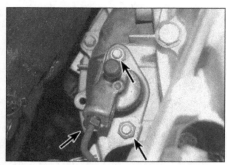

4.4 Koppla loss röranslutningen (se pil) och skruva sedan loss fästmuttrarna (se pilar)

vätskenivån ska sjunka under behållarens slanganslutning till kopplingens huvudcylinder (bromsvätskebehållaren matar både broms- och kopplingshydraulsystemen). Töm **inte** behållaren, eftersom det då kommer in luft i bromshydraulkretsarna.

2 För att förbättra åtkomligheten, hissa upp bilen och stötta den på pallbockar (se *Lyftning och stödpunkter*).

3 Ta i förekommande fall bort underredets skydd för att komma åt växellådans svänghjulskåpa.

4 Ställ en behållare under hydraulrörsanslutningen på kopplingens slavcylinder för att fånga upp eventuellt hydraulvätskespill. Skruva loss anslutningsmuttrarna och koppla loss vätskeröret. Skruva loss muttern som fäster rörets fästbygel på slavcylindern (se bild).

5 Skruva loss den återstående fästmuttern och ta bort slavcylindern från fästpinnbultarna på svänghjulskåpan.

Kontroll

6 Undersök slavcylindern och leta efter läckor och skador, byt den vid behov. Det finns inga reservdelar till slavcylindern, så om det är fel på den måste man byta hela enheten.

Montering

7 Monteringen utförs i omvänd ordningsföljd. Tänk på följande:

  a) Före monteringen ska slavcylinderns tryckstångsände rengöras och smörjas in med lite fett.

  b) Dra åt fästmuttrarna till angivet moment.

5.6 Ta bort huvudcylinderbultarna (se pilar)

  c) Avsluta med att fylla på hydraulvätska och lufta kopplingens hydraulkrets enligt beskrivningen i avsnitt 6.

5 Hydraulisk huvudcylinder – demontering, kontroll och montering

⚠ **Varning: Hydraulvätskan är giftig. Tvätta noggrant bort vätskan omedelbart vid hudkontakt och sök omedelbar läkarhjälp om vätska sväljs eller hamnar i ögonen. Vissa typer av bromsvätska är brandfarliga och kan antändas när de kommer i kontakt med varma delar. Vid arbete med hydraulsystem är det alltid säkrast att anta att vätskan är brandfarlig, och att vidta samma försiktighetsåtgärder mot brand som när bensin hanteras. Hydraulvätska är även ett effektivt färgborttagningsmedel och angriper plast. Vid spill ska vätskan sköljas bort omedelbart med stora mängder rent vatten. Den är också hygroskopisk (den absorberar fukt från luften) – gammal vätska kan vara förorenad och är därför inte lämplig att använda. Vid påfyllning eller byte ska alltid rekommenderad typ användas och den måste komma från en nyligen öppnad förseglad förpackning.**

Demontering

1 Ta bort bromsvätskebehållarens lock och sug ut tillräckligt mycket hydraulvätska för att vätskenivån ska sjunka under behållarens slanganslutning till kopplingens huvudcylinder (bromsvätskebehållaren matar både broms- och kopplingshydraulsystemen). Töm **inte** behållaren, eftersom det då kommer in luft i bromshydraulkretsarna.

2 Koppla loss kopplingens huvudcylinderslang från bromsvätskebehållaren. Var beredd på vätskespill, och plugga igen slangens öppna ände för att förhindra att det kommer in smuts.

3 Arbeta inuti bilen och ta bort fästskruvarna och klädselpanelen från förarsidans nedre instrumentbräde (se kapitel 11).

4 Koppla loss anslutningskontakten och ta bort kopplingspedalens brytare genom att trycka ner pedalen, dra ut brytarens röda hylsa så långt det går, och sedan trycka ihop de båda fästklämmorna och dra loss brytaren från fästbygeln.

5 Tryck ihop de båda ändarna och tryck sedan ut svängtappen till huvudcylinderns tryckstång från kopplingspedalen (se bild).

6 Skruva loss de båda bultarna och muttrarna som håller fast huvudcylindern på pedalfästbygeln i fotbrunnen (se bild).

7 Använd en liten skruvmejsel och bänd ut fästklämman, dra sedan loss huvudcylindern från hydraultryckröret (se bild). Ta bort huvudcylindern och flytta vätskematningsslangen genom torpedväggens genomföring. Var försiktig så att du inte belastar röret.

Kontroll

8 Undersök huvudcylindern och leta efter läckor och skador, byt den vid behov. Det finns inga reservdelar till huvudcylindern, så om det är fel på den måste man byta hela enheten.

Montering

9 Monteringen utförs i omvänd ordningsföljd. Tänk på följande:

a) *Var försiktig så att du inte belastar huvudcylinderns vätskerör vid återmonteringen.*

b) *Avsluta med att fylla på bromsvätske-behållaren och lufta sedan kopplingens hydraulsystem (se avsnitt 6).*

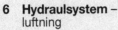
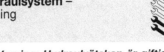

6 Hydraulsystem – luftning

⚠ Varning: Hydraulvätskan är giftig. Tvätta noggrant bort vätskan omedelbart vid hudkontakt och sök omedelbar läkarhjälp om vätska sväljs eller hamnar i ögonen. Vissa typer av bromsvätska är brandfarliga och kan antändas när de kommer i kontakt med varma delar. Vid arbete med hydraulsystem är det alltid säkrast att anta att vätskan är brand-farlig, och att vidta samma försiktighets-åtgärder mot brand som när bensin hante-ras. Hydraulvätska är även ett effektivt färgborttagningsmedel och angriper plast. Vid spill ska vätskan sköljas bort omedelbart med stora mängder rent vatten. Den är också hygroskopisk (den absorberar fukt från luften) – gammal vätska kan vara förorenad och är därför inte lämplig att använda. Vid påfyllning eller byte ska alltid rekommenderad typ användas och den måste komma från en nyligen öppnad förseglad förpackning.

Observera: *BMW rekommenderar att man använder luftningsutrustning för att lufta kopplingens hydraulsystem.*

Allmänt

1 Ett hydraulsystem kan inte fungera som det ska förrän all luft har avlägsnats från kompo-nenterna och kretsen. Detta görs genom att systemet luftas.

2 Tillsätt endast ren, oanvänd hydraulvätska av rekommenderad typ under luftningen. Återanvänd aldrig vätska som redan har tömts ur systemet. Se till att det finns tillräckligt med vätska i beredskap innan luftningen påbörjas.

3 Om det finns en risk för att fel typ av vätska finns i systemet måste bromsarnas och kopplingens komponenter och kretsar spolas ur helt med ren vätska av rätt typ, och alla tätningar måste bytas.

4 Om hydraulvätska har läckt ur systemet eller om luft har trängt in på grund av en läcka måste läckaget åtgärdas innan arbetet fortsätter.

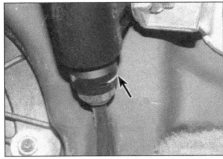

5.7 Bänd ut fästklämman (se pil)

5 För bättre åtkomlighet, dra åt handbromsen och hissa sedan upp bilens framvagn och stötta den på pallbockar (se *Lyftning och stödpunkter*).

6 Skruva loss skruvarna och ta bort under-redsskyddet för att komma åt växellådans svänghjulskåpa.

7 Kontrollera att kopplingens hydraulrör och slang(ar) sitter säkert, att anslutningarna är ordentligt åtdragna och att luftningsskruven på baksidan av kopplingens slavcylinder (sitter under bilen på den nedre vänstra delen av växellådans svänghjulskåpa) är stängd. Ta bort eventuell smuts från området runt luft-ningsskruven **(se bild)**.

8 Skruva loss bromsvätskebehållarens lock och fyll på till MAX-nivån. Montera locket löst. Kom ihåg att vätskenivån aldrig får sjunka under MIN-nivån under arbetet, annars är det risk för att ytterligare luft tränger in i systemet. Observera att bromsvätskebehållaren matar både bromsarnas och kopplingens hydraul-system.

9 Du rekommenderas att använda luftnings-utrustning för att lufta systemet. Det finns ett antal enmans gör-det-själv-luftningssatser att köpa i motortillbehörsbutiker. Dessa satser förenklar luftningen betydligt, och minskar risken för att det stöts ut luft och att vätska dras tillbaka in i systemet. Om det inte går att få tag på en sådan sats återstår bara den vanliga tvåmansmetoden som beskrivs i detalj nedan.

10 Om en luftningssats eller en gör-det-själv-sats ska användas, förbered bilen enligt

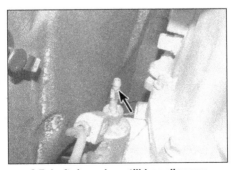

6.7 Luftningsskruv till kopplingens slavcylinder (se pil)

beskrivningen ovan och följ sedan luftnings-satstillverkarens instruktioner, eftersom meto-den kan variera något mellan olika luftnings-satser. I allmänhet beskrivs metoden i relevant underavsnitt.

11 Oavsett vilken metod som används måste grundmetoden för luftning följas för att systemet garanterat ska tömmas på all luft.

Luftning

Grundläggande luftning (för två personer)

12 Skaffa en ren glasburk, en lagom längd plast- eller gummislang som sluter tätt över avluftningsskruven och en ringnyckel som passar skruven. En medhjälpare behövs också.

13 Ta i förekommande fall bort dammkåpan från luftningsskruven. Montera nyckeln och slangen på skruven. Placera slangens andra ände i glasburken och häll i så mycket vätska att slangänden täcks.

14 Se till att behållarens vätskenivå överstiger linjen för miniminivå under hela arbetets gång.

15 Låt medhjälparen trycka ner kopplings-pedalen helt flera gånger för att öka trycket, håll sedan kvar trycket vid den sista nedtryck-ningen.

16 Med pedalen fortsatt nedtryckt, skruva loss luftningsskruven (ungefär ett varv) och låt den komprimerade vätskan och luften flöda in i behållaren. Medhjälparen ska behålla pedal-trycket, följa det ner till golvet om det behövs och inte släppa det förrän instruktioner ges. När flödet upphör, dra åt luftningsskruven igen, be medhjälparen att långsamt släppa pedalen och kontrollera behållarens vätskenivå igen.

17 Upprepa stegen i punkt 15 och 16 till dess att inga bubblor finns kvar i vätskan som kommer ut från luftningsskruven.

18 När det inte kommer fler bubblor, dra åt luftningsskruven ordentligt. Dra inte åt luft-ningsskruven för hårt.

19 Koppla tillfälligt loss luftningsröret från luftningsskruven och flytta vätskebehållaren åt sidan.

20 Skruva loss de båda fästmuttrarna och ta bort slavcylindern från svänghjulskåpan. Var försiktig så att du inte belastar vätskeröret.

21 Återanslut luftningsröret till luftnings-skruven och sänk ner röränden i vätske-behållaren.

22 Med luftningsskruven riktad vertikalt uppåt, skruva loss luftningsskruven (cirka ett varv) och tryck långsamt slavcylinderns tryckstång in i cylindern tills det inte syns fler luftbubblor i vätskan.

23 Håll tryckstången på plats och dra åt luftningsskruven.

24 Låt tryckstången långsamt återgå till sitt viloläge. Låt inte tryckstången gå tillbaka för snabbt, då kommer det in luft i slavcylindern.

25 Ta bort röret och nyckeln och sätt tillbaka dammkåpan på luftningsskruven.

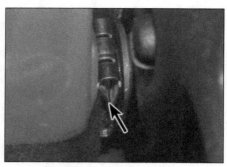

7.6 Bänd bort pedalskaftets klämma (se pil)

26 Montera slavcylindern på svänghjulskåpan och dra åt fästmuttrarna till angivet moment.

Med hjälp av en luftningssats med backventil

27 Dessa luftningssatser består av en bit slang försedd med en envägsventil för att förhindra att luft och vätska dras tillbaka in i systemet. Vissa satser levereras även med en genomskinlig behållare som gör att luftbubblorna lättare kan ses flöda från slangänden.

28 Satsen ansluts till luftningsskruven, som sedan öppnas. Återvänd till förarsätet, tryck ner kopplingspedalen mjukt och stadigt och släpp sedan långsamt upp den igen. Detta upprepas tills vätskan som rinner ut är fri från luftbubblor.

29 Observera att dessa luftningssatser underlättar arbetet så mycket att man lätt glömmer behållarens vätskenivå. Se till att nivån hela tiden ligger över MIN-markeringen.

Med hjälp av en tryckluftssats

30 De tryckluftsdrivna avluftningssatserna drivs ofta av tryckluften i reservdäcket. Observera dock att trycket i reservdäcket antagligen behöver minskas till under den normala nivån. Se instruktionerna som följer med luftningssatsen.

31 Om man ansluter en trycksatt, vätskefylld behållare till vätskebehållaren kan luftningen utföras genom att man helt enkelt öppnar luftningsskruven och låter vätskan flöda tills den inte längre innehåller några luftbubblor.

32 En fördel med den här metoden är att den stora vätskebehållaren ytterligare förhindrar att luft dras tillbaka in i systemet under luftningen.

Alla metoder

33 Om du efter att ha följt anvisningarna misstänker att det fortfarande finns luft i hydraulsystemet, ta bort slavcylindern (avsnitt 4) utan att koppla loss hydraulrören, tryck in cylinderkolven så långt det går och håll cylindern med luftningsskruven uppåt, och lufta systemet igen. **Observera:** *Du måste vidta åtgärder för att se till att slavcylinderns kolv inte hoppar ut under luftningen. Om det behövs kan du använda en metallbit och två gängade stag för att tillverka ett verktyg som håller in kolven.*

34 När luftningen är avslutad och pedalen känns fast, tvätta bort eventuellt vätskespill, kontrollera att luftningsskruven är ordentligt åtdragen och montera dammskyddet.

35 Kontrollera hydraulvätskenivån i behållaren och fyll på om det behövs (Veckokontroller).

36 Kassera all hydraulvätska som har tappats ur systemet. Den lämpar sig inte för återanvändning.

37 Kontrollera känslan i kopplingspedalen. Om den känns "svampig" finns det luft kvar i systemet och ytterligare luftning behövs. Om systemet inte är helt luftat efter ett rimligt antal upprepningar av luftningen kan det bero på slitna huvud- eller slavcylindertätningar.

38 Avsluta med att montera underredets skyddskåpa i förekommande fall, och sänka ner bilen.

7 Kopplingspedal – demontering och montering

Observera: *Du ska använda en ny självlåsande mutter för att sätta fast kopplingens huvudcylinder vid återmonteringen.*

Demontering

1 Arbeta inuti bilen och lossa fästklämmorna/skruvarna och ta bort den nedre instrumentbrädespanelen på förarsidan (se kapitel 11).

2 Koppla i förekommande fall loss anslutningskontakten och ta bort kopplingspedalens brytare genom att trycka ner pedalen, dra ut brytarens röda hylsa så långt det går, och sedan trycka ihop de båda fästklämmorna och dra loss brytaren från fästbygeln.

3 Tryck ihop ändens båda halvor och tryck sedan ut svängtappen till huvudcylinderns tryckstång från kopplingspedalen (se bild 5.5).

4 Använd en tång och koppla försiktigt loss returfjädern från pedalen.

5 Skruva loss de båda plastmuttrarna och lägg stöldskyddsstyrmodulen åt sidan.

6 Bänd loss klämman som fäster pedalen på pivåaxeln, skjut den sedan åt höger och ta bort kopplingspedalen. Ta bort pivåbussningarna om de är lösa (se bild).

Montering

7 Kontrollera pivåbussningarnas skick innan du monterar pedalen på pivåaxeln och byt dem vid behov. Stryk på lite fett på bussningarna.

8 Monteringen utförs i omvänd ordningsföljd mot demonteringen. Se till att kopplingsbrytarens tryckkolv är helt utsträckt före återmonteringen.

Kapitel 7 Del A:
Manuell växellåda

Innehåll

Svårighetsgrad

Enkelt, passar novisen med lite erfarenhet	Ganska enkelt, passar nybörjaren med viss erfarenhet	Ganska svårt, passar kompetent hemmamekaniker	Svårt, passar hemmamekaniker med erfarenhet	Mycket svårt, för professionell mekaniker

Specifikationer

Smörjning

Oljevolym:

5-växlad växellåda	1,00 liter
6-växlad växellåda	1,75 liter

Åtdragningsmoment

	Nm
Backljuskontakt	21
Bultar mellan växellåda och motor:	
Sexkantsbultar:	
M8-bultar	25
M10-bultar	49
M12-bultar	74
Torxbultar:	
M8-bultar	22
M10-bultar	43
M12-bultar	72
Mutter mellan utgående fläns och utgående axel*:	
Steg 1	190
Steg 2	Ta bort lossad mutter och applicera gänglåsningsmedel (se text)
Steg 3	120
Oljeavtappningsplugg	50
Oljepåfyllnings-/nivåplugg	50
Växellåda – bultar mellan tvärbalk och kaross:	
M8-bultar	21
M10-bultar	42
Växellåda – muttrar mellan fäste och växellåda:	
M8-muttrar	21
M10-muttrar	42

* Stryk in gängorna på muttern med gänglåsningsmedel.

2.2 Växellådans påfyllningsplugg (se pil)

1 Allmän information

Växellådan är en 5- eller 6-växlad enhet och sitter i ett gjutet hölje fäst på motorns baksida.

Drivningen överförs från vevaxeln via kopplingen till den ingående axeln, som har en räfflad förlängning för att kunna gå i ingrepp med kopplingslamellen. Den utgående axeln överför drivningen via kardanaxeln till bakre differential.

Den ingående axeln körs i linje med den utgående axeln. Kugghjulen till den ingående och utgående axeln är i konstant ingrepp med kuggdreven på överföringsaxeln. Växling sker genom glidande synkroniseringsnav, som låser rätt drev på den utgående axeln.

Växlarna väljs via en golvmonterad spak och väljarmekanism eller, beroende på modell, reglage som sitter på ratten. Vissa modeller har en sekventiell sportlåda (Sports Sequential Gearbox) som tillval, där växlingarna kan utföras sekventiellt med den golvmonterade spaken, eller "paddlarna" på ratten. På modeller med den utrustningen kan växlingarna utföras automatiskt, där den elektroniska styrmodulen (ECM) kontrollerar växlingarna och kopplingen (via hydrauliska kontroller), allt i enlighet med körstil och vägförhållanden. Vissa modeller har funktionen "launch control", där man med en knapptryckning låter styrmodulen styra motorvarvtalet, kopplingen och

3.3 Växellådans avtappningsplugg (se pil)

växlingarna, för att få maximal acceleration – läs instruktionsboken för mer information.

Väljarmekanismen gör att lämplig väljargaffel rör sin synkroniseringshylsa längs med axeln, för att låsa växeldrevet på synkroniseringsnavet. Eftersom synkroniseringsnaven har spår som ligger mot den utgående axeln, låser detta drevet på axeln så att drivningen kan överföras. För att se till att växlingen kan utföras snabbt och tyst har alla framåtgående växlar ett synkroniseringssystem, bestående av balkringar och fjäderbelastade fingrar, liksom växeldrev och synkroniseringsnav. Synkroniseringskonorna utgör balkringarnas och växeldrevens kontaktytor.

Växellådan fylls med olja vid tillverkningen, och anses sedan vara "fylld för livet". BMW har inga rekommendationer angående byte av vätskan.

2 Manuell växellåda – kontroll av oljenivå

1 För att förbättra åtkomligheten, hissa upp bilen och stötta den på pallbockar (se *Lyftning och stödpunkter*). Se till att bilen står plant.
2 Skruva loss växellådans oljenivå-/påfyllningsplugg från höger sida av växellådshuset **(se bild)**.
3 Oljenivån ska nå nederdelen av påfyllnings-/nivåpluggshålet.
4 Om det behövs kan du fylla på olja, använd rätt typ av olja (se *Smörjmedel och vätskor*) tills det rinner ut olja från påfyllnings-/nivåpluggshålet.
5 Torka bort eventuellt oljespill och sätt sedan tillbaka påfyllnings-/nivåpluggen och dra åt den till angivet moment.
6 Sänk ner bilen.

3 Manuell växellåda – oljebyte

Observera: *Det kan behövas nya tätningsringar till växellådans oljeavtappningsplugg och till oljepåfyllnings-/nivåpluggen vid återmonteringen.*

1 Växellådsoljan ska tömmas ut när växellådan har normal arbetstemperatur. Om bilen precis har körts minst 30 km kan växellådan anses vara varm.
2 Parkera bilen på en plan yta direkt efter att den har körts, och dra åt handbromsen. Om det behövs kan du hissa upp bilen och stötta den med pallbockar (se *Lyftning och stödpunkter*) för att förbättra åtkomligheten, men se till att bilen inte lutar. Ta bort växellådans undre skyddskåpa (i förekommande fall).
3 Arbeta under bilen och lossa växellådans oljeavtappningsplugg cirka ett halvt varv **(se bild)**. Placera dräneringsbehållaren under dräneringspluggen och ta därefter bort pluggen helt. Försök att trycka in pluggen i

växellådan samtidigt som du skruvar loss den för hand de sista varven.

HAYNES TiPS *Dra snabbt bort pluggen när den släpper från gängorna, så att oljan hamnar i kärlet och inte i tröjärmen!*

4 Ta i förekommande fall bort tätningsringen från avtappningspluggen.
5 Sätt tillbaka avtappningspluggen, tillsammans med en ny tätningsring om det behövs, och dra åt till angivet moment.
6 Skruva loss oljepåfyllnings-/nivåpluggen från växellådans sida, och ta bort tätningsringen i förekommande fall.
7 Fyll på växellådan genom påfyllnings-/nivåpluggshålet med den angivna mängden och typen av olja (se *Specifikationer* och *Smörjmedel och vätskor*), tills det rinner ut olja från påfyllnings-/nivåpluggshålet.
8 Sätt tillbaka påfyllnings-/nivåpluggen, använd en ny tätningsring om det behövs, och dra åt till angivet moment.
9 Sänk ner bilen till marken igen om du hissat upp den.

4 Växlingsdelar – demontering och montering

Manuell växling

Växelspak

Observera: *Det behövs ett nytt växelspakslager vid monteringen.*
1 Lyft upp bilen och stötta den på pallbockar (se *Lyftning och stödpunkter*).
2 Ta bort knoppen från växelspaken genom att dra den rakt uppåt. **Observera:** *Vrid inte knoppen, då kan vridlåset skadas.*
3 Bänd loss växelspaksdamasken från mittkonsolen och ta bort damasken över växelspaken. Ta i förekommande fall även bort isoleringsskummet.
4 Arbeta under bilen och bänd loss fästklämman från växelväljarstångstiftets ände. Ta bort väljarstångstiftet från öglan på växelspaksänden och ta bort brickorna **(se bild)**.

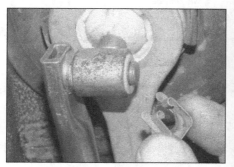

4.4 Skjut bort fästklämman från väljarstagsstiftet

5 Nu måste du lossa växelspakens nedre lagerfasthållningsring från växelväljararmen. Det finns ett specialverktyg för detta, men du kan använda två skruvmejslar med spetsarna ihakade i de motsatta spåren i lagerringen istället. När du ska låsa upp lager ringen, vrid den ett kvarts varv moturs **(se bild)**.

6 Lagret kan nu tryckas upp genom huset, och växelspaken kan tas bort från bilen.

7 Om du vill kan du ta bort lagerskålen från växelspakens ledkula genom att trycka den nedåt. Om du vill ta bort lagret över spakens ögla, vrid på lagret tills öglan går igenom spåren i lagret.

8 Sätt dit ett nytt lager i omvänd ordningsföljd mot borttagningen. Se till att lagret trycks säkert på plats på växelspakskulan.

9 Sätt tillbaka spaken i omvänd ordning mot demonteringen, och tänk på följande.

 a) Smörj in lagrets kontaktytor före monteringen.

 b) Sänk ner växelspaken på plats och se till att pilen på växelspaksgenomföringen pekar mot bilens främre del.

 c) Se till att växelspaksgenomföringen hakar i växelväljararmen och öppningen i bilens golv som den ska **(se bild)**.

 d) När du hakar i lagret med väljararmen, se till att pilarna eller flikarna (efter tillämplighet) på lagrets ovansida pekar på bilens bakre del.

 e) För att låsa lagret på plats i väljararmen, tryck nedåt ovanpå lagrets fästfliksplaceringar tills du hör att flikarna klickar på plats.

 f) Smörj in väljarstagsstiftet innan du hakar i det i växelspaksöglan.

Växelväljaraxelns ögla

Observera: Det behövs en ny valstapp för att fästa väljaraxelöglan vid återmonteringen.

10 Lyft upp bilen och stötta den på pallbockar (se *Lyftning och stödpunkter*).

11 Koppla loss kardanaxeln från växellådsflänsen och häng upp den en bit från växellådan med hjälp av vajer eller snöre. Se kapitel 8 för mer information.

12 Bänd bort fästklämman från växelväljarstångens stiftände. Ta bort väljarstagsstiftet från väljaraxelöglan och ta bort brickorna.

13 Skjut låshylsan bakåt och tvinga sedan ut valstappen som fäster växelväljaröglan på växelväljaraxelns ände **(se bild)**.

14 Dra bort växelväljaraxelöglan från väljaraxeländen.

15 Monteringen utförs i omvänd ordningsföljd. Tänk på följande:

 a) Före återmonteringen ska du kontrollera skicket på gummibrickan på väljaraxelöglans ände och byta den vid behov.

 b) Använd en ny valstapp för att fästa öglan på väljaraxeln.

 c) Smörj in väljarstagsstiftet.

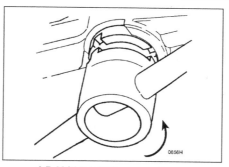

4.5 Vrid lager ringen moturs – specialverktyg visas

4.13 Skjut låsringen bakåt (se pil) och driv ut stiftet

 d) Återanslut kardanaxeln på växellådsflänsen enligt beskrivningen i kapitel 8.

Växelväljararmens bakre fäste

16 Lyft upp bilen och stötta den på pallbockar (se *Lyftning och stödpunkter*).

17 Koppla loss kardanaxeln från växellådsflänsen och häng upp den en bit från växellådan med hjälp av vajer eller snöre. Se kapitel 8 för mer information.

18 Ta bort växelspaken enligt beskrivningen tidigare i detta avsnitt.

19 Använd en skruvmejsel eller en liten stiftdorn och bänd loss fästhylsan från fästbygeln **(se bild)**.

20 Dra loss fästet från väljararmen.

21 Smörj in fästet och tryck sedan på det på väljararmen, med utskärningen vänd mot bilens bakre del, och med pilen pekandes vertikalt uppåt.

5.3 Skruva loss de 4 bultarna som håller fast urtrampningslagrets styrhylsa

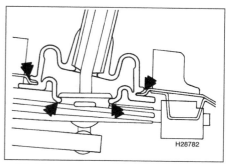

4.9 Växelspakens genomföring korrekt ihakad med väljararmen och bilens golv

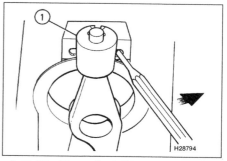

4.19 Bänd loss växelväljararmens bakre fästhylsa (1) från fästbygeln

22 Fäst fästet med klämmor i fästbygeln. Se till att fästet sitter ordentligt.

23 Återanslut kardanaxeln på växellådsflänsen enligt beskrivningen i kapitel 8 och sänk sedan ner bilen.

Sekventiell växling (SSG)

24 Det fanns ingen information tillgänglig i skrivande stund.

5 Packboxar – byte

Ingående axelns packbox

1 Med växellådan borttagen enligt beskrivningen i punkt 7 utför du följande arbeten.

2 Ta bort urtrampningslagret och armen enligt beskrivningen i kapitel 6.

3 Skruva loss fästbultarna och ta bort urtrampningslagrets styrhylsa från växellådans svänghjulskåpa **(se bild)**.

4 Notera hur djupt den ingående axelns packbox sitter monterad.

5 Borra ett litet hål i packboxen (det ska finnas två små styrhål på tätningen). Smörj in borrbitsets ände med fett för att förhindra att det kommer in järnfilspån från hålen in i växellådan **(se bild)**.

6 Använd en liten dorn och knacka in packboxens ena sida (motsatt sida mot hålet) in i svänghjulskåpan så långt det går.

5.5 Borra ett litet hål i packboxen

5.7 Sätt in en självgängande skruv i hålet och dra loss packboxen med en tång

5.17 Håll emot den utgående flänsen och skruva loss muttern med en djup hylsa

7 Skruva i en liten självgängande skruv i packboxens motsatta sida och använd en tång för att dra ut packboxen **(se bild)**.

8 Rengör packboxens sätesyta.

9 Smörj in den nya packboxens läppar med lite ren växellådsolja och skjut sedan försiktigt packboxen över den ingående axeln så att den hamnar på plats i svänghjulskåpan.

10 Knacka packboxen på plats i svänghjulskåpan till det djup som du antecknade tidigare.

11 Sätt tillbaka styrhylsan på växellådshuset och dra åt fästbultarna ordentligt. Använd en droppe fästmassa på bultarnas gängor.

12 Sätt tillbaka urtrampningsarmen och lagret enligt beskrivningen i kapitel 6.

13 Sätt tillbaka växellådan enligt beskrivningen i avsnitt 7 och kontrollera sedan växellådsoljenivån enligt beskrivningen i avsnitt 2.

Utgående flänsens packbox

Observera: *Det behövs gänglåsningsmedel till växellådsflänsens mutter vid återmonteringen.*

14 Lyft upp bilen och stötta den på pallbockar (se *Lyftning och stödpunkter*).

15 Koppla loss kardanaxeln från växellådsflänsen och häng upp den en bit från växellådan med hjälp av vajer eller snöre. Se kapitel 8 för mer information.

16 Bänd i förekommande fall bort växellådsflänsens mutterskyddsplåt från flänsen med hjälp av en skruvmejsel. Kasta skyddsplåten – den behövs inte vid återmonteringen. Om det behövs kan du stötta växellådan och ta bort växellådans tvärbalk för att komma åt bättre.

17 Håll emot växellådsflänsen genom att sätta ett delat eller tvåbent verktyg i två av

flänsbulthålen, och sedan skruva loss flänsens fästmutter med hjälp av en hylsnyckel **(se bild)**.

18 Använd en avdragare och dra loss flänsen från växellådans utgående axeländе **(se bild)**. Var beredd på att det rinner ut olja.

19 Notera på vilket djup packboxen sitter monterad och använd sedan en avdragare (var försiktig så att du inte skadar växellådans utgående axel) för att lossa packboxen från växellådshuset **(se bild)**.

20 Rengör packboxens sätesyta.

21 Smörj in den nya packboxens läppar med lite ren växellådsolja och knacka sedan försiktigt in packboxen i växellådshuset till det djup som noterades tidigare **(se bild)**.

22 Sätt tillbaka flänsen på den utgående axeln. **Observera:** *För att underlätta återmonteringen av flänsen kan du sänka ner den i varmt vatten i några minuter och sedan montera den på axeln.*

23 Dra åt flänsmuttern till åtdragningsmomentet för steg ett och skruva sedan bort muttern (steg två). Smörj in flänsmutterns gängor med gänglåsningsmedel och dra sedan åt muttern till åtdragningsmomentet för steg tre. Håll emot flänsen som vid demonteringen.

24 Om flänsmuttern hade en skyddsplåt ska den kastas. Man måste inte sätta tillbaka skyddsplåten vid återmonteringen.

25 Återanslut kardanaxeln på växellådsflänsen enligt beskrivningen i kapitel 8. Kontrollera sedan växellådsoljenivån enligt beskrivningen i avsnitt 2 och sänk ner bilen.

Växelväljaraxelns packbox

Observera: *Det behövs en ny valstapp för att fästa väljaraxelöglan vid återmonteringen.*

26 Lyft upp bilen och stötta den på pallbockar (se *Lyftning och stödpunkter*).

27 Koppla loss kardanaxeln från växellådsflänsen och häng upp den en bit från växellådan med hjälp av vajer eller snöre. Se kapitel 8 för mer information. För att förbättra åtkomligheten kan du stötta växellådan och ta bort växellådans tvärbalk.

28 Skjut låskragen bakåt och skjut sedan ut stiftet som fäster växelväljaraxelöglan i växelväljaraxelns ände.

5.18 Använd en trearmad avdragare för att ta bort den utgående flänsen

5.19 Dra försiktigt bort packboxen

5.21 Knacka fast packboxen med en rörformig distans eller hylsa som endast ska ligga an mot packboxens hårda ytterkant

5.31 Knacka in väljaraxelns nya packbox på plats

29 Dra loss växelväljaraxelöglan (tillsammans med växellänkaget) från väljaraxeländen och flytta bort länkaget från väljaraxeln.
30 Använd en liten spårskruvmejsel och bänd loss väljaraxelns packbox från växellådshuset.
31 Rengör packboxens sätesyta och knacka sedan den nya packboxen på plats med en liten hylsa eller ett litet rör med rätt diameter **(se bild)**.
32 Kontrollera gummibrickans skick på väljar-axelöglans ände och byt den vid behov.
33 Tryck tillbaka väljaraxelöglan på väljar-axeln, och linjera sedan hålen i öglan och axeln och fäst öglan på axeln med hjälp av stiftet.
34 Skjut låskragen på plats över valstappen.
35 Återanslut kardanaxeln på växellåds-flänsen enligt beskrivningen i kapitel 8.
36 Kontrollera växellådans oljenivå enligt avsnitt 2 och sänk sedan ner bilen.

6 Backljuskontakt –
kontroll, demontering och montering

Kontroll

1 Backljuskretsen styrs av en kontakt av kolvtyp som är fastskruvad på vänster sida av Getrag-växellådshuset och på höger sida av ZF-växellådshuset. Om det uppstår ett fel i kretsen, kontrollera först att säkringen inte är trasig.
2 När du ska kontrollera kontakten, koppla loss kontaktdonet och använd en multimeter (inställd på resistansfunktionen) eller en testkrets med batteri och glödlampa för att kontrollera att det endast finns förbindelse mellan kontaktens poler när backväxeln har valts. Om detta inte är fallet, och det inte finns några uppenbara brott eller andra skador på kablaget, är det fel på kontakten och den måste bytas.

Demontering

3 Lyft upp bilen och stötta den på pallbockar (se *Lyftning och stödpunkter*).
4 Koppla loss kontaktdonet och skruva sedan loss kontakten från växellådshuset **(se bild)**.

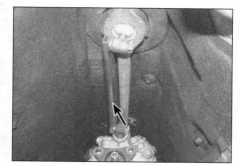
7.6 Ta bort fästklämmorna och ta bort väljarstaget (se pil)

6.4 Backljusbrytare (se pil)

Montering

5 Skruva in kontakten på plats igen i växel-lådshuset och dra åt den ordentligt. Återanslut kontaktdonet och kontrollera att kretsen fungerar som den ska.
6 Sänk ner bilen.

7 Manuell växellåda –
demontering och montering

Observera: *Detta är en komplicerad uppgift. Läs igenom anvisningarna noggrant innan du börjar, och se till att du har tillgång till de lyft-verktyg och/eller den domkrafts-/stödutrust-ning som behövs.*

Demontering

1 Koppla loss batteriets minusledare (se kapitel 5A).
2 Lyft upp bilen och stötta den på pallbockar (se *Lyftning och stödpunkter*). Observera att bilen måste vara tillräckligt högt upplyft för att växellådan ska kunna tas bort från bilens undersida. Lossa skruvarna och ta bort motorns/växellådans undre skyddskåpor.
3 Ta bort startmotorn enligt beskrivningen i kapitel 5A.
4 På 4-cylindriga M43TU-motorer skruvar du loss muttrarna och tar bort tändspolen från dess fäste, och lägger den åt sidan. Detta förhindrar att det uppstår skador på enheten eller tändkablarna när motorn lutas bakåt. Du behöver inte koppla loss tändkablarna.

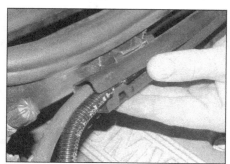
7.11a Lossa kabelkanalen

5 Ta bort kardanaxeln enligt beskrivningen i kapitel 8.
6 Arbeta under bilen och bänd loss fäst-klämman från växelväljarstångstiftets ände. Ta bort väljarstagsstiftet från öglan på växel-väljaraxelns ände och ta bort brickorna. Koppla loss väljarstagsstiftet från växelspakens ände och ta bort väljarstaget **(se bild)**.
7 Arbeta vid växellådans svänghjulskåpa och skruva loss muttrarna och ta bort kopplingens slavcylinder från pinnbultarna på svänghjuls-kåpan. Stötta slavcylindern en bit bort från arbetsområdet, men belasta inte slangen.
8 Notera var de sitter och koppla sedan loss alla anslutningskontakter och lossa eventuella kablage från växellådshuset.
9 Ta bort avgassystemets fästbygel från baksidan av växellådshuset.
10 Skruva loss fästbultarna och ta bort framfjädringens förstärkningsplatta/stag.
11 På modeller med 6-cylindrig motor tar du bort värme-/ventilationssystemets insugsluft-kanaler från motorrummets bakre del enligt nedanstående beskrivning **(se bilder)**.
  a) *Vrid de tre fästena 90° moturs och ta bort pollenfilterkåpan från motorrummets bakre del. Dra filtret framåt och ta bort det.*
  b) *Skruva loss de fyra fästklämmorna och lossa vajern från kanalen.*
  c) *Skruva loss de fyra skruvarna och dra filterhuset framåt och ta bort det.*
  d) *Dra upp gummiremsan, vrid de båda fästena moturs och flytta avdelarpanelen i motorrummets vänstra hörn något framåt.*
  e) *Skruva loss de båda skruvarna och lyft ut insugskanalen ur motorrummet.*
  f) *Ta bort expandernitarna och ta bort luftintagskåpan från frontens överdel.*
12 På modeller med 4-cylindriga M43TU-motorer, stötta motorn med en garagedomkraft under sumpen, med en bit träkloss mellan domkraften och sumpen för att fördela belast-ningen. Hissa upp domkraften så att den precis tar i sumpen.
13 På övriga modeller, anslut lyftverktyget till motorlyftöglan på motorblockets bakre vänstra hörn (inbyggd i motorblockhöljets bakre fläns).

7.11b Skruva loss de båda torxskruvarna (se pilar) och ta bort insugningshuset

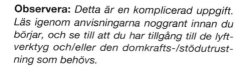

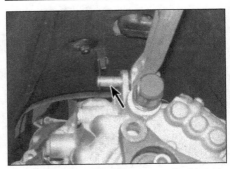

7.17 Bänd upp fästklämman och skjut ut svängtappen (se pil)

14 Placera en garagedomkraft under växellådshuset, precis bakom svänghjulskåpan. Använd en träkloss för att sprida belastningen och hissa sedan upp domkraften så att den precis tar upp växellådans tyngd.
15 Ta bort tvärbalken och fästena från växellådans bakre del.
16 Använd domkraften/domkrafterna och motorlyften (i förekommande fall), sänk ner motorn och växellådan tills den bakre delen av topplocks-/grenrörsenheten nästan tar i motorrummets mellanvägg. Kontrollera att enheten inte vilar mot några slangar/rör på mellanväggen.
17 Arbeta på växellådans ovansida och bänd upp klämman som håller fast växelväljararmens svängtapp på växellådshuset. Dra sedan ut svängtappen för att lossa väljararmen från växellådan **(se bild)**.
18 Skruva i förekommande fall loss bulten som håller fast motor-/växellådsadapterplattan på höger sida av växellådans svänghjulskåpa och/eller ta bort svänghjulens nedre skyddsplåt **(se bild)**.
19 Skruva loss bultarna mellan motorn och växellådan och ta bort brickorna. Skjut sedan växellådan bakåt för att lossa den ingående axeln från kopplingen. Var försiktig när du utför detta arbete och se till att växellådans

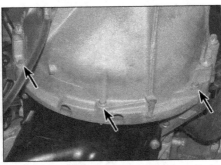

7.18 Skruva loss de 3 bultarna (se pilar) och ta bort svänghjulets nedre skyddsplåt

tyngd inte hänger på den ingående axeln. När du tar bort växellådan från motorn, se till att motorn inte trycks mot värmeslangsanslutningarna eller mellanväggen.
20 Sänk ner växellådan och ta försiktigt bort den från bilens undersida. Om växellådan ska vara borttagen en längre tid, se till att motorn har tillräckligt stöd i motorrummet.

Montering

21 Börja återmonteringen med att kontrollera att kopplingslamellen är centrerad enligt beskrivningen i kapitel 6.
22 Innan du sätter tillbaka växellådan rekommenderar vi att du undersöker och smörjer in urtrampningslagret och armen enligt beskrivningen i kapitel 6.
23 Återstoden av monteringen utförs i omvänd ordning mot demonteringen. Tänk på följande.
  a) *Kontrollera att växellådans styrstift sitter säkert på plats på motorns baksida.*
  b) *Se till att brickorna sitter på plats på bultarna mellan motorn och växellådan.*
  c) *Dra åt alla fästen till angivet moment.*
  d) *Smörj in växelväljararmens svängtapp och växelväljarstångens stift med lite fett före monteringen.*

  e) *Återanslut kardanaxeln på växellådsflänsen enligt beskrivningen i kapitel 8.*
  f) *Sätt tillbaka startmotorn enligt beskrivningen i kapitel 5A.*

8 Manuell växellåda, översyn – allmän information

Renovering av en manuell växellåda är svårt att utföra för en hemmamekaniker. Förutom att isärtagning och ihopsättning av många små delar måste spelen vara exakt uppmätta och vid behov justeras med hjälp av mellanlägg och distanser. Inre komponenter till växellådor är ofta svåra att få tag på och, i många fall, mycket dyra. Därför är det bäst att överlåta växellådan till en specialist eller byta ut den om den går sönder eller börjar låta illa. Du bör vara medveten om att vissa reparationer av växellådor kan utföras med växellådan kvar i bilen.

Trots allt är det inte omöjligt för en erfaren hemmamekaniker att renovera en växellåda, förutsatt att specialverktyg finns att tillgå och att arbetet utförs på ett metodiskt sätt så att ingenting glöms bort.

Inre och yttre låsringstänger, lageravdragare, en hammare, en uppsättning stiftdornar, en indikatorklocka och eventuellt en hydraulpress är några av de verktyg som behövs vid en renovering. Dessutom krävs en stor, stadig arbetsbänk och ett skruvstäd.

Anteckna noga hur alla komponenter sitter medan växellådan tas isär, det underlättar en korrekt återmontering.

Innan du tar isär växellådan hjälper det om du har en uppfattning om i vilket område felet ligger. Vissa problem kan härledas till specifika områden i växellådan, vilket kan underlätta undersökning och byte av komponenter. Se avsnittet *Felsökning* i slutet av den här handboken för mer information.

Kapitel 7 Del B:
Automatväxellåda

Innehåll

Svårighetsgrad

Enkelt, passar novisen med lite erfarenhet	Ganska enkelt, passar nybörjaren med viss erfarenhet	Ganska svårt, passar kompetent hemmamekaniker	Svårt, passar hemmamekaniker med erfarenhet	Mycket svårt, för professionell mekaniker

Specifikationer

Växellådsolja – nivå

Vätsketemperatur °C	Vätskenivå (mm)
20	3 till 15
25	5 till 17
30	8 till 20
35	11 till 22
40	13 till 25
45	14 till 26
50	16 till 27
55	17 till 28
60	19 till 29
65	21 till 32
70	22 till 34
75	24 till 36
80	26 till 38
85	29 till 41

Atdragningsmoment   Nm

Bultar mellan momentomvandlare och drivplatta:
- M8-bultar   26
- M10-bultar   49

Bultar mellan motor och växellåda:
Sexkantsbultar:
- M8-bultar   24
- M10-bultar   45
- M12-bultar   82

Torxbultar:
- M8-bultar   21
- M10-bultar   42
- M12-bultar   72

Bultar mellan växellådans tvärbalk och karossen
- M8-bultar   21
- M10-bultar   42

Motor/växellådans adapterplattebult   23

Muttrar mellan växellådans fäste och växellådan:
- M8-muttrar   21
- M10-muttrar   42

Utgående flänsens mutter*:
- Steg 1   190
- Steg 2 . . . .   Lossa 360°
- Steg 3   120

Växellådsoljans avtappningsplugg:
- 4-växlad låda   25
- 5-växlad låda   35

Växellådsoljans påfyllnings-/nivåplugg:
- 4-växlad låda   33
- 5-växlad låda   40

*Använd gänglåsningsmedel

1 Allmän information

Beroende på modell kan bilen ha en fyr- eller femväxlad automatväxellåda, bestående av en momentomvandlare, planetväxelns kugghjulsdrivna kraftöverföring och hydrauliskt styrd kopplingar och bromsar.

Momentomvandlaren är en hydraulisk koppling mellan motorn och växellådan och fungerar som en koppling samtidigt som den ger viss momentökning vid acceleration.

Planetväxelns kugghjulsdrivna kraftöverföring ger antingen ett framåtdrivande eller ett bakåtdrivande utväxlingsförhållande, beroende på vilka av dess komponenter som är stilla och vilka som vrids. Komponenterna i den kugghjulsdrivna kraftöverföringen hålls eller släpps via bromsar och kopplingar som aktiveras av en hydraulisk styrenhet. En oljepump inuti växellådan ger nödvändigt hydrauliskt tryck för att bromsarna och kopplingarna ska kunna fungera.

Föraren styr växellådan med en växelväljarspak med sju lägen och en brytare med fyra lägen. Växellådan har körläget "drive" och en "hållfunktion" på de första tre växlarna (fyrväxlad låda) eller växel 2 till 4 (femväxlad låda). Körläget "drive" (D) innebär automatisk växling mellan alla framåtgående växlar, och är det läge som normalt används vid körning. En automatisk kickdown-kontakt växlar ner växellådan ett steg när gaspedalen trycks i botten. "Hållfunktionen" är mycket lik den andra, men begränsar antalet tillgängliga växlar – dvs. när växelväljaren är i läge 3, kan endast de första tre växlarna väljas, i läge 2 kan endast de två första växlarna väljas, och så vidare. Det lägre växelhållläget är användbart när man kör nedför branta lutningar, eller för att förhindra oönskad iläggning av en hög växel på mycket slingriga vägar. Det finns tre körprogram som kan väljas med brytaren: "Economy", "Sport" och "Manual" (fyrväxlad låda) samt "Winter" (femväxlad låda).

Vissa modeller har Steptronic-växling där föraren kan framkalla växlingar genom en enkel rörelse med växelväljarspaken – framåt för att växla upp och bakåt för att växla ner.

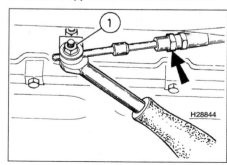

2.2 Håll emot klämbulten och lossa växelvajerns fästmutter (1)

Fästmutter mellan vajer och fästbygel (se pil)

På grund av automatväxellådans komplexitet måste alla renoverings- och reparationsarbeten överlämnas till en BMW-verkstad eller annan specialist med nödvändig specialutrustning för feldiagnoser och reparationer. Följande avsnitt innehåller därför endast allmän information och sådan underhållsinformation och instruktioner som ägaren kan ha nytta av.

2 Växelväljarspak – demontering och montering

Demontering

1 Lyft upp bilen och stötta den på pallbockar (se *Lyftning och stödpunkter*). Kontrollera att växelväljarspaken är i läge P.

2 Arbeta under bilen och lossa växelvajerns klämmutter på växelförararmen **(se bild)**.

3 Skruva loss låsmuttern som fäster växelvajerhöljet och ta bort vajern från stödfästet på växellådan.

4 Arbeta i passagerarutrymmet och dra loss knoppen från växelväljare med ett kraftigt ryck. **Observera:** *Vrid inte knoppen, då kan vridlåset i spaken skadas.*

5 Bänd försiktigt upp spakens panel (tillsammans med spakens damask) från mittkonsolen. Notera var de sitter och koppla loss anslutningskontakterna från panelens undersida.

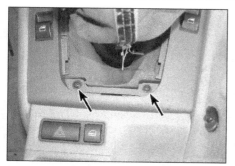

2.6 Skruva loss de båda skruvarna på baksidan av växelväljarens öppning (se pilar)

2.8 Skruva loss de 4 skruvarna (se pilar) och ta bort ramen

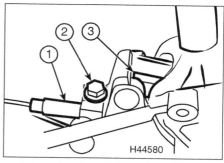

2.9 Spärrvajer (1), klämskruv (2) och spärrarmen (3)

6 Skruva loss de båda panelfästskruvarna på baksidan av växelväljaröppningen. Börja bakifrån och lyft bort panelen och koppla loss anslutningskontakterna från panelens undersida – anteckna först var de sitter **(se bild)**. Ta bort panelen.
7 Dra ut förvaringsbrickan ovanför askkoppen.
8 Skruva loss de fyra fästskruvarna och dra askkoppen/ramen bakåt, från mittkonsolen. Tryck bort brytarna från ramen och koppla loss deras anslutningskontakter – anteckna först var de sitter **(se bild)**. Ta bort ramen.
9 Lossa spärrvajerns klämskruv **(se bild)**.
10 Anteckna var de sitter och koppla sedan loss eventuella anslutningskontakter som är anslutna till växelväljarenheten.
11 Skruva loss de tre skruvarna som håller fast spakenheten på golvet, dra enheten uppåt och haka loss spärrvajern när du tar bort enheten.

Montering

12 Monteringen utförs i omvänd ordningsföljd mot demonteringen. Tänk på följande:
a) Justera spärrvajern enligt beskrivningen i detta kapitel.
b) Innan du sätter tillbaka växelknoppen, tryck ner damasken runt spaken tills låsspåret i spaken syns.
c) Avsluta med att justera växelvajern enligt beskrivningen i avsnitt 3.

3 Växelväljarvajer –
demontering, montering och justering

Demontering

1 Koppla loss vajern från växelväljarenheten enligt beskrivningen i avsnitt 2.
2 För bättre åtkomlighet, dra åt handbromsen och hissa sedan upp bilens framvagn och stötta den på pallbockar (se *Lyftning och stödpunkter*).
3 Arbeta i vajeränden, håll emot klämbulten och lossa fästmuttern. Var försiktig så att du inte böjer vajeränden **(se bild 2.2)**.

4 Lossa fästmuttern och lossa vajern från fästbygeln på växellådan.
5 Skjut bort vajeränden från ändbeslaget.
6 Ta bort vajern från bilens undersida. Notera hur den är dragen för att underlätta monteringen.

Montering

7 Monteringen utförs i omvänd ordningsföljd. Tänk på följande:
a) Dra inte åt vajerändens fästmutter och bultar innan du har justerat vajern.
b) Återanslut vajern på växelväljarenheten enligt beskrivningen i avsnitt 2.
c) Avsluta med att justera vajern enligt beskrivningen i följande punkter.

Justering

8 Flytta växelväljarspaken till läge P.
9 Om det inte redan är gjort, håll emot klämbulten och lossa klämmuttern som håller fast vajern i ändbeslaget (bilen ska vara upphissad för bättre åtkomlighet).
10 Tryck styrarmen på växellådan bort från vajerfästbygeln på växellådan (mot läget "Park").
11 Tryck vajeränden i motsatt riktning (dvs. mot vajerfästbygeln), släpp sedan vajern och dra åt klämmuttern (håll emot bulten även här) **(se bild)**.
12 Se till att vajern är korrekt justerad genom att starta motorn, lägga i bromsarna ordentligt och flytta växelväljaren mellan alla växlar.

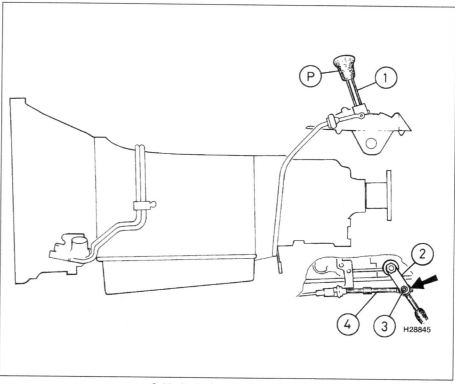

3.11 Justering av växelvajern

P Parkeringsläget   2 Styrarm   4 Växelvajer
1 Växelväljare   3 Klämmutter

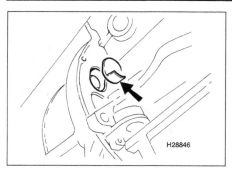

5.13a Bänd loss pluggen (se pil) från motorns/växellådans adapterplatta . . .

4 Vätsketätningar – byte

Momentomvandlarens packbox

1 Ta bort växellådan och momentomvandlaren enligt beskrivningen i avsnitt 5.
2 Använd ett böjt verktyg och bänd loss den gamla packboxen från balanshjulskåpan. Eller borra ett litet hål och skruva sedan i en självgängande skruv i packboxen och använd en tång för att dra ut den.
3 Smörj in den nya packboxens läpp med ren vätska, och sätt den sedan försiktigt på plats med en stor hylsa eller ett stort rör.
4 Ta bort den gamla O-ringstätningen från den ingående axeln och sätt dit en ny. Stryk på ett lager vaselin på den nya O-ringen.
5 Sätt tillbaka momentomvandlaren och växellådan enligt beskrivningen i avsnitt 5.

Utgående flänsens packbox

6 Byte av packboxen innebär delvis isärtagning av växellådan, vilket är komplicerat – se avsnitt 6. Överlåt byte av packboxen till en BMW-verkstad eller annan specialist.

5 Automatväxellåda – demontering och montering

Observera: *Detta är en komplicerad uppgift. Läs igenom anvisningarna noggrant innan du*

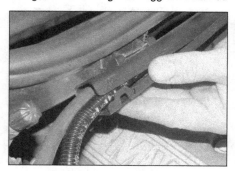

5.16a Lossa kabelkanalen

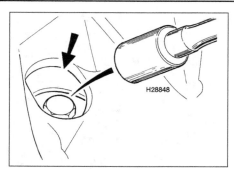

5.13b . . . eller från öppningen i vevhuset

börjar, och se till att du har tillgång till de lyftverktyg och/eller den domkrafts-/stödutrustning som behövs. Det krävs ett lämpligt verktyg för att linjera momentomvandlaren när du sätter tillbaka växellådan, och det kan behövas nya O-ringar till vätskerören.

Demontering

1 Koppla loss batteriets minusledare – se kapitel 5A.
2 Lyft upp bilen och stötta den på pallbockar (se *Lyftning och stödpunkter*). Observera att bilen måste vara tillräckligt högt upplyft för att växellådan ska kunna tas bort från bilens undersida. Skruva loss skruvarna och ta bort motorn/växellådans undre skydd från bilen.
3 Skruva loss bultarna och ta bort det främre förstärkningsstödet/plattan från växellådans undersida.
4 Ta bort startmotorn enligt beskrivningen i kapitel 5A.
5 Ta bort avgassystemet och värmeskölden, skruva sedan loss avgassystemets fästtvärbalk från bilens undersida.
6 Ta bort kardanaxeln enligt beskrivningen i kapitel 8.
7 Töm ut automatväxeloljan enligt beskrivningen i avsnitt 9.
8 Skruva i förekommande fall loss anslutningsmuttern och ta bort vätskepåfyllningsröret från växellådsoljetråget.
9 Koppla loss växelvajern från växellådan enligt beskrivningen i avsnitt 3.
10 Notera hur de sitter och koppla sedan loss växellådans kablagekontakter. Lossa kablaget från fästbyglarna och klämmorna på växellådan.

5.16b Skruva loss de båda torxskruvarna (se pilar) och ta bort insugningshuset

11 Lossa i förekommande fall lambdasonden från fästbygeln på växellådan.
12 Skruva loss vätskekylarrörets fästbyglar och klämmor. Skruva loss anslutningarna och koppla loss vätskerören – var beredd på vätskespill.
13 Bänd loss pluggen från öppningen i motorns/växellådans adapterplatta, ovanför sumpen, eller från öppningen i vevhuset, beroende på modell, för att komma åt momentomvandlarens fästbultar **(se bilder)**.
14 Skruva loss de tre momentomvandlarbultarna, vrid vevaxeln med en nyckel eller hylsa på remskivans navbult för att komma åt bultarna en i taget.
15 Stötta växellådan med en garagedomkraft och en bit träkloss emellan.
Varning: Växellådan är tung, se till att den har tillräckligt med stöd.
16 På modeller med 6-cylindrig motor tar du bort värme-/ventilationssystemets insugsluftkanaler från motorrummets bakre del enligt nedanstående beskrivning.
   a) *Vrid de tre fästena 90° moturs och ta bort pollenfilterkåpan från motorrummets bakre del. Dra filtret framåt och ta bort det.*
   b) *Skruva loss fästklämmorna och ta ut vajern ur kanalen (se bild).*
   c) *Skruva loss de fyra skruvarna och dra filterhuset framåt och ta bort det.*
   d) *Dra upp gummiremsan, vrid de båda fästena moturs och flytta avdelarpanelen i motorrummets vänstra hörn något framåt.*
   e) *Skruva loss de båda skruvarna och ta bort insugskanalen uppåt, bort från motorrummet (se bild).*
17 På modeller med 4-cylindriga M43TU-motorer, ta bort tändspolens fästbultar från den inre skärmen och lägg spolen åt sidan. Detta gör man för att förhindra skador på spolen och ledningarna när motorn lutas bakåt. Du behöver inte koppla loss några spolslangar.
18 På alla modeller med 4-cylindriga motorer, stötta motorn med en garagedomkraft under sumpen, med en bit träkloss mellan domkraften och sumpen för att fördela belastningen. Hissa upp domkraften så att den precis tar i sumpen.
19 På modeller med 6-cylindriga motorer, anslut lyftverktyget till motorlyftöglan på motorblockets bakre vänstra hörn (inbyggd i motorblockhöljets bakre fläns).
20 I förekommande fall skruvar du loss växellådans främre fästenhet **(se bild)**.
21 Kontrollera att motorn och växellådan har ordentligt stöd. Arbeta sedan under bilen och skruva loss muttrarna som håller fast växellådans gummifästen på tapparna i växellådans hölje.
22 Ta bort bultarna som håller fast växellådans tvärbalk på karossen, ta sedan bort tvärbalken från bilens undersida. Om det behövs kan du böja avgassystemets värmesköld bakåt, eller ta bort dess bultar, för att komma åt tvärbalkens bultar.

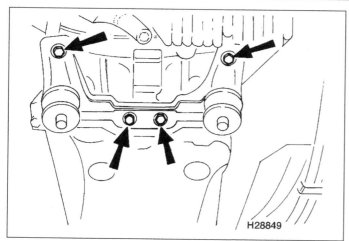

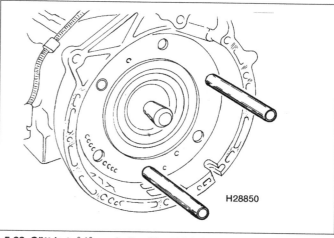

5.20 Skruva i förekommande fall loss bultarna (se pilar) och ta bort växellådans främre fästenhet

5.28 Sätt in två långa bultar för att lyfta ut momentomvandlaren

23 Använd domkraften/domkrafterna och motorlyften (i förekommande fall) och sänk ner motorn och växellådan tills den bakre delen av topplocks-/grenrörsenheten nästan tar i motorrummets mellanvägg. Kontrollera att enheten inte ligger mot värmeslangsanslutningarna på mellanväggen.
24 Skruva loss bultarna mellan motorn och växellådan och ta bort brickorna. Skjut sedan växellådan bakåt.
25 Sätt in en lämplig metall- eller träspak genom urtaget längst ner på svänghjulskåpan för att hålla kvar momentomvandlaren. När du tar bort växellådan från motorn, se till att motorn inte trycks mot värmeslangsanslutningarna eller mellanväggen.
26 Sänk ner växellådan och ta försiktigt bort den från bilens undersida, se till att momentomvandlaren hålls på plats. Om växellådan ska vara borttagen en längre tid, se till att motorn har tillräckligt stöd i motorrummet.
27 Om du ska ta bort momentomvandlaren, ta först bort fästspaken.
28 Sätt in två långa bultar i två av momentomvandlarens fästbultshål, och använd bultarna för att dra bort momentomvandlaren från växellådan **(se bild)**. Dra jämnt i båda bultarna. Var beredd på att det rinner ut vätska.

Montering

29 Sätt i förekommande fall tillbaka momentomvandlaren, använd de båda bultarna för att passa in omvandlaren. Applicera ett lätt tryck och vrid momentomvandlaren för att se till att navets kuggar hakar i ingående axelns kuggar. Momentomvandlarens korrekta monterade djup ger ett avstånd som är större än 30 mm (cirka) från svänghjulskåpans yta till den främre kanten av momentomvandlarens fästbultshål.
30 Se till att växellådans styrstift sitter där de ska på motorn.
31 Innan du fogar samman växellådan med motorn är det viktigt att momentomvandlaren är perfekt linjerad med drivplattan. När motorn

och växellådan har satts ihop kan momentomvandlaren inte längre vridas för att justera linjeringen.
32 När man ska linjera drivplattan med momentomvandlaren använder BMW ett speciellt koniskt verktyg som skruvas in i drivplattan. Du kan tillverka ett eget verktyg som fungerar med hjälp av en gammal bult som har suttit mellan momentomvandlaren och drivplattan, och som du har kapat av huvudet på, eller en bit gängat stag – observera att bultens eller stagets ände antingen måste ha ett spår i änden, eller fasade ytor, så att den kan lossas när motorn och växellådan har fogats ihop.
33 Vrid svänghjulet så att du linjerar ett av bulthålen i momentomvandlaren och drivplattan med öppningen längst ner på sumpen/svänghjulskåpan (för att komma åt sumpens fästbult), eller med öppningen i motor/växellådans adapterplatta (efter tillämplighet). Detta är avgörande för att inställningsbulten ska kunna tas bort efter det att motorn och växellådan har satts ihop.
34 Skruva in inpassningsverktyget i rätt hål i drivplattan **(se bilder)**.

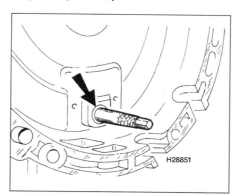

5.34a Inpassningsverktyget (se pil) skruvas in i drivplattan, linjerat med öppningen längst ner på sumpen/svänghjulskåpan

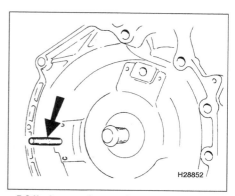

5.34b Inpassningsverktyget skruvas in i drivplattan, linjerat med öppningen i motorns/växellådans adapterplatta (5-växlad låda)

35 Ta i förekommande fall bort fästspaken från momentomvandlaren.
36 Se till att växellådan har tillräckligt med stöd och sätt den på plats under bilen.
37 Vrid momentomvandlaren för att linjera ett av bulthålen mellan momentomvandlaren och drivplattan med inpassningsverktyget fastsatt på drivplattan. Sätt sedan in växellådan på plats.
38 Se till att inpassningsverktyget går igenom hålet i momentomvandlaren, montera sedan tillbaka och dra åt bultarna mellan motorn och växellådan. Se till att brickorna sitter på plats **(se bild)**.
39 Skruva loss inpassningsverktyget från drivplattan och sätt sedan tillbaka bulten mellan momentomvandlaren och drivplattan. Dra åt bulten till angivet moment.
40 Vrid vevaxeln som vid borttagningen för att komma åt de återstående två bultarna mellan momentomvandlaren och drivplattan. Sätt tillbaka och dra åt bultarna.
41 Resten av monteringen utförs i omvänd ordningsföljd. Tänk på följande:
a) Dra åt alla fästen till angivet moment, i förekommande fall.

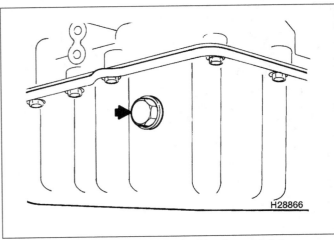

5.38 Se till att inpassningsverktyget (1) går igenom hålet (2) i momentomvandlaren

8.11 Automatväxellådans oljepåfyllnings-/nivåplugg

b) Kontrollera att O-ringarna på växellåds-oljerören är i gott skick och byt dem vid behov.

c) Sätt tillbaka kardanaxeln (se kapitel 8).

d) Sätt tillbaka startmotorn (se kapitel 5A).

e) Återanslut och justera växelvajern enligt beskrivningen i avsnitt 3.

f) Avsluta med att fylla på växellådan med olja enligt beskrivningen i avsnitt 9.

6 Översyn av automatväxellåda – allmän information

Om ett fel uppstår i växellådan måste man först avgöra om felet är elektriskt, mekaniskt eller hydrauliskt, och för att göra detta krävs specialutrustning. Om växellådan misstänks vara defekt måste arbetet därför överlåtas till en BMW-verkstad eller annan specialist.

Ta inte bort växellådan från bilen innan en professionell feldiagnos har ställts. För de flesta test krävs att växellådan är monterad i bilen.

7 Elektroniska komponenter/givare – demontering och montering

1 Turbinhastighetsgivaren, den utgående effektgivaren och växellådans lägesbrytare sitter alla i växellådshuset. Byte av komponenterna innebär borttagning av sumpen och delvis isärtagning av växellådan, därför ska detta överlåtas till en BMW-verkstad eller annan lämplig specialist.

2 Växellådans elektroniska styrmodul (ECM) sitter i eldosan i motorrummets vänstra hörn. Skruva loss skruvarna, ta bort eldosans lock, koppla loss anslutningskontakten och ta bort styrmodulen.

8 Automatväxelolja – nivåkontroll

4-växlad låda

Modeller med oljemätsticka

1 Parkera bilen på plant underlag, dra åt handbromsen och starta motorn. När motorn går på tomgång trycker du ner bromspedalen och flyttar växelväljaren genom alla växellägen, börja och sluta på P.

2 Automatväxeloljans mätsticka sitter i motorrummets vänstra hörn.

3 Oljenivån i växellådan beror på dess temperatur. För att fastställa temperaturen använder BMW:s mekaniker särskild diagnostikutrustning som ansluts till bilens diagnosuttag, i motorrummets högra hörn. Men man kan mäta temperaturen om man försiktigt för in en termometer i hålet där mätstickan sitter.

4 Starta motorn och låt den gå på tomgång. Dra ut mätstickan ur röret, torka av den med en ren, luddfri trasa, tryck in den så långt det går i röret och ta ut den igen och anteckna nivån.

5 Mät avståndet från mätstickans spets till oljenivån, och jämför detta med tabellen som visas i Specifikationer i början av detta kapitel. Om nivån är låg, fyll på med angiven automatväxelolja genom oljestickans rör – använd en ren tratt, helst försedd med ett finmaskigt filter, för att förhindra spill.

Varning: Var försiktig så att det inte kommer in smuts i växellådan när du fyller på olja.

6 Fyll bara på tills oljan når den rekommenderade nivån i växellådan. Fyll på lite olja i taget och kontrollera nivån mellan varje påfyllning tills nivån är korrekt.

7 Avsluta med att slå av motorn.

8 Undersök oljans skick samtidigt som olje-nivån kontrolleras. Om oljan är svart eller mörkt rödbrun, eller om den luktar bränt, är det dags att byta olja (se avsnitt 9).

Modeller utan oljemätsticka

Observera: *Det behövs en ny tätningsring till påfyllnings-/nivåpluggen vid monteringen.*

9 Vätskenivån kontrolleras genom att du tar bort påfyllnings-/nivåpluggen från växellådans oljetråg. Om det behövs kan du hissa upp bilen och stötta den med pallbockar (se *Lyftning och stödpunkter*) för att förbättra åtkomligheten, men se till att bilen inte lutar.

10 När motorn går på tomgång trycker du ner bromspedalen och flyttar växelväljaren genom alla växellägen, börja och sluta på P.

11 Arbeta under bilen, placera en behållare under växellådans oljetråg och skruva sedan loss påfyllnings-/nivåpluggen **(se bild)**. Ta vara på tätningsringen.

12 Oljenivån ska nå den nedre kanten av påfyllnings-/nivåpluggshålet.

13 Om det behövs kan du fylla på olja tills det rinner över kanten på hålet.

14 Undersök oljans skick samtidigt som oljenivån kontrolleras. Om oljan är svart eller mörkt rödbrun, eller om den luktar bränt, är det dags att byta olja (se avsnitt 9).

15 Sätt tillbaka påfyllnings-/nivåpluggen, använd en ny tätningsring. Dra åt den till angivet moment.

16 Slå av motorn och sänk ner bilen igen.

5-växlad låda

Modeller med oljemätsticka

17 Följ anvisningarna för den 4-växlade lådan i punkt 1 till 8.

Modeller utan oljemätsticka

18 På modeller utan oljemätsticka ska kontroll av växellådsoljenivån överlåtas till en BMW-verkstad.

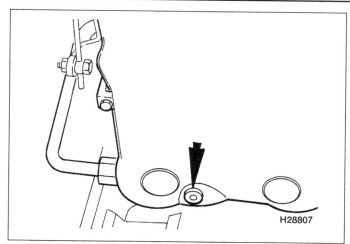

9.3a Automatväxellådans oljeavtappningsplugg (se pil) –
5-växlad låda

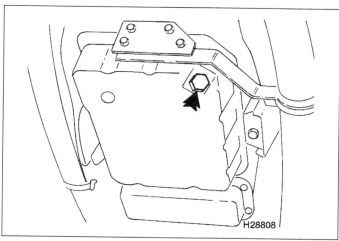

9.3b Automatväxellådans oljeavtappningsplugg (se pil) –
4-växlad låda

9 Automatväxelolja – byte

Observera: *På modeller med en 5-växlad låda utan mätsticka ska byte av växellådsolja överlåtas till en BMW-verkstad, eftersom det krävs specialutrustning för att kontrollera oljenivån efter påfyllningen.*

Observera: Det behövs en ny tätningsring till avtappningspluggen vid återmonteringen.

1 Växellådsoljan ska tömmas ut när växellådan har uppnått arbetstemperatur. Om bilen precis har körts minst 30 km kan växellådan anses vara varm.

2 Parkera bilen på en plan yta direkt efter att den har körts, och dra åt handbromsen. Om det behövs kan du hissa upp bilen och stötta den med pallbockar (se *Lyftning och stödpunkter*) för att förbättra åtkomligheten, men se till att bilen inte lutar.

3 Arbeta under bilen och lossa avtappningspluggen till växellådans oljetråg ungefär ett halvt varv **(se bilder)**. Placera dräneringsbehållaren under dräneringspluggen och ta därefter bort pluggen helt. Försök att trycka pluggen in mot oljetråget samtidigt som du skruvar loss den för hand de sista varven.

4 Ta loss tätningsringen från avtappningspluggen.

 HAYNES TiPS *Dra snabbt bort pluggen när den släpper från gängorna, så att oljan hamnar i kärlet och inte i tröjärmen!*

5 Sätt tillbaka avtappningspluggen, tillsammans med en ny tätningsring, och dra åt till angivet moment.

6 Följ beskrivningen i avsnitt 8 och fyll på växellådan med angiven kvantitet av rätt sorts olja (se *Smörjmedel och vätskor*) – fyll på växellådan genom oljestickans rör eller genom påfyllnings-/nivåpluggshålet beroende på växellådstyp.

7 Kontrollera vätskenivån enligt beskrivningen i avsnitt 8. Kom ihåg att den nya oljan ännu inte har uppnått arbetstemperatur.

8 Med handbromsen åtdragen och växelväljarspaken i läge P, starta motorn och låt den gå på tomgång i några minuter för att värma upp den nya vätskan. Kontrollera sedan oljenivån enligt beskrivningen i avsnitt 8. Observera att du kan behöva tömma ut lite olja när den nya oljan har uppnått arbetstemperatur.

Kapitel 8
Slutväxel, drivaxlar och kardanaxel

Innehåll

Svårighetsgrad

Enkelt, passar novisen med lite erfarenhet	Ganska enkelt, passar nybörjaren med viss erfarenhet	Ganska svårt, passar kompetent hemmamekaniker	Svårt, passar hemmamekaniker med erfarenhet	Mycket svårt, för professionell mekaniker

Specifikationer

Slutväxel
Typ . . . . Ofjädrad, fäst på bakfjädringens tvärbalk

Drivaxel
Typ . . . . Stålaxel med drivknutar av kulhållartyp i var ände
Drivknutarnas fettvolym . . . . 80 g i varje knut

Kardanaxel
Typ . . . . Tvådelad rörformig axel med mittenlager, mellersta och bakre universalknut. Den främre knuten är antingen en gummikoppling eller universalknut (beroende på modell)

Åtdragningsmoment

Observera: *På vissa fästen kan bultar av olika klasser användas: klassen är graverad på bultskallarna. Se till att bultarna dras åt till det angivna momentet för respektive klass.*

Slutväxel   **Nm**

Fästbultar:
- Främre bult 95
- Bakre bultar 174

Kardanaxelflänsens fästmutter (ungefärligt – se text):
- M20-mutter.. 175
- M22-mutter.. 185

Oljepåfyllnings- och avtappningsplugg 70
Vibrationsdämpare på fästbygel (i förekommande fall) 77

Drivaxel

Drivaxelns fästmutter*:
- M22-mutter.. 200
- M24-mutter.. 250
- M27-mutter.. 300

Flänsbultar mellan axel och slutväxel:
- Insexbultar:
  - M10-bultar:
    - Bultar med tandning under bultskallen................... 96
    - Bultar utan tandning 83
  - M12-bultar 110
- Torxbultar:
  - M10-bultar:
    - Enkla bultar... 83
    - Svarta bultar med tandning under bultskallen 100
    - Silverfärgade bultar med tandning under bultskallen 80
  - M8-bultar 64
  - M12-bultar 135

Kardanaxel

M10-bultar:
- Hållfasthetsklass 8.8 (se bultskallen) 48
- Hållfasthetsklass 10.9 (se bultskallen) 64

M12-bultar:
- Hållfasthetsklass 8.8 (se bultskallen) 81
- Hållfasthetsklass 10.9 (se bultskallen) 100

M14-bultar 140
Stödlagrets fästbygelmuttrar 21

Hjul

Hjulbultar 100

* *Återanvänds inte*

---

1 Allmän information

Kraften överförs från växellådan till bakaxeln genom en tvådelad kardanaxel, som är fäst bakom mittenlagret med en "glidled" – en glidande, räfflad koppling. Tack vare glidleden kan kardanaxeln röra sig lite fram och tillbaka. Kardanaxelns främre ände är fäst på växellådans utgående fläns, antingen med en flexibel gummikoppling eller med en universalflänsfog. På vissa modeller sitter det en vibrationsdämpare mellan kardanaxelns främre del och kopplingen. Kardanaxelns mitt stöttas av mittenlagret, som är fäst med bultar på bilens kaross. Det sitter universalknutar på mittenlagret och längst bak på kardanaxeln, för att kompensera för växellådans och differentialens rörelser på sina respektive fästen samt för eventuell rörelse i chassit.

Slutväxelenheten innehåller drevet, krondrev, differentialen och de utgående flänsarna. Drevet, som driver krondrevet, kallas även för differentialens ingående axel och är anslutet till kardanaxeln via en ingående fläns. Differentialen är fäst med bultar på krondrevet och driver bakhjulen via ett par utgående flänsar som är fästa på drivaxlarna med drivknutar i varje ände. Differentialen gör att hjulen kan snurra med olika hastighet vid kurvtagning.

Drivaxlarna levererar kraft från slutväxelenhetens utgående flänsar till bakhjulen. Drivaxlarna har drivknutar i varje ände. De inre drivknutarna är fästa på differentialflänsarna och de yttre drivknutarna hakar i räfflorna på hjulnaven, och fästs med en stor mutter.

Större reparationer av komponenterna i differentialenheten (drev, ring och drev, samt differentialen) kräver många specialverktyg och en hög nivå av kunnande, och därför bör hemmamekanikern inte ge sig på detta arbete. Om det krävs större reparationer rekommenderar vi att de utförs av en BMW-verkstad eller annan lämplig servicetekniker.

2 Slutväxelenhet – demontering och montering

Observera: *Det behövs nya bakre kopplings-muttrar till kardanaxeln och nya fästbultar till drivaxeln vid återmonteringen.*

Demontering

1 Klossa framhjulen. Lyft upp bakvagnen och ställ den på pallbockar (se *Lyftning och stöd-punkter*). Demontera båda bakhjulen. Töm om det behövs slutväxeln enligt beskrivningen i avsnitt 10.

2 Använd färg eller en lämplig märkpenna och gör inställningsmarkeringar mellan kardan-axeln och slutväxelenhetens fläns. Skruva loss muttrarna som fäster kardanaxeln på slut-växelenheten och kasta dem. Använd nya vid monteringen.

3 Skruva loss fästbultarna och plattorna som håller fast höger drivaxel på slutväxelenhetens fläns, och stötta drivaxeln genom att binda fast den på bilens underrede med en vajer. **Observera:** *Låt inte drivaxeln hänga fritt med hela sin tyngd eftersom drivknuten kan skadas. Kasta bultarna, du måste använda nya vid återmonteringen.*

4 Koppla loss vänster drivaxel från slutväxeln enligt beskrivningen i punkt 3.

5 Skruva loss muttrarna/bultarna och ta bort värmesköldspanelen från benets vänstra ände, under flänsen på slutväxelns ingående axel.

6 Koppla loss kontaktdonet från hastighets-mätardrevet på baksidan av slutväxelenheten (i förekommande fall).

7 Skruva loss vänster och höger krängnings-hämmarfäste (se kapitel 10).

8 Ställ en domkraft på plats, lägg en träkloss emellan och hissa upp domkraften så att den bär upp slutväxelenhetens tyngd.

9 Se till att slutväxelenheten har ordentligt med stöd. Lossa och ta bort de båda bultar som fäster enhetens främre del och den ensamma bult som fäster enhetens bakre del **(se bilder)**.

10 Sänk försiktigt ner slutväxelenheten och ta bort den från bilens undersida. Kontrollera om slutväxelenhetens gummifästen verkar slitna eller skadade och byt dem vid behov.

Montering

11 Monteringen utförs i omvänd ordningsföljd mot demonteringen. Tänk på följande:
a) *Lyft upp slutväxelenheten och haka i den med kardanaxelns bakre knut. Se till att markeringarna som du gjorde före demonteringen är korrekt linjerade.*
b) *Dra åt slutväxelenhetens fästbultar till angivet moment.*
c) *Sätt dit kardanaxelns nya knutmuttrar och dra åt dem till angivet moment.*
d) *Sätt tillbaka krängningshämmarfästena (se kapitel 10).*

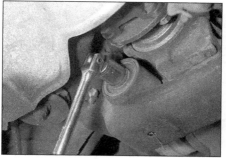

2.9a Skruva loss de främre . . .

e) *Sätt dit drivaxelknutens nya fästbultar och plattor, och dra åt dem till angivet moment.*
f) *Avsluta med att fylla på slutväxelenheten med olja enligt beskrivningen i kapitel 1.*

3 Slutväxelenhetens packboxar – byte

Kardanaxelns flänstätning

Observera: *Det behövs en ny spännbricka till flänsmuttern.*

1 Töm slutväxelenheten enligt avsnitt 10.
2 Ta bort slutväxelenheten enligt avsnitt 2 och fäst enheten i ett skruvstäd.
3 Ta bort spännbrickan och gör inställnings-markeringar mellan kardanflänsens mutter, drivflänsen och drevet **(se bild)**. Kasta spänn-brickan, en ny behövs vid ditsättningen.
4 Håll drivflänsen stilla genom att fästa en bit metallstag på den med en bult, skruva sedan loss muttern och anteckna exakt hur många varv det krävs för att ta bort den.
5 Använd en lämplig avdragare och dra drivflänsen från drevet och ta bort dammkåpan. Om dammkåpan visar tecken på slitage ska den bytas.
6 Lossa packboxen från slutväxelns hölje med en skruvmejsel. Torka rent packboxens säte.
7 Smörj in den nya packboxens tätningsläpp med lite olja och tryck den sedan rakt in i höljet tills den ligger jäms med den yttre ytan. Om det behövs kan du knacka packboxen på plats med ett metallrör som ligger an mot dess hårda yttre kant.

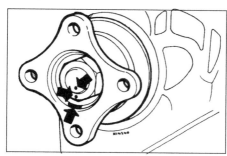

3.3 Gör inställningsmarkeringar (se pilar) på flänsen, kuggstången och muttern för att säkerställa korrekt återmontering

2.9b . . . och de bakre fästbultarna till slutväxeln (se pil)

8 Sätt dit dammkåpan och passa in driv-flänsen på drevet, linjera markeringarna som du gjorde vid demonteringen. Sätt tillbaka flänsmuttern och skruva in den exakt det antal varv som behövdes för att ta bort den, så att inställningsmarkeringarna är korrekt placerade.

⚠️ **Varning: Dra inte åt flänsmuttern för hårt. Om muttern dras åt för hårt kommer den hopfällbara mellanläggsbrickan bakom flänsen att bli deformerad, vilket gör att den måste bytas. Det är en svår uppgift som kräver att slutväxelenheten tas isär (se avsnitt 1).**

9 Fäst muttern med den nya spännbrickan, knacka in den rakt.
10 Sätt tillbaka slutväxelenheten enligt be-skrivningen i avsnitt 2 och fyll på med olja enligt beskrivningen i avsnitt 10.

Drivaxelflänsens tätning

Observera: *det behövs nya fästbultar till drivaxelknuten och en ny låsring till drivaxel-flänsen.*

11 Töm slutväxelenheten på olja enligt be-skrivningen i avsnitt 10.
12 Skruva loss bultarna som håller fast drivaxelns drivknut på slutväxelenheten och ta bort spännbrickorna. Placera drivaxeln en bit bort från flänsen och bind fast den i fordonets underrede med en bit vajer. **Observera:** *Låt inte drivaxeln hänga fritt med hela sin tyngd eftersom drivknuten kan skadas.*
13 Använd en lämplig hävarm och bänd försiktigt bort drivaxelflänsen från slutväxel-enheten. Var försiktig så att du inte skadar dammtätningen eller höljet **(se bild)**. Ta bort

3.13 Använd en lämplig hävarm för att ta bort drivaxelflänsen från slutväxelenheten

3.15 Byt den utgående flänsens låsring (se pil)

flänsen och dammtätningen. Om damm-tätningen verkar sliten ska den bytas.

14 Bänd försiktigt loss packboxen från slut-växelenheten. Torka rent packboxens säte.

15 Med flänsen borttagen, bänd ut låsringen från den räfflade axelns ände **(se bild)**.

16 Sätt dit en ny låsring och se till att den sitter korrekt i den räfflade axelns spår.

17 Smörj in den nya packboxens tätningsläpp med lite slutväxelolja, tryck den sedan rakt in i höljet tills det tar stopp. Om det behövs kan du knacka packboxen på plats med ett metallrör som ligger an mot dess hårda yttre kant **(se bild)**.

18 Sätt dit dammkåpan och sätt in driv-flänsen. Tryck drivflänsen helt på plats och

4.7 Gör inställningsmarkeringar (se pil) och ta sedan bort torxbultarna

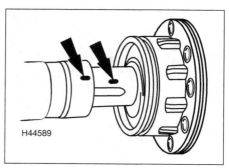

5.4 Gör inställningsmarkeringar (se pilar) och skjut sedan loss knuten från röret

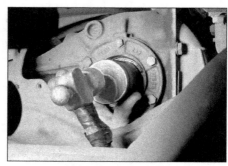

3.17 Knacka den nya packboxen på plats med en hylsa som endast ligger an mot packboxens hårda yttre kant

kontrollera att den hålls fast ordentligt med låsringen.

19 Linjera drivaxeln med flänsen och sätt tillbaka de nya fästbultarna och plattorna. Dra åt dem till angivet moment.

20 Fyll på slutväxelenheten med olja enligt beskrivningen i avsnitt 10.

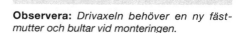

4 Drivaxel – demontering och montering

Observera: *Drivaxeln behöver en ny fäst-mutter och bultar vid monteringen.*

Demontering

1 Ta bort navkapseln och lossa drivaxelns fästmutter när bilen står på hjulen. Lossa även hjulbultarna.

4.10 När drivaxelmuttern har dragits åt helt, knacka till den med en körnare

5.6 Ta försiktigt bort tätningskåpan från knutens inre ände

2 Klossa framhjulen, lyft sedan upp bak-vagnen med hjälp av en domkraft och stötta den på pallbockar (se *Lyftning och stöd-punkter*).

3 Ta bort det berörda bakhjulet.

4 Om du ska ta bort vänster drivaxel, ta bort avgassystemets bakre avgasrör för att förbättra åtkomligheten (se kapitel 4A).

5 Skruva loss vänster och höger kräng-ningshämmarfäste och vrid staget nedåt (se kapitel 10).

6 Skruva loss drivaxelmuttern.

7 Gör inställningsmarkeringar, lossa och ta sedan bort bultarna som håller fast drivaxelns drivknut på slutväxelenheten och ta bort spännbrickorna (i förekommande fall) **(se bild)**. Placera drivaxeln en bit bort från flänsen och bind fast den i fordonets underrede med en bit vajer. **Observera:** *Låt inte drivaxeln hänga fritt med hela sin tyngd eftersom drivknuten kan skadas.*

8 Ta bort drivaxelns yttre drivknut från nav-enheten. Den yttre drivknuten sitter hårt, knacka ut den ur navet med hjälp av en mjuk klubba. Om detta inte lyckas, måste du trycka ut knuten med hjälp av ett lämpligt verktyg som fästs på navet.

9 Ta bort drivaxeln från bilens undersida.

Montering

10 Monteringen utförs i omvänd ordningsföljd mot demonteringen, men observera följande.

a) *Smörj in gängorna på den nya drivaxel-muttern med ren motorolja innan du sätter tillbaka den och drar åt den till angivet moment. Om det behövs kan du vänta tills bilen är nedsänkt på marken igen och då dra åt muttern till angivet moment. När den är åtdragen, använd en hammare och körnare för att få fast muttern ordentligt* **(se bild)**.

b) *Sätt dit den inre drivknutens nya fästbultar och plattor (efter tillämplighet), och dra åt dem till angivet moment.*

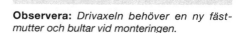

5 Drivaxeldamasker – byte

1 Ta bort drivaxeln (se avsnitt 4).

2 Rengör drivaxeln och spänn fast den i ett skruvstäd.

Teleskopiska drivaxlar

3 Vissa modeller har en drivaxel där den inre drivknuten sitter på en kort axel som glider in i huvuddrivaxelns hus. Lossa de båda fäst-klämmorna till den inre drivknutens damask och skjut bort damasken från knuten.

4 Gör inställningsmarkeringar mellan driv-knutens axel och drivaxelröret, skjut sedan bort drivknuten och axeln från drivaxeln **(se bild)**.

5 Lossa sedan fästklämmorna till den yttre drivknutens damask och skjut bort båda damaskerna från axelns inre ände.

5.7 Lossa damaskens fästklämmor och skjut damasken nedför axeln

5.8 Ta bort den inre drivknutens låsring från drivaxeln

5.9 Stötta den inre drivknutens inre led och knacka sedan loss drivaxeln . . .

Andra typer av drivaxlar

6 Bänd bort tätningskåpan från den inre drivknutens ände **(se bild)**.

7 Lossa de båda fästklämmorna från den inre drivknuten och lossa damasken och dammkåpan från knuten **(se bild)**.

8 Gräv ut överflödigt fett och ta bort den inre drivknutens låsring från drivaxeländen **(se bild)**.

9 Stötta den inre drivknutens led ordentligt och knacka loss drivaxeln från dess läge med hjälp av en hammare och en lämplig dorn **(se bild)**. Om drivknuten sitter hårt behövs det en lämplig avdragare för att dra bort knuten. Ta inte isär den inre drivknuten.

10 När drivknuten är borttagen, skjut av den inre damasken och dammkåpan från drivaxeländen **(se bild)**.

11 Lossa den yttre damaskens fästklämmor och skjut sedan damasken längs med axeln och ta bort den.

Alla drivaxlar

12 Rengör drivknutarna med fotogen, eller lämpligt lösningsmedel, och torka ordentligt. Utför en okulärbesiktning på följande sätt.

13 Flytta den inre räfflade leden från sida till sida för att visa en kula i taget längst upp i dess spår. Undersök om kulorna är spruckna, har platta områden eller uppvisar tecken på gropbildning.

14 Undersök kulspåren på de inre och yttre delarna. Om spåren är slitna, sitter kulorna inte längre riktigt tätt. Undersök samtidigt kulhållarens fönster och leta efter tecken på slitage eller sprickbildning mellan fönstren.

15 Om någon av drivknutarnas komponenter verkar vara skadade eller slitna måste de bytas ut. Den inre drivknuten kan köpas separat, men om den yttre drivknuten är sliten måste hela knut- och drivaxelenheten bytas. Om knutarna är i gott skick räcker det att du införskaffar nya damaskrenoveringssatser som innehåller damasker, fästklämmor, en låsring till en inre drivknut samt rätt typ fett i rätt mängd.

Teleskopiska drivaxlar

16 Skjut de nya damaskerna över drivaxelns inre ände. Observera att den yttre damasken är 55 mm lång och den inre är 65 mm lång.

17 Fyll båda drivknutarna med det fett som följde med damasksatserna.

18 Smörj in räfflorna på den inre drivknutens axel med fett. Linjera de markeringar som du gjorde tidigare och sätt in drivknutens axel i drivaxeländen så långt det går, och dra sedan

ut den så att knutens kant ligger på rätt avstånd från drivaxeländen **(se bild)**.

19 Passa in damaskerna över knutarna och se till att damaskens läppar sitter korrekt på drivaxlarna och drivknutarna. Lyft upp de yttre tätningsläpparna på damaskerna för att jämna ut lufttrycket i damaskerna.

20 Passa in den inre drivknutens damaskklämmor så att fästena är i linje med niten på flänsen. Fäst fästklämmorna.

21 Passa in den yttre drivknutens damaskklämmor så att fästena sitter på andra sidan axeln sett från de inre klämmorna, dvs. en förskjutning på 180°.

Andra typer av drivaxlar

22 Tejpa över räfflorna på drivaxeländen.

23 Skjut den nya yttre damasken över drivaxeländen.

24 Fyll den yttre knuten med fettet från damasksatsen. Arbeta in fettet ordentligt i lagerspåren samtidigt som du vrider på knuten, och fyll på gummidamasken med eventuellt överskott.

25 Passa in damasken över knuten och se till att damaskens läppar sitter korrekt på både drivaxeln och drivknuten. Lyft upp damaskens yttre tätningsläpp för att jämna ut lufttrycket i damasken.

5.10 . . . och skjut bort damasken

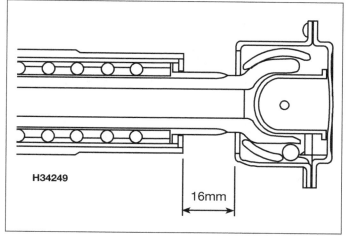

H34249

16mm

5.18 När du har smort in axeln med fett, tryck in den så långt det går och dra sedan ut den så att avståndet är cirka 16 mm

5.29a Fyll den inre drivknuten med det fett som medföljer . . .

5.29b . . . och arbeta in det i lagerspåren

Demontering

1 Klossa framhjulen. Lyft och ställ bakvagnen på pallbockar (se *Lyftning och stödpunkter*).

2 Ta bort avgassystemet och värmeskölden enligt beskrivningen i kapitel 4A. Skruva vid behov bort avgassystemets fästbygel/byglar för att få det utrymme som behövs för att ta bort kardanaxeln.

3 På modeller där kardanaxelns främre del är fäst direkt på växellådans utgående fläns gör du inställningsmarkeringar mellan axeln och växellådans fläns, och tar sedan bort fästmuttrarna. Kasta muttrarna, du måste använda nya vid återmonteringen.

4 På modeller där det sitter en gummikoppling mellan kardanaxelns främre ände och växellådans utgående fläns ska du göra inställningsmarkeringar mellan axeln, växellådans fläns och gummikopplingen. Skruva loss muttrarna och bultarna som håller fast kopplingen på växellådan **(se bild)**. Kasta muttrarna, du måste använda nya vid återmonteringen.

5 Använd en stor öppen nyckel eller lämplig justerbar tång och lossa den gängade hylsmuttern, som sitter nära stödlagret, ett par varv **(se bild)**.

6 Använd färg eller en lämplig märkpenna och gör inställningsmarkeringar mellan kardanaxeln och slutväxelenhetens fläns. Skruva loss muttrarna som fäster kardanaxeln på slutväxelenheten och kasta dem. Använd nya vid monteringen.

7 Ta någon till hjälp som kan stötta kardanaxeln, skruva sedan loss fästmuttrarna till det mellersta stödlagrets fästbygel **(se bild)**. Skjut axelns båda halvor mot varandra och sänk sedan ner axelns mittendel och haka loss den från växellådan och slutväxelenheten. Ta bort axeln från bilens undersida. **Observera:** *Skilj inte de båda axelhalvorna åt utan att först göra inställningsmarkeringar. Om axlarna fogas samman på fel sätt kan kardanaxelenheten bli obalanserad, vilket leder till oljud och vibrationer vid användning.*

8 Kontrollera gummikopplingen (i förekommande fall), stödlagret och kardanaxelknutarna enligt beskrivningen i avsnitt 7, 8 och 9. Kontrollera om växellådans flänsstyrsprint och kardanaxelns bussning uppvisar tecken på slitage eller skador, och byt vid behov.

Montering

9 Stryk på ett lager molybdendisulfidfett (BMW rekommenderar Molykote Long-term 2) på växellådans sprint och axelbussning, och passa in axeln på plats **(se bild)**.

10 Linjera markeringarna som du gjorde före demonteringen och haka i axeln i växellådans och slutväxelenhetens flänsar. När markeringarna är korrekt linjerade sätter du tillbaka stödfästets fästmuttrar, dra endast åt dem lite grann i detta skede.

26 Sätt dit den stora metallfästklämman på damasken. Dra åt fästklämman ordentligt och böj den sedan bakåt för att fästa den på plats, kapa eventuell överbliven klämma. Fäst den lilla fästklämman på samma sätt.

27 Haka i den nya inre damasken med dess dammkåpa och skjut på enheten på drivaxeln.

28 Ta bort tejpen från räfflorna och sätt dit den inre drivknuten. Tryck på knuten helt på axeln och fäst den på plats med en ny låsring.

29 Arbeta in det fett som medföljde i den inre knuten och fyll damasken med eventuellt överflödigt fett **(se bilder)**.

30 Skjut den inre damasken på plats och tryck fast dammkåpan på knuten. Se till att fästbultshålen är korrekt linjerade. Lyft upp damaskens yttre tätningsläpp för att jämna ut lufttrycket i damasken, och sätt den på plats med fästklämmorna (se punkt 26).

31 Stryk på ett lager lämpligt tätningsmedel (BMW rekommenderar BMW:s tätningsgel) och tryck på den nya tätningskåpan helt på den inre drivknutens ände.

Alla drivaxlar

32 Kontrollera att de båda drivknutarna kan röra sig lätt och sätt sedan tillbaka drivaxeln enligt beskrivningen i avsnitt 4.

---

6 Kardanaxel – demontering och montering

Observera: *Det behövs nya främre och bakre kopplingsmuttrar till kardanaxeln vid återmonteringen.*

6.4 Skruva loss bultarna som fäster kopplingen på växellådans fläns

6.5 Skruva loss den stora gängade hylsan några varv

6.7 Skruva loss den mittersta lagerfästbygelns fästmuttrar (se pilar)

6.9 Stryk på molybdendisulfidfett på växellådans stift

7.5 Fästbultar mellan kopplingen och kardanaxeln (se pilar)

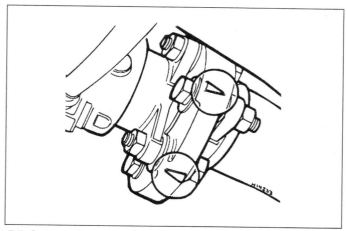

7.7 Om kopplingen har riktningspilar, se till att pilarna pekar mot kardanaxelns/växellådans flänsar och inte bultskallarna

11 Sätt dit nya fästbultar på kardanaxelns bakre koppling och dra åt dem till angivet moment.
12 På modeller där kardanaxeln är fäst direkt på växellådans fläns sätter du dit de nya fästmuttrarna och dra åt dem till angivet moment.
13 På modeller som har en gummikoppling sätter du in bultarna och sätter dit de nya fästmuttrarna. Dra åt dem till angivet moment. Observera att muttern/bulten endast ska roteras på flänssidan för att undvika belastning på gummikopplingen.
14 Dra åt kardanaxelns gängade hylsmutter ordentligt.
15 Lossa det mittersta lagrets fästbygelmuttrar. Skjut fästbygeln framåt för att få bort allt fritt spel, och förbelasta sedan lagret genom att flytta fästbygeln framåt ytterligare 4 till 6 mm. Håll fästbygeln i detta läge och dra åt dess fästmuttrar till angivet moment.
16 Sätt tillbaka avgassystemet och tillhörande komponenter enligt kapitel 4A.

7 Kardanaxelns gummikoppling – kontroll och byte

Observera: *Alla modeller har inte en gummikoppling. På vissa modeller sitter det istället en universalknut på kardanaxelns främre del (se avsnitt 9).*

Kontroll

1 Dra åt handbromsen hårt, lyft upp framvagnen och ställ den på pallbockar *(se Lyftning och stödpunkter)*.
2 Undersök gummikopplingen som förbinder kardanaxeln med växellådan ordentligt. Leta efter tecken på skada som t.ex. sprickbildning eller revor. Om det behövs byter du kopplingen på följande sätt.

Byte

Observera: *Det behövs nya kopplingsmuttrar till kardanaxeln.*

3 Utför de åtgärder som beskrivs i punkt 1, 2, 4 och 5 i avsnitt 6.
4 Skjut kardanaxelns främre halva bakåt och haka sedan loss den från växellådans styrsprint och sväng den nedåt.
5 Skruva loss muttrarna som håller fast kopplingen på axeln och ta bort den **(se bild)**. Om det behövs kan du också ta bort vibrationsdämparen. Dämparen ska också bytas om den visar tecken på skador eller slitage.
6 Linjera markeringarna som gjordes vid demonteringen och montera vibrationsdämparen (i förekommande fall) på kardanaxeln.
7 Sätt dit den nya gummikopplingen, observera att pilarna på kopplingens sida måste peka mot kardanaxelns/växellådans flänsar **(se bild)**. Sätt dit de nya fästmuttrarna och dra åt dem till angivet moment.
8 Stryk på ett lager molybdendisulfidfett (BMW rekommenderar Molykote Long-term 2) på växellådans sprint och axelbussning, och passa in axeln på plats.
9 Linjera markeringarna som du gjorde före demonteringen och haka i axeln i växellådans fläns. Med markeringarna korrekt placerade sätter du in bultarna och sätt dit de nya fästmuttrarna. Dra åt dem till angivet moment. Observera att muttern/bulten endast ska roteras på flänssidan för att undvika belastning på gummikopplingen.
10 Dra åt kardanaxelns gängade hylsa ordentligt.
11 Sätt tillbaka avgassystemet och tillhörande komponenter enligt kapitel 4A.

8 Kardanaxelns stödlager – kontroll och byte

Kontroll

1 Slitage på stödlagret leder till oljud och vibrationer när bilen körs. Det är enklast att kontrollera lagret när kardanaxeln är borttagen

(se avsnitt 6). För att komma åt lagret när axeln är kvar, ta bort avgassystemet och värmeskölderna enligt kapitel 4A.
2 Vrid lagret och kontrollera att det vrids smidigt, utan tecken på fritt spel. Om det är svårvridet, eller om det känns som om det kärvar, ska det bytas. Undersök även gummidelen. Om den är sprucken eller skadad ska den bytas ut.

Byte

3 Ta bort kardanaxeln enligt avsnitt 6.
4 Gör inställningsmarkeringar mellan kardanaxelns främre och bakre delar, och skruva sedan loss den gängade hylsmuttern och skilj de båda halvorna åt. Ta bort hylsmuttern, brickan och bussningen och notera var de sitter.
5 Ta bort låsringen och skjut bort stödlagrets bakre dammkåpa.
6 Dra bort stödlagret från kardanaxeln med en lämplig avdragare, ta sedan bort den främre dammkåpan på samma sätt.
7 Stötta stödlagret ordentligt och tryck ut lagret med en lämplig rörformad distans.
8 Sätt dit det nya lagret på fästbygeln och tryck det på plats med en rörformad distans som endast ska ligga an mot lagrets yttre lagerbana.
9 Rengör axelräfflorna ordentligt och tryck försiktigt den nya främre dammtätningen på kardanaxeln, se till att den sitter rätt.
10 Tryck stödlagret helt på kardanaxeln med en rörformig distans som endast ska ligga an mot lagrets inre lagerbana.
11 Kontrollera att lagret kan snurra fritt, sätt sedan dit den nya bakre dammtätningen.
12 Stryk på ett lager molybdendisulfidfett (BMW rekommenderar Molykote Long-term 2) på räfflorna och sätt dit den gängade hylsan, brickan och bussningen på kardanaxelns främre del.
13 Linjera de markeringar som du gjorde innan halvorna delades och sätt ihop kardanaxelns främre och bakre delar.
14 Sätt tillbaka kardanaxeln enligt avsnitt 6.

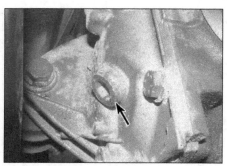

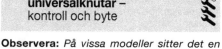

10.2 Slutväxelns påfyllningsplugg

9 Kardanaxelns universalknutar – kontroll och byte

Observera: *På vissa modeller sitter det en gummikoppling mellan kardanaxeln och växellådan istället för en universalknut (se avsnitt 7).*

Kontroll

1 Slitage i universalknutarna kännetecknas av vibrationer i växellådan, oljud vid acceleration och metalliska gnisslanden och raspljud när lagren går sönder. Knutarna kan kontrolleras när kardanaxeln sitter kvar på bilen, men då måste du ta bort avgassystemet och värmesköldarna (se kapitel 4A) för att komma åt dem.

2 Om kardanaxeln sitter på plats, försök att vrida kardanaxeln samtidigt som du håller i växellådans/slutväxelns fläns. Fritt spel mellan kardanaxeln och de främre eller bakre flänsarna tyder på för stort slitage.

3 Om du redan har tagit bort kardanaxeln kan du kontrollera universalknutarna genom att hålla axeln i ena handen och vrida oket eller flänsen med den andra. Om axeln rör sig för mycket ska kardanaxeln bytas.

Byte

4 I skrivande stund finns det inga reservdelar för byte av universalknutar. Om någon av knutarna visar tecken på skador eller slitage måste därför hela kardanaxelenheten bytas. Kontakta din BMW-återförsäljare för den senaste informationen om vilka delar som finns tillgängliga.

5 Om du måste byta kardanaxeln kan det vara värt att be en bilreparationsspecialist om råd. De kanske kan reparera den ursprungliga axelenheten eller sälja en renoverad axel.

10 Slutväxelenhet – oljebyte

1 Parkera bilen på plant underlag.
2 Leta reda på påfyllnings-/nivåpluggen mitt på slutväxelenhetens bakre kåpa **(se bild)**. Ta loss pluggen och ta bort tätningsbrickan.

3 Placera ett lämpligt kärl under slutväxelenheten, skruva sedan loss avtappningspluggen från den bakre kåpans nedre del och låt oljan rinna ut. Ta bort tätningsbrickan.
4 Undersök om tätningsbrickorna visar tecken på skador och byt dem vid behov.
5 När oljan har runnit ut, sätt tillbaka avtappningspluggen och tätningsbrickan och dra åt till angivet moment.
6 Fyll på slutväxelenheten genom påfyllnings-/nivåpluggens hål med exakt den mängd som anges av den oljetyp som rekommenderas (se kapitel 1). Oljenivån ska då nå upp till nederdelen av påfyllnings-/nivåpluggshålet. Om rätt mängd har fyllts på och det rinner ut en stor mängd olja när du kontrollerar nivån, sätt tillbaka påfyllnings-/nivåpluggen och kör bilen en kort sväng så att den nya oljan kan spridas bland alla komponenterna i slutväxeln.
7 Parkera sedan bilen på plant underlag och låt bilen stå några minuter. Skruva loss påfyllnings-/nivåpluggen igen. Oljenivån ska nu nå upp till den nedre kanten av påfyllnings-/nivåhålet. För att vara säker på att det är den verkliga nivån som avläses, vänta tills den första lilla strömmen av olja har sipprat ut och fyll sedan på olja efter behov tills du kan se ny olja sippra ut. Nivån är rätt när det slutar rinna. Använd endast olja av god kvalitet och av angiven typ (se *Smörjmedel och vätskor*).
8 När nivån är rätt, sätt tillbaka påfyllnings-/nivåpluggen och tätningsbrickan och dra åt den till angivet moment.

Kapitel 9
Bromssystem

Innehåll

Svårighetsgrad

Enkelt, passar novisen med lite erfarenhet	Ganska enkelt, passar nybörjaren med viss erfarenhet	Ganska svårt, passar kompetent hemmamekaniker	Svårt, passar hemmamekaniker med erfarenhet	Mycket svårt, för professionell mekaniker

Specifikationer

Främre bromsar

Skivdiameter:
modellerna 328 och 330.	300 mm
Alla andra modeller.	286 mm

Skivtjocklek:
Ny	22,0 mm
Minimum (stämplat på skivan)	20,4 mm
Maximalt kast.	0,2 mm
Minsta tjocklek på bromsbelägg	2,0 mm

Bakre skivbromsar

Skivdiameter:
Solid skiva	280 mm
Ventilerad skiva	294 mm

Skivtjocklek:
Ny:
Solid skiva	10,0 mm
Ventilerad skiva	19,0 mm

Minimum:
Solid skiva.	8,4 mm
Ventilerad skiva	17,4
Maximalt kast.	0,2 mm
Minsta tjocklek på bromsbelägg	2,0 mm
Handbromstrummans diameter	160 mm
Minsta tjocklek på handbromsbackarnas belägg	1,5 mm

Åtdragningsmoment

	Nm
ABS-hjulgivarens fästbultar	8
ABS-tryckgivare till huvudcylinder	19
Bakre bromsok:	
Styrsprintbultar	35
Fästbygelbultar	67
Bromsskivans fästskruv	16
Bromsslangsanslutningar:	
M10-gänga	17
M12-gänga	19
Främre bromsok:	
Styrsprintbultar	35
Fästbygelns bultar	110
Hjulbultar	100
Huvudcylinderns fästmuttrar*	26
Servoenhetens fästmuttrar	22

*Återanvänds inte

1 Allmän information

Bromssystemet är av servotyp med dubbla hydraulkretsar. Under normala förhållanden arbetar de båda kretsarna tillsammans. Men om det uppstår ett hydraulfel i en av kretsarna finns det ändå full bromskraft på två av hjulen.

Alla modeller har skivbromsar fram och bak. ABS är standard på de flesta modeller, och erbjöds som tillval på övriga (se avsnitt 19 för mer information om hur ABS-systemet fungerar). **Observera:** *På modeller som även har Automatic Stability Control plus Traction (ASC+T, automatisk stabiliseringskontroll + antispinn), styr ABS-systemet även antispinndelen av systemet.*

De främre skivbromsarna har bromsok med enkla glidkolvar, som säkerställer att varje bromsbelägg belastas med lika stort tryck.

Alla modeller har skivbromsar bak med enkla glidkolvar, med en separat trumbroms för handbromsen mitt på bromsskivan.

Observera: *Arbeta noggrant och metodiskt när någon del av systemet servas. Iakttag alltid fullständig renlighet när någon del av hydraulsystemet ses över. Byt alltid ut delar (på båda sidor där så är möjligt) om deras skick kan ifrågasättas. Använd enbart äkta BMW-delar, eller åtminstone delar som är av erkänt god kvalitet. Observera de varningar som finns i "Säkerheten främst!" och relevanta punkter i detta kapitel som rör asbestdamm och hydraulvätska.*

2 Hydraulsystem – luftning

⚠ *Varning: Hydraulvätskan är giftig. Tvätta noggrant bort vätskan omedelbart vid hudkontakt och sök omedelbar läkarhjälp om vätska sväljs eller hamnar i ögonen. Vissa typer av hydraulvätska är brandfarlig och kan antändas vid kontakt med varma komponenter. När någon del av hydraulsystemet servas är det säkrast att alltid anta att hydraulvätskan ÄR brandfarlig, och att vidta brandsäkerhetsåtgärder på samma sätt som när bränsle hanteras. Hydraulvätska är även ett effektivt färgborttagningsmedel och angriper plast. Vid spill ska vätskan sköljas bort omedelbart med stora mängder rent vatten. Den är också hygroskopisk (den absorberar fukt från luften) – gammal vätska kan vara förorenad och är därför inte lämplig att använda. Vid påfyllning eller byte ska alltid rekommenderad typ användas och den måste komma från en nyligen öppnad förseglad förpackning.*

⚠ *Varning: På modeller med ABS (med eller utan ASC+T) där högtryckshydraulsystemet som kopplar samman huvudcylindern, hydraulenheten och (i förekommande fall) ackumulatorn har påverkats under arbetet, måste du överlåta luftningen av bromsarna till en BMW-verkstad eller annan lämplig specialist. De har tillgång till ett speciellt testverktyg som krävs för att driva ABS-modulatorpumpen och lufta högtryckshydraulsystemet på ett säkert sätt.*

Allmänt

1 Ett hydraulsystem kan inte fungera som det ska förrän all luft har avlägsnats från komponenterna och kretsen. Detta görs genom att systemet luftas.

2 Tillsätt endast ren, oanvänd hydraulvätska av rekommenderad typ under luftningen. Återanvänd aldrig vätska som redan har tömts ur systemet. Se till att det finns tillräckligt med vätska i beredskap innan luftningen påbörjas.

3 Om det finns någon möjlighet att fel typ av vätska finns i systemet måste bromsarnas komponenter och kretsar spolas ur helt med ren vätska av rätt typ, och alla tätningar måste bytas.

4 Om hydraulvätska har läckt ur systemet eller om luft har trängt in på grund av en läcka måste läckaget åtgärdas innan arbetet fortsätter.

5 Parkera bilen på plant underlag, stäng av motorn och lägg i ettans växel eller backen. Klossa sedan hjulen och lossa handbromsen.

6 Kontrollera att alla rör och slangar sitter säkert, att anslutningarna är ordentligt åtdragna och att luftningsskruvarna är stängda. Tvätta bort all smuts runt luftningsskruvarna.

7 Skruva loss huvudcylinderbehållarens lock och fyll på behållaren till maxmarkeringen. Montera locket löst. Kom ihåg att vätskenivån aldrig får sjunka under MIN-nivån under arbetet, annars är det risk för att ytterligare luft tränger in i systemet.

8 Det finns ett antal enmans gör-det-själv-luftningssatser att köpa i motortillbehörsbutiker. Vi rekommenderar att en sådan sats används, eftersom den i hög grad förenklar arbetet och dessutom minskar risken för att avtappad vätska och luft sugs tillbaka in i systemet. Om det inte går att få tag på en sådan sats återstår bara den vanliga tvåmansmetoden som beskrivs i detalj nedan.

9 Om en luftningssats ska användas, förbered bilen enligt beskrivningen ovan och följ sedan luftningssatstillverkarens instruktioner, eftersom metoden kan variera något mellan olika luftningssatser. I allmänhet beskrivs metoden i relevant underavsnitt.

10 Oavsett vilken metod som används måste ordningen för luftning (se punkt 11 och 12) följjas för att systemet garanterat ska tömmas på all luft.

Luftning

Ordningsföljd

11 Om systemet endast har kopplats loss delvis, och du har vidtagit lämpliga åtgärder för att minimera vätskeförlusten, ska du endast behöva lufta den aktuella delen av systemet.

12 Om hela systemet ska luftas ska det göras i följande ordningsföljd:
a) *Höger bakbroms.*
b) *Vänster bakbroms.*
c) *Höger frambroms.*
d) *Vänster frambroms.*

⚠️ *Varning: På modeller med ABS (med eller utan ASC+T), ska du så snart som möjligt efter luftningen låta en BMW-verkstad eller annan lämplig specialist kontrollera bromssystemets funktion.*

Grundläggande luftning (för två personer)

13 Skaffa en ren glasburk, en lagom längd plast- eller gummislang som sluter tätt över avluftningsskruven och en ringnyckel som passar skruven. En medhjälpare behövs också.

14 Ta bort dammkåpan från den första skruven i ordningen. Montera nyckeln och slangen på skruven. Placera slangens andra ände i glasburken och häll i så mycket vätska att slangänden täcks.

15 Se till att oljenivån i huvudcylinderbehållaren överstiger linjen för miniminivå under hela arbetets gång.

16 Låt medhjälparen trycka ner bromspedalen helt flera gånger för att öka trycket, håll sedan kvar trycket vid den sista nedtryckningen.

17 Med pedaltrycket intakt, skruva loss luftningsskruven (ungefär ett varv) och låt den komprimerade vätskan och luften flöda in i behållaren. Medhjälparen ska behålla pedaltrycket, följa det ner till golvet om det behövs och inte släppa det förrän instruktioner ges. När flödet upphör, dra åt luftningsskruven igen, be medhjälparen att långsamt släppa pedalen och kontrollera behållarens vätskenivå igen.

18 Upprepa stegen i punkt 16 och 17 till dess att inga bubblor finns kvar i oljan som kommer ut från luftningsskruven. Om huvudcylindern har tömts och fyllts på igen och den luftas via

den första skruven i ordningsföljden, låt det gå ungefär fem sekunder mellan cyklerna innan huvudcylindern går över till påfyllning.

19 Dra åt luftningsskruven ordentligt när inga fler bubblor förekommer. Ta sedan bort slangen och nyckeln, och montera dammkåpan. Dra inte åt luftningsskruven för hårt.

20 Upprepa proceduren på de kvarvarande skruvarna i ordningsföljden tills all luft har tömts ur systemet och bromspedalen känns fast igen.

Med hjälp av en luftningssats med backventil

21 Dessa luftningssatser består av en bit slang försedd med en envägsventil för att förhindra att luft och vätska dras tillbaka in i systemet. Vissa satser levereras även med en genomskinlig behållare som kan placeras så att luftbubblorna lättare ses flöda från slangänden **(se bild)**.

22 Satsen ansluts till luftningsskruven, som sedan öppnas. Återvänd till förarsätet, tryck ner bromspedalen mjukt och stadigt och släpp sedan långsamt upp den igen. Detta upprepas tills vätskan som rinner ut är fri från luftbubblor.

23 Observera att dessa luftningssatser underlättar arbetet så mycket att man lätt glömmer huvudcylinderbehållarens vätskenivå. Se till att nivån hela tiden ligger över MIN-markeringen.

Med hjälp av en tryckluftssats

24 De tryckluftsdrivna avluftningssatserna drivs ofta av tryckluften i reservdäcket. Observera dock att trycket i reservdäcket antagligen behöver minskas till under den normala nivån. Se instruktionerna som följer med luftningssatsen. **Observera:** *BMW anger att man inte ska överstiga ett tryck på 2 bar.*

25 Om man ansluter en trycksatt, vätskefylld behållare till huvudcylinderbehållaren kan luftningen utföras genom att man helt enkelt öppnar skruvarna i tur och ordning (i den angivna ordningsföljden) och låter vätskan flöda ut tills den inte längre innehåller några luftbubblor.

26 En fördel med den här metoden är att den stora vätskebehållaren ytterligare förhindrar att luft dras tillbaka in i systemet under luftningen.

27 Luftning med tryckluftssats lämpar sig särskilt för luftning av "svåra" system, eller för luftning av hela system vid rutinmässiga vätskebyten.

Alla metoder

28 När luftningen är avslutad och pedalen känns fast, tvätta bort eventuellt oljespill, dra åt avluftningsskruvarna ordentligt och montera dammskydden.

29 Kontrollera hydraulvätskenivån i huvudcylinderbehållaren och fyll på om det behövs (se *Veckokontroller*).

30 Kassera all hydraulvätska som har tappats ur systemet. Den lämpar sig inte för återanvändning.

2.21 Luftning av ett bakre bromsok med hjälp av en envägsventilsats

31 Kontrollera känslan i bromspedalen. Om den känns "svampig" finns det luft kvar i systemet och ytterligare luftning behövs. Om systemet inte är helt luftat efter ett rimligt antal upprepningar av luftningen kan det bero på slitna huvudcylindertätningar.

3 Hydraulrör och slangar – byte

⚠️ *Varning: På modeller med ABS (med eller utan ASC+T) får hydraulrören/slangarna som kopplar samman huvudcylindern, hydraulenheten och (i förekommande fall) ackumulatorn under inga omständigheter manipuleras. Om dessa anslutningar påverkas och det kommer in luft i högtryckshydraulsystemet kan det endast luftas på ett säkert sätt av en BMW-verkstad eller annan lämplig specialist med hjälp av det särskilda testverktyget.*

Observera: *Innan du påbörjar arbetet, läs varningarna i början av avsnitt 2.*

1 Om ett rör eller en slang måste bytas ut, minimera vätskespillet genom att först ta bort huvudcylinderbehållarens lock och sedan skruva på det igen över en bit plastfolie så att det blir lufttätt. Vid behov kan mjuka slangar tätas med en bromsslangklämma. Bromsrörsanslutningar i metall kan pluggas igen eller täckas över direkt när de kopplas loss. Var då noga med att inte låta smuts tränga in i systemet. Placera trasor under alla anslutningar som ska kopplas loss för att fånga upp vätskespill.

2 Om en slang ska kopplas loss, ta loss muttern till bromsrörsanslutningen innan fjäderklämman som fäster slangen i fästet tas bort.

3 Använd helst en bromsrörsnyckel av lämplig storlek när anslutningsmuttrarna skruvas loss. Sådana finns att köpa i de flesta större motortillbehörsbutiker. Finns ingen sådan nyckel tillgänglig måste en tättsittande öppen nyckel användas, även om det innebär att hårt sittande eller korroderade muttrar kan runddras om nyckeln slinter. Skulle det hända är ofta en självlåsande tång det enda sättet att skruva loss en envis anslutning, men i så fall måste röret och de skadade muttrarna bytas

4.2a Bänd bort fjädern från navet . . .

4.2b . . . och bänd sedan loss den från bromsoket

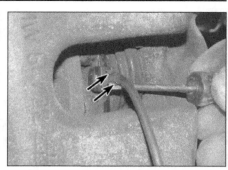

4.3a Lossa klämmorna (se pilar) . . .

ut vid ihopsättningen. Rengör alltid anslutningen och området runt den innan den tas loss. Om en komponent med mer än en anslutning lossas ska noggranna anteckningar göras om anslutningarna innan de rubbas.

4 Om ett bromsrör måste bytas ut kan ett nytt köpas färdigkapat, med muttrar och flänsar monterade, hos en BMW-verkstad. Allt som sedan behöver göras innan det nya röret kan monteras är att böja det till rätt form med det gamla röret som mall. Alternativt kan de flesta tillbehörsbutiker tillhandahålla bromsrör, men det kräver extremt noggranna mätningar av originalet för att det nya röret ska få rätt längd. Det bästa är oftast att ta med sig originalröret till butiken som mall.

5 Dra inte åt anslutningsmuttrarna för hårt vid återmonteringen. Man behöver inte använda överdrivet mycket kraft för att få en ordentlig tätning.

6 Se till att rören och slangarna dras korrekt, utan veck, och att de monteras ordentligt i klämmor och fästen. När du har monterat delarna, ta bort plastfolien från behållaren och lufta hydraulsystemet enligt instruktionerna i avsnitt 2. Tvätta bort eventuella vätskespill och kontrollera noggrant att inga läckage har uppstått.

4 Främre bromsbelägg – byte

⚠️ **Varning: Byt ut de båda främre bromsbeläggen på en gång – byt aldrig bromsbelägg bara på ena hjulet eftersom det kan ge ojämn bromsverkan. Observera att dammet som uppstår p.g.a. slitage på bromsbeläggen kan inne-**

hålla hälsovådligt asbest. Blås inte bort dammet med tryckluft och andas inte in det. En godkänd skyddsmask bör bäras vid arbete med bromsarna. ANVÄND INTE bensin eller bensinbaserade lösningsmedel för att rengöra bromskomponenter. Använd endast bromsrengöringsmedel eller T-sprit.

1 Dra åt handbromsen, hissa upp framvagnen och ställ den på pallbockar. Ta bort framhjulen.

2 Använd en skruvmejsel och lossa försiktigt dämpningsfjädern från bromsokets sida, observera hur den är monterad **(se bilder)**.

3 Skjut bort bromsbeläggets slitagegivare från bromsbelägget (i förekommande fall) och ta bort den från bromsoksöppningen **(se bilder)**.

4 Ta bort plastpluggarna från bromsokets styrningsbussningar för att komma åt styrsprintsbultarna **(se bild)**.

5 Skruva loss styrsprintsbultarna med en lämplig insexnyckel. Lyft bort bromsoket från dess fästbygel och bind fast det på fjäderbenet med hjälp av en bit lämplig vajer **(se bilder)**. Låt inte bromsoket hänga fritt, utan stöd, från bromsslangen.

6 Lossa det inre bromsbelägget från bromsokets kolv och ta bort det yttre belägget från bromsokets fästbygel **(se bilder)**.

7 Mät först varje bromsbeläggs tjocklek **(se bild)**. Om något av beläggen är nedslitet till minimigränsen, eller ännu längre, måste alla fyra belägg bytas. Beläggen ska också bytas om något av dem är nedsmutsat med olja eller fett. Det går inte att avfetta beläggen ordentligt

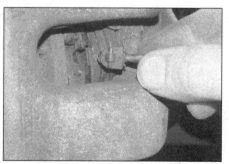

4.3b . . . och skjut bort slitagegivaren från bromsbelägget

4.4 Ta bort plastpluggarna så att du kommer åt bromsokets styrsprintsbultar

4.5a Lossa . . .

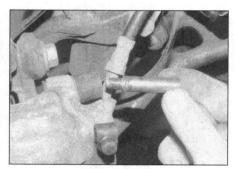

4.5b . . . och ta bort bromsokets styrsprintsbultar

4.5c Bind fast bromsokets fästbygel på fjädringen

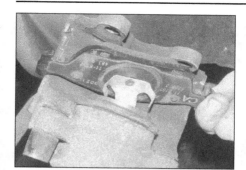

4.6a Lossa det inre bromsbelägget från bromsokskolven . . .

4.6b . . . och ta sedan bort det yttre belägget från bromsokets fästbygel

4.7 Mät beläggningsmaterialets tjocklek

om de väl har blivit smutsiga. Om något av bromsbeläggen är ojämnt slitet, eller är nedsmutsade med olja eller fett, måste du ta reda på orsaken innan du monterar ihop allt igen.

8 Om bromsbeläggen fortfarande kan användas, rengör dem noggrant med en ren, fin stålborste eller liknande. Var extra noga på stödplattans sidor och baksida. Rengör spåren i belägget (i förekommande fall) och ta bort eventuella inbäddade stora partiklar av smuts eller skräp. Rengör noggrant beläggens placeringar i bromsokshuset/fästbygeln.

9 Innan du sätter tillbaka beläggen, kontrollera att styrsprintarna lätt glider in i bromsokshusets bussningar, utan tecken på fritt spel. Borsta bort damm och smuts från bromsoket och kolven, men andas *inte* in det eftersom det är hälsofarligt. Kontrollera att dammtätningen runt kolven inte är skadad och att kolven inte visar tecken på vätskeläckage, korrosion eller skador. Om någon av dessa delar kräver extra uppmärksamhet, se avsnitt 8.

10 Om du ska montera nya bromsbelägg måste bromsokets kolv tryckas tillbaka in i cylindern för att de ska få plats. Använd antingen ett kolvutdragningsverktyg eller en G-klämma, eller använd lämpliga träbitar som hävarmar. Kläm av bromsslangen som går till bromsoket och anslut sedan en bromsluftningssats till bromsokets luftningsnippel. Öppna luftningsnippeln när kolven dras tillbaka. Den överflödiga bromsvätskan samlas upp i luftningssatsens kärl **(se bild)**. Stäng luftningsnippeln precis innan bromsokets kolv trycks in helt i bromsoket. Detta bör säkerställa att det inte kommer in luft i hydraulsystemet. **Observera:** *ABS-enheten innehåller hydrauliska komponenter som är mycket känsliga för smuts i bromsvätskan. Även de allra minsta partiklar kan orsaka problem i systemet på grund av blockeringar. Den metod för borttagning av belägg som beskrivs här förhindrar att eventuellt skräp i bromsvätskan från bromsoket förs tillbaka till ABS-hydraulenheten. Metoden förhindrar även att huvudcylinderns tätningar skadas.*

11 Stryk på ett lager kopparpasta på varje beläggs stödplatta, och på stödplattans kontaktpunkter på bromsokets fästbygel. Stryk inte på stora mängder fett, och låt

inte fettet komma i kontakt med belägget.

12 Montera det yttre belägget på bromsokets fästbygel och se till att dess beläggningsmaterial ligger mot bromsskivan **(se bild)**.

13 Fäst det inre belägget med klämmor på bromsokets kolv, och sätt bromsoksenheten på plats **(se bild)**.

14 Sätt dit bromsokets styrsprintsbultar och dra åt dem till angivet moment. Sätt tillbaka pluggarna på bromsokets styrsprintsändar.

15 Sätt beläggets slitagegivare på plats på det yttre belägget, se till att dess kablage är korrekt draget **(se bilder 4.3a och 4.3b)**.

16 Sätt dämpningsfjädern på plats i bromsoket **(se bild)**. Trampa ner bromspedalen flera gånger tills bromsklossarna trycks tätt intill bromsskivan och normalt pedaltryck återställs (utan servo).

17 Upprepa ovanstående procedur med det andra främre bromsoket.

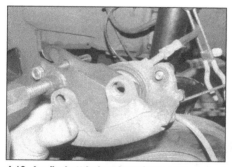

4.10 Använd ett kolvutdragningsverktyg, med slangen avklämd och luftningsnippeln öppen

4.13 Kläm fast det inre belägget i bromsokskolven

18 Montera hjulen. Sänk sedan ner bilen till marken och dra åt hjulbultarna till angivet moment.

> **HAYNES TiPS** *Nya bromsbelägg ger inte full bromseffekt förrän de har körts in. Tänk på det och undvik om möjligt hårda inbromsningar de första 150 km efter bromsbeläggsbyte.*

5 Bakre bromsbelägg – byte

De bakre bromsoken är i princip identiska med de främre. Se avsnitt 4 för kontroll av belägg och information om byte.

4.12 Sätt dit det yttre belägget på bromsokets fästbygel

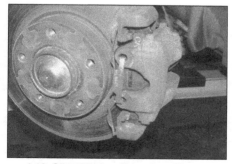

4.16 Sätt tillbaka dämpningsfjädern

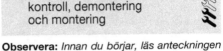

6.3 Mät skivans tjocklek med hjälp av en mikrometer

6 Främre bromsskiva – kontroll, demontering och montering

Observera: *Innan du börjar, läs anteckningen i början av avsnitt 4 om riskerna med asbestdamm.*

Observera: *Om någon av skivorna behöver bytas bör du byta BÅDA samtidigt för att undvika ojämn bromsverkan. Nya bromsbelägg bör också monteras.*

Kontroll

1 Dra åt handbromsen, hissa upp framvagnen och ställ den på pallbockar. Demontera relevant framhjul.

2 Vrid bromsskivan långsamt så att du kan kontrollera båda sidorna fullständigt, ta bort bromsbeläggen om du behöver komma åt den invändiga ytan bättre (se avsnitt 4). Det är normalt med lättare repor i det område som kommer i kontakt med bromsbeläggen, men om det förekommer grövre repor eller sprickor måste skivan bytas ut.

3 Det är normalt att det förekommer en kant av rost och bromsdamm runt om skivans omkrets. Den kan skrapas bort vid behov. Men om det har bildats en kant på grund av för stort slitage på den del som kommer i kontakt med bromsbelägget, måste du mäta skivans tjocklek med en mikrometer **(se bild)**. Mät på flera ställen runt skivan, på insidan och utsidan av det område som kommer i kontakt med belägget. Om skivan är nedsliten till minimigränsen, eller ännu längre, måste den bytas.

7.3 Skjut bort den bakre bromsoksenheten från skivan

4 Om du misstänker att skivan är skev kan du kontrollera detta. Antingen använder du en mätklocka, fäst på lämplig plats, samtidigt som skivan långsamt roteras, eller bladmått för att mäta (på flera ställen runt om skivan) spelet mellan skivan och en bestämd punkt, t.ex. bromsokets fästbygel. Om de uppmätta värdena uppgår till det angivna maxvärdet eller mer, är skivan för skev och måste bytas. Det är emellertid värt att först kontrollera att navlagret är i gott skick (kapitel 10). Om skivan fortfarande är märkbart skev ska den bytas.

5 Kontrollera om skivan har sprickor, framförallt runt hjulbultshålen, och om det förekommer andra tecken på slitage eller skador, och byt den vid behov.

Demontering

6 Skruva loss de båda bultarna som fäster bromsokets fästbygel på hjulspindeln och skjut sedan bort bromsoksenheten från skivan. Använd en bit snöre eller vajer och bind fast bromsoket på framfjädringens spiralfjäder för att undvika att hydraulbromsslangen utsätts för belastning.

7 Använd krita eller färg för att markera förhållandet mellan skivan och navet. Ta sedan bort skruven som fäster bromsskivan på navet och ta bort skivan **(se bilder)**. Om den sitter hårt kan du knacka på dess bakre yta med en plasthammare.

Montering

8 Montera i omvänd ordningsföljd mot demonteringen. Tänk på följande:
a) *Se till att skivans och navets fogytor är rena och plana.*

7.4 Skruva loss fästskruven och ta bort den bakre skivan

6.7a Skruva loss fästskruven . . .

6.7b . . . och ta bort bromsskivan från navet

b) *Linjera (efter tillämplighet) markeringarna som gjordes vid demonteringen och dra åt skivans fästskruv till angivet moment.*
c) *Om du har satt dit en ny skiva, använd lämpligt lösningsmedel för att torka bort den skyddande beläggningen från skivan innan du sätter tillbaka bromsoket.*
d) *Skjut bromsoket på plats över skivan och se till att bromsbeläggen får plats på skivans båda sidor. Dra åt bromsokets fästbultar till angivet moment.*
e) *Montera hjulet, sänk ner bilen och dra åt hjulbultarna till angivet moment. Avsluta med att trycka ner bromspedalen flera gånger tills bromstrycket åter är normalt (utan hjälp).*

7 Bakre bromsskiva – kontroll, demontering och montering

Observera: *Innan du börjar, läs anteckningen i början av avsnitt 4 om riskerna med asbestdamm.*

Observera: *Om någon av skivorna behöver bytas bör du byta BÅDA samtidigt för att undvika ojämn bromsverkan. Nya bromsbelägg bör också monteras.*

Kontroll

1 Klossa framhjulen ordentligt, hissa upp bakvagnen och ställ den på pallbockar. Ta bort det aktuella bakhjulet. Lossa handbromsen.

2 Undersök skivan enligt beskrivningen i avsnitt 6.

Demontering

3 Skruva loss de båda bultarna som fäster bromsokets fästbygel på plats och skjut sedan bort bromsoksenheten från skivan. Använd en bit snöre eller vajer och bind fast bromsoket på framfjädringens spiralfjäder för att undvika att hydraulbromsslangen utsätts för belastning **(se bild)**. Lossa vid behov gummibromsslangen från den nedre fästbygeln för att ge dig tillräckligt spelrum för att kunna hantera bromsoket och fästbygeln.

4 Skruva loss bromsskivans fästskruv **(se bild)**.

5 Du ska nu kunna ta bort bromsskivan från axeltappen för hand. Om den sitter hårt kan du knacka på dess bakre yta med en plast-hammare. Om handbromsbackarna kärvar, kontrollera först att handbromsen är helt lossad, och fortsätt sedan enligt anvisningarna nedan.

6 Se avsnitt 14 för mer information. Lossa handbromsjusteraren helt för att få maximalt fritt spel i vajern.

7 Sätt in en skruvmejsel genom ett av hjul-bultshålen i bromsskivan och rotera det räfflade justerhjulet på den övre tappen för att dra tillbaka bromsbackarna **(se bilder 14.5a och 14.5b)**. Sedan kan bromsskivan tas bort.

Montering

8 Om du ska sätta dit en ny skiva, använd ett lämpligt lösningsmedel för att torka bort eventuell skyddande beläggning från skivan.

9 Linjera (efter tillämplighet) markeringarna som gjordes vid demonteringen, sätt sedan dit skivan och dra åt fästskruven till angivet moment.

10 Skjut bromsoket på plats över skivan och se till att bromsbeläggen får plats på skivans båda sidor. Dra åt fästbultarna till bromsokets fästbygel till angivet moment.

11 Justera handbromsbackarna och vajern enligt beskrivningen i avsnitt 14.

12 Montera hjulet, sänk ner bilen och dra åt hjulbultarna till angivet moment. Avsluta med att trycka ner bromspedalen flera gånger tills bromstrycket åter är normalt (utan hjälp). Kontrollera handbromsens inställning igen.

8 Främre bromsok – demontering, översyn och montering

Observera: *Innan du börjar arbeta, se anteck-ningen i början av avsnitt 2 angående farorna med hydraulvätska, och varningen i början av avsnitt 4 angående farorna med asbestdamm.*

HAYNES TiPS *Om kolven inte kan dras ut för hand kan den tryckas ut med hjälp av tryckluft som ansluts till bromsslangens anslutningshål. Det ska endast behövas ett lågt tryck, t.ex. från en fotpump. Var försiktig när kolven kommer ut så att inte dina fingrar kläms mellan kolven och bromsoket.*

Demontering

1 Dra åt handbromsen, hissa upp framvagnen och ställ den på pallbockar. Ta bort lämpligt hjul.

2 Minimera vätskeförlusten genom att an-vända en bromsslangklämma, en G-klämma eller liknande verktyg för att klämma av slangen.

3 Rengör området runt anslutningen och lossa sedan bromsslangens anslutnings-mutter.

4 Ta bort bromsbeläggen (se avsnitt 4).

5 Skruva loss bromsoket från bromsslangens ände och ta bort det från bilen.

Översyn

6 När bromsoket ligger på arbetsbänken, torka bort alla spår av damm och smuts, men *undvik att andas in dammet, det är hälso-farligt.*

7 Ta bort den delvis utskjutna kolven från bromsokshuset och ta bort dammtätningen.

8 Använd en liten skruvmejsel och ta ut kolv-ens hydrauliska tätning. Var mycket försiktig så att du inte skadar bromsoksloppet **(se bild)**.

9 Rengör alla komponenter noggrant. Använd enbart T-sprit, isopropylalkohol eller ren hydraulvätska som rengöringsmedel. Använd aldrig mineralbaserade lösningsmedel som t.ex. bensin eller fotogen eftersom de kan an-gripa systemets gummidelar. Torka omedel-bart av delarna med tryckluft eller en ren, luddfri trasa. Använd tryckluft för att blåsa rent vätskepassagerna.

10 Kontrollera alla komponenter och byt eventuella skadade eller slitna delar. Kon-trollera cylinderloppet och kolven extra nog-grant. Dessa delar ska bytas (observera att detta innebär byte av hela huset) om de är repade, slitna eller korroderade. Kontrollera även styrsprintarna och deras bussningar. Båda sprintarna ska vara oskadda och (efter rengöring) sitta relativt hårt i bussningarna. Om du är osäker på vilket skick någon av komponenterna är i, byt den.

11 Om du bedömer att enheten kan använ-das, införskaffa lämplig renoveringssats. Komponenter finns hos BMW-återförsäljare, i flera olika kombinationer. Alla gummitätningar ska bytas, de får aldrig återanvändas.

12 Vid ihopsättningen är det viktigt att alla komponenter är rena och torra.

13 Dränk kolven och den nya kolvtätningen i ren hydraulvätska. Smörj in ren vätska på cylinderloppets yta.

14 Sätt dit den nya kolvtätningen. Använd enbart fingrarna (inga verktyg) för att få in den i cylinderloppets spår.

15 Sätt dit den nya dammtätningen på kolven. Passa in tätningens bakre del i urhålk-ningen på bromsokshuset, och sätt tillbaka kolven i cylinderloppet med en vridrörelse. Se till att kolven kommer vinkelrätt in i loppet, och tryck in den helt i loppet.

Montering

16 Skruva på bromsoket helt på slang-anslutningen.

17 Montera bromsbeläggen (se avsnitt 4).

18 Dra åt bromsrörets anslutningsmutter ordentligt.

19 Ta bort bromsslangklämman eller plast-folien och lufta hydraulsystemet enligt instruk-tionerna i avsnitt 2. Under förutsättning att du har följt de föreskrifter som syftar till att mini-mera bromsvätskespill, bör det enbart vara nödvändigt att lufta den aktuella fram-bromsen.

20 Sätt tillbaka hjulet. Sänk sedan ner bilen och dra åt hjulbultarna till angivet moment. Avsluta med att kontrollera hydraulvätskenivån enligt beskrivningen i *Veckokontroller*.

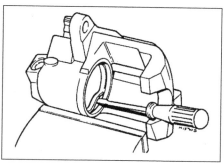

8.8 Ta bort kolvtätningen – var försiktig så att du inte repar loppets yta

9 Bakre bromsok – demontering, översyn och montering

Observera: *Innan du börjar arbeta, se an-teckningen i början av avsnitt 2 angående farorna med hydraulvätska, och varningen i början av avsnitt 4 angående farorna med asbestdamm.*

Demontering

1 Klossa framhjulen, hissa sedan upp bilens bakvagn och stöd den på pallbockar. De-montera aktuellt bakhjul.

2 Minimera eventuellt vätskespill genom att först skruva ur huvudcylinderbehållarens lock och sedan skruva på det igen över en bit plastfolie, så att det blir lufttätt. Du kan även använda en bromsslangklämma, en G-klämma eller liknande verktyg för att klämma av slangen.

3 Rengör området runt anslutningen och lossa sedan bromsslangens anslutnings-mutter.

4 Ta bort bromsklossarna enligt beskrivningen i avsnitt 4.

5 Skruva loss bromsoket från bromsslangens ände och ta bort det från bilen.

Översyn

6 Se avsnitt 8. Observera att kolvens damm-tätning sitter på plats med en låsring.

Montering

7 Skruva på bromsoket helt på slanganslut-ningen.

8 Montera bromsbeläggen (se avsnitt 4).

9 Dra åt bromsrörets anslutningsmutter ordentligt.

10 Ta bort bromsslangklämman eller plast-folien och lufta hydraulsystemet enligt instruk-tionerna i avsnitt 2. Under förutsättning att du har följt de föreskrifter som syftar till att minimera bromsvätskespill, bör det enbart vara nödvändigt att lufta den aktuella fram-bromsen.

11 Sätt tillbaka hjulet. Sänk sedan ner bilen och dra åt hjulbultarna till angivet moment. Avsluta med att kontrollera hydraulvätskenivån enligt beskrivningen i *Veckokontroller*.

10.3 Koppla loss vätskenivågivarens anslutningskontakt

10 Huvudcylinder –
demontering, översyn och montering

Modeller med ABS

1 På modeller med ABS kan hemma-mekanikern ta bort huvudcylindern, men om hydraulanslutningarna kopplas loss från huvudcylindern kommer det in luft i hög-tryckshydraulsystemet som kopplar samman huvudcylindern och hydraulenheten. Luftning av högtryckssystemet kan endast utföras på ett säkert sätt av en BMW-verkstad eller annan specialist som har tillgång till text-verktyget (se avsnitt 2). Följaktligen **måste** bilen forslas på ett släp eller transportbil till en BMW-verkstad eller annan lämplig specialist när huvudcylindern har återmonterats.

Alla modeller

Demontering

Observera: *Innan du börjar, läs varningen i början av avsnitt 2 om riskerna med hydraul-vätska.*
Observera: *Det krävs nya fästmuttrar till huvudcylindern vid återmonteringen.*
2 För att få tillräckligt med plats på vänster-styrda modeller, ta bort värme-/ventilations-systemets insugsluftkanaler från motor-rummets bakre del enligt nedanstående beskrivning.
  a) *Vrid de tre fästena 90° moturs och ta bort pollenfilterkåpan från motorrummets bakre del. Dra filtret framåt och ta bort det.*
  b) *Skruva loss de fyra fästklämmorna och lossa vajern från kanalen.*
  c) *Skruva loss de fyra skruvarna och dra filterhuset framåt och ta bort det.*
  d) *Skruva loss de båda skruvarna och lyft ut insugskanalen ur motorrummet.*
3 Ta bort huvudcylinderbehållarens lock och sug ut hydraulvätskan från behållaren.
Observera: *Försök inte suga upp vätskan med munnen eftersom den är giftig. Använd en bollspruta eller en handvakuumpump. Du kan också öppna valfri lämpligt belägen luftningsskruv i systemet och försiktigt trycka ner bromspedalen några gånger för att pumpa ut vätskan genom ett plaströr som är anslutet till skruven, tills vätskenivån sjunker under*

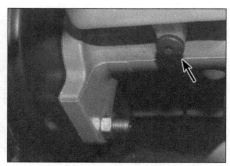

10.5 Skruva loss bromsbehållarens fästskruv (se pil)

nivån i behållaren (se avsnitt 2). Koppla loss kontaktdonet/donen från bromsvätskebehåll-aren **(se bild)**.
4 Koppla loss vätskeslangen/slangarna från behållarens sida och plugga igen slangänden/ändarna för att minimera vätskeförlusten.
5 Skruva loss huvudcylinderbehållarens fäst-skruv **(se bild)**.
6 Lossa försiktigt vätskebehållaren från huvudcylinderns ovansida. Ta loss behåll-arens tätningar och plugga igen cylinder-öppningarna för att förhindra att det tränger in smuts.
7 Torka rent området runt bromsrörsanslut-ningarna på huvudcylinderns sida och placera absorberande trasor under röranslutningarna för att samla upp eventuellt vätskespill. Anteckna hur anslutningarna sitter och skruva sedan loss anslutningsmuttrarna och ta försiktigt bort rören. Plugga igen eller tejpa över rörändarna och huvudcylinderns öpp-ningar för att minimera bromsvätskeförlusten och förhindra att det kommer in smuts i systemet. Tvätta bort eventuell utspilld vätska omedelbart med kallt vatten.
8 Skruva loss de båda muttrarna och brick-orna som fäster huvudcylindern på vakuum-servoenheten och ta sedan bort enheten från motorrummet. Ta bort O-ringen från huvud-cylinderns baksida. Kasta fästmuttrarna, du måste använda nya vid återmonteringen.

Översyn

9 Om det är fel på huvudcylindern måste den bytas. Det finns inga renoveringssatser att köpa från BMW-återförsäljare, så cylindern måste hanteras som en förseglad enhet. Byt

11.4 Ta bort klämman (se pil) och skjut ut gaffelbulten

huvudcylinderns O-ringstätning och behålla-rens tätningar oavsett i vilket skick de verkar vara.

Montering

10 Ta bort alla spår av smuts från huvud-cylinderns och servoenhetens fogytor, och sätt dit en ny O-ring i spåret på huvud-cylinderhuset.
11 Montera huvudcylindern på servoenheten. Se till att servoenhetens tryckstång kommer in mitt i huvudcylinderloppet. Sätt dit huvud-cylinderns nya fästmuttrar och brickor och dra åt dem till angivet moment.
12 Torka rent bromsrörsanslutningarna, och montera sedan tillbaka dem på huvudcylinder-öppningarna och dra åt dem ordentligt.
13 Tryck in de nya behållartätningarna ord-entligt i huvudcylinderöppningarna och passa sedan in behållaren på plats. Dra åt behålla-rens fästbult ordentligt. Återanslut vätske-slangen/slangarna till behållaren och åter-anslut kontaktdonet/donen.
14 Fyll på huvudcylinderbehållaren med ny vätska och lufta hela hydraulsystemet enligt beskrivningen i avsnitt 2.

11 Bromspedal –
demontering och montering

Demontering

1 Koppla loss batteriets minusledare.
2 Ta bort bromsljuskontakten enligt beskriv-ningen i avsnitt 18.
3 Använd en tång och haka försiktigt loss returfjädern från bromspedalen.
4 Skjut bort fästklämman och ta bort gaffel-bulten som håller fast bromspedalen på servoenhetens tryckstång **(se bild)**.
5 Skjut bort fästklämman till pedalens sväng-tapp och ta bort pedalen från tappen.
6 Rengör och kontrollera alla komponenter noggrant, byt de som eventuellt är slitna eller skadade.

Montering

7 Monteringen utförs i omvänd ordnings-följd mot demonteringen. Smörj på lite fler-funktionsfett på pedaltappen och gaffelbulten.

12 Vakuumservoenhet –
kontroll, demontering och montering

Observera: *På modeller med ABS och anti-spinnsystem (ASC+T) eller dynamisk stabili-tetskontroll (DSC), innebär demontering av servoenheten att man måste ta bort styr-enheten för ABS/ASC+T och/eller DSC. Efter-som det behövs speciell felsökningsutrust-ning ska denna uppgift utföras av en BMW-verkstad eller annan specialist med lämplig utrustning.*

Kontroll

1 När du ska testa servoenhetens funktion, tryck ner fotbromsen flera gånger för att ta bort vakuumet och starta sedan motorn samtidigt som du håller pedalen ordentligt nedtryckt. När motorn startar ska pedalen ge efter märkbart medan vakuumet byggs upp. Låt motorn gå i minst två minuter och stäng sedan av den. Om bromspedalen nu trycks ner ska den kännas normal men fler tryckningar ska göra att den känns fastare med allt kortare pedalväg för varje nedtryckning.

2 Om servoenheten inte fungerar som det har beskrivits, kontrollera först servoenhetens backventil enligt beskrivningen i avsnitt 13.

3 Om servoenheten fortfarande inte fungerar som den ska, är det fel på själva enheten. Enheten kan inte repareras, om det är fel på servoenheten måste den bytas.

Demontering

Observera: *Det krävs nya fästmuttrar vid monteringen.*

4 Demontera huvudcylindern enligt beskrivningen i avsnitt 10.

5 Koppla loss vakuumslangen från servoenhetens backventil.

6 Skruva loss fästskruvarna som fäster den nedre delen av förarsidans instrumentbrädespanel. Lossa panelen och ta bort den från bilen.

7 Haka loss bromspedalens returfjäder enligt beskrivningen i avsnitt 11. Skjut sedan bort fästklämman och ta bort gaffelbulten som fäster pedalen på servoenhetens tryckstång **(se bild 11.4)**.

8 Skruva loss servoenhetens fästmuttrar. Återvänd sedan till motorrummet och ta bort servoenheten från bilen **(se bild)**.

Montering

9 Monteringen utförs i omvänd ordningsföljd mot demonteringen, men observera följande.

   a) Kontrollera att tätningsmuffen till servoenhetens backventil inte är skadad eller sliten, och byt den om det behövs.

   b) Om du ska installera en ny servoenhet, ta bort det ljudisolerande materialet från originalenheten och överför materialet till den nya enheten.

   c) Se till att servoenhetens tryckstång hakar i

12.8 Skruva loss servoenhetens fästmuttrar (se pilar)

   bromspedalen ordentligt, sätt sedan dit nya fästmuttrar och dra åt dem till angivet moment.

   d) Stryk på fett på servotryckstångens gaffelbult, och fäst den på plats med fästklämman.

   e) Sätt tillbaka huvudcylindern enligt beskrivningen i avsnitt 10 i detta kapitel.

   f) Sätt tillbaka bromsljuskontakten enligt beskrivningen i avsnitt 18.

   g) Avsluta med att starta motorn och kontrollera om det finns några luftläckor i anslutningen mellan vakuumslangen och servon. Kontrollera att bromssystemet fungerar.

13 Vakuumservoenhetens
backventil – demontering, kontroll och montering

Demontering

1 Koppla loss vakuumslangen från servoenhetens backventil, som är fäst på servon.

2 Lossa försiktigt backventilen från servoenheten. Var försiktig så att du inte rubbar muffen.

Kontroll

3 Undersök om backventilen är skadad och byt den vid behov.

4 Du kan testa ventilen genom att blåsa igenom den i båda riktningar. Luften ska endast kunna flöda igenom ventilen i en riktning – när den blåses från ventilens servoenhetsände. Byt ventilen om så inte är fallet.

5 Kontrollera om servoenhetens gummitätningsmuff visar tecken på skador eller slitage, och byt den vid behov.

Montering

6 Se till att tätningsmuffen är korrekt monterad på servoenheten.

7 Sätt ventilen på plats i servon. Var mycket försiktig så att du inte rubbar eller skadar muffen.

8 Återanslut vakuumslangen ordentligt på ventilen.

9 Avsluta med att starta motorn och kontrollera att det inte finns något luftläckage i anslutningen mellan backventilen och servo-enheten.

14 Handbroms –
justering

1 Använd normal kraft och dra åt handbromsspaken till helt åtdraget läge. Räkna antalet klickljud som handbromsens kuggmekanism avger. Om inställningen är korrekt ska du höra 7 eller 8 klick innan handbromsen är helt åtdragen. Om du hör fler än 10 klick, utför följande justering.

2 Skruva loss en hjulbult från varje bakhjul. Klossa sedan framhjulen, hissa upp bilens bakvagn och ställ den på pallbockar.

3 Du kommer åt handbromsvajerns justeringsmuttrar genom att ta bort handbromsspakens damask från mittkonsolen **(se bild)**. Om du behöver mer utrymme kan du ta bort mittkonsolens bakre del (kapitel 11).

4 Med handbromsen helt åtdragen, lossa vajerns låsmuttrar och lossa justeringsmuttrarna tills all spänning i vajrarna är borta **(se bild)**.

5 Börja med vänster bakhjul, lossa handbromsen helt och placera hjulet/skivan så att det exponerade bulthålet är placerat mot bakdelen, 65° från vertikalt läge. Se till att handbromsspaken är helt lossad, sätt sedan in en skruvmejsel genom bulthålet och expandera handbromsbackarna helt genom att vrida på justerarens räfflade ring. När hjulet/skivan inte kan vridas längre, backa den räfflade ringen 10 kuggar (hack) så att hjulet kan snurra fritt **(se bilder)**.

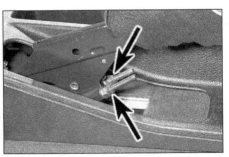

14.3 Lossa handbromsens damask så att du kommer åt handbromsvajerns justeringsmuttrar (se pilar)

14.4 Lossa handbromsvajerns justeringsmuttrar

14.5a Placera ett av hjulbultshålen enligt bilden, sätt sedan in en skruvmejsel genom hålet . . .

14.5b . . . och vrid justerarens räfflade ring (visas med skivan borttagen)

6 Upprepa punkt 5 på höger hjul.
7 Med handbromsen på kuggmekanismens sjätte hack vrider du vajerjusteringsmutt-rarna lika mycket tills det är svårt att snurra på båda bakhjulen. Då lossar du handbroms-spaken helt och kontrollerar att hjulet snurrar fritt. Dra långsamt åt handbromsen och kon-trollera att bromsbackarna börjar ta i trum-morna när handbromsen är inställd på kugg-mekanismens andra hack. Kontrollera inställ-ningen genom att dra åt handbromsen helt och räkna antalet klickljud från handbromsens kuggning, och justera om den om det behövs.
8 När inställningen är korrekt, håll i justerings-muttrarna och dra åt låsmuttrarna ordentligt. Kontrollera att brytaren till handbromsens varningslampa fungerar och sätt sedan tillbaka mittkonsolen/handbromsspakens damask (efter tillämplighet). Montera hjulen, sänk sedan ner bilen och dra åt hjulbultarna till angivet moment.

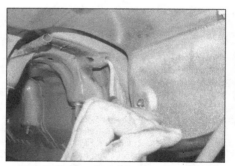

16.5 Ta bort vajern från fäststyrningen

16.8b . . . och lossa expandern från handbromsvajeränden

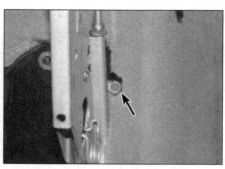

15.3 Skruva loss handbromsspakens fästbygelbult (se pil)

15 Handbromsspak – demontering och montering

Demontering

1 Ta bort den bakre delen av mittkonsolen och armstödet (i förekommande fall) enligt beskriv-ningen i kapitel 11 för att komma åt hand-bromsspaken.
2 Skruva loss båda handbromsvajerns läs-muttrar/justeringsmuttrar och koppla loss vajrarna från spaken.
3 Skruva loss fästbulten och ta bort spaken från bilen **(se bild)**.

Montering

4 Monteringen utförs i omvänd ordningsföljd mot demonteringen. Innan du sätter tillbaka

16.8a Vik ut expandern, ta sedan bort stiftet (se pil) . . .

17.2a Använd en tång och haka loss och ta bort handbromsbackens främre . . .

mittkonsolen, justera handbromsen enligt beskrivningen i avsnitt 14.

16 Handbromsvajrar – demontering och montering

Demontering

1 Ta bort den bakre delen av mittkonsolen enligt beskrivningen i kapitel 11 för att komma åt handbromsspaken. Handbromsvajern består av två delar, en höger- och en vänster-del, som är anslutna till spaken. Varje del kan tas bort individuellt.
2 Skruva loss den berörda låsmuttern till handbromsvajern och justeringsmuttern, och lossa den inre vajern från handbromsspaken.
3 Klossa framhjulen ordentligt, hissa upp framvagnen och ställ den på pallbockar.
4 Se den berörda delen av kapitel 4, ta bort avgassystemets värmesköld för att komma åt handbromsvajern. Observera att på vissa modeller (motorkoder M43TU och M52TU) kan man även behöva ta bort delar av avgassystemet.
5 Lossa vajerhöljets främre del från karossen och ta bort vajern från dess stödstyrning **(se bild)**.
6 Arbeta dig bakåt, längs med vajern. Obser-vera hur den är dragen och lossa den från alla berörda fästklämmor.
7 Ta bort den aktuella bakre skivan enligt beskrivningen i avsnitt 7.
8 Skjut vajern så långt det går i riktning mot expanderlåset, tryck ner nippeln och dra ut vajern från expandern **(se bilder)**.

Montering

9 Sätt in vajern i bromsskölden/fästplattan och tryck in den, upp till stoppläget på vajer-höljets hylsa.
10 Ta tag i vajerändens hylsa och tryck in den i expandern tills den snäpps fast.
11 Monteringen utförs i omvänd ordningsföljd mot demonteringen. Innan du sätter tillbaka mittkonsolen, justera handbromsen enligt beskrivningen i avsnitt 14.

17 Handbromsbackar – demontering och montering

Demontering

1 Ta bort den bakre bromsskivan enligt beskrivningen i avsnitt 7, och anteckna var alla komponenter sitter.
2 Använd en tång och haka försiktigt loss och ta bort handbromsbackens returfjäder **(se bilder)**.
3 Lossa bromsbackens fäststift med hjälp av en tång, tryck ner dem och vrid dem mer än 90°, ta sedan bort stiften och fjädrarna **(se bilder)**.

17.2b ... och bakre returfjädrar

17.3a Vrid fäststiften 90° ...

17.3b ... ta sedan bort stiften och fjädrarna ...

17.4 ... och handbromsbackarna

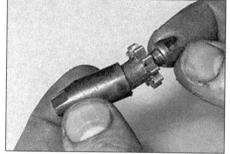

17.6 Rengör justerarenheten och smörj in den med nytt bromsfett

17.9 Sätt dit justerarenheten och se till att den hakar i båda handbromsbackarna ordentligt

4 Ta bort båda bromsbackarna och ta bort backjusteringsmekanismen. Notera hur den är monterad **(se bild)**.

5 Se efter om handbromsbackarna är slitna eller smutsiga och byt dem vid behov. Rekommendationen är att du alltid byter returfjädrarna.

6 När bromsbackarna är borttagna, rengör och kontrollera bromsbacksjusterar- och expandermekanismerna och byt dem om de visar tecken på slitage eller skador. Om allt är bra, stryk på ett nytt lager bromsfett (BMW rekommenderar Molykote G-pasta) på justerarens gängor och expandermekanismens glidytor **(se bild)**. Låt inte fettet komma i kontakt med bromsbackens belägg.

Montering

7 Före installationen, rengör fästplattan och stryk på ett tunt lager högtemperaturbromsfett eller antikärvmedel på alla fästplattans ytor som ligger an mot bromsbackarna. Låt inte smörjmedlet komma i kontakt med belägget.

8 Passa in handbromsbackarna och fäst dem med fästsprintar och fjädrar.

9 Se till att bromsbackarnas nedre ändar hakar i expandern som de ska och skjut sedan justermekanismen på plats mellan bromsbackarnas övre ändar **(se bild)**.

10 Kontrollera att alla komponenter sitter korrekt och montera de övre och nedre returfjädrarna med en tång.

11 Centrera handbromsbackarna och sätt

tillbaka bromsskivan enligt beskrivningen i avsnitt 7.

12 Innan du sätter tillbaka hjulet, justera handbromsen enligt avsnitt 14.

18 Bromsljuskontakt – demontering och montering

Demontering

1 Bromsljuskontakten sitter på pedalfästbygeln, bakom instrumentbrädan.

2 Skruva loss fästskruvarna som fäster den nedre delen av förarsidans instrumentbrädespanel. Lossa panelen och ta bort den från bilen.

3 Sträck in handen bakom instrumentbrädan och koppla loss kontaktdonet från kontakten.

18.4a Dra loss kontakten från fästet

4 Dra loss kontakten från fästet. Om det behövs, tryck ihop klämman och ta bort kontaktens fäste från pedalfästbygeln **(se bilder)**.

Montering

5 Tryck ner bromspedalen helt, håll den nedtryckt, och passa in kontakten på plats. Håll kontakten på plats, släpp sedan långsamt bromspedalen och låt den gå till ändläget. Detta justerar automatiskt bromsljuskontakten. **Observera:** *Om du släpper pedalen för snabbt kommer kontakten att justeras felaktigt.*

6 Återanslut kontaktdonet och kontrollera att bromsljusen fungerar som de ska. Bromsljusen ska tändas när bromspedalen har flyttats cirka 5 mm. Om kontakten inte fungerar som den ska är det fel på den och den måste bytas. Man kan inte utföra några andra justeringar.

7 Avsluta med att sätta tillbaka den nedre instrumentbrädespanelen på förarsidan.

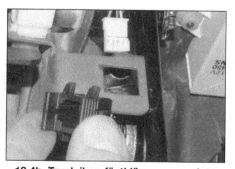

18.4b Tryck ihop fästklämmorna och ta bort kontaktens fäste

19 Låsningsfria bromsar (ABS) – allmän information

Observera: *På modeller med antispinnsystem har ABS-enheten två funktioner, och styr både systemet med låsningsfria bromsar (ABS) och antispinnsystemet i ASC+T-systemet.*

1 De flesta modeller har ABS som standardutrustning, och systemet fanns som tillval på övriga modeller. Systemet består av en hydraulisk spärr som innehåller de hydrauliska magnetventilerna och den eldrivna returpumpen, de fyra hjulgivarna (en på varje hjul), och den elektroniska styrenheten (ECU). Syftet med systemet är att förhindra att hjulen låses vid kraftiga inbromsningar. Detta sker genom att bromsen på det berörda hjulet lossas automatiskt och sedan aktiveras den igen.

2 Magnetventilerna styrs av den elektroniska styrmodulen (ECU), som i sin tur tar emot signaler från de fyra hjulgivarna (en på varje nav), som övervakar varje hjuls rotationshastighet. Genom att jämföra dessa signaler kan ECU:n avgöra med vilken hastighet bilen färdas. Den kan sedan använda den uppmätta hastigheten för att avgöra när ett visst hjuls hastighet sjunker med en onormal takt, jämfört med bilens hastighet, och på så sätt förutse när ett hjul kommer att låsas. Vid normal användning fungerar systemet på samma sätt som ett bromssystem utan ABS. Dessutom informerar bromspedalens lägesgivare (som sitter på vakuumservoenheten) också ECU:n om hur hårt bromspedalen trycks ner.

3 Om ECU:n känner att ett hjul kommer att låsas, aktiverar den den berörda magnetventilen i hydraulenheten, som sedan isolerar bromsoket på det hjul som precis ska låsas från huvudcylindern, vilket effektivt stänger in det hydrauliska trycket.

4 Om hjulets rotationshastighet fortsätter att sjunka med en onormal takt slår ECU:n på den eldrivna returpumpen som då pumpar hydraulvätska tillbaka in i huvudcylindern, vilket lättar trycket på bromsoket så att bromsen släpps. När hjulets rotationshastighet återgår till en rimlig nivå stannar pumpen. Magnetventilen öppnas, vilket gör att den hydrauliska huvudcylinderns tryck kan återgå till bromsoket, som sedan lägger an bromsen igen. Denna cykel kan utföras upp till 10 gånger i sekunden.

5 Magnetventilernas och returpumpens aktiviteter skapar pulser i hydraulkretsen. När ABS-systemet fungerar kan du känna dessa pulser i bromspedalen.

6 ABS-systemets funktion är helt beroende av elektriska signaler. För att förhindra att systemet svarar på eventuella felaktiga signaler finns en inbyggd säkerhetskrets som övervakar alla signaler som ECU:n tar emot. Om en felaktig signal eller låg batterispänning registreras stängs ABS-systemet automatiskt

20.4 Lossa locket, lossa och koppla ifrån ABS-givarens anslutningskontakt (se pil)

av, och varningslampan på instrumentpanelen tänds för att informera föraren om att ABS-systemet inte fungerar. Men vanlig bromsning ska fortfarande kunna utföras.

7 Om det uppstår ett fel i ABS-systemet måste bilen lämnas in till en BMW-verkstad eller annan lämplig specialist för feldiagnos och reparation.

8 På modeller med ASC+T finns också en inbyggd ackumulator i hydraulsystemet. Förutom att utföra ABS-funktionen enligt ovanstående beskrivning styr hydraulenheten även antispinndelen i ASC+T-systemet. Om ECU:n känner att hjulen håller på att förlora greppet under acceleration applicerar hydraulenheten tillfälligt bakbromsarna för att förhindra att hjulen spinner. Precis som med ABS-systemet måste bilen lämnas in till en BMW-verkstad eller annan lämplig specialist för test om det uppstår ett fel i ASC+T-systemet.

20 Låsningsfria bromsar (ABS), komponenter – demontering och montering

Hydraulenhet

1 Även om hemmamekanikern kan ta bort hydraulenheten, måste dess självdiagnossystem gås igenom med ett särskilt testverktyg före och efter demonteringen, och enheten måste luftas med BMW:s servicetestutrustning. Följaktligen rekommenderar vi att

20.5 Skruva loss givarens fästbult (se pil)

demontering och montering av hydraulenheten ska utföras av en BMW-verkstad eller annan lämplig specialist.

Ackumulator (modeller med ASC+T)

2 Av samma skäl som anges i punkt 1, rekommenderar vi att demontering och montering av ackumulatorn ska överlåtas till en BMW-verkstad eller annan lämplig specialist.

Elektronisk styrenhet (ECU)

3 För att kunna ta bort ECU:n för ABS/ASC+T måste hydraulenheten först tas bort, eftersom ECU:n är fastskruvad på hydraulenhetens sida. Följaktligen rekommenderar vi att demontering och montering av ECU:n ska utföras av en BMW-verkstad eller annan lämplig specialist.

Främre hjulgivare

Demontering

4 Klossa bakhjulen, dra åt handbromsen ordentligt, hissa upp framvagnen och ställ den på pallbockar. Demontera relevant framhjul. Följ kablaget bakåt från givaren till anslutningen, som sitter i en skyddande plastlåda. Lossa locket, lossa kontaktdonet och koppla loss det från huvudkablaget **(se bild)**.

5 Skruva loss bulten som fäster givaren på hjulspindeln och ta bort givar- och ledningsenheten från bilen **(se bild)**. Observera: På vissa modeller är framhjulens givare olika på vänster och höger sida, och märkta med L (vänster) och R (höger). Högersidans givare har dessutom två gröna markeringar mellan givaren och muffen.

Montering

6 Före monteringen, tryck på ett tunt lager flerfunktionsfett på givarens spets (BMW rekommenderar Staborax NBU 12/k).

7 Se till att givarens och hjulspindelns tätningsytor är rena, och montera sedan givaren på navet. Se till att givaren monteras på rätt sida av bilen (i förekommande fall, se punkt 5). Sätt tillbaka fästbulten och dra åt den till angivet moment.

8 Se till att givarens kablage är korrekt draget och att det hålls fast med klämmor, och återanslut det till dess kontaktdon. Sätt tillbaka givarens anslutning i lådan och fäst locket ordentligt med klämmorna.

9 Sätt tillbaka hjulet. Sänk sedan ner bilen och dra åt hjulbultarna till angivet moment.

Bakre hjulgivare

Demontering

10 Klossa framhjulen, hissa sedan upp bilens bakvagn och stöd den på pallbockar. Ta bort lämpligt hjul.

11 Ta bort givaren enligt beskrivningen i punkt 4 och 5.

Montering

12 Sätt tillbaka givaren enligt beskrivningen ovan i punkterna 6 till 9.

Främre magnetmotståndsringar

13 De främre magnetmotståndsringarna är fästa på baksidan av hjulnaven. Undersök om ringarna är skadade, urflisade eller saknar kuggar. Om de måste bytas måste hela navenheten tas isär och lagren bytas ut, enligt beskrivningen i kapitel 10.

Bakre magnetmotståndsringar

14 De bakre motståndsringarna är intryckta i drivaxelns yttre drivknutar. Undersök om ringarna visar tecken på skador, t.ex. urflisning eller kuggar som saknas, och byt efter behov. Om de måste bytas, måste du byta driv-axelenheten (se kapitel 8).

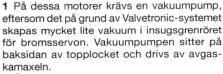

21 Vakuumpump (motor N42 och N46) – demontering och montering

Demontering

1 På dessa motorer krävs en vakuumpump, eftersom det på grund av Valvetronic-systemet skapas mycket lite vakuum i insugsgrenröret för bromsservon. Vakuumpumpen sitter på baksidan av topplocket och drivs av avgas-kamaxeln.
2 Öppna motorhuven och placera den i helt öppet läge, se kapitel 11.
3 Skruva loss de båda skruvarna, lyft upp plastkåpan från motorns ovansida och dra ut den mot bilens främre del.
4 Arbeta i motorrummets bakre del och vrid fästena 90° moturs och ta bort pollenfilter-kåpan. Skjut bort filtret från huset. Se kapitel 1 vid behov.

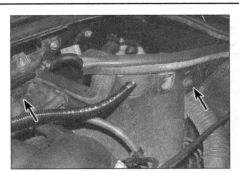

21.7 Vrid fästena (se pilar) 90° moturs

21.9 Skruva loss de 3 skruvarna (se pilar) och ta bort vakuumpumpen

5 Lossa fästklämmorna och ta bort kabeln från kanalen på luftintagshuset.
6 Skruva loss de fyra skruvarna och dra pollenfilterhuset framåt – se kapitel 1 om det behövs.
7 I motorrummets vänstra bakre hörn drar du upp tätningsremsan, skruvar loss de båda fästena och drar klädselpanelen lite framåt **(se bild)**.
8 Skruva loss de båda torxskruvarna och lyft ut värmeenhetens insugshus **(se bild)**.

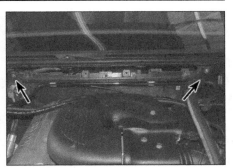

21.8 Skruva loss de båda skruvarna (se pilar) och ta bort insugshuset

21.10 Se till att pumpdrivningen hakar i spåret på kamaxeländen ordentligt

9 Koppla loss vakuumslangen från pumpen, skruva loss de tre skruvarna och ta bort pumpen **(se bild)**. Kasta O-ringstätningen eftersom en ny måste monteras.

Montering

10 Monteringen utförs i omvänd ordnings-följd mot demonteringen. Se till att pumpens drivtappar hakar i spåret i kamaxeln ordentligt **(se bild)**. Dra åt pumpens fästskruvar ordentligt.

Kapitel 10
Fjädring och styrning

Innehåll

Svårighetsgrad

Enkelt, passar novisen med lite erfarenhet	Ganska enkelt, passar nybörjaren med viss erfarenhet	Ganska svårt, passar kompetent hemmamekaniker	Svårt, passar hemmamekaniker med erfarenhet	Mycket svårt, för professionell mekaniker

Specifikationer

Framfjädring

Typ . . . . Fristående, med MacPherson-fjäderben med spiralfjädrar och teleskopstötdämpare. De flesta modeller har krängningshämmare.

Bakfjädring

Typ . . . . Fristående, hjulinställningsarmar med övre och nedre länkarmar med spiralfjädrar och stötdämpare. De flesta modeller har krängningshämmare.

Styrning

Typ . . . . Kuggstångsstyrning. Servostyrning är standard på alla modeller.

Hjulinställning och styrningsvinklar

Bilen måste vara lastad med vikt motsvarande passagerare fram och bak, och ha en full bränsletank.

Framhjul:
 Cambervinkel:
  Standard . . . . -20' ± 20'
  Modeller med sportfjädring . . . . -43' ± 20'
  Maximal skillnad mellan sidorna . . . . 30'
 Castervinkel:
  Standard . . . . 5° 26' ± 30'
  Modeller med sportfjädring . . . . 3° 36' ± 30'
  Maximal skillnad mellan sidorna . . . . 30'
 Toe-inställning (totalt) . . . . 0° 14' ± 8'
Bakhjul:
 Cambervinkel:
  Standard . . . . -1° 30' ± 15'
  Modeller med sportfjädring . . . . -2° 04' ± 15'
  Maximal skillnad mellan sidorna . . . . 15'
 Toe-inställning (totalt) . . . . 0° 16' ± 6'

Hjul

Typ . . . . Pressat stål eller aluminiumlegering (beroende på modell)
Storlek . . . . 6.5J x 15, 7J x 15, 7J x 16, 7J x 17, 8J x 17, 8J x 18 eller 8.5J x 18

Däck

Storlek:
   Hjul . . . . Från 195/55 R 15 till 255/35 ZR 18 beroende på modell och hjultyp*
   Reservhjul. . . . . 125/90 R 15, 125/90 R 16 eller 125/80 x 17*
Tryck . . . . Se etiketten på förardörrens öppning
*Se instruktionsboken, kontakta en BMW-återförsäljare eller lämplig däckförsäljare för information om korrekt storlek för din bil

Åtdragningsmoment

Nm

Framfjädring

Bult mellan fjäderben och hjulspindel*	81
Fjäderbenets övre fästplatta/kolvstångsmutter:	
M12-gänga:	
Kolv med en utvändig sexkantig ände (håll med hylsnyckel)	64
Kolv med en invändig sexkantig ände (håll med insexnyckel)	44
M14-gänga	64
Förstärkningsram/platta under den främre kryssrambalken*:	
Steg 1	59
Steg 2	Vinkeldra ytterligare 90°
Steg 3	Vinkeldra ytterligare 30°
Krängningshämmarens fästklämmuttrar*	22
Länkarm till kryssrambalk	90
Länkarmens bakre fästbygelbultar	59
Länkarmens spindelledsmutter*	65
Muttrar mellan fjäderbenets fäste till karossen*:	
Muttrar med fläns med 18 mm diameter	24
Muttrar med fläns med 21 mm diameter	34
Muttrar till krängningshämmarens anslutningslänk*	65
Navmutter*	290
Tvärbalk mellan kryssrambalk och motor*:	
M10:	
Hållfasthetsklass 8.8 (se bultskallen)	42
Hållfasthetsklass 9.8 (se bultskallen)	47
M12:	
Hållfasthetsklass 8.8 (se bultskallen)	77
Hållfasthetsklass 10.9 (se bultskallen)	110
Hållfasthetsklass 12.9 (se bultskallen)	105

Bakfjädring

Hjulinställningsarm till kryssrambalk	77
Kryssrambalk:	
M12	77
M14	140
Styrbult mellan hjulinställningsarm och fästbygel	110
Styrbultar mellan länkarm och kryssrambalk*	77
Styrbultar mellan hjulinställningsarm och länkarm*	110
Stötdämparens nedre fästbult	100
Stötdämparens övre fästmuttrar:	
M8:	
Hållfasthetsklass 8.8 (se bultskallen)	22
Hållfasthetsklass 10.9 (se bultskallen)	30
Stötdämparkolvens stagmutter*	14

Styrning

Bultar mellan servostyrningspumpen och kylvätskepumpen	
(N42-motorer)	32
Givare för acceleration i sidled	8
Klämbult till rattstångens kardanknut*	22
Kuggstångens fästmuttrar*	42
Ratt:	
Bult	63
Mutter	80
Servostyrningspumpens bultar	22
Servostyrningsrörets anslutningsmuttrar:	
M10-anslutningsbult	12
M14-anslutningsbult	35
M16-anslutningsbult	40
M18-anslutningsbult	45

Åtdragningsmoment (forts.)

	Nm
Styrstag	100
Styrstagets styrled:	
Fästmutter*	65
Låsmutter	14
Hjul	
Hjulbultar	100

* Återanvänds inte

1 Allmän information

Den oberoende framfjädringen är av MacPherson-bentyp, med spiralfjädrar och inbyggda teleskopiska stötdämpare. MacPherson-fjäderbenen hålls fast av tvärgående nedre fjädringsarmar, som använder inre fästbussningar av gummi, och har en spindelled i ytterändarna. De främre hjulspindlarna, som bär upp bromsoken och nav-/skivenheterna, är fästa på MacPherson-fjäderbenen och är anslutna till länkarmarna med spindelleder. Alla modeller har en främre krängningshämmare. Krängningshämmaren är fäst med gummifästen och är ansluten till båda fjäderbenen/länkarmarna (efter tillämplighet) med anslutningslänkar.

Bakfjädringen är helt fristående och består av länkarmar, som är kopplade till bakaxelns spindel med övre och nedre länkarmar. Det sitter spiralfjädrar mellan de övre länkarmarna och bilens kaross, och stötdämparna är kopplade till karossen och hjulinställningsarmarna. De flesta modeller har en bakre krängningshämmare. Krängningshämmaren är fäst med gummifästen, och är ansluten till de övre länkarmarna med anslutningslänkar.

Rattstången är ansluten till kuggstången med en mellanaxel, som innehåller en universalknut.

Kuggstången sitter på den främre kryssrambalken, och är ansluten med två styrstag med kulleder i ytterändarna, till styrarmarna som sticker ut framåt från hjulspindlarna. Styrstagsändarna är gängade för att underlätta justering.

Servostyrning är standard på alla modeller. Det hydrauliska styrsystemet drivs av en remdriven pump, som drivs av vevaxelns remskiva.

Observera: *Informationen i detta kapitel gäller standardversionen av fjädringen. På modeller med sportfjädringen M-Technic finns det mindre skillnader. Kontakta din BMW-återförsäljare för information.*

2 Framnav – demontering och montering

Observera: *Navenheten ska endast tas bort om den ska bytas. Navlagrets inre lagerbana är presspassad i navet, och om du tar bort navet kommer lagren med största sannolikhet att skadas. BMW anger att navenheten måste bytas om den tas bort. Det behövs även en ny navmutter och fettkåpa vid monteringen.*

Demontering

1 Ta bort den främre bromsskivan (kapitel 9).
2 Skruva loss fästskruven och ta bort den främre hjulgivaren (kapitel 9, avsnitt 20).
3 Knacka ut fettkåpan från navets mitt **(se bild)**.
4 Använd en hammare och en lämplig trubbig huggmejsel, knacka upp kilen som håller navets fästmutter på plats, lossa och ta sedan bort muttern **(se bild)**.

2.3 Knacka ut fettkåpan från navets mitt

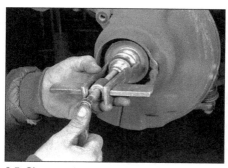

2.5 Sitter navlagrets inre lagerbana kvar på axeltappen, ta bort den med en avdragare

5 Fäst en lämplig avdragare på navenheten och dra loss enheten från hjulspindeln. Om lagrets inre lagerbana sitter kvar på navet behövs det en avdragare med någon typ av knivegg för att få bort den **(se bild)**. Observera att hjullagren inte kan köpas separat – navet måste bytas som en fullständig enhet.
6 Om det behövs kan du skruva loss fästskruvarna och ta bort skivskyddet från hjulspindeln.

Montering

7 Om du har tagit bort skivskyddet monterar du det på hjulspindeln och drar åt dess fästskruvar ordentligt.
8 Se till att dammkåpan monteras korrekt på navenhetens baksida, och passa in navet på hjulspindeln. Knacka eller tryck navenheten helt på hjulspindelns axel med hjälp av en rörformad distans som endast ska ligga an mot lagrets inre lagerbana **(se bild)**.

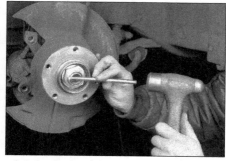

2.4 Använd en hammare och en spetsig huggmejsel för att knacka ut navmuttern

2.8 Knacka navenheten på plats med en hylsa som endast ligger an mot det nya lagrets inre lagerbana

3.6 Använd en stor skruvmejsel för att försiktigt dela på klämman

9 Skruva på den nya navmuttern på axel-tappen. Dra åt muttern till angivet moment, och fäst den på plats genom att kila fast den ordentligt i axeltappsspåret med en hammare och körnare.
10 Kontrollera att navet snurrar fritt och tryck på den nya fettkåpan på navets mitt.
11 Sätt tillbaka bromsskivan och ABS-hjulgivaren enligt beskrivningen i kapitel 9.

3 Främre hjulspindel – demontering och montering

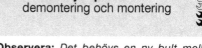

Observera: *Det behövs en ny bult mellan fjäderbenet och navet, och nya muttrar till styrstagets styrled och länkarmens spindelled vid återmonteringen.*

Demontering

1 Dra åt handbromsen ordentligt, hissa upp framvagnen och ställ den på pallbockar. Ta bort relevant framhjul.
2 Om hjulspindeln ska bytas, ta bort nav-enheten (se avsnitt 2).
3 Om hjulspindeln ska återmonteras, lossa och ta bort de båda bultar som håller fast bromsokets fästbygel på spindeln, och skjut sedan bort bromsoksenheten från skivan. Använd en bit snöre eller vajer och bind fast bromsoket på framfjädringens spiralfjäder för att undvika att hydraulbromsslangen utsätts för belastning. På modeller med ABS ska du även ta bort hjulgivaren (se kapitel 9, avsnitt 20).
4 Skruva loss muttern som håller fast kugg-

4.3 Dra loss bromsslangen och kablagets genomföringar från fästbygeln

3.10 Se till att styrsprinten (se pil) glider in i spåret på klämman

stångens styrstagets styrled på hjulspindeln, och lossa styrledens fasade skaft med en universell kulledsavdragare.
5 Skruva loss spindelledsmutter och lossa kulledens fasade skaft från hjulspindeln med en universell kulledsavdragare.
6 Skruva loss bulten som håller fast fjäder-benet på hjulspindeln. Skjut hjulspindeln nedåt och loss från fjäderbenets ände. För att underlätta borttagningen kan du sätta in en stor skruvmejsel i spåret på baksidan av hjulspindeln och dela försiktigt på hjul-spindelns klämma **(se bild)**. Var försiktig så att du endast delar på spindelklämman precis så mycket som behövs, eftersom för stor kraft orsakar skador.
7 Undersök om hjulspindeln verkar skadad eller sliten, och byt den vid behov.

Montering

8 Före återmonteringen rengör du gängorna på bulten mellan fjäderbenet och hjulspindeln med hjälp av en gängtapp med rätt gängstorlek och stigning.

> **HAYNES TiPS** *Om du inte har tillgång till en lämplig tapp, rengör hålen med den gamla bulten, med spår skurna i dess gängor.*

9 Haka i hjulspindeln med spindelledsbult, och sätt dit den nya fästmuttern.
10 Passa in hjulspindeln rätt på fjäderbenet. Se till att styrsprinten på benet glider in i spåret på hjulspindelklämman **(se bild)**. Skjut hjulspindeln uppåt tills den tar i "stoppet" på

4.7 Observera centrumsprinten (se pil) bredvid fjäderbenets övre fästbultar

fjäderbenet. Sätt dit den nya bulten mellan fjäderbenet och hjulspindeln och dra åt den till angivet moment.
11 Dra åt länkarmens spindelledsmutter till angivet moment.
12 Haka i styrstagets styrled i hjulspindeln. Sätt sedan dit en ny fästmutter och dra åt den till angivet moment.
13 Sätt dit den nya navenheten (se avsnitt 2).
14 På modeller där navet inte har påverkats låter du bromsoket glida på plats över skivan. Se till att bromsklossarna går ner på båda sidor om skivan. Olja in gängorna på broms-okets fästbygelbultar före monteringen, och dra åt dem till angivet moment (se kapitel 9).
15 Sätt tillbaka hjulet och sänk sedan ner bilen och dra åt hjulbultarna till angivet moment.

4 Främre fjäderben – demontering, översyn och montering

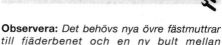

Observera: *Det behövs nya övre fästmuttrar till fjäderbenet och en ny bult mellan fjäderbenet och hjulspindeln vid monteringen.*

Demontering

1 Klossa bakhjulen, dra åt handbromsen ordentligt, hissa upp framvagnen och ställ den på pallbockar. Ta bort lämpligt hjul.
2 För att förhindra att länkarmsenheten hänger ner när fjäderbenet är borttaget, skruva in en hjulbult i navet, och linda sedan en bit vajer runt bulten och bind fast den i bilens kaross. Detta håller uppe navenhetens tyngd. Du kan också stötta navenheten med en domkraft.
3 Lossa bromsslangarnas och kablagets fästklämmor längst ner på fjäderbenet **(se bild)**.
4 Skruva loss fästmuttern och brickan, koppla sedan loss krängningshämmarstaget från fjäderbenet. Använd en öppen nyckel för att hålla emot krängningshämmarlänkens kulled när du skruvar loss muttern.
5 På modeller med markhöjdsgivare för strål-kastarinställningen skruvar du loss muttern och tar bort länkens fästbygel från den nedre länkarmen.
6 Skruva loss bulten som håller fast fjäder-benet på hjulspindeln. Skjut hjulspindeln nedåt och loss från fjäderbenets ände. För att underlätta borttagningen kan du sätta in en stor skruvmejsel i spåret på baksidan av hjulspindeln och dela försiktigt på hjulspindelns klämma **(se bild 3.6)**. Var försiktig så att du endast delar på spindelklämman precis så mycket som behövs, eftersom för stor kraft orsakar skador.
7 Arbeta inifrån motorrummet och skruva loss fjäderbenets övre fästmuttrar. Sänk sedan försiktigt ner fjäderbensenheten från skärmens undersida. På vissa modeller finns en centrumsprint på fjäderbenets övre fästplatta, som linjeras med ett motsvarande hål i bilens

4.9 Sätt dit fjäderkompressorn

4.10a Ta bort plastlocket . . .

4.10b . . . och skruva loss muttern

kaross **(se bild)**. På modeller som inte har någon centrumsprint gör du inställnings-markeringar mellan fästplattan och karossen. Det är mycket viktigt att fästplattan monteras på sin ursprungliga plats för att fjäderbenets cambervinkel ska bevaras.

Översyn

⚠️ *Varning: Innan du försöker ta isär det främre fjäderbenet måste du införskaffa ett lämpligt verktyg för komprimering av spiralfjädern. Det finns justerbara fjäderspännare, och de rekommenderas för detta arbete. Alla försök att ta isär fjäderbenet utan ett sådant verktyg innebär stora risker för materiella skador och/eller personskador.*

Observera: *Det behövs en ny fästplatta.*

8 Ta ut fjäderbenet från bilen, ta bort all smuts och placera sedan fjäderbenet upprätt i ett skruvstäd.

9 Sätt dit fjäderkompressorn och tryck ihop spiralfjädern tills all spänning försvinner från det övre fjädersätet **(se bild)**.

10 Ta bort locket från fjäderbenets ovansida för att komma åt fästmuttern till fjäderbenets övre fäste. Lossa muttern samtidigt som du håller fast fjäderbenskolven med ett lämpligt verktyg **(se bilder)**.

11 Ta bort fästmuttern och lyft bort fästplattan tillsammans med trycklagret. Ta bort den koniska brickan och den platta brickan, sedan den övre fjäderplatan och det övre fjädersätet.

12 Lyft bort spiralfjädern, följt av stoppklacken, damasken och det nedre fjädersätet.

13 När fjäderbensenheten är helt isärtagen, undersök alla komponenter och kontrollera

om de är slitna, skadade eller deformerade, och kontrollera att det övre fästlagret fungerar smidigt. Byt ut delarna efter behov.

14 Undersök om fjäderbenet uppvisar tecken på vätskeläckage. Kontrollera hela fjäderbenskolven och undersök om den visar tecken på gropbildning eller om fjäderbenet verkar skadat. Håll fjäderbenet upprätt och kontrollera dess funktion genom att röra kolven en hel slaglängd och sedan i korta kolvslag på 50 eller 100 mm. I bägge fallen ska motståndet kännas jämt och kontinuerligt. Om motståndet känns ryckigt eller ojämnt, eller om det finns synliga tecken på slitage eller skada, måste fjäderbenet bytas ut.

15 Om du är osäker på spiralfjäderns skick kan du försiktigt lossa fjäderkompressorerna och kontrollera eventuella förändringar eller tecken på sprickbildning hos fjädern. Byt ut fjädern om den är skadad eller skev, eller om du är osäker på dess skick.

16 Undersök om det finns tecken på skada eller åldrande på någon av de andra delarna och byt ut alla delar där du misstänker fel.

17 Sätt tillbaka det nedre fjädersätet, och skjut stoppklacken och damasken på fjäderbenskolven **(se bilder)**.

18 Sätt dit spiralfjädern på fjäderbenet. Se till att gummisätet och fjädern sitter rätt **(se bild)**.

19 Sätt dit det övre fjädersätet så att fjäderänden ligger mot sätesstoppet **(se bild)**.

20 Sätt tillbaka den platta brickan följt av den koniska brickan (konkav sida upp) och den övre fästplattan. Sätt dit den nya fästplattemuttern och dra åt den till angivet moment **(se bilder)**. Om dämparens stag roterar när du försöker dra åt muttern finns det en särskild "borttagningshylsa" att köpa från BMW-handlare och välsorterade verktygsbutiker, som gör att man kan sätta in en insexnyckel i dämparstagets övre del när momentnyckeln monteras.

4.17a Sätt tillbaka det nedre sätet . . .

4.17b . . . följt av damasken och stoppklacken

4.18 Observera att fjädern endast passar i det nedre sätet i ett läge

4.19 Se till att fjäderänden ligger mot sätesstoppet (se pil)

4.20a Sätt dit den platta brickan . . .

4.20b ... följt av den koniska brickan, med den konkava sidan upp ...

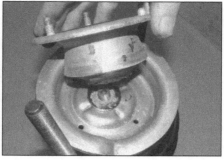

4.20c ... och sätt sedan tillbaka det övre fästet ...

4.20d ... och sätt dit den nya muttern

21 Se till att fjäderändarna och sätena sitter rätt och lossa sedan försiktigt kompressorn och ta bort den från fjäderbenet. Sätt tillbaka locket på fjäderbenets ovansida.

Montering

22 Före återmonteringen rengör du gängorna på bulten mellan fjäderbenet och hjulspindeln med hjälp av en gängtapp med rätt gängstorlek och stigning.

 HAYNES TIPS *Om du inte har tillgång till en lämplig tapp, rengör hålen med en av de gamla bultarna, med spår skurna i dess gängor.*

23 Passa in fjäderbensenheten på plats, linjera centrumsprinten med motsvarande hål, eller tidigare gjorda markeringar, och sätt dit de nya över fästmuttrarna.
24 Passa in hjulspindeln rätt på fjäderbenet (se avsnitt 3) och sätt in fästbulten. Dra åt bulten till angivet moment. Observera att kablaget/slangstödfästet också är fäst med bulten.
25 Dra åt mutterns övre fästmuttrar till angivet moment.
26 I förekommande fall sätter du tillbaka länkfästbygeln till fjädringens höjdgivare på den nedre länkarmen och drar åt fästmuttern ordentligt.
27 Haka i krängningshämmarens anslutningslänk med fjäderbenet. Se till att den plana ytan på bulten är korrekt placerad mot tappen på fjäderbenet. Sätt sedan dit brickan och den nya fästmuttern, och dra åt till angivet moment.

28 Fäst slangen/kablaget på fjäderbenet igen och sätt sedan tillbaka hjulet. Sänk ner bilen och dra åt hjulbultarna till angivet moment.

5 Framfjädringens länkarm – demontering, översyn och montering

Observera: Det behövs nya spindelledsmuttrar till länkarmen vid monteringen.

Demontering

1 Klossa bakhjulen, dra åt handbromsen ordentligt, hissa upp framvagnen och ställ den på pallbockar. Demontera relevant framhjul.
2 Skruva loss skruvarna och ta bort motorns undre skyddskåpa.
3 Skruva loss bultarna och ta bort förstärkningskorsstaget, eller plattan, från bilens undersida (se kapitel 2A).
4 På modeller med markhöjdsgivare för fjädringen skruvar du loss fästmuttern och tar bort givarlänkens fästbygel från den nedre länkarmen.
5 Skruva loss länkarmens spindelledsmuttrar och lossa armen från hjulspindeln med hjälp av en universell kulledsavdragare **(se bilder)**.
6 Skruva loss de båda bultarna som håller fast länkarmens bakre fäste på karossen **(se bild)**.
7 Skruva loss muttern från länkarmens inre spindelled och ta bort länkarmsenheten från bilens undersida. Observera att spindelleden kan sitta hårt fast i tvärbalken och kan behöva knackas loss.

Översyn

8 Rengör länkarmen och området runt armfästena noggrant, ta bort alla spår av smuts och underredsbehandling om det behövs. Kontrollera sedan noggrant att det inte finns sprickor, vridningar eller andra tecken på slitage eller skador. Var särskilt uppmärksam på fästbussningarna och kulleden. Om bussningen eller spindelleden behöver bytas ska länkarmen lämnas in till en BMW-verkstad eller annan lämplig verkstad. Det behövs en hydraulisk press och lämpliga mellanläggsbrickor för att trycka loss bussningarna och montera nya.

Montering

9 Före återmonteringen rengör du gängorna på bulten mellan fjäderbenet och hjulspindeln med hjälp av en gängtapp med rätt gängstorlek och stigning.

 HAYNES TIPS *Om du inte har tillgång till en lämplig tapp, rengör hålen med den gamla bulten, med spår skurna i dess gängor.*

10 Se till att spindelledsbultarna och fästhålen är rena och torra, och passa sedan in länkarmen.
11 Passa in den inre fästpinnbulten i tvärbalken och haka i spindelledsbulten med hjulspindeln. Om det behövs kan du trycka den inre spindelledsbulten på plats med hjälp av domkraftsplatsen under armen.
12 Sätt dit en ny mutter på den inre spindelledsbulten och dra åt den till angivet moment.

5.5a Håll emot spindelleden med en insexnyckel samtidigt som du lossar muttern

5.5b Använd en kulledsavdragare för att lossa länkarmen

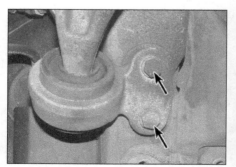

5.6 Skruva loss de båda bultarna mellan länkarmen och karossen (se pilar)

13 Sätt dit en ny mutter på den yttre spindelledsbulten och dra åt den till angivet moment.
14 Sätt tillbaka länkarmens bakre fästbygelbultar och dra åt dem till angivet moment.
15 På modeller med markhöjdsgivare för fjädringen sätter du tillbaka givarens länkfästbygel på länkarmen och drar åt fästmuttern ordentligt.
16 Sätt tillbaka förstärkningskorsstaget eller plattan på bilens undersida och dra åt bultarna till angivet moment.
17 Montera motorns undre skyddskåpa.
18 Sätt tillbaka hjulet och sänk sedan ner bilen och dra åt hjulbultarna till angivet moment.

6 Framfjädringens länkarmens spindelled – byte

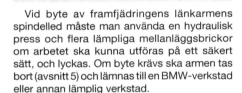

Vid byte av framfjädringens länkarmens spindelled måste man använda en hydraulisk press och flera lämpliga mellanläggsbrickor om arbetet ska kunna utföras på ett säkert sätt, och lyckas. Om byte krävs ska armen tas bort (avsnitt 5) och lämnas till en BMW-verkstad eller annan lämplig verkstad.

7 Framfjädringens krängningshämmare – demontering och montering

Observera: *Det behövs nya fästklämmuttrar och anslutande länkmuttrar vid återmonteringen.*

Demontering

1 Klossa bakhjulen, dra åt handbromsen ordentligt, hissa upp framvagnen och ställ den på pallbockar. Skruva loss skruvarna och ta bort motorns undre skyddskåpa. Ta sedan bort båda framhjulen.
2 Skruva loss fästmuttrarna och lossa anslutningslänken från krängningshämmarens båda ändar med hjälp av en andra nyckel som håller emot kulledsbulten **(se bild)**.
3 Gör inställningsmarkeringar mellan fästbussningarna och krängningshämmaren, och lossa sedan fästmuttrarna till krängningshämmarens fästklämma **(se bild)**.
4 Ta bort de båda klämmorna från kryssrambalken och ta bort krängningshämmaren från bilens undersida. Ta bort fästbussningarna från bilen.
5 Undersök krängningshämmarens komponenter noggrant, leta efter tecken på slitage, skador och liknande. Var särskilt noga med fästbussningarna. Byt ut slitna komponenter om det behövs.

Montering

6 Sätt dit gummifästbussningarna på krängningshämmaren och linjera dem med markeringarna som du gjorde före demonteringen. Vrid varje bussning så att dess platta yta är överst, och den kluvna sidan underst.

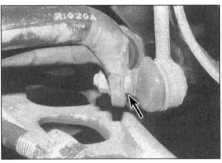

7.2 Använd en öppen nyckel för att hålla emot krängningshämmarlänken (se pil)

7 Passa in krängningshämmaren. Sätt tillbaka fästklämmorna med ändarna korrekt placerade i krokarna på kryssrambalken, och sätt dit nya fästmuttrar. Se till att bussningens markeringar fortfarande är linjerade med markeringar på stagen, och dra sedan åt fästklämmans fästmuttrar till angivet moment.
8 Haka i krängningshämmarens anslutningslänkar med staget. Se till att de plana ytorna på bulten är korrekt placerade mot tapparna på staget. Sätt sedan dit de nya fästmuttrarna och dra åt till angivet moment.
9 Sätt tillbaka hjulen, sänk sedan ner bilen och dra åt hjulbultarna till angivet moment.

8 Anslutningslänk till framfjädringens krängningshämmare – demontering och montering

Observera: *Det behövs nya anslutningslänksmuttrar vid återmonteringen.*

Demontering

1 Dra åt handbromsen ordentligt, hissa upp framvagnen och ställ den på pallbockar.
2 Skruva loss fästmuttern och lossa anslutningslänken från krängningshämmaren med hjälp av en andra nyckel som du använder för att hålla emot länkens kulledsmutter.
3 Skruva loss muttern som håller fast länken på fjäderbenet och använd en andra nyckel för att hålla emot länkens kulledsbult **(se bild)**.
4 Kontrollera om anslutningslänkens kulleder verkar slitna. Kontrollera att alla kulleder kan röra sig fritt, och att gummidamaskerna är

8.3 Använd en öppen nyckel för att hålla emot kulledsbulten till krängningshämmarlänken

7.3 Skruva loss den främre krängningshämmarens klämmuttrar

hela. Om det behövs ska du byta anslutningslänken.

Montering

5 Monteringen utförs i omvänd ordning mot demonteringen. Använd nya muttrar och dra åt dem till angivet moment.

9 Bakre navenhet – demontering och montering

Observera: *Navenheten ska endast tas bort om det, eller navlagret, ska bytas. Navet är presspassat i lagrets inre lagerbana. Om du tar bort navet kommer lagren med största sannolikhet att skadas. Om du ska ta bort navet, var beredd på att samtidigt få byta navlagret.*
Observera: *Det behövs en lång bult/bit gängat stag och lämpliga brickor vid återmonteringen.*

Demontering

1 Ta bort den berörda drivaxeln enligt beskrivningen i kapitel 8.
2 Ta bort bromsskivan enligt beskrivningen i kapitel 9.
3 Fäst en glidhammare på navytan och använd hammaren för att dra loss navet från lagret. Om lagrets inre lagerbana är kvar på navet behövs det en avdragare för att få bort den.
4 Med navet borttaget, undersök navlagret noga och leta efter tecken på skador. Kontrollera att lagret roterar fritt och lätt, utan tecken på ojämnheter. Om den inre lagerbanan sitter kvar på navet, eller om du är tveksam till vilket skick den är i, byt lagret enligt beskrivningen i avsnitt 10.

Montering

5 Stryk på ett lager olja på navets yta och passa in det i lagrets inre lagerbana.
6 Dra navet på plats med hjälp av en lång bult eller en bit gängstag och två muttrar. Sätt dit en stor bricka i var ände av bulten/staget så att den inre ligger mot lagrets inre lagerbana, och den yttre mot navet. Dra långsamt åt muttern/muttrarna tills navet är draget helt på plats. **Observera:** *Frestas inte att knacka navet på plats med en hammare och dorn, eftersom detta med största sannolikhet skadar lagret.*

11.2a Bänd ut plastniten till varnings-triangelns fästbygel (se pil)

7 Ta bort bulten/gängstaget och brickorna (efter tillämplighet) och kontrollera att navlagret roterar mjukt och lätt.
8 Sätt tillbaka bromsskivan enligt instruktionerna i kapitel 9.
9 Sätt tillbaka drivaxeln enligt instruktionerna i kapitel 8.

10 Baknavslager – byte

1 Ta bort det bakre navet enligt avsnitt 9.
2 Ta bort navlagrets fästlåsring från hjulinställningsarmen.
3 Knacka loss navlagret från hjulinställningsarmen med hjälp av en hammare och en lämplig körnare.
4 Rengör hjulinställningsarmens lopp och ta bort alla spår av smuts och fett, och putsa bort eventuella grader eller kanter som sticker upp och som kan hindra återmonteringen. Byt ut låsringen vid minsta tvivel om dess skick.
5 Vid återmonteringen, stryk på ett tunt lager ren motorolja på lagrets yttre lagerbana för att underlätta monteringen.
6 Passa in lagret på hjulinställningsarmen och knacka det helt på plats. Se till att det går in rakt, med hjälp av en lämplig rörformig distans som endast ligger an mot lagrets yttre lagerbana.
7 Fäst lagret på plats med låsringen, se till att det sitter rätt i hjulinställningsarmens spår.
8 Montera det bakre navet enligt beskrivningen i avsnitt 9.

11.5 Skruva loss den nedre stötdämpar-bulten

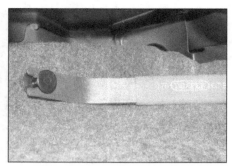

11.2b Bänd upp centrumsprinten och bänd sedan ut plastnitarna

11 Bakfjädringens stötdämpare – demontering, översyn och montering

Observera: *Det behövs nya övre fästmuttrar till stötdämparen och en ny fästpackning vid återmonteringen.*

Demontering

1 Klossa framhjulen, hissa upp bakvagnen och ställ den på pallbockar. För att förbättra åtkomligheten, ta bort bakhjulet.
2 På Sedan- och Coupé-modeller, lyft upp bagageutrymmets golvpanel och ta bort förvaringsfacket/batterikåpan. Ta bort varningstriangeln på vänster sida, bänd ut plastniten och ta bort varningstriangelns fästbygel. Bänd ut fästklämmorna som håller fast bagageutrymmets sidopanel och ta bort panelen och isoleringspanelen för att komma åt stötdämparens övre fäste (se bilder).
3 På Touring-modeller, ta bort bagageutrymmets sidoklädselpanel enligt beskrivningen i kapitel 11, avsnitt 27.
4 Placera en domkraft under hjulinställningsarmen och lyft upp domkraften så att den stöttar armens vikt. Detta förhindrar att armen ramlar ner när stötdämparen skruvas loss.
5 Skruva loss bulten som håller fast stötdämparen på hjulinställningsarmen (se bild).
6 Arbeta inifrån bagageutrymmet och skruva loss de övre fästmuttrarna (se bild). Sänk ner stötdämparen från bilens undersida och ta bort packningen som sitter mellan det övre fästet och karossen.

11.6 Skruva loss bakre stötdämparens övre fästmuttrar (se pilar)

Översyn

Observera: *Det behövs en ny kolvmutter.*

7 Ta bort skyddslocket från stötdämparens ovansida och ta sedan bort all smuts. Skruva loss kolvmuttern och den kupade brickan. Notera hur den sitter.
8 Lyft upp den övre fästplattan och ta bort dammkåpan.
9 Skjut bort mellanläggsbrickan och gummistoppet från stötdämparkolven.
10 Undersök om stötdämparen uppvisar tecken på vätskeläckage. Kontrollera hela kolven och undersök om den visar tecken på gropbildning eller om karossen verkar skadad. Kontrollera stötdämparens funktion genom att hålla den upprätt och röra kolven en hel slaglängd och sedan i korta kolvslag på 50 eller 100 mm. I bägge fallen ska motståndet kännas jämt och kontinuerligt. Om motståndet känns ryckigt eller ojämnt, eller om det finns synliga tecken på slitage eller skada, måste den bytas ut.
11 Undersök om det finns tecken på skada eller åldrande på någon av de andra delarna och byt ut alla delar där du misstänker fel.
12 Trä på gummistoppet och mellanläggsbrickan på fjäderbenskolven och sätt dit dammkåpan.
13 Sätt dit den övre fästplattan och den kupade brickan, och skruva på den nya kolvmuttern och dra åt den ordentligt. Sätt tillbaka skyddslocket.

Montering

14 Se till att den övre fästplattans och karossens kontaktytor är rena och torra, och sätt dit en ny packning på den övre fästplattan.
15 Sätt stötdämparen på plats och sätt dit de nya övre fästmuttrarna.
16 Se till att stötdämparens nedre ände är placerad med tryckbrickan till fästbussningens mellanläggsbricka vänd mot bulten. Skruva in den nedre fästbulten, men dra endast åt den för hand i detta skede.
17 Dra åt de övre fästmuttrarna till angivet moment och sätt sedan tillbaka isoleringspanelen, bagageutrymmets klädselpanel, bakljusets åtkomstlucka och högtalare (efter tillämplighet).
18 Sätt tillbaka hjulet och sänk ner bilen. Med bilen vilande på hjulen, dra åt stötdämparens nedre fästbult och hjulbultarna till angivet moment.

12 Bakfjädringens spiralfjäder – demontering och montering

Demontering

1 Klossa framhjulen, hissa upp bakvagnen och ställ den på pallbockar. Demontera aktuellt hjul.

2 Se kapitel 8 och skruva loss bultarna och plattorna som håller fast den berörda drivaxeln på slutväxelenhetens fläns. Lossa drivaxeln och stötta den genom att binda fast den på bilens underrede med en bit vajer. **Observera:** *Låt inte drivaxeln hänga fritt med hela sin tyngd eftersom drivknuten kan skadas.*

3 Koppla loss bränsletankspanelen från bilens bakre underrede (i förekommande fall).

4 På modeller med markhöjdsgivare för fjädringen, skruva loss muttern och koppla loss givarens länkarm från den övre länkarmen.

5 Koppla loss bakfjädringens krängningshämmare (i förekommande fall) enligt beskrivningen i avsnitt 16.

6 Skruva loss bulten och koppla loss bromsslangens fästbygel från hjulinställningsarmen **(se bild)**.

7 Placera en domkraft under hjulinställningsarmens bakre del och stötta upp armens tyngd.

8 Skruva loss stötdämparens nedre fästbult.

9 Sänk sakta ner hjulinställningsarmen, håll ett öga på bromsröret/slangen för att se till att de inte belastas i onödan, tills du kan ta bort spiralfjädern.

10 Ta bort fjädersätena från karossen och länkarmen. Om bilen ska stå ett tag, lyft upp inställningen igen och sätt dit stötdämparens nedre fästbult.

11 Undersök fjädern noga och leta efter tecken på skador, t.ex. sprickbildning, och kontrollera om fjädersätena är slitna. Byt ut slitna komponenter om det behövs.

Montering

12 Sätt dit de övre och nedre fjädersätena och se till att de är korrekt placerade på stiften **(se bild)**.

13 Stryk på lite fett på fjäderändarna och haka i fjädern med dess övre säte. Observera att fjädern sitter med den minsta öppningen uppåt.

14 Håll fjädern på plats och lyft försiktigt upp hjulinställningsarmen samtidigt som du linjerar spiralfjädern med dess nedre säte.

15 Lyft upp armen helt och sätt tillbaka stötdämparens nedre fästbult, men dra endast åt den för hand i detta skede.

16 Sätt tillbaka bromsslangens fästbygel på hjulinställningsarmen.

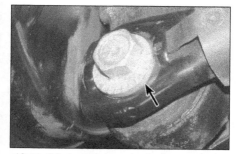

13.11 Gör inställningsmarkeringar mellan excenterbrickan (se pil) och hjulinställningsarmen

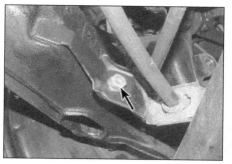

12.6 Skruva loss bromsslangens fästbygelbult (se pil)

17 Återmontera krängningshämmaren (se avsnitt 16).

18 Sätt tillbaka panelen på bränsletanken.

19 Anslut drivaxeln till slutväxelenheten enligt instruktionerna i kapitel 8. Montera sedan tillbaka spännbrickorna och bultarna och dra åt dem till angivet moment.

20 Sätt tillbaka hjulet och sänk sedan ner bilen. Dra åt hjulbultarna och stötdämparens nedre bult till angivet moment.

13 Bakfjädringens länkarm – demontering, översyn och montering

Demontering

1 Klossa framhjulen, hissa upp bakvagnen och ställ den på pallbockar. Demontera aktuellt hjul.

2 Ta bort den berörda drivaxeln (se kapitel 8).

3 Skruva loss de båda bultarna som fäster bromsokets fästbygel på plats och skjut sedan bort bromsoksenheten från skivan. Använd en bit snöre eller vajer och bind fast bromsoket på bakfjädringens spiralfjäder för att undvika att hydraulbromsslangen utsätts för belastning.

4 Koppla loss handbromsvajern från bakhjulet enligt instruktionerna i kapitel 9.

5 Ta bort bakhjulets ABS-givare enligt beskrivningen i kapitel 9, avsnitt 20.

6 Ta bort den bakre krängningshämmaren enligt beskrivningen i avsnitt 16.

7 Skruva loss fästbulten och lossa bromsrörets fästbygel från hjulinställningsarmen.

8 Placera en domkraft under hjulinställningsarmens bakre del och stötta upp armens tyngd.

9 Skruva loss stötdämparens nedre fästbult.

10 Bänd ut plastexpandernitarna och koppla loss klädselpanelen bredvid bränsletanken från bilens vänstra eller högra undersida.

11 Använd färg eller en lämplig märkpenna och gör inställningsmarkeringar mellan excenterbrickan till den nedre länkarmens styrbult och hjulinställningsarmen. Gör även inställningsmarkeringar mellan hjulinställningsarmens främre fästbygel och bilens underrede **(se bild)**. Detta behövs för att säkerställa att bakhjulsinställningen och cambervinklarna är korrekta vid återmonteringen.

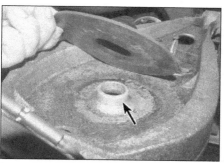

12.12 Se till att fjädersätena passar på tappen (se pil)

12 Sänk ner domkraften och ta bort spiralfjädern.

13 Skruva loss muttern och brickan från den nedre länkarmens styrbult. Ta bort styrbulten.

14 Skruva loss muttern och styrbulten som håller fast den övre länkarmen på hjulinställningsarmen. Observera bultens monteringsriktning.

15 Skruva loss de tre bultarna som håller fast hjulinställningsarmens fästbygel på karossen och ta bort hjulinställningsarmen. **Observera:** *Lossa inte hjulinställningsarmens pivåbussningsbult om du inte måste byta bussningen/fästbygeln.*

Översyn

16 Skruva loss muttern och styrbulten, och skilj på den främre fästbygeln och hjulinställningsarmen.

17 Rengör hjulinställningsarmen ordentligt, liksom området runt armfästena, och ta bort alla eventuella spår av smuts och underredsbehandling. Leta noggrant efter sprickor, vridningar eller andra tecken på slitage eller skador. Var särskilt noga med fästbussningarna. Om någon av bussningarna behöver bytas ska länkarmen lämnas in till en BMW-verkstad eller annan lämplig verkstad. Det behövs en hydraulisk press och lämpliga mellanläggsbrickor för att trycka loss bussningarna och montera nya. Undersök om styrbultarna är slitna eller skadade, och byt dem vid behov.

18 Sätt dit fästbygeln på hjulinställningsarmen och montera styrbulten och muttern. Passa in fästbygeln med hjälp av ett stag på 8 mm, och dra åt styrbulten till angivet moment **(se bild)**.

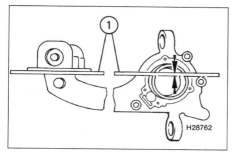

13.18 Placera ett 8 mm stag (1) mot fästbygeln och vila det mot hjulinställningsarmen för att passa in fästbygeln

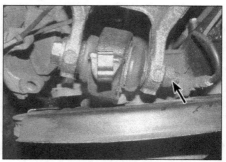

14.2 Ta bort bulten mellan länkarmen och hjulinställningsarmen (se pil)

Montering

19 Passa in hjulinställningsarmsenheten och sätt tillbaka fästbygelns fästbultar. Linjera markeringarna som du gjorde före demonteringen och dra sedan åt fästbygelns bultar till angivet moment.

20 Haka i den övre länkarmen med hjulinställningsarmen och sätt dit styrbulten och muttern. Observera att bulten ska föras in från baksidan. Dra endast åt bulten för hand i detta skede.

21 Sätt tillbaka spiralfjädern och se till att den är korrekt linjerad med fjädersätena. Lyft sedan upp hjulinställningsarmen med domkraften och montera länkarmens styrbult, excenterbricka och mutter. Linjera brickan med markeringen som du gjorde före demonteringen, montera sedan tillbaka stötdämparens nedre fästbult. Dra endast åt styrbulten och fästbulten för hand.

22 Sätt tillbaka bränsletankens panel på bilens undersida.

23 Sätt tillbaka bromsrörets fästbygel på hjulinställningsarmen, och dra åt bultarna helt.

24 Sätt tillbaka den bakre krängningshämmaren enligt beskrivningen i avsnitt 16.

25 Se kapitel 9, återanslut handbromsvajern på expanderarmen och sätt tillbaka ABS-hjulgivaren. Skjut bromsoket på plats över skivan. Se till att bromsklossarna går ner på skivans båda sidor och dra åt fästbultarna till bromsokets fästbygel till angivet moment.

26 Sätt tillbaka drivaxeln enligt beskrivningen i kapitel 8 och sänk ner bilen.

27 Låt bilen stå på hjulen och vicka på den så att de berörda komponenterna hamnar på

15.5a Ta bort bulten mellan den nedre länkarmen och kryssrambalken (se pil)

14.4 Ta bort bulten mellan länkarmen och kryssrambalken (se pil)

plats och dra sedan åt stötdämparens nedre fästbult och den övre länkarmens styrbultar till angivet moment. Kontrollera att länkarmens excenterbricka fortfarande är korrekt linjerad med markeringen och dra sedan åt den till angivet moment. **Observera:** *Det är bra att avsluta med att låta kontrollera cambervinkeln och hjulinställningen, och vid behov låta justera dem.*

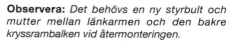

14 Bakfjädringens övre länkarm – demontering, översyn och montering

Observera: *Det behövs en ny styrbult och mutter mellan länkarmen och den bakre kryssrambalken vid återmonteringen.*

Demontering

1 Ta bort spiralfjädern (se avsnitt 12).

2 Skruva loss styrbulten mellan länkarmen och hjulinställningsarmen **(se bild)**. Observera dess monteringsriktning.

3 Se kapitel 8 och stötta upp enhetens tyngd med en domkraft. Ta bort slutväxelenhetens fästbultar för att få plats att ta bort styrbulten. Du kan även ta bort drivaxeln enligt beskrivningen i kapitel 8.

4 Skruva loss muttern från styrbulten mellan länkarmen och den bakre kryssrambalken. Ta bort bulten, flytta slutväxelenheten lite bakåt och ta bort länkarmen från bilens undersida **(se bild)**. Observera att på vissa modeller kan man behöva koppla loss kardanaxeln från slutväxelenheten för att få tillräckligt med utrymme för att ta bort styrbulten. **Observera:** *Om bilen*

15.5b Ta loss specialmuttern (se pil) från kryssrambalken

ska stå ett tag, sätt tillbaka slutväxelenhetens fästbultar och dra åt dem ordentligt.

Översyn

5 Rengör länkarmen och området runt armfästena ordentligt, ta bort alla eventuella spår av smuts och underredsbehandling. Leta efter sprickor, vridningar eller andra tecken på slitage eller skador. Var särskilt noga med fästbussningen. Om bussningen behöver bytas ska länkarmen lämnas in till en BMW-verkstad eller annan lämplig verkstad. Det behövs en hydraulisk press och lämpliga mellanläggsbrickor för att trycka loss bussningarna och montera nya.

6 Undersök om styrbultarna är slitna eller skadade, och byt dem vid behov. Bulten och muttern mellan länkarmen och kryssrambalken ska alltid bytas.

Montering

7 Sätt länkarmen på plats och sätt dit den nya styrbulten och muttern mellan armen och kryssrambalken. Dra endast åt muttern lätt i detta skede.

8 Se kapitel 8 och passa in slutväxelenheten. Dra åt dess fästbultar till angivet moment. Återanslut vid behov kardanaxeln på slutväxelenheten.

9 Sätt tillbaka styrbulten och muttern som håller fast länkarmen på hjulinställningsarmen, sätt in den bakifrån, och dra sedan endast åt den lätt i detta skede.

10 Montera spiralfjädern (se avsnitt 12).

11 Avsluta med att sänka ner bilen och vicka på den så att alla delar som har hanterats hamnar på plats igen. Med bilen vilande på hjulen drar du åt hjulbultarna, stötdämparens nedre fästbult och länkarmens styrbultar till angivet moment. **Observera:** *Det är bra att avsluta med att låta kontrollera cambervinkeln och hjulinställningen, och vid behov låta justera dem.*

15 Bakfjädringens nedre länkarm – demontering, översyn och montering

Observera: *Det behövs en ny styrbult och mutter mellan länkarmen och den bakre kryssrambalken vid återmonteringen.*

Demontering

1 Klossa framhjulen, hissa upp bakvagnen och ställ den på pallbockar. För att förbättra åtkomligheten, ta bort bakhjulet.

2 Använd färg eller en lämplig märkpenna och gör inställningsmarkeringar mellan excenterbrickan till den nedre länkarmens styrbult och hjulinställningsarmen. Detta behövs för att säkerställa att bakhjulsinställningen och cambervinklarna är korrekta vid återmonteringen.

3 Stötta hjulinställningsarmen med en domkraft och ta sedan bort muttern och brickan från den nedre länkarmens styrbult. Ta bort styrbulten.

4 Se kapitel 8 och stötta slutväxelenhetens tyngd med en domkraft, och ta bort enhetens fästbultar. Du kan även ta bort drivaxeln enligt beskrivningen i kapitel 8.

5 Ta loss styrbulten som håller fast länkarmen på den bakre kryssrambalken. Ta bort bulten, flytta slutväxelenheten lite bakåt (om det behövs), och ta bort länkarmen från bilens undersida. Ta bort specialmuttern från kryssrambalken **(se bilder)**. **Observera:** *På vissa modeller kan man behöva koppla loss kardanaxeln från slutväxelenheten för att få tillräckligt med utrymme för att ta bort styrbulten. Om bilen ska stå ett tag, sätt tillbaka slutväxelenhetens fästbultar och dra åt dem ordentligt.*

Översyn

6 Se punkt 5 och 6 i avsnitt 14.

Montering

7 Passa in specialmuttern i kryssrambalkens utskärning, och sätt länkarmen på plats (med dess svetsade fog uppåt). Sätt dit den nya styrbulten, men dra endast åt den lätt i detta skede.

8 Se kapitel 8 och passa in slutväxelenheten. Dra åt dess fästbultar till angivet moment. Återanslut vid behov kardanaxeln på slutväxelenheten.

9 Sätt dit styrbulten mellan länkarmen och hjulinställningsarmen, excenterbrickan och muttern. Linjera brickan med markeringen som före demonteringen och dra åt en aning.

10 Sätt tillbaka hjulet och sänk ner bilen.

11 Med bilen vilandes på hjulen, vicka bilen så att de komponenter som har rörts hamnar på plats. Kontrollera att länkarmens excenterbricka är korrekt linjerad i förhållande till markeringen och dra sedan åt länkarmens styrbultar till angivet moment. Dra i förekommande fall även åt hjulbultarna till angivet moment. **Observera:** *Det är bra att avsluta med att låta kontrollera cambervinkeln och hjulinställningen, och justera dem vid behov.*

16 Bakfjädringens krängningshämmare – demontering och montering

Observera: *Det behövs nya fästklämmuttrar och anslutande länkmuttrar vid återmonteringen.*

Demontering

1 Klossa framhjulen, hissa upp bakvagnen och ställ den på pallbockar. För att förbättra åtkomligheten, ta bort bakhjulen.

2 Skruva loss muttern och bulten som håller fast varje anslutningslänk på de övre länkarmarna **(se bild)**.

3 Gör inställningsmarkeringar mellan fästbussningarna och krängningshämmaren, lossa sedan fästmuttrarna och bultarna till krängningshämmarens fästklämma **(se bild)**.

4 Ta bort de båda klämmorna från kryssrambalken och ta bort krängningshämmaren och anslutningslänksenheten från bilens

16.2 Skruva loss muttern och bulten som håller fast krängningshämmarlänken

undersida. Ta bort fästbussningarna och anslutningslänkarna från staget.

5 Undersök krängningshämmarens komponenter noggrant och leta efter tecken på slitage, skador och liknande. Var särskilt noga med fästbussningarna. Byt ut slitna komponenter om det behövs.

Montering

6 Sätt dit gummifästbussningarna på krängningshämmaren och linjera dem med markeringarna som du gjorde före demonteringen. Vrid varje bussning så att dess platta yta är vänd framåt.

7 Passa in krängningshämmaren. Passa in anslutningslänkarna i de övre länkarmarna och sätt dit de nya fästmuttrarna och dra åt ordentligt.

8 Sätt tillbaka fästklämmorna, se till att deras ändar är korrekt placerade i krokarna på kryssrambalken, och sätt dit bultarna och de nya fästmuttrarna. Se till att bussningens markeringar fortfarande är linjerade med markeringar på stagen, och dra sedan åt fästklämmans fästmuttrar ordentligt.

9 Sätt tillbaka hjulen, sänk sedan ner bilen och dra åt hjulbultarna till angivet moment.

17 Ratt – demontering och montering

Demontering

1 Ta bort krockkuddsenheten från rattens mitt, se kapitel 12, avsnitt 25.

17.3 Koppla loss anslutningskontakterna och skruva loss rattbulten

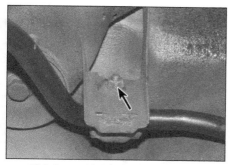

16.3 Lossa den bakre krängningshämmarens klämmutter (se pil)

2 Vrid ratten så att hjulen pekar rakt fram och lås rattlåset genom att ta bort startnyckeln.

3 Skruva loss rattens fästbult. Koppla loss rattens anslutningskontakt/kontakter **(se bild)**.

4 Markera hur ratten och rattstången sitter i förhållande till varandra och lyft sedan bort ratten från rattstångens spår. Om den sitter hårt, knacka upp den nära mitten med handflatan, eller vrid den från sida till sidan, samtidigt som du drar den uppåt för att lossa den från axelspåren **(se bild)**. Krockkuddens kontaktenhet låses automatiskt på plats när ratten tas bort. Försök inte att vrida på den när du tar bort ratten.

5 Undersök om signalhornets kontaktring/körriktningsvisarnas avstängningsnock uppvisar tecken på slitage eller skador, och byt vid behov.

Montering

6 Monteringen utförs i omvänd ordningsföljd mot demonteringen, men observera följande.

a) *Om kontaktenheten har vridits när ratten är borttagen så centrerar du den genom att trycka ner kontaktenheten och rotera dess centrum helt moturs. Från detta läge vrider du centrumdelen bakåt tre hela varv, medurs.*

b) *Före monteringen måste du se till att körriktningsvisarspaken är i det mittersta läget (OFF). Om du inte gör det kan rattens tapp bryta av brytarfliken.*

c) *Smörj in rattens signalhornskontaktring med vaselin och sätt tillbaka ratten. Se till att kontaktenhetens kablage är rätt draget.*

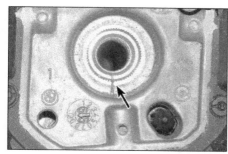

17.4 Gör inställningsmarkeringar mellan ratten och rattstångsaxeln (se pil)

18.6 Koppla loss anslutningskontakten från tändningslåset

18.8a Skruva loss rattstångens fästbult (1) och brytbult (2) . . .

18.8b . . . följt av de nedre fästmuttrarna

d) Haka i ratten i rattstångens räfflor, linjera markeringarna som du gjorde vid borttagningen och dra åt rattens fästbult till angivet moment.
e) Sätt tillbaka krockkuddsenheten (se kapitel 12).

18 Rattstång – demontering, kontroll och montering

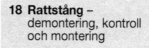

Observera: *Det behövs nya brytbultar till rattstången och en ny klämbult/mutter till mellanaxeln vid återmonteringen.*

Demontering

1 Koppla loss batteriets minusledare (se kapitel 5A).
2 Demontera ratten enligt beskrivningen i avsnitt 17.
3 Ta bort rattstångens kombinationsbrytare (se kapitel 12, avsnitt 4).
4 Arbeta i motorrummet. Använd färg eller en lämplig märkpenna och gör inställningsmarkeringar mellan rattstångens nedre ände och mellanaxelns övre led.
5 Skruva loss muttern och klämbulten, och haka loss axeln från stången.
6 Koppla loss kontaktdonen från tändningslåset och lossa kablaget från dess fästklämmor på stången (se bild).
7 Lossa fästklämman och koppla loss spärrvajern (i förekommande fall) från rattstången (se bild 19.6).

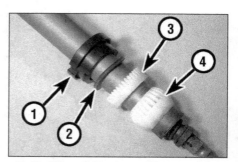

18.13 Skjut på fästringen (1), brickan (2), fästsätet (3) och gummifästet (4) på rattstångsänden . . .

8 Rattstången är fäst på plats med två muttrar, en bult och en brytbult. Brytbulten kan tas ut med hjälp av en hammare och lämpligt stämjärn som används för att knacka runt bultskallen tills den kan skruvas loss för hand. Du kan även borra ett hål i mitten av bultskallen och dra ut den med hjälp av en bult-/pinnbultsutdragare (kallas även "Easy-out"). Skruva loss de återstående fästbultarna/muttrarna (se bilder).
9 Dra rattstången uppåt, bort från mellanväggen, och skjut bort gummifästet, fästessätet, brickan och fästringen från rattstångens nedre ände. Ta bort kragarna och gummifästena från rattstångens fästen.

Kontroll

10 Rattstången har en teleskopsäkerhetsfunktion. Vid en frontalkrock trycks rattstången ihop och hindrar ratten från att skada föraren. Innan du sätter tillbaka ratten, undersök rattstång och fästen och kontrollera om de är skadade eller deformerade. Byt ut dem vid behov.
11 Kontrollera om styrstången verkar ha fritt spel i rattstångsbussningarna. Om du hittar skador eller slitage på rattstångsbussningarna ska rattstången renoveras. Att renovera rattstången är en svår uppgift som kräver flera specialverktyg och bör överlåtas till en BMW-verkstad.

Montering

12 Se till att gummifästena sitter på plats och sätt dit kragarna på gummifästenas baksida.

18.14 . . . och sätt tillbaka stången på bilen

13 Skjut fästringen, fästessätet och gummifästet på rattstångens nedre del (se bild).
14 Sätt stången på plats och haka i den i mellanaxelns spårning. Linjera markeringarna som du gjorde före demonteringen (se bild).
15 Passa in stångens nedre del i dess säte och skruva in fästbultarna och en ny brytbult. Dra endast åt dem lätt i detta skede.
16 Dra åt rattstångens brytbult tills dess skalle går av. Dra åt den återstående rattstångens fäste ordentligt.
17 Återanslut kontaktdonen till tändningslåset och fäst kablaget på rattstången. Se till att det är rätt draget.
18 Se till att mellanaxelns och rattstångens markeringar är korrekt linjerade och sätt in stången i axeln. Sätt dit den nya klämbultsmuttern och dra åt den till angivet moment.
19 Återanslut om det behövs spärrvajern till kontakten och fäst den på plats.
20 Sätt dit kombinationsbrytarna enligt beskrivningen i kapitel 12.
21 Sätt tillbaka ratten enligt beskrivningen i avsnitt 17.

19 Tändningslås/rattstångslås – demontering och montering

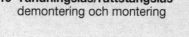

Låsenhet

1 Byte av låsenheten kräver att rattstången tas isär. För denna uppgift behövs flera specialverktyg, så uppgiften bör överlåtas till en BMW-verkstad eller annan lämplig specialist.

Låscylinder

Demontering

2 Koppla loss batteriets minusledare (se kapitel 5A). Sätt i nyckeln i låset och lås upp rattlåset.
3 Lossa fästskruven och dra ut den tillsammans med plastniten, tryck in sidorna på rattstångens övre kåpa och ta bort kåpan (se bild).
4 Tryck in centrumsprintarna på de båda plastexpandernitarna och ta bort den nedre rattstångskåpan (se bild).

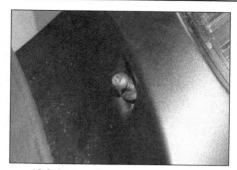

19.3 Lossa skruven och dra ut den tillsammans med plastniten

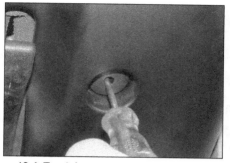

19.4 Tryck in centrumsprintarna i den båda expandernitarna

19.5 Bänd försiktigt loss transponderringen

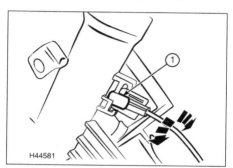

19.6 Tryck ner fästklämman (1) och koppla loss spärrvajern

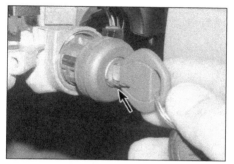

19.7a Sätt i ett 1,2 mm stag (cirka) i hålet i cylindern (se pil) . . .

19.7b . . . för att trycka ner spärrhaken (se pil – visas med låset borttaget)

5 Koppla loss anslutningskontakten och bänd sedan försiktigt transponderringen över tändningslåsets ände med hjälp av två skruvmejslar **(se bild)**.
6 Tryck ner fästklämman och koppla loss spärrvajern (i förekommande fall) från tändningslåset **(se bild)**.
7 Vrid startnyckeln till tillbehörsläget (I), sätt sedan in ett lämpligt stag i hålet i cylindern. Tryck ner låscylinderns spärrhake och skjut bort låscylindern **(se bilder)**.

Montering

8 Placera låscylindern enligt bilden under punkt 7 och för in cylindern i huset tills ett klickljud avslöjar att den sitter på plats.

Tändningslåsenhet

Demontering

9 Koppla loss batteriets minusledare (se kapitel 5A).
10 Ta bort fästskruven, tryck in de båda sidorna av rattstångens övre kåpa enligt bilden, och ta bort kåpan **(se bild 19.3)**.
11 Tryck in centrumsprintarna och bänd ut plastnitarna. Ta sedan bort den nedre rattstångskåpan **(se bild 19.4)**.
12 Koppla loss kontaktdonet från kontakten, skruva sedan loss de båda låsskruvarna och ta bort tändningslåsenheten från låsenheten **(se bild)**.

Montering

13 Monteringen utförs i omvänd ordningsföljd mot demonteringen, men observera följande.

a) Stryk på lack på kontaktens låsskruvar före monteringen, för att låsa dem på plats.
b) Återanslut batteriet och kontrollera att kontakten fungerar som den ska innan du återmonterar rattstångens kåpor.

20 Rattstångens mellanaxel – demontering och montering

Observera: *Det behövs nya klämbultar till mellanaxeln vid återmonteringen.*

Demontering

1 Klossa bakhjulen, dra åt handbromsen ordentligt, hissa upp framvagnen och ställ den på pallbockar. Placera framhjulen rakt framåt. Skruva loss skruvarna och ta bort motorns undre skyddskåpa.

19.12 Ta loss anslutningskontakten och skruva loss de båda låsskruvarna (se pilar)

2 Använd färg eller en lämplig märkpenna och gör inställningsmarkeringar mellan mellanaxelns universalknut och rattstången, axeln och den flexibla kopplingen, och den flexibla kopplingen och kuggstångens drev. **Observera:** *På vissa modeller finns det redan en inställningsmarkering på drevflänsen, som passar ihop med en markering som är ingjuten i drevhuset (se bild 21.3).*
3 Skruva loss klämbultarna, skjut ihop axelns båda halvor och ta bort axelenheten från bilen **(se bild)**.
4 Undersök mellanaxelns universalknut och leta efter tecken på ojämnhet på dess lager, och se hur lätt den rör sig. Undersök även axelns gummikoppling och leta efter tecken på skador, och kontrollera att gummit är säkert sammanfogat med flänsarna. Om du är tveksam till universalknutens eller gummikopplingens skick ska hela mellanaxeln bytas.

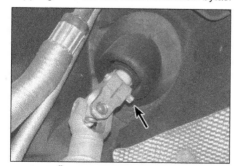

20.3 Övre klämbult till rattstångens mellanaxel (se pil)

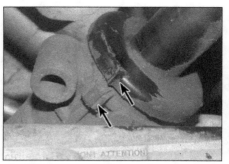

21.3 Linjera markeringen på drevflänsen med markeringen på huset (se pilar)

Montering

5 Kontrollera att framhjulen fortfarande står rakt framåt och att ratten är i rätt läge.
6 Linjera markeringarna som gjordes vid demonteringen och haka i mellanaxelns fog i rattstången, och kopplingen med kuggstången.
7 Sätt i de nya klämbultarna och dra åt dem till angivet moment. Sänk ner bilen på marken.

21 Kuggstångsenhet – demontering, översyn och montering

Observera: *Det behövs nya styrledsmuttrar till styrstaget, fästmuttrar till kuggstången, en klämbult till mellanaxeln och tätningsbrickor till vätskerörets anslutningsbult vid återmonteringen.*

Demontering

1 Klossa bakhjulen, dra åt handbromsen ordentligt, hissa upp framvagnen och ställ den på pallbockar. Ta bort båda framhjulen, skruva loss skruvarna och ta bort motorns undre skyddskåpa.
2 Skruva loss muttern som håller fast kuggstångens styrstagets styrleder på hjulspindlarna, och lossa kulledens fasade skaft med hjälp av en universell kulledsavdragare.
3 Använd färg eller en lämplig märkpenna och gör inställningsmarkeringar mellan mellanaxelns flexibla koppling och kuggstångens

21.5 Anslutningarna till servostyrningens kuggstång

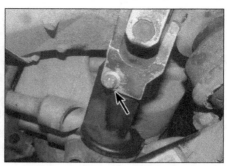

21.4 Skruva loss den flexibla kopplingens klämbult (se pil)

drev. **Observera:** På vissa modeller finns det redan en inställningsmarkering på drevflänsen, som passar ihop med en markering som är ingjuten i drevhuset **(se bild)**.
4 Skruva loss den flexibla kopplingens klämbult **(se bild)**.
5 Använd bromsslangklämmor och kläm av båda matnings- och returslangarna nära servostyrningsvätskebehållaren. Detta minimerar vätskeförlusten. Märk anslutningarna för att se till att de placeras korrekt vid återmonteringen, skruva sedan loss matnings- och returrörens anslutningsbultar och ta bort tätningsbrickorna. Var beredd på vätskespill, och ställ ett lämpligt kärl under rören när du ska skruva loss bultarna **(se bild)**. Plugga igen rörändarna och kuggstångens öppningar för att förhindra vätskeläckage och förhindra att det kommer in smuts i hydraulsystemet.
6 Skruva loss kuggstångens fästbultar och muttrar, och ta bort kuggstången från bilens undersida **(se bild)**.

Översyn

7 Undersök kuggstångsenheten och leta efter tecken på slitage eller skador. Kontrollera att kuggstången rör sig fritt hela vägen, utan tecken på ojämnheter eller för stort fritt spel mellan kuggstångens drev och ställning. Det går inte att renovera komponenterna i kuggstångsenhetens hus. Om dessa är defekta måste hela enheten bytas. De enda komponenter som kan bytas ut separat är kuggstångsdamaskerna, styrstagets styrleder och

21.6 Ta bort kuggstångens fästbultar (se pilar)

styrstagen. Vi återkommer till dessa arbeten senare i detta kapitel.

Montering

8 Passa in kuggstången och sätt in fästbultarna. Sätt dit nya muttrar på bultarna och dra åt dem till angivet moment.
9 Sätt dit en ny tätningsbricka på var sida om röranslutningarna och sätt tillbaka anslutningsbultarna. Dra åt anslutningsbultarna till angivet moment.
10 Linjera markeringarna som du gjorde vid demonteringen och anslut mellanaxelns koppling till kuggstången. Sätt i den nya klämbulten och dra sedan åt den till angivet moment.
11 Sätt på styrstagets styrleder i hjulspindlarna och sätt sedan på nya muttrar och dra åt dem till angivet moment.
12 Sätt tillbaka hjulen och motorns undre skyddskåpa, sänk sedan ner bilen och dra åt hjulbultarna till angivet moment.
13 Lufta hydraulsystemet enligt avsnitt 23.

22 Servostyrningspump – demontering och montering

Observera: *Det behövs nya tätningsbrickor till matningsrörens anslutningsbultar vid återmonteringen.*

Demontering

1 Klossa bakhjulen, lyft sedan upp framvagnen med hjälp av en domkraft och stötta den på pallbockar (se *Lyftning och stödpunkter*). Skruva loss skruvarna och ta bort motorns undre skyddskåpa.
2 Arbeta enligt beskrivningen i kapitel 1, lossa drivremmens spänning och haka loss drivremmen från pumpens remskiva. Observera att på 4-cylindriga motorer ska fästbultarna till styrningspumpens remskiva lossas innan spänningen släpps.
3 På 4-cylindriga motorer skruvar du loss fästbultarna och tar bort remskivan från servostyrningspumpen, observera hur den är monterad.
4 På alla modeller, använd bromsslangklämmor och kläm av båda matnings- och returslangarna nära servostyrningsvätskebehållaren. Detta minimerar vätskeförlust under följande åtgärder.
5 Märk anslutningarna för att se till att de placeras korrekt vid återmonteringen, skruva sedan loss matnings- och returrörens anslutningsbultar och ta bort tätningsbrickorna. Var beredd på vätskespill, och ställ ett lämpligt kärl under rören när du ska skruva loss bultarna. Plugga igen rörändarna och pumpens öppningar för att förhindra vätskeläckage och förhindra att det kommer in smuts i hydraulsystemet.
6 På 4-cylindriga N42-motorer, skruva loss de båda bultarna på pumpens framsida, som

håller fast den på kylvätskepumpen. Skruva loss de fyra bultarna som håller fast servostyrningspumpen på motorblocket och ta bort pumpen **(se bilder)**.

7 På alla andra modeller lossar du fästbultarna och tar bort dem, och tar bort pumpen **(se bild)**.

8 Om det är fel på servostyrningspumpen, rådfråga din BMW-verkstad om möjligheten att införskaffa reservdelar. Om det finns reservdelar att köpa kan en lämplig specialist renovera pumpen, eller införskaffa en ersättningsenhet. Om så inte är fallet måste pumpen bytas.

Montering

9 Flytta vid behov över den bakre fästbygeln till den nya pumpen och dra åt dess fästbultar ordentligt.

10 Före återmonteringen ska du se till att pumpen har flödats genom att spruta in angiven typ av vätska genom matningsslanganslutningen och vrida på pumpaxeln.

11 Passa in pumpen på plats och sätt tillbaka styrbultarna, dra åt dem till angivet moment. På 4-cylindriga N42-motorer, se till att pumpens drivtappar linjeras med kylvätskepumpens tappar, och sätt sedan tillbaka de båda bultarna och fäst ihop de båda pumparna. Se till att kylvätskepumpens anslutning fortfarande hakar i motsvarande öppning i motorblocket, sätt sedan tillbaka och dra åt pumpens fästbultar **(se bild)**. Dra åt bultarna mellan kylvätskepumpen och styrningspumpen till angivet moment.

12 Sätt dit en ny tätningsbricka på var sida om röranslutningarna och sätt tillbaka anslutningsbultarna. Dra åt anslutningsbultarna till angivet moment.

13 Ta bort slangklämmorna och sätt tillbaka pumpens remskiva (i förekommande fall). Se till att remskivan är rättvänd och dra åt dess fästbultar ordentligt.

14 Sätt tillbaka drivremmen och spänn den enligt beskrivningen i kapitel 1.

15 Avsluta med att sänka ner bilen och lufta hydraulsystemet enligt avsnitt 23.

23 Servostyrningssystem – luftning

1 Med stillastående motor, fyll på vätskebehållaren ända upp med angiven vätsketyp.

2 Med motorn igång, flytta långsamt ratten från ändläge till ändläge två gånger för att får bort instängd luft. Stanna sedan motorn och fyll på vätska i behållaren. Upprepa detta tills vätskenivån i behållaren inte sjunker längre.

3 Om du när du vrider på ratten hör ett onormalt ljud från vätskerören, tyder detta på att det fortfarande finns kvar luft i systemet. Kontrollera detta genom att vrida hjulen så att de står rakt framåt och stänga av motorn. Om

22.6a Skruva loss de båda bultarna (se pilar) som håller fast servostyrningspumpen på kylvätskepumpen . . .

22.7 Servostyrningspumpens fästbultar (4-cylindrig M43TU-motor)

vätskenivån i behållaren stiger finns det luft i systemet, och det behöver luftas mera.

24 Kuggstångens gummidamasker – byte

1 Ta bort styrstagets styrleder enligt beskrivningen i avsnitt 25. Skruva loss skruvarna och ta bort motorns undre skyddskåpa.

2 Notera hur damasken är monterad på styrstaget, lossa sedan fästklämmorna och skjut av damasken från kuggstångens hus och styrstagsänden.

3 Rengör styrstaget och kuggstångshuset noggrant och använd finkornigt slippapper för att polera bort eventuell korrosion, grader eller vassa kanter som kan skada den nya da-

24.4a Placera damaskens inre ände på kuggstången . . .

22.6b . . . och de 4 fästbultarna till servostyrningspumpen (se pilar)

22.11 Se till att servostyrningspumpens drivtappar hakar i kylvätskepumpens tappar

maskens tätningsläppar vid monteringen. Skrapa bort allt fett från den gamla damasken och stryk på det på styrstagets inre styrled. (Detta förutsätter att fettet inte har gått förlorat eller smutsats ner på grund av skador på den gamla damasken. Använd nytt fett om du är tveksam.)

4 Skjut försiktigt på den nya damasken på styrstagsänden och passa in den på kuggstångens hus. Passa in damaskens ytterkant på styrstaget, enligt anteckningarna som du gjorde före demonteringen **(se bilder)**.

5 Kontrollera att damasken inte är vriden och lyft sedan upp damaskens yttre tätningsläpp för att jämna ut lufttrycket inuti damasken. Fäst damasken på plats med den nya fästklämman/klämmorna.

6 Montera styrstagets styrled enligt beskrivningen i avsnitt 25.

24.4b . . . och den yttre änden bredvid styrstagets sexkantiga del (se pil)

25.2 Gör en markering på styrstaget (se pil) och mät från den till kulledens mitt

25.4 Använd en kulledsavdragare för att lossa styrstagsänden

25 Styrstagets styrled – demontering och montering

Observera: *Det behövs en ny fästmutter till kulleden vid monteringen.*

Demontering

1 Dra åt handbromsen, hissa upp framvagnen och ställ den på pallbockar. Demontera relevant framhjul.
2 Gör en markering på styrstaget och mät avståndet från markeringen till styrledens mitt **(se bild)**. Anteckna måttet eftersom du kommer att behöva det för att se till att hjulinställningen förblir korrekt när styrleden monteras.
3 Håll i styrstaget och skruva loss styrledens låsmutter.
4 Skruva loss muttern som håller fast styrstagets styrled på hjulspindeln, och lossa styrledens fasade skaft med en universell kulledsavdragare **(se bild)**.
5 Räkna det exakta antal varv som krävs för att skruva loss kulleden från styrstagsänden och gör det.
6 Rengör styrledens och gängorna noggrant. Byt styrleden om dess rörelser känns slappa eller för styva, om den är för sliten eller skadad på något sätt. Kontrollera pinnbultens gängtapp och gängor ordentligt. Om styrledens damask är skadad måste hela styrledenheten bytas. Det går inte att köpa damasken separat.

Montering

7 Om det behövs kan du flytta över låsmuttern och kragen till den nya styrstags styrleden.
8 Skruva på styrleden på styrstaget med det antal varv som du antecknade vid demonteringen. Detta ska placera styrleden på rätt avstånd från styrstagets markering som gjordes före demonteringen.
9 Sätt tillbaka styrledsaxeln på hjulspindeln, sätt sedan dit en ny fästmutter och dra åt den till angivet moment.
10 Montera hjulet, sänk ner bilen och dra åt hjulbultarna till angivet moment.
11 Kontrollera, och justera vid behov, framhjulens toe-inställning enligt avsnitt 28 och dra åt styrledens låsmutter till angivet moment.

26 Styrstag – byte

1 Ta bort kuggstångsdamasken enligt beskrivningen i avsnitt 24.
2 Skruva loss styrstaget från kuggstångsänden.
3 Sätt dit den nya låsplattan på kuggstången, se till att dess styrflikar sitter korrekt i kuggstångens spår.
4 Skruva i styrstaget och dra åt det till angivet moment.
5 Sätt tillbaka styrningsdamasken enligt beskrivningen i avsnitt 24.

27 Dynamisk stabilitetskontroll – allmän information och byte av komponenter

Allmän information

1 Dynamisk stabilitetskontroll (DSC) är standard på alla modeller med 6-cylindriga motorer, och finns som tillval på alla andra modeller. Egentligen ingår ABS-systemet och antispinnsystemet i DSC, men detta avsnitt tar endast upp stabiliseringskontroll vid bromsning i kurva (CBC). Genom att övervaka rattens rörelser, fjädringens markhöjd, hastigheten och accelerationen i sidled, styr systemet trycket i bromsledningarna till vart och ett av de fyra bromsoken vid inbromsning, vilket minskar risken för under- och överstyrning.

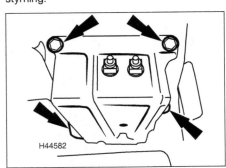

27.13 Skruva loss de 4 fästbygelbultarna till givaren för acceleration i sidled (se pilar)

Byte av komponenter

Rattvinkelgivare

2 Byte av rattvinkelgivaren innebär en komplett isärtagning av rattstången, vilket ska överlåtas till en BMW-verkstad eller annan lämplig specialist. **Observera:** *Efter byte av rattvinkelgivaren måste proceduren för "rattvinkelförskjutning" utföras med särskild BMW-diagnostikutrustning. Låt en BMW-verkstad eller annan lämplig specialist utföra detta.*

Främre markhöjdsgivare

3 Skruva loss muttern som håller fast styrstaget på givarens arm **(se bild 12.3 i kapitel 12)**.
4 Ta bort de båda fästskruvarna och ta bort markhöjdsgivaren. Koppla loss anslutningskontakten när givaren tas bort.
5 Monteringen utförs i omvänd ordningsföljd mot demonteringen. Låt kontrollera strålkastarinställningen när arbetet är slutfört.

DSC-styrenhet

6 DSC-styrenheten är ihopbyggd med ABS-styrenheten och ska endast bytas av en BMW-verkstad eller annan lämplig specialist – se kapitel 9, avsnitt 20.

DSC-systemets förladdningspump

Observera: *När du har bytt förladdningspumpen måste bromsarnas högtryckshydraulsystem luftas. För detta krävs särskild serviceutrustning från BMW. Låt en BMW-verkstad eller annan lämplig specialist utföra detta.*

7 DSC-systemets förladdningspump sitter under bromshuvudcylindern. Kläm åt matningsslangen från huvudcylinderbehållaren till pumpen och koppla loss slangen från pumpen. Var beredd på att det rinner ut vätska.
8 Skruva loss anslutningen och koppla loss det utgående röret från pumpen.
9 Koppla loss anslutningskontakten från pumpen och ta bort den från gummifästet.
10 Monteringen utförs i omvänd ordningsföljd mot demonteringen. Lufta bromshydraulsystemet enligt beskrivningen i kapitel 9.

Givare för acceleration i sidled

11 Ta bort förarsätet enligt beskrivningen i kapitel 11.
12 När sätet är borttaget, lyft bort golvpanelen och flytta isoleringen 10 cm framåt för att komma åt givaren.
13 Skruva loss de fyra skruvarna som håller fast givarens fästbygel på karossen och ta bort enheten genom att lyfta upp den inre änden först **(se bild)**. Koppla loss anslutningskontakten när du tar bort enheten. **Observera:** *Givaren är extremt känslig för vibrationer. Hantera enheten försiktigt.*
14 Om det behövs, skruva loss de två skruvarna och ta loss givaren från fästbygeln.
15 Monteringen utförs i omvänd ordningsföljd mot demonteringen. Dra åt fästena till angivet moment, om sådant finns.

28 Hjulinställning och styrvinklar – allmän information

Definitioner

1 Bilens styr- och fjädringsgeometri avgörs av fyra grundinställningar där alla vinklar uttrycks i grader. Styraxeln definieras som en tänkt linje som dras genom fjäderbenets axel, och som där det behövs förlängs för att nå marken.

2 Cambervinkeln är vinkeln mellan varje hjul och en vertikal linje som dras genom dess mitt och hjulets kontaktyta, sett från bilens främre eller bakre del. Positiv camber är när hjulen är vinklade utåt från den vertikala linjens övre del. Negativ camber är när de är vinklade inåt.

3 Den främre cambervinkeln kan inte justeras, och ges endast som referens (se avsnitt 5). Den bakre cambervinkeln kan justeras med hjälp av en cambervinkelmätare.

4 Caster är vinkeln mellan styraxeln och en vertikal linje som dras genom varje hjuls mitt och hjulets kontaktyta, sett från bilens sida. Positiv caster är när styraxeln är lutad så att den tar i marken framför den vertikala linjen. Negativ caster är när den tar i marken bakom den vertikala linjen.

5 Castervinkeln kan inte justeras och ges endast som referens. Den kan kontrolleras med en castermätare. Om det värde som uppmäts skiljer sig mycket från det som har angivits, måste bilens lämnas in för en noggrann kontroll hos en professionell ser, vice-tekniker, eftersom felet endast kan bero på slitage eller skador på karossen eller fjädrings-komponenter.

6 Toe är skillnaden, sett ovanifrån, mellan linjer som dras genom hjulens mitt och bilens mittlinje. Toe-in är när hjulen pekar inåt, mot varandra, i framkant. Toe-out är när de pekar utåt, från varandra, i framkant.

7 Framhjulens toe-inställning justeras genom att man skruvar höger styrstag in i eller ut ur dess styrled, för att på så sätt ändra styr-stagsenhetens faktiska längd.

8 Bakhjulens toe-inställning kan också juste-ras. Toe-inställningen justeras genom att man lossar hjulinställningsarmens fästbygelbultar och flyttar på fästbygeln.

Kontroll och justering

Framhjulens toe-inställning

9 På grund av den särskilda mätutrustning som krävs för att kontrollera hjulinställningen, och de kunskaper som behövs för att använda den på rätt sätt, är det bäst att överlåta kontroll och justering av dessa inställningar till en BMW-verkstad eller liknande specialist. De flesta däckverkstäder har numera en avance-rad kontrollutrustning.

10 För att kontrollera toe-inställningen måste man ha en hjulinställningsmätare. Det finns två typer av mätare och de kan köpas från biltillbehörsaffärer. Den första typen mäter avståndet mellan hjulens främre och bakre inre kanter, som beskrivits tidigare, när bilen står stilla. Den andra typen, som kallas "toe-in-plåt", mäter den faktiska placeringen av bilens kontaktyta, i förhållande till vägytan, med bilen i rörelse. Detta gör man genom att skjuta eller köra framhjulet över en platta, som då förflyttas enligt hjulets slitning, och visar denna rörelse på en skala. Båda typerna har sina fördelar och nackdelar, och båda kan ge tillfreds-ställande resultat om de används korrekt och försiktigt.

11 Se till att ratten och styrningen är place-rade rakt framåt när du gör mätningar.

12 Om du behöver göra justeringar, dra åt handbromsen och hissa sedan upp fram-vagnen och ställ den på pallbockar.

13 Rengör först styrstagsgängorna. Om de är korroderade, stryk på genomträngande vätska innan du påbörjar justeringen. Lossa gummi-damaskens yttre klämmor, vik bak damaskerna och stryk på ett lager fett så att båda är fria och inte vrids eller belastas när deras respek-tive styrstag roteras.

14 Håll fast styrstaget med en lämplig nyckel och lossa styrledens låsmutter. Ändra styr-stagets längd genom att skruva in dem i eller ut dem ur styrlederna genom att rotera styr-staget med en öppen nyckel placerad på styrstagets plana ytor. Om styrstagen kortas (skruvas på sina styrleder) minskar toe-in/ökar toe-out.

15 När inställningen är korrekt, håll i styrstaget och dra åt styrledens låsmutter till angivet moment. Om rattens ekrar inte längre är horisontella när hjulen står rakt framåt efter justeringen, ta bort ratten och sätt dit den igen (se avsnitt 17).

16 Kontrollera att toe-inställningen har justerats korrekt genom att sänka ner bilen till marken och kontrollera toe-inställningen igen. Justera om den om det behövs. Se till att gummidamaskerna sitter rätt och inte är vridna eller belastade, och fäst dem på plats med fästklämmorna. Sätt vid behov dit nya fästklämmor (se avsnitt 24).

Bakhjulens toe-inställning

Observera: *Innan du justerar toe-inställningen ska cambervinkeln kontrolleras.*

17 Metoden som används för att kontrollera den bakre toe-inställningen är densamma som beskrivs för framhjulen i punkt 10.

18 När du ska justera inställningen, lossa hjulinställningsarmens fästbygelbultar lite och passa in fästbygeln igen. När toe-inställningen är korrekt, dra åt fästbygelbultarna till angivet moment.

Bakhjulens cambervinkel

19 Kontroll och justering av cambervinkeln ska överlåtas till en BMW-verkstad eller annan lämplig specialist. De flesta däckverkstäder har numera en avancerad kontrollutrustning. Upplysningsvis kan nämnas att justeringar görs genom att man lossar de nedre styr-bultarna mellan länkarmen och hjulinställ-ningsarmen, och roterar excenterbrickan. När inställningen är korrekt dras bulten åt till angivet moment.

Kapitel 11
Kaross och detaljer

Innehåll

Svårighetsgrad

Enkelt, passar novisen med lite erfarenhet	Ganska enkelt, passar nybörjaren med viss erfarenhet	Ganska svårt, passar kompetent hemmamekaniker	Svårt, passar hemmamekaniker med erfarenhet	Mycket svårt, för professionell mekaniker

Specifikationer

Åtdragningsmoment — Nm

	Nm
Bakre sidofönstrets gångjärnsbultar/skruv – Coupé-modeller.	6
Bältessträckarens stam på sätesskenan	48
Dörrens fönsterglas och fönsterhissfästen.	9
Dörrlåsets fästbultar	9
Säkerhetsbältets fästbultar	31
Säkerhetsbältets höjdinställningsfäste på B-stolpen	24
Yttre spegelbultar.	6

1 Allmän information

Ytterkarossen är tillverkad av delar i pressat stål. De flesta delar är sammansvetsade, men ibland används strukturlim.

Motorhuven, dörrarna och vissa ömtåliga paneler är gjorda i zinkbelagd metall och skyddas ytterligare av ett grundfärgslager före lackering.

Plastmaterial används i stor utsträckning, framför allt i inredningen men även till yttre delar. De främre och bakre stötfångarna är formsprutade i ett syntetmaterial som är mycket starkt men ändå lätt. Plastdelar som hjulhusfoder är monterade på bilens undersida för att bättre skydda karossen mot korrosion.

2 Underhåll – kaross och underrede

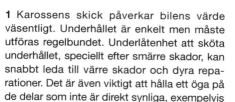

1 Karossens skick påverkar bilens värde väsentligt. Underhållet är enkelt men måste utföras regelbundet. Underlåtenhet att sköta underhållet, speciellt efter smärre skador, kan snabbt leda till värre skador och dyra reparationer. Det är även viktigt att hålla ett öga på de delar som inte är direkt synliga, exempelvis underredet, under hjulhusen och de nedre delarna av motorrummet.

2 Den mest grundläggande underhållsåtgärden för karossen är tvättning – använd helst en slang och stora mängder vatten. Detta tar bort all lös smuts som har fastnat på bilen. Det är viktigt att spola bort smutsen på ett sätt som inte skadar lacken. Hjulhusen och underredet måste tvättas rena från lera på samma sätt. Fukten som binds i leran kan annars leda till rostangrepp. Underligt nog är det bäst att tvätta av underredet och hjulhusen när det regnar eftersom leran då är blöt och mjuk. Vid körning i mycket våt väderlek spolas vanligen underredet rent automatiskt. Då är ett bra tillfälle att utföra en kontroll.

3 Med undantag för bilar med vaxade underreden är det bra att regelbundet rengöra hela undersidan av bilen, inklusive motorrummet, med ångtvätt så att en grundlig kontroll kan utföras för att se vilka åtgärder och mindre reparationer som behövs. Ångtvätt kan utföras på många bensinstationer och verkstäder och behövs för att ta bort ansamlingar av olje- blandad smuts som ibland lägger sig tjockt på vissa ställen. Om det inte finns tillgång till ångtvätt finns det utmärkta fettlösningsmedel som kan penslas på. Sedan kan smutsen helt enkelt spolas bort. Observera att ingen av ovanstående metoder ska användas på bilar med vaxade underreden, eftersom de tar bort vaxet. Bilar med vaxade underreden ska kontrolleras årligen, helst på senhösten. Underredet ska då tvättas av så att skador i vaxbestrykningen kan hittas och åtgärdas. Helst ska ett helt nytt lager vax läggas på. Överväg även att spruta in vaxbaserat skydd i dörrpaneler, trösklar, balkar och liknande som ett extra rostskydd där tillverkaren inte redan har åtgärdat den saken.

4 Torka av lacken med sämskskinn efter tvätten så att den får en fin yta. Ett lager med genomskinligt skyddsvax ger förbättrat skydd mot kemiska föroreningar i luften. Om lacken har mattats eller oxiderats kan ett kombinerat rengörings-/polermedel återställa glansen. Detta kräver lite arbete, men orsaken till sådan mattning är oftast slarv med regelbunden tvättning. Metallic-lack kräver extra försiktighet och speciella slipmedelsfria rengörings-/polermedel för att inte skada ytan. Kontrollera alltid att dräneringshål och rör i dörrar och ventilation är öppna så att vatten kan rinna ut. Kromade ytor ska behandlas på samma sätt som lackerade. Fönster och vindrutor ska hållas fria från fett och smuts med hjälp av fönsterputs. Vax eller andra medel för polering av lack eller krom ska inte användas på glas.

3 Underhåll – klädsel och mattor

Mattorna ska borstas eller dammsugas med jämna mellanrum så att de hålls rena. Om de är svårt nedsmutsade kan de tas ut ur bilen och skrubbas. Se i så fall till att de är helt torra innan de läggs tillbaka i bilen. Säten och inre klädselpaneler hålls rena genom att de torkas av med en fuktig trasa och lämpligt rengöringsmedel. Om de smutsas ner (vilket ofta syns tydligare på ljus inredning) kan lite flytande tvättmedel och en mjuk nagelborste användas för att skrubba ut smutsen ur materialet. Glöm inte takets insida, håll det rent på samma sätt som klädseln. När flytande rengöringsmedel används inne i en bil får de tvättade ytorna inte överfuktas. För mycket fukt kan tränga in i sömmar och stoppning och framkalla fläckar, störande lukter och till och med röta. Om insidan av bilen blir blöt av misstag är det mödan värt att torka ur den ordentligt, särskilt mattorna. Lämna inte olje- eller eldrivna värmare i bilen för att den ska torka snabbare.

4 Mindre karosskador – reparation

Reparation av mindre repor

1 Om repan är mycket ytlig och inte har trängt ner till karossmetallen är reparationen mycket enkel att utföra. Putsa det skadade området helt lätt med lackrenoveringsmedel eller en mycket finkornig slippasta så att lös lack tas bort från repan och det omgivande området befrias från vax. Skölj med rent vatten.

2 Applicera bättringslack på repan med en tunn målarpensel. Fortsätt att lägga på tunna lager färg tills färgytan i repan är i nivå med den omgivande lacken. Låt den nya lacken härda i minst två veckor och jämna sedan ut den mot omgivande lack genom att gnugga hela området kring repan med lackrenoveringsmedel eller en mycket finkornig slippasta. Avsluta med en vaxpolering.

3 Om repan har nått karossmetallen och denna har börjat rosta måste reparationen utföras på annat sätt. Ta bort lös rost från botten av repan med ett vasst föremål och lägg sedan på rostskyddsfärg så att framtida rostbildning förhindras. Använd sedan en spackel av gummi eller nylon och fyll repan med spackelmassa. Vid behov kan spacklet tunnas ut med thinner så att det blir mycket tunt, vilket passar perfekt för att fylla smala repor. Innan spacklet härdar, linda ett stycke mjuk bomullstrasa runt en fingertopp. Doppa fingret i cellulosaförtunning och stryk snabbt över fyllningen i repan. Det gör att ytan blir något urholkad. Lacka sedan över repan enligt tidigare anvisningar.

Reparation av bucklor

4 Om bilens kaross har bucklats ordentligt blir den första uppgiften att räta ut bucklan så att karossen återfår den ungefärliga ursprungsformen. Det är nästan omöjligt att försöka återställa formen helt, eftersom metallen inom det skadade området sträcktes ut då skadan uppkom och aldrig helt kommer att återfå sin ursprungliga form. Det är bättre att försöka räta ut bucklan tills den ligger ungefär 3 mm under den omgivande karossens nivå. Om bucklan är mycket grund redan från början är det inte värt besväret att räta ut den alls. Om undersidan av bucklan är åtkomlig kan den försiktigt knackas ut med en träklubba eller plasthammare. När detta görs ska mothåll användas på plåtens utsida så att inte större områden knackas ut.

5 Om bucklan har uppstått i en del av karossen som har dubbel plåt, eller om den av någon anledning inte går att komma åt från insidan, krävs en annan teknik. Borra ett flertal små hål genom metallen i bucklan – speciellt i de djupare delarna. Skruva sedan in långa självgängande skruvar i hålen precis så långt så att de får ett fast grepp i metallen. Dra sedan ut bucklan genom att dra i skruvskallarna med en tång.

6 Nästa steg i reparationen är att ta bort lacken från det skadade området och ca 3 cm av den omgivande oskadade plåten. Detta görs enklast med stålborste eller slipskiva monterad på borrmaskin, men kan även göras för hand med slippapper. Fullborda underarbetet genom att repa den nakna plåten med en skruvmejsel eller filspets, eller genom att borra små hål i det område som ska spacklas. Detta gör att spacklet fäster bättre.

7 Se avsnittet om spackling och omlackering för att avsluta reparationen.

Reparation av rosthål och jack

8 Ta bort lacken från det skadade området och från ca 3 cm av den omgivande oskadda plåten med en sliptrissa eller stålborste monterad i en borrmaskin. Om detta inte finns tillgängligt kan några ark slippapper göra jobbet lika effektivt. När lacken är borttagen kan du uppskatta rostskadans omfattning mer exakt och därmed avgöra om hela plåten (om möjligt) ska bytas ut eller om rostskadan kan repareras. Nya plåtdelar är inte så dyra som de flesta tror och det går ofta snabbare och ger bättre resultat att byta ut plåten än att försöka reparera större rostskador.

9 Ta bort alla detaljer från det skadade området utom de som kan ge en bild av plåtens ursprungliga form, som exempelvis lyktsarger. Ta sedan bort lös eller rostig metall med plåtsax eller bågfil. Knacka hålets kanter något inåt så att du får en grop för spackelmassan.

10 Borsta av det skadade området med en stålborste så att rostdammet avlägsnas från ytan på den kvarvarande metallen. Måla området med rostskyddsfärg. Behandla också det skadade områdets baksida, om den är åtkomlig.

11 Före spacklingen måste hålet täckas på något sätt. Detta kan göras med plast- eller aluminiumnät eller med aluminiumtejp.

12 Aluminiumnät, plastnät eller glasfiberväv är troligen det bästa materialet om hålet är stort. Skär ut en bit som är ungefär lika stor som det hål som ska fyllas. Placera den i hålet så att kanterna ligger under den omgivande plåtens nivå. Ett antal klickar spackelmassa runt hålet fäster materialet.

13 Till små eller mycket smala hål bör aluminiumtejp användas. Dra av en bit tejp från rullen och klipp till den storlek och form som behövs. Dra bort eventuellt skyddspapper och fäst tejpen över hålet. Tejpen kan överlappas om en bit inte räcker. Tryck ner tejpkanterna med ett skruvmejselhandtag eller liknande så att tejpen fäster ordentligt på metallen.

Spackling och sprutning

14 Innan du följer anvisningarna i det här avsnittet, se tidigare anvisningar beträffande reparation av bucklor, repor, rosthål och andra hål.

15 Det finns många olika sorters karosspackel, men för denna typ av reparation är det generellt sett bäst att använda ett set med en burk spackelmassa och en tub härdare som är färdig att användas. En bred och följsam spackel av nylon eller gummi är ett ovärderligt verktyg för att skapa en väl formad spackling med fin yta.

16 Blanda lite massa och härdare på en skiva av exempelvis kartong eller masonit. Följ tillverkarens instruktioner och mät upp härdaren noga, i annat fall härdar spacklingen för snabbt eller för långsamt. Använd applikatorn och bred ut massan på den preparerade ytan. Dra applikatorn över massans yta för att forma den och göra den jämn. Så snart massan har antagit en någorlunda korrekt form bör arbetet avbrytas. Om du håller på för länge blir massan kletig och börjar fastna på spackeln. Fortsätt lägga på tunna lager med ca 20 minuters mellanrum tills massan är något högre än den omgivande plåten.

17 När massan härdat kan överskottet tas bort med hyvel eller fil. Börja med nr 40 och avsluta med nr 400 våt-/torrslippapper. Linda alltid papperet runt en slipkloss, annars blir inte den slipade ytan plan. Vid slutpoleringen med torr- och våtpapper ska detta då och då sköljas med vatten. Detta skapar en mycket slät yta på massan i slutskedet.

18 I det här stadiet bör bucklan vara omgiven av en ring med ren plåt som i sin tur omges av en lätt ruggad kant av den oskadda lacken. Skölj av reparationsområdet med rent vatten tills allt har slipdamm försvunnit.

19 Spruta ett tunt lager grundfärg över hela reparationsområdet. Då ser du om det finns ojämnheter i spackelytan. Laga dessa med ny spackelmassa eller filler och slipa av ytan igen. Massa kan tunnas ut med thinner så att den blir mer lämpad för riktigt små hål. Upprepa denna sprutning och reparation tills du är nöjd

med spackelytan och den ruggade lacken. Rengör reparationsytan med rent vatten och låt den torka helt.

20 Reparationsytan är nu klar för lackering. Färgsprutning måste utföras i ett varmt och torrt samt drag- och dammfritt utrymme. Du kan utföra arbetet inomhus om du har tillgång till en större arbetsområde, men om du måste arbeta utomhus måste du se till att välja en bra dag. Om arbetet utförs inomhus kan du spola av golvet med vatten för att binda dammet som annars finns i luften. Om ytan som ska åtgärdas endast omfattar en panel ska de omgivande panelerna maskeras. Då kommer inte mindre nyansskillnader i lacken att synas lika tydligt. Dekorer och detaljer (kromlister, handtag med mera) ska också maskeras. Använd riktig maskeringstejp och flera lager tidningspapper till detta.

21 Före sprutning, skaka burken ordentligt och spruta på en provbit, exempelvis en konservburk, tills du behärskar tekniken. Täck reparationsytan med ett tjockt lager grundfärg. Tjockleken ska byggas upp med flera tunna färglager, inte ett enda tjockt lager. Polera sedan grundfärgsytan med nr 400 våt-/torrslippapper tills den är helt slät. När du gör detta ska ytan hållas våt och pappret ska regelbundet sköljas med vatten. Låt torka innan mer färg läggs på.

22 Spruta på färglagret och bygg upp tjockleken med flera tunna lager färg. Börja spruta i ena kanten och arbeta med sidledes rörelser nedåt tills hela reparationsytan och ca 5 cm av den omgivande lackeringen täckts. Ta bort maskeringen 10–15 minuter efter att det sista färglagret har sprutats på.

23 Låt den nya lacken härda i minst två veckor innan den nya lackens kanter jämnas ut mot den gamla med en lackrenoverare eller mycket fin slippasta. Avsluta med en vaxpolering.

Plastdetaljer

24 Biltillverkarna gör allt fler karossdelar av plast (t.ex. stötfångare, spoilers och i vissa fall även större karosspaneler), och allvarligare fel på sådana delar kan endast åtgärdas genom att reparationsarbetet överlåts till en specialist, eller genom att hela komponenten byts ut. Gör-det-själv reparationer av sådana skador är inte rimliga på grund av kostnaden för den specialutrustning och de speciella material som krävs. Principen för dessa reparationer är dock att en skåra tas upp längs med skadan med en roterande rasp i en borrmaskin. Den skadade delen svetsas

sedan ihop med en varmluftspistol och en plaststav i skåran. Plastöverskott tas bort och ytan slipas ner. Det är viktigt att använda rätt typ av plastlod – plasttypen i karossdelar kan variera, exempelvis PCB, ABS eller PPP.

25 Mindre allvarliga skador (rispor, små sprickor etc.) kan repareras av hemmamekanikern med hjälp av tvåkomponentsepoxymassa som är klar att använda direkt ur tuben. Den blandas i lika delar och används på liknande sätt som spackelmassa på plåt. Epoxyn härdar i regel inom 30 minuter och kan sedan slipas och målas.

26 Om ägaren har bytt en komponent på egen hand eller reparerat den med epoxymassa, återstår svårigheten att hitta en färg som lämpar sig för den aktuella plasten. Tidigare gick det inte att använda universalfärg på grund av den stora mängden olika plaster i karossdelarna. Generellt sett fastnar inte standardfärger ordentligt på plast eller gummi, men professionellt blandad färg för lackering av alla typer av plast eller gummi finns att köpa hos vissa återförsäljare. Numera finns det dock satser för plastlackering att köpa. Dessa består i princip av förprimer, grundfärg och färglager. Kompletta instruktioner finns i satserna, men grundmetoden är att först lägga på förprimern på den aktuella delen och låta den torka i upp till 30 minuter. Sedan ska grundfärgen läggas på och lämnas att torka i ungefär en timme innan det färgade ytlacket läggs på. Resultatet blir en korrekt färgad del där lacken kan röra sig med materialet, något de flesta standardfärger inte klarar.

5 Större karosskador – reparation

Om helt nya paneler måste svetsas fast på grund av större skador eller bristande underhåll, bör arbetet överlåtas till professionella mekaniker. Om det är frågan om en allvarlig krockskada måste hela karossens inställning kontrolleras och det kan endast utföras av en BMW-verkstad med tillgång till uppriktningsriggar. En felbalanserad kaross är för det första farlig, eftersom bilen inte reagerar på rätt sätt, och för det andra så kan det leda till att styrningen, fjädringen och ibland kraftöverföringen belastas ojämnt med ökat slitage eller helt trasiga delar som följd. Särskilt däcken är utsatta.

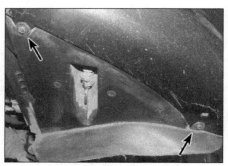

6.2 Skruva loss de 2 skruvarna vid stötfångarens nederkant (se pilar)

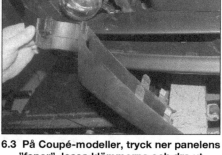

6.3 På Coupé-modeller, tryck ner panelens "fenor", lossa klämmorna och dra ut dimljuspanelerna

12 Notera hur de olika anslutningskontakterna sitter monterade och koppla sedan loss dem.
13 Dra stötfångaren framåt tills den lossnar från bilen.
14 Se efter om det finns tecken på skador på stötfångarens fästen. Byt ut dem vid behov.

Montering

15 Monteringen utförs i omvänd ordning mot demonteringen, men dra åt stötfångarens fästmuttrar och skruvar ordentligt.

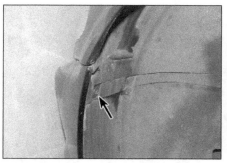

6.4 Skruva loss skruven (se pil) som håller fast stötfångaren vid hjulhusfodret

6 Främre stötfångare – demontering och montering

Demontering

1 Dra åt handbromsen, lyft upp framvagnen och ställ den på pallbockar (se *Lyftning och stödpunkter*).

Sedan/Touring till 09/01 och Coupé

2 Skruva loss de två skruvarna som håller fast stötfångarens nederkant på vardera sidan **(se bild)**.
3 På Coupé-modeller, lossa fästklämmorna och dra dimljuspanelerna framåt så att de lossnar från stötfångaren **(se bild)**.
4 Skruva loss fästskruven (en på vardera sidan) och lossa det främre nedre hjulhusfodret från stötfångaren **(se bild)**.

6.5 Stötfångaren är fäst vid dämparen med en skruv på varje sida

5 Skruva loss skruvarna på vardera sidan som håller fast stötfångaren vid dämparna **(se bild)**.
6 Dra stötfångaren lite framåt, notera hur de olika anslutningskontakterna har monterats och koppla sedan loss dem.
7 Dra stötfångaren framåt tills den lossnar från bilen.

Sedan/Touring från 10/01

8 Skruva loss de två skruvarna som håller fast stötdämparens nederkant på vardera sidan.
9 Bänd ut centrumsprintarna och sedan de tre expandernitarna på undersidan av stötfångarens framdel.
10 Skruva loss skruvarna som håller fast stötfångaren vid dämparna på vardera sidan.
11 Bänd ut hjulhusfodret från stötfångaren och dra försiktigt stötfångaren lite framåt. Dra inte i stötfångarens sidor – dra i hjulhuset.

7 Bakre stötfångare – demontering och montering

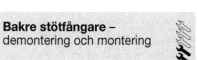

Demontering

1 För bättre åtkomst, klossa framhjulen och hissa sedan upp bakvagnen och stötta den på pallbockar (se *Lyftning och stödpunkter*).

Till och med september 2001

2 Börja i vänster hörn och bänd försiktigt ut plastpanelen från stötfångarens kåpa **(se bild)**. På modeller med parkeringsassistans, koppla loss anslutningskontakterna när du tar loss panelen.
3 Bänd ut centrumsprinten och ta loss expandernitarna som håller fast nederkanten på hjulhusfodren vid stötfångarens ändar **(se bild)**.
4 På modeller fram till 12/98, lossa bulten som håller fast hjulhusfodret vid stötfångaren **(se bild)**.
5 På modeller från 12/98, lossa fästmuttrarna och ta loss fästbygeln som håller fast stötfångarens överkant vid hjulhusfodren på vardera sidan.
6 På alla modeller, skruva loss stötfångarens nedre torxbultar, dra ut stötfångarens framkant från hjulhuset och ta loss stötfångaren från bakdelen av bilen **(se bilder)**.

Från och med oktober 2001

7 Skruva loss skruvarna (en på vardera sidan) som sitter på stötfångarens främre nederkant **(se bild)**.
8 Skruva loss de två skruvarna som håller fast stötfångarens kåpa vid dämparna.

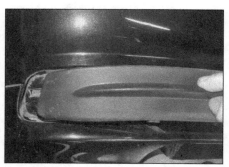

7.2 Bänd försiktigt loss plastpanelen från stötfångaren

7.3 Bänd ut centrumsprinten och ta sedan bort expanderniten

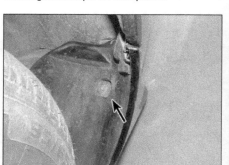

7.4 Ta bort skruven (se pil) som håller fast stötfångaren vid hjulhusfodret

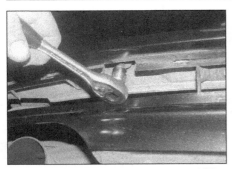

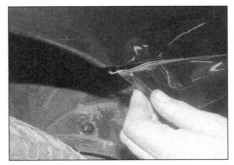

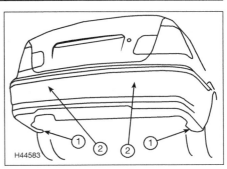

7.6a Skruva loss torxskruvarna som håller fast stötfångaren (en på vardera sidan) . . .

7.6b . . . och dra stötfångarens framkant ut från hjulhuset

7.7 Skruva loss stötfångarens nedre skruvar (1), och dämparens skruvar (2)

9 Tryck försiktigt ner tappen i hjulhuset med en spårskruvmejsel och lossa stötfångaren.
10 Dra stötfångarens framkanter utåt och för stötfångaren lite bakåt. Ta loss eventuella anslutningskontakter och sedan stötfångaren.

Montering

11 Monteringen utförs i omvänd ordning mot demonteringen, se till att stötfångarens ändar sitter rätt i spåren. Applicera gänglåsningsmedel på stötfångarens fästbultar och dra åt dem ordentligt.

8 Motorhuv – demontering, montering och justering

Demontering

1 Öppna motorhuven och be någon att hålla den öppen. Märk ut hur motorhuvens gångjärn sitter i förhållande till motorhuven med en penna inför återmonteringen.
2 Ta loss slangen från spolarmunstyckena. På modeller med uppvärmda munstycken, koppla även loss kontaktdonen. Knyt ett snöre kring kablagets ände och spolarslangen. Dra sedan ut kablaget/slangen från motorhuvens kanal. Lossa alla fästklämmor från kablaget/slangen. När du dragit ut kablaget/slangen från motorhuvens kanal, lossa snöret och låt det vara kvar inför återmonteringen.
3 Ta hjälp av en medhjälpare och stötta motorhuven så att den hålls öppen. Ta sedan loss fästklämmorna och lossa stödbenen från motorhuven **(se bild)**.

4 Skruva loss de bakre bultarna som håller fast gångjärnen vid motorhuven på vänster och höger sida och lossa de främre bultarna. För motorhuven framåt tills den lossnar från gångjärnen och ta bort den från bilen. Ta vara på eventuella mellanlägg mellan gångjärnen och motorhuven.
5 Undersök om det finns tecken på slitage och fritt spel vid styrbultarna, byt ut dem vid behov. Gångjärnen är fästa vid karossen med två bultar vardera. Märk ut hur gångjärnet sitter på karossen och skruva sedan loss fästbultarna och ta loss gångjärnet. Vid montering, placera det nya gångjärnet enligt markeringarna och dra åt fästbultarna ordentligt.

Montering och justering

6 Sätt dit mellanläggen (om sådana finns) på gångjärnet. Ta hjälp av någon och haka fast motorhuven på gångjärnen. Montera de bakre bultarna och dra åt dem för hand. Placera gångjärnen enligt markeringarna du gjorde vid demonteringen, dra sedan åt fästbultarna ordentligt. Observera jordledningen som är ansluten längs ner på vänster gångjärn **(se bild)**.
7 Stäng motorhuven och se till att den hamnar rätt i förhållande till omgivande paneler. Om det behövs, lossa bultarna och justera motorhuvens läge så att den hamnar rätt. När motorhuven sitter rätt, dra åt gångjärnsbultarna ordentligt och kontrollera att huven kan låsas och öppnas utan problem. Knyt ihop kablaget/slangen med änden på snöret och dra dem genom motorhuvens kanal tills de hamnar i sina ursprungslägen. Återanslut slangen och kablarna.

9 Motorhuvens låsvajer – demontering och montering

Demontering

1 Motorhuvens låsvajer består av tre delar, huvudvajern från låsspaken till anslutningen på höger innerskärm (bredvid vindrutans spolarbehållare), en andra vajer från anslutningen till motorhuvslåset på höger sida och en tredje vajer som kopplar samman de två motorhuvslåsen.

Vajern mellan låsspaken och anslutningen

2 Öppna förardörren och dra försiktigt loss dörrkarmens klädselpanel uppåt.
3 Dra upp tätningsremsan i gummi från dörröppningen bredvid fotbrunnens fotpanel.
4 Lossa fästena och ta bort instrumentbrädans nedre panel ovanför pedalerna. Koppla loss eventuella anslutningskontakter innan du tar bort panelen.
5 Skruva loss skruven och ta bort motorhuvens låsspak.
6 Skruva loss skruven och ta bort fotbrunnens fotpanel **(se bild)**.
7 Skilj vajerns inre ändbeslag från låsspaken.
8 Tryck/dra låsvajerns yttre ändbeslag från motorrummets mellanvägg och dra vajern in i motorrummet.
9 Lossa anslutningshuset från innerskärmen. Bänd upp anslutningshuset och koppla loss de inre och yttre vajrarna **(se bild)**.

8.3 Bänd ut klämman till motorhuvens fjäderben

8.6 Jordledningen vid motorhuvens gångjärn

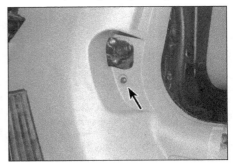

9.6 Skruva loss skruven (se pil) och ta loss fotpanelen

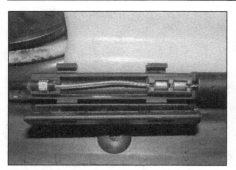

9.9 Koppla loss de inre och yttre kablarna från huset till anslutningen

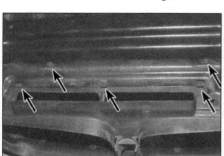

10.3 Skruva loss skruvarna, lossa klämmorna (se pilar) och dra kåpan bakåt

Vajern mellan anslutningen och motorhuvslåset

10 Ta loss anslutningshuset från inner-skärmen. Bänd upp huset och koppla loss de inre och yttre vajrarna (**se bild 9.9**).
11 Demontera motorhuvslåset på förarsidan enligt beskrivningen i avsnitt 10.

Vajern som kopplar ihop låsen

12 Vajern som kopplar ihop låsen demonteras när motorhuvslåset demonteras, enligt beskrivningen i avsnitt 10.

Montering

13 Monteringen utförs i omvänd ordning mot demonteringen, se till att du drar vajern rätt och fäster den i alla relevanta fästklämmer. Kontrollera att motorhuvslåset fungerar utan problem innan du stänger motorhuven.

---

10 Motorhuvens lås –
demontering och montering

Demontering

1 För att komma åt bakdelen av låset/låsen, demontera kylaren enligt beskrivningen i kapitel 3.
2 På modeller med luftkonditionering, tryck ner fästklämmerna under kondensorfästena och för fästenas plastkåpor nedåt (**se bild**). För försiktigt kondensorn bakåt.
Varning: Koppla inte loss kylmedierören.
3 Skruva loss de två skruvarna på mitten av motorhuvens tvärbalk, tryck ner klämmerna

10.2 Tryck ner fästklämmerna och för fästets plastkåpor nedåt

10.4 Skruvarna som håller fast motorhuvens lås (se pilar)

och ta loss plastkåpan bakåt (**se bild**).
4 Skruva loss låsets fästskruvar och lossa yttervajern/yttervajrarna från låset. Lossa sedan innervajern/innervajrarna från låset (**se bild**). Ta ur låset ur bilen.

11.2 Koppla loss dörrens öppningsbegränsare från stolpen

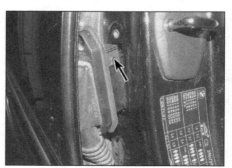

11.4a Dra ut låsdelen (se pil) och koppla loss dörrkontakten

Montering

5 Placera motorhuvslåsets innervajer/inner-vajrar i låset och återanslut yttervajern/ytter-vajrarna till spaken. Placera låset på tvär-balken.
6 Placera låset enligt märkena du gjorde före demonteringen och sätt sedan dit bultarna och dra åt dem ordentligt.
7 Kontrollera att låset fungerar utan problem när du flyttar låsspaken, utan att det går onödigt trögt. Kontrollera att motorhuven kan låsas och öppnas utan problem.
8 När låsen fungerar som de ska, montera kondensorn (i förekommande fall) och instal-lera kylaren enligt beskrivningen i kapitel 3.

---

11 Dörr –
demontering, montering
och justering

Demontering

1 Koppla loss batteriets minusledare (se kapitel 5A).
2 Skruva loss torxbulten som håller fast dörrens öppningsbegränsare vid stolpen (**se bild**).
3 Skruva loss gångjärnsmuttrarna från både de övre och nedre dörrgångjärnen (**se bild**).
4 Be någon att stötta upp dörren, skruva loss fästbulten och ta bort dörrens kontaktdon från stolpen. Dra ut låsdelen och koppla loss an-slutningen när du tar bort dörren (**se bilder**). Om det behövs kan gångjärnssprintarna skruvas loss från gångjärnen.

11.3 Skruva loss bultarna till dörrgångjärnen

11.4b Gångjärnssprintarna (se pil) går att skruva loss från gångjärnen

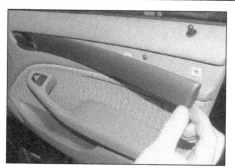

12.2 Börja bakifrån och bänd försiktigt loss klädseln från dörrens klädselpanel

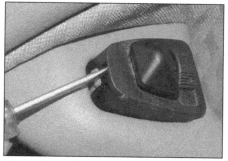

12.3a Bänd försiktigt loss spegelbrytaren från armstödet . . .

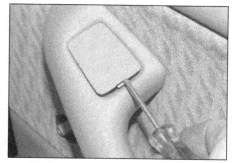

12.3b . . . eller ta bort plastpanelen (efter tillämplighet)

Montering

5 Placera dörren i rätt läge och återanslut anslutningskontakten. Tryck in kontaktdonet i stolpen och fäst den med bulten.
6 Haka fast gångjärnen på dörrens pinnbultar och dra åt muttrarna ordentligt. Observera att dörrens läge kan justeras vid behov genom att lägga till eller ta bort mellanlägg mellan gångjärnet och dörren (finns hos BMW-verkstäder).
7 Placera öppningsbegränsaren i linje med stolpen, sätt dit och dra åt fästbulten.

Justering

8 Stäng dörren och kontrollera att den sitter rätt i förhållande till omgivande karosspaneler. Om det behövs kan du justera dörrens läge något genom att lossa gångjärnens fästmuttrar och flytta dörren/gångjärnen till rätt position. När dörren sitter rätt, dra åt gångjärnsmuttrarna ordentligt. Om lacken kring gångjärnen har skadats, lackera det skadade området med en lämplig pensel för att förebygga korrosion.

12 Dörrens inre klädselpanel – demontering och montering

Demontering – framdörr

1 Koppla loss batteriets minusledare och öppna sedan dörren (se kapitel 5A).

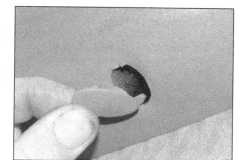

12.4a Bänd ut plastkåporna . . .

Sedan och Touring

2 Börja bakifrån och bänd försiktigt loss klädselpanelen från dörrpanelen med ett specialverktyg eller en spårskruvmejsel (se bild).
3 Om du demonterar förardörrens panel på modeller med elspeglar, börja framifrån och bänd försiktigt loss spegelbrytaren från armstödet. Koppla loss anslutningskontakterna när du tar bort brytaren. Om du demonterar dörrpanelen på passagerarsidan, eller på förarsidan på modeller utan elspeglar, bänd loss plastpanelen från armstödets framdel (se bilder).
4 Bänd ut plastkåporna från armstödet och skruva sedan loss panelens fem fästskruvar (se bilder). Notera att panelens främre övre skruv är längre än de andra.

Coupé

5 Om du demonterar förardörrens panel på

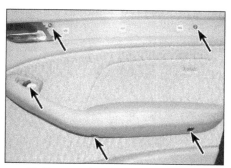

12.4b . . . och ta bort panelens fem fästskruvar (se pilar)

modeller med elspeglar, börja framifrån och bänd försiktigt loss spegelbrytaren från armstödet (se bild 12.3a). Koppla loss anslutningskontakterna när du tar bort brytaren.
6 I fördjupningen för dörrens innerhandtag, tryck in plastkåpans bakkant och skruva loss panelens torxskruv (se bild).
7 Bänd försiktigt ut airbag-emblemet från panelen och skruva loss torxskruven under emblemet (se bild).
8 Skruva loss armstödets tre fästskruvar.

Alla modeller

9 Lossa klämmorna till dörrens klädselpanel genom att försiktigt bända ut panelen från dörren med en spårskruvmejsel. Arbeta kring panelens utsida och när du har lossat alla pinnbultar tar du loss panelen från dörrens ovansida och lyfter den över låsknappen (se bilder).

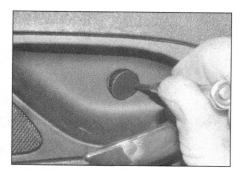

12.6 Tryck in plastkåpans bakre kant i fördjupningen till dörrhandtaget

12.7 Bänd ut airbag-emblemet och skruva loss torxskruven

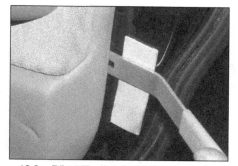

12.9a Bänd försiktigt ut klädselpanelen från dörren så att klämmorna lossnar

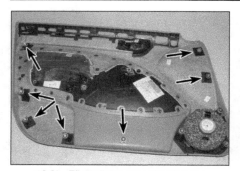

12.9b Fästklämmorna till dörrens klädselpanel (se pilar)

10 Håll panelen ut från dörren, öppna inner-handtaget, bänd ut låset som håller fast vajern och dra loss vajern bakåt **(se bild)**.
11 Koppla loss högtalarens anslutnings-kontakter när du tar bort panelen.
12 Demontera dörrens krockkuddsmodul (om sådan finns) enligt beskrivningen i kapitel 12.
13 Om det behövs, bänd försiktigt loss den hela isoleringspanelen från dörren genom att skära genom tätningsmedlet med ett plattbladigt verktyg.

Demontering – bakdörr

14 Koppla loss batteriets minusledare och öppna sedan dörren (se kapitel 5A).
15 Börja bakifrån och bänd försiktigt loss klädselpanelen från dörrpanelen med ett specialverktyg eller en spårskruvmejsel **(se bild)**.
16 På modeller med manuella fönster, bänd försiktigt ut plastkåpan från fönstervev-

12.15 Börja bakifrån och bänd loss klädseln från dörrens klädselpanel

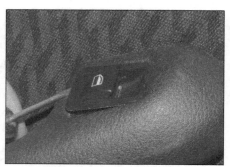

12.17 På modeller med elektriska fönster-hissar bak, bänd ut brytaren från armstödet

12.9c Dra loss ovandelen av panelen innan du lyfter den över låsknappen

handtaget. Skruva loss torxskruvarna och ta loss hela handtaget med den runda infatt-ningen **(se bilder)**. Bänd loss plastpanelen från armstödets framdel **(se bild 12.3b)**.
17 På modeller med elektriska fönsterhissar, bänd försiktigt ut fönsterbrytaren från arm-stödet med en liten spårskruvmejsel. Placera en kartongbit under skruvmejseln så att arm-stödet inte skadas. Koppla loss brytarens anslutningskontakt när du tar bort den **(se bild)**.
18 Bänd ut plastkåporna och skruva loss panelens fem fästskruvar **(se bilder)**. Notera att panelens främre övre skruv är längre än de andra.
19 Fortsätt enligt beskrivningen i punkt 9 till 13.

Montering

20 Monteringen av klädselpanelen utförs i omvänd ordning mot demonteringen. Före monteringen, kontrollera om någon av klädsel-

12.16a Bänd loss plastkåpan . . .

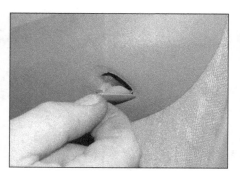

12.18a Bänd ut plastkåporna . . .

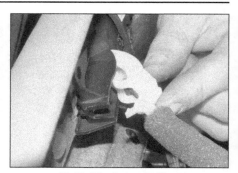

12.10 Bänd ut vajerlåset

panelens fästklämmor har skadats vid demon-teringen. Byt ut dem vid behov. Se till att den hela isoleringspanelen fäster i ursprungsläget där du har tagit bort den. Om den hela iso-leringspanelen har skadats vid demonteringen måste den bytas ut.

13 Dörrhandtag och låskomponenter – demontering och montering

Demontering

Inre dörrhandtag

1 Innerdörrens handtag är inbyggt i dörr-panelen och kan inte bytas ut separat.

Framdörrens låsenhet

2 Öppna fönstret helt och höj det sedan ca 140 cm (mätt på baksidan av glaset).

12.16b . . . och skruva loss torxskruven

12.18b . . . och skruva loss de 5 skruvarna (se pilar)

Demontera dörrens inre klädselpanel enligt beskrivningen i avsnitt 12. Dra försiktigt loss den hela isoleringspanelen från dörren (skär försiktigt genom tätningsmedlet) för att komma åt låskomponenterna och fortsätt enligt beskrivningen under relevant underrubrik. Om den hela isoleringspanelen har skadats vid demonteringen måste den bytas.

3 Lossa bultarna som håller fast fönsterklämman **(se bilderna 14.5a och 14.5b)** och tejpa eller kila fast fönstret i stängt läge. Skruva loss de två muttrarna som håller fast fönstrets bakre stödfäste och för in det i dörrens nederdel. Du behöver inte ta bort styrskenan **(se bild 14.8)**.

4 Om du arbetar med förardörren, demontera låscylindern enligt beskrivningen i punkt 13 till 15.

5 Lossa fästklämmorna till låsenhetens vajrar och koppla loss anslutningskontakten/kontakterna.

6 På fordon från 09/00, bänd loss den yttre vajern från fästbygeln och koppla loss inneränden från spaken på låset **(se bild)**.

7 Skruva loss låsenhetens fästskruvar och för den sedan bakom fönstrets bakre stödskena och ut från dörren tillsammans med låsknappens länkage **(se bild)**.

Framdörrens ytterhandtag fram till 09/00

8 Om du arbetar med förardörren, ta bort låscylindern enligt beskrivningen i punkt 13 till 15. Om du arbetar med passagerardörren, bänd ut genomföringen i dörrens ändpanel så att du ser fästbulten till ytterhandtagets bakre kåpa. På Coupé-modeller, vik försiktigt bak dörrens övre gummipanel för att frilägga genomföringen. Skruva loss bulten med en insexnyckel och ta bort den bakre kåpan från ytterhandtaget **(se bilder)**.

9 Dra ytterhandtaget utåt och ca 2 mm bakåt. Låsmekanismen har nu hakat i. Tryck ytterhandtaget ca 4 mm inåt och dra handtaget bakåt och utåt från dörren **(se bild)**.

Framdörrens ytterhandtag från 09/00

10 Om du arbetar med förardörren, demontera låscylindern enligt beskrivningen i punkt 13 till 15. Om du arbetar med passagerardörren, bänd ut genomföringen i dörrens ändpanel så att du ser fästbulten till ytterhandtagets bakre kåpa. På Coupé-modeller, vik försiktigt bak dörrens övre gummipanel för att frilägga genomföringen. Skruva loss bulten med en insexnyckel och ta bort den bakre kåpan från ytterhandtaget.

11 Låset måste ställas i "installationsläge". Dra handtaget utåt och kila fast det med en träbit eller en trasa. Vrid skruven till manöverdonet moturs tills det tar stopp genom öppningen i dörrens ändpanel **(se bild)**. Ta bort träbiten/trasan (om du använt sådan).

12 Dra bakdelen av handtaget utåt och ta loss det från dörren.

13.6 Bänd loss den yttre vajern från fästbygeln och lossa inneränden från spaken

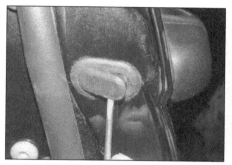

13.8a Ta bort genomföringen så att du kommer åt bulten till handtagets bakre kåpa – Sedan- och Touring-modeller . . .

Framdörrens låscylinder

13 Bänd ut genomföringen i dörrens ändpanel för att komma åt låscylinderns fästbult **(se bild)**. På Coupé-modeller, vik försiktigt

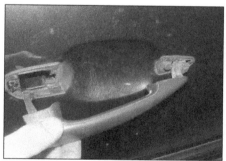

13.9 För ytterhandtaget bakåt och ut ur dörren

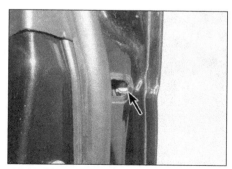

13.13 Bänd ut genomföringen och skruva loss låscylinderns fästbult (se pil)

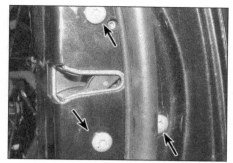

13.7 Skruva loss dörrlåsets fästskruvar (se pilar)

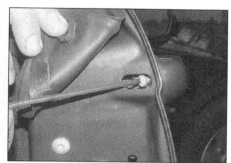

13.8b . . . och Coupé-modeller

bak dörrens övre gummipanel för att frilägga genomföringen.

14 Skruva loss fästbulten med en insexnyckel och dra ut låscylindern från dörren **(se bild)**.

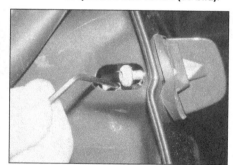

13.11 Vrid skruven till manöverdonet moturs

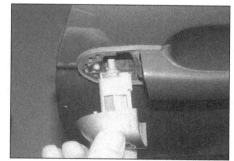

13.14 Skruva loss bulten och dra ut låscylindern ur dörren

13.15 Lossa fästklämmorna och ta bort låscylinderns kåpa

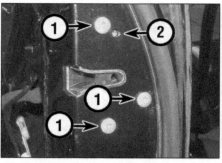

13.17 Fästskruvarna till bakdörrens lås (1) och låsets justerskruv (2)

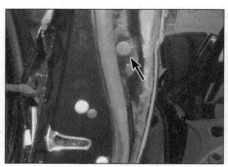

13.18a Bänd ut genomföringen (se pil) . . .

15 Vid behov, lossa de två fästklämmorna och skilj cylindern från plastkåpan (se bild).

Bakdörrens lås

16 Demontera dörrens inre klädselpanel och ljudisoleringsmaterial enligt beskrivningen i avsnitt 12. Koppla loss dörrlåset anslutnings-kontakt(er).
17 Skruva loss låsenhetens fästskruvar och ta loss hela låset från dörren, med låsknappens länksystem (se bild).

Bakdörrens ytterhandtag fram till 09/00

18 Bänd ut genomföringen i dörrens ändpanel så att du kommer åt fästbulten till ytter-handtagets bakre kåpa. Skruva loss bulten med en insexnyckel och ta bort den bakre kåpan från ytterhandtaget (se bilder).

19 Dra ytterhandtaget utåt och ca 2 mm bakåt. Låsmekanismen har nu hakat i. Tryck ytterhandtaget ca 4 mm inåt och dra handtaget bakåt och utåt från dörren (se bild 13.9).

Bakdörrens ytterhandtag från 09/00

20 Bänd ut genomföringen i dörrens änd-panel så att du kommer åt fästbulten till ytter-handtagets bakre kåpa. Skruva loss bulten med en insexnyckel och ta bort den bakre kåpan från ytterhandtaget.
21 Låset måste ställas i "installationsläge". Dra handtaget utåt och kila fast det med en träbit eller en trasa.
22 Vrid skruven till manöverdonet moturs tills det tar stopp genom öppningen i dörrens ändpanel (se bild 13.11). Ta bort träbiten/trasan (om du använt sådan).

23 Dra bakdelen av handtaget utåt och ta loss det från dörren.

Montering

Inre dörrhandtag

24 Innerdörrens handtag är inbyggt i dörrens klädselpanel och kan inte bytas ut separat.

Framdörrens låsenhet

25 Avlägsna alla spår av gammal fästmassa från låsets fästskruvar.
26 Innan låset monteras, lossa låsets juster-skruv. Skruven är vänstergängad på dörrlåsen på höger sida och högergängad på vänster sidas dörrlås (se bilder).
27 Placera låsenhetens rätt och se till att lås-knappens länkage hakar hålen i dörren rätt. Se till att sätta i låsspaken rätt mellan stöd-balken till dörrens ytterhandtag och dörrplåten (se bild).
28 Applicera nytt gänglåsningsmedel på lås-skruvarna (BMW rekommenderar Loctite 270), sätt sedan tillbaka dem och dra åt till angivet moment.
29 Återanslut kontaktdonet/donen och fäst kablaget på rätt plats med fästklämmorna.
30 På förardörren, montera låscylindern enligt beskrivningen i punkt 43 till 45.
31 På alla fordon från 09/00, återanslut vajern till låsspaken och fäst den yttre vajern vid fästbygeln (se bild).

13.18b . . . skruva loss skruven och ta bort den bakre handtagskåpan

13.26a Lossa låsets justerskruv (se pil) – Sedan- och Touring-modeller

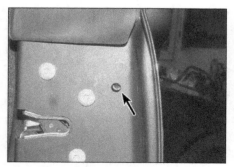

13.26b Låsets justerskruv (se pil) – Coupé-modeller

13.27 Se till att låsspaken (se pil) ligger mellan dörrplåten och stödbalken

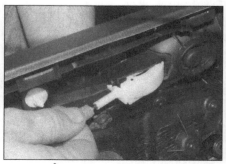

13.31 Återanslut vajern till låsspaken

32 Sätt fönstret och den bakre styrskenan på plats, sätt tillbaka muttrarna och dra åt dem ordentligt. Sänk ner fönstret och sätt fast det på klämmorna enligt beskrivningen i avsnitt 14.

33 Stäng inte dörren förrän du har installerat låset och kontrollerat dess funktion enligt följande:

a) Bänd ut den lilla plastkåpan som sitter bredvid låsets övre fästbult så att du kommer åt låsets justerskruv **(se bilderna 13.26a och 13.26b)**.

b) På vänster dörr, dra åt justerskruven medurs. Dra åt justerskruven till förardörrens lås moturs.

c) "Lås" dörrlåset genom att trycka in låsspaken med en skruvmejsel **(se bild)**.

d) Lås upp dörren med nyckeln.

e) "Öppna" låset med ytterhandtaget.

f) Om låset inte öppnas, lossa justerskruven och dra sedan åt den igen. Kontrollera låsets funktion igen.

g) Stäng inte dörren förrän du är helt säker på att låset fungerar som det ska. Om dörren stängs av misstag kan den hända att den inte går att öppna utan att klippa upp dörrplåten.

h) Montera tätningskåpan i plast på dörrens ändpanel.

34 Fäst ljudisoleringspanelen på dörren. Montera klädselpanelen enligt beskrivningen i avsnitt 12.

Framdörrens ytterhandtag fram till 09/00

35 Se till att låsspaken sitter rätt **(se bild 13.27)**. Om inte, stick in en skruvmejsel genom öppningen i dörrens ändpanel och flytta spaken utåt.

36 Sätt i framdelen av handtaget i hålet i dörrplåten. Sätt sedan i bakdelen av handtaget. Håll handtaget lätt mot dörren och tryck det framåt tills det "klickar i".

37 Om du monterar förardörrens handtag, sätt tillbaka låscylindern enligt beskrivningen i punkt 43 till 45. Om du monterar passagerardörrens handtag, sätt fast ytterhandtagets bakre kåpa och dra åt fästbulten ordentligt. Sätt tillbaka genomföringen på dörrens ändpanel.

38 Stäng inte dörren förrän du installerat och låset och kontrollerat dess funktion enligt beskrivningen i punkt 33. Fäst ljudisoleringspanelen på dörren. Montera klädselpanelen enligt beskrivningen i avsnitt 12.

Framdörrens ytterhandtag från 09/00

39 Innan du monterar handtaget måste dörrlåset ställas i "installationsläge". Mellanrummet mellan fästet på låsets manöverdon och den yttre dörrplåten får inte vara större än 8 mm **(se bild)**. Om mellanrummet är större, dra fästet utåt med fingret tills avståndet är rätt.

40 Sätt i framdelen av handtaget i hålet i dörren och tryck sedan dit bakdelen av handtaget. Se till att tätningen mellan handtaget och dörrplåten sitter kvar som den ska. Vrid

13.33 "Lås" dörrlåset med en skruvmejsel

skruven till låsets manöverdon medurs så att låset hoppar ur installationsläget.

41 Om du monterar förardörrens handtag, sätt tillbaka låscylinder enligt beskrivningen i punkt 43 till 45. Om du monterar passagerardörrens handtag, sätt fast ytterhandtagets bakre kåpa och dra åt fästbulten ordentligt. Sätt tillbaka genomföringen på dörrens ändpanel.

42 Stäng inte dörren förrän du har installerat låset och kontrollerat dess funktion enligt beskrivningen i punkt 33. Fäst ljudisoleringspanelen på dörren. Montera klädselpanelen enligt beskrivningen i avsnitt 12.

Framdörrens låscylinder

43 Om du har tagit loss plastkåpan, kläm fast den på cylindern.

44 Smörj låscylinderns utsida med lämpligt fett.

45 Montera låscylindern i dörrlåset, och dra åt fästskruven ordentligt. Sätt tillbaka genomföringen i dörrens ändpanel. Innan du stänger dörren, kontrollera låsets funktion enligt beskrivningen i punkt 33.

Bakdörrens lås

46 Före montering, avlägsna alla spår av gammalt gänglåsningsmedel från låsets fästskruvar.

47 Innan låset monteras, lossa låsets justerskruv. Skruven är vänstergängad på dörrlåsen på höger sida och högergängad på vänster sidas dörrlås **(se bild)**.

48 Placera låsenhetens rätt och se till att låsknappens länkage hakar hålen i dörren rätt.

13.47 Lossa låsets justerskruv

13.39 Avståndet mellan fästet och dörrplåten (se pilar) får inte vara större än 8 mm

Se till att sätta i låsspaken rätt mellan stödbalken till dörrens ytterhandtag och dörrplåten.

49 Applicera nytt gänglåsningsmedel på låsskruvarna (BMW rekommenderar Loctite 270), sätt sedan tillbaka dem och dra åt till angivet moment. Återanslut kontaktdonet/donen och fäst kablaget på rätt plats med fästklämmorna.

50 På alla fordon från 09/00, återanslut vajern till låsspaken och fäst den yttre vajern vid fästbygeln.

51 Kontrollera låsenhetens funktion enligt beskrivningen i punkt 33.

52 Fäst ljudisoleringspanelen på dörren. Montera klädselpanelen enligt beskrivningen i avsnitt 12.

Bakdörrens ytterhandtag fram till 09/00

53 Se till att låsspaken sitter rätt **(se bild)**. Om inte, stick in en skruvmejsel genom öppningen vid handtagets bakdel och för spaken utåt.

54 Sätt i framdelen av handtaget i hålet i dörrplåten. Sätt sedan i bakdelen av handtaget. Håll handtaget lätt mot dörren och tryck det framåt tills det "klickar i".

55 Sätt tillbaka ytterhandtagets bakre kåpa och dra åt fästbulten ordentligt. Sätt tillbaka genomföringen på dörrens ändpanel.

56 Stäng inte dörren förrän du har installerat låset och kontrollerat dess funktion enligt beskrivningen i punkt 33.

57 Fäst ljudisoleringspanelen på dörren. Montera klädselpanelen enligt beskrivningen i avsnitt 12.

13.53 Se till att låsspaken dras ut till dörrens utsida

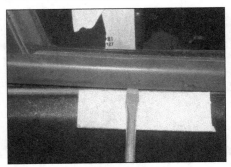

14.4 Placera en bit kartong mellan panelen och skruvmejseln så att ingenting skadas

14.5a Lossa fönstrets bakre (se pil) . . .

14.5b . . . och främre (se pil) klämbult

Bakdörrens ytterhandtag från 09/00

58 Innan du monterar handtaget måste dörrlåset ställas i "installationsläge". Mellanrummet mellan fästet på låsets manöverdon och den yttre dörrplåten får inte vara större än 8 mm **(se bild 13.39)**. Om mellanrummet är större, dra fästet utåt med fingret tills avståndet är rätt.

59 Sätt i framdelen av handtaget i hålet i dörren och tryck sedan dit bakdelen av handtaget. Se till att tätningen mellan handtaget och dörrplåten sitter kvar som den ska.

60 Sätt tillbaka ytterhandtagets bakre kåpa och dra åt fästbulten ordentligt. Sätt tillbaka genomföringen på dörrens ändpanel.

61 Stäng inte dörren förrän du har installerat låset och kontrollerat dess funktion enligt beskrivningen i punkt 33.

62 Fäst ljudisoleringspanelen på dörren.

Montera klädselpanelen enligt beskrivningen i avsnitt 12.

---

14 Dörrglas och fönsterhiss (Sedan och Touring) – demontering och montering

Demontering

Framdörrens fönster

Observera: *Enligt BMW måste "hållarna" av plast som sitter i fästklämmorna bytas varje gång fönstret lossas från klämmorna.*

1 Öppna fönstret helt och höj det sedan ca 140 cm (mätt på baksidan av glaset).

2 På modeller med elektriska fönsterhissar, ta loss batteriets minusledare (se kapitel 5A).

3 Ta bort den inre klädselpanelen och ljudisoleringspanelen (avsnitt 12).

4 Börja bakifrån och bänd försiktigt upp fönstrets yttre tätningsremsa från dörrplåten med ett brett, plattbladigt verktyg **(se bild)**. Placera en bit kartong mellan dörren och verktyget så att lacken inte skadas.

5 Lossa fönstrets främre och bakre fästbult **(se bilder)**.

6 Ta loss fönstret från bilen, lyft upp bakdelen först **(se bild)**.

Framdörrens fönsterhiss

7 Lossa dörrfönstret från fönsterhissens klämmor, enligt beskrivningen tidigare i detta avsnitt. Observera att du inte behöver ta loss fönstret från dörren, fäst det bara i stängt läge med tejp eller gummikilar.

8 Skruva loss bultarna som håller fast den bakre fönsterstyrningen vid dörren och sänk ner styrningen till foten av dörren **(se bild)**.

9 På modeller med elektriska fönsterhissar, koppla loss fönsterhissens anslutningskontakter och lossa kablaget från eventuella fästklämmor.

10 På alla modeller, skruva loss fönsterhissens/motorns fästmuttrar, lossa eventuella fästklämmor och sänk ner enheten till foten av dörren. Ta ut enheten från dörren med bakdelen först **(se bilder)**.

11 I förekommande fall, skruva loss torxbultarna och ta loss motorn från fönsterhissen **(se bilder)**.

14.6 Lyft fönstrets bakre del först

14.8 Ta bort bultarna till den bakre fönsterstyrningen (se pilar)

14.10a Skruva loss fönsterhissens fästbultar (se pilar) . . .

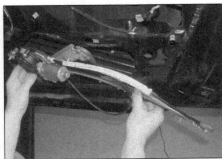

14.10b . . . och ta loss enheten från dörren

14.11a Skruva loss torxbultarna (se pilar) . . .

14.11b . . . och ta loss motorn från hissen

14.13 Bänd försiktigt upp fönstrets yttre tätningsremsa

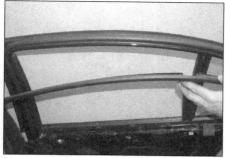

14.14a Lossa plastpanelen . . .

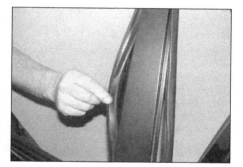

14.14b . . . dra tätningsremsorna bakåt . . .

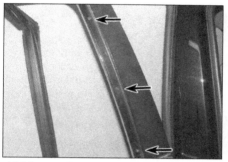

14.14c . . . skruva loss skruvarna (se pilar) och ta loss panelen

14.16 Lossa fönstrets klämskruv (se pil)

Bakdörrens fönsterglas

Observera: *Enligt BMW måste "hållaren" av plast som sitter i fästklämman bytas varje gång fönstret lossas från klämman.*

12 Demontera dörrens inre klädselpanel och ljudisoleringspanel enligt beskrivningen i avsnitt 12.

13 Bänd försiktigt upp fönstrets yttre tätningsremsa från dörrplåten med ett brett, plattbladigt verktyg **(se bild)**. Placera en bit kartong mellan dörren och verktyget så att lacken inte skadas.

14 Lossa försiktigt dörrens inre plastpanel. Dra sedan loss fönstrets tätningsremsa från framdelen av fönsteröppningen för att komma åt skruvarna till fönstrets klädselpanel. Skruva loss fästskruvarna, dra loss dörrens tätningsremsa som sitter intill panelen och ta loss panelen från dörren **(se bilder)**.

15 Sänk ner fönstret helt. Höj det sedan ca 115 mm, mätt längs den främre kanten. På modeller med elektriska fönsterhissar, koppla loss batteriets minusledare enligt beskrivningen i kapitel 5A.

16 Lossa fönstrets klämskruv **(se bild)**.

17 Ta ut fönstret genom dörrens ovansida.

Bakdörrens fasta fönsterglas

18 Eftersom bakdörrens fasta fönster sitter fast, bör detta fönster endast bytas av en BMW-verkstad eller en bilrutespecialist.

Bakdörrens fönsterhiss

19 Demontera dörrens inre klädselpanel och ljudisoleringspanel enligt beskrivningen i avsnitt 12.

20 Sänk fönstret helt och höj det sedan ca 115 mm, mätt längs framkanten, så att du ser fönstrets klämskruv. Lossa fönstrets klämskruv och lyft fönstret till dörramens överdel

(se bild 14.16). Sätt fast fönstret med tejp eller gummikilar **(se bild)**.

21 På modeller med elektriska bakrutor, koppla loss batteriets minusledare enligt beskrivningen i kapitel 5A. Koppla loss anslutningskontakten till fönsterhissens motor **(se bild)** och lossa kablaget från eventuella fästklämmor.

22 På alla modeller, skruva loss fönsterhissens/motorns fästbultar, lossa eventuella fästklämmor och lyft ut nederdelen av enheten och ta ut den från dörren **(se bild)**.

23 I förekommande fall, skruva loss de två fästbultarna och ta loss motorn från fönsterhissen **(se bild)**.

Fast sidofönster bak (Touring)

24 Eftersom det fasta bakre sidofönstret sitter fast, bör det endast bytas av en BMW-verkstad eller en bilrutespecialist.

14.20 Tejpa fast fönsterrutan

14.21 Anslutningskontakten till den bakre fönsterhissen (se pil)

14.22 Skruva loss fönsterhissens fästbultar (se pilar)

14.23 Bultarna till det bakre fönstrets motor (se pilar)

Montering

Framdörrens fönster

25 Monteringen utförs i omvänd ordningsföljd mot demonteringen. Stryk tvållösning (diskmedel) på fönstrets yttre tätningsremsa. Använd nya "klämhållare" till fönstret **(se bild)**. Innan dörrens ljudisoleringspanel monteras, lossa fästbultarna till fönstrets bakre styrning **(se bild 14.8)**. Återanslut batteriets minusledare (i förekommande fall) och öppna fönstret helt. Dra åt fästbultarna till den bakre fönsterstyrningen. Aktivera fönstret och kontrollera att det rör sig utan problem och att det inte skevar i dörramen.

Framdörrens fönsterhiss

26 Monteringen utförs i omvänd ordningsföljd mot demonteringen. Montera fönster-

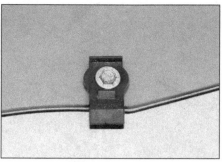

14.25 Byt ut fönstrets plasthållare

glaset och justera enligt beskrivningen tidigare i detta avsnitt.

Bakdörrens fönsterglas

27 Monteringen utförs i omvänd ordningsföljd mot demonteringen. Använd nya "klämhållare" till fönstret **(se bild 14.25)**. Innan dörrens ljudisoleringspanel monteras, kontrollera att fönstret rör sig obehindrat.

Bakdörrens fasta fönsterglas

28 Monteringen utförs i omvänd ordningsföljd mot demonteringen, se till att fönstertätningen sitter rätt i dörren.

Bakdörrens fönsterhiss

29 Monteringen utförs i omvänd ordningsföljd mot demonteringen. Innan ljudisoleringspanelen monteras, kontrollera att fönstret rör sig obehindrat.

15 Dörrglas, fönsterhiss och bakre sidofönster (Coupé) – demontering och montering

Främre dörrglas och fönsterhiss

1 Demontering av framdörrens fönsterglas och fönsterhiss bör överlåtas till en BMW-verkstad. Om fönsterglaset eller hissen hamnar snett måste en komplex justeringsprocedur utföras vid monteringen. Om justeringen av fönstret misslyckas kommer glaset att ligga mot karossen när fönstret är stängt, vilket förstör glaset.

Bakre sidofönster

Demontering

2 Bänd försiktigt loss plastkåpan som sitter över fönstrets länkstag med en plastkil **(se bild)**.
3 Bänd ut fönstrets länkstag från fästet på fönstret **(se bild)**.
4 Demontera B-stolpens panel enligt beskrivningen i avsnitt 27.
5 Bänd ut plastkåporna och skruva loss gångjärnens två fästbultar i B-stolpen **(se bild)**.
6 För fönstret bakåt.

Montering

7 Innan du drar åt gångjärnsbultarna, justera fönstrets läge på följande sätt:
 a) Avståndet mellan bakkanten på framdörrens fönster och kanten på det bakre sidofönstrets tätningsremsa får inte vara större än 6 mm.
 b) Avståndet mellan överkanten på sidofönstret och skenan till avrinningskanalen ska vara 1 mm.
 b) Avståndet mellan överkanten på sidofönstret och skenan till avrinningskanalen bör inte överstiga 1,8 mm.
8 Resten av monteringen utförs i omvänd ordningsföljd mot demonteringen, observera att plastkåpan över fönstrets länkstag har en inre tapp som måste passa in med spåret i hylsan till länkstaget.

16 Baklucka och stödben – demontering och montering

Demontering

Baklucka

1 Öppna bagageutrymmet, ta bort fästskruvarna till verktygslådans lock och gångjärn **(se bild)**. Ta loss verktygslådan från bagageutrymmets klädselpanel.
2 Bänd upp centrumsprintarna och ta bort expandernitarna i plast. Ta sedan loss klädselpanelen från bakluckan.
3 Stötta bakluckan så att den hålls öppen och lossa stödbenen (enligt beskrivningen i punkt 8).

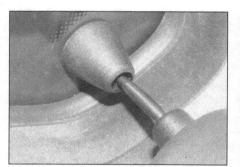

15.2 Bänd loss kåpan från fönstret längs länkstaget

15.3 Koppla loss länkstaget från fästet

15.5 Skruva loss gångjärnens fästbultar (se pilar)

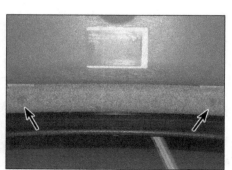

16.1 Skruva loss gångjärnsskruvarna till verktygssatsen (se pilar)

4 Koppla loss kontaktdonen från registreringsskyltsbelysningen, bagageutrymmets ljusbrytare och centrallåsets servo (om det är tillämpligt). Knyt ett snöre kring kablagets ände. Notera hur kablaget är draget och lossa sedan gummigenomföringarna till kablaget från bakluckan och ta bort kablaget. När kablagets ände kommer fram, knyt loss snöret och lämna det i bakluckan, det kan användas senare för att dra kablaget på plats.

5 Märk ut hur gångjärnen sitter med en lämplig markeringspenna och skruva sedan loss gångjärnens fästbultar och ta loss bakluckan från bilen (se bild).

6 Se efter om det finns tecken på slitage eller skador på gångjärnen. Byt ut dem vid behov. Gångjärnen är fästa vid bilen med bultar.

Baklucka

7 För demontering och montering av bakluckan krävs speciella BMW-verktyg och kunskap om hur dessa används. Följaktligen rekommenderar vi att du överlåter arbetet till en BMW-verkstad eller specialist med rätt utrustning.

Stödben

8 Stötta bakluckan så att den hålls öppen. Bänd upp fjäderklämman med en liten spårskruvmejsel och dra loss stödbenet från dess övre fäste (se bild). Upprepa detta för det nedre fästet och ta loss fjäderbenet från bilen.

Montering

Baklucka

9 Monteringen utförs i omvänd ordningsföljd mot demonteringen, se till att gångjärnen placeras enligt markeringarna du gjorde innan demonteringen.

10 Avsluta med att stänga bakluckan och kontrollera att den sitter rätt i förhållande till omgivande paneler. Om det behövs kan mindre justeringar göras genom att lossa fästbultarna och ändra bakluckans läge på gångjärnen. Om lacken kring gångjärnen har skadats, lackera det skadade området med en lämplig pensel för att förebygga korrosion.

Stödben

11 Monteringen utförs i omvänd ordning mot demonteringen, se till att fjäderbenet sitter fast ordentligt med fästklämmorna.

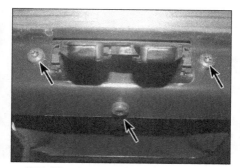
17.5 Fästskruvarna till bakluckans lås (se pilar)

16.5 Märk ut hur gångjärnen sitter

17 Bakluckans låskomponenter – demontering och montering

Demontering

Bakluckelås på Sedan/Coupé

1 Öppna bagageutrymmet, ta bort fästskruvarna till verktygslådans lock och gångjärn (se bild). Ta loss verktygslådan från bagageutrymmets klädselpanel.

2 Bänd upp centrumsprintarna och ta bort expandernitarna i plast. Ta sedan loss klädselpanelen från bakluckan.

3 Koppla loss anslutningskontakten, skruva loss de två skruvarna och dra försiktigt loss täckpanelen från låset – börja med kanten som sitter närmast låset (se bild).

4 Koppla loss anslutningskontakten till låset.

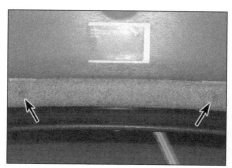
17.1 Gångjärnsskruvarna till verktygssatsens lock (se pilar)

17.10 Dra ut låsdelen (se pil)

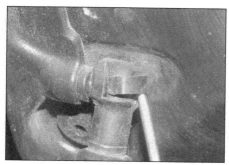
16.8 Bänd ut fjäderbenets fästklämma

5 Skruva loss de tre skruvarna och ta loss låset från bakluckan. Bänd ut manöverstaget från låset när du tar bort det (se bild).

Bakluckans låscylinder på Sedan/Coupé

6 Ta bort klädselpanelen från bakluckan enligt beskrivningen i punkt 1 och 2.

7 Demontera bakarmaturen på förarsidan enligt beskrivningen i kapitel 12, avsnitt 7.

8 När du demonterat armaturen, skruva loss de två fästskruvarna och ta bort kåpan från bakdelen av låscylindern.

9 Ta loss låscylinderns anslutningskontakt.

10 Dra ut låsdelen och dra sedan försiktigt ut manöverstaget från armen på låscylindern (se bild).

11 Skruva loss de två fästskruvarna och vrid cylindern medurs tills låsbyglarna ligger i linje med utskärningen i panelen. Dra sedan loss låset från panelen (se bild).

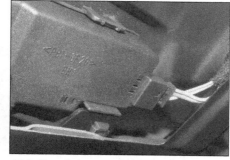
17.3 Koppla loss anslutningskontakten till bagageutrymmets lås

17.11 Låscylinderns fästskruvar (se pilar)

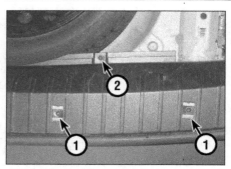

17.13 Bänd ut kåporna och skruva loss de övre (1) och nedre (2) skruvarna

Bakluckelås på Touring

12 Demontera D-stolpens båda paneler enligt beskrivningen i avsnitt 27.

13 Bänd ut plastkåporna och skruva loss de fyra fästskruvarna överst på bakluckans rampanel, skruva sedan loss de två nedre skruvarna. Ta ut panelen ur bilen **(se bild)**.

14 Märk ut hur låset sitter monterat på panelen med en märkpenna. Skruva loss de båda skruvarna och ta bort låset **(se bild)**. Koppla loss anslutningskontakten när låset tas bort.

15 Om det behövs, skruva loss de två fästskruvarna och ta loss låsets manöverdon från låset.

Montering

16 Monteringen utförs i omvänd ordningsföljd mot demonteringen. Tänk på följande:

a) Återanslut alla anslutningskontakter och fäst kablaget med fästklämmorna (i förekommande fall).

b) Se till att allt hamnar rätt enligt de markeringar du gjort.

c) Kontrollera låsets/cylindrarnas funktion innan du monterar klädselpanelerna.

d) Dra åt alla fästen ordentligt.

---

18 Centrallåsets delar – demontering och montering

Observera: *Centrallåssystemet är utrustat med en avancerad självdiagnosfunktion. Innan du demonterar någon av centrallåsets delar*

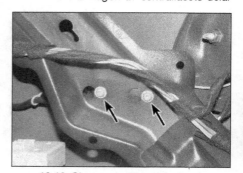

18.10 Skruvarna till tankluckans magnetventil (se pilar)

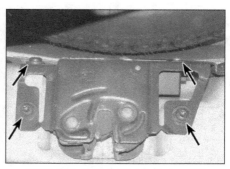

17.14 Skruva loss fästskruvarna till bakluckans lås (se pilar)

bör du låta en BMW-verkstad eller en specialist med rätt utrustning läsa av var felet finns.

Demontering

Elektronisk styrenhet (ECU)

1 Centrallåssystemet styrs av det centrala elektroniksystemets (ZKE V) styrenhet, den s.k. huvudmodulen GM V (General Module), som sitter bakom handskfacket på passagerarsidan. För att komma åt styrenheten, demontera handskfacket enligt beskrivningen i avsnitt 27.

2 Lossa fästklämmorna och ta loss ECU:n nedåt.

3 Lossa fästklämman och koppla sedan loss kontaktdonet/donen och ta ut ECU:n från bilen.

Dörrlåsets manöverdon

4 Manöverdonet är inbyggt i dörrens låsenhet. Demontera dörrlåset enligt beskrivningen i avsnitt 13.

Manöverdon till bagageutrymmets lås

5 Bakluckans manöverdon är inbyggt i låsenheten till bagageutrymmet. Demontera bagageutrymmets lås enligt beskrivningen i avsnitt 17.

Manöverdon till bakluckans lås

6 Demontera bakluckelåset enligt beskrivningen i avsnitt 17.

7 Skruva loss de två fästskruvarna och ta loss manöverdonet från låset.

Tankluckans magnetventil

8 Vrid fästklämman minst 90° och lossa klädselpanelen från bagageutrymmets högra sida.

19.10 Ta loss motorns fästskruvar (se pilar)

---

9 Lyft ut första hjälpen-lådans platta och dra loss bagageutrymmets panel bakåt för att komma åt magnetventilen.

10 Koppla loss kontaktdonet. Lossa sedan fästskruvarna och ta ut magnetventilen från bagageutrymmet **(se bild)**.

Magnetventil till handskfackets lås

11 Demontera handskfacket (se avsnitt 27).

12 Lossa magnetventilens stag från låset och styrningen. Skruva sedan loss fästbultarna och ta bort magnetventilen.

Montering

13 Monteringen utförs i omvänd ordningsföljd mot demonteringen. Innan du sätter tillbaka någon av de klädselpaneler du har tagit bort för att komma åt, kontrollera centrallåssystemets funktion.

---

19 Elfönstrens delar – demontering och montering

Observera: *Elfönstersystemet är utrustat med en avancerad självdiagnosfunktion. Om ett fel inträffar, låt en BMW-verkstad eller en specialist med rätt utrustning läsa av felet innan du demonterar någon av elfönstrens elektriska delar.*

Fönstrets brytare

1 Se kapitel 12, avsnitt 4.

Fönstermotorer på Sedan/ Touring

2 Demontera fönsterhissen enligt beskrivningen i avsnitt 14.

3 Skruva loss fästskruvarna och ta bort motorn från fönsterhissen.

4 Vid montering, sätt fast motorn vid hissen och dra åt fästskruvarna ordentligt.

5 Montera fönsterhissenheten enligt beskrivningen i avsnitt 14.

Fönstermotorer fram på Coupé

6 För demontering och montering av motorerna måste fönsterhissen tas bort från dörren. Låt en BMW-verkstad utföra detta (se avsnitt 15).

Sidofönstrens motor på Coupé

7 Bänd försiktigt loss plastkåpan som sitter över fönstrets länkstag med en plastkil **(se bild 15.2)**.

8 Bänd ut fönstrets länkstag från fästet på fönstret **(se bild 15.3)**.

9 För att ta bort plastpanelen över motorn, tryck in centrumsprinten och ta bort expanderniten. För sedan panelen över motorns länkstag.

10 Skruva loss de två fästbultarna och ta loss motorn tillsammans med fästbygeln **(se bild)**. Koppla loss anslutningskontakten när motorn tas bort.

11 Om det behövs, skruva loss de två skruvarna och ta loss motorn från fästbygeln.

12 Monteringen utförs i omvänd ordningsföljd mot demonteringen, lägg märke till att plastkåpan över länkstaget har en inre tapp som ska passas i spåret på hylsan till fönstrets länkstag.

Elektronisk styrenhet (ECU)

13 Elfönstersystemet styrs av det centrala elektroniksystemets (ZKE V) styrenhet, den s.k. huvudmodulen GM V (General Module), som sitter bakom handskfacket på passagerarsidan. För att komma åt styrenheten, demontera handskfacket enligt beskrivningen i avsnitt 27.
14 Lossa fästklämmorna och ta ut ECU:n nedåt (se bild).
15 Lossa fästklämman och koppla sedan loss kontaktdonet/donen och ta ut ECU:n från bilen.

19.14 Lossa klämmorna och ta bort ECU:n

ningen är skadad måste den bytas ut (se bild). Koppla loss eventuella anslutningskontakter innan du tar bort spegeln.
4 Monteringen utförs i omvänd ordningsföljd mot demonteringen, dra åt spegelbultarna till angivet moment.

Ytterspegelns glas

Observera: *Om spegelglaset tas loss när spegeln är kall kommer glasets fästklämmor troligen att gå sönder.*
5 Vicka spegelglaset uppåt så långt det går.
6 Stick in en plast- eller träkil mellan nederkanten på spegelglaset och spegelhuset. Bänd försiktigt loss glaset från motorn (se bild). Var mycket försiktig när du tar bort glaset, ta inte i för hårt – glaset går lätt sönder.
7 Ta loss glaset från spegeln och koppla loss anslutningskontakterna från spegelns värmeelement där det behövs.
8 Vid montering, återanslut kablarna till glaset

och kläm fast glaset på motorn. Var försiktig så att det inte går sönder.

Ytterspegelns brytare

9 Se kapitel 12.

Ytterspegelns motor

10 Ta bort spegelglaset enligt beskrivningen ovan.
11 Skruva loss de tre fästskruvarna och dra loss motorn, börja med nederkanten (se bild). Koppla loss anslutningskontakten när motorn tas bort.
12 Monteringen utförs i omvänd ordningsföljd mot demonteringen.

Kåpan till yttre spegelhuset

13 Ta bort spegelglaset enligt beskrivningen ovan.
14 Lossa de fyra fästklämmorna och ta loss spegelhusets kåpa framåt (se bild).
15 Monteringen utförs i omvänd ordningsföljd mot demonteringen.

Innerspegel

16 Det finns två huvudsakliga typer av spegelarmar och fästen. På den ena typen sitter en plastkåpa över kontakten och på den andra går spegelarmen att dela för att komma åt anslutningskontakten.

Arm med plastkåpa

17 Bänd försiktigt ut plastkåpan och koppla loss spegelns anslutningskontakt (i förekommande fall).
18 Knacka nederdelen av spegeln framåt med handen så att armen lossnar från fästet.

20 Speglar och tillhörande komponenter – demontering och montering

Yttre spegelenhet

1 Ta bort dörrens inre klädselpanel enligt beskrivningen i avsnitt 12.
2 Dra försiktigt loss plastpanelen från dörrens inre framkant. På Coupé-modeller, bänd försiktigt loss ovandelen av den triangulära plastpanelen över spegelfästet och lyft bort den. (se bilder).
3 Skruva loss torxbultarna och ta loss spegeln från dörren. Ta vara på gummitätningen som sitter mellan dörren och spegeln. Om tät-

20.2a Notera klämmorna som håller fast plastpanelen fram på dörrkanten (se pilar)

20.2b På Coupé-modeller, lyft bort panelen

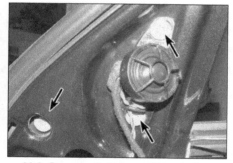
20.3 Spegeln är fäst med 3 torxbultar (se pilar)

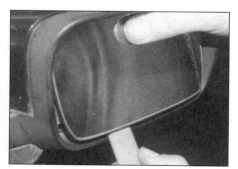
20.6 Bänd försiktigt loss spegelglaset från ställmotorn

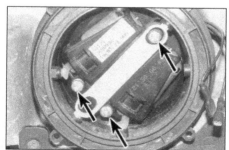
20.11 Skruva loss de 3 skruvarna (se pilar) och dra ut motorn, med nederkanten först, från huset

20.14 Lossa fästklämmorna (se pilar) och ta bort spegelhusets kåpa

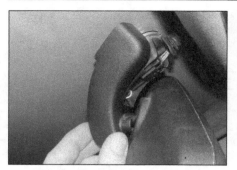

20.19a Dra isär kåpans 2 sidor

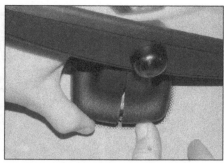

20.19b Tryck uppåt vid foten och dra isär de 2 sidorna

20.24 Placera spegelarmen över fästet i 45° vinkel

Varning: Vrid inte armen när du tar loss den, då går klämman sönder. Dra inte heller armen bakåt, då kan vindrutan skadas.

Spegelarm med delad kåpa

19 Tryck in sidorna på armens två kåpor mot spegeln och dra sedan isär dem. På speglar med regnsensor, tryck kåpornas nedre delar uppåt och dra sedan isär dem **(se bilder)**.
20 Tryck spegelns högra sida uppåt och framåt. Vrid armens vänstra kåpa till vänster och lossa den sedan från metalldelen på armen.
21 Tryck spegelns vänstra sida uppåt och framåt. Vrid spegelarmens högra kåpa till höger och ta loss den från armen.
22 Koppla loss spegelns anslutningskontakt.
23 Knacka nederdelen av spegeln framåt med handen så att armen lossnar från fästet.
Varning: Vrid inte armen när du tar loss den, då går klämman sönder. Dra inte heller armen bakåt, då kan vindrutan skadas.

Alla typer

24 För att montera speglarna, placera spegelarmen ovanför fästet i en 45° vinkel mot vertikalen på förarsidan. Tryck armen mot vertikalen och kontrollera att den hakat i rätt **(se bild)**. I förekommande fall, sätt tillbaka kåporna och återanslut anslutningskontakten.

21 Vindruta och bakrutans/ bakluckans ruta – allmän information

1 Dessa rutor är fästa i karossöppningen med tättslutande tätningsremsor och sitter på plats med ett särskilt fästmedel. Det är svårt, besvärligt och tidsödande att byta sådana fasta fönster och arbetet lämpar sig därför inte för hemmamekaniker. Det är svårt, om man inte har avsevärd erfarenhet, att fästa dem säkert och vattentätt. Dessutom är det stor risk att rutorna går sönder när man utför detta, det gäller särskilt vindrutan av laminerat glas. På grund av detta rekommenderar vi starkt att ägaren lämnar över denna typ av arbete till en specialist inom montering av vindrutor.

Bakruta på Touring

2 Även om bakrutan öppnas separat från bakluckan på dessa modeller måste bakspoilern demonteras för att rutan ska kunna tas bort. Detta är komplicerat och kräver specialverktyg och erfarenhet. Alla försök att demontera spoilern utan rätt utrustning kommer troligen leda till att något går sönder. Följaktligen rekommenderar vi att du överlåter arbetet till en BMW-verkstad eller specialist med rätt utrustning.

22 Taklucka – allmän information, motorbyte och initiering

Allmän information

1 På grund av att takluckemekanismen är så avancerad krävs stor expertis för att lyckas reparera, byta ut eller justera takluckans delar. För att ta bort taket måste först den inre takklädseln tas bort. Detta är svårt och tidsödande. Därför bör eventuella problem med takluckan (utom att byta ut takluckans motor) överlåtas till en BMW-verkstad eller specialist.
2 På modeller med elektrisk taklucka, kontrollera först aktuell säkring om takluckans motor inte fungerar. Om felet inte kan spåras och åtgärdas kan takluckan stängas manuellt genom att vrida motoraxeln med en insex-

nyckel (en lämplig nyckel följer med bilens verktygssats). För att komma åt motorn, lossa kåpan från den inre takklädseln. Ta loss insexnyckeln från verktygssatsen och sätt i den i motoraxeln. Koppla loss motorns kontaktdon och vrid nyckeln tills takluckan intar önskat läge **(se bild)**.

Motorbyte

3 Bänd försiktigt loss innerbelysningen från den inre takklädsel mellan solskydden. Koppla loss anslutningskontakten/kontakterna när du tar loss enheten.
4 Dra försiktigt framänden på motorpanelen nedåt och ta loss hela panelen, med brytaren. Koppla loss anslutningskontakten när du tar bort panelen.
5 Skruva loss de tre fästskruvarna och dra loss motorn. Koppla loss anslutningskontakten när motorn tas bort **(se bild)**.
6 Monteringen utförs i omvänd ordningsföljd mot demonteringen, men utför initierings-proceduren enligt beskrivningen nedan.

Initiering

7 När batteriet har återanslutits och med tändningen på, tryck takluckans brytare till lutande läge och håll kvar den där.
8 När takluckan nått lutande läge, håll kvar brytaren i samma läge i ca 20 sekunder. När bakdelen av takluckan lyfts lätt en gång till är initieringen klar.

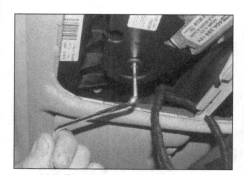

22.2 Sätt i verktyget i motoraxeln

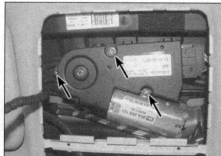

22.4 Skruvarna till takluckans motor (se pilar)

23 Karossens yttre detaljer – demontering och montering

Hjulhusfodren och karossens underpaneler

1 De olika plastkåporna under bilen är fästa med olika skruvar, muttrar och fästklämmor. Det är lätt att se hur de ska demonteras. Arbeta metodiskt runtom, ta bort fästskruvarna och lossa fästklämmorna tills panelen sitter löst och kan tas bort underifrån bilen. De flesta klämmorna kan enkelt bändas loss. Vissa klämmor lossas genom att skruva loss/bända ut centrumsprintarna och sedan ta bort klämman.

2 Vid montering, byt ut de fästklämmor som har skadats vid demonteringen och kontrollera att panelen sitter fast ordentligt med alla klämmor och skruvar.

Karosspanelens lister och plattor

3 Karosspanelens olika lister och plattor är fästa med en särskild tejp. För demontering måste listen/plattan värmas upp så att tejpen mjuknar och sedan skäras loss från ytan. På grund av den överhängande risken att lacken skadas under operationen rekommenderar vi att åtgärden överlåts till en BMW-verkstad eller en specialist med rätt utrustning.

Bakspoiler (Touring)

4 Detta är komplicerat och kräver special-verktyg och erfarenhet. Alla försök att de-montera spoilern utan rätt utrustning kommer troligen leda till att något går sönder. Följ-aktligen rekommenderar vi att du överlåter arbetet till en BMW-verkstad eller specialist med rätt utrustning.

24 Säten och ställmotorer – demontering och montering

Framsäte, demontering

1 Koppla loss batteriets minusledare enligt beskrivningen i kapitel 5A.

2 Skjut sätet framåt så långt det går och höj sätesdynan helt.

3 På Sedan- och Touring-modeller, skruva loss bulten och koppla loss fästbygeln till säkerhetsbältets förankring från sätesskenan **(se bild)**.

4 Skruva loss bultarna och brickorna som håller fast bakre änden av sätesskenorna vid golvet.

5 Skjut sätet bakåt så långt det går och ta loss skyddslocken från sätets främre fäst-muttrar/bultar. Skruva sedan loss muttrarna/bultarna och ta loss brickorna **(se bild)**.

6 Skjut sätet framåt så att glidskenans ändar ligger jäms med skenorna.

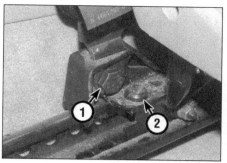

24.3 Bulten till det främre säkerhetsbältet (1) och bulten till sätesskenan (2)

24.7 Dra ut låsdelen (se pil) och koppla loss sätets anslutningskontakt

7 Arbeta under sätets framdel, dra ut spärren och koppla loss sätets anslutningskontakt **(se bild)**.

8 Lyft ut sätet från bilen.

Fällbara baksäten, demontering

Sedan och Coupé

9 Dra framdelen av sätesdynan uppåt så att fästklämmorna på vänster och höger sida lossnar. Ta loss sätesdynan framåt och ta ut den ur bilen. Koppla loss kontaktdonen till stolsvärmen (i förekommande fall) när du tar loss sittdynan.

10 Om det behövs, dra baksätets armstöd nedåt (om sådant finns) och skruva loss det från ryggstödet **(se bild)**.

11 Skruva loss bulten som håller fast säker-hetsbältets nedre fästen vid karossen.

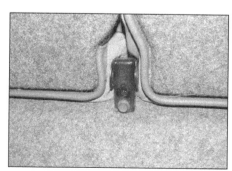

24.12 Skruva loss baksätets mittfästbult

24.5 Bänd loss kåporna från sätets fästmuttrar

24.10 Skruva loss torxbultarna (se pilar) och ta loss armstödet från ryggstödet

12 Luta ryggstöden framåt, skruva loss fäst-bulten i mitten och ta loss sätena **(se bild)**.

Touring

13 Lossa baksätets ryggstöd och luta det framåt.

14 Klädselpanelen mellan sätets ryggstöd och dörröppningen måste demonteras. Dra överdelen av panelen framåt så att fäst-klämman lossnar. Dra sedan klädselpanelen uppåt och ta bort den **(se bild)**. Upprepa denna procedur på klädselpanelen på andra sidan.

15 Skruva loss skruvarna och ta bort fäst-bygeln i mitten av baksätets ryggstöd **(se bild)**.

16 Skruva loss de två skruvarna som håller fast den yttre fästbygeln på vardera sidans ryggstöd **(se bild)**.

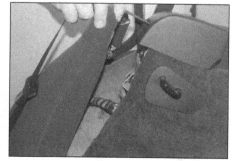

24.14 Dra panelens överdel uppåt så att den lossnar

24.15 Bakre ryggstödets mittfästbygel

24.16 Bakre ryggstödets sidofästbygel

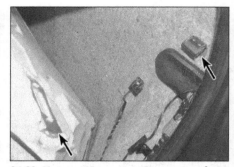

24.20 Notera klämmorna längst upp på det fasta ryggstödet (se pilar)

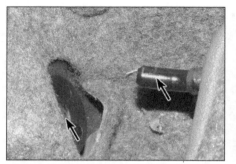

24.22 Baksätets yttre styrhål och sprint (se pilar)

24.29a Skruva loss de 2 torxskruvarna (se pilar) . . .

24.29b . . . och ta bort sätets ställmotor

17 Lyft mitten av ryggstödsenheten och lossa de yttre styrbultarna från styrningarna. Ta ut sätena ur bilen.

Fast baksäte, demontering

18 Dra baksätets armstöd nedåt (om sådant finns) och ta loss det från ryggstödet.
19 Dra sätets nedre dyna uppåt så att fästklämmorna på vänster och höger sida lossnar och ta ut sätesdynan.
20 Lossa ovandelen av ryggstödet och dra det sedan uppåt så att de nedre fästklämmorna lossnar. Ta ut det ur bilen (se bild).

Framsäte, montering

21 Monteringen utförs i omvänd ordningsföljd mot demonteringen, men observera följande.
a) På säten med manuell justering, sätt tillbaka sätets fästbultar och dra åt dem för hand. Skjut sätet framåt så långt det går och sedan bakåt två steg enligt sätets spärrmekanism. Rucka på sätet för att kontrollera att spärrmekanismen hakat i och dra sedan åt bultarna ordentligt.
b) På säten med elektrisk justering, se till att kablaget är anslutet och rätt draget. Dra sedan åt sätets fästbultar ordentligt.
c) På Sedan- och Touring-modeller, dra åt säkerhetsbältets fästbult till angivet moment.
d) Återanslut batteriets minusledare enligt beskrivningen i kapitel 5A.

Fällbara baksäten, återmontering

Sedan och Coupé

22 Monteringen utförs i omvänd ordningsföljd mot demonteringen, se till att sätets yttre styrbultar hakar i styrhålen i karossen ordentligt (se bild). Dra åt säkerhetsbältets nedre fästbultar till angivet moment.

Touring

23 Monteringen utförs i omvänd ordningsföljd mot demonteringen.
24 Vrid loss den övre fästklämman från metallplattan och för in den i sidan på ryggstödet.
25 Sätt i klädselpanelens nedre styrningar i motsvarande fästbyglar och kläm fast överkanten på plats. Sätt tillbaka plastpanelen på ovansidan av sidopanelen.

Fast baksäte, montering

26 Monteringen utförs i omvänd ordningsföljd mot demonteringen, se till att ryggstödets nedre styrstift hakar i karossen ordentligt och att bältesspännena och midjebältet matas genom rätt öppningar.

Framsätets ställmotor

Demontering

27 Demontera framsätet enligt beskrivningen tidigare i detta avsnitt.
28 Koppla loss anslutningskontakten och ta loss den från stödfästet.
29 Skruva loss de två torxskruvarna och ta loss motorn från växelhuset (se bilder).

Montering

30 Monteringen utförs i omvänd ordningsföljd mot demonteringen. Dra åt motorns fästskruvar ordentligt.

25 Främre säkerhetsbältets sträckarmekanism – allmän information

1 De flesta modeller har ett bältessträckarsystem för det främre säkerhetsbältet. Systemet är utformat för att omedelbart fånga upp spelrum i säkerhetsbältet vid en plötslig frontalkrock, vilket minskar risken för att personerna i framsätet blir skadade. De olika framsätena har separata system. Sträckaren sitter på den inre sätesskenan.
2 Bältessträckaren utlöses av frontalkrockar över en angiven styrka. Mindre krockar, inklusive krockar bakifrån, kommer inte att aktivera systemet.
3 När systemet aktiveras dras en fjäder i sträckarmekanismen åt och låser säkerhetsbältet med hjälp av en vajer som verkar på bältesrullen. Detta förhindrar att säkerhetsbältet flyttar sig och håller kvar personen i sätet. När sträckaren väl har aktiverats är säkerhetsbältet låst permanent och enheten måste bytas.
4 Om systemet utlöses oavsiktligt när du arbetar med bilen finns risk för skador. Om du ska arbeta med sätet/säkerhetsbältet, avaktivera sträckaren genom att koppla loss batteriets minusledare (se kapitel 5A) och vänta minst 5 sekunder innan du fortsätter.

5 Observera även följande varningar innan något arbete utförs på framsätet.

 Varning: Om du tappar sträckarmekanismen måste den bytas ut, även om den inte har synliga skador.
- *Låt inte några lösningsmedel komma i kontakt med sträckarmekanismen.*
- *Utsätt inte sätet för någon form av stötar, eftersom bältessträckaren då kan aktiveras.*
- *Undersök om sträckaren i bältesstammen eller förankringsbyglarna har deformerats. Byt ut dem om de skadats.*

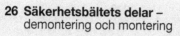

26 Säkerhetsbältets delar – demontering och montering

 Varning: Läs avsnitt 25 innan du fortsätter.

Demontering

Främre säkerhetsbälte – Sedan/Touring

1 Demontera framsätet enligt beskrivningen i avsnitt 24.
2 Demontera B-stolpens panel enligt beskrivningen i avsnitt 27.
3 Skruva loss skruvarna och ta loss bältesstyrningen från stolpen.
4 Skruva loss skruven som håller fast säkerhetsbältets övre fäste **(se bild)**.
5 Skruva loss bältesrullens fästbult och ta loss säkerhetsbältet från dörrstolpen **(se bild)**.
6 Om det behövs, skruva loss fästbultarna och ta loss höjdinställningsmekanismen från dörrstolpen.

Främre säkerhetsbälte – Coupé

7 Demontera framsätet enligt beskrivningen i avsnitt 24.
8 Demontera B-stolpens panel och den bakre klädselpanelen enligt beskrivningen i avsnitt 27.
9 Bänd loss plastkåpan längst fram på säkerhetsbältets nedre förankringsstag, skruva loss fästbulten och dra loss bältet från staget **(se bild)**.
10 Skruva loss skruvarna och ta loss bältesstyrningen från stolpen.
11 Skruva loss skruven som håller fast säkerhetsbältets övre fäste.
12 Skruva loss bältesrullens fästbult och ta loss säkerhetsbältet från dörrstolpen **(se bild)**.
13 Om det behövs, skruva loss fästbultarna och ta loss höjdinställningsmekanismen från dörrstolpen.

Främre säkerhetsbältets stamm

14 Demontera sätet enligt beskrivningen i avsnitt 24.

26.4 Främre säkerhetsbältets övre fästbult

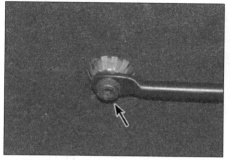

26.9 Dra loss kåpan och skruva loss bulten till förankringsstaget (se pil)

15 Lossa sträckarens kontaktdon från vajerspännena och koppla ur det **(se bild)**.
16 Skruva loss fästmuttern till tappenheten och ta loss enheten från sätets sida **(se bild)**.

Fasta baksätets sidobälten

17 Demontera baksätet enligt beskrivningen i avsnitt 24.
18 Skruva loss bultarna och brickorna som håller fast de bakre säkerhetsbältena vid karossen och ta loss mittbältet och spännet.
19 Lossa panelen på framsidan av bagagehyllan och ta loss den från säkerhetsbältena.
20 Lossa försiktigt vänster och höger klädselpaneler från de bakre stolparna, koppla loss kablaget från innerbelysningen när du tar bort panelerna.
21 Ta bort fästklämmorna från framsidan av bagagehyllan och dra hyllan framåt så att den lossnar. När du tar loss hyllan, koppla loss an-

26.15 Koppla loss sträckarens anslutningskontakt

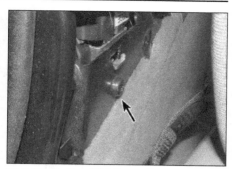

26.5 Fästbulten till främre säkerhetsbältets bältesrulle (se pil)

26.12 Skruva loss bältesrullens fästbult

slutningskontakterna från det höga bromsljuset (om sådant finns).
22 Skruva loss bältesrullens fästmutter och ta loss säkerhetsbältet/bältena.

Fällbara baksätets sidobälten

23 Demontera bagagehyllans bakre panel enligt beskrivningen i avsnitt 27.
24 Skruva loss torxbulten som håller fast bältets nedre ände vid karossen **(se bild)**. Mata ut bältet genom springan i hyllpanelen.
25 Bältesrullen är fäst med en torxbult **(se bild)**. Skruva loss bulten och ta bort brickan. På Coupé-modeller, skruva loss skruven och ta bort polystyrenisoleringen så att du kommer åt bulten.
26 Ta loss enheten från fästbygeln och ta ut den ur bilen.

Stammen till baksätets sidobälte

27 Lossa och ta bort dynan från baksätet.

26.16 Skruva loss stammens fästmutter (se pil)

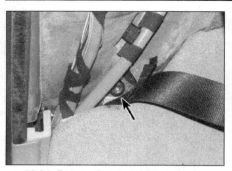

26.24 Bakre säkerhetsbältets nedre fästbult (se pil)

28 Skruva loss bulten och brickan och ta ut stammen ur bilen.

Baksätets mittbälte och spänne

29 Lossa dynan från baksätet och ta bort den.
30 Skruva loss bulten som håller fast mittbältet/spännet vid karossen och ta ut den ur bilen.

Montering

Främre säkerhetsbälte:

31 Monteringen utförs i omvänd ordningsföljd mot demonteringen, se till att alla säkerhetsbältets fästbultar dras åt ordentligt och att alla paneler som har rubbats fästs ordentligt med relevanta fästklämmor.

Främre säkerhetsbältets stamm

32 Se till att sträckarmekanismen hakar i sätet rätt och dra åt dess fästmutter till angivet moment. Montera sätet enligt beskrivningen i

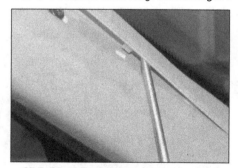

27.7 Bänd försiktigt loss insatsen från A-stolpens panel

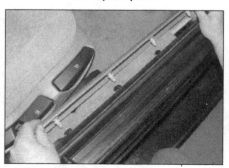

27.10 Bänd upp rampanelen så att du kommer åt fästklämmorna

26.25 Fästbulten till bakre säkerhetsbältets bältesrulle (se pil)

avsnitt 24 och återanslut batteriets minusledare.

Fasta baksätets sidobälten

33 Monteringen utförs i omvänd ordningsföljd mot demonteringen, se till att alla säkerhetsbältets fästen dras åt till angivet moment och att alla klädselpaneler kläms fast ordentligt.

Fällbara baksätets sidobälten

34 Monteringen utförs i omvänd ordningsföljd mot demonteringen, se till att bältesrullen kläms fast ordentligt och att alla säkerhetsbältets fästbultar dras åt till angivet moment.

Bakre säkerhetsbältets stamm

35 Monteringen utförs i omvänd ordningsföljd mot demonteringen, dra åt fästbulten till angivet moment.

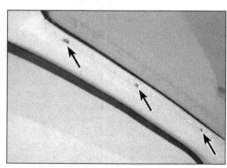

27.8 Skruva loss de 3 skruvarna (se pilar) och ta loss stolpens panel

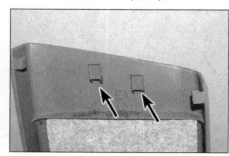

27.11 B-stolpens nedre panel har 2 klämmor (se pilar) som hakar i bakom den övre panelen

Baksätets mittbälte och spänne

36 Monteringen utförs i omvänd ordningsföljd mot demonteringen, dra åt fästbulten till angivet moment.

27 Invändiga klädselpaneler – demontering och montering

Invändiga klädselpaneler

1 De inre klädselpanelerna är antingen fästa med skruvar eller olika typer av panelhållare, vanligtvis pinnbultar eller klämmor.
2 Kontrollera att det inte finns andra paneler som ligger över den som ska tas bort Vanligtvis finns det en ordningsföljd som måste följas och som är tydlig vid närmare undersökning.
3 Ta loss alla synliga fästen, som t.ex. skruvar. Om panelen inte lossnar sitter den fast med klämmor eller hållare. Dessa sitter vanligtvis runt kanten på panelen och kan bändas loss. Observera att de kan gå sönder ganska lätt, så det bör finnas nya klämmor och hållare till hands. Det bästa sättet att lossa sådana klämmor, utan rätt typ av verktyg, är med en spårskruvmejsel. Observera att vissa paneler är fästa med expandernitar i plast, där centrumsprintarna måste bändas upp innan niten kan avlägsnas. Observera att den intilliggande tätningsremsan ofta måste bändas loss för att panelen ska gå att ta bort.
4 När du tar bort en panel ska du aldrig använda överdriven kraft eftersom panelen kan skadas. Kontrollera alltid noggrant att alla hållare har tagits bort eller lossats innan du försöker ta bort en panel.
5 Montera i omvänd ordningsföljd mot demonteringen. Tryck hållarna ordentligt på plats och se till att alla lossade komponenter sitter fast för att förhindra skallrande ljud.

A-stolpens panel

6 Här sitter krockkudden för huvudet monterad, koppla därför loss batteriet enligt beskrivningen i kapitel 5A.
7 Bänd försiktigt ut panelinsatsen från A-stolpens panel med en plattbladig hävarm av trä eller plast (se bild).
8 Skruva loss de tre torxskruvarna och dra panelen bakåt, börja uppifrån (se bild).
9 Montera i omvänd ordningsföljd mot demonteringen. Tryck hållarna ordentligt på plats och se till att alla lossade komponenter sitter fast för att förhindra skallrande ljud.

B-stolpens panel – Sedan/Touring

10 Börja med att försiktigt bända upp framdörrens rampanel från fästklämmorna (se bild).
11 Börja vid foten av B-stolpens panel, dra panelen inåt mot mitten av kupén och lossa den från de två nedre fästklämmorna. Observera hur panelens underdel hakar i överdelen (se bild).
12 Skruva loss bulten som håller fast säkerhetsbältets yttre förankring vid sätesskenan.

13 Den övre panelens nederkant är fäst med två expandernitar i plast. Bänd upp centrumsprintarna och bänd sedan ut nitarna (se bild).

14 Mata ut bältesremmen genom det övre fästet och dra panelen nedåt och utåt. Observera hur panelens överkant hakar i listen på den inre takklädseln (se bild).

15 Montera i omvänd ordningsföljd mot demonteringen. Tryck hållarna ordentligt på plats och se till att alla lossade komponenter sitter fast för att förhindra skallrande ljud.

B-stolpens panel – Coupé

16 Bänd försiktigt upp framdörrens rampanel från fästklämmorna.

17 Dra loss tätningsremsan från dörröppningen som sitter intill panelen. Lossa sedan försiktigt framkanten av den bakre panelen från fästklämmorna med ett klämlossningsverktyg eller en spårskruvmejsel.

18 Bänd loss plastkåpan och skruva loss den främre fästbulten från säkerhetsbältets nedre förankringsskena. Ta loss remmen från skenan.

19 Den övre panelens nederkant är fäst med två expandernitar i plast. Bänd upp centrumsprintarna, bänd ut hela nitarna och lossa panelen nedåt (se bilder).

C-stolpens panel – Sedan/Coupé

20 Bänd ut kupélampans ytterkant och ta loss den från stolppanelen. Koppla loss anslutningskontakten när du tar bort enheten.

21 Dra loss dörrens tätningsremsa invid stolpens panel. Dra ut överkanten av stolpens panel så att de två fästklämmorna lossnar. Lyft sedan bort panelen (se bild).

22 Montera i omvänd ordningsföljd mot demonteringen. Tryck hållarna ordentligt på plats och se till att alla lossade komponenter sitter fast för att förhindra skallrande ljud.

C-stolpens panel – Touring

23 Dra ovandelen av stolpens panel mot mitten av kupén så att den övre klämman lossnar (se bild).

24 När ovandelen är lös, dra nederkanten av panelen uppåt och ta loss den.

27.13 Bänd ut centrumsprinten (se pil) och ta bort plastniten

27.19a Nederkanten av B-stolpens panel är fäst med 2 expandernitar . . .

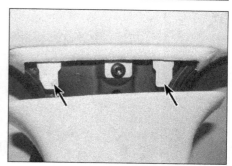

27.14 Överkanten av B-stolpens panel ska placeras över de 2 tapparna (se pilar)

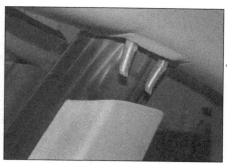

27.19b . . . och överkanten fästs med dessa klämmor

25 Monteringen utförs i omvänd ordningsföljd mot demonteringen.

D-stolpens panel – Touring

26 Öppna bakluckan, tryck på låsknappen och vik ner klaffen i bagageutrymmets sidopanel.

27 Stolpens panel sitter fast med två skruvar i mitten och två klämmor vid ovankanten. Skruva loss skruvarna, dra i panelens ovankant så att klämmorna lossnar och lyft sedan bort panelen (se bild). Koppla ur bagageutrymmets belysning när du tar bort panelen.

28 Monteringen utförs i omvänd ordningsföljd mot demonteringen.

Sidopanel – Coupé

Observera: *På modeller med sidokrockkuddar*

bak sitter dessa i närheten. Koppla därför loss batteriet enligt beskrivningen i kapitel 5A. Vänta 5 sekunder innan du fortsätter.

29 Bänd försiktigt loss plastkåpan som sitter över fönstrets länkstag med en plastkil (se bild 15.2).

30 Bänd ut fönstrets länkstag från fästet på fönstret (se bild 15.3).

31 Tryck säkerhetsbältet åt sidan och tryck ner centrumsprinten på expanderniten som håller fast plastpanelen på ovansidan av sätets sidodyna (se bild). Dra plastpanelen över det gångjärnsförsedda fönstrets länkstag.

32 Ta bort dynan i baksätet enligt beskrivningen i avsnitt 24

33 Luta ryggstödet framåt och lossa fästklämmorna på ovansidan med en skruvmejsel.

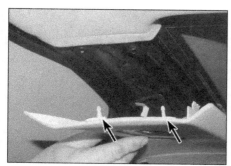

27.21 Dra i överkanten på C-stolpens panel och lossa fästklämmorna (se pilar)

27.23 Dra i panelens ovandel så att klämman lossnar

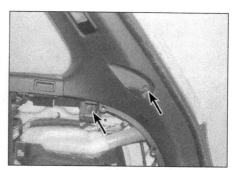

27.27 Skruva loss skruvarna till D-stolpens panel (se pilar)

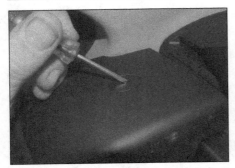

27.31 Tryck in centrumsprinten och ta bort panelen

27.33 Lossa klämman (se pil) och dra sätets sidodyna framåt

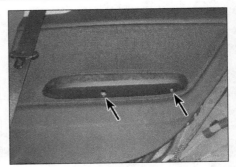

27.35 Armstödet är fäst med 2 skruvar (se pilar)

Dra loss sätets sidokudde **(se bild)**. Observera hur beslagen längst ner på panelen hakar i beslagen på hjulhuset.

34 Bänd försiktigt upp framdörrens rampanel från fästklämmorna och dra loss tätningsremsan av gummi från dörröppningen intill klädselpanelen.

35 I förekommande fall, bänd försiktigt ut airbag-emblemet från högtalargallret i sidopanelen. Skruva sedan loss och ta bort skruven som sitter därunder. Skruva loss de två skruvarna som håller fast armstödet **(se bild)**.

36 Nu hålls sidopanelen fast av 7 klämmor kring kanten. Lossa klämmorna försiktigt med ett panellossningsverktyg eller en spårskruvmejsel och ta loss panelen från bilen. Notera hur anslutningskontakterna sitter monterade och koppla sedan loss dem när du tar bort panelen.

37 Montera i omvänd ordningsföljd mot de-

monteringen. Tryck hållarna ordentligt på plats och se till att alla lossade komponenter sitter fast för att förhindra skallrande ljud. Observera att plastkåpan på det gångjärnsförsedda fönstrets bakre länkstag har en inre tapp som måste passas in i spåren i hylsan till fönstrets länkstag.

Bagageutrymmets klädselpanel – Touring

38 Demontera C- och D-stolparnas panel enligt beskrivningen tidigare i detta avsnitt.

39 Luta baksätet framåt, lossa ovandelen av sidopanelen som sitter vid dörröppningen, lyft sedan panelen uppåt och ta loss den **(se bild 24.14)**.

40 Lossa de två klämmorna vid den främre kanten och ta bort bältesrullens kåpa från ovansidan av sidopanelen **(se bild)**.

41 Skruva loss bulten som håller fast säkerhetsbältets nedre fäste.

42 Skruva loss de två fästskruvarna och ta bort fästet till bagageutrymmets insynsskydd från sidopanelen **(se bild)**.

43 Bänd ut centrumsprinten och expanderniten i plast. Lossa skruvarna/muttern och ta loss skyddet från bältesrullen **(se bild)**.

44 Lossa fästskruven och ta loss panelen från nederkanten av det bakre sidofönstret **(se bild)**.

45 Lyft klaffen i panelen, skruva loss skruvarna och ta loss "fästöglan" från sidopanelen **(se bild)**.

46 Bänd försiktigt loss 12 V-uttaget från sidopanelen, koppla loss anslutningskontakterna när du tar loss uttaget.

47 Bänd ut centrumsprinten och expanderniten i plast från klädselpanelens nederkant.

48 Bänd ut det övre fästet och ta loss klädselpanelen. Mata ut kablaget till uttaget genom hålet när du tar bort panelen.

Handskfack

Förarsidan

49 Öppna handskfacket, skruva loss de två skruvarna och ta loss handskfacket **(se bild)**. Koppla ifrån eventuella anslutningskontakter när handskfacket tas bort.

Passagerarsidan

50 Öppna handskfacket och dra ut sprinten längst ner på vardera sidan om fästbandet/stötdämparen **(se bild)**.

27.40 Lossa de 2 klämmorna (se pilar) och ta bort panelkåpan

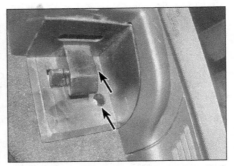

27.42 Skruva loss de 2 skruvarna (se pilar) och ta bort fästet till insynsskyddet

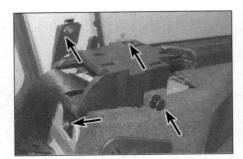

27.43 Bänd ut expanderniten, skruva loss skruvarna/muttrarna och ta bort kåpan från bältesrullen (se pilar)

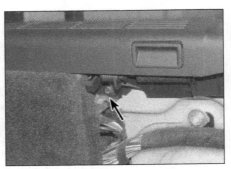

27.44 Skruva loss skruven (se pil) och ta loss panelen

27.45 Lyft klaffen och skruva loss skruvarna till fästöglan

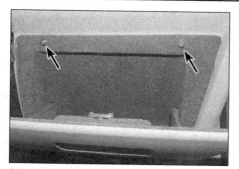

27.49 Förarsidans handskfack hålls fast av 2 skruvar (se pilar)

27.50 Dra ut sprinten vid foten av vardera sidan av fästbandet/stötdämparen

27.51 Skruva loss skruvarna (se pilar) och ta bort handskfacket

51 Skruva loss fästskruvarna inuti öppningen på instrumentpanelen och ta ut hela handskfacket med gångjärn och fästbygel **(se bild)**. Koppla ifrån eventuella anslutningskontakter när handskfacket tas bort.
52 Montera i omvänd ordningsföljd mot demonteringen.

Handskfackets lås

53 Öppna locket till handskfacket, skruva loss de två fästskruvarna och ta loss låset **(se bild)**.

Mattor

54 Golvmattan på passagerarsidan är i ett enda stycke och hålls fast längs kanterna med skruvar eller klämmor, vanligtvis samma fästen som används för att hålla fast de omgivande klädselpanelerna.
55 Det är ganska enkelt men tidskrävande att demontera och montera mattan eftersom alla angränsande klädselpaneler måste tas bort först, liksom sätena, mittkonsolen och säkerhetsbältets nedre förankringar.

Inre takklädsel

56 Den inre takklädseln sitter fastklämd vid taket och kan tas bort först när alla detaljer som t.ex. handtag, solskydd, taklucka (om sådan finns), vindruta, bakre sidofönster och intilliggande klädselpaneler har demonterats och tätningsremsorna till dörren, bakluckan och takluckeöppningen har tagits loss.
57 Observera att demontering av den inre takklädseln kräver avsevärd expertis och erfarenhet om det ska kunna utföras utan att något skadas, därför är det bättre att överlåta uppgiften till en expert.

Mugghållare

58 Tryck in sidorna på förvaringsfacket och lyft ut det från mittkonsolen tillsammans med mugghållarna.
59 Sätt först tillbaka förvaringsfacket, sedan mugghållarna.

Bakre nackskydd

60 Luta baksätet framåt eller demontera ryggstödet, om det är tillämpligt (se avsnitt 24).
61 Tryck centrumsprintarna nedåt och bänd ut plastnitarna. Ta sedan loss plastpanelen från bagagehyllans främre kant.

27.53 Locket till handskfacket är fäst med två skruvar

62 Lyft upp framkanten på bagagehyllans panel, dra ut fästklämmorna och ta loss det bakre nackskyddet **(se bild)**.
63 Monteringen utförs i omvänd ordningsföljd mot demonteringen, men innan du sätter tillbaka hyllpanelen, sätt i fästklämmorna i hållarna till det bakre nackskyddet **(se bild)**.

Bagagehylla – Sedan/Coupé

64 Luta baksätena framåt eller demontera ryggstödet, om det är tillämpligt (se avsnitt 24).
65 Dra överdelen av baksätets sidopanel framåt så att fästklämmorna lossnar. Lyft sedan panelen och ta bort den **(se bild)**. Upprepa proceduren på baksätets återstående sidopanel.
66 Tryck centrumsprintarna nedåt och bänd ut plastnitarna. Ta sedan loss plastpanelen från bagagehyllans främre kant.

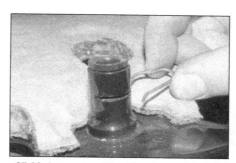

27.63 Innan du sätter tillbaka panelen till bagagehyllan, sätt i fästklämmorna i nackskyddets hållare

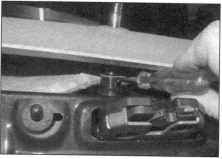

27.62 Lyft upp kanten på bagagehyllan och bänd ut klämmorna till nackskyddet

67 Demontera C-stolpens båda paneler enligt beskrivningen tidigare i detta avsnitt.
68 Lyft upp framkanten på bagagehyllans panel, dra ut fästklämmorna och ta loss de bakre nackskydden **(se bild 27.62)**.
69 Bänd försiktigt ut kåporna över de bakre högtalarna in i bagagehyllan. Skruva loss bultarna, koppla loss anslutningskontakterna och ta bort högtalarna. Lyft ut högtalarnas fiberkontakter.
70 Ta loss hyllpanelen framåt. Om det behövs, skruva loss torxskruven som håller fast säkerhetsbältets nedre förankring och mata ut bältet genom bagagehyllans panel.
71 Monteringen utförs i omvänd ordningsföljd mot demonteringen, men innan du sätter tillbaka hyllpanelen, sätt i fästklämmorna i hållarna till det bakre nackskyddet **(se bild 27.63)**.

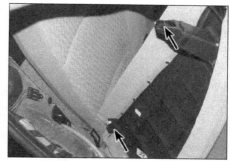

27.65 Fästklämman och styrtappen till baksätets sidopanel (se pilar)

28.2 Tryck kanten nedåt för att ta bort askkoppen

28.3 Lossa skruvarna till askkoppens/förvaringslådans sarg (se pilar)

28.4 Lossa handbromsspakens damask

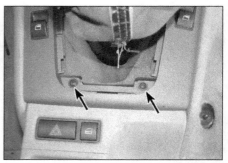

28.5 Ta bort skruvarna till askkoppens/förvaringslådans panel (se pilar)

28.6 Bänd försiktigt upp växelspakens damask

28.7 Ta loss skruvarna längst bak i öppningen till växelspakens damask (se pilar)

28 Mittkonsol –
demontering och montering

Demontering

1 Koppla loss batteriets minusledare (se kapitel 5A).
2 Fäll ner locket till den bakre förvaringslådan/askkoppen. Tryck ner kanten på locket och lyft ut lådan/askkoppen från bakänden av mittkonsolen (se bild).
3 Lossa fästskruvarna, dra ut skruvarna tillsammans med expandernitarna i plast och ta loss sargen på askkoppen/förvaringslådan. Koppla loss lamphållaren till belysningen när du tar ut den (se bild).
4 På alla modeller, lossa handbromsspakens damask från konsolen (se bild).
5 Skruva loss de två skruvarna. Dra sedan ut sidorna och ta loss sargen på askkoppen/förvaringslådan från konsolens bakdel (se bild).
6 Bänd försiktigt loss växelspakens damask från den omgivande panelen (se bild). På modeller med automatväxellåda, bänd loss hela damasken tillsammans med den omgivande panelen.
7 Skruva loss de två skruvarna i den bakre delen av öppningen till växelspakens damask, lyft damaskens sargpanel och dra bakdelen av konsolen lite bakåt (se bild). Notera hur anslutningskontakterna sitter monterade och koppla sedan loss dem när du tar bort konsolen. Lyft mittkonsolen över handbroms-

spaken. På modeller med ett mittenarmstöd, lyft armstödet och dra konsolens bakdel uppåt och framåt.
8 Om det behövs kan armstödet nu tas bort genom att du skruvar loss fästbultarna och kopplar loss kablarna till brytaren till handbromsens varningslampa.

Montering

9 Lyft mittkonsolen över handbromsspaken, och sedan över det uppfällda armstödet (om tillämpligt). Resten av monteringen utförs i omvänd ordningsföljd mot demonteringen, se till att alla hållare dras åt ordentligt.

29 Instrumentbrädesenheten –
demontering och montering

> **HAYNES TiPS** *Märk alla kontaktdon när du kopplar loss dem från komponenterna. Etiketterna är till stor hjälp vid återmonteringen när du ska dra och mata ut kablaget genom öppningarna i instrumentbrädan.*

Demontering

1 Ta bort mittkonsolen enligt beskrivningen i avsnitt 28.
2 Ryck växelspaksknoppen uppåt med en häftig rörelse och ta loss den från spaken.
3 Ta bort växelspakens sargpanel. Notera hur anslutningskontakterna sitter monterade och

koppla sedan loss dem när du tar bort panelen.
4 Demontera rattstångens brytare enligt beskrivningen i kapitel 12, avsnitt 4.
5 Demontera de båda handskfacken enligt beskrivningen i avsnitt 27.
6 Skruva loss de tre skruvarna, en plastexpandernit och en plastmutter. Ta sedan loss panelen ovanför pedalerna. När du tar bort panelen, för spärren bakåt och ta loss OBD-kontakten från panelen. Koppla samtidigt loss anslutningskontakten till belysningen (se bilder).
7 Bänd försiktigt loss klädselpanelerna från passagerar- och förarsidan av instrumentbrädan med en trä- eller plastspatel, börja från ytterkanterna. Ta loss klädselpanelen från instrumentbrädans mitt (se bilder).
8 Demontera instrumentpanelenheten enligt beskrivningen i kapitel 12.

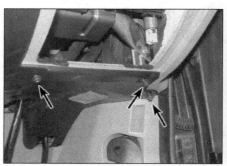

29.6a Ta bort de 3 skruvarna (se pilar) . . .

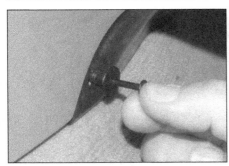

29.6b ... och expanderniten i plast

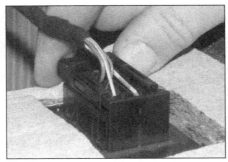

29.6c Dra spärren bakåt och ta bort OBD-kontakten från panelen

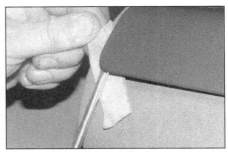

29.7a Skydda instrumentbrädan med en bit kartong när du bänder upp kanten på klädsel

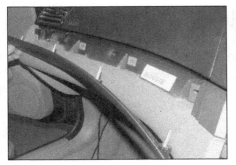

29.7b Klädselpanelerna är fästa med klämmor

29.7c Ta bort klädselpanelen från instrumentbrädans mitt

29.9 Bänd ut nederkanten och dra loss förvaringsutrymmet från instrumentbrädan

9 Öppna locket till förvaringsutrymmet under värmereglagen. Börja i hörnet och bänd försiktigt ut nederkanten av utrymmet och ta loss det från instrumentbrädan **(se bild)**. Om du demonterar glasögonfacket, tryck fackets tak lätt uppåt, dra det ca 2 mm bakåt och tryck sedan lockets vänstra och högra sida nedåt och dra loss det från instrumentbrädan.
10 Skruva loss de fyra skruvarna och ta bort förvaringsutrymmets hållare från instrumentbrädan **(se bild)**. Notera hur anslutningskontakterna sitter monterade och koppla sedan loss dem när du tar bort enheten.
11 Demontera A-stolpens båda paneler enligt beskrivningen i avsnitt 27.
12 Ta bort ljusbrytaren från instrumentbrädan enligt beskrivningen i kapitel 12, avsnitt 4.
13 Demontera värmereglagepanelen enligt beskrivningen i kapitel 3.
14 Demontera ljudanläggningen från instrumentbrädan enligt beskrivningen i kapitel 12.
15 Demontera krockkuddsenheten på passagerarsidan enligt beskrivningen i kapitel 12.
16 Skruva loss skruven i fördjupningen på passagerarsidans panel **(se bild)**.
17 Skruva loss fästskruven/skruvarna och dra loss luftmunstycket på förarsidan från instrumentbrädan **(se bild)**.
18 Instrumentbrädan kan vara fäst på passagerarsidan med en skruv eller en expandernit i plast. Skruva loss skruven eller bänd ut niten.
19 Ta bort muttern som håller fast instrumentbrädan vid baksidan av växelspaken **(se bild)**.
20 Flytta framsätena så långt bakåt det går,

skruva loss instrumentbrädans fyra fästmuttrar. Ta hjälp av någon och dra loss instrumentbrädan från mellanväggen **(se bilder)**. Koppla

29.10 Ta bort de 4 skruvarna (se pilar) och ta ut förvaringsutrymmets hållare

29.17 Skruven till förarsidans luftmunstycke (se pil)

i förekommande fall loss kabeln till luftmunstycket i mitten från sidan av värmeenheten. Notera hur anslutningskontakterna sitter

29.16 Skruva loss skruven i fördjupningen till panelen (se pil)

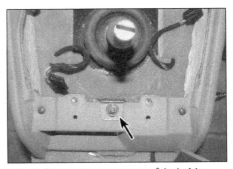

29.19 Skruva loss muttern på baksidan av växelspaken (se pil)

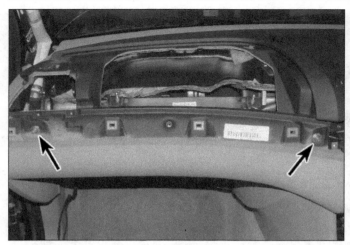

29.20a Skruva loss de 2 muttrarna på passagerarsidan (se pilar) . . .

29.20b . . . och de 2 muttrarna på förarsidan (se pilar)

monterade och koppla sedan loss dem när du tar bort instrumentbrädan.

Montering

21 Montera i omvänd ordningsföljd mot demonteringen. Tänk på följande:

a) Sätt instrumentbrädan på rätt plats och kontrollera enligt etiketterna du satte på vid demonteringen att kablarna dragits rätt och att de sitter ordentligt i instrumentbrädans fästklämmor.

b) Kläm fast instrumentbrädan på plats, se till att styrsprinten i mitten på instrumentbrädans främre kant hakar i ordentligt och att alla kontaktdon matas ut genom rätt öppningar. Sätt sedan tillbaka alla instrumentbrädans fästen och dra åt dem ordentligt.

c) Avsluta med att återansluta batteriet och kontrollera att alla elektriska komponenter och brytare fungerar.

Kapitel 12
Karossens elsystem

Innehåll

Svårighetsgrad

Enkelt, passar novisen med lite erfarenhet	Ganska enkelt, passar nybörjaren med viss erfarenhet	Ganska svårt, passar kompetent hemmamekaniker	Svårt, passar hemmamekaniker med erfarenhet	Mycket svårt, för professionell mekaniker

Specifikationer

Systemtyp. . . . . 12 volt, negativ jord

Säkringar. . . . . se insidan av säkringsdosans lock

Glödlampor   **Watt**

Ytterbelysning

Backljus	21
Bakljus	5
Bromsljus	21/5
Dimljus bak.	21
Dimljus fram	55 (typ HB4)
Högt bromsljus	lysdiod
Körriktningsvisare.	5
Körriktningsvisare.	21
Parkeringsljus fram.	5
Registreringsskyltsbelysning	5
Strålkastare (halv- och helljus)	55 (typ H7)

Innerbelysning

Bagageutrymmets belysning	10
Handskfacksbelysning.	5
Instrumentpanel:	
Belysningens glödlampor.	3
Varningslampornas glödlampor	1,5
Kupélampa bak	5
Kupélampa fram.	10

Komponentplacering

Automatväxellådans styrmodul	Eldosan i motorrummet
Backljusens relä (automatväxellåda)	Eldosan i motorrummet
Bränsleinsprutarrelä	Eldosan i motorrummet
Bränslepumprelä	Bakom passagerarsidans handskfack
Dimljusets relä	Bakom passagerarsidans handskfack
Däcktryckets styrmodul	Bakom passagerarsidans handskfack
Huvudmodul (GM V)	Bakom passagerarsidans handskfack
Instrumentpanelens styrenhet	Instrumentpanelen
Krockkuddarnas krockgivare	Framsätets tvärbalk under mattan
Krockkuddens styrmodul	Under mattan under mittkonsolen
Larmets styrmodul	Under instrumentbrädan på förarsidan
Luftkonditioneringens fläktrelä	Bakom passagerarsidans handskfack
Luftkonditioneringens kopplingsrelä	Bakom passagerarsidans handskfack
Motorstyrningens huvudrelä	Eldosan i motorrummet
Motorstyrningens styrmodul	Eldosan i motorrummet
Parkeringsassistansens styrmodul:	
Sedan/Coupé	Höger sida av bagageutrymmet
Touring	Golvet i bagageutrymmet
Sekundärluftens insprutningspump, relä	Bakom passagerarsidans handskfack
Signalhornets relä	Bakom passagerarsidans handskfack
Strålkastarens avbländningsrelä	Ljusbrytaren på instrumentbrädan
Sätets styrmodul	Basen på sätesdynan
Tändningens relä	Eldosan i motorrummet
Uppvärmd bakruta, relä	Höger sida av bagageutrymmet
Vindrutespolarens relä	Eldosan i motorrummet

Observera att alla modeller inte har de komponenter som listats.

Åtdragningsmoment

	Nm
Axelmutter mellan torkararm och torkare	30
Däcktryckets givare, torxskruv	3,5
Krockkuddssystemets fästen:	
Dörrkrockkuddens fästskruvar	8
Förarkrockkuddens fästskruvar	8
Passagerarkrockkuddens fästmuttrar	22
Passagerarkrockkuddens remmar, skruvar	8
Stötgivarens fästbultar	10

---

1 Allmän information och föreskrifter

⚠️ **Varning: Innan något arbete utförs på elsystemet, läs igenom föreskrifterna i "Säkerheten främst!" i början av den här handboken och kapitel 5.**

Systemet är ett 12 volts elsystem med negativ jordning. Strömmen till lamporna och alla elektriska tillbehör kommer från ett bly-/syrabatteri som laddas av generatorn.

Detta kapitel omfattar reparations- och servicearbeten för de elkomponenter som inte hör till motorn. Information om batteriet, generatorn och startmotorn finns i kapitel 5A.

Innan arbete på komponenter i elsystemet utförs, lossa batteriets jordledning för att undvika kortslutningar och/eller bränder (se kapitel 5A).

2 Felsökning av elsystemet – allmän information

Observera: *Se föreskrifterna i "Säkerheten främst!" och i avsnitt 1 i detta kapitel innan arbetet påbörjas. Följande test gäller huvudkretsarna och ska inte användas för att testa känsliga elektriska kretsar (t.ex. de låsningsfria bromsarna), speciellt då en elektronisk styrmodul/styrenhet (ECM/ECU) finns inkopplad.*
Varning: Elsystemet i BMW 3-serien är mycket komplext. Många av styrmodulerna är sammankopplade via ett "databus-system", där de får information från de olika givarna och kommunicerar med varandra. När den automatiska växellådan närmar sig en växelpunkts utväxlings-förhållande skickas t. ex. en signal till motorstyrningens styrmodul via databus-systemet. När växlingen utförs av växlådans styrmodul, fördröjer motorstyrningens styrmodul tändningsinställningen så
att motorns effekt minskas tillfälligt och övergången från ett utväxlingsförhållande till ett annat kan ske smidigare. På grund av databussystemets utformning rekommenderar vi inte att du som brukligt testmäter styrmodulerna med en multimeter. Elsystemen är istället utrustade med ett sofistikerat självdiagnossystem som kan undersöka om det finns felkoder lagrade i de olika styrmodulerna och hjälpa till att identifiera fel. För att läsa av självdiagnossystemet behövs särskild testutrustning (felkodsläsare).

Allmänt

1 En vanlig elkrets består av en elektrisk komponent, eventuella brytare, reläer, motorer, säkringar, smältsäkringar eller kretsbrytare som hör till komponenten, samt kablage och kontaktdon som ansluter komponenten till både batteriet och karossen. För att underlätta felsökning i elkretsarna finns kopplingsscheman i slutet av detta kapitel.

2 Innan du försöker diagnosticera ett elfel, studera relevant kopplingsschema för att bättre förstå den aktuella kretsens olika komponenter. De möjliga felkällorna kan reduceras genom att man undersöker om andra komponenter som är kopplade till kretsen fungerar som de ska. Om flera komponenter eller kretsar slutar fungera samtidigt är sannolikheten stor att felet beror på en gemensam säkring eller jordanslutning.

3 Elfel har ofta enkla orsaker, som t.ex. glappande eller korroderade kopplingar, defekta jordanslutningar, säkringar som har gått, smältsäkringar som har smält eller defekta reläer (i avsnitt 3 finns information om hur man testar reläer). Se över skicket på alla säkringar, kablar och kopplingar i en krets där fel uppstått innan komponenterna kontrolleras. För att kunnaidentifiera var felet finns, använd kopplingsscheman för att avgöra vilka kopplingar som behöver under-sökas.

4 De grundläggande verktyg som behövs vid felsökning av elsystemet är en kretstestare eller voltmätare (en 12-volts glödlampa med en uppsättning testkablar kan också användas för vissa kontroller), en självförsörjande testlampa (kallas även kontinuitetsmätare), en ohmmätare (för att mäta resistans), ett batteri och en uppsättning testkablar samt en testkabel, helst med kretsbrytare eller en inbyggd säkring, som kan användas för att koppla förbi misstänkta kablar eller elektriska komponenter. Innan du försöker leta reda på problemet med hjälp av testinstrument, bestäm utifrån ett kopplingsschema var du ska göra kopplingarna.

5 För att finna orsaken till ett återkommande kabelfel (oftast beror det på en dålig eller smutsig anslutning, eller skadad kabel-isolering), kan ett "vicktest" utföras på kablarna. Det innebär att man vickar på kabeln för hand för att se om felet uppstår när kabeln rubbas. Det ska därmed vara möjligt att härleda felet till en speciell del av kabeln. Denna testmetod kan användas tillsammans med vilken annan testmetod som helst i de följande underavsnitten.

6 Förutom problem som uppstår på grund av dåliga anslutningar kan två typer av fel uppstå i en elkrets – kretsavbrott eller kortslutning.

7 Kretsbrottsfel orsakas av ett brott någonstans i kretsen, vilket hindrar strömflödet. Ett kretsbrott gör att komponenten inte fungerar men utlöser inte säkringen.

8 Kortslutningar orsakas av att ledarna går ihop någonstans i kretsen, vilket medför att strömmen tar en alternativ, lättare väg (med mindre resistans), vanligtvis till jord. Kortslutning orsakas oftast av att isoleringen nöts så att en ledare kan komma åt en annan ledare eller jordningen, t.ex. karossen. En kortslutning bränner i regel kretsens säkring.

Hitta ett kretsbrott

9 Koppla ena ledaren på en kretsprovare eller voltmeter till antingen batteriets negativa pol eller en annan säker jordanslutning för att kontrollera om en krets är bruten.

10 Koppla den andra ledaren till en anslutning i den krets som ska provas, helst närmast

batteriet eller säkringen.

11 Slå på kretsen, men tänk på att vissa kretsar bara är strömförande med tändnings-låset i ett visst läge.

12 Om det finns spänning i kretsen (indikeras genom att testinstrumentets lampa lyser eller utslag på voltmetern) betyder det att kretsen är felfri mellan aktuell anslutning och batteriet.

13 Kontrollera resten av kretsen på samma sätt.

14 När du når ett ställe där det inte finns någon spänning vet du att felet finns mellan den punkten och föregående testpunkt där det fanns spänning. De flesta fel kan härledas till en trasig, korroderad eller glappande koppling.

Hitta en kortslutning

15 När du ska leta efter en kortslutning, koppla först bort strömförbrukarna från kretsen (strömförbrukare är komponenter som förbrukar ström i en krets, t.ex. lampor, motorer och värmeelement).

16 Ta bort den aktuella säkringen från kretsen och anslut en kretsprovare eller voltmeter till säkringens anslutningar.

17 Slå på kretsen, men tänk på att vissa kretsar bara är strömförande med tändnings-låset i ett visst läge.

18 Om det finns spänning (visas genom att testlampan lyser eller att voltmetern ger utslag) betyder det att kretsen är kortsluten.

19 Om det inte finns någon ström, men säkringarna fortsätter att gå sönder när strömförbrukarna är påkopplade är det ett tecken på ett internt fel i någon av strömförbrukarna.

Hitta ett jordfel

20 Batteriets minuspol är kopplad till "jord" – metallen på motorn/växellådan och karossen – och de flesta system är dragna så att de bara har en pluskälla, strömmen leds tillbaka genom metallen i karossen **(se bild)**. Det innebär att komponentfästet och karossen utgör en del av kretsen. Lösa eller korroderade fästen kan därför orsaka flera olika elfel, allt från totalt haveri till svårupptäckta detaljfel. Vanligast är att lampor lyser svagt (särskilt när en annan krets som delar samma jordpunkt är i funktion) och att motorer (t.ex. torkar-motorerna eller kylarens fläktmotor) går långsamt. En krets kan påverka en annan, till synes orelaterad, krets. Observera att på många fordon används särskilda jordledningar mellan vissa komponenter, t.ex. motorn/växellådan och karossen, vanligtvis där det inte finns någon direkt metallkontakt mellan kompo-nenterna på grund av gummifästen eller liknande.

21 Koppla bort batteriet och koppla den ena ledaren från en ohmmätare till en känd jord-punkt för att kontrollera om en komponent är korrekt jordad. Koppla den andra kabeln till den kabel eller jordanslutning som ska kon-trolleras. Resistansen ska vara noll. Om så inte är fallet ska anslutningen kontrolleras enligt följande.

22 Om en jordanslutning misstänks vara felaktig, ta isär anslutningen och putsa upp metallen på både ytterkarossen och kabel-fästet eller komponentens jordanslutnings fogyta. Se till att

2.20 Bagageutrymmets jordanslutning

ta bort alla spår av rost och smuts och skrapa sedan bort lacken med en kniv för att få fram en ren metallyta. Dra åt fogfästena ordentligt vid ihopsättningen. Om en kabelanslutning återmonteras ska tagg-brickor användas mellan anslutningen och karossen för att garantera en ren och säker anslutning. När kopplingen återansluts, rost-skydda ytorna med ett lager vaselin, silikonfett eller genom att regelbundet spraya på fukt-drivande aerosol eller vattenavstötande smörjmedel.

3   Säkringar och reläer – allmän information

Huvudsäkringar

1 De flesta säkringarna sitter bakom passagerarsidans handskfack. Andra sitter i eldosan som finns i motorrummets vänstra hörn.

2 För att ta bort kåpan på säkringsdosan, öppna handskfacket, vrid de två vita snabb-kopplingarna och dra kåpan nedåt. Säkringarna i eldosan går att komma åt när du tagit bort kåpans fästskruvar.

3 En lista över vilken säkring som gäller vilken krets finns på etiketten som sitter på insidan av huvudsäkringsdosans kåpa. På säkringsdosan finns även en pincett som används för att ta bort säkringarna. Observera att vertikala säkringar är aktiva och horisontella säkringar är reservsäkringar. Smältsäkringar med högt amperetal finns på ovansidan av säkringsdosan, medan den huvudsakliga smältsäkringen finns bredvid batteriet i bagageutrymmet **(se bilder)**.

3.3a En lista (se pil) över hur säkringarna sitter finns i säkringsdosan

3.3b Den huvudsmältsäkringen finns i bagageutrymmet

3.4 Använd den medföljande pincetten för att dra ut och sätta i säkringarna

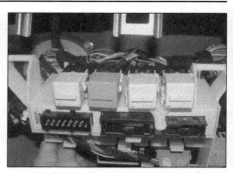

3.7 Relä bakom handskfacket på passagerarsidan

4 För att ta bort en säkring, slå först av den aktuella kretsen (eller tändningen), dra sedan loss säkringen med hjälp av pincetten som sitter på insidan av säkringsdosans kåpa **(se bild)**. Kabeln i säkringen bör vara synlig: Om säkringen är bränd är kabeln trasig eller smält.

5 Byt alltid ut en säkring mot en som har samma kapacitet. Använd aldrig en säkring med en annan märkström än originalsäkringen, och byt inte ut den mot något annat. Byt aldrig en säkring mer än en gång utan att spåra orsaken till felet. Säkringens kapacitet är instämplad ovanpå säkringen. Notera att säkringarna även är färgkodade så att du lätt ska känna igen dem.

6 Om en ny säkring går sönder på en gång, ta reda på varför detta inträffar innan du byter den igen: en kortslutning till jord på grund av felaktig isolering är det troligaste skälet. Om

en säkring skyddar fler än en krets, försök att isolera problemet genom att slå på varje krets i tur och ordning (om möjligt) tills säkringen går sönder igen. Ha alltid ett antal reserv-säkringar med relevant kapacitet i bilen. En reservsäkring för varje kapacitet ska sitta längst ner i säkringsdosan.

Reläer

7 De flesta reläer sitter bakom passagerar-sidans handskfack **(se bild)**, andra sitter i eldosan i motorrummets vänstra hörn.

8 Om ett fel uppstår i en krets eller ett system som styrs av ett relä och du misstänker att felet beror på reläet, aktivera systemet. Om reläet fungerar ska du kunna höra ett klickljud när det aktiveras. Om så är fallet finns felet i systemets komponenter eller kablage. Om reläet inte aktiveras får det antingen ingen huvudström eller kopplingsspänning eller så

är själva reläet defekt. Testa med hjälp av en bevisat fungerande enhet, men var försiktig: Även om vissa reläer är identiska utseende-mässig och funktionsmässigt, kan andra likna varandra men utföra olika funktioner.

9 Innan ett relä byts ut, se först till att tändningen är avslagen. Sedan kan du helt enkelt dra loss reläet från hylsan och sätta dit ett nytt.

---

4 Brytare – demontering och montering

Observera: *Koppla loss batteriets minus-ledare (se kapitel 5A) innan du tar bort någon brytare. Återanslut ledaren när du har satt tillbaka brytaren.*

Tändningslås/rattstångens lås

1 Se kapitel 10.

Rattstångens brytare

2 Sänk och skjut ut rattstången så långt det går. Demontera ratten enligt beskrivningen i kapitel 10.

3 Lossa den övre fästskruven till stångens kåpa och dra ut plastniten. Tryck försiktigt samman panelens sidor, lyft först den ände av panelen som sitter vid ratten, lossa sedan kåpans framdel **(se bild)**.

4 Höj och skjut ut rattstången så långt det går. Använd en liten skruvmejsel och tryck in centrumsprintarna på de två expandernitarna som håller fast den nedre kåpan vid ratt-stången, tryck försiktigt samman sidorna på den övre kåpan och ta bort nederkåpan **(se bild)**.

5 Koppla loss anslutningskontakterna från krockkuddens kontaktenhet, torkaren och körriktningsvisarnas brytare.

6 Skruva loss de fyra fästskruvarna och lyft brytarenheten över änden på rattstången **(se bild)**.

7 Om det behövs kan brytarna tas bort från enheten genom att du lossar de två fäst-klämmorna **(se bild)**.

8 Monteringen utförs i omvänd ordning mot demonteringen, se till att kablaget dras rätt.

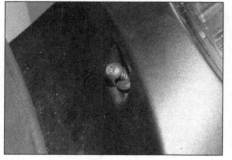

4.3 Lossa skruven och dra ut den tillsammans med plastniten

4.4 Tryck in centrumsprintarna i expandernitarna

4.6 Skruva loss de 4 skruvarna (se pilar) och ta loss brytarenheten

4.7 Tryck ner fästklämmorna för att ta bort brytarna

4.11a Skruva loss de 2 skruvarna (se pilar) och ta bort ljusbrytaren

4.11b Bänd upp spärren och koppla loss anslutningskontakten

4.16 Tryck ut varningsblinkers-/ centrallåsbrytaren underifrån

Ljusbrytare

9 Använd en trä- eller plastspatel och bänd försiktigt loss panelremsan från förarsidan på instrumentbrädan, ovanför ljusbrytaren. Var försiktig så att du inte skadar instrumentbrädans paneler.

10 Öppna handskfacket på förarsidan, skruva loss de två skruvarna vid ovankanten och ta loss handskfacket från instrumentbrädan. Om det behövs, se kapitel 11, avsnitt 27.

11 Skruva loss de två skruvarna längs med ljusbrytarens överkant, lyft brytaren något, dra ut dess överkant från instrumentpanelen och ta bort den. Bänd upp spärren och koppla loss anslutningskontakten när du tar bort brytaren **(se bilder)**. Nu har brytaren demonterats så långt som det är möjligt.

12 Monteringen utförs i omvänd ordningsföljd.

Varningsblinkers brytare och centrallåsbrytaren

13 På modeller med manuell växellåda, lossa försiktigt växelspakens damask från mittkonsolen och vik bak den över spaken.

14 På modeller med automatväxellåda, bänd försiktigt upp växelväljarens damask tillsammans med sargpanelen i plast.

15 Ta bort den bakre askkoppen/förvaringsfacket, ta sedan bort de fyra skruvarna (två fram, två bak) som håller fast mittkonsolen (se kapitel 11 om det behövs), lyft upp växelspakens/växelväljarens sargpanel.

16 Lyft upp framkanten av den bakre mittkonsolen och tryck loss brytaren/brytarna. Koppla loss anslutningskontakterna när du tar bort brytaren/brytarna **(se bild)**.

17 Monteringen utförs i omvänd ordningsföljd.

Elfönstrens brytare

18 Lossa växelspakens/växelväljarens damask från sargpanelen och dra upp den för att komma åt panelens fästskruvar **(se bild)**. Observera att på modeller med automatväxellåda ska damasken lyftas från mittkonsolens panel tillsammans med den omgivande sargpanelen (se kapitel 7B).

19 Skruva loss de två fästskruvarna och lyft upp bakdelen av klädselpanelen.

20 Tryck in låsflikarna och ta loss brytaren/brytarna från panelen **(se bild)**. Koppla loss anslutningskontakten/kontakterna när du tar loss brytaren.

21 Monteringen utförs i omvänd ordningsföljd.

Ytterspegelns brytare

22 Börja framifrån och bänd försiktigt ut brytaren från armstödet **(se bild)**.

23 Ta loss kontaktdonet och ta bort brytaren.

24 Monteringen utförs i omvänd ordningsföljd.

Farthållarens kopplingsbrytare

25 Skruva loss fästskruvarna till instrumentbrädans nedre panel, lossa sedan panelen och ta ut den ur bilen. Notera hur anslutningskontakterna sitter monterade och koppla loss dem när du tar bort panelen.

26 Ta loss anslutningskontakten från brytaren.

27 Tryck ner kopplingspedalen och dra ut brytarens röda hylsa så långt det går.

28 Tryck ner fästklämmorna och dra loss brytaren **(se bild)**.

29 Monteringen utförs i omvänd ordningsföljd.

Uppvärmd bakruta, brytare

Modeller med automatisk luftkonditionering

30 På dessa modeller är brytaren inbyggd i styrenheten och kan inte bytas ut. Om brytaren är defekt, rådfråga en BMW-verkstad.

Andra modeller

31 På dessa modeller är brytaren inbyggd i värmereglagepanelens kretskort.

32 Demontera värmereglagepanelen enligt beskrivningen i kapitel 3.

33 Koppla loss brytarens anslutningskontakt, lossa fästklämmorna och dra loss brytaren från panelen.

34 Monteringen utförs i omvänd ordningsföljd mot demonteringen. Kontrollera att brytaren fungerar innan du monterar kontrollpanelen på instrumentbrädan.

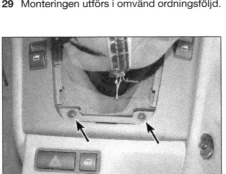

4.18 Skruva loss panelens fästskruvar (se pilar)

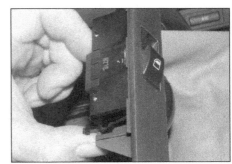

4.20 Tryck in spärrarna och ta bort brytaren

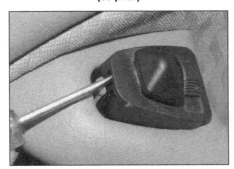

4.22 Bänd försiktigt loss spegelbrytaren från armstödet

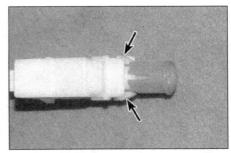

4.28 Dra ut den röda hylsan helt och kläm ihop fästklämmorna (se pilar)

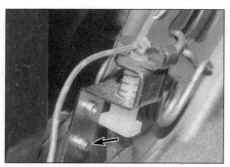

4.44 Skruva loss skruven (se pil) och ta bort brytaren till handbromsens varningslampa

Värmefläktmotorns brytare

Modeller med automatisk luftkonditionering

35 På dessa modeller är brytaren inbyggd i styrenheten och kan inte bytas ut. Om brytaren är defekt, rådfråga en BMW-verkstad.

Andra modeller

36 Demontera värmereglagepanelen enligt beskrivningen i kapitel 3.
37 Skruva loss fästskruvarna, lossa sedan brytaren från bakdelen av kontrollpanelen och ta bort den.
38 Monteringen utförs i omvänd ordningsföljd mot demonteringen. Kontrollera att brytaren fungerar innan du monterar kontrollpanelen på instrumentbrädan.

Luftkonditioneringssystemets brytare

39 Se punkt 35 till 38.

4.50a Skruva loss de övre skruvarna till brytarens hållare (se pil) . . .

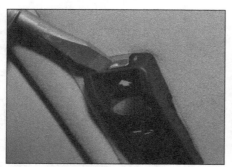

4.51 Tryck in fästklämman och bänd loss brytaren från panelen

4.49 Bänd loss brytaren från ratten

Uppvärmda sätets, bakre elektriska solskyddets och anti-spinnsystemets (ASC+T) brytare

40 Ta bort förvaringsfacket från mittkonsolen.
41 Koppla loss kontaktdonet, tryck sedan ner fästklämmorna och ta ut brytaren från panelen.
42 Monteringen utförs i omvänd ordningsföljd mot demonteringen.

Brytaren till handbromsens varningslampa

43 Ta bort den bakre delen av mittkonsolen enligt beskrivningen i kapitel 11 för att komma åt handbromsspaken.
44 Koppla loss kontaktdonet från varningslampans brytare, skruva sedan loss skruven och ta bort brytaren **(se bild)**.
45 Monteringen utförs i omvänd ordningsföljd mot demonteringen. Kontrollera att brytaren fungerar innan du sätter tillbaka mittkonsolen.

4.50b . . . och de nedre skruvarna

4.52 Koppla loss brytarens anslutningskontakt

Varningslampan ska tändas mellan kugghjulsmekanismens första och andra hack.

Bromsljuskontakt

46 Se kapitel 9.

Innerbelysningens brytare

47 Kupélampans brytare är integrerade i låsenheten till dörrarna/bakluckan. För demontering av aktuellt lås, se kapitel 11.

Rattreglage

48 För E46 3-serien finns två olika typer av rattar. En flerfunktionsratt och en sportratt. För att ta bort brytarna, demontera förarkrockkudden enligt beskrivningen i avsnitt 25, fortsätt sedan under relevant rubrik.

Flerfunktionsratt

49 Bänd försiktigt loss brytaren från ratten och koppla loss anslutningskontakterna **(se bild)**. Observera att signalhornets brytare är integrerad i krockkuddsenheten.

Sportratt

50 Skruva loss de fyra fästskruvarna (två håller fast överdelen och två håller fast underdelen) och lossa rattarhållarens panel från ratten **(se bilder)**. Koppla loss anslutningskontakten när du tar bort panelen.

Elektriska takluckans brytare

51 Tryck ner klämman bak på brytaren och dra loss brytaren från panelen **(se bild)**.
52 Koppla loss brytarens kontaktdon, tryck sedan ner fästklämmorna och ta loss brytaren **(se bild)**.
53 Monteringen utförs i omvänd ordningsföljd mot demonteringen.

5 Glödlampor (ytterbelysning) – byte

Allmänt

1 Tänk på följande när en glödlampa ska bytas:

a) *Kom ihåg att om lampan nyligen har varit tänd kan glödlampan vara mycket het.*
b) *Kontrollera alltid lampans sockel och kontaktytor. Se till att kontaktytorna mellan glödlampan och ledaren och glödlampan och jord är rena. Avlägsna korrosion och smuts innan en ny lampa sätts i.*
c) *Om lampor med bajonettfattning används, se till att kontakterna har god kontakt med glödlampan.*
d) *Se alltid till att den nya lampan har rätt specifikationer och att den är helt ren innan den monteras. Detta gäller särskilt glödlamporna till strålkastarna/dimljusen (se nedan).*

Strålkastare

Halogenlampor (utom Coupé från 03/2003)

2 Koppla loss kontaktdonet från lamphållarens baksida **(se bild)**.

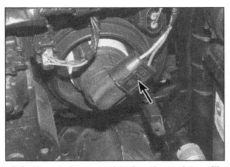

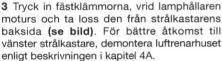

5.2 Koppla loss anslutningskontakten till strålkastarens glödlampa (se pil)

5.3 Kläm ihop fästklämmorna och vrid lamphållaren moturs

5.4 Strålkastarens glödlampa trycks fast i lamphållaren

3 Tryck in fästklämmorna, vrid lamphållaren moturs och ta loss den från strålkastarens baksida **(se bild)**. För bättre åtkomst till vänster strålkastare, demontera luftrenarhuset enligt beskrivningen i kapitel 4A.

4 Dra glödlampan rakt utåt ur hållaren **(se bild)**.

5 När du handskas med den nya glödlampan, använd en tygbit eller en ren trasa så att fingrarna inte kommer i kontakt med glaset. Denna typ av lampa kan svärtas eller skadas av fukt och fett från huden. Om du råkar vidröra glaset, torka av det med T-sprit.

6 Tryck in den nya glödlampan i hållaren, se till att lampans kontakter hamnar rätt i lamphållarens spår.

7 Sätt tillbaka lamphållaren på baksidan av strålkastaren genom att vrida den medurs tills fästklämmorna hakar i. Återanslut anslutningskontakten.

Halogenlampor (Coupé från 03/2003)

8 Två olika typer av kåpor är monterade baktill på strålkastaren för att komma åt halvljuset. Lossa antingen kåpan eller vrid den moturs för att ta bort den **(se bilder)**.

9 Dra bort anslutningskontakten från glödlampan. Lossa fästklämman och dra bort glödlampan från reflektorn **(se bilder)**.

10 Tryck in den nya glödlampan i reflektorn och se till att glödlampans placeringstappar är

inriktade mot motsvarande spår i reflektorn. Fäst glödlampan på plats med fästklämman och återanslut anslutningskontakten. Montera tillbaka kåpan.

Xenonlampor

11 På modeller utrustade med ljusstarka xenonlampor till halvljuset finns risk för höga spänningar, koppla därför loss batteriets minusledare enligt beskrivningen i kapitel 5A. För bättre åtkomst till vänster strålkastare, demontera luftrenarhuset enligt kapitel 4A.

12 Dra loss plastkåpan från strålkastarens baksida, på utsidan av halvljuset.

5.8a Vrid kåpan moturs (helljus)...

13 Vrid tändmodulen på baksidan av glödlampan moturs och koppla loss den **(se bild)**.

14 Vrid glödlampans fasthållningsring moturs och ta bort den från strålkastaren tillsammans med glödlampan.

15 Sätt i den nya glödlampan i strålkastaren och fäst den med fasthållningsringen.

16 Sätt tillbaka tändmodulen på glödlampans baksida och vrid den medurs för att fästa den.

17 Montera kåpan på enhetens baksida. Om det behövs, montera luftrenarhuset.

18 Återanslut batteriets minusledare enligt beskrivningen i kapitel 5A.

5.8b ...eller lossa klämman ovanpå halvljuskåpan

5.9a Tryck klämmans nedredel (markerad med pil) åt vänster, flytta den sedan bakåt för att lossa den – helljus

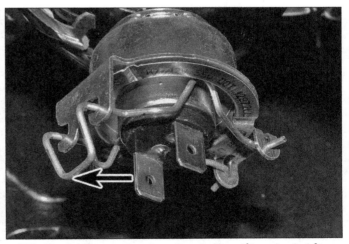

5.9b Tryck klämman (markerad med pil) nedåt, sedan bakåt – halvljus

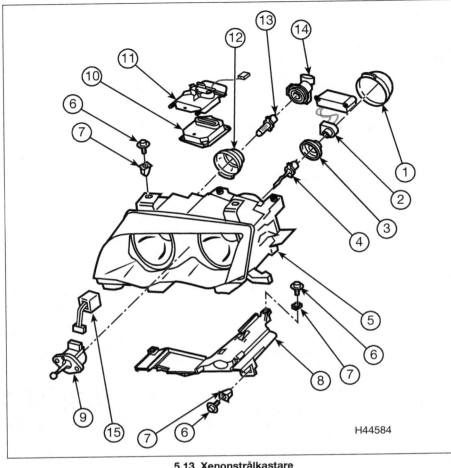

5.20a Vrid parkeringsljusets lamphållare moturs och ta bort den

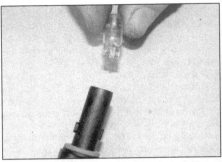

5.20b Glödlampan till parkeringsljuset trycks på plats

H44584

5.13 Xenonstrålkastare

1 Halvljusets kåpa	5 Strålkastarens hus	9 Strålkastarinställ-	12 Helljusets kåpa
2 Xenonlampans	6 Skruv	ningens stegmotor	13 Helljusets glöd-
tändmodul	7 Plastmutter	10 Xenonlampans	lampa
3 Låsring	8 Strålkastarens	styrmodul	14 Glödlampans sockel
4 Xenonlampa	fästplatta	11 Fästbygel	15 Kontaktdon

Parkeringsljus fram

19 För bättre åtkomst till vänster strålkastare på modeller med 6-cylindriga motorer, ta bort luftrenarhuset enligt kapitel 4A.

20 Vrid lamphållaren moturs och ta bort den från strålkastaren. Glödlampan är sockellös och trycks på plats i hållaren **(se bilder)**.
21 Monteringen utförs i omvänd ordnings-följd mot demonteringen.

Främre körriktningsvisare

22 På alla modeller utom Coupé, stick in en skruvmejsel genom hålet i innerskärmens överdel, tryck ner och lossa armaturens fäst-klämma. Ta bort körriktningsvisarens lampa från skärmen. På Coupé-modeller är armaturen fäst med en enda skruv **(se bilder)**.
23 Koppla loss anslutningskontakten och vrid lamphållaren moturs så att den lossnar från armaturen.
24 Glödlampan fäster med bajonettfäste i hållaren. Tryck in lampan lätt, vrid den moturs och ta loss den från hållaren **(se bild)**.

Coupé-modeller fram till 03/2003

25 Lossa skruven som håller fast lamphållaren **(se bild)**. Vrid lamphållaren moturs för att ta bort den från lampenheten. Glödlampan fäster

5.22a Stick in en skruvmejsel genom hålet i skärmen . . .

5.22b . . . för att lossa visarens fästklämma (utom på Coupé)

5.24 Tryck glödlampan inåt och vrid den moturs

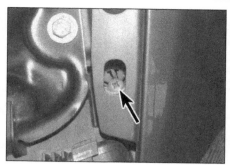

5.25 Lossa skruven (markerad med pil) –
Coupé-modeller fram till 03/2003

5.26a Vrid lamphållaren moturs (se pil)

5.26b Dra glödlampan ut – Coupé-
modeller från 03/2003

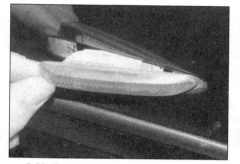

5.28 Tryck körriktningsvisarens glas
framåt och dra ut den bakre kanten

5.29 Dra loss den sockellösa glödlampan
från körriktningsvisarens lamphållare

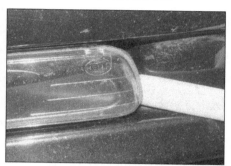

5.30 Bänd försiktigt loss dimljuset från
stötfångaren

med bajonettfäste i hållaren. Tryck in lampan
lätt, vrid den moturs och ta loss den från
hållaren.

Coupé-modeller från 03/2003

26 Vrid lamphållaren moturs för att ta bort
den från lampenheten. Dra glödlampan ut från
lamphållaren (se bilder).

Alla modeller

27 Monteringen utförs i omvänd ordnings-
följd mot demonteringen, se till att fästa
armaturen ordentligt med fästklämman/
skruven, efter tillämplighet.

Körriktningsvisare

28 Tryck körriktningsvisarens glas lätt framåt
med handen. Dra glasets bakre kant utåt och
lossa det från skärmen (se bild).
29 Vrid lamphållaren moturs och ta loss den
från glaset. Ta loss den sockellösa glödlampan
från hållaren (se bild).

Främre dimljus
Sedan- och Touring-modeller

30 Bänd försiktigt loss dimljuset från stöt-
fångaren med ett trä- eller plastverktyg, börja
med innerkanten (se bild). Koppla loss an-
slutningskontakten när du tar bort enheten.
31 Vrid lamphållaren moturs och ta bort den
från lampan. Lampan är inbyggd i lamphållaren
(se bild).
32 Monteringen utförs i omvänd ordningsföljd
mot demonteringen. Om det behövs, justera
ljusets riktning genom att vrida justerskruven
som sitter invid glaset (se bild).

Coupé-modeller fram till 03/2003

33 Bänd ut hakarna och ta loss stötfångarens
panel kring dimljusen (se bild).
34 Skruva loss skruvarna och ta bort dim-
ljuset. Koppla loss anslutningskontakten när
du tar bort enheten. Vrid lamphållaren moturs
och dra ut glöd-lampan ur hållaren.

Coupé-modeller från 03/2003

35 Lossa de två bultarna, bänd upp
sprintarna i mitten från expanderklämmorna
och dra tillbaka hjulhusets främre del (se
bilder).

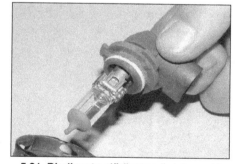

5.31 Dimljusets glödlampa är inbyggd i
lamphållaren

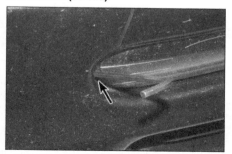

5.32 För att ställa in dimljusets riktning,
stick in en insexnyckel (se pil) i öppningen
vid glasets ytterkant

5.33 Lossa spärrarna och ta bort
dimljusets panel

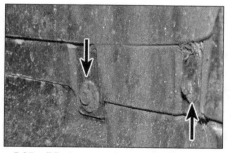

5.35a Bänd upp sprintarna i mitten från
expanderklämmorna och lossa bulten (se
pilar)...

5.35b ...lossa andra bulten och dra tillbaka hjulhusets främre del

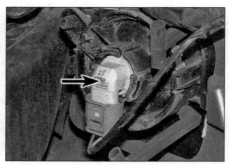

5.36 Vrid lamphållaren moturs (se pil)

5.37 Vrid justerskruven för att rikta dimljuset

36 Lossa anslutningskontakten, vrid sedan lamphållaren moturs och ta bort den från lampan **(se bild)**. Lampan är inbyggd i lamphållaren.

5.38a Lossa fästklämman (modeller fram till 09/01) . . .

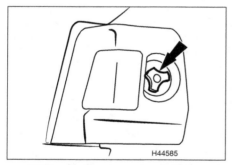

5.38b . . . eller skruva loss hållaren (se pil – modeller från 10/01)

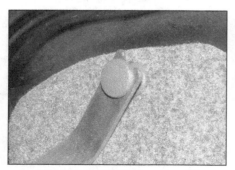

5.42 Bänd ut fästklämmorna till bakluckans dekor

Alla modeller

37 Monteringen utförs i omvänd ordningsföljd mot demonteringen. Om det behövs, justera ljusets riktning genom att vrida justerskruven som sitter invid glaset **(se bild)**.

Bakljusarmatur

Karossens armatur – Sedan/Coupé

38 Inifrån bilens bagageutrymme, lossa fästklämman (modeller fram till 09/01) eller lossa hållaren (modeller från 10/01) och ta bort lamphållaren från baksidan av armaturen **(se bilder)**.

39 Tryck lampan något inåt, vrid den moturs och ta loss den från lamphållaren **(se bild)**. **Observera:** *Om du byter ut glödlampan till dubbelenheten broms-/bakljus är bajonett-fattningens stift förskjutna och glödlampan passar bara åt ett håll.* Monteringen utförs i omvänd ordnings-följd mot demonteringen.

5.39 Tryck in glödlampan, vrid den moturs och ta bort den

5.43 Lossa fästklämman och ta bort lamphållaren

Karossens armatur – Touring

40 Vik bak fliken i bagageutrymmet så att du kommer åt lamphållaren. För ökad åtkomst till vänster lampa, ta loss varningstriangeln.

41 Lossa fästklämman och lyft lamphållar-enheten något **(se bild)**. Tryck in aktuell lampa lätt, vrid den moturs och ta loss den från lamphållaren. Monteringen utförs i omvänd ordnings-följd mot demonteringen.

Bakluckans armatur – Sedan/Coupé

42 Bänd ut de två klämmorna och lossa del-vis bakluckans klädselpanel bakom arma-turen **(se bild)**.

43 Lossa fästklämmorna och ta bort lamp-hållaren från bakluckan **(se bild)**.

44 Tryck lampan något inåt, vrid den moturs och ta loss den från lamphållaren **(se bild)**.

45 Monteringen utförs i omvänd ordnings-följd mot demonteringen.

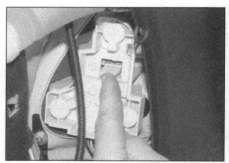

5.41 Lossa klämman och lyft upp lamphållarenheten

5.44 Tryck in glödlampan och vrid den moturs

5.47 Bänd upp dekoren överst på bakluckans panel

5.48 Skruva loss de 2 skruvarna (se pilar)

5.49 Lossa lamphållarens fästklämma

Bakluckans armatur – Touring

46 Bänd försiktigt loss bagageutrymmets armatur från bakluckans klädselpanel. Koppla loss anslutningskontakten när du tar loss enheten.
47 Bänd upp det lilla panelstycket på panelens ovansida (se bild).
48 Skruva loss de två fästskruvarna vid ovankanten och lossa försiktigt klädselpanelens fästklämmor (se bild). Lyft bort panelen.
49 Koppla loss bakljusarmaturens anslutningskontakt, lossa fästklämman och ta loss lamphållaren (se bild).
50 Tryck lampan något inåt, vrid den moturs och ta loss den från lamphållaren.
51 Monteringen utförs i omvänd ordningsföljd mot demonteringen.

Högt bromsljus

52 Dra försiktigt ner kåpans framkant, dra den sedan framåt och ta loss den. Det finns två typer av kåpor. Kåpan som är i ett enda stycke har två kardborreband längst fram, medan en delad kåpa har två tryckklämmor längst fram.
53 Ta loss de två fästklämmorna och ta bort armaturen (se bild). Koppla loss anslutningskontakten när du tar bort belysningen. Det höga bromsljuset består av en diodslinga. Om den går sönder, rådfråga din lokala BMW-verkstad eller en specialist.
54 Monteringen utförs i omvänd ordningsföljd mot demonteringen, se till att tapparna på baksidan av kåpan hakar i styrhålen rätt.

5.53 Lossa fästklämmorna (se pil) från det höga bromsljuset

Registreringsskyltsbelysning

55 Bänd försiktigt ut lampans glas med en liten skruvmejsel, börja från innerkanten. Ta loss glaset från bakluckan (se bild).
56 Lampan är en rörglödlampa och kan bändas loss från kontakterna.
57 Monteringen utförs i omvänd ordningsföljd mot demonteringen, se till att lampan sitter ordentligt fast i kontakterna.

6 Glödlampor (innerbelysning) – byte

Allmänt

1 Se avsnitt 5, punkt 1.

Kupé-/innerbelysning

2 Bänd försiktigt loss armaturen med en liten

5.55 Bänd loss registreringsskyltsbelysningens glas

spårskruvmejsel. Om du demonterar den främre eller bakre innerbelysningen i mitten (Touring-modeller), bänd ner armaturens bakre kant och dra loss armaturen. Vrid lamphållaren och dra loss den sockellösa glödlampan från hållarna (se bilder).
3 Tryck in den nya glödlampan/de nya glödlamporna i hållaren/hållarna och sätt tillbaka dem i armaturen. Montera armaturen. Observera att vid montering av den främre mittenarmaturen måste framkanten sättas i först, sedan kan bakkanten tryckas på plats.

Fotbrunnens belysning

4 Bänd försiktigt ut lampans glas från panelen.
5 Bänd loss rörglödlampan från kontakterna (se bild).
6 Montera den nya glödlampan och sätt tillbaka glaset på armaturen.

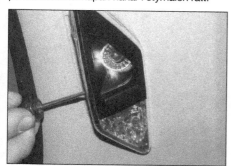

6.2a Bänd försiktigt loss kupélampan från klädselpanelen

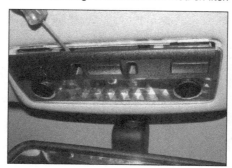

6.2b Bänd loss innerbelysningens huvudenhet från den inre takklädseln

6.2c Vrid lamphållaren moturs och dra ut den sockellösa glödlampan

Bagageutrymmets belysning

7 Se punkt 4 till 6.

Instrumentbelysning/ varningslampor

8 Instrumentbrädan lyses upp av ett antal diodlampor som inte går att byta ut.

Handskfacksbelysningens glödlampa

9 Öppna handskfacket. Bänd försiktigt loss ovansidan av armaturen med en liten spårskruvmejsel och ta bort den. Ta loss glödlampan från kontakterna.
10 Sätt dit den nya glödlampan, se till att den sitter ordentligt i kontakterna och kläm fast armaturen på sin plats.

Värmereglagepanelens belysning

Modeller med automatisk luftkonditionering

11 Värmereglagepanelen lyses upp av diodlampor som inte går att åtgärda. Om ett fel uppstår, låt en BMW-verkstad eller en specialist med rätt utrustning undersöka systemet.

Andra modeller

12 Dra loss värmereglagepanelens knoppar. Skruva sedan loss fästskruvarna och lossa planskivan från framsidan av reglageenheten.
13 Vrid lamphållaren moturs med en spetsig tång och ta loss den från bilen. På vissa modeller är panelen upplyst av diodlampor som inte går att åtgärda.
14 Monteringen utförs i omvänd ordnings-

6.5 Bänd försiktigt loss rörglödlampan från kontakterna

följd mot demonteringen.

Brytarbelysningens glödlampor

15 Alla brytare har inbyggda glödlampor/ diodlampor. Vissa har även en glödlampa/ diodlampa som visar när den aktuella kretsen är aktiv. Dessa glöd-/diodlampor är inbyggda i brytarenheterna och kan inte köpas separat. Om glöd-/diodlampan måste bytas måste därför hela brytarenheten bytas.

Askkoppsbelysningens glödlampa

16 Bänd upp växelspakens/växelväljarens sargpanel. Skruva loss de två fästskruvarna till askkoppens/förvaringsfackets hållare längst fram i panelöppningen.
17 Bänd upp nederkanten av förvarings-facket och dra loss enheten från instrument-brädan. Skruva loss de två skruvarna överst i öppningen för förvaringsfacket och dra loss hållaren från instrumentbrädan.

18 Koppla loss anslutningskontakterna, kläm ihop fästklämmorna och dra loss lamp-hållaren. Lampan och hållaren är i ett stycke.
19 Monteringen utförs i omvänd ordnings-följd mot demonteringen.

7 Ytterarmaturer – demontering och montering

Strålkastare

Alla modeller utom Coupé från 03/2003

1 Demontera aktuell körriktningsvisare enligt beskrivningen i punkt 12.
2 Bänd i förekommande fall ut strålkastar-spolarmunstycket från panelen under strål-kastaren och dra ut den tills det tar stopp. Dra loss munstycket från spolarslangen med ett kraftigt ryck.
3 Lossa inneränden av strålkastarens panel, tryck ner panelen lätt så att fästklämmorna i mitten lossnar. Lossa sedan ytteränden från framskärmen **(se bilder)**. Om det behövs kan strålkastarglaset nu tas bort genom att du lossar fästklämmorna runtomkring.
4 Notera hur de sitter monterade och koppla sedan loss alla anslutningskontakter från strålkastarens baksida.
5 Varje strålkastare hålls fast av fyra skruvar – två sexkantskruvar och två torxskruvar. Skruva loss strålkastarens fästskruvar **(se bild)**. **Observera:** *Se till att fästklämmorna av plast inte vrids när du tar bort skruvarna. Om det behövs, håll fast klämmorna med en lämplig öppen nyckel.*
6 Ta loss strålkastararmaturen från bilen.

Coupé-modeller från 03/2003

7 Bänd i förekommande fall ut strålkastares spolarmunstycket från panelen under strålkastaren och dra ut den tills det tar stopp. Dra loss munstycket från spolarslangen med ett kraftigt ryck.
8 Skruva loss de fyra bultarna, tryck in fästklämman och dra strålkastaren något framåt **(se bilder)**. Koppla loss kablarna och ta bort strålkastaren.
9 Monteringen utförs i omvänd ordning mot demonteringen. Dra åt fästskruvarna lätt och kontrollera strålkastarens läge i förhållande till stötfångaren och motorhuven. När armaturen sitter rätt, dra åt fästskruvarna ordentligt och

7.3a Lossa inneränden . . .

7.3b . . . och ytteränden av strålkastarens panel

7.5 Skruva loss strålkastarens fästskruvar (se pilar)

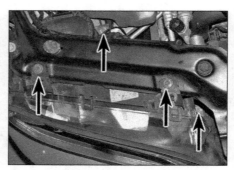

7.8a Skruva loss de fyra bultarna (se pilar) . . .

7.8b . . . tryck in fästklämman vid strålkastarens kant...

7.8c . . . och ta bort strålkastaren

7.19 Två bultare (se pilar) som håller fast hjulhuset till stötfångaren

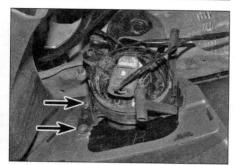

7.20 Dimljusets skruvar (se pilar) – Coupé-modeller från 03/2003

kontrollera strålkastarinställningen med hjälp av instruktionerna i avsnitt 8.

Xenonstrålkastarnas styrenhet

10 Demontera aktuell strålkastare enligt beskrivningen tidigare i detta avsnitt.
11 Skruva loss de två fästskruvarna, flytta styrenheten till strålkastarens baksida och ta bort den **(se bild 5.10)**. Om det behövs kan styrenheten skiljas från fästbygeln genom att de två fästskruvarna tas bort.
12 Monteringen utförs i omvänd ordningsföljd mot demonteringen.

Främre körriktningsvisare

13 Stick in en skruvmejsel ner genom hålet i innerskärmen och lossa körriktningsvisarens fästklämma **(se bilderna 5.22a och 5.22b)**. På Coupé-modeller fram till 03/2003 hålls lampan fast av en enda skruv **(se bild 5.25)**. För lampan framåt och koppla loss kontaktdonet från armaturen. På Coupé-modeller från 03/2003 de främre körriktningsvisarna är inbyggda i strålkastarna **(se bild 5.26)**.
14 Monteringen utförs i omvänd ordningsföljd mot demonteringen, se till att armaturens fästklämma hakar i ordentligt, alternativt att skruven är ordentligt åtdragen.

Främre körriktningsvisare

15 Tryck körriktningsvisarens glas lätt framåt med handen. Dra glasets bakre kant utåt och ta loss det från skärmen **(se bild 5.28)**. Koppla

loss anslutningskontakten när du tar bort enheten.
16 Montera i omvänd ordningsföljd mot demonteringen.

Främre dimljus

Sedan- och Touring-modeller

17 Bänd försiktigt loss dimljuset från stötfångaren med ett trä- eller plastverktyg **(se bild 5.30)**. Koppla loss anslutningskontakten när du tar bort enheten.
18 Monteringen utförs i omvänd ordningsföljd mot demonteringen.

Coupé-modeller

19 På Coupé-modeller fram till 03/2003, bänd ut hakarna och ta loss stötfångarens panel kring dimljusen **(se bild 5.33)**. På Coupé-modeller från 03/2003, lossa de två bultarna, bänd upp sprintarna i mitten från expanderklämmorna i hjulhusets främre del **(se bilder 5.35a och 5.35b)**. Lossa de två bultarna som håller fast hjulhuset till stötfångaren och ta bort hjulhuset **(se bild)**.
20 Skruva loss skruvarna och ta bort dimljuset **(se bild)**. Koppla loss anslutningskontakten när du tar bort enheten. Montering utförs i omvänd ordningsföljd mot demonteringen.

Bakljusarmatur

Karossens armatur – Sedan/Coupé

21 Inifrån bilens bagageutrymme, lossa fäst-

klämman (modeller fram till 09/01) eller lossa hållaren (modeller från 10/01) och ta bort lamphållaren från baksidan av armaturen **(se bilderna 5.35a och 5.35b)**.
22 Lossa fästklämmorna och lossa delvis bagageutrymmets sidopanel omkring armaturen (om det behövs, se kapitel 11, avsnitt 27).
23 Skruva loss de tre fästmuttrarna och ta loss armaturen från skärmen **(se bild)**.
24 Monteringen utförs i omvänd ordningsföljd.

Karossens armatur – Touring

25 Vik bak fliken i bagageutrymmet så att du kommer åt lamphållaren. För ökad åtkomst till vänster lampa, ta loss varningstriangeln.
26 Lossa fästklämman och lyft lamphållarenheten något **(se bild 5.39)**.
27 Skruva loss de tre fästmuttrarna och ta loss armaturen **(se bild)**.
28 Monteringen utförs i omvänd ordningsföljd mot demonteringen.

Bakluckans armatur – Sedan/Coupé

29 Bänd ut de två klämmorna och lossa delvis bakluckans klädselpanel bakom armaturen **(se bild 5.42)**.
30 Lossa fästklämman och ta loss lamphållaren från bakluckan **(se bild 5.43)**.
31 Skruva loss fästmuttern, ta loss plasthållaren och ta bort armaturen **(se bild)**. Observera att kanten på armaturen sitter runt kanten på bakluckan.
32 Monteringen utförs i omvänd ordningsföljd mot demonteringen.

7.23 Bakljuset sitter fast med 3 muttrar (se pilar)

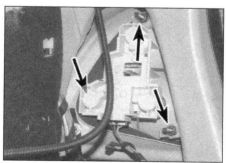

7.27 Skruva loss de 3 muttrarna (se pilar) och ta loss armaturen

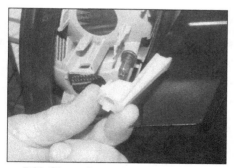

7.31 Skruva loss muttern och ta bort plasthållaren

7.37 Skruva loss muttern (se pil) och tryck armen (se pil) mot armaturen

7.43 Dra loss "ramen" från strålkastaren

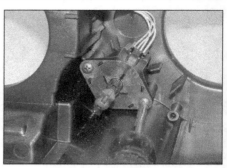

7.46 Motorn till strålkastarens nivåreglering sitter fast med 2 skruvar

Bakluckans armatur – Touring

33 Bänd försiktigt loss bagageutrymmets armatur från bakluckans klädselpanel. Koppla loss anslutningskontakten när du tar loss enheten.

34 Bänd upp det lilla panelstycket på panelens ovansida **(se bild 5.47).**

35 Skruva loss de två fästskruvarna vid ovankanten och lossa försiktigt klädselpanelens fästklämmor **(se bild 5.48).** Lyft bort panelen.

36 Koppla loss bakljusarmaturens anslutningskontakt, lossa fästklämman och ta loss lamphållaren **(se bild 5.49).**

37 Lossa fästmuttern, tryck låsspaken mot armaturen och ta bort den **(se bild).**

38 Monteringen utförs i omvänd ordningsföljd mot demonteringen.

Registreringsskyltsbelysning

39 Bänd försiktigt ut lampans glas med en

liten skruvmejsel och ta loss det från bakluckan **(se bild 5.55).** Koppla loss anslutningskontakten när du tar bort enheten.

40 Monteringen utförs i omvänd ordningsföljd.

Strålkastarens nivåregleringsmotorer

41 Demontera strålkastarens glas enligt beskrivningen i punkt 1 till 3 tidigare i detta avsnitt.

42 Demontera bägge lamphållarna från strålkastarens baksida enligt beskrivningen i avsnitt 5.

43 Dra försiktigt strålkastarens "ram" framåt **(se bild).**

44 Ta bort de skyddande gummitätningarna kring lamphållarna på enhetens baksida.

45 Märk ut mittenjusterhjulets läge. Vrid det medurs och räkna antalet varv (kanske mellan 20 och 30 varv) tills insatsens ovansida lossnar från styrskåran, då kan det ytterdelen av justerdonet lossas från insatsen. Lossa

försiktigt staget till nivåregleringens motor från hylsan på insatsens baksida. Ta loss insatsen från strålkastaren.

46 Lossa fästskruvarna, koppla loss anslutningskontakterna och ta loss nivåregleringens motor **(se bild).**

47 När du monterar strålkastarinsatsen, lossa fästklämmorna och ta bort den svarta plastpanelen från mitten av strålkastarinsatsen, kläm sedan ihop fästtapparna och ta bort styrmotorns hylsa från insatsen **(se bilder).** Vänta med att sätta tillbaka den svarta plast-panelen.

48 Placera hylsan på styrmotorns stag, kläm fast det yttre justerdonet på insatsen. Vrid sedan justerhjulet i mitten till sitt ursprungsläge, se till att justerdonet hamnar rätt i förhållande till skåran i strålkastarkåpan. Tryck fast insatsen på nivåregleringsmotorns hylsa – styr hylsan på plats från framsidan av insatsen **(se bild).** Sätt tillbaka den svarta plastpanelen.

49 När du är klar, låt kontrollera och vid behov justera strålkastarens ljusstråle.

8 Strålkastarinställning – allmän information

1 Korrekt inställning av strålkastarna kan endast utföras med optisk utrustning och ska därför överlåtas till en BMW-verkstad eller en annan lämpligt utrustad verkstad.

2 Upplysningsvis kan nämnas att strålkastarna justeras genom att vrida justerskruvarna på ovansidan av strålkastararmaturen **(se bild).**

7.47a Ta bort den svarta plastdekoren . . .

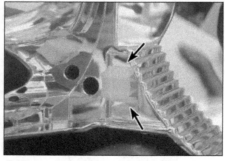

7.47b . . . kläm sedan ihop fästklämmorna (se pilar) . . .

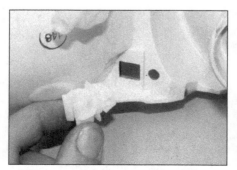

7.47c . . . och ta bort styrmotorns hylsa från insatsen

7.48 Kläm fast det yttre styrdonet (se pil) på insatsen (se pil)

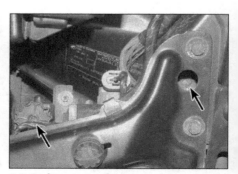

8.2 Strålkastarinställningens justerskruvar (se pilar)

Den yttre justeraren ändrar ljusstrålens hori-sontalläge medan justeraren i mitten ändrar ljusstrålens vertikala riktning.

3 Vissa modeller är utrustade med ett elstyrt system för strålkastarinställning som styrs med brytaren på instrumentbrädan. På dessa modeller måste du se till att brytaren är i off-läge innan du justerar strålkastarens riktning.

9 Instrumentpanel – demontering och montering

Demontering

1 Koppla loss batteriets minusledare (se kapitel 5A).
2 Flytta rattstången så långt ner det går och förläng den maximalt.
3 Skruva loss de två torxskruvarna på ovan-sidan av instrumentpanelen och dra försiktigt loss ovandelen av panelen från instrument-brädan **(se bild)**.
4 Lyft upp fästklämmorna. Koppla sedan loss kontaktdonen och ta loss instrumentpanelen från bilen **(se bild)**.

Montering

5 Monteringen utförs i omvänd ordnings-följd mot demonteringen, se till att instru-mentpanelens kablage återanslutits korrekt och att det sitter ordentligt fast med hjälp av eventuella fästklämmor. Avsluta med att återansluta batteriet och kontrollera att panelens varningslampor fungerar korrekt. **Observera:** *Om instrumentenheten byts ut måste den nya enheten kodas så att den passar bilen. Detta kan endast utföras av en BMW-verkstad eller annan specialist med rätt utrustning.*

10 Instrumentpanelens komponenter – demontering och montering

Instrumentpanelen är styr- och informa-tionscentrum hos BMW 3-seriemodeller genom sina anslutningar via "buss"-nätverk med de flesta av bilens system och givare. "K-bussen" är kopplad till det kompletterande säkerhetssystemet, ytter- och innerbelysning, regnsensorn, uppvärmningen/luftkonditio-neringen samt karossens elsystem. "CAN-bussen" (Controlled Area Network) är kopplad till motorstyrningen, växellådan samt syste-men för ABS/antispinn/dynamisk stabilitets-kontroll. "D-bussen" är kopplad till diagnos-uttaget och till kontaktdonet för EOBD (European On-Board Diagnostics).

Hastighetsmätaren visar bilens hastighet med information från ABS-styrmodulen, genererad från hastighetsgivaren på vänster bakhjul.

I skrivande stund finns inga av instrument-panelens komponenter tillgängliga separat

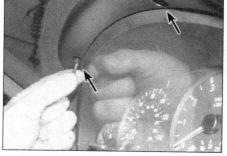

9.3 Ta bort de 2 skruvarna överst på instrumentpanelen (se pilar)

9.4 Lyft fästklämmorna och koppla loss anslutningskontakterna

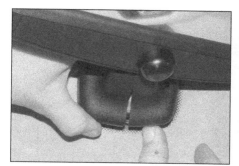
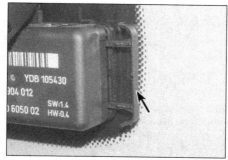

11.1 Tryck isär dekorens 2 halvor

11.3 Dra ut klämman på vardera sidan (se pil) och ta loss sensorn

och panelen måste därför betraktas som en odelbar enhet. Om ett fel uppstår i något av instrumenten, demontera panelen enligt beskrivningen i avsnitt 9 och låt din lokala BMW-verkstad undersöka den. De har ett särskilt testverktyg som kan lokalisera felet och kan sedan upplysa dig om hur du bör gå till väga för att åtgärda det.

11 Regnsensor – demontering och montering

1 Regnsensorn är inbyggd på framsidan av foten till innerspegelns fäste. Tryck neder-kanten på fästets panel uppåt. Tryck isär panelens två halvor vid foten och lossa panelens fästklämmor **(se bild)**.
2 När du har tagit bort panelen, koppla loss sensorns anslutningskontakt.
3 Dra ut sensorns två fästklämmor och dra sensorn bakåt **(se bild)**.
4 Monteringen utförs i omvänd ordnings-följd mot demonteringen.

12 Fjädringens höjdgivare – demontering och montering

Demontering

1 Fordon utrustade med xenonstrålkastare är även utrustade med automatisk strålkastar-inställning. Markhöjdsgivare på fram- och

bakfjädring ger information om fjädringens markhöjd, medan motorerna till strålkastarens nivåreglering ändrar ljusstrålens vinkel så mycket som behövs. Givarna sitter mellan fjädringens kryssrambalkar och länkarmar. För att komma åt givarna, lyft upp aktuell del av bilen och stötta den på pallbockar (se *Lyftning och stödpunkter*). I förekommande fall, de-montera motorns undre skyddskåpa.
2 Skruva loss muttern som håller fast styr-staget vid givararmen och koppla loss staget.
3 Skruva loss de två fästmuttrarna och ta bort givaren. Koppla loss anslutningskontakten när du tar bort givaren **(se bild)**.

Montering

4 Monteringen utförs i omvänd ordnings-följd mot demonteringen, se till att alla kontaktdon återanslutits ordentligt.

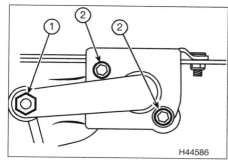

H44586

12.3 Fjädringens höjdgivare

1 Styrstagets mutter
2 Höjdgivarens muttrar

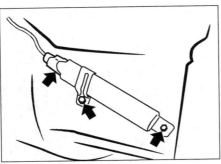

13.8 Koppla loss anslutningskontakten, ta loss de 2 skruvarna och ta bort mottagaren

Information

1 Ett system för däcktrycksövervakning (RDC) finns som alternativ för de flesta fordon inom 3-serien. Systemet består av en sändare i varje hjul, kopplad till nederdelen av lufttrycksventilen, en mottagare bakom hjulhusfodret bredvid varje hjul samt en styrmodul bakom handskfacket på passagerarsidan. En varningslampa på instrumentpanelen varnar föraren om däcktrycket avviker från det inställda trycket. Observera att på grund av vikten hos sändarenheten som sitter på hjulet är det mycket viktigt att nya däck balanseras korrekt innan användning.

Byte av komponenter

Styrmodul

2 Koppla loss batteriets minusledare enligt beskrivningen i kapitel 5A.
3 Demontera handskfacket på passagerarsidan enligt kapitel 11, avsnitt 27.
4 Lossa försiktigt plastpanelen bakom handskfacket.
5 Lossa spärren på anslutningskontakten och koppla loss den. Tryck ner fästklämman och dra ut styrenheten från hållaren.
6 Monteringen utförs i omvänd ordningsföljd mot demonteringen. Omprogrammera syste-

15.3 Ta bort torkarens axelmutter och dra/bänd loss torkararmen

mets referensinställningar för tryck enligt beskrivningen i instruktionsboken.

Mottagare

7 Lyft upp aktuellt hjul med en domkraft och stötta bilen på pallbockar (se *Lyftning och stödpunkter*). Lossa fästklämmorna/skruvarna och ta bort hjulhusfodret.
8 Koppla loss mottagarens anslutnings-kontakt, skruva loss de två fästskruvarna och ta loss enheten **(se bild)**. Observera att de främre och bakre högtalarna på höger sida sitter monterade på insidan av hjulhusfodrets framdel.
9 Monteringen utförs i omvänd ordningsföljd mot demonteringen.

Sändare

10 Vid nederdelen av varje lufttrycksventil sitter en sändare monterad. Låt en specialist med rätt utrustning ta bort däcket.
11 Skruva loss torxskruven och ta ut sändaren från ventilens nederdel. Observera följande föreskrifter:
a) *Rengör inte sändaren med tryckluft.*
b) *Rengör inte hjulfälgen (med däcket borttaget) med utrustning för högtrycksrengöring.*
c) *Använd inte lösningsmedel för att rengöra sändaren.*
d) *Om däcktätningsmedel har använts måste sändaren och ventilen bytas ut.*
e) *Ventilen går inte att använda om sändaren tagits bort.*
12 Stick in en vevstake i hålet i ventilhusets fästkrage, skruva loss huset och ta bort ventilen.

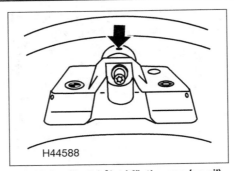

H44588

13.14 Se till att hålet i fästkragen (se pil) vetter utåt

13 Montera det nya ventilhuset (med krage) i sändaren, dra än så länge bara åt torxskruvarna för hand.
14 Sätt i enheten i hålet i hjulet, se till att hålet i ventilhusets fästkrage vetter utåt. Dra åt muttern till ventilhuset, håll emot muttern med en vevstake i hålet i kragen **(se bild)**.
15 Dra åt sändarens torxskruv till angivet moment.
16 Låt montera däcket.

Demontering

1 Signalhornet/signalhornen sitter bakom stötfångarens vänstra och högra ändar.
2 För att komma åt signalhornet/signalhornen underifrån, dra åt handbromsen och lyft sedan upp framvagnen och ställ den på pallbockar (se *Lyftning och stödpunkter*). Skruva loss fästskruvarna och ta loss hjulhusfodrets nedre framdel. Lossa och ta bort bromsskivans kylkanal.
3 Skruva loss fästmuttern/bulten och ta bort signalhornet, koppla loss kontaktdonen allt eftersom de blir åtkomliga.

Montering

4 Monteringen utförs i omvänd ordningsföljd mot demonteringen.

Demontering

1 Aktivera torkarmotorn, stäng sedan av den så att torkararmen återgår till "viloläget".
2 Fäst en bit maskeringstejp runt kanten på torkarbladet som hjälp vid återmonteringen.
3 Bänd loss kåpan på torkararmens axelmutter, skruva sedan loss axelmuttern. Lyft bladet från rutan och dra loss torkararmen från axeln. Om det behövs kan armen bändas loss från axeln med en lämplig spårskruvmejsel eller avdragare **(se bild)**. **Observera:** *Om bägge vindrutetorkarna ska tas bort samtidigt, märk ut dem så att du kan skilja dem åt, armarna är inte likadana.*

Montering

4 Se till att torkararmen och axelns spårning är rena och torra, sätt sedan tillbaka armen på axeln. Se till att sätta fast torkarbladet enligt maskeringstejpen du satte dit vid demonteringen. Observera att om de räfflade, fasade hylsorna som sitter på armarna är lösa måste de bytas ut. Sätt tillbaka axelmuttern, dra åt den till angivet moment och kläm fast mutterkåpan på plats. Om torkarna monteras på en ny vindruta, placera torkararmarna enligt illustrationen **(se bild)**.

15.4 Avståndet mellan torkarbladets ovankant och panelens ovankant ska vara 44 mm på förarsidan och 24 mm på passagerarsidan

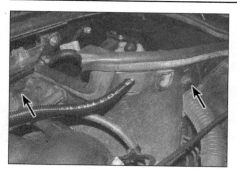

16.3a Lyft gummiremsan och skruva loss de 2 hållarna (se pilar)

16.3b Skruva loss skruvarna (se pilar) och ta bort insugskanalerna

16.7 Skruva loss skruven (se pil) som håller fast torkarens länksystem

16.9 Ta loss länksystemet från mellanväggen

16.10 Skruva loss de 3 bultarna och ta bort torkarmotorn

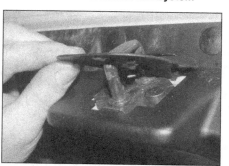

16.14 Lossa dekoren kring låsgreppet

16 Vindrutetorkarmotor och länksystem – demontering och montering

Demontering

Vindrutetorkarmotor fram

1 Ta bort torkararmarna enligt beskrivningen i föregående avsnitt.
2 Öppna motorhuven.
3 Demontera värmeenhetens luftintag enligt följande beskrivning **(se bilder)**:
a) Vrid de tre fästena 90° moturs och ta bort pollenfilterkåpan från motorrummets bakre del. Dra filtret framåt och ta bort det.
b) Skruva loss de fyra fästklämmorna och lossa vajern från kanalen.
c) Skruva loss de fyra skruvarna och dra filterhuset framåt och ta bort det.
d) Dra upp gummiremsan, vrid de båda fästena moturs och flytta avdelarpanelen i motorrummets vänstra hörn något framåt.
e) Skruva loss de båda skruvarna och lyft ut insugskanalen ur motorrummet.
4 Dra försiktigt ventilpanelen uppåt tills den lossnar från fästklämmorna.
5 Lossa de två fästklämmorna, skruva loss skruven och ta bort den främre kåpan från värmeenheten (se kapitel 3 om det behövs).

6 Koppla loss torkarmotorns anslutningskontakt.
7 Skruva loss skruven som håller fast länksystemet på undersidan av ventilpanelen **(se bild)**.
8 Skruva loss de stora muttrarna från torkaraxlarna och ta bort brickorna.
9 Ta bort motorn och länksystemet **(se bild)**. Ta loss gummigenomföringarna från axlarna, undersök om de har tecken på skador eller åldrande. Byt ut dem vid behov.
10 Om det behövs, märk ut hur motoraxeln och veven sitter i förhållande till varandra, bänd sedan loss torkarens länksystem från motorns kulled. Skruva loss fästmuttern och ta loss veven från motoraxeln. Skruva loss motorns fästbultar och skilj motorn från länksystemet **(se bild)**.

Vindrutetorkarmotor bak

11 Öppna bakluckan och bänd försiktigt loss

bagageutrymmets armatur från bakluckans klädselpanel. Koppla loss anslutningskontakten när du tar loss enheten.
12 Bänd upp det lilla panelstycket på panelens ovansida **(se bild 5.47)**.
13 Skruva loss de två fästskruvarna vid ovankanten och lossa försiktigt klädselpanelens fästklämmor **(se bild 5.48)**. Lyft bort panelen.
14 Lossa dekoren kring bakluckans låsgrepp **(se bild)**.
15 Ta loss panelinsatsen från den inre klädselpanelen. Notera hur insatsen hakar i klädselpanelen **(se bilder)**.
16 Skruva loss de sju skruvarna, lossa de fyra fästklämmorna och ta bort klädselpanelen på insidan av bakluckan **(se bild)**.
17 Koppla loss torkarmotorns anslutningskontakter.
18 Märk ut var motorn och fästbygeln kommer i kontakt med bakluckan, som hjälp inför

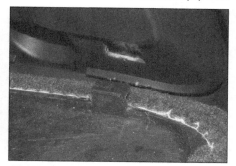

16.15a Ta bort panelinsatsen från den inre panelen

16.15b Panelinsatsens tappar måste haka i hålen i innerpanelen rätt

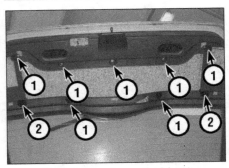

16.16 Lossa skruvarna (1) och klämmorna (2)

16.18a Skruva loss skruvarna (se pilar) och ta bort den bakre torkarmotorn

16.18b Skruva loss skruvarna (se pilar) och ta loss fönsterlåset från torkarmotorn

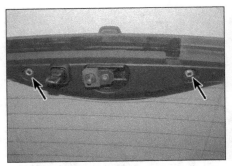

16.20 Bänd ut plastkåporna och skruva loss de 2 muttrarna (se pilar)

16.21 Skruva loss torkarens axelmutter

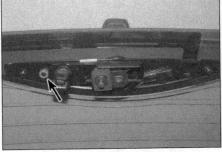

16.22 Skruva loss muttern (se pil) och ta loss hela huset tillsammans med axeln

återmonteringen. Ta loss de fyra skruvarna och torkarmotorn. Om det behövs kan fönsterlåset skiljas från torkarmotorn genom att de två fästskruvarna skruvas loss **(se bilder)**.

Bakre torkararmens axel och hus

19 Ta bort den bakre torkararmen enligt beskrivningen i föregående avsnitt.
20 Öppna bakluckan, bänd ut de två plastkåporna och skruva loss de två muttrarna som håller fast plastkåpan över axeln **(se bild)**. Ta bort kåpan.
21 Skruva loss torkararmens axelmutter på vindrutans utsida. Ta bort eventuella brickor **(se bild)**.
22 Ta loss fästskruven på insidan av vindrutan och ta loss huset och axeln **(se bild)**. Vi rekommenderar ingen vidare isärtagning.

Montering

23 Monteringen utförs i omvänd ordnings-

följd mot demonteringen. Avsluta med att montera torkararmarna enligt avsnitt 15.

17 Vindrute-/strålkastarspolarsystemets komponenter – demontering och montering

Främre spolarsystemets behållare

1 Vindrutespolarens behållare sitter i motorrummet. På modeller med strålkastarspolare förser behållaren även strålkastarspolarnas munstycken via ytterligare en pump.
2 Töm ut innehållet ur behållaren, eller var beredd på att vätska rinner ut.
3 Lossa värmesköldens fästklämma och koppla loss kontaktdonet/donen från spolarpumpen/pumparna. Vrid försiktigt pumpen/pumparna medurs, dra upp dem från behållaren och lägg dem åt sidan. Undersök om det

finns tecken på skada eller åldrande på pumpens tätningsmuff(ar) och byt ut den/dem vid behov.
4 Koppla loss kontaktdonet från behållarens nivåkontakt.
5 Skruva loss behållarens fäste, lyft den uppåt och ta bort den. Tvätta bort eventuell utspilld vätska med kallt vatten.
6 Monteringen utförs i omvänd ordningsföljd mot demonteringen. Se till att styrtapparna längst ner på behållaren hakar i spåren i innerskärmen ordentligt. Fyll på behållaren och kontrollera så att den inte läcker.

Vindrute- och strålkastarspolarnas pumpar

7 Töm ut innehållet ur behållaren, eller var beredd på att vätska rinner ut.
8 Lossa värmesköldens fästklämma och koppla loss kontaktdonet/donen från spolar-pumpen/pumparna. Vrid försiktigt pumpen/pumparna medurs och dra upp dem från behållaren. Undersök om det finns tecken på skada eller åldrande på pumpens tätnings-muff(ar), byt ut den/dem om det behövs **(se bild)**.
9 Monteringen utförs i omvänd ordningsföljd mot demonteringen, använd en ny tätningsmuff om den gamla visar tecken på skada eller åldrande. Fyll på behållaren och kontrollera så att pumpmuffen inte läcker.

Främre spolarbehållarens nivåkontakt

10 Ta bort behållaren enligt beskrivningen tidigare i detta avsnitt.
11 Vrid nivåkontakten moturs och ta loss den från behållaren **(se bild)**.

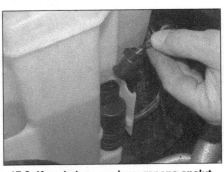

17.8 Koppla loss spolarpumpens anslutningskontakt och ta bort värmeskölden

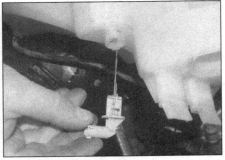

17.11 Vrid nivåbrytaren moturs och ta bort den från behållaren

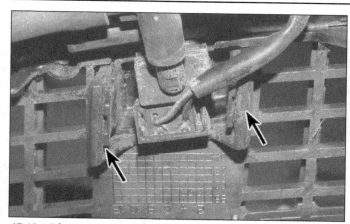

17.13a På vissa modeller, kläm ihop fästklämmorna (se pilar) och dra munstycket nedåt från motorhuven . . .

17.13b . . . på andra modeller, tryck munstyckets bakre kant uppåt och tryck ner klämman (se pil) längst fram. Dra sedan munstycket uppåt från motorhuven

12 Monteringen utförs i omvänd ordningsföljd mot demonteringen, använd en ny tätningsmuff om den gamla visar tecken på skada eller åldrande. Fyll på behållaren och kontrollera så att den inte läcker.

Vindrutans spolarmunstycken

13 På tidiga modeller kläm ihop fästklämmorna och ta försiktigt ut munstycket från motorhuven, var mycket försiktig så att du inte skadar lacken. På senare modeller, koppla loss spolarslangen/slangarna och anslutningskontakterna. Arbeta sedan på undersidan av motorhuven och tryck spolarenhetens bakre kant framåt och uppåt, tryck

in klämman längst fram och ta loss spolaren från motorhuven (se bilder).
14 Koppla loss spolarslangen/slangarna längst ner på munstycket. Om det behövs, koppla även loss kontaktdonet från munstycket.
15 Vid montering på tidiga modeller, anslut munstycket säkert till slangen och kläm fast enheten på motorhuven. Om det behövs, koppla även loss kontaktdonet. På senare modeller, tryck fast munstycket och återanslut slangen/slangarna och anslutningskontakterna. Kontrollera att munstycket fungerar. Om det behövs, justera munstyckena med hjälp av ett stift. Rikta ett av munstyckena mot en punkt något ovanför det torkade området

och det andra mot en punkt något under mittpunkten, så att hela området täcks.

Strålkastarspolarnas munstycken

16 Bänd försiktigt ut spolarmunstyckets kåpa under strålkastaren med en hävarm av trä eller plast och dra ut den tills det tar stopp.
17 Dra loss munstycket från spolarslangen med ett kraftigt ryck (se bild). Var beredd på att det rinner ut vätska.
18 I förekommande fall, koppla loss anslutningskontakten till munstyckets värmeenhet.
19 Vid behov kan dekoren skiljas från munstycket genom att fästklämmorna på vardera sidan lossas (se bild).
20 Vid montering, dra ut spolarslangen och tryck fast munstycket. I förekommande fall, återanslut anslutningskontakten. För att justera munstyckena krävs BMW-verktyg 00 9 100.

Styrmodul för spolning/torkning

21 Spolar-/torkarsystemet styrs av styrmodulen till det centrala elektroniksystemet (ZKE V), den s.k. huvudmodulen GM V (General Module), som sitter bakom handskfacket på passagerarsidan. För att komma åt styrenheten, demontera handskfacket enligt beskrivningen i kapitel 11 avsnitt 27.
22 Koppla loss modulens anslutningskontakter. Vissa kontakter har låsspakar, och vissa har skjutbara spärrar (se bilder).
23 Lossa fästklämman och ta sedan loss styrmodulen från bilen (se bild).

17.17 Dra loss spolarmunstycket från slangen med ett kraftigt ryck

17.19 Lossa fästklämmorna (se pilar) och ta loss munstycket från panelen

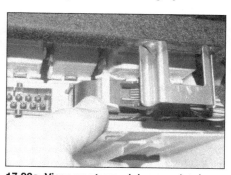

17.22a Vissa av styrmodulens anslutningskontakter har låsspakar . . .

17.22b . . . medan andra har skjutbara spärrar

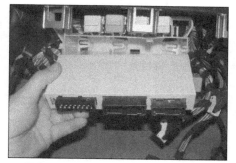

17.23 Lossa fästklämman och ta loss styrmodulen

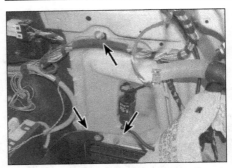

17.29 Bakre spolarbehållarens muttrar (se pilar) – Touring-modeller

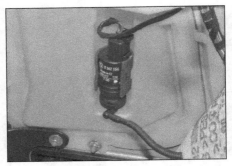

17.34 Bakre spolarpump – Touring-modeller

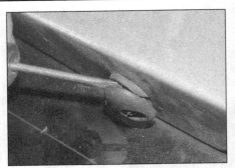

17.36 Den bakre spolarens munstycke trycks på plats på bakluckan

24 Monteringen utförs i omvänd ordningsföljd mot demonteringen.

Bakrutespolarens behållare

25 Ta bort klädselpanelen på bagageutrymmets högersida enligt beskrivningen i kapitel 11, avsnitt 27.
26 Töm ut innehållet ur behållaren, eller var beredd på att vätska rinner ut.
27 Koppla loss pumpens anslutningskontakt.
28 Lossa försiktigt behållarens påfyllningsslang och pumpens tillförselslang.
29 Ta bort den övre fästmuttern och lossa de nedre fästmuttrarna **(se bild)**. Ta bort behållaren.
30 Monteringen utförs i omvänd ordningsföljd.

Bakrutespolarens pump

31 Lossa klädselpanelen på bagageutrymmets högersida enligt kapitel 11, avsnitt 27.
32 Töm ut innehållet ur behållaren, eller var beredd på att vätska rinner ut.

33 Koppla loss pumpens anslutningskontakt.
34 Koppla loss pumpens tillförselslang och dra försiktigt pumpen uppåt och ut ur behållaren **(se bild)**.
35 Monteringen utförs i omvänd ordningsföljd.

Bakrutespolarens munstycke

36 Spolarmunstycket trycks på plats i änden på spolarslangens beslag. Bänd försiktigt loss spolarmunstycket från gummibeslaget överst på fönstret med en hävarm i plast eller trä **(se bild)**.
37 Monteringen utförs i omvänd ordningsföljd. Rikta in munstycket 100 mm från överkanten och 320 mm från sidokanten på fönstret.

18 Ljudanläggning – demontering och montering

Observera: *Följande demonterings- och*

monteringsprocedur gäller utbudet av radio-apparater/kassettbandspelare/CD-spelare som ingår i BMW:s standardutrustning. Demonterings- och monteringsproceduren för icke-standardutrustning skiljer sig något.

Demontering

Enhet monterad på instrumentbrädan

1 Bänd försiktigt loss dekoren ovanför handskfacket på passagerarsidan med en hävarm i trä eller plast, bänd sedan loss panelen ovanför ljudanläggningen.
2 Koppla loss batteriets minusledare (se kapitel 5A).
3 Skruva loss de två skruvarna och dra loss anläggningen från instrumentbrädan **(se bild)**.
4 Notera hur anslutningskontakterna sitter och koppla sedan loss dem från anläggningens baksida (skjut ut spärren på huvudkontakten) **(se bild)**.

CD-växlare

5 Lossa klädselpanelen på bagageutrymmets vänstra sida enligt kapitel 11, avsnitt 27.
6 Lossa de fyra fästskruvarna och lyft bort enheten **(se bild)**. Koppla ifrån anslutningskontakten när enheten tas bort.

Förstärkare

7 Förstärkaren (om sådan finns) sitter bakom klädselpanelen på bagageutrymmets vänstra sida. Tryck på knappen och ta bort klädselpanelen till första hjälpen-lådan.
8 Ta bort förvaringsutrymmet/utrymmet för verktygssatsen.
9 Koppla loss förstärkarens anslutningskontakter, skruva loss fästbultarna och ta loss enheten **(se bild)**.

Montering

10 Monteringen utförs i omvänd ordningsföljd.

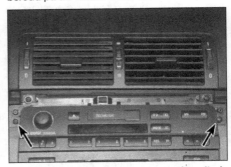

18.3 Skruva loss de 2 skruvarna (se pilar) och ta bort ljudanläggningen

18.4 Dra ut spärren (se pil) och koppla loss anslutningskontakten

19 Högtalare – demontering och montering

Högtalare i dörrpanelen

1 Ta bort dörrklädseln enligt kapitel 11.
2 Skruva loss de tre skruvarna och ta loss högtalaren från dörrklädseln **(se bild)**.

18.6 Skruva loss de 4 skruvarna (se pilar) och ta bort CD-växlaren

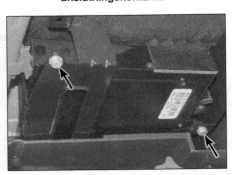

18.9 Högtalaren sitter fast med 2 bultar (se pilar) – Touring-modeller

3 Skruva loss den stora fästkragen om sådan monterats och ta bort den lilla högtalaren från klädselpanelen **(se bild).**
4 Monteringen utförs i omvänd ordningsföljd.

Dörrens övre högtalare

5 Lossa försiktigt plastpanelen på framkanten av dörrens insida **(se bilder).**
6 Ta bort dörrklädseln enligt kapitel 11.
7 Koppla loss högtalarens anslutnings-kontakter, skruva loss de två skruvarna och ta bort högtalaren **(se bild).**
8 Monteringen utförs i omvänd ordnings-följd mot demonteringen.

Högtalare i bagageutrymmet

9 Demontera klädselpanelen på aktuell sida av bagageutrymmet enligt beskrivningen i kapitel 11, avsnitt 27.
10 Skruva loss fästskruvarna och ta bort högtalaren, koppla loss dess anslutningskon-takter allteftersom de blir åtkomliga **(se bild).**
11 Monteringen utförs i omvänd ordnings-följd mot demonteringen, se till att högtalaren sitter rätt.

Bakre högtalare

12 Bänd försiktigt ut högtalargallret från den bakre bagagehyllan **(se bild).**
13 Skruva loss fästskruvarna och lyft ut hög-talaren. Koppla loss anslutningskontakten när du tar bort högtalaren.
14 Monteringen utförs i omvänd ordningsföljd.

20 Radioantenn –
allmän information

Radioantennen är inbyggd i bakrutan. För att förbättra mottagningen finns en förstärkare som förstärker signalen till radioapparaten/kassettbandspelaren. Förstärkaren sitter bak-om klädselpanelen på vänster C-stolpe bak.
För att komma åt antennförstärkaren, demontera försiktigt C-stolpens klädselpanel enligt beskrivningen i kapitel 11, avsnitt 27. Koppla loss kablarna från innerbelysningen när du tar bort panelen. Koppla från antenn-sladden och kablaget, skruva sedan loss fästskruvarna och ta bort förstärkaren **(se bild).** Monteringen utförs i omvänd ordnings-följd mot demonteringen.

19.10 Bakre högtalare – Touring-modeller

19.2 Dörrhögtalaren sitter fast med 3 skruvar (se pilar)

19.5a Notera klämmorna (se pilar) som håller fast plastpanelen på dörrens framkant . . .

21 Farthållarsystem –
information och byte av komponenter

Information

1 Farthållarfunktionen är inbyggd i motor-styrningens styrmodul. De enda externa kom-ponenter som går att byta ut är kopplings-pedalens brytare och gasspjällets manöver-don.

Byte av komponenter

Kopplingspedalens brytare

2 Klädselpanelen ovanför pedalerna är fäst med en expandernit av plast, två skruvar och en fästklämma. Bänd ut centrumsprinten och expanderniten, skruva loss de två skruvarna, vrid fästklämman 90° moturs och ta loss panelen. Notera hur anslutningskontakterna

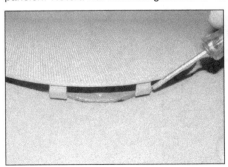

19.12 Bänd försiktigt upp bagagehyllans högtalargaller

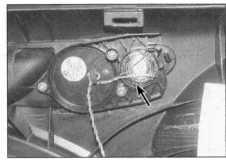

19.3 Skruva loss fästkragen (se pil) och ta loss högtalaren

19.5b . . . samt klämmorna på nederkanten

sitter monterade och koppla loss dem när du tar bort panelen.
3 Koppla loss brytarens anslutningskontakt.
4 Tryck ner kopplingspedalen och dra ut tryckkolven till brytaren så långt det går. Kläm

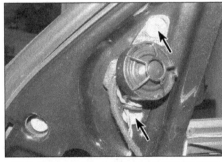

19.7 Ta bort dörrens övre högtalarbultar (se pilar)

20.2 Antennens förstärkare sitter bakom vänster C-stolpes klädselpanel

21.6a Skruva loss muttern och bulten (se pilar) och ta loss farthållarens manöverdon

ihop fästklämmorna och dra loss brytaren från fästbygeln.
5 Monteringen utförs i omvänd ordningsföljd mot demonteringen, men släpp upp pedalen långsamt tills den återgår till sitt "viloläge".

Gasspjällets manöverdon (M43TU-motorer)

6 Manöverdonet sitter på vänster innerskärm. Se till att tändningen är avslagen, skruva loss muttern och bulten och ta sedan loss manöverdonet från innerskärmen. Kläm ihop sidorna på genomföringen och skilj gasvajern från gasspjällets arm **(se bilder)**.

22 Stöldskyddets larmsystem – allmän information

E46 3-seriens modeller är utrustade med ett avancerat stöldskyddslarm och motorlåsningssystem. Om ett fel uppstår ska systemets självdiagnossystem läsas av med särskild testutrustning. Rådfråga din BMW-verkstad eller en specialist med lämplig utrustning.

23 Uppvärmda framsätets komponenter – demontering och montering

Värmemattor

På modeller med uppvärmda framsäten sitter en värmedyna monterad på både ryggstödet och sätesdynan. För att byta ut värme-

25.3 Vrid ratten så att du kommer åt de 2 torxskruvarna

21.6b Kläm ihop sidorna på genomföringen och ta bort farthållarens vajer från gasspjällets arm

mattorna ska klädseln tas loss, den gamla mattan tas bort, den nya fästas på plats och klädseln sättas tillbaka. Observera att det krävs omfattande kunskap och erfarenhet för att kunna demontera och montera klädseln utan att skador uppkommer. Det är därför bättre att låta en BMW-verkstad eller specialist utföra detta. Det är i själva verket mycket svårt för hemmamekanikern att utföra uppgiften utan att klädseln förstörs.

Uppvärmda sätets brytare

Se avsnitt 4.

24 Krockkuddssystemet – allmän information och föreskrifter

Modellerna som omfattas av denna handbok är utrustade med en förarkrockkudde i rattens mitt, en passagerarkrockkudde bakom instrumentbrädan, två huvudkrockkuddar i vardera A-stolpe/takklädsel, två krockkuddar i klädselpanelen på vardera framdörren och på vissa modeller även bakom panelen på bakdörrarna. Krockkuddssystemet består av krockkuddsenheten/enheterna (kompletta med gasgeneratorer), stötgivare, styrenhet och en varningslampa på instrumentpanelen.

Krockkuddssystemet aktiveras vid en kraftig front- eller sidokollision som överstiger en viss kraft, beroende på kollisionens riktning. Krockkudden/kuddarna blåses upp inom några millisekunder, fungerar som ett skydd mellan passagerarna och kupéns insida och minskar

25.4 Lossa fästklämman (se pil) och koppla loss krockkuddens anslutningskontakt

därför skaderisken avsevärt. Krockkudden sjunker sedan ihop nästan direkt.

Varje gång tändningen slås på utför krockkuddens styrenhet ett test av sig själv. Testet tar mellan 2 och 6 sekunder, under denna tid lyser krockkuddens varningslampa på instrumentbrädan. När testet har avslutats ska varningslampan slockna. Om varningslampan inte tänds, fortsätter att lysa efter testtiden eller tänds när bilen körs är det fel på krock-kuddssystemet. Bilen måste köras till en BMW-verkstad för att undersökas så snart som möjligt.

⚠️ *Varning: Innan du utför någon åtgärd på krockkuddssystemet, koppla loss batteriets minusledare och vänta i 10 sekunder. Då kan systemets kondensatorer ladda ur. När åtgärderna har slutförts, se till att ingen befinner sig inuti bilen när batteriet ansluts igen.*
• *Observera att krockkuddarna inte får utsättas för temperaturer högre än 90 °C (194 °F). När krockkudden demonterats, se till att den förvaras med rätt sida upp så att den inte blåses upp av misstag (den stoppade sidan ska vara uppåt).*
• *Se till att inga lösningsmedel eller rengöringsmedel kommer i kontakt med krockkuddarna. De får endast rengöras med hjälp av en fuktig trasa.*
• *Krockkuddarna och styrenheten är stötkänsliga. Om någon av dem tappas eller på annat sätt skadas bör de bytas ut.*
• *Koppla loss anslutningskontakten till krockkuddens styrenhet innan du använder bågsvetsutrustning på fordonet.*

25 Krockkuddssystemets komponenter – demontering och montering

Observera: *Läs varningarna i avsnitt 24 innan följande åtgärder utförs.*
1 Koppla loss batteriets minusledare (se kapitel 5A), fortsätt sedan enligt beskrivningen under relevant rubrik.

Förarsidans krockkudde

2 Det finns två olika typer av förarkrockkuddar. Modeller från 2000 är utrustade med "intelligenta" krockkuddar som har två uppblåsningssteg. Om en krock registreras i låg fart blåses krockkuddarna upp "mjukt" och vid krock i hög hastighet blåses de upp "hårt". Det garanterar att krockkuddarna inte blåses upp mer än vad som krävs för att skydda.

Normal krockkudde

3 Skruva loss krockkuddens två torxskruvar (T30) på baksidan av ratten, vrid ratten om det behövs så att du kommer åt skruvarna **(se bild)**.
4 Vrid ratten så att hjulen står riktade rakt framåt och lyft försiktigt bort krockkuddsenheten från ratten. Lossa låsklämman och koppla loss krockkuddens anslutningskontakt från ratten **(se bild)**. Observera att krock-

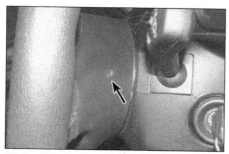

25.6a Stick in en skruvmejsel genom hålet (se pil) i sidan på ratten . . .

25.6b . . . så att skruvmejseln hamnar bakom metallplåten . . .

25.6c . . . och trycker mot fästklämman (se pil – utan krockkudde för tydlighets skull)

kudden inte får utsättas för stötar eller tappas, och måste förvaras med den stoppade sidan uppåt.

5 Vid monteringen, återanslut kontaktdonen och placera krockkuddsenheten i ratten, se till att kablaget inte fastnar någonstans. Sätt tillbaka fästskruvarna och dra åt dem till angivet moment. Återanslut batteriet.

Intelligent krockkudde

6 Rikta ratten rakt fram, stick in en skruvmejsel genom hålet på rattens baksida med 90 graders vinkel i förhållande till rattstången, lossa fjäderklämman och dra loss denna del av krockkudden från ratten **(se bilder)**. Upprepa detta på andra sidan ratten.

7 För att koppla loss krockkuddens anslutningskontakter, lyft kontaktdonets spärr med en liten spårskruvmejsel och dra loss kontaktdonet **(se bild)**. Observera att krockkudden inte får utsättas för stötar eller tappas, och

måste förvaras med den stoppade sidan uppåt.

8 Vid montering, återanslut anslutningskontakterna och se till att alla kontaktdon sitter fast där de ska. Observera att kontaktdonen är färgkodade för korrekt återmontering. En kontakt ska anslutas till det uttag som har samma färg. Placera krockkudden på ratten och tryck in enheten så att den hakar fast. Återanslut batteriets minusledare.

Passagerarsidans krockkudde

9 Använd en hävarm av trä eller plast och bänd försiktigt loss dekoren ovanför handskfacket på passagerarsidan.

10 Skruva loss de två skruvarna och dra ut luftmunstycket på passagerarsidan.

11 Dra försiktigt loss nederkanten av krockkuddens kåpa från instrumentbrädan. Skruva loss de två skruvarna och ta loss kåpan **(se bild)**. Observera att en ny kåpa måste monteras om krockkudden utlösts.

12 Skruva loss fästmuttrarna och ta bort krockkudden. Tryck in spärren och koppla loss anslutningskontakten när du tar bort enheten **(se bilder)**.

13 Monteringen utförs i omvänd ordningsföljd mot demonteringen. Dra åt krockkuddens fästskruvar till angivet moment och återanslut sedan batteriets minuspol.

Dörrarnas krockkuddar

14 Ta bort dörrklädseln enligt beskrivningen i kapitel 11.

15 Skruva loss de tre skruvarna och lyft bort krockkudden. Dra loss kontaktdonet från krockkudden när du tar bort den **(se bilder)**. I förekommande fall, lossa kablaget från eventuella fästklämmor.

16 Monteringen utförs i omvänd ordningsföljd mot demonteringen. Dra åt krockkuddens fästskruvar till angivet moment och återanslut sedan batteriets minuspol.

25.7 Lyft spärren och koppla loss krockkuddens anslutningskontakt

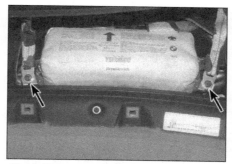

25.11 Skruva loss skruvarna (se pilar) och ta bort kåpan

25.12a Skruva loss krockkuddens muttrar (se pilar)

25.12b Tryck in fästklämman och koppla loss krockkuddens anslutningskontakt

25.15a Sidokrockkuddens fästmuttrar (se pilar)

25.15b Koppla loss det gula kontaktdonet från sidokrockkudden

25.20a Notera jordledningen (se pil) som sitter under en av fästmuttrarna

25.20b Lossa spärren och koppla loss styrenhetens anslutningskontakt

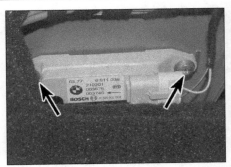

25.24 Skruva loss de 2 skruvarna (se pilar) och ta bort stötgivaren

Krockkuddar i huvudhöjd

17 På vardera sidan om passagerarutrymmet sitter en huvudkrockkudde (HPS, Head Protection Airbag). Krockkudden sträcker sig från nederdelen av vindrutans stolpe till ovanför bakdörren, är ca 1,5 meter lång och 130 mm i diameter i uppblåst tillstånd. För att ta bort krockkudden måste hela instrument-brädan och den inre takklädseln tas bort. Detta ligger utanför hemmamekanikerns kunskaper och vi rekommenderar därför att uppgiften överlämnas till en BMW-verkstad eller en specialist.

Krockkuddens styrenhet

18 Demontera den bakre delen av mittkonsolen enligt beskrivningen i kapitel 11.
19 Skär loss mattan framför handbromsspaken så att styrenheten friläggs.
20 Skruva loss fästmuttrarna och lyft modulen. Observera jordledningen som sitter under en av fästmuttrarna. Koppla loss anslutningskontakten när enheten tas bort (se bilder).
21 Monteringen utförs i omvänd ordningsföljd mot demonteringen. Observera att styrenheten måste monteras så att pilen pekar mot bilens framvagn och att jordledningen sitter under en av modulens fästmuttrar.

Stötgivare

22 Det finns två stötgivare, en på var sida om passagerarutrymmet. Demontera sätena enligt beskrivningen i kapitel 11.
23 Lossa dörrens rampanel och vik undan mattan från sidan. Om du behöver komma åt bättre, ta bort golvvärmeenheten.
24 Skruva loss de två fästskruvarna och ta bort givaren (se bild). Koppla loss anslutningskontakten när givaren tas bort.

25 Monteringen utförs i omvänd ordningsföljd mot demonteringen, observera att pilen på givaren måste peka mot dörramen.

26 Parkeringsassistans (PDC) – information och byte av komponenter

Allmän information

1 Som hjälp vid parkering kan modellerna i 3-serien utrustas med ett system som upplyser föraren om avståndet mellan bilens bakdel och eventuella fordon/hinder bakom bilen vid backning. Systemet består av flera ultraljudsgivare som sitter monterade i den bakre stötfångaren och mäter avståndet mellan sig själva och närmsta föremål. Avståndet indikeras genom en ljudsignal i passagerarutrymmet. Ju närmre föremålet befinner sig, desto kortare mellanrum mellan signalerna. När föremålet är närmare än 30 cm blir signalen kontinuerlig.

Elektronisk styrmodul (PCD)
Demontering

2 På Sedan- och Coupé-modeller, ta bort bagageutrymmets högra klädselpanel enligt beskrivningen i kapitel 11, avsnitt 27.
3 På Touring-modeller, lyft ut panelen från golvet i bagageutrymmet. Skruva loss vingmuttern och lyft ut kåpan till reservhjulet. Skruva loss de två fästmuttrarna och lyft den bakre kanten på panelen mellan reservhjulet och baksätet (se bild).
4 På alla modeller, notera hur enhetens

anslutningskontakter sitter monterade och koppla sedan loss dem. Skruva loss fästskruvarna och ta bort styrenheten (se bilder).

Montering

5 Monteringen utförs i omvänd ordningsföljd.

Ultraljudsgivare
Demontering

6 Demontera den bakre stötfångaren enligt beskrivningen i kapitel 11.
7 Koppla loss givarnas anslutningskontakter, lossa fästklämmorna och ta bort givarna från stötfångaren.

Montering

8 Monteringen utförs i omvänd ordningsföljd.

27 Kopplingsscheman – allmän information

1 Följande kopplingsscheman omfattar bara delar av elsystemen hos E46 BMW 3-serie.
2 I skrivande stund fanns inga fler kopplingsscheman tillgängliga från BMW, så det har inte gått att lägga till ytterligare information.
3 Tänk på att medan kopplingsscheman kan vara en användbar guide till bilens elsystem går det ändå att spåra fel och kontrollera strömtillförsel och jordanslutningar med en enkel multimeter. Se de metoder för allmän felsökning som beskrivs i avsnitt 2 i detta kapitel (ignorera hänvisningarna till kopplingsscheman om sådant inte finns för det aktuella systemet).

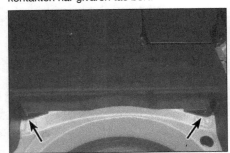

26.3 Ta bort de 2 skruvarna (se pilar) och lyft upp panelen mellan reservhjulet och baksätena

26.4a Parkeringsassistansmodul – Sedan- och Coupé-modeller

26.4b Parkeringsassistansmodul – Touring-modeller

BMW 3-serie kopplingsschema

Kopplingsschema 1

Teckenförklaring

Glödlampa	⊗	Art.nr	2
Blinkande lampa	⊗	Pump/motor med en hastighet	Ⓜ
Brytare			
Cellkopplare (sammankopplade)		Pump/motor med två hastigheter	Ⓜ
		Mätare	⟋
Säkring/smältsäkring	⋈F5	Jordanslutning	⏚
Motstånd	▭	Diod	▸⊦
Variabelt motstånd	▭	Lysdiod (LED)	
Variabelt motstånd		Solenoidmanöverdon	
Kabelskarv, ospecificerat kontaktdon eller lödd anslutning		Värmeelement	⎍⎍⎍
Anslutningskablar			

Kablageledarens area och färg 0,5 grön/gul (0,5 mm² grön med gult spår) ▬ 0.5 Gn/Ge ▬

Skärmad kabel

En streckad linje betecknar en del av en större komponent, i det här fallet innehållande en elektronisk eller fast enhet
B3 – stiftidentifiering

| B3 | B2 | B1 |

Förklaring till kretsarna

Kopplingsschema 1	Upplysningar till bokens kopplingsscheman.
Kopplingsschema 2	Start och laddning, motorns kylfläkt, startmotorns startspärrsbrytare, OBDII och datalänkanslutningar.
Kopplingsschema 3	Instrumentenhet.
Kopplingsschema 4	Belysningsstyrenhet.
Kopplingsschema 5	Broms-, back- och dimljus, släpvagnens styrenhet.
Kopplingsschema 6	Innerbelysning, belysning till förvaringsfack och sminkspegel, cigarrettändare och laddningsuttag.
Kopplingsschema 7	Ljudanläggning och uppvärmd bakruta.
Kopplingsschema 8	Signalhorn, uppvärmda spolarmunstycken, strålkastarspolare, värmefläkt, fram- och bakspolning/torkning.
Kopplingsschema 9	Elektriska fönsterhissar.
Kopplingsschema 10	Centrallås, elspeglar, eluppvärmda säten.
Kopplingsschema 11	ABS/ASC och däcktrycksstyrenhet.

Typisk säkringsdosa på passagerarplatsen

Säkring	Märkström	Skyddad krets
F1-4	–	Används ej
F5	5 A	Signalhorn
F6	5 A	Belysning till sminkspegel
F7	5 A	Skärm i kupén, navigering, radio, telefon
F8	–	Används ej
F9	5 A	Bromsljus, ljusmodul, inbyggd dator, hastighetskontroll
F10	5 A	Instrumentenhet
F11	5 A	Krockkudde, sidokrockkudde
F12	7,5 A	Solskyddsgardin
F13	–	Används ej
F14	5 A	Startspärr
F15	5 A	Regnsensor
F16-23	–	Används ej
F24	5 A	Elektrokromatisk innerspegel, parkeringsassistans
F25	5 A	Passagerarsidans uppvärmda spegel, uppvärmda spolarmunstycken
F26	5 A	Garagedörrsöppnare
F27	10 A	Backljus
F28	5 A	Luftkonditionering, värmefläkt
F29	5 A	Motorstyrning
F30	7,5 A	Motorstyrning, diagnosuttag
F31	5 A	Utvändig spegel, däcktrycksövervakare
F32	5 A	Belysningsmodul
F33	5 A	ABS, ASC, DSC
F34	–	Används ej
F35	50 A	
F36	50 A	Sekundär luftpump
F37	50 A	Värmefläkt
F38	15 A	Främre dimljus
F39	5 A	Telefon
F40	5 A	DSC, växelspaksramens belysning
F41	30 A	Navigering, skärm i kupén, radio
F42	–	Används ej
F43	5 A	Klocka, instrumentenhet, diagnostiksystem ombord
F44	20 A	Släpvagnsanslutning
F45	–	Används ej
F46	30 A	Skjutande/lutande taklucka
F47	15 A	Cigarrettändare, tillbehörsuttag
F48	30 A	Främre elfönster
F49	5 A	Främre elfönster, centrallås, innerbelysning, larm, startspärr, vindrutespolare
F50	25 A	Eluppvärmda säten
F51	30 A	Strålkastarspolare
F52	30 A	Centrallås till baklucka, handskfacksbelysning, innerbelysning, belysning i bagagerum, vindrutespolare
F53	30 A	ABS, ASC, DSC
F54	15 A	Bränslepump
F55	15 A	Signalhorn
F56	30 A	ABS, ASC, DSC
F57	5 A	Vikbara backspeglar
F58	–	Används ej
F59	30 A	Vindrutespolare
F60	25 A	Centrallås
F61	30 A	DSC
F62	7,5 A	Luftkonditionering
F63	7,5 A	Luftkonditionering
F64	20 A	Extravärmare för diesel
F65	30 A	Förarens elstyrda säte
F66	–	Används ej
F67	5 A	Larm/startspärr
F68	30 A	Uppvärmd bakruta
F69	5 A	Däcktrycksövervakare
F70	30 A	Passagerarsidans elstyrda säte
F71	30 A	Bakre elhissar
	10 A	Bakre fönster med gångjärn (endast Coupé)

H33815

Kabelfärger

Bl	Blå	Vi	Lila
Br	Brun	Ws	Vit
Ge	Gul	Or	Orange
Gr	Grå	Rt	Röd
Gn	Grön	Sw	Svart

Teckenförklaring

1 Batteri
2 Tändningslås
3 Startmotor
4 Växelströmsgenerator
5 Motorstyrningens styrenhet
6 Instrumentenhetens styrenhet
7 OBD II diagnosuttag
8 Datalänkanslutning
9 Motorns kylfläkt
10 Kylfläktens värmegivare
11 Startmotorns startspärrsbrytare

Kopplingsschema 2

H33816

Start och laddning

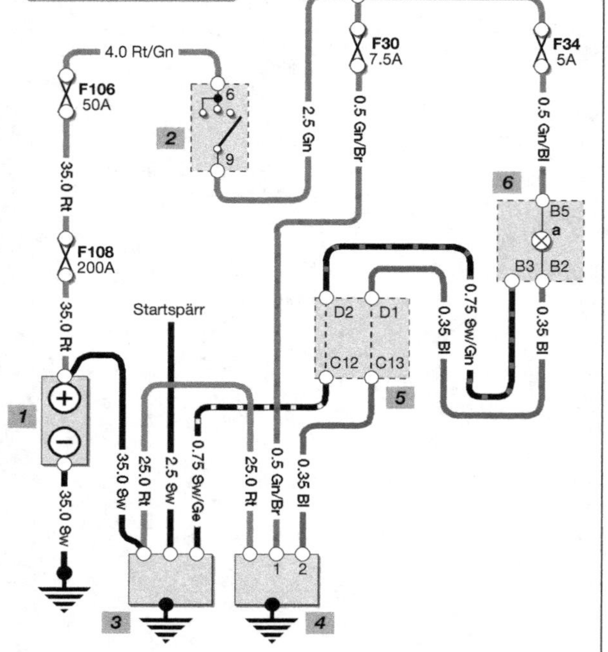

Diagnosuttag ombord (OBDII – 16 stift)

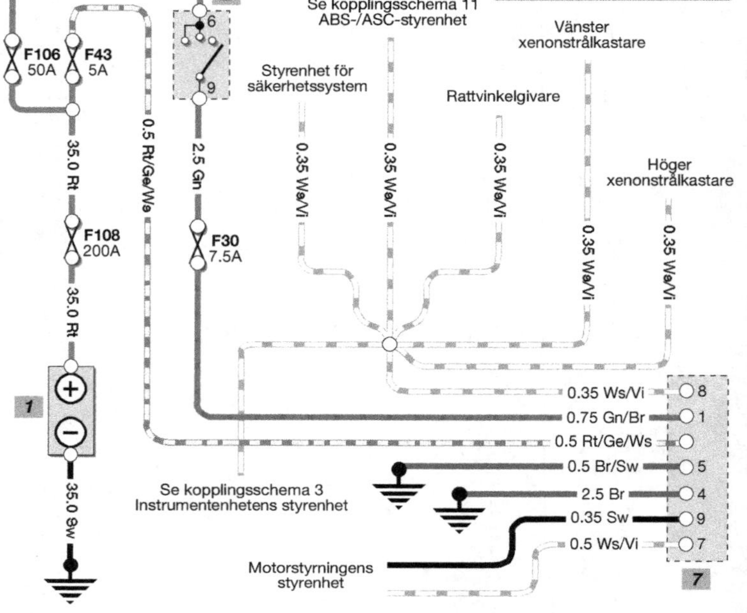

Motorkylfläkt

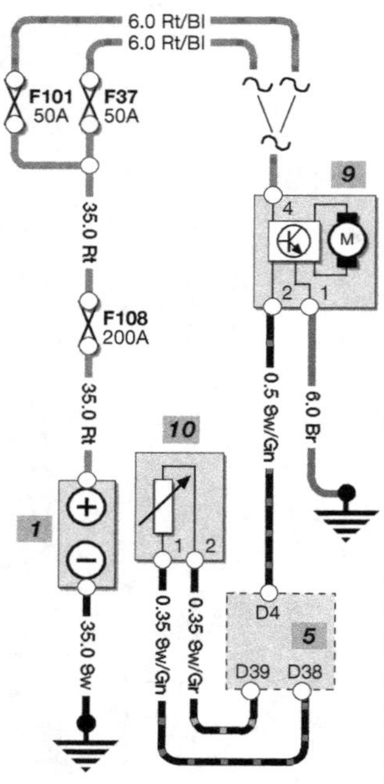

Startmotorns startspärrsbrytare (manuell växellåda)

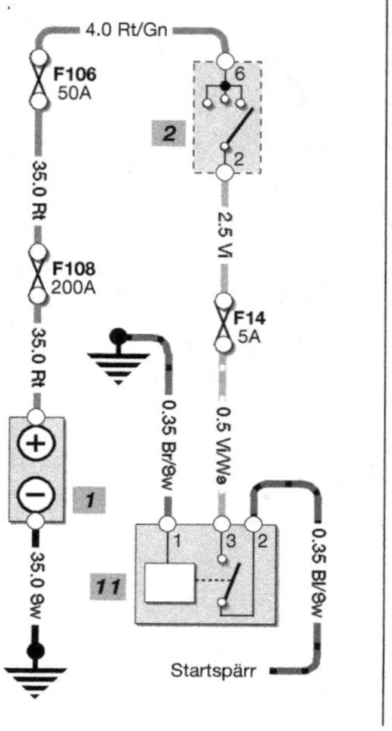

Datalänkanslutning (20 stift)

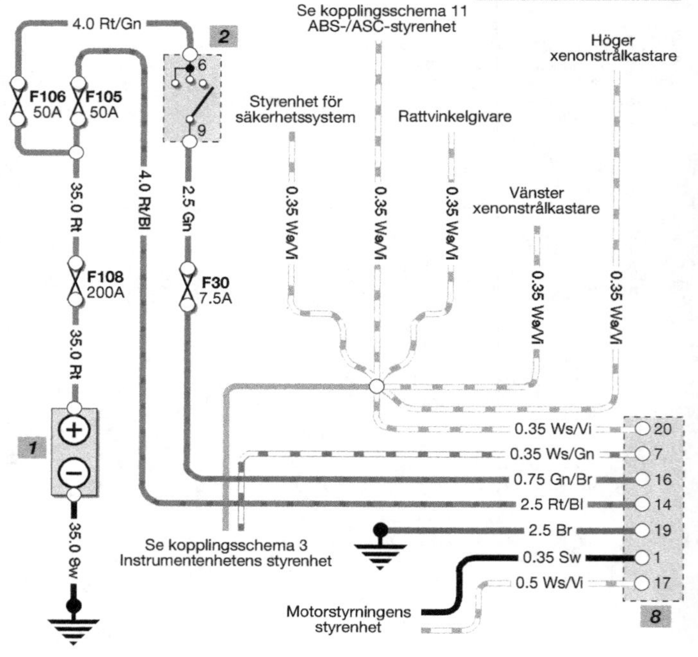

H33817

Kabelfärger

Bl	Blå	Vi	Lila
Br	Brun	Ws	Vit
Ge	Gul	Or	Orange
Gr	Grå	Rt	Röd
Gn	Grön	Sw	Svart

Teckenförklaring

1 Batteri
2 Tändningslås
5 Motorstyrningens styrenhet
6 Instrumentenhetens styrenhet
18 Motorstyrningsrelä
21 Yttre lufttemperaturgivare
22 Vänster bränslenivågivare
23 Höger bränslenivågivare

24 Bältesspännesbrytare
25 Handbromsbrytare
26 Bromsvätskenivåbrytare
27 Vänster givare för bromsklosslitage
28 Höger givare för bromsklosslitage
30 Oljetryckskontakt
31 Kylvätskenivåbrytare
32 Spolarvätskans nivåbrytare

Kopplingsschema 3

Instrumentenhet

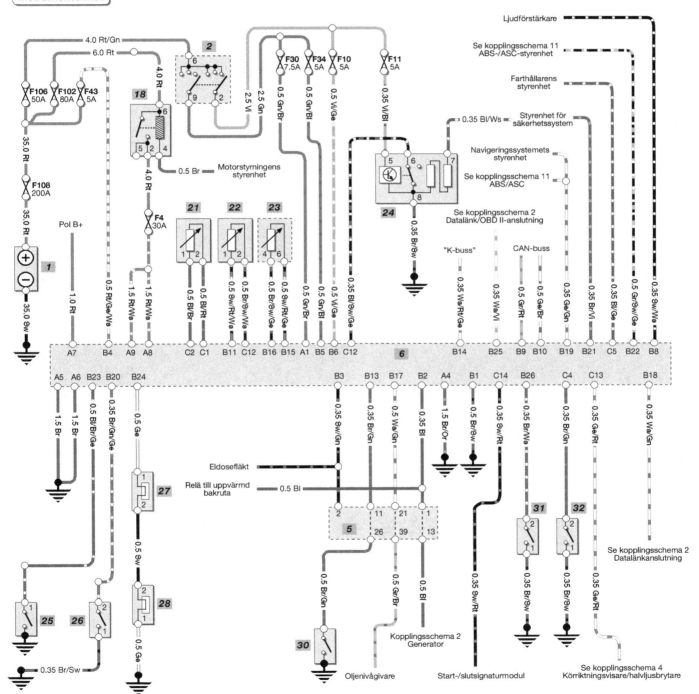

Kabelfärger

Bl	Blå	Vi	Lila
Br	Brun	Ws	Vit
Ge	Gul	Or	Orange
Gr	Grå	Rt	Röd
Gn	Grön	Sw	Svart

Teckenförklaring

1 Batteri
2 Tändningslås
37 Belysningsstyrenhet
38 Belastningsgivare för nivåreglering av strålkastare
39 Motor för nivåreglering av vänster strålkastare
40 Motor för nivåreglering av höger strålkastare
41 Varningsblinkers/centrallåsbrytare
42 Registreringsskyltsbelysning/bakluckans låsrelä
43 Körriktningsvisare/halvljusbrytare
44 Vänster parkeringsljus fram
45 Höger parkeringsljus fram

46 Vänster strålkastare, halvljus
47 Höger strålkastare, halvljus
48 Vänster strålkastare, helljus
49 Höger strålkastare, helljus
50 Vänster körriktningsvisare fram
51 Vänster sidoblinkljus fram
52 Höger körriktningsvisare fram
53 Höger sidoblinkljus fram
54 Vänster körriktningsvisare bak
55 Höger körriktningsvisare bak
56 Höger dimljus bak

57 Vänster bromsljus
58 Höger bromsljus
59 Vänster bakljus
60 Höger bakljus

Kopplingsschema 4

H33818

Belysningsstyrenhet

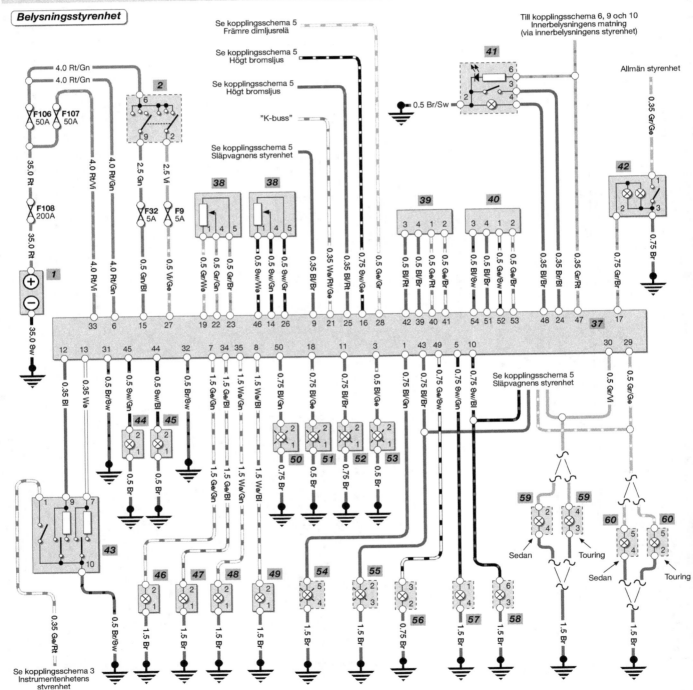

Kabelfärger

Bl	Blå	**Vi**	Lila
Br	Brun	**Ws**	Vit
Ge	Gul	**Or**	Orange
Gr	Grå	**Rt**	Röd
Gn	Grön	**Sw**	Svart

Teckenförklaring

1	Batteri	67	Backljusrelä
2	Tändningslås	68	Vänster backljus
18	Motorstyrningsrelä	69	Höger backljus
37	Belysningsstyrenhet	70	Backljuskontakt
57	Vänster bromsljus	71	Främre dimljusrelä
58	Höger bromsljus	72	Vänster främre dimljus
65	Bromsljuskontakt	73	Höger främre dimljus
66	Högt bromsljus	74	Släpvagnsmodul

Kopplingsschema 5

H33819

Bromsljus

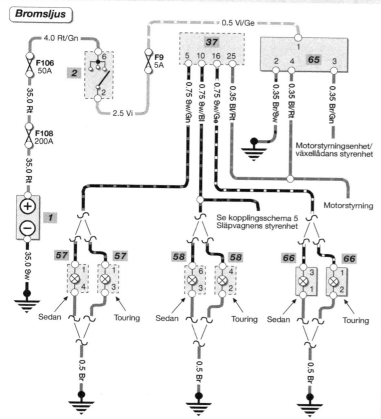

Backljus – automatväxellåda

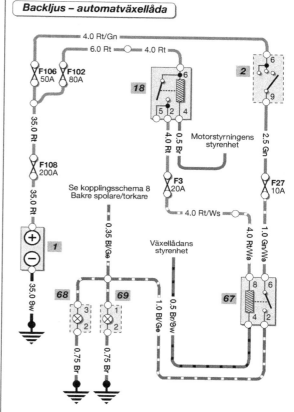

Backljus – manuell växellåda

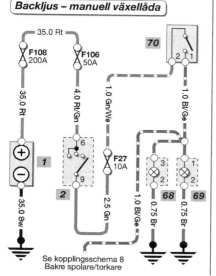

Dimstrålkastare

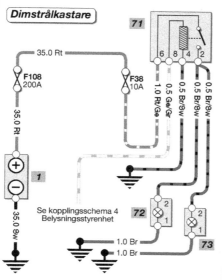

Släpvagnens styrenhet

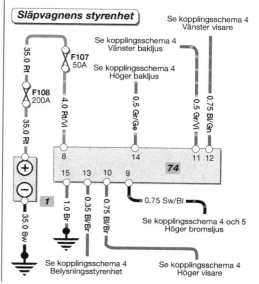

Kabelfärger

Bl	Blå	**Vi**	Lila
Br	Brun	**Ws**	Vit
Ge	Gul	**Or**	Orange
Gr	Grå	**Rt**	Röd
Gn	Grön	**Sw**	Svart

Teckenförklaring

1 Batteri
2 Tändningslås
77 Allmän styrenhet
78 Innerbelysning/kartläsningslampa
79 Centrallåsbrytare
80 Vänster innerbelysning bak
81 Höger innerbelysning bak
82 Vänster bagagerumsbelysning
83 Höger bagagerumsbelysning
84 Handskfackets belysningsbrytare

85 Belysning i passagerarsidans fotbrunn
86 Belysning i förarsidans fotbrunn
87 Belysning till den främre cigarrettändaren
88 Belysning till den bakre askkoppen
89 Vänster förvaringsfacksbelysning
90 Höger förvaringsfacksbelysning
91 Lampa till förarens sminkspegel
92 Lampbrytare till förarens sminkspegel
93 Lampa till passagerarsidans sminkspegel
94 Lampbrytare till passagerarsidans sminkspegel

Kopplingsschema 6

95 Cigarrettändare
96 Laddningsuttag

H33820

Innerbelysning

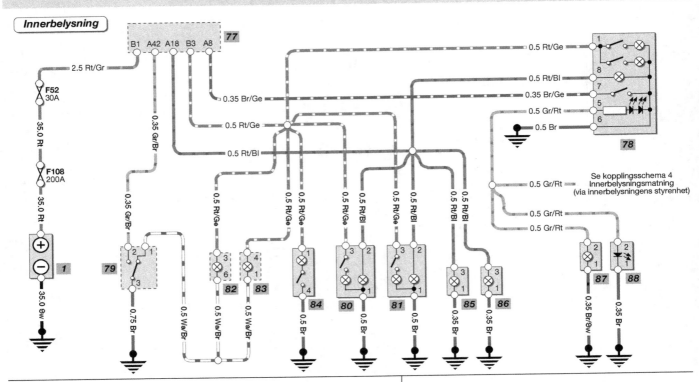

Belysning i förvaringsfack och sminkspegel

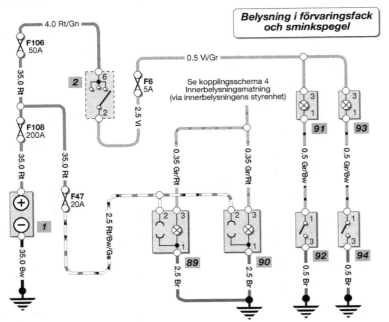

Cigarrettändare och laddningsuttag

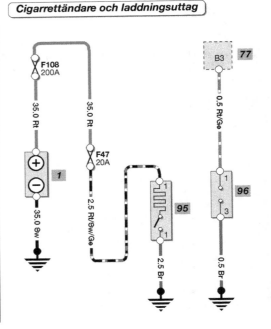

Kabelfärger

Bl	Blå	**Vi**	Lila
Br	Brun	**Ws**	Vit
Ge	Gul	**Or**	Orange
Gr	Grå	**Rt**	Röd
Gn	Grön	**Sw**	Svart

Teckenförklaring

1 Batteri
2 Tändningslås
100 Ljudanläggning
101 Styrenhet till skärmen i kupén
102 Antennmodul
103 CD-laddare
104 Ljudförstärkare
105 Vänster diskanthögtalare fram
106 Vänster högtalare fram

107 Vänster högtalare bak
108 Vänster högtalare i mitten
109 Höger diskanthögtalare fram
110 Höger högtalare fram
111 Höger högtalare bak
112 Höger högtalare i mitten
113 Bashögtalare och diskanthögtalare fram
114 Navigeringssystemets styrenhet
115 Uppvärmd bakruta

Kopplingsschema 7

H33821

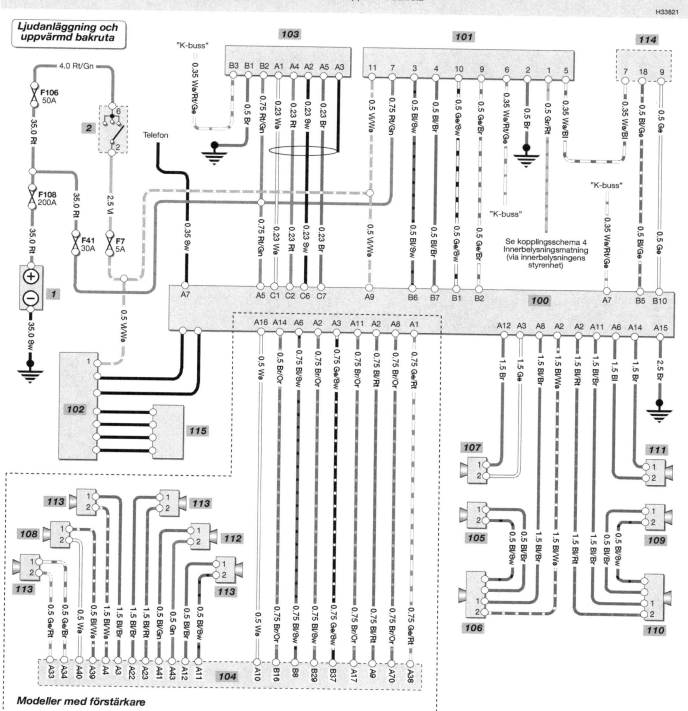

Ljudanläggning och uppvärmd bakruta

Modeller med förstärkare

Kabelfärger

Bl	Blå	**Vi**	Lila
Br	Brun	**Ws**	Vit
Ge	Gul	**Or**	Orange
Gr	Grå	**Rt**	Röd
Gn	Grön	**Sw**	Svart

Teckenförklaring

1 Batteri
2 Tändningslås
77 Allmän styrenhet
118 Signalhornsrelä
119 Signalhorn
120 Rattens spiralfjäder
121 Signalhornskontakt
122 Uppvärmt spolarmunstycke

123 Termokontakt
124 Strålkastarspolarrelä
125 Pump till strålkastarspolare
126 Värmefläktens styrenhet
127 Värmefläktens motor
128 Spolar-/torkarbrytare
129 Torkarrelä fram
130 Torkarmotor fram

131 Spolarpump fram
132 Styrenhet/motor till spolning/torkning bak
133 Bakluckans öppningsbrytare
134 Spolarpump bak

Kopplingsschema 8

H33822

Signalhorn
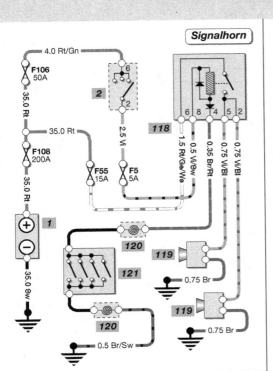

Uppvärmda spolarmunstycken
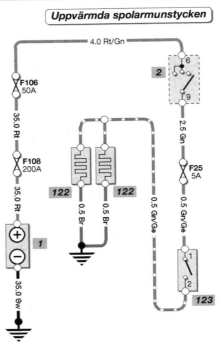

Strålkastarspolare
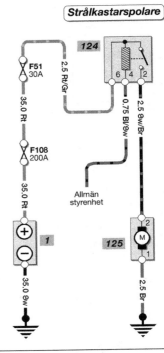

Värmefläkt
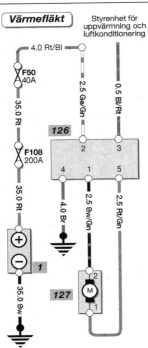

Spolare/torkare fram
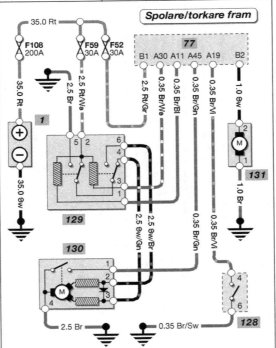

Spolare/torkare bak
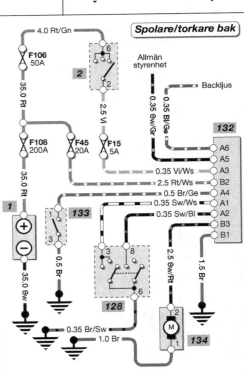

Kabelfärger

Bl	Blå	**Vi**	Lila
Br	Brun	**Ws**	Vit
Ge	Gul	**Or**	Orange
Gr	Grå	**Rt**	Röd
Gn	Grön	**Sw**	Svart

Teckenförklaring

1	Batteri
77	Allmän styrenhet
137	Förardörrens brytare
138	Förarsidans fönstermotor
139	Förarsidans fönsterklämbrytare
140	Passagerardörrens brytare
141	Passagerarsidans fönstermotor
142	Passagerarsidans fönsterklämbrytare
143	Vänster bakdörrsbrytare
144	Motor till vänster bakfönster
145	Klämbrytare till vänster fönster bak
146	Höger bakdörrsbrytare
147	Motor till höger bakfönster
148	Klämbrytare till höger fönster bak

Kopplingsschema 9

H33823

Elektriska fönsterhissar

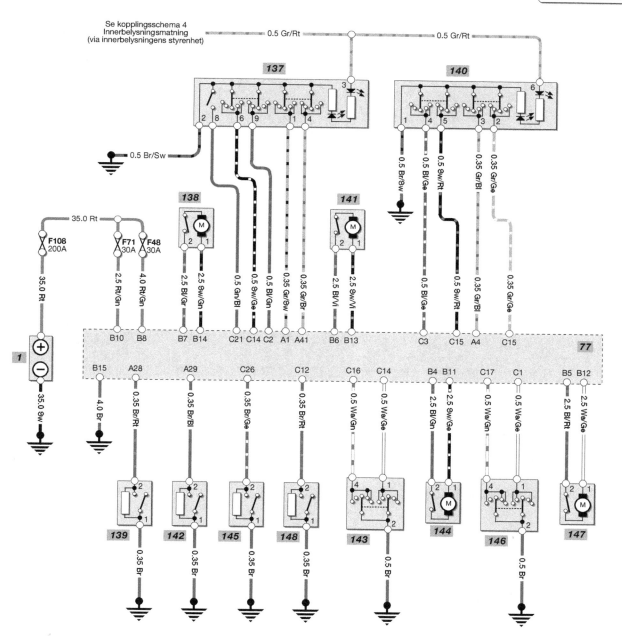

Kabelfärger

Bl	Blå	**Vi**	Lila
Br	Brun	**Ws**	Vit
Ge	Gul	**Or**	Orange
Gr	Grå	**Rt**	Röd
Gn	Grön	**Sw**	Svart

Teckenförklaring

1 Batteri
2 Tändningslås
44 Varningsblinkers/centrallåsbrytare
77 Allmän styrenhet
151 Förardörrens låsenhet
152 Passagerardörrens låsenhet
153 Lås, vänster bakdörr
154 Lås, höger bakdörr

155 Spegelstyrenhet
156 Förarsidans spegelenhet
157 Passagerarsidans spegelenhet
158 Brytarcentralens styrenhet
159 Förarsidans ryggstödsvärmare
160 Förarsidans sätesvärmare
161 Passagerarsidans ryggstödsvärmare
162 Passagerarsidans sätesvärmare

Kopplingsschema 10

H33824

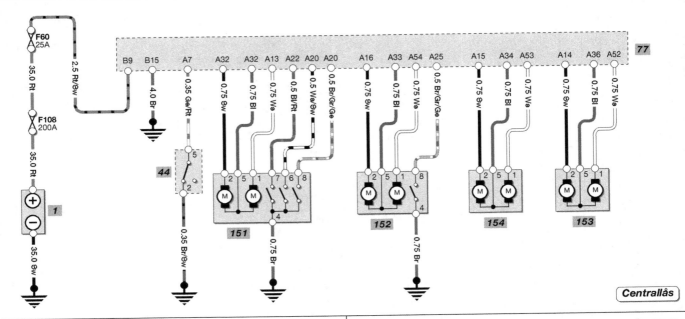

Centrallås

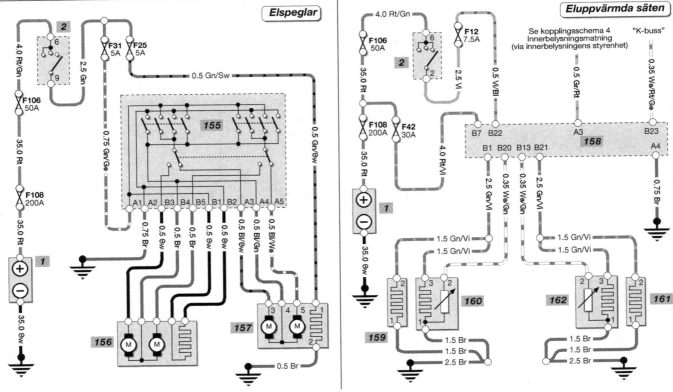

Elspeglar

Eluppvärmda säten

Se kopplingsschema 4
Innerbelysningsmatning
(via innerbelysningens styrenhet)

"K-buss"

Kabelfärger

Bl	Blå	**Vi**	Lila
Br	Brun	**Ws**	Vit
Ge	Gul	**Or**	Orange
Gr	Grå	**Rt**	Röd
Gn	Grön	**Sw**	Svart

Teckenförklaring

1   Batteri
2   Tändningslås
158 Brytarcentralens styrenhet
165 ABS-/ASC-styrenhet
166 Vänster hjulgivare fram
167 Höger hjulgivare fram
168 Vänster hjulgivare bak
169 Höger hjulgivare bak

170 Däcktrycksstyrenhet
171 Vänster däcktrycksgivare fram
172 Höger däcktrycksgivare fram
173 Vänster däcktrycksgivare bak
174 Höger däcktrycksgivare bak

Kopplingsschema 11

H33825

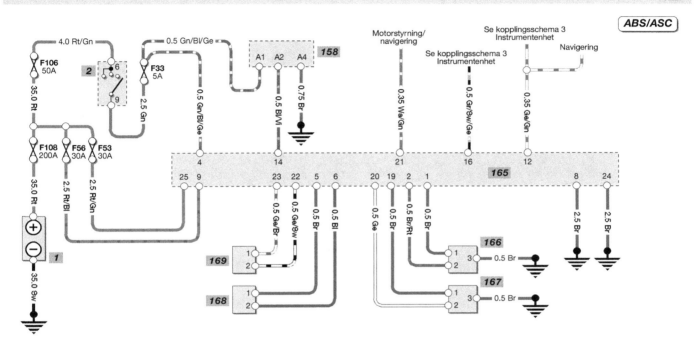

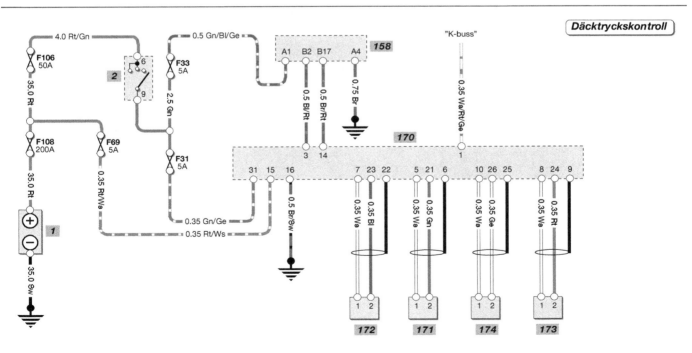

Notes

Referens

Mått och vikter

Observera: *Alla siffror är ungefärliga och kan variera beroende på modell. Se tillverkarens uppgifter för exakta mått.*

Dimensioner

Axelavstånd	2 725 mm
Total bredd:	
Sedan*	1 739 mm
Coupé	1 947 mm
Touring	1 932 mm
Total höjd (olastad):	
Sedan	1 415 till 1 434 mm
Coupé	1 369 till 1 387 mm
Touring	1 409 till 1 429 mm
Total längd:	
Sedan	4 471 mm
Coupé	4 488 mm
Touring	4 478 mm

* Utan sidobackspeglar

Vikter

Fordonets maximala bruttovikt*:	
Sedan	1 785 till 2 105 kg
Coupé	1 810 till 2 040 kg
Touring	1 905 till 2 220 kg
Maximal belastning på takräcke	75 kg
Max bogseringsvikt**:	
Obromsat släp	670 till 720 kg
Bromsat släp	1 400 till 1 700 kg
Tjänstevikt*:	
Sedan	1 360 till 1 715 kg
Coupé	1 385 till 1 540 kg
Touring	1 440 till 1 785 kg

* Beroende på modell och specifikationer
** Vänd dig till en BMW-verkstad för exakta rekommendationer

Reservdelar finns att köpa på flera ställen, t.ex. hos tillverkarens verkstäder, tillbehörsbutiker och motorspecialister. För att säkert få rätt del krävs ibland att bilens chassinummer uppges. Ta om möjligt med den gamla delen för säker identifiering. Många delar, t.ex. startmotor och generator, finns att få som fabriksrenoverade utbytesdelar – delar som returneras ska alltid vara rena.

Vi rekommenderar följande källor för inköp av reservdelar.

Auktoriserade BMW-verkstäder

Det här är det bästa stället för reservdelar som är specifika för bilen och som inte finns att få tag på på andra ställen (t.ex. märkesbeteckningar, invändig dekor, vissa karosspaneler etc). Det är även det enda ställe där man kan få reservdelar om bilens garanti fortfarande gäller.

Tillbehörsbutiker

Dessa är ofta bra ställen för inköp av underhållsmaterial (olje-, luft- och bränslefilter, glödlampor, drivremmar, fett, bromsbackar, bättringslack, etc). Tillbehör av detta slag som säljs av välkända butiker håller ofta samma standard som de som används av biltillverkaren.

Förutom delar säljer dessa butiker även verktyg och allmänna tillbehör. De har ofta bekväma öppettider och är billiga, och det brukar aldrig vara långt till en sådan butik. Vissa tillbehörsbutiker har reservdelsdiskar där så gott som alla typer av komponenter kan köpas eller beställas.

Motorspecialister

Bra motorspecialister har alla viktigare komponenter som slits snabbt i lager och kan ibland tillhandahålla enskilda komponenter till renoveringar av större enheter (t.ex. bromstätningar och hydrauldelar, lagerskålar, kolvar och ventiler). I vissa fall kan de ta hand om arbeten som omborrning av motorblocket, omslipning av vevaxlar etc.

Specialister på däck och avgassystem

Dessa kan vara oberoende återförsäljare eller ingå i större kedjor. De har ofta bra priser jämfört med märkesverkstäder, men det är lönt att jämföra priser hos flera handlare. Kontrollera även vad som ingår vid priskontrollen – ofta ingår t.ex. inte ventiler och balansering vid köp av ett nytt hjul.

Andra inköpsställen

Var misstänksam när det gäller delar som säljs på lågprisförsäljningar och i andra hand. Artiklar av den typen är alltid av sämre kvalitet, men chansen att få ersättning om de inte fungerar är liten. När det gäller delar som är viktiga för säkerheten, t.ex. bromsklossar, löper du inte bara risk att drabbas av ekonomisk förlust, utan även att skada eller döda dig själv eller andra.

Begagnade delar eller delar från en bildemontering kan vara prisvärda i vissa fall, men sådana inköp bör helst göras av en erfaren hemmamekaniker.

Identifikationsnummer

Inom biltillverkningen modifieras modellerna fortlöpande och det är endast de större modelländringarna som offentliggörs. Reservdelskataloger och listor är vanligen organiserade i nummerordning, så bilens chassinummer är nödvändigt för att få rätt reservdel.

Lämna alltid så mycket information som möjligt vid beställning av reservdelar. Ange årsmodell, tillverknings- och registreringsår, identifikations- och motornummer när det behövs.

Plåten med *chassinumret* sitter fastnitad vid vänster fjädertorn i motorrummets främre hörn och syns genom vindrutan på passagerarsidan.

Chassinumret är även inpräntat i höger fjäderben i motorrummet (se bilder).

Motornumret är instansat på vänster sida av motorblocket nära foten av oljemätstickan (alla motorer utom N42 och N46), eller på framsidan av motorblocket intill topplockets fog (N42 och N46-motorer).

Chassinummerplåten är fastnitad på karosspanelen i motorrummets främre vänstra hörn

Chassinumret är instansat i höger fjädertorn i motorrummet

Motorkod

4-cylindriga motorer

1796cc	N42 B18 och N46 B18
1895cc	M43TU B19
1995cc	N42 B20 och N46 B20

6-cylindriga motorer

2171cc	M54 B22
2494cc	M52TU B25 och M54 B25
2793cc	M52TU B28
2979cc	M54 B30

Lyftning och stödpunkter

Domkraften som följer med bilens verktygslåda bör endast användas för att byta hjul – se Hjulbyte i början av den här handboken. Vid alla andra arbeten ska bilen lyftas med en hydraulisk garagedomkraft, som alltid ska åtföljas av pallbockar under bilens stödpunkter.

När du använder en hydraulisk domkraft eller pallbockar, placera alltid domkraftens eller pallbockarnas lyftsadel under de aktuella lyftblocken av gummi. Dessa sitter rakt under bilens domkraftshål i tröskelplåten (se bild).

Domkraften som levereras med bilen passar i hålen i tröskelplåten. Se till att domkraftens lyftsadel sitter korrekt innan du börjar lyfta bilen.

Arbeta aldrig under, runt eller i närheten av en lyft bil om den inte har ordentligt stöd på minst två punkter.

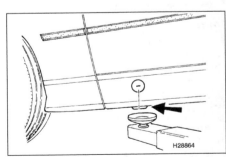

När du lyfter bilens framdel, placera domkraften under lyftblocket av gummi (se pil) som sitter rakt under bilens domkraftshål i plåten

När service, reparationer och renoveringar utförs på en bil eller bildel bör följande beskrivningar och instruktioner följas. Detta för att reparationen ska utföras så effektivt och fackmannamässigt som möjligt.

Tätningsytor och packningar

Vid isärtagande av delar vid deras tätningsytor ska dessa aldrig bändas isär med skruvmejsel eller liknande. Detta kan orsaka allvarliga skador som resulterar i oljeläckage, kylvätskeläckage etc. efter montering. Delarna tas vanligen isär genom att man knackar längs fogen med en mjuk klubba. Lägg dock märke till att denna metod kanske inte är lämplig i de fall styrstift används för exakt placering av delar.

Där en packning används mellan två ytor måste den bytas vid ihopsättning. Såvida inte annat anges i den aktuella arbetsbeskrivningen ska den monteras torr. Se till att tätningsytorna är rena och torra och att alla spår av den gamla packningen är borttagna. Vid rengöring av en tätningsyta ska sådana verktyg användas som inte skadar den. Små grader och repor tas bort med bryne eller en finskuren fil.

Rensa gängade hål med piprensare och håll dem fria från tätningsmedel då sådant används, såvida inte annat direkt specificeras.

Se till att alla öppningar, hål och kanaler är rena och blås ur dem, helst med tryckluft.

Oljetätningar

Oljetätningar kan tas ut genom att de bänds ut med en bred spårskruvmejsel eller liknande. Alternativt kan ett antal självgängande skruvar dras in i tätningen och användas som dragpunkter för en tång, så att den kan dras rakt ut.

När en oljetätning tas bort från sin plats, ensam eller som en del av en enhet, ska den alltid kasseras och bytas ut mot en ny.

Tätningsläpparna är tunna och skadas lätt och de tätar inte annat än om kontaktytan är fullständigt ren och oskadad. Om den ursprungliga tätningsytan på delen inte kan återställas till perfekt skick och tillverkaren inte gett utrymme för en viss omplacering av tätningen på kontaktytan, måste delen i fråga bytas ut. Tätningarna bör alltid bytas ut när de har demonterats.

Skydda tätningsläpparna från ytor som kan skada dem under monteringen. Använd tejp eller konisk hylsa där så är möjligt. Smörj läpparna med olja innan monteringen. Om oljetätningen har dubbla läppar ska utrymmet mellan dessa fyllas med fett.

Såvida inte annat anges ska oljetätningar monteras med tätningsläpparna mot det smörjmedel som de ska täta för.

Använd en rörformad dorn eller en träbit i lämplig storlek till att knacka tätningarna på plats. Om sätet är försedd med skuldra, driv tätningen mot den. Om sätet saknar skuldra bör tätningen monteras så att den går jäms med sätets yta (såvida inte annat uttryckligen anges).

Skruvgängor och infästningar

Muttrar, bultar och skruvar som kärvar är ett vanligt förekommande problem när en komponent har börjat rosta. Bruk av rostupplösningsolja och andra krypsmörjmedel löser ofta detta om man dränker in delen som kärvar en stund innan man försöker lossa den. Slagskruvmejsel kan ibland lossa envist fastsittande infästningar när de används tillsammans med rätt mejselhuvud eller hylsa. Om inget av detta fungerar kan försiktig värmning eller i värsta fall bågfil eller muttersprackare användas.

Pinnbultar tas vanligen ut genom att två muttrar låses vid varandra på den gängade delen och att en blocknyckel sedan vrider den undre muttern så att pinnbulten kan skruvas ut. Bultar som brutits av under fästytan kan ibland avlägsnas med en lämplig bultutdragare. Se alltid till att gängade bottenhål är helt fria från olja, fett, vatten eller andra vätskor innan bulten monteras. Underlåtenhet att göra detta kan spräcka den som skruven dras in i, tack vare det hydrauliska tryck som uppstår när en bult dras in i ett vätskefyllt hål

Vid åtdragning av en kronmutter där en saxsprint ska monteras ska muttern dras till specificerat moment om sådant anges, och därefter dras till nästa sprinthål. Lossa inte muttern för att passa in saxsprinten, såvida inte detta förfarande särskilt anges i anvisningarna.

Vid kontroll eller omdragning av mutter eller bult till ett specificerat åtdragningsmoment, ska muttern eller bulten lossas ett kvarts varv och sedan dras åt till angivet moment. Detta ska dock inte göras när vinkelåtdragning använts.

För vissa gängade infästningar, speciellt topplocksbultar/muttrar anges inte åtdragningsmoment för de sista stegen. Istället anges en vinkel för åtdragning. Vanligtvis anges ett relativt lågt åtdragningsmoment för bultar/muttrar som dras i specificerad turordning. Detta följs sedan av ett eller flera steg åtdragning med specificerade vinklar.

Låsmuttrar, låsbleck och brickor

Varje infästning som kommer att rotera mot en komponent eller en kåpa under åtdragningen ska alltid ha en bricka mellan åtdragningsdelen och kontaktytan.

Fjäderbrickor ska alltid bytas ut när de använts till att låsa viktiga delar som exempelvis lageröverfall. Låsbleck som viks över för att låsa bult eller mutter ska alltid bytas ut vid ihopsättning.

Självlåsande muttrar kan återanvändas på mindre viktiga detaljer, under förutsättning att motstånd känns vid dragning över gängen. Kom dock ihåg att självlåsande muttrar förlorar låseffekt med tiden och därför alltid bör bytas ut som en rutinåtgärd.

Saxsprintar ska alltid bytas mot nya i rätt storlek för hålet.

När gänglåsmedel påträffas på gängor på en komponent som ska återanvändas bör man göra ren den med en stålborste och lösningsmedel. Applicera nytt gänglåsningsmedel vid montering.

Specialverktyg

Vissa arbeten i denna handbok förutsätter användning av specialverktyg som pressar, avdragare, fjäderkompressorer med mera. Där så är möjligt beskrivs lämpliga lättillgängliga alternativ till tillverkarens specialverktyg och hur dessa används. I vissa fall, där inga alternativ finns, har det varit nödvändigt att använda tillverkarens specialverktyg. Detta har gjorts av säkerhetsskäl, likväl som för att reparationerna ska utföras så effektivt och bra som möjligt. Såvida du inte är mycket kunnig och har stora kunskaper om det arbetsmoment som beskrivs, ska du aldrig försöka använda annat än specialverktyg när sådana anges i anvisningarna. Det föreligger inte bara stor risk för personskador, utan kostbara skador kan också uppstå på komponenterna.

Miljöhänsyn

Vid sluthantering av förbrukad motorolja, bromsvätska, frostskydd etc. ska all vederbörlig hänsyn tas för att skydda miljön. Ingen av ovan nämnda vätskor får hällas ut i avloppet eller direkt på marken. Kommunernas avfallshantering har kapacitet för hantering av miljöfarligt avfall liksom vissa verkstäder. Om inga av dessa finns tillgängliga i din närhet, fråga hälsoskyddskontoret i din kommun om råd.

I och med de allt strängare miljöskyddslagarna beträffande utsläpp av miljöfarliga ämnen från motorfordon har alltfler bilar numera justersäkringar monterade på de mest avgörande justeringspunkterna för bränslesystemet. Dessa är i första hand avsedda att förhindra okvalificerade personer från att justera bränsle/luftblandningen och därmed riskerar en ökning av giftiga utsläpp. Om sådana justersäkringar påträffas under service eller reparationsarbete ska de, närhelst möjligt, bytas eller sättas tillbaka i enlighet med tillverkarens rekommendationer eller aktuell lagstiftning.

Ljudanläggning och stöldskyddssystem

Radioapparaten/kassettbandspelaren/CD-spelaren/CD-växlaren som ingår i standardutrustningen är utrustad med en inbyggd säkerhetskod för att avskräcka från stöld. Om strömmen till enheten bryts aktiveras stöldskyddssystemet. Även om strömmens åter-ansluts direkt kommer radio/kassettbandspelaren inte att fungera förrän den korrekta säkerhetskoden knappats in. Om du inte känner till säkerhetskoden till enheten ska du **inte** koppla loss batteriets minusledare, eller ta loss radio/kassettbandspelaren från bilen.

Tillvägagångssättet för att programmera om en enhet som kopplats loss från sin strömkälla varierar från modell till modell – för specifika detaljer se handboken som följer med enheten eller vänd dig till din BMW-verkstad.

Inledning

En uppsättning bra verktyg är ett grundläggande krav för var och en som överväger att underhålla och reparera ett motorfordon. För de ägare som saknar sådana kan inköpet av dessa bli en märkbar utgift, som dock uppvägs till en viss del av de besparingar som görs i och med det egna arbetet. Om de anskaffade verktygen uppfyller grundläggande säkerhets- och kvalitetskrav kommer de att hålla i många år och visa sig vara en värdefull investering.

För att hjälpa bilägaren att avgöra vilka verktyg som behövs för att utföra de arbeten som beskrivs i denna handbok har vi sammanställt tre listor med följande rubriker: *Underhåll och mindre reparationer, Reparation och renovering* samt *Specialverktyg*. Nybörjaren bör starta med det första sortimentet och begränsa sig till enklare arbeten på fordonet. Allt eftersom erfarenhet och självförtroende växer kan man sedan prova svårare uppgifter och köpa fler verktyg när och om det behövs. På detta sätt kan den grundläggande verktygssatsen med tiden utvidgas till en reparations- och renoveringssats utan några större enskilda kontantutlägg. Den erfarne hemmamekanikern har redan en verktygssats som räcker till de flesta reparationer och renoveringar och kommer att välja verktyg från specialkategorin när han känner att utgiften är berättigad för den användning verktyget kan ha.

Underhåll och mindre reparationer

Verktygen i den här listan ska betraktas som ett minimum av vad som behövs för rutinmässigt underhåll, service och mindre reparationsarbeten. Vi rekommenderar att man köper blocknycklar (ring i ena änden och öppen i den andra), även om de är dyrare än de med öppen ände, eftersom man får båda sorternas fördelar.

- [ ] Blocknycklar - 8, 9, 10, 11, 12, 13, 14, 15, 17 och 19 mm
- [ ] Skiftnyckel - 35 mm gap (ca.)
- [ ] Tändstiftsnyckel (med gummifoder)
- [ ] Verktyg för justering av tändstiftens elektrodavstånd

- [ ] Sats med bladmått
- [ ] Nyckel för avluftning av bromsar
- [ ] Skruvmejslar:
  Spårmejsel - 100 mm lång x 6 mm diameter
  Stjärnmejsel - 100 mm lång x 6 mm diameter
- [ ] Kombinationstång
- [ ] Bågfil (liten)
- [ ] Däckpump
- [ ] Däcktrycksmätare
- [ ] Oljekanna
- [ ] Verktyg för demontering av oljefilter
- [ ] Fin slipduk
- [ ] Stålborste (liten)
- [ ] Tratt (medelstor)

Reparation och renovering

Dessa verktyg är ovärderliga för alla som utför större reparationer på ett motorfordon och tillkommer till de som angivits för *Underhåll och mindre reparationer*. I denna lista ingår en grundläggande sats hylsor. Även om dessa är dyra, är de oumbärliga i och med sin mångsidighet - speciellt om satsen innehåller olika typer av drivenheter. Vi rekommenderar 1/2-tums fattning på hylsorna eftersom de flesta momentnycklar har denna fattning.

Verktygen i denna lista kan ibland behöva kompletteras med verktyg från listan för *Specialverktyg*.

- [ ] Hylsor, dimensioner enligt föregående lista **(se bild)**
- [ ] Spärrskaft med vändbar riktning (för användning med hylsor) **(se bild)**
- [ ] Förlängare, 250 mm (för användning med hylsor)
- [ ] Universalknut (för användning med hylsor)
- [ ] Momentnyckel (för användning med hylsor)
- [ ] Självlåsande tänger
- [ ] Kulhammare
- [ ] Mjuk klubba (plast/aluminium eller gummi)
- [ ] Skruvmejslar:
  Spårmejsel - en lång och kraftig, en kort (knubbig) och en smal (elektrikertyp)
  Stjärnmejsel - en lång och kraftig och en kort (knubbig)
- [ ] Tänger:
  Spetsnostång/plattång
  Sidavbitare (elektrikertyp)
  Låsringstång (inre och yttre)
- [ ] Huggmejsel - 25 mm
- [ ] Ritspets
- [ ] Skrapa
- [ ] Körnare
- [ ] Purr
- [ ] Bågfil
- [ ] Bromsslangklämma
- [ ] Avluftningssats för bromsar/koppling
- [ ] Urval av borrar
- [ ] Stållinjal
- [ ] Insexnycklar (inkl Torxtyp/med splines) **(se bild)**
- [ ] Sats med filar
- [ ] Stor stålborste
- [ ] Pallbockar
- [ ] Domkraft (garagedomkraft eller en stabil pelarmodell)
- [ ] Arbetslampa med förlängningssladd

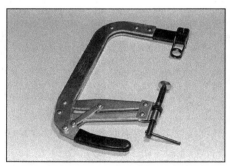
Ventilfjäderkompressor (ventilbåge)

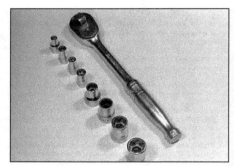
Hylsor och spärrskaft

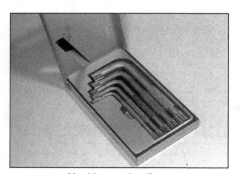
Nycklar med splines

Kolvringskompressor

Centreringsverktyg för koppling

Specialverktyg

Verktygen i denna lista är de som inte används regelbundet, är dyra i inköp eller som måste användas enligt tillverkarens anvisningar. Det är bara om du relativt ofta kommer att utföra tämligen svåra jobb som många av dessa verktyg är lönsamma att köpa. Du kan också överväga att gå samman med någon vän (eller gå med i en motorklubb) och göra ett gemensamt inköp, hyra eller låna verktyg om så är möjligt.

Följande lista upptar endast verktyg och instrument som är allmänt tillgängliga och inte sådana som framställs av biltillverkaren speciellt för auktoriserade verkstäder. Ibland nämns dock sådana verktyg i texten. I allmänhet anges en alternativ metod att utföra arbetet utan specialverktyg. Ibland finns emellertid inget alternativ till tillverkarens specialverktyg. När så är fallet och relevant verktyg inte kan köpas, hyras eller lånas har du inget annat val än att lämna bilen till en auktoriserad verkstad.

- [ ] *Ventilfjäderkompressor (se bild)*
- [ ] *Ventilslipningsverktyg*
- [ ] *Kolvringskompressor (se bild)*
- [ ] *Verktyg för demontering/montering av kolvringar*
- [ ] *Honingsverktyg*
- [ ] *Kulledsavdragare*
- [ ] *Spiralfjäderkompressor (där tillämplig)*
- [ ] *Nav/lageravdragare, två/tre ben*
- [ ] *Slagskruvmejsel*
- [ ] *Mikrometer och/eller skjutmått (se bild)*
- [ ] *Indikatorklocka (se bild)*
- [ ] *Stroboskoplampa (se bild)*
- [ ] *Kamvinkelmätare/varvräknare*
- [ ] *Multimeter*
- [ ] *Kompressionsmätare (se bild)*
- [ ] *Handmanövrerad vakuumpump och mätare*
- [ ] *Centreringsverktyg för koppling (se bild)*
- [ ] *Verktyg för demontering av bromsbackarnas fjäderskålar*
- [ ] *Sats för montering/demontering av bussningar och lager*
- [ ] *Bultutdragare (se bild)*
- [ ] *Gängningssats*
- [ ] *Lyftblock*
- [ ] *Garagedomkraft*

Inköp av verktyg

När det gäller inköp av verktyg är det i regel bättre att vända sig till en specialist som har ett större sortiment än t ex tillbehörsbutiker och bensinmackar. Tillbehörsbutiker och andra försöljningsställen kan dock erbjuda utmärkta verktyg till låga priser, så det kan löna sig att söka.

Det finns gott om bra verktyg till låga priser, men se till att verktygen uppfyller grundläggande krav på funktion och säkerhet. Fråga gärna någon kunnig person om råd före inköpet.

Vård och underhåll av verktyg

Efter inköp av ett antal verktyg är det nödvändigt att hålla verktygen rena och i fullgott skick. Efter användning, rengör alltid verktygen innan de läggs undan. Låt dem inte ligga framme sedan de använts. En enkel upphängningsanordning på väggen för t ex skruvmejslar och tänger är en bra idé. Nycklar och hylsor bör förvaras i metalllådor. Mätinstrument av skilda slag ska förvaras på platser där de inte kan komma till skada eller börja rosta.

Lägg ner lite omsorg på de verktyg som används. Hammarhuvuden får märken och skruvmejslar slits i spetsen med tiden. Lite polering med slippapper eller en fil återställer snabbt sådana verktyg till gott skick igen.

Arbetsutrymmen

När man diskuterar verktyg får man inte glömma själva arbetsplatsen. Om mer än rutinunderhåll ska utföras bör man skaffa en lämplig arbetsplats.

Vi är medvetna om att många bilägare/hemmamekaniker av omständigheterna tvingas att lyfta ur motor eller liknande utan tillgång till garage eller verkstad. Men när detta är gjort ska fortsättningen av arbetet göras inomhus.

Närhelst möjligt ska isärtagning ske på en ren, plan arbetsbänk eller ett bord med passande arbetshöjd.

En arbetsbänk behöver ett skruvstycke. En käftöppning om 100 mm räcker väl till för de flesta arbeten. Som tidigare sagts, ett rent och torrt förvaringsutrymme krävs för verktyg liksom för smörjmedel, rengöringsmedel, bättringslack (som också måste förvaras frostfritt) och liknande.

Ett annat verktyg som kan behövas och som har en mycket bred användning är en elektrisk borrmaskin med en chuckstorlek om minst 8 mm. Denna, tillsammans med en sats spiralborrar, är i praktiken oumbärlig för montering av tillbehör.

Sist, men inte minst, ha alltid ett förråd med gamla tidningar och rena luddfria trasor tillgängliga och håll arbetsplatsen så ren som möjligt.

Mikrometerset

Indikatorklocka med magnetstativ

Stroboskoplampa

Kompressionsmätare

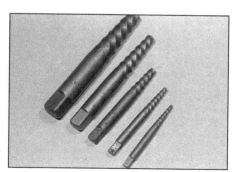

Bultutdragare

Det här avsnittet är till för att hjälpa dig att klara bilbesiktningen. Det är naturligtvis inte möjligt att undersöka ditt fordon lika grundligt som en professionell besiktare, men genom att göra följande kontroller kan du identifiera problemområden och ha en möjlighet att korrigera eventuella fel innan du lämnar bilen till besiktning. Om bilen underhålls och servas regelbundet borde besiktningen inte innebära några större problem.

I besiktningsprogrammet ingår kontroll av nio huvudsystem – stommen, hjulsystemet, drivsystemet, bromssystemet, styrsystemet, karosseriet, kommunikationssystemet, instrumentering och slutligen övriga anordningar (släpvagnskoppling etc).

Kontrollerna som här beskrivs har baserats på Svensk Bilprovnings krav aktuella vid tiden för tryckning. Kraven ändras dock kontinuerligt och särskilt miljöbestämmelserna blir allt strängare.

Kontrollerna har delats in under följande fem rubriker:
1 Kontroller som utförs från förarsätet
2 Kontroller som utförs med bilen på marken
3 Kontroller som utförs med bilen upphissad och med fria hjul
4 Kontroller på bilens avgassystem
5 Körtest

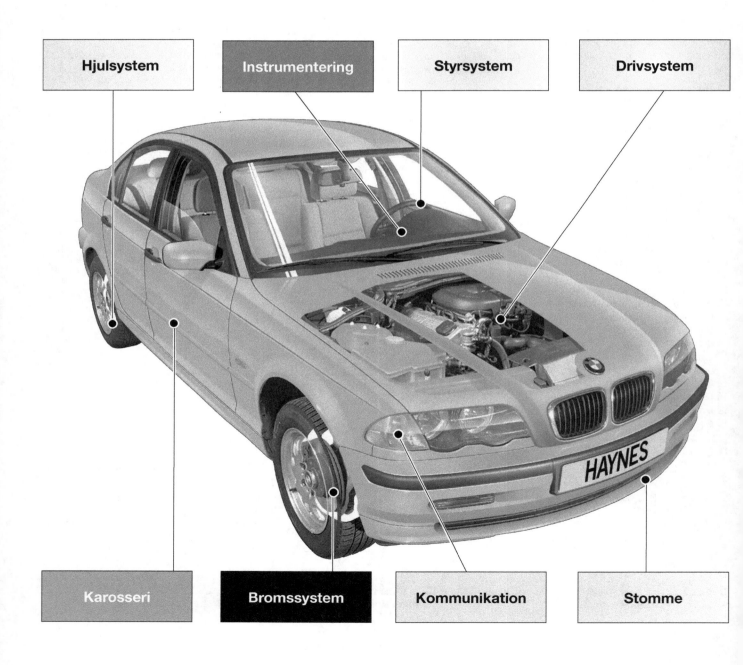

Hjulsystem

Instrumentering

Styrsystem

Drivsystem

Karosseri

Bromssystem

Kommunikation

Stomme

Besiktningsprogrammet

Vanliga personbilar kontrollbesiktigas första gången efter tre år, andra gången två år senare och därefter varje år. Åldern på bilen räknas från det att den tas i bruk, oberoende av årsmodell, och den måste genomgå besiktning inom fem månader.

Tiden på året då fordonet kallas till besiktning bestäms av sista siffran i registreringsnumret, enligt tabellen nedan.

Slutsiffra	Besiktningsperiod
1	november t.o.m. mars
2	december t.o.m. april
3	januari t.o.m. maj
4	februari t.o.m. juni
5	maj t.o.m. september
6	juni t.o.m. oktober
7	juli t.o.m. november
8	augusti t.o.m. december
9	september t.o.m. januari
0	oktober t.o.m. februari

Om fordonet har ändrats, byggts om eller om särskild utrustning har monterats eller demonterats, måste du som fordonsägare göra en registreringsbesiktning inom en månad. I vissa fall räcker det med en begränsad registreringsbesiktning, t.ex. för draganordning, taklucka, taxiutrustning etc.

Efter besiktningen

Nedan visas de system och komponenter som kontrolleras och bedöms av besiktaren på Svensk Bilprovning. Efter besiktningen erhåller du ett protokoll där eventuella anmärkningar noterats.

Har du fått en 2x i protokollet (man kan ha max 3 st 2x) behöver du inte ombesiktiga bilen, men är skyldig att själv åtgärda felet snarast möjligt. Om du inte åtgärdar felen utan återkommer till Svensk Bilprovning året därpå med samma fel, blir dessa automatiskt 2:or som då måste ombesiktigas. Har du en eller flera 2x som ej är åtgärdade och du blir intagen i en flygande besiktning av polisen, blir dessa automatiskt 2:or som måste ombesiktigas. I detta läge får du även böta.

Om du har fått en tvåa i protokollet är fordonet alltså inte godkänt. Felet ska åtgärdas och bilen ombesiktigas inom en månad.

En trea innebär att fordonet har så stora brister att det anses mycket trafikfarligt. Körförbud inträder omedelbart.

Hjulsystem
- Däck
- Stötdämpare
- Hjullager
- Spindelleder
- Länkarm fram bak
- Fjäder
- Fjädersäte
- Övrigt

Vanliga anmärkningar:
Glapp i spindelleder
Utslitna däck
Dåliga stötdämpare
Rostskadade fjädersäten
Brustna fjädrar
Rostskadade länkarms-
  infästningar

Karosseri
- Dörr
- Skärm
- Vindruta
- Säkerhetsbälten
- Lastutrymme
- Övrigt

Vanliga anmärkningar:
Skadad vindruta
Vassa kanter
Glappa gångjärn

Instrumentering
- Hastighetsmätare
- Taxameter
- Varningslampor
- Övrigt

Bromssystem
- Fotbroms fram bak rörelseres.
- Bromsrör
- Bromsslang
- Handbroms
- Övrigt

Vanliga anmärkningar:
Otillräcklig bromsverkan på handbromsen
Ojämn bromsverkan på fotbromsen
Anliggande bromsar på fotbromsen
Rostskadade bromsrör
Skadade bromsslangar

Styrsystem
- Styrled
- Styrväxel
- Hjälpstyrarm
- Övrigt

Vanliga anmärkningar:
Glapp i styrleder
Skadade styrväxeldamasker

Kommunikation
- Vindrutetorkare
- Vindrutespolare
- Backspegel
- Strålkastarinställning
- Strålkastare
- Signalhorn
- Sidoblinkers
- Parkeringsljus fram bak
- Blinkers
- Bromsljus
- Reflex
- Nummerplåts-belysning
- Övrigt

Vanliga anmärkningar:
Felaktig ljusbild
Skadad strålkastare
Ej fungerande parkeringsljus
Ej fungerande bromsljus

Drivsystem
- Avgasrening, EGR-system (-88)
- Avgasrening
- Bränslesystem
- Avgassystem
- Avgaser (CO, HC)
- Kraftöverföring
- Drivknut
- Elförsörjning
- Batteri
- Övrigt

Vanliga anmärkningar:
Höga halter av CO
Höga halter av HC
Läckage i avgassystemet
Ej fungerande EGR-ventil
Skadade drivknutsdamasker
Löst batteri

Stomme
- Sidobalk
- Tvärbalk
- Golv
- Hjulhus
- Övrigt

Vanliga anmärkningar:
Rostskador i sidobalkar, golv och hjulhus

1 Kontroller som utförs från förarsätet

Handbroms

☐ Kontrollera att handbromsen fungerar ordentligt utan för stort spel i spaken. För stort spel tyder på att bromsen eller bromsvajern är felaktigt justerad.
☐ Kontrollera att handbromsen inte kan läggas ur genom att spaken förs åt sidan. Kontrollera även att handbromsspaken är ordentligt monterad.

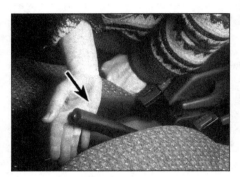

Fotbroms

☐ Tryck ner bromspedalen och håll den nedtryckt i ca 30 sek. Kontrollera att den inte sjunker ner mot golvet, vilket tyder på fel på huvudcylindern. Släpp pedalen, vänta ett par sekunder och tryck sedan ner den igen. Om pedalen tar långt ner måste broms-arna justeras eller repareras. Om pedalens rörelse känns "svampig" finns det luft i bromssystemet som då måste luftas.

☐ Kontrollera att bromspedalen sitter fast ordentligt och att den är i bra skick. Kontrollera även om det finns tecken på oljeläckage på bromspedalen, golvet eller mattan eftersom det kan betyda att packningen i huvudcylindern är trasig.
☐ Om bilen har bromsservo kontrolleras denna genom att man upprepade gånger trycker ner bromspedalen och sedan startar motorn med pedalen nertryckt. När motorn startar skall pedalen sjunka något. Om inte kan vakuumslangen eller själva servoenheten vara trasig.

Ratt och rattstäng

☐ Känn efter att ratten sitter fast. Undersök om det finns några sprickor i ratten eller om några delar på den sitter löst.

☐ Rör på ratten uppåt, nedåt och i sidled. Fortsätt att röra på ratten samtidigt som du vrider lite på den från vänster till höger.
☐ Kontrollera att ratten sitter fast ordentligt på rattstången, vilket annars kan tyda på slitage eller att fästmuttern sitter löst. Om ratten går att röra onaturligt kan det tyda på att rattstångens bärlager eller kopplingar är slitna.

Rutor och backspeglar

☐ Vindrutan måste vara fri från sprickor och andra skador som kan vara irriterande eller hindra sikten i förarens synfält. Sikten får inte heller hindras av t.ex. ett färgat eller reflekterande skikt. Samma regler gäller även för de främre sidorutorna.
☐ Backspeglarna måste sitta fast ordentligt och vara hela och ställbara.

Säkerhetsbälten och säten

Observera: *Kom ihåg att alla säkerhetsbälten måste kontrolleras - både fram och bak.*
☐ Kontrollera att säkerhetsbältena inte är slitna, fransiga eller trasiga i väven och att alla låsmekanismer och rullmekanismer fungerar obehindrat. Se även till att alla infästningar till säkerhetsbältena sitter säkert.

☐ Framsätena måste vara ordentligt fastsatta och om de är fällbara måste de vara låsbara i uppfällt läge.

Dörrar

☐ Framdörrarna måste gå att öppna och stänga från både ut- och insidan och de måste gå ordentligt i lås när de är stängda. Gångjärnen ska sitta säkert och inte glappa eller kärva onormalt.

2 Kontroller som utförs med bilen på marken

Registreringsskyltar

☐ Registreringsskyltarna måste vara väl synliga och lätta att läsa av, d v s om bilen är mycket smutsig kan det ge en anmärkning.

Elektrisk utrustning

☐ Slå på tändningen och kontrollera att signalhornet fungerar och att det avger en jämn ton.
☐ Kontrollera vindrutetorkarna och vindrutespolningen. Svephastigheten får inte vara extremt låg, svepytan får inte vara för liten och torkarnas viloläge ska inte vara inom förarens synfält. Byt ut gamla och skadade torkarblad.

☐ Kontrollera att strålkastarna fungerar och att de är rätt inställda. Reflektorerna får inte vara skadade, lampglasen måste vara hela och lamporna måste vara ordentligt fastsatta. Kontrollera även att bromsljusen fungerar och att det inte krävs högt pedaltryck för att tända dem. (Om du inte har någon medhjälpare kan du kontrollera bromsljusen genom att backa upp bilen mot en garageport, vägg eller liknande reflekterande yta.)
☐ Kontrollera att blinkers och varningsblinkers fungerar och att de blinkar i normal hastighet. Parkeringsljus och bromsljus får inte påverkas av blinkers. Om de påverkas beror detta oftast på jordfel. Se också till att alla övriga lampor på bilen är hela och fungerar som de ska och att t.ex. extraljus inte är placerade så att de skymmer föreskriven belysning.
☐ Se även till att batteri, elledningar, reläer och liknande sitter fast ordentligt och att det inte föreligger någon risk för kortslutning

Fotbroms

☐ Undersök huvudbromscylindern, bromsrören och servoenheten. Leta efter läckage, rost och andra skador.

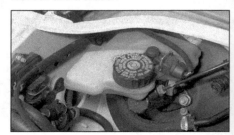

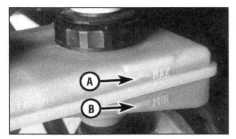

☐ Bromsvätskebehållaren måste sitta fast ordentligt och vätskenivån skall vara mellan max- (A) och min- (B) markeringarna.

☐ Undersök båda främre bromsslangarna efter sprickor och förslitningar. Vrid på ratten till fullt rattutslag och se till att broms-slangarna inte tar i någon del av styrningen eller upphängningen. Tryck sedan ner broms-pedalen och se till att det inte finns några läckor eller blåsor på slangarna under tryck.

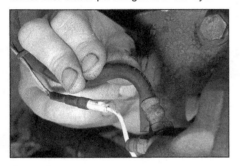

Styrning

☐ Be någon vrida på ratten så att hjulen vrids något. Kontrollera att det inte är för stort spel mellan rattutslaget och styrväxeln vilket kan tyda på att rattstångslederna, kopplingen mellan rattstången och styrväxeln eller själva styrväxeln är sliten eller glappar.

☐ Vrid sedan ratten kraftfullt åt båda hållen så att hjulen vrids något. Undersök då alla damasker, styrleder, länksystem, rörkopp-lingar och anslutningar/fästen. Byt ut alla delar som verkar utslitna eller skadade. På bilar med servostyrning skall servopumpen, driv-remmen och slangarna kontrolleras.

Stötdämpare

☐ Tryck ned hörnen på bilen i tur och ordning och släpp upp. Bilen skall gunga upp och sedan gå tillbaka till ursprungsläget. Om bilen

fortsätter att gunga är stötdämparna dåliga. Stötdämpare som kärvar påtagligt gör också att bilen inte klarar besiktningen. (Observera att stötdämpare kan saknas på vissa fjäder-system.)

☐ Kontrollera också att bilen står rakt och ungefär i rätt höjd.

Avgassystem

☐ Starta motorn medan någon håller en trasa över avgasröret och kontrollera sedan att avgassystemet inte läcker. Reparera eller byt ut de delar som läcker.

Kaross

☐ Skador eller korrosion/rost som utgörs av vassa eller i övrigt farliga kanter med risk för personskada medför vanligtvis att bilen måste repareras och ombesiktas. Det får inte heller finnas delar som sitter påtagligt löst.

☐ Det är inte tillåtet att ha utskjutande detaljer och anordningar med olämplig utformning eller placering (prydnadsföremål, antenn-fästen, viltfångare och liknande).

☐ Kontrollera att huvlås och säkerhetsspärr fungerar och att gångjärnen inte sitter löst eller på något vis är skadade.

☐ Se också till att stänkskydden täcker hela däckets bredd.

3 Kontroller som utförs med bilen upphissad och med fria hjul

Lyft upp både fram- och bakvagnen och ställ bilen på pallbockar. Placera pall-bockarna så att de inte tar i fjäder-upphängningen. Se till att hjulen inte tar i marken och att de går att vrida till fullt rattutslag. Om du har begränsad utrust-ning går det naturligtvis bra att lyfta upp en ände i taget.

Styrsystem

☐ Be någon vrida på ratten till fullt rattutslag. Kontrollera att alla delar i styrningen går mjukt och att ingen del av styrsystemet tar i någonstans.

☐ Undersök kuggstångsdamaskerna så att de inte är skadade eller att metallklämmorna glappar. Om bilen är utrustad med servo-styrning ska slangar, rör och kopplingar kontrolleras så att de inte är skadade eller

läcker. Kontrollera också att styrningen inte är onormalt trög eller kärvar. Undersök länk-armar, krängningshämmare, styrstag och styrleder och leta efter glapp och rost.

☐ Se även till att ingen saxpinne eller liknande låsmekanism saknas och att det inte finns gravrost i närheten av någon av styrmeka-nismens fästpunkter.

Upphängning och hjullager

☐ Börja vid höger framhjul. Ta tag på sidorna av hjulet och skaka det kraftigt. Se till att det inte glappar vid hjullager, spindelleder eller vid upphängningens infästning och leder.

☐ Ta nu tag upptill och nedtill på hjulet och upprepa ovanstående. Snurra på hjulet och undersök hjullagret angående missljud och glapp.

☐ Om du misstänker att det är för stort spel vid en komponents led kan man kontrollera detta genom att använda en stor skruvmejsel eller liknande och bända mellan infästningen och komponentens fäste. Detta visar om det är bussningen, fästskruven eller själva infäst-ningen som är sliten (bulthålen kan ofta bli uttänjda).

☐ Kontrollera alla fyra hjulen.

Fjädrar och stötdämpare

☐ Undersök fjäderbenen (där så är tillämpligt) angående större läckor, korrosion eller skador i godset. Kontrollera också att fästena sitter säkert.

☐ Om bilen har spiralfjädrar, kontrollera att dessa sitter korrekt i fjädersätena och att de inte är utmattade, rostiga, spruckna eller av.

☐ Om bilen har bladfjädrar, kontrollera att alla bladen är hela, att axeln är ordentligt fastsatt mot fjädrarna och att fjäderöglorna, bussningarna och upphängningarna inte är slitna.

☐ Liknande kontroll utförs på bilar som har annan typ av upphängning såsom torsionfjädrar, hydraulisk fjädring etc. Se till att alla infästningar och anslutningar är säkra och inte utslitna, rostiga eller skadade och att den hydrauliska fjädringen inte läcker olja eller på annat sätt är skadad.

☐ Kontrollera att stötdämparna inte läcker och att de är hela och oskadade i övrigt samt se till att bussningar och fästen inte är utslitna.

Drivning

☐ Snurra på varje hjul i tur och ordning. Kontrollera att driv-/kardanknutar inte är lösa, glappa, spruckna eller skadade. Kontrollera också att skyddsbälgarna är intakta och att driv-/kardanaxlar är ordentligt fastsatta, raka och oskadade. Se även till att inga andra detaljer i kraftöverföringen är glappa, lösa, skadade eller slitna.

Bromssystem

☐ Om det är möjligt utan isärtagning, kontrollera hur bromsklossar och bromsskivor ser ut. Se till att friktionsmaterialet på bromsbeläggen (A) inte är slitet under 2 mm och att bromsskivorna (B) inte är spruckna, gropiga, repiga eller utslitna.

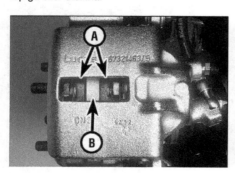

☐ Undersök alla bromsrör under bilen och bromsslangarna bak. Leta efter rost, skavning och övriga skador på ledningarna och efter tecken på blåsor under tryck, skavning, sprickor och förslitning på slangarna. (Det kan vara enklare att upptäcka eventuella sprickor på en slang om den böjs något.)

☐ Leta efter tecken på läckage vid bromsoken och på bromssköldarna. Reparera eller byt ut delar som läcker.

☐ Snurra sakta på varje hjul medan någon trycker ned och släpper upp bromspedalen. Se till att bromsen fungerar och inte ligger an när pedalen inte är nedtryckt.

☐ Undersök handbromsmekanismen och kontrollera att vajern inte har fransat sig, är av eller väldigt rostig eller att länksystemet är utslitet eller glappar. Se till att handbromsen fungerar på båda hjulen och inte ligger an när den läggs ur.

☐ Det är inte möjligt att prova bromsverkan utan specialutrustning, men man kan göra ett körtest och prova att bilen inte drar åt något håll vid en kraftig inbromsning.

Bränsle- och avgassystem

☐ Undersök bränsletanken (inklusive tanklock och påfyllningshals), fastsättning, bränsleledningar, slangar och anslutningar. Alla delar måste sitta fast ordentligt och får inte läcka.

☐ Granska avgassystemet i hela dess längd beträffande skadade, avbrutna eller saknade upphängningar. Kontrollera systemets skick beträffande rost och se till att rörklämmorna är säkert monterade. Svarta sotavlagringar på avgassystemet tyder på ett annalkande läckage.

Hjul och däck

☐ Undersök i tur och ordning däcksidorna och slitbanorna på alla däcken. Kontrollera att det inte finns några skärskador, revor eller bulor och att korden inte syns p g a utslitning eller skador. Kontrollera att däcket är korrekt monterat på fälgen och att hjulet inte är deformerat eller skadat.

☐ Se till att det är rätt storlek på däcken för bilen, att det är samma storlek och däcktyp på samma axel och att det är rätt lufttryck i däcken. Se också till att inte ha dubbade och odubbade däck blandat. (Dubbade däck får användas under vinterhalvåret, från 1 oktober till första måndagen efter påsk.)

☐ Kontrollera mönsterdjupet på däcken – minsta tillåtna mönsterdjup är 1,6 mm. Onormalt däckslitage kan tyda på felaktig framhjulsinställning.

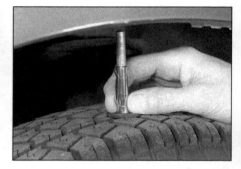

Korrosion

☐ Undersök alla bilens bärande delar efter rost. (Bärande delar innefattar underrede, tröskellådor, tvärbalkar, stolpar och all upphängning, styrsystemet, bromssystemet samt bältesinfästningarna.) Rost som avsevärt har reducerat tjockleken på en bärande yta medför troligtvis en tvåa i besiktningsprotokollet. Sådana skador kan ofta vara svåra att reparera själv.

☐ Var extra noga med att kontrollera att inte rost har gjort det möjligt för avgaser att tränga in i kupén. Om så är fallet kommer fordonet ovillkorligen inte att klara besiktningen och dessutom utgör det en stor trafik- och hälsofara för dig och dina passagerare.

4 Kontroller som utförs på bilens avgassystem

Bensindrivna modeller

☐ Starta motorn och låt den bli varm. Se till att tändningen är rätt inställd, att luftfiltret är rent och att motorn går bra i övrigt.

☐ Varva först upp motorn till ca 2500 varv/min och håll den där i ca 20 sekunder. Låt den sedan gå ner till tomgång och iaktta avgasutsläppen från avgasröret. Om tomgången är onaturligt hög eller om tät blå eller klart synlig svart rök kommer ut med avgaserna i mer än 5 sekunder så kommer bilen antagligen inte att klara besiktningen. I regel tyder blå rök på att motorn är sliten och förbränner olja medan svart rök tyder på att motorn inte förbränner bränslet ordentligt (smutsigt luftfilter eller annat förgasar- eller bränslesystemfel).

☐ Vad som då behövs är ett instrument som kan mäta koloxid (CO) och kolväten (HC). Om du inte har möjlighet att låna eller hyra ett dylikt instrument kan du få hjälp med det på en verkstad för en mindre kostnad.

CO- och HC-utsläpp

☐ För närvarande är högsta tillåtna gränsvärde för CO- och HC-utsläpp för bilar av årsmodell 1989 och senare (d v s bilar med katalysator enligt lag) 0,5% CO och 100 ppm HC.

På tidigare årsmodeller testas endast CO-halten och följande gränsvärden gäller:

årsmodell 1985-88	3,5% CO
årsmodell 1971-84	4,5% CO
årsmodell -1970	5,5% CO.

Bilar av årsmodell 1987-88 med frivilligt monterad katalysator bedöms enligt 1989 års komponentkrav men 1985 års utsläppskrav.

☐ Om CO-halten inte kan reduceras tillräckligt för att klara besiktningen (och bränsle- och tändningssystemet är i bra skick i övrigt) ligger problemet antagligen hos förgasaren/bränsleinsprutningssystemet eller katalysatorn (om monterad).

☐ Höga halter av HC kan orsakas av att motorn förbränner olja men troligare är att motorn inte förbränner bränslet ordentligt.

Dieseldrivna modeller

☐ Det enda testet för avgasutsläpp på dieseldrivna bilar är att man mäter röktätheten. Testet innebär att man varvar motorn kraftigt upprepade gånger.

Observera: Det är oerhört viktigt att motorn är rätt inställd innan provet genomförs.

☐ Mycket rök kan orsakas av ett smutsigt luftfilter. Om luftfiltret inte är smutsigt men bilen ändå avger mycket rök kan det vara nödvändigt att söka experthjälp för att hitta orsaken.

5 Körtest

☐ Slutligen, provkör bilen. Var extra uppmärksam på eventuella missljud, vibrationer och liknande.

☐ Om bilen har automatväxellåda, kontrollera att den endast går att starta i lägena P och N. Om bilen går att starta i andra växellägen måste växelväljarmekanismen justeras.

☐ Kontrollera också att hastighetsmätaren fungerar och inte är missvisande.

☐ Se till att ingen extrautrustning i kupén, t ex biltelefon och liknande, är placerad så att den vid en eventuell kollision innebär ökad risk för personskada.

☐ Bilen får inte dra åt något håll vid normal körning. Gör också en hastig inbromsning och kontrollera att bilen inte då drar åt något håll. Om kraftiga vibrationer känns vid inbromsning kan det tyda på att bromsskivorna är skeva och bör bytas eller fräsas om. (Inte att förväxlas med de låsningsfria bromsarnas karakteristiska vibrationer.)

☐ Om vibrationer känns vid acceleration, hastighetsminskning, vid vissa hastigheter eller hela tiden, kan det tyda på att drivknutar eller drivaxlar är slitna eller defekta, att hjulen eller däcken är felaktiga eller skadade, att hjulen är obalanserade eller att styrleder, upphängningens leder, bussningar eller andra komponenter är slitna.

Motor

- [ ] Motorn går inte runt vid startförsök
- [ ] Motorn går runt, men startar inte
- [ ] Motorn är svårstartad när den är kall
- [ ] Motorn är svårstartad när den är varm
- [ ] Startmotorn låter illa eller kärvar
- [ ] Startmotorn drar runt motorn långsamt
- [ ] Motorn startar, men stannar omedelbart
- [ ] Ojämn tomgång
- [ ] Motorn feltänder vid tomgång
- [ ] Motorn feltänder vid alla varvtal
- [ ] Motorn självdör
- [ ] Låg motorkapacitet
- [ ] Motorn feltänder
- [ ] Varningslampan för oljetryck lyser när motorn är igång
- [ ] Glödtändning
- [ ] Motorljud

Kylsystem

- [ ] Överhettning
- [ ] Alltför stark avkylning
- [ ] Yttre kylvätskeläckage
- [ ] Inre kylvätskeläckage
- [ ] Korrosion

Bränsle- och avgassystem

- [ ] Överdriven bränsleförbrukning
- [ ] Bränsleläckage och/eller bränslelukt
- [ ] Störande oljud eller för mycket avgaser från avgassystemet

Koppling

- [ ] Pedalen går i golvet – inget tryck eller mycket lite motstånd
- [ ] Frikopplar inte (det går inte att lägga i växlar)
- [ ] Kopplingen slirar (motorvarvtalet ökar utan att hastigheten ökar)
- [ ] Skakningar vid frikoppling
- [ ] Missljud när kopplingspedalen trycks ner eller släpps upp

Manuell växellåda

- [ ] Missljud i friläge när motorn går
- [ ] Missljud när en viss växel ligger i
- [ ] Svårt att lägga i växlar
- [ ] Växeln hoppar ur
- [ ] Vibrationer
- [ ] Smörjmedelsläckage

Automatväxellåda

- [ ] Oljeläckage
- [ ] Växellådsoljan är brun eller luktar bränt
- [ ] Allmänna problem med växlingen
- [ ] Växellådan växlar inte ner (kickdown) när gaspedalen är helt nedtryckt
- [ ] Motorn startar inte på någon växel, eller startar i andra lägen än Park och Neutral
- [ ] Växellådan slirar, växlar trögt, låter illa eller är utan drift i framväxlarna eller backen

Differential- och kardanaxel

- [ ] Vibrationer vid acceleration och inbromsning
- [ ] Dovt missljud som tilltar när farten ökar

Bromssystem

- [ ] Bilen drar åt ena sidan vid inbromsning
- [ ] Missljud (skrapljud eller högt gnisslande) vid inbromsning
- [ ] Överdriven pedalväg
- [ ] Bromspedalen känns svampig vid nedtryckning
- [ ] Överdriven pedalkraft krävs för att stanna bilen
- [ ] Skakningar i bromspedal eller ratt vid inbromsning
- [ ] Bromsarna kärvar

Fjädring och styrning

- [ ] Bilen drar åt ena sidan
- [ ] Hjulen vinglar och skakar
- [ ] Kraftiga nigningar och/eller krängningar runt hörn eller vid inbromsning
- [ ] Vandrande eller allmän instabilitet
- [ ] Överdrivet stel styrning
- [ ] Överdrivet spel i styrningen
- [ ] Bristande servoeffekt
- [ ] Överdrivet däckslitage

Elsystem

- [ ] Batteriet laddar ur efter bara några dagar
- [ ] Tändningslampan fortsätter lysa när motorn går
- [ ] Tändningslampan tänds inte
- [ ] Ljusen fungerar inte
- [ ] Instrumentvärdena missvisande eller ryckiga
- [ ] Signalhornet fungerar dåligt eller inte alls
- [ ] Torkarna fungerar dåligt eller inte alls
- [ ] Spolarna fungerar dåligt eller inte alls
- [ ] De elektriska fönsterhissarna fungerar dåligt eller inte alls
- [ ] Centrallåset fungerar dåligt eller inte alls

Inledning

De fordonsägare som underhåller sina bilar med rekommenderad regelbundenhet kommer inte att behöva använda den här delen av handboken ofta. Moderna komponenter går mycket sällan sönder om de underhålls och byts ut med rekommenderad regelbundenhet. Fel uppstår vanligen inte plötsligt, de utvecklas med tiden. Speciellt större mekaniska haverier föregås vanligen av karakteristiska symptom under hundratals eller tusentals kilometer. De komponenter som ibland havererar utan föregående varning är i regel små och lätta att ha med i bilen.

Vid all felsökning är det första steget att bestämma var man ska börja söka. Ibland är detta uppenbart, men ibland behövs lite detektivarbete. En ägare som gör ett halvdussin slumpmässiga justeringar eller komponentbyten kanske lyckas åtgärda felet (eller undanröja symptomen), men om felet uppstår igen vet hon eller han ändå inte var felet sitter och måste spendera mer tid och pengar än vad som är nödvändigt för att åtgärda det. Ett lugnt och metodiskt tillvägagångssätt är bättre i det långa loppet. Ta alltid hänsyn till varningstecken eller ovanligheter som uppmärksam-

mats före haveriet – kraftförlust, höga/låga mätaravläsningar, ovanliga lukter – och kom ihåg att haverier i säkringar och tändstift kanske bara är symptom på ett underliggande fel.

Följande sidor fungerar som en enkel guide till de vanligaste problemen som kan uppstå med bilen. Problemen och deras möjliga orsaker grupperas under rubriker för olika komponenter eller system som Motorn, Kylsystemet etc. Avsnitt som tar upp detta problem visas inom parentes. Läs aktuellt avsnitt för systemspecifik information. Oavsett fel finns vissa grundläggande principer. Dessa är:

Bekräfta felet. Detta handlar helt enkelt om att du ska vara säker på vilka symptomen är innan du påbörjar arbetet. Det här är extra viktigt om du undersöker ett fel åt någon annan, som kanske inte har beskrivit problemet korrekt.

Förbise inte det självklara. Om bilen t.ex. inte startar, finns det verkligen bensin i tanken? (Ta inte någon annans ord för givet på denna punkt och lita inte heller på bränslemätaren!)

Om ett elektriskt fel misstänks föreligga, leta efter lösa kontakter och brutna ledningar innan du plockar fram testutrustningen.

Bota sjukdomen, inte symptomen. Att byta ett urladdat batteri mot ett fulladdat tar dig från vägkanten, men om orsaken inte åtgärdas kommer även det nya batteriet snart att vara urladdat. Samma sak om nedoljade tändstift byts ut mot nya – bilen rullar, men orsaken till nedsmutsningen måste fortfarande fastställas

och åtgärdas (om den inte berodde att tändstiften hade fel värmetal).

Ta inte någonting för givet. Glöm inte att även "nya" delar kan vara defekta (särskilt om de skakat runt i bagageutrymmet i flera månader). Utelämna inte några komponenter vid en felsökning bara för att de är nya eller nymonterade. När felet slutligen upptäcks inser du antagligen att det fanns tecken på felet från början.

Motor

Motorn går inte runt vid startförsök

- [ ] Batterianslutningarna sitter löst eller är korroderade (*Veckokontroller*)
- [ ] Batteriet urladdat eller defekt (kapitel 5A)
- [ ] Brutna, lösa eller urkopplade ledningar i startmotorkretsen (kapitel 5A)
- [ ] Defekt solenoid eller brytare (kapitel 5A)
- [ ] Defekt startmotor (kapitel 5A)
- [ ] Kuggarna på startmotorns kugghjul eller svänghjul är lösa eller brutna (kapitel 2 eller 5A)
- [ ] Motorns jordledning trasig eller frånkopplad (kapitel 5A)

Motorn drar runt, men startar inte

- [ ] Bränsletanken tom
- [ ] Batteriet urladdat (motorn roterar långsamt) (kapitel 5A)
- [ ] Batterianslutningarna sitter löst eller är korroderade (*Veckokontroller*)
- [ ] Smutsigt eller igensatt luftfilter (kapitel 1)
- [ ] Låg cylinderkompression (kapitel 2)
- [ ] Större mekaniskt fel (t.ex. trasig kamkedja) (kapitel 2)
- [ ] Tändningens delar fuktiga eller skadade (kapitel 5B)
- [ ] Fel på bränsleinsprutningssystemet (kapitel 4)
- [ ] Slitna eller defekta tändstift eller tändstift med felaktigt elektrodavstånd (kapitel 1)
- [ ] Trasiga, lösa eller urkopplade ledningar i tändningskretsen (kapitel 5B)

Motorn är svårstartad när den är kall

- [ ] Batteriet urladdat (kapitel 5A)
- [ ] Batterianslutningarna sitter löst eller är korroderade (*Veckokontroller*)
- [ ] Smutsigt eller igensatt luftfilter (kapitel 1)
- [ ] Slitna eller defekta tändstift eller tändstift med felaktigt elektrodavstånd (kapitel 1)
- [ ] Låg cylinderkompression (kapitel 2)
- [ ] Fel på bränsleinsprutningssystemet (kapitel 4)
- [ ] Fel på tändsystemet (kapitel 5B)

Motorn är svårstartad när den är varm

- [ ] Batteriet urladdat (kapitel 5A)
- [ ] Batterianslutningarna sitter löst eller är korroderade (*Veckokontroller*)
- [ ] Smutsigt eller igensatt luftfilter (kapitel 1)
- [ ] Fel på bränsleinsprutningssystemet (kapitel 4)

Startmotorn ger ifrån sig oljud eller kärvar

- [ ] Kuggarna på startmotorns kugghjul eller svänghjul är lösa eller brutna (kapitel 2 eller 5A)
- [ ] Startmotorns fästbultar lösa eller saknas (kapitel 5A)
- [ ] Startmotorns invändiga delar slitna eller skadade (kapitel 5A)

Startmotorn drar runt motorn långsamt

- [ ] Batteriet urladdat (kapitel 5A)
- [ ] Batterianslutningarna sitter löst eller är korroderade (*Veckokontroller*)
- [ ] Jordledningen trasig eller frånkopplad (kapitel 5A)
- [ ] Startmotorns kablage sitter löst (kapitel 5A)
- [ ] Fel i startmotorn (kapitel 5A)

Motorn startar, men stannar omedelbart

- [ ] Tändsystemets kablage sitter löst (kapitel 5B)
- [ ] Smuts i bränslesystemet (kapitel 4)
- [ ] Fel på bränsleinsprutaren (kapitel 4)

- [ ] Fel på bränslepumpen eller tryckregulatorn (kapitel 4)
- [ ] Vakuumläcka i gasspjällshuset, insugsgrenröret eller slangarna (kapitel 2 och 4)

Ojämn tomgång

- [ ] Luftfiltret igensatt (kapitel 1)
- [ ] Luft i bränslesystemet (kapitel 4)
- [ ] Slitna eller defekta tändstift eller tändstift med felaktigt elektrodavstånd (kapitel 1)
- [ ] Vakuumläcka i gasspjällshuset, insugsgrenröret eller slangarna (kapitel 2 och 4)
- [ ] Ojämn eller låg cylinderkompression (kapitel 2)
- [ ] Felmonterad eller felspänd kamkedja (kapitel 2)
- [ ] Slitna kamlober (kapitel 2)
- [ ] Defekt(a) bränsleinsprutare (kapitel 4)

Feltändning vid tomgångshastighet

- [ ] Defekt(a) bränsleinsprutare (kapitel 4)
- [ ] Ojämn eller låg cylinderkompression (kapitel 2)
- [ ] Lösa, läckande eller trasiga slangar i vevhusventilationen (kapitel 4C)
- [ ] Vakuumläcka i gasspjällshuset, insugsgrenröret eller tillhörande slangar (kapitel 4)

Feltändning vid alla varvtal

- [ ] Igentäppt bränslefilter (kapitel 1)
- [ ] Defekt bränslepump, eller lågt tillförseltryck (kapitel 4)
- [ ] Blockerad bensintanksventilation eller delvis igentäppta bränslerör (kapitel 4)
- [ ] Ojämn eller låg cylinderkompression (kapitel 2)
- [ ] Slitna eller defekta tändstift eller tändstift med felaktigt elektrodavstånd (kapitel 1)
- [ ] Defekta tändkablar (kapitel 1)

Överstegring av motorn

- [ ] Igentäppt bränslefilter (kapitel 1)
- [ ] Blockerad insprutningsventil/fel på bränsleinsprutningssystemet (kapitel 4)
- [ ] Defekt bränslepump, eller lågt tillförseltryck (kapitel 4)
- [ ] Vakuumläcka i gasspjällshuset, insugsgrenröret eller tillhörande slangar (kapitel 4)
- [ ] Blockerad bensintanksventilation eller delvis igentäppta bränslerör (kapitel 4)

Låg motorkapacitet

- [ ] Igentäppt bränslefilter (kapitel 1)
- [ ] Felmonterad eller felspänd kamkedja (kapitel 2)
- [ ] Defekt bränslepump, eller lågt tillförseltryck (kapitel 4)
- [ ] Slitna eller defekta tändstift eller tändstift med felaktigt elektrodavstånd (kapitel 1)
- [ ] Vakuumläcka i gasspjällshuset, insugsgrenröret eller tillhörande slangar (kapitel 4)
- [ ] Ojämn eller låg cylinderkompression (kapitel 2)
- [ ] Bromsarna kärvar (kapitel 1 och 9)
- [ ] Kopplingen slirar (kapitel 6)
- [ ] Blockerad insprutningsventil/fel på bränsleinsprutningssystemet (kapitel 4)

Motor (forts.)

Motorn feltänder

☐ Kamkedjan felaktigt monterad (kapitel 2A)
☐ Defekt insprutningsventil/fel på bränsleinsprutningssystemet (kapitel 4)

Varningslampan för oljetryck lyser när motorn är igång

☐ Låg oljenivå eller felaktig oljekvalitet (*Veckokontroller*)
☐ Defekt oljetrycksgivare (kapitel 2)
☐ Slitna motorlager och/eller sliten oljepump (kapitel 2)
☐ Motorns arbetstemperatur överdrivet hög (kapitel 3)
☐ Defekt oljetrycksventil (kapitel 2)
☐ Oljeupptagarens sil igentäppt (kapitel 2)

Observera: *Lågt oljetryck i en motor som gått långt behöver inte nödvändigtvis vara ett felsymptom. Plötslig tryckminskning under körning är betydligt mer oroande. Kontrollera i vilket fall mätaren eller tryckgivaren innan du dömer ut motorn.*

Glödtändning

☐ För mycket sotavlagringar i motorn (kapitel 2)
☐ Motorns arbetstemperatur överdrivet hög (kapitel 3)

Motorljud

Förtändning (spikning) eller knackning under acceleration eller belastning

☐ För mycket sotavlagringar i motorn (kapitel 2)
☐ Defekt(a) bränsleinsprutare (kapitel 4)
☐ Fel på tändsystemet (kapitel 5B)

Visslande eller väsande ljud

☐ Avgasgrenrörets packning läcker (kapitel 4)
☐ Vakuumslangen läcker (kapitel 4 eller 9)
☐ Blåst topplockspackning (kapitel 2)

Knackande eller skallrande ljud

☐ Sliten ventilreglering eller sliten kamaxel (kapitel 2)
☐ Defekt hjälpaggregat (kylvätskepump, generator, etc.) (kapitel 3, 5, etc.)

Knackande ljud eller slag

☐ Slitna vevstakslager (regelbundna hårda knackningar som eventuellt minskar vid belastning) (kapitel 2)
☐ Slitna ramlager (muller och knackningar som eventuellt tilltar vid belastning) (kapitel 2)
☐ Kolvslammer (hörs mest vid kyla) (kapitel 2)
☐ Defekt hjälpaggregat (kylvätskepump, generator, etc.) (kapitel 3, 5, etc.)

Kylsystem

Överhettning

☐ För lite kylvätska i systemet (*Veckokontroller*)
☐ Defekt termostat (kapitel 3)
☐ Igensatt kylare eller grill (kapitel 3)
☐ Defekt kylfläkt eller viskokoppling (kapitel 3)
☐ Defekt temperaturmätare/givare (kapitel 3)
☐ Luftbubbla i kylsystemet (kapitel 3)
☐ Defekt expansionskärlslock (kapitel 3)

För stark avkylning

☐ Defekt termostat (kapitel 3)
☐ Defekt temperaturmätare/givare (kapitel 3)
☐ Defekt viskokoppling (kapitel 3)

Yttre kylvätskeläckage

☐ Åldrade eller skadade slangar eller slangklämmor (kapitel 1)
☐ Läckage i kylare eller värmepaket (kapitel 3)
☐ Defekt trycklock (kapitel 3)
☐ Kylvätskepumpens inre tätning läcker (kapitel 3)
☐ Kylvätskepumpens tätning mot motorblocket läcker (kapitel 3)
☐ Kokning på grund av överhettning (kapitel 3)
☐ Hylspluggen läcker (kapitel 2)

Inre kylvätskeläckage

☐ Läckande topplockspackning (kapitel 2)
☐ Sprucket topplock eller motorblock (kapitel 2)

Korrosion

☐ Bristfällig avtappning och spolning (kapitel 1)
☐ Fel kylvätskeblandning eller kylvätskesort (kapitel 1)

Bränsle- och avgassystem

Överdriven bränsleförbrukning

☐ Smutsigt eller igensatt luftfilter (kapitel 1)
☐ Fel på bränsleinsprutningssystemet (kapitel 4)
☐ Fel tändningsinställning/fel i tändsystemet (kapitel 1 och 5)
☐ För lite luft i däcken (*Veckokontroller*)

Bränsleläckage och/eller bränslelukt

☐ Skadad eller korroderad bränsletank, rör eller anslutningar (kapitel 4)

Överdriven ljudnivå eller för mycket avgaser från avgassystemet

☐ Läckande avgassystem eller grenrörsskarvar (kapitel 1 och 4)
☐ Läckande, korroderade eller skadade ljuddämpare eller rör (kapitel 1 och 4)
☐ Trasiga fästen som gör att karossen eller fjädringen tar i (kapitel 1)

Koppling

Pedalen går i golvet – inget tryck eller mycket lite motstånd

☐ Låg hydraulvätskenivå/luft i hydraulsystemet (kapitel 6)
☐ Defekt urtrampningslager eller gaffel (kapitel 6)
☐ Trasig tallriksfjäder i kopplingens tryckplatta (kapitel 6)

Frikopplar inte (går ej att lägga i växlar)

☐ Lamellen har fastnat på räfflorna på växellådans ingående axel (kapitel 6)
☐ Lamellen har fastnat på svänghjulet eller tryckplattan (kapitel 6)
☐ Defekt tryckplatta (kapitel 6)
☐ Sliten eller felaktigt ihopsatt urtrampningsmekanism (kapitel 6)

Kopplingen slirar (motorns varvtal ökar men inte bilens hastighet)

☐ Lamellbeläggen är mycket slitna (kapitel 6)
☐ Lamellbeläggen nedsmutsade med fett eller olja (kapitel 6)

☐ Defekt tryckplatta eller svag tallriksfjäder (kapitel 6)

Skakningar vid frikoppling

☐ Lamellbeläggen nedsmutsade med fett eller olja (kapitel 6)
☐ Lamellbeläggen är mycket slitna (kapitel 6)
☐ Defekt eller skev tryckplatta eller tallriksfjäder (kapitel 6)
☐ Slitna eller lösa fästen till motor eller växellåda (kapitel 2A eller 2B)
☐ Slitage på lamellnavet eller räfflorna på växellådans ingående axel (kapitel 6)

Missljud när kopplingspedalen trycks ner eller släpps upp

☐ Slitet urtrampningslager (kapitel 6)
☐ Kopplingspedalens bussningar slitna eller torra (kapitel 6)
☐ Defekt tryckplatta (kapitel 6)
☐ Tryckplattans tallriksfjäder trasig (kapitel 6)
☐ Trasiga lamellfjädrar (kapitel 6)

Manuell växellåda

Missljud i friläge när motorn går

☐ Ingående axelns lager slitna (missljud när kopplingspedalen är uppsläppt men inte när den är nedtryckt) (kapitel 7A)*
☐ Slitet urtrampningslager (missljud när kopplingspedalen är nedtryckt, missljuden minskar möjligen när den släpps upp) (kapitel 6)

Missljud när en specifik växel ligger i

☐ Slitna eller skadade kuggar på växellådsdreven (kapitel 7A)*

Svårt att lägga i växlar

☐ Defekt koppling (kapitel 6)
☐ Växlingens länksystem/vajer sliten eller skadad (kapitel 7A)
☐ Växlingens länksystem/vajer feljusterad (kapitel 7A)
☐ Slitna synkroniseringsenheter (kapitel 7A)*

Växeln hoppar ur

☐ Växlingens länksystem/vajer sliten eller skadad (kapitel 7A)

☐ Växlingens länksystem/vajer feljusterad (kapitel 7A)
☐ Slitna synkroniseringsenheter (kapitel 7A)*
☐ Slitna väljargafflar (kapitel 7A)*

Vibrationer

☐ För lite olja (kapitel 1)
☐ Slitna lager (kapitel 7A)*

Smörjmedelsläckage

☐ Differentialens utgående packbox läcker (kapitel 7A)
☐ Läckande husfog (kapitel 7A)*
☐ Läckage i ingående axelns packbox (kapitel 7A)*

*Även om nödvändiga åtgärder för beskrivna symptom är svårare än vad en hemmamekaniker klarar av är informationen ovan en hjälp att spåra felkällan, så att den tydligt kan beskrivas för en yrkesmekaniker.

Automatväxellåda

Observera: På grund av automatväxelns komplicerade sammansättning är det svårt för hemmamekanikerna att ställa riktiga diagnoser och serva enheten. Om andra problem än följande uppstår ska bilen tas till en verkstad eller till en specialist på växellådor. Var inte för snabb med att ta bort växellådan om ett fel misstänks. De flesta kontroller ska utföras med växellådan monterad.

Oljeläckage

☐ Automatväxellådans olja är ofta mörk till färgen. Oljeläckage från växellådan ska inte blandas ihop med motorolja, som lätt kan stänka på växellådan av luftflödet
☐ För att hitta läckan, använd avfettningsmedel eller en ångtvätt och rengör växelhuset och områdena runt omkring från smuts och avlagringar. Kör bilen långsamt så att inte luftflödet blåser den läckande oljan långt från källan. Hissa upp bilen och stöd den på pallbockar, och fastställ varifrån läckan kommer. Läckage uppstår ofta i följande områden:
a) Oljetråg (kapitel 1 och 7B)
b) Oljestickans rör (kapitel 1 och 7B)
c) Oljerören/anslutningarna mellan växellådan och oljekylaren (kapitel 7B)

Växeloljan är brun eller luktar bränt

☐ Låg växellådsoljenivå, eller behov av oljebyte (kapitel 1)

Allmänna problem med att växla

☐ I kapitel 7B behandlas kontroll och justering av växelvajern på

automatväxellådor. Följande problem är vanliga och kan orsakas av en felaktigt inställd vajer:
a) Motorn startar i andra växlar än Park eller Neutral
b) Indikatorpanelen anger en annan växel än den som används
c) Bilen rör sig i lägena Park eller Neutral
d) Dålig eller felaktig utväxling
☐ Se kapitel 7B för anvisningar om hur du justerar växelvajern

Växellådan växlar inte ner (kickdown) när gaspedalen är helt nedtryckt

☐ Växellådans oljenivå är låg (kapitel 1)
☐ Feljusterad växelvajer (kapitel 7B)
☐ Fel på gasspjällets lägesgivare (kapitel 4)

Motorn startar inte i någon växel, eller startar i andra lägen än Park eller Neutral

☐ Feljusterad växelvajer (kapitel 7B)

Växellådan slirar, växlar trögt, låter illa eller är utan drift i framväxlarna eller backen

☐ Ovanstående fel kan ha flera möjliga orsaker, men hemmamekanikern bör endast bry sig om en av de möjliga orsakerna – oljenivån. Innan du tar bilen till en verkstad eller en specialist på växellådor, kontrollera oljenivån och oljans skick enligt beskrivningen i kapitel 1. Justera oljenivån efter behov eller byt oljan och filtret om det behövs. Om problemet kvarstår krävs professionell hjälp.

Differential- och kardanaxel

Vibrationer vid acceleration eller inbromsning

- ☐ Sliten kardanknut (kapitel 8)
- ☐ Böjd eller skev kardanaxel (kapitel 8)

Dovt missljud, tilltar när farten ökar

- ☐ Sliten differential (kapitel 8)

Bromssystem

Observera: *Kontrollera däckens skick och lufttryck, framvagnens inställning samt att bilen inte är ojämnt belastad innan bromsarna antas vara defekta. Alla åtgärder på ABS-systemet, utom kontroll av rör- och slanganslutningar, ska utföras av en BMW-verkstad eller en specialist.*

Bilen drar åt ena sidan vid inbromsning

- ☐ Slitna, defekta, skadade eller smutsiga bromsbelägg/ bromsbackar på ena sidan (kapitel 1 och 9)
- ☐ Anfrätta eller delvis anfrätta bromsok (kapitel 1 och 9)
- ☐ Olika sorters friktionsmaterial monterade på sidorna (kapitel 1 och 9)
- ☐ Bromsokets fästbultar sitter löst (kapitel 9)
- ☐ Slitna eller skadade komponenter i styrning eller fjädring (kapitel 1 och 10)

Oljud (skrapljud eller högljutt gnissel) vid inbromsning

- ☐ Bromsklossarnas friktionsmaterial nedslitet till stödplattan (kapitel 1 och 9)
- ☐ Betydande korrosion på bromsskivorna. (Kan visa sig när bilen har stått stilla ett tag) (kapitel 1 och 9)
- ☐ Främmande föremål (grus el. dyl.) har fastnat mellan bromsskivan och skölden (kapitel 1 och 9)

Överdriven pedalväg

- ☐ Defekt huvudcylinder (kapitel 9)
- ☐ Luft i hydraulsystemet (kapitel 1 och 9)
- ☐ Defekt vakuumservo (kapitel 9)

Bromspedalen känns svampig vid nedtryckning

- ☐ Luft i hydraulsystemet (kapitel 1 och 9)
- ☐ Åldrade bromsslangar (kapitel 1 och 9)
- ☐ Huvudcylinderns fästmuttrar sitter löst (kapitel 9)
- ☐ Defekt huvudcylinder (kapitel 9)

Överdriven pedalkraft krävs för att stanna bilen

- ☐ Defekt vakuumservo (kapitel 9)
- ☐ Bromsservons vakuumslang är frånkopplad, skadad eller lös (kapitel 9)
- ☐ Defekt primär- eller sekundärkrets (kapitel 9)
- ☐ Kärvande bromsok (kapitel 9)
- ☐ Bromsbelägg felaktigt monterade (kapitel 1 och 9)
- ☐ Fel typ av bromsbelägg monterade (kapitel 1 och 9)
- ☐ Smutsiga bromsbelägg (kapitel 1 och 9)

Skakningar i bromspedal eller ratt vid inbromsning

- ☐ Skivorna mycket skeva (kapitel 1 och 9)
- ☐ Bromsklossarnas friktionsmaterial slitet (kapitel 1 och 9)
- ☐ Bromsokets fästbultar sitter löst (kapitel 9)
- ☐ Fjädringens eller styrningens delar eller fästen är slitna (kapitel 1 och 10)

Bromsarna kärvar

- ☐ Kärvande bromsok (kapitel 9)
- ☐ Feljusterad handbromsmekanism (kapitel 9)
- ☐ Defekt huvudcylinder (kapitel 9)

Fjädring och styrning

Observera: *Kontrollera att felet inte beror på fel lufttryck i däcken, blandade däcktyper eller kärvande bromsar innan fjädringen eller styrningen fastställs som defekta.*

Bilen drar åt ena sidan

- ☐ Defekt däck (*Veckokontroller*)
- ☐ Betydande slitage på fjädringens eller styrningens delar (kapitel 1 och 10)
- ☐ Felaktig framhjulsinställning (kapitel 10)
- ☐ Skador på styrning eller fjädring efter olycka (kapitel 1)

Hjulen vinglar och skakar

- ☐ Framhjulen obalanserade (vibration som huvudsakligen känns i ratten) (kapitel 1 och 10)
- ☐ Bakhjulen obalanserade (vibration som känns i hela bilen) (kapitel 1 och 10)
- ☐ Skadade eller skeva hjul (kapitel 1 och 10)
- ☐ Defekt eller skadat däck (*Veckokontroller*)
- ☐ Slitage i styrning eller fjädring (kapitel 1 och 10)
- ☐ Lösa hjulbultar (kapitel 1 och 10)

Kraftiga nigningar och/eller krängningar runt hörn eller vid inbromsning

- ☐ Defekta stötdämpare (kapitel 1 och 10)
- ☐ Trasig eller svag fjäder och/eller fjädringskomponent (kapitel 1 och 10)
- ☐ Slitage eller skada på krängningshämmare eller fästen (kapitel 10)

Vandrande eller allmän instabilitet

- ☐ Felaktig framhjulsinställning (kapitel 10)
- ☐ Slitage i styrning eller fjädring (kapitel 1 och 10)
- ☐ Obalanserade hjul (kapitel 1 och 10)
- ☐ Defekt eller skadat däck (*Veckokontroller*)
- ☐ Lösa hjulbultar (kapitel 1 och 10)
- ☐ Defekta stötdämpare (kapitel 1 och 10)
- ☐ Fel på den dynamiska stabilitetskontrollen (kapitel 10)

Överdrivet stel styrning

- ☐ För lite smörjmedel i styrväxeln (kapitel 10)
- ☐ Styrstagsändens eller fjädringens kulled kärvar (kapitel 1 och 10)
- ☐ Trasig eller feljusterad drivrem – servostyrning (kapitel 1)
- ☐ Felaktig framhjulsinställning (kapitel 10)
- ☐ Kuggstång eller rattstång böjd eller skadad (kapitel 10)

Fjädring och styrning (forts.)

Överdrivet spel i styrningen

- [ ] Sliten kardanknut på rattstångens mellanaxel (kapitel 10)
- [ ] Slitna kulleder på styrstagsänden (kapitel 1 och 10)
- [ ] Slitet kuggstångsstyrningsdrev (kapitel 10)
- [ ] Slitage i styrning eller fjädring (kapitel 1 och 10)

Bristande servoeffekt

- [ ] Trasig eller feljusterad drivrem (kapitel 1)
- [ ] För hög eller för låg nivå av styrservovätska (*Veckokontroller*)
- [ ] Styrservons vätskeslangar igensatta (kapitel 1)
- [ ] Defekt servostyrningspump (kapitel 10)
- [ ] Defekt kuggstångsstyrningsdrev (kapitel 10)

Överdrivet däckslitage

Däcken slitna på inner- eller ytterkanten

- [ ] *För lite luft i däcken (slitage på båda kanterna)* (Veckokontroller)
- [ ] Felaktiga camber- eller castervinklar (slitage på en kant) (kapitel 10)

- [ ] Slitage i styrning eller fjädring (kapitel 1 och 10)
- [ ] Alltför hård kurvtagning.
- [ ] Skada efter olycka.

Däckmönstret har fransiga kanter

- [ ] Felaktig toe-inställning (kapitel 10)

Slitage i mitten av däckmönstret

- [ ] För mycket luft i däcken (*Veckokontroller*)

Däcken slitna på inner- och ytterkanten

- [ ] För lite luft i däcken (*Veckokontroller*)

Ojämnt däckslitage

- [ ] Obalanserade hjul (kapitel 1)
- [ ] Stort kast i hjul eller däck (kapitel 1)
- [ ] Slitna stötdämpare (kapitel 1 och 10)
- [ ] Defekt däck (*Veckokontroller*)

Elsystem

Observera: *Vid problem med start, se felen under Motor tidigare i detta avsnitt.*

Batteriet laddar ur efter bara några dagar

- [ ] Batteriet defekt invändigt (kapitel 5A)
- [ ] Batterianslutningarna sitter löst eller är korroderade (*Veckokontroller*)
- [ ] Trasig eller feljusterad drivrem (kapitel 1)
- [ ] Generatorn laddar inte vid korrekt effekt (kapitel 5A)
- [ ] Generatorn eller spänningsregulatorn defekt (kapitel 5A)
- [ ] Kortslutning orsakar kontinuerlig urladdning av batteriet (kapitel 5A och 12)

Tändningens varningslampa fortsätter att lysa när motorn går

- [ ] Drivremmen trasig, sliten eller felaktigt justerad (kapitel 1)
- [ ] Generatorborstarna har fastnat, är slitna eller smutsiga (kapitel 5A)
- [ ] Generatorborstarnas fjädrar svaga eller trasiga (kapitel 5A)
- [ ] Internt fel i generatorn eller spänningsregulatorn (kapitel 5A)
- [ ] Trasigt, urkopplat eller löst kablage i laddningskretsen (kapitel 5A)

Tändningslampan tänds inte

- [ ] Varningslampans glödlampa trasig (kapitel 12)
- [ ] Trasigt, urkopplat eller löst kablage i varningslampans krets (kapitel 12)
- [ ] Defekt generator (kapitel 5A)

Ljusen fungerar inte

- [ ] Trasig glödlampa (kapitel 12)
- [ ] Korrosion på glödlampa eller sockel (kapitel 12)
- [ ] Trasig säkring (kapitel 12)
- [ ] Defekt relä (kapitel 12)
- [ ] Trasigt, löst eller urkopplat kablage (kapitel 12)
- [ ] Defekt brytare (kapitel 12)

Instrumentavläsningarna missvisande eller ryckiga

Instrumentvärdena ökar när motorvarvtalet ökar

- [ ] Defekt spänningsregulator (kapitel 12)

Bränsle- eller temperaturmätaren ger inget utslag

- [ ] Defekt givarenhet hos mätare (kapitel 3 och 4)
- [ ] Kretsavbrott (kapitel 12)
- [ ] Defekt mätare (kapitel 12)

Bränsle- eller temperaturmätaren ger kontinuerligt maximalt utslag

- [ ] Defekt givarenhet hos mätare (kapitel 3 och 4)
- [ ] Kortslutning (kapitel 12)
- [ ] Defekt mätare (kapitel 12)

Signalhornet fungerar dåligt eller inte alls

Signalhornet tjuter hela tiden

- [ ] Signalhornets knapp har antingen kortslutits eller fastnat (kapitel 12)
- [ ] Knappen mellan signalhornet och signalhornskabeln kortsluten (kapitel 12)

Signalhornet fungerar inte

- [ ] Trasig säkring (kapitel 12)
- [ ] Kabel eller kabelanslutningar lösa, trasiga eller urkopplade (kapitel 12)
- [ ] Defekt signalhorn (kapitel 12)

Signalhornet avger ryckigt eller otillfredsställande ljud

- [ ] Lösa kabelanslutningar (kapitel 12)
- [ ] Signalhornets fästen sitter löst (kapitel 12)
- [ ] Defekt signalhorn (kapitel 12)

Vindrutetorkarna fungerar dåligt eller inte alls

Torkarna fungerar inte eller går mycket långsamt

- [ ] Torkarbladen fastnar vid rutan eller också kärvar länksystemet (kapitel 1 och 12)
- [ ] Trasig säkring (kapitel 12)
- [ ] Kabel eller kabelanslutningar lösa, trasiga eller urkopplade (kapitel 12)
- [ ] Defekt torkarmotor (kapitel 12)

Torkarbladen sveper över för stort/litet område av rutan

- [ ] Torkararmarna felaktigt placerade på axlarna (kapitel 1)
- [ ] Påtagligt slitage i torkarnas länksystem (kapitel 12)
- [ ] Torkarmotorns eller länksystemets fästen sitter löst (kapitel 12)

Torkarbladen rengör inte rutan effektivt

- [ ] Torkarbladens gummi slitet eller saknas (*Veckokontroller*)
- [ ] Torkararmens spännfjädrar trasiga eller så kärvar armarnas svängtappar (kapitel 12)
- [ ] Spolarvätskan har för låg koncentration för att beläggningen ska kunna tvättas bort (*Veckokontroller*)

Elsystem (fortsättning)

Vindrutespolarna fungerar dåligt eller inte alls

Ett eller flera spolarmunstycken sprutar inte

- [ ] Igentäppt spolarmunstycke (kapitel 1)
- [ ] Urkopplad, veckad eller igensatt spolarslang (kapitel 12)
- [ ] För lite spolarvätska i spolarvätskebehållaren (*Veckokontroller*)

Spolarpumpen fungerar inte

- [ ] Trasiga eller lösa kablar eller anslutningar (kapitel 12)
- [ ] Trasig säkring (kapitel 12)
- [ ] Defekt spolarbrytare (kapitel 12)
- [ ] Defekt spolarpump (kapitel 12)

Spolarpumpen går ett tag innan det kommer någon spolarvätska

- [ ] Defekt envägsventil i vätskematarslangen (kapitel 12)

De elektriska fönsterhissarna fungerar dåligt eller inte alls

Fönsterrutan rör sig bara i en riktning

- [ ] Defekt brytare (kapitel 12)

Fönsterrutan rör sig långsamt

- [ ] Fönsterhissen kärvar, är skadad eller i behov av smörjning (kapitel 11)
- [ ] Dörrens inre komponenter eller klädsel hindrar fönsterhissen (kapitel 11)
- [ ] Defekt motor (kapitel 11)

Fönsterrutan rör sig inte

- [ ] Trasig säkring (kapitel 12)
- [ ] Defekt relä (kapitel 12)
- [ ] Trasiga eller lösa kablar eller anslutningar (kapitel 12)
- [ ] Defekt motor (kapitel 11)

Centrallåset fungerar dåligt eller inte alls

Totalt systemhaveri

- [ ] Trasig säkring (kapitel 12)
- [ ] Defekt styrenhet (kapitel 12)
- [ ] Trasiga eller lösa kablar eller anslutningar (kapitel 12)
- [ ] Defekt motor (kapitel 11)

Regeln låser men låser inte upp, eller låser upp men låser inte

- [ ] Defekt huvudbrytare (kapitel 12)
- [ ] Regelns manöverstänger eller -spakar är trasiga eller frånkopplade (kapitel 11)
- [ ] Defekt styrenhet (kapitel 12)
- [ ] Defekt motor (kapitel 11)

En solenoid/motor fungerar inte

- [ ] Trasiga eller lösa kablar eller anslutningar (kapitel 12)
- [ ] Defekt styrenhet (kapitel 11)
- [ ] Regelns manöverstänger eller -spakar kärvar, är trasiga eller urkopplade (kapitel 11)
- [ ] Defekt dörregel (kapitel 11)

Observera: *Hänvisningarna i detta register har formen "**Kapitelnummer**" • "**Sidnummer**"*